建设项目全过程工程咨询
理论与实务

深圳市全过程工程咨询研究会　组织编写

中国建筑工业出版社

图书在版编目（CIP）数据

建设项目全过程工程咨询理论与实务/深圳市全过程工程咨询研究会组织编写 . —北京：中国建筑工业出版社，2023.5
ISBN 978-7-112-28652-2

Ⅰ.①建… Ⅱ.①深… Ⅲ.①建筑工程—咨询服务 Ⅳ.①F407.9

中国国家版本馆 CIP 数据核字（2023）第 069254 号

责任编辑：费海玲　张幼平
责任校对：芦欣甜

建设项目全过程工程咨询理论与实务

深圳市全过程工程咨询研究会　组织编写

＊

中国建筑工业出版社出版、发行（北京海淀三里河路 9 号）
各地新华书店、建筑书店经销
北京龙达新润科技有限公司制版
建工社（河北）印刷有限公司印刷

＊

开本：787 毫米×1092 毫米　1/16　印张：30½　字数：738 千字
2023 年 6 月第一版　　2023 年 6 月第一次印刷
定价：**78.00** 元
ISBN 978-7-112-28652-2
（40867）

本书编委会

主 编 单 位：深圳市全过程工程咨询研究会
副主编单位：五洲工程顾问集团有限公司
　　　　　　深圳市建筑设计研究总院有限公司
　　　　　　上海科瑞真诚建设项目管理有限公司
参 编 单 位（排名不分先后）：
　　　　　　深圳市国联建筑研究院
　　　　　　友谊国际工程咨询股份有限公司
　　　　　　中国建筑西南设计研究院有限公司
　　　　　　深圳市航招工程造价咨询有限公司
　　　　　　深圳华西建设工程管理有限公司
　　　　　　北京德和衡（深圳）律师事务所
　　　　　　深圳市中建达工程项目管理有限公司
　　　　　　深圳锦洲工程管理有限公司
　　　　　　重庆联盛建设项目管理有限公司
　　　　　　深圳市鸿业工程项目管理有限公司
　　　　　　深圳市广汇源环境水务有限公司
　　　　　　深圳市金钢建设监理有限公司
　　　　　　广筑数字科技（深圳）有限公司
　　　　　　深圳市鹏之艺建筑设计有限公司
　　　　　　深圳市通达工程咨询有限公司
　　　　　　深圳市广得信工程造价咨询有限公司
　　　　　　深圳交易咨询集团有限公司
支 持 单 位（排名不分先后）：
　　　　　　广东省工程造价协会
　　　　　　深圳大学
　　　　　　广州大学
　　　　　　深圳市建设项目管理协会
　　　　　　深圳市专家人才联合会
主　　　编：庄楚龙

前　言

2017 年 2 月国务院办公厅《关于促进建筑业持续健康发展的意见》(国办发〔2017〕19 号)首次提出并倡导"培育全过程工程咨询"。全国各地都在进行不同形式的探索，深圳作为改革开放的前沿与典范城市，更应先行先试、敢为人先。

为指导该项工作，深圳市全过程工程咨询研究会牵头组织，编写了这本《建设项目全过程工程咨询理论与实务》。本书是全体单位及行业专家结合多年项目管理理论研究与实践经验的心血结晶，旨在为一线工程咨询人员开展全过程工程咨询业务提供一个通俗易懂、提纲挈领的工作参考。

《建设项目全过程工程咨询理论与实务》注重理论与实践相结合，第一章回顾全过程工程咨询(简称"全咨")产生背景，对其概念、内涵及优越性作定性分析，总结提升全咨的项目管理、项目治理和系统工程相关理论，并对项目经理胜任力模型进行研究，对全咨的开展形势进行肯定性展望；第二章研究投资决策综合性咨询的定义、作用、依据，总结阶段性工作内容、组织管理模式、审批流程等，为项目顺利实施、有效控制和高效利用投资提供保障；第三章研究全咨组织架构，为全咨项目部组建提供基础框架和思路，明确各专业职能管理模块的主要工作内容、相关专业间的工作界面及协作关系，运用 WBS 工具对建设项目全生命周期管理协调工作作明晰界定，力争达到标准化、规范化的项目管理。重点对建设项目全生命周期所涉及的管理模块进行具体的研究，结合深圳市建筑工务署全咨项目的管理制度、流程和最佳实践建议，总结各管理模块的主要工作内容、工作流程和关注点，为项目管理人员提供管理方式与实现途径，为往全咨转型企业提供重要参考与应用价值；第四章研究具体实施的全过程工程咨询案例，根据项目类型、项目定位、开发模式等方面的不同，分享侧重点各异，为今后全咨工作的开展提供管理经验沉淀，希冀能在此基础上有更好的提升。

《建设项目全过程工程咨询理论与实务》由深圳市全过程工程咨询研究会牵头，邀请五洲工程顾问集团有限公司、深圳市建筑设计研究总院有限公司、上海科瑞真诚建设项目管理有限公司等共同参编，庄楚龙担任主编，方黎、李晖、唐大为、孟丽娜担任副主编。撰稿人的具体分工为：谢坚勋、覃柳森、王子伦、王映力、李沛萱编写第一章，成达科、孟丽娜、宋竞辉、尹军、杜广亮、赵晓秋编写第二章，方黎、齐明柱、蒋春山、钟风万、邬业英、沈双宇、杨钦华、陈俊煌、陆尚洪、李旭平、王玲、张涛、李美霞、杨帆、李响、彭鹏、李轶华、钟媛玲、秦超、高东鹏、左珍等编写第三章，柴恩海、周智荣、叶小明、方黎、程强、杨勇、吕晓磊、李美霞、邱晓磊、杨蜀梅、潘峰、王爱军、张志明、温力辉等编写第四章。其他参编人员为：肖福民、刘书博、黄旭东、全满堂、徐宇展、尹黎明、高田、叶海燕、叶晨、吴影玲、魏海军、吴晓娟、缪伟、卢一清、黄乙彬、卢立明、沈喜林、许锡雁、陈德义、张中国、郭士裕、郭阳、李屏、李军。

本书编写过程中，得到了深圳市造价站陈广言原站长、深圳大学陈湘生院士、上海同济大学杨卫东教授、深圳大学王家远教授、建艺国际工程管理开发研究院付晓明院长、深圳市前海公共安全科学研究院姚卫城院长、深圳大学蒋卫平博士的大力支持与指导，在此表示衷心感谢！

全过程工程咨询模式仍需要不断探索。由于知识、精力与时间有限，本书编写过程中难免存在疏漏与不足，还请广大读者和咨询同行不吝指正！

深圳市全过程工程咨询研究会
2022 年 11 月于深圳

目 录

第一章

全过程工程咨询相关理论

第一节　全过程工程咨询概念与内涵分析

　　全过程工程咨询是建筑业供给侧结构性改革的重要方向，近年来在国内进行了较大范围的试点、推广应用。关于如何理解全过程工程咨询概念的要义，工程管理理论界在持续进行研究探索。本小节从全过程工程咨询的产生背景入手，结合国内现有研究成果，尝试分析全过程工程咨询概念，阐述其内涵与特征。

（一）全过程工程咨询的产生背景

　　为推动社会经济高质量发展，建筑业亟须从粗放式、劳动密集型发展向集约化、技术密集型发展转型。建设单位（以下简称业主方）在工程建设中的重要作用越来越明显。业主需要对建设项目开展高效的组织、管理、控制和协调，这对业主方的能力提出了更高的要求。一方面，随着我国经济和社会的发展，建设项目呈现出投资规模大、建设周期长、复杂性强和不确定性高等特点，使得在组织、管理、经济和技术等方面有效实施的难度越来越大；另一方面，在设计、施工能力经过数十年的发展取得巨大提升的同时，对业主方管理能力的要求逐步凸显，业主此一方面能力的相对不足逐渐成为进一步提升项目绩效的短板。我国建筑业市场的发展远未达到成熟阶段，业主很难仅仅依靠自身力量实现项目目标，因此亟须工程咨询行业提供集成化和全方位的综合咨询服务，协同业主方实现投资决策的科学化、实施过程的标准化以及运营过程的精细化（杨卫东等，2018）。

　　目前，我国工程咨询行业规模日益扩大。随着国家相关政策不断出台落地，工程咨询行业在工程建设中的作用逐渐凸显，但工程咨询行业也暴露出许多问题。首先是由于我国工程咨询行业起步较晚、经验匮乏、基础薄弱，整体发展水平与经济社会发展的要求并不完全适应。虽然目前已涵盖前期咨询、勘察设计、监理、造价咨询、招标代理、设备监理等众多工程咨询分项范畴，但在管理层面上仍存在内容重复交叉、行业多头主管的现象，导致工程咨询服务产业链条呈现碎片化和分散化（丁士昭，2018）。其次，与国际工程咨询企业相比，我国工程咨询企业规模较小，服务产品单一，咨询服务质量有待提高，信息化手段应用程度低，高端人才匮乏，知识结构缺陷明显，缺乏企业核心竞争力，无法满足业主对于建设工程项目集成化管理的需求，存在国际咨询企业抢占国内市场的可能性。同时，随着国家"一带一路"倡议的实施，一批由中企承建的海外工程项目逐步落地，也对我国工程咨询企业提出了"走出去"的客观需求。由于我国建筑行业集中度低，企业发展创新力不足，国际化程度低，目前亟须培养一批综合实力强的工程咨询服务企业加快与国际工程管理方式接轨，进而提升我国工程咨询行业的国际竞争力（皮德江，2017）。因此，为改变"碎片式"的工程咨询模式，协同业主方提升集成管理能力，把握国内和国际建筑市场机遇，亟需一套有机整合建设工程项目各要素的一体化、综合型服务模式（刘闯等，2021）。

综上所述，推行全过程工程咨询，是提高项目投资决策科学性、提高投资效益和确保工程质量的需要，是实现工程咨询类企业创新转型升级的需要，是促进工程咨询领域供给侧结构性改革的需要，是顺应社会经济发展趋势的需要，是推进工程咨询行业国际化发展战略的需要（杨卫东等，2018）。

（二）全过程工程咨询概念分析

全过程工程咨询实际上是"全过程""工程""咨询"三个具体名词的整合，有着丰富的内涵和指导意义。本小节从全过程工程咨询的字面含义出发，首先介绍三个名词的具体含义，进一步分析全过程工程咨询的特征。

1. 工程

《现代汉语词典》中将"工程"定义为：土木建筑或其他生产、制造部门用比较大而复杂的设备来进行的工作，如土木工程、机械工程、化学工程、采矿工程、水利工程等。《中国百科大辞典》将工程定义为将自然科学原理应用到具体工业、农业生产部门中形成的各学科的总称。中国科学院研究生院李伯聪教授从"科学－技术－工程"三元论角度对科学、技术和工程进行了精要的定义：科学活动是以发现为核心的活动，技术活动是以发明为核心的活动，工程活动是以建造为核心的活动。中国工程院院士殷瑞钰先生认为：某一特定工程是由某一（或某些）专业技术为主体和与之配套的通用、相关技术，按照一定的规则、规律所组成的、为了实现某一（或某些）工程目标的组织、集成活动。……工程活动的核心标志是构筑一个新的存在物，在工程活动中各类技术的集成过程是围绕着某一新的存在物，即在一定边界条件下优化构成的集成体。

需要说明的是，全过程工程咨询语境下的工程特指建设工程。《辞海》（1999 年版）中将"建设（工程）项目"定义为："在一定条件约束下，以形成固定资产为目标的一次性事业。一个建设项目必须在一个总体设计或初步设计范围内，由一个或若干个互有内在联系的单项工程所组成，经济上实行统一核算，行政上实行统一管理。"

一般而言，建设工程是指为人类生活、生产提供物质技术基础的各类建筑物和工程设施的统称。而建设工程项目是指为了特定建设工程（包括新建、改建、扩建的各类工程）而进行的、有明确起止日期的、达到明确规定要求并受到一定资源约束的一组相互关联的活动组成的特定过程，包括策划、勘察、设计、采购、施工、试运行、竣工验收和移交等投资建设活动。

对于建设工程项目定义的理解，应注意以下几个方面特征：

（1）形成特定的固定资产。建设工程项目具有特定固定资产目标要求。这种特定的固定资产首先具有地域上的唯一性，它一定是固定于某一特定的地点，是项目唯一性的最有力证明。

（2）投资额度巨大，建设工期长。建设工程项目是投资额较为巨大的一类项目，而其建设过程是投资转化为固定资产的过程，受到环境、工艺、气候等各方面的影响，往往需要很长的时间。

（3）具有特定的效益追求与多元化目标。建设工程项目最终形成为人类生产、生活提供支持的工程产品，承载了大量的社会投资与社会劳动，是人类追求更好生活的努力过程，必须强调其工程的效益。工程的效益包括社会效益与经济效益。为了达到工程的效益，建设工程项目具有特定的功能、安全、经济、美观、时间乃至可持续发展性能等多方面的目标。

（4）单件性生产。建设工程项目的设计、施工与管理组织，都是单件性生产的，这与工业产品工厂化、批量化生产具有很大的差异。

（5）多方参与与团队合作。除了少数特例（如保密的军事工程）之外，建设工程项目的实施一般是多方参与的过程，也是团队合作的过程。

（6）整体性。一个工程项目往往包括多个单项工程，单项工程又包括多个单位工程。各项工程只有形成一个完整的系统，才能实现项目的整体功能。任何一个子项目的失败都有可能影响整个项目。项目建设包括多个阶段，各阶段紧密联系，各阶段的工作都对整个项目的完成产生影响（杨卫东等，2018）。

2. 咨询

"咨"为商量、咨询，咨询在汉语中有商量、询问、谋划和征求意见的含义。《辞海》将咨询服务定义为接受企事业单位、团体或个人委托，为他们提供各种专门知识的智力服务。哈佛商学院将咨询服务定义为：为某一专业领域修改、推进或简化既定流程提供建议的智力型服务。咨询服务一般由专业咨询机构提供，这些机构运用丰富的专业知识、经验、才能，在维护国家利益的前提下，根据委托者的要求提供有关咨询项目的数据、资料、调研报告、建议方案。

3. 工程咨询

工程咨询（Engineering Consulting）是咨询的一个重要分支。社会经济的发展和社会分工的细化促进了第三产业的出现，在建筑工程领域，工程咨询就是为工程建设项目提供投资、决策、管理等咨询服务的第三产业，属于知识密集型智力服务范畴（黎永艳，2020）。根据《工程咨询行业管理办法》（发改委〔2017〕第9号），工程咨询是指遵循独立、科学、公正的原则，运用工程技术、科学技术、经济管理和法律法规等多学科的知识和经验，为政府部门、项目业主及其他各类客户的工程建设项目决策和管理提供咨询活动的服务，包括前期立项决策阶段咨询、勘察设计阶段咨询、施工阶段咨询、运维阶段的咨询、投产或交付使用后的评价等工作。

4. 全过程工程咨询

国务院办公厅《关于促进建筑业持续健康发展的意见》（国办发〔2017〕19号）文件提出："培育全过程工程咨询。鼓励投资咨询、勘察、设计、监理、招标代理、造价等企业采取联合经营、并购重组等方式发展全过程工程咨询，培育一批具有国际水平的全过程工程咨询企业。"住房和城乡建设部建筑市场监管司《关于推进全过程工程咨询服务发展的指导意见（征求意见稿）》（建市监函〔2018〕9号）将全过程工程咨询定义为：是对工程建设项目前期研究和决策以及工程项目实施和运行（或称运营）的全生命周期提供包含设计和规划在内的涉及组织、管理、经济和技术等各有关方面的工程咨询服务。全过程工程咨询服务可采用多种组织方式，为项目决策、实施和运营持续提供局部或整体解决方案。

国家发展改革委与住房和城乡建设部颁布的《关于推进全过程工程咨询服务发展的指导意见》（发改投资规〔2019〕515号）提出，要遵循项目周期规律和建设程序的客观要求，在项目决策和建设实施两个阶段，着力破除制度性障碍，重点培育发展投资决策综合性咨询和工程建设全过程咨询，为固定资产投资及工程建设活动提供高质量智力技术服务，全面提升投资效益、工程建设质量和运营效率，推动高质量发展。

在实践过程中，由于建设项目实际情况的差异以及市场多样化需求，全过程工程咨询招标所涵盖的内容呈现出多元趋势，服务阶段包含投资决策阶段、工程建设阶段、运营维护阶段等全过程（乃至全生命周期），服务内容可以由前期咨询、招标代理、造价咨询、工程监理、项目管理、工程勘察设计等组合而成，各种组合的全过程工程咨询服务几乎都可以被指导意见提出的定义所涵盖。需要强调的是，正如《关于推进全过程工程咨询服务发展的指导意见》所指出的，全过程工程咨询服务应该是一种投资者或业主方在固定资产投资项目决策、工程建设、项目运营过程中需求日益迫切的"综合性、跨阶段、一体化"的咨询服务，在理解全过程工程咨询概念时应特别重视其综合性、跨阶段、一体化的特点。

（三）全过程工程咨询的内涵分析

1. 全过程工程咨询的服务属性

全过程工程咨询属于智力密集型、技术复合型、管理集约型综合咨询服务。根据住房和城乡建设部发布的一系列规范性文件，如《关于印发〈工程勘察设计行业发展"十三五"规划〉的通知》（建市〔2017〕102号）、《关于征求在民用建筑工程中推进建筑师负责制指导意见（征求意见稿）意见的函》（建市设函〔2017〕62号）等文件均提出大力发展全过程工程咨询，鼓励并倡导勘察、设计、造价、监理等企业通过并购重组、联合等方式发展全过程工程咨询服务，逐步形成建设工程项目全生命周期的一体化工程咨询服务体系，培育一批智力密集型、技术复合型、管理集约型的大型工程建设咨询服务企业。应该强调的是，全过程工程咨询不应是专项咨询服务形式上的简单打包，而是在服务内涵、服务组织、服务内容、服务方法和服务手段等各方面进行实质整合和集成管理。

忠实于客户是服务的基本要求，全过程工程咨询应从工程实际情况出发，以业主方的需求为导向。全过程工程咨询是建立在充分了解业主需求的情况下提供技术和管理咨询服务，即需要了解业主的建设目的、建设背景，进而站在业主的角度考虑项目投资价值、潜在风险、项目全生命周期综合效益最大化，以及项目实施阶段如何高效组织、生态环境影响等问题（丁荣贵，2020），以期通过为业主带来更加优质的服务来实现自身的发展。

（1）综合性特点

全过程工程咨询立足于多元化的市场需求，提供全面且综合的服务，推动建筑业市场向业务综合化、经营规模化、市场国际化的方向发展。全过程工程咨询牵涉面广，涉及政治、社会、经济、环境、文化、技术等领域，牵涉政府部门、投资人、全过程工程咨询单位、参建方、公众、媒体等众多利益相关者，需要协调和处理方方面面的关系，平衡多方利益主体之间的利益需求，考虑各种复杂多变的因素，体现出业务综合性的特征。以项目管理目标为例，全过程工程咨询强调对质量、进度、投资、安全和可持续发展等各项目标的综合平衡与控制，而工程监理服务注重质量和安全目标，造价咨询服务一般关注于投资目标。

（2）跨阶段特点

全过程工程咨询以建设项目为载体，将项目决策阶段、设计阶段、招标采购阶段、实施阶段、竣工阶段、运营阶段有机整合，持续提供投资咨询、勘察、设计、监理、招标代理、造价、项目管理等方面的解决方案以及管理服务，通过统一规划、分工实施、协调管理、沟通融通，有效提高建设项目质量、加速项目进度，从而更好更优质地完成项目建设目标。虽然实践中的全过程工程咨询服务未必涵盖项目的全生命周期，但各专项咨询业务组合而成的全过程咨询服务涉及的阶段通常都比原先的专项咨询业务涉及的阶段更多，在工程建设各阶段的服务强度也更趋向于平衡。

（3）一体化特点

在全过程工程咨询模式下，全过程工程咨询单位承担建设项目全生命周期或相对完整阶段的咨询服务（包括项目管理和各专项咨询服务），为业主方持续提供系统化、综合性、一体化的解决方案，包括建设项目全生命周期工程咨询一体化服务、投资决策综合性咨询服务、工程建设全过程咨询服务、项目运营维护咨询服务等（王章虎，2022）。全过程工程咨询服务作为一种智力型服务，需要多学科知识、技术、经验、方法和信息的集成和创新，以持续地为项目决策阶段、实施阶段和运营阶段产生的问题提供行之有效的咨询服务或整体解决方案，实现工程项目价值增值。无论是由一家单位承担全过程工程咨询服务，还是由几家单位组成的联合体承担全过程工程咨询服务，都应当建立一体化的服务团队承担服务内容。

2. 推行全过程工程咨询的目的

考虑到国务院办公厅颁布的《关于促进建筑业持续健康发展的意见》（国办发〔2017〕19号）与国家发展改革委与住房和城乡建设部颁布的《关于推进全过程工程咨询服务发展的指导意见》（发改投资规〔2019〕515号）是全过程工程咨询政策形成过程中最重要、最权威的两个顶层设计文件，对这两个文件进行进一步分析可以帮助我们理解我国推行全过程工程咨询服务的目的。

《关于促进建筑业持续健康发展的意见》指出，建筑业大而不强，监管体制机制不健全、工程建设组织方式落后、建筑设计水平有待提高、质量安全事故时有发生、市场违法违规行为较多、企业核心竞争力不强、工人技能素质偏低等问题较为突出。该文件指出"需培育一批具有国际水平的全过程工程咨询企业"。《关于推进全过程工程咨询服务发展的指导意见》则指出，随着我国固定资产投资项目建设水平逐步提高，为更好地实现投资建设意图，投资者或业主方在固定资产投资项目决策、工程建设、项目运营过程中，对综合性、跨阶段、一体化的咨询服务需求日益增强。这种需求与单项咨询服务供给模式之间的矛盾日益突出。

从上述文件可以看出，国家推行全过程工程咨询至少包括两个方面的目的：一是提升我国工程建设的绩效；二是培育具有国际水平的、实力强大的工程咨询企业。一方面，传统咨询业的"碎片化、分散化"模式已不能满足各类建设业主的需要（丁士昭，2020），在固定资产投资项目决策、工程建设、项目运营过程中，业主亟需集成化、一体化的综合型咨询服务，全面提升投资效益、工程建设质量和运营效率，推动工程建设的高质量发展。另一方面，全过程工程咨询的提出有利于突破各类专业咨询企业发展瓶颈，整合各要素资源，创新工程咨询模式，推动企业可持续发展，为工程咨询业注入新的活力。为满足建筑业国际化、集约化的发展要求，更好地服务于"一带一路"等国家战略，国内咨询行业通过全过程工程咨询服务的推行，培养一批又大又强的综合型咨询服务企业，实现专业咨询业务增值，加快与国际咨询业接轨。

3. 全过程工程咨询的服务理念

发展"综合性、跨阶段、一体化"的全过程工程咨询服务的过程是从碎片化走向集成化的过程，因此，"集成管理理念"是全过程工程咨询服务相对于各种专项咨询服务最需要秉持的理念。本节从管理集成、组织集成、数据集成以及过程集成四个角度阐述集成管理理念。

（1）管理集成理念

约瑟夫·哈林顿（J. Harrington）1973年最早提出计算机集成制造的概念，此后，集成理论迅速发展。切斯特·巴纳德（Chester Barnard）最早提出管理集成思想，在《管理人员的职能》一书中最早提出系统协调思想。之后，创新经济学学者约瑟夫·熊彼特（Joseph A. Schumper）在其创新理论中指出，创新过程不仅包括技术创新，而且也包括制度创新，进而又提出在技术创新过程中技术和管理整合的思想。1998年，查尔斯·萨维奇（Charles Savage）在《第五代管理》一书中提到：集成不仅是一种技术手段，集成正在影响着组织的结构，集成的过程是保持企业内部和外部联系的关键模式。

国内，钱学森（2005）最早提出综合集成是处理开放的复杂巨系统的有效方法，为我国管理集成理论与方法创新提供了新的思路。之后，华宏鸣教授、李宝山教授、陈国权教授等国内学者对管理集成的组织形式、概念、理论、方法等作了研究论证。

管理集成是一种全新的管理理念及方法，其核心就是强调一体化的整合思想。从管理的角度来看，集成并不是单个元素的简单相加，而是一种创造性的融合过程，即按照某一（些）集成规则将各个元素进行重组和再造，形成一种新的"有机体"，进而使各集成要素的优势能充分发挥，更为重要的是使有机整体的功能实现倍增或涌现出新的功能（王伟军等，2003）。管理集成是一种效率和效果并重的管理模式，它突出了一体化的整合思想，管理对象的重点由传统的人、财、物等资源转变为以科学技术、人才等为主的智力资源，提高企业的知识含量，整合与项目相关的管理信息，将激发知识的潜在效力作为管理集成的主要任务。

在全过程工程咨询领域，管理集成理念要求咨询服务者通过综合性、系统化的视角解决管理目标、管理过程、组织资源、管理环境等方面的问题，强调各种管理要素之间的交互关联关系。

（2）组织集成理念

组织集成是指将具有不同功能的组织要素集成为一个有机组织体的行为过程，其目的是使组织体的功能发生质的突变，整体效益得到极大提高。组织集成是一种形态，通过人主动的集成行为，使得组织表现为一种集成化组织。组织集成是从整体与战略角度出发，综合应用各种先进的组织理论、方法和技术，将组织的各种要素有机整合，形成与产品开发系统有关的人、技术及组织三者之间的有机整体（李成标，2002）。组织集成最早出现于制造业的组织管理模式，在企业竞争理念发生变化、组织边界模糊化、企业创新需求巨大的背景下，出现了分形制造、敏捷制造、动态联盟制造等组织集成形式。组织集成立足于现代制造技术、现代组织理论、管理科学原理、系统分析与工业工程技术、信息科学与信息技术、协同学等多学科理论基础之上（刘波，2006），学术界对于组织集成的定义有几类不同的观点。

第一类观点强调部门之间的相互依赖。组织内有三种调停与和解的方法，即支配、协议和整合。整合被定义为跨职能部门（cross functioning）之间进行的团队合作。组织集成是以实现组织目标为最终目的，相关职能部门之间通过沟通、协调和信息共享等方式进行一致性努力的过程。在高科技行业，部门的协调、相互依赖的需求更为迫切，实证结果表明相互依赖才是组织前进的动力。有关学者认为整合是存在于部门之间合作的质量状态，是可获得独特新产品效果的关键，而这个合作必须依据各子系统的涉入程度与以不确定性最小化为目标的信息转换。通过组织集成，使得企业内不同的部分相结合，并且通过一致行动实现共同目标。

第二类观点强调组织之间的联结。组织集成是不同组织通过有效的组合以提升彼此竞争优势的策略，可以定义为组织双方为了促进营运而连结双方系统和程序的程度。组织集成的程度有两个极端，一端是两组织完全独立运作，没有公司间内部系统的联结；另一端是两组织间内部系统具有紧密的联结。有关学者将组织集成进一步定义为：组织双方为了获得合作所产生的策略性结果而进行组织间协调，从而促进组织间分享信息、机会以及获得竞争优势。

第三类观点认为组织集成包括组织内部的协调以及组织之间的合作。组织集成由外部组织整合和内部组织集成构成。举例来说，组织集成是指参与新产品开发的团队与其他团体之间（包括组织内部与组织外部）的合作程度，把外部组织集成定义为外部的与企业产品开发有利益关系的团体（客户和供应商）与新产品开发团队的合作和沟通程度，内部组织集成定义为企业内部与新产品开发有关的各职能部门（如工程和制造部门）与新产品开发团队的合作和沟通程度。

通过咨询内容的集成，工程咨询服务从碎片化走向全过程的过程客观上也是一个组织集成的过程。全过程咨询服务打破了传统分散的管理组织，采用集成化、一体化的综合咨询服务模式将勘察设计、项目管理、工程监理等咨询内容集成到一个组织团队来完成，全过程工程咨询团队可最大限度地统一目标，协调内部关系，解决管理界面重复交叉、各单位利益博弈、信息漏斗等问题，大幅度减少人力资源重复投入和无效的日常管理工作，有效提升工作效率。

（3）数据集成理念

数据集成是要将互相关联的分布式异构数据源整合到一起，发现不同数据源中指代相同含义、实体的数据之间的关联关系（王淞等，2020），使用户能够以透明的方式访问这些数据源。集成是指在独立的子系统之间交换数据信息，保证数据源整体上的数据一致性、提高信息共享利用的效率。透明的方式是指用户无需关心如何实现对异构数据源数据的访问，只关心以何种方式访问何种数据，从而使得用户获取信息数据更为简单，满足用户的信息交互使用需求（陈跃国，2004）。数据集成的目的在于将分布式异构数据源在保证原有数据结构不变的情况下，或对数据源的原有数据结构进行变换甚至处理后，实现各个数据源的共享以及对数据源派生出的新的数据进行分析与共享。

就组织信息化而言，信息系统建设通常具有阶段性和分布性的特点，这就导致"信息孤岛"现象的存在。"信息孤岛"是指由于信息标准不一、统计口径不一等原因导致的不同信息系统之间，尤其是不同部门间的数据信息不能共享，造成系统中存在大量冗余数据、垃圾数据，无法保证数据在各部门之间传递的一致性，严重阻碍组织信息化建设的整体进程。为解决这一问题，人们开始关注数据集成研究。

数据集成是继系统集成、业务基础、应用集成之后信息技术应用的新重点，目前学者对于数据集成的研究大多集中于数据集成方法领域。模式集成方法、数据复制方法以及综合型集成方法是三种典型的数据集成应用范式。模式集成是最早被采用的数据集成方法，该方法主要包含两种典型的模式，一是联邦数据库，二是中间件集成方法。数据复制方法可以从数据传输方式和数据复制触发方式两个方面来划分。综合型集成方法则将模式集成方法和数据复制方法进行融合，充分考虑数据源的私密性和稳定性，创造便捷的用户访问方式（陈跃国，2004）。从数据集成的网络拓扑结构上看则有网状数据集成模式和星型数据集成模式，实现数据集成的系统称作数据集成系统（图 1.1.1），它为用户提供统一的数据源访问接口，执行用户对数据源的访问请求。

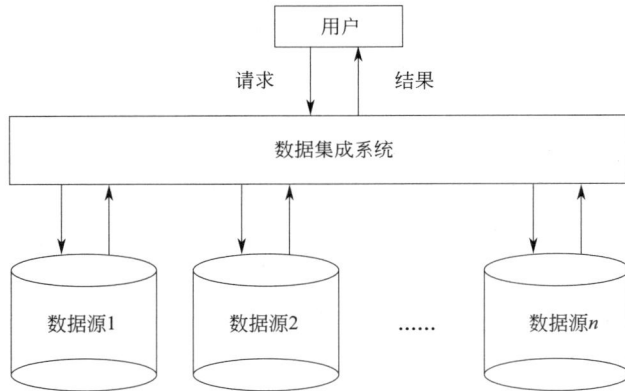

图 1.1.1 数据集成系统模型

全过程工程咨询团队通过数据集成可以全面真实地掌握工程建设运行的实际信息，在此基础上提出的各项工程决策支持方案、工程实施方案和优化方案，更具有科学性与可靠性，为最终工程建设的绩效提升提供保障。

（4）过程集成理念

冯绍军和陈禹六（2001）认为活动与活动之间的各种关系构成了过程单元（或子过程），过程单元与过程单元之间的关系则构成了更高层次的过程，依次类推，可构成各种不同层次的过程。过程集成就是在完成信息集成的基础上进行过程之间的协调，消除过程中各种冗余和非增值的子过程（活动），以及由人为因素和资源问题等造成的影响过程效率的一切障碍，使企业过程总体达到最优。过程集成是企业集成的基础，企业过程集成的主要分析方法之一是生命周期分析方法（Life Cycle Analysis，简称 LCA）（龚俊波等，

2006）。全生命周期是指产品从自然界获取资源、能源，经开采、冶炼、加工制造等生产过程，又经储存、销售、使用消费直至报废处置各阶段的全过程，即产品"从摇篮到坟墓"，进行物质转化循环的整个生命周期。

在建设工程项目集成化管理模式中，全生命周期管理反映了纵向管理范围，要求将全要素管理贯穿于工程建设全过程之中，站在项目整体形成、运行、回收过程的角度，统一管理理念，统一管理目标、组织领导和管理规则。

传统的工程咨询模式强调阶段划分以及顺序性，承担各阶段服务的组织更关注自己的领域，较少考虑整个系统。全过程工程咨询团队从决策阶段开始考虑项目的整个生命周期，因此能从全局出发，对项目进行集成化管理。

（四）全过程工程咨询的优越性

相较于传统的分散化、碎片式的工程咨询服务模式，全过程工程咨询服务的优越性主要体现在对业主方管理集成能力的"成建制"提升上。

1. 业主方的集成管理能力是重要而稀缺的资源

考虑到业主方在建设工程项目全生命周期中所处的重要地位，由其作为核心主体对整个工程进行综合集成就显得尤为必要。业主方的总集成地位具体表现在以下方面（李永奎等，2012）。

（1）负责项目构想推进、前期决策与落地实施，是建设工程项目的总决策与总策划者。从建设工程项目的全生命周期来看，项目的相关具体决策会根据不同阶段的需求进行适应性演变，而这样的演变恰恰体现了业主方在整个项目决策中的核心地位。

（2）负责项目各分部分项工程的目标管理，是建设工程项目的总计划者。作为建设工程项目的需求单位，业主方应最为关注项目的投资、质量与进度等目标。2018年3月住房和城乡建设部发布的《关于印发〈住房和城乡建设部工程质量安全监管司2018年工作要点〉的通知》强调需强化业主首要责任，全面落实质量终身责任制。通知进一步明确业主方对工程质量的首要责任，强化业主方在工程质量的责任主体地位。由此可见，业主方在工程质量管理及其他目标管理过程中处于主导地位，负有统筹管理目标的责任，并需对目标履行做出阶段性的计划（陈静，2018）。

（3）负责项目的过程控制，是建设工程项目的总控制者、总管理者。从建设工程项目的管理控制权角度来看，业主方与各单位签订合同确定权责利关系，是整个项目层面具有最大控制与管理权限的单位，在整个项目的社会网络中具有最大的中心度。一方面，业主方通过自身的组织结构设计与管理职能分配对整个建设工程项目实施总体控制。另一方面，业主方通过制定各类过程管理制度，对项目实施总体与过程的全方位管理。

（4）负责项目的沟通、协作与协同，是建设工程项目的总组织者、总协调者。业主方不仅需对上负责，与政府部门进行协调，还需对下负责，沟通协调各种利益相关方。对于复杂的建设工程项目而言，处理好项目各参建方、各利益相关者之间的利益与组织关系是业主方的责任，也在一定程度上保证了项目的顺利进行。

综上所述，业主方作为项目的最高集成者，在整个项目的组织、管理、控制、协调等方面具有最高的权力。但从工程实践情况来看，在设计施工能力大幅度提升的背景下，建设集成管理能力的不足可能是工程项目绩效不佳的主要原因之一（曹伟，2015）。随着工程的复杂性逐渐提高，在工程项目的建设过程中，业主方面临着更艰巨的组织管理、统筹协调的挑战，这在一定程度上更加扩大了业主方集成管理能力的"缺口"。

2. 传统咨询服务在提升业主方集成管理能力方面具有局限性

传统的专项工程咨询服务通常以提升业主方在某一阶段或某一领域的管理或技术能力为重点，而不是着眼于提升业主方全过程集成管理能力。如工程监理服务，更多的是一种代表业主方利益的施工阶段质量管理和安全管理能力的提升。招标代理则主要聚焦于工程采购阶段。工程设计服务虽然涉及工程建设的全过程，但更多的是一种技术服务，而不是管理服务。造价咨询服务是一种涉及工程建设全过程的管理咨询服务，但从目标角度来看，聚焦于造价目标而不是全局性目标。

相对比较特殊的一种专项工程咨询服务是项目管理服务。项目管理服务是一种涉及工程建设全过程且以提升业主方集成管理能力（做强业主）为主要目的的工程咨询服务类型。这也是包含项目管理服务的各种服务组合被很多从业者视为全过程工程咨询服务的重要原因。如有的研究者提出全过程工程咨询服务"$1+N$"的组合方式，其中的"1"即指项目管理服务，是否包含项目管理服务被视为判断是否属于全过程工程咨询服务的标准。从提升业主方管理集成能力的视角来看，这是十分有意义的判断标准。

3. 全过程工程咨询是提升业主集成管理能力的有效途径

面对上述问题，全过程工程咨询提供了一条有效的解决路径。通过将项目管理和各项工程咨询业务委托给一家单位或多家单位组成的联合体，全过程工程咨询将各专业咨询服务高度集成，有机协同各阶段的工作内容（汤广忠等，2022），对业主方管理集成能力进行"成建制"提升。

首先，全过程工程咨询通过"成建制"的专业团队，为业主方提供涵盖各种管理和技术岗位的专业管理力量。全过程工程咨询服务模式可以按照业主的需求进行专业团队配置，有效解决业主方管理力量不足的问题。

其次，全过程工程咨询具备"成建制"的工程经验和专业水平，能够为业主方提供全过程咨询服务。在工程实践中，很大比例的业主方是为某一项目建设而临时组建的管理团队，项目结束后管理团队一般会随之解散，但团队在实践过程中的知识积累无法得到有效存储与分享，导致管理经验浪费（刘闯等，2021）。而全过程工程咨询团队在行业中承接各类工程项目，已经积累了丰富的实践经验，因此全过程工程咨询可以充分获取并积累专业服务交易过程中产生的隐性知识和技术技巧，进而利用螺旋式上升的专业水平更好地服务于下一个项目（严玲等，2021）。

综上所述，全过程工程咨询服务是一种"成建制"提升业主方集成管理能力的有效途径，可以在很大程度上强化业主方对工程项目的管控力量，为我国工程建设的组织系统补齐短板，进而提升建设工程项目绩效。

第二节　全过程工程咨询的理论基础

从历史的经验来看，实践模式的诞生往往根植于一定的理论基础。全过程工程咨询亦不例外，其服务模式必然是结合项目管理的问题背景以及项目治理与组织理论衍生而成的。本小节从三个理论基础分析的角度展开讨论，分别是项目管理相关理论、项目治理相关理论以及系统工程理论。三个理论视角相互促进，共同为全过程工程咨询的发展提供理论指导。

（一）项目管理相关理论

人类社会的发展促进了项目管理科学理论与方法的创立和发展。项目管理的起源可以追溯到远古时代，如埃及的金字塔，古罗马的尼母水道，中国的万里长城、都江堰等，都是前人项目管理实践的典范，人类智慧的结晶。但是，当时的项目管理思想还是朴素的、非系统的，没有形成系统项目管理理论、技术与方法，主要依靠个人的天赋与才能来进行项目管理。1958 年，美国海军部在"北极星导弹计划"中，利用计算机作为管理工具，开发出"计划评审技术"（Program Evaluation & Review Technique，简称 PERT），顺利解决了涉及 48 个州的 200 多个主要承包商和 11000 多家企业的组织和协调问题，节省了大量投资，缩短工期 25%（约两年时间）。这一技术的出现被公认为是现代项目管理起点。20 世纪 60 年代，美国在"阿波罗计划"中，通过立案、规划、评价、实施，开发了著名的"矩阵管理技术"。美国还成功开发了计划项目预算体系（Planning-Programming-Budgeting System，简称 PPBS）。

随着项目管理理论与方法的不断发展和学术研究的需要，欧洲于 1965 年成立国际项目管理协会（International Project Management Association，简称 IPMA），几乎所有欧洲国家都是其成员。美国于 1969 年成立了项目管理学会（Project Management Institute，简称 PMI）。以下以美国项目管理学会发布的项目管理知识体系为对象概要阐述项目管理相关理论。

美国项目管理学会在《项目管理知识体系指南（第六版）》中对项目管理给出了如下定义：项目管理是将知识、技能、工具和技术应用于项目活动，以满足项目的要求。项目管理通过合理运用与整合特定项目所需的项目管理过程得以实现。项目管理使组织能够有效且高效地开展项目。在《项目管理知识体系指南》的指导下，随着工程项目及项目管理学科的发展，工程项目管理已拥有一套独立且全面的控制理论体系，用以指导工程项目的建设管理工作（丁士昭，2014）。

1. 《项目管理知识体系指南（第六版）》概述

《项目管理知识体系指南》（*Project Management Body of Knowledge*，简称 PMBOK）由美国项目管理协会制定。《项目管理知识体系指南》作为项目经理的必备参考书，长期引领着项目管理的发展。《项目管理知识体系指南》已被公认为项目管理的全球重要标准之一，为促进项目经理取得卓越项目绩效提供了极具价值的基础。第一版《项目管理知识体系指南》由美国项目管理协会组织 200 多名世界各国项目管理专家历经四年完成，并于 1996 年对外发布。期间定期进行更新，以满足项目管理学科的不断发展。2017 年发布的《项目管理知识体系指南（第六版）》将项目管理划分为十大知识领域，如表 1.2.1 所示。

《项目管理知识体系指南（第六版）》十大知识领域　　　　表 1.2.1

序号	知识领域	任务和目的
1	整合管理	识别、定义、组合、统一和协调各项目管理过程组的各个过程和活动，包括制定项目章程和项目管理计划、管理项目知识、监控项目工作、实施整体变更控制等
2	范围管理	确保项目做且只做所需的全部工作，以成功完成项目的各个过程
3	时间管理	为管理项目按时完成所需的各个过程，包括活动定义、活动顺序排列、估算活动资源、估算活动持续时间、指定进度计划并控制

序号	知识领域	任务和目的
4	成本管理	在批准的预算内完成而对成本进行规划、估算、预算、融资、筹资、管理和控制的各个过程
5	质量管理	规划、管理、控制项目和产品质量要求
6	资源管理	识别、获取和有效管理各类资源
7	沟通管理	通过执行用于有效交换信息的各种活动,来确保项目及相关方的信息需求得以满足的各个过程
8	风险管理	提高项目中积极事件的概率和影响,降低项目中消极事件的概率和影响,从而提高项目成功的可能性
9	采购管理	从项目团队外部采购或获取所需产品、服务或成果的各个过程
10	干系人管理	对能够影响项目或受项目影响的人员、团体或组织进行识别,分析干系人对项目的期望和影响,制定合适的管理策略来有效调动干系人参与项目决策和执行

2.《项目管理知识体系指南(第七版)》概述

为满足项目管理从业者当前和未来的需求,更加敏捷、创新和高效地在快速发展的市场环境下管理各类项目,由美国项目管理协会于 2017 年发布的《项目管理知识体系指南(第七版)》并没有延续之前版本的渐进式修改,而是采用激进式修改,以应对 VUCA(Volavility,Uncertainty,Complexity 和 Ambiguity 四个英文单词首字母缩写,分别表示易变性、不确定性、复杂性和模糊性)时代及数字化时代变革策略。相较于前六个版本,《项目管理知识体系指南(第七版)》提出了 12 条项目管理原则和 8 个项目绩效域,重构了项目管理标准和知识体系。

参与《项目管理知识体系指南(第七版)》编制的研究人员代表不同行业,拥有处理各种项目的经验,经过多轮反馈形成的 12 条项目管理原则为项目实施提供极具价值的指导,但这些原则的应用程度及其应用方式受到组织、项目、可交付物、项目团队、干系人和其他因素的影响。《项目管理知识体系指南(第七版)》提出的 12 条项目管理原则如表 1.2.2 所示。

《项目管理知识体系指南(第七版)》提出的 12 条项目管理原则　　　表 1.2.2

序号	项目管理原则
1	成为勤勉、尊重和关心他人的管家
2	营造协作的项目团队环境
3	有效的干系人参与
4	聚焦于价值
5	响应系统交互
6	展现领导力思维
7	根据环境进行剪裁
8	将质量融入过程和可交付物中
9	驾驭复杂性
10	优化风险应对
11	拥抱适应性和韧性
12	为实现预期的未来状态而驱动变革

项目绩效域被定义为一组对有效交付项目成果至关重要的相关活动。《项目管理知识

体系指南（第七版）》将项目管理划分为干系人、团队、开发方法和生命周期、规划、项目工作、交付、测量和不确定性等 8 大绩效域，如表 1.2.3 所示。

《项目管理知识体系指南（第七版）》提出的 8 大绩效域　　　表 1.2.3

序号	绩效域	内涵
1	干系人绩效域	解决与干系人相关的活动和职能
2	团队绩效域	解决与负责生产实现业务成果的项目可交付成果的人员相关的活动和职能
3	开发方法和生命周期绩效域	解决与项目的开发方法、节奏和生命周期阶段相关的活动和职能
4	规划绩效域	解决与交付项目的可交付物和成果所需的初始、持续和不断发展的组织,协调相关的活动和职能
5	项目工作绩效域	解决与建立项目流程、管理实物资源和培养学习环境相关的活动和职能
6	交付绩效域	解决与交付项目所要实现的范围和质量相关的活动和职能
7	测量绩效域	解决与评估项目绩效和采取适当措施以保持可接受的绩效相关的活动和职能
8	不确定性绩效域	解决与风险和不确定性相关的活动和职能

3. 项目管理相关理论与方法

在《项目管理知识体系指南》理论体系的指导下，项目管理领域涌现出诸多与全过程工程咨询服务模式紧密关联的相关理论与方法。

（1）目标管理方法

目标管理方法是项目管理的基本方法，项目管理工作围绕目标展开。项目实施需要重视项目目标的整体性，对项目目标进行整体和系统的规划，不能将目标隔离开来单独或阶段性地考虑问题，否则很难达到目标整体最优的效果。系统理论认为局部最优不一定是全局最优，全局最优才是项目管理所需要追求的目标。随着计算机技术、通信技术、控制论、系统论的发展，项目自身的系统性质决定了项目管理应该采用建立目标系统的方法。以项目目标控制为中心，在科学的基础上进行管理是项目管理发展的必然趋势。只有使人们树立以项目管理目标为中心的管理思想，形成以项目目标为中心的项目管理体系，才能有效地实施项目。

项目目标是指实施项目所要达到的期望结果。项目管理的基本目标就是在限定的时间内，在限定的资源条件下，以尽可能快的进度、尽可能低的成本圆满完成项目任务。所以，项目管理的基本目标有三个最主要的方面——进度目标、成本目标和质量目标。这三者互相联系，互相影响，共同构成了项目管理的目标系统。

（2）项目组织理论

项目组织理论也称为临时组织理论，相关国外学者把项目定义为一种临时组织，认为项目应该作为一个临时组织进行管理。在项目组织中，决定因素包括时间、任务、团队和转化。项目组织理论认为，时间是最关键的，项目组织有时间范围和时间限制，体现了时间的约束性，这是项目组织与永久性组织的最基本的区别。其次是任务，项目组织是临时性的，依赖任务而存在，没有具体的任务就不存在项目组织，这些任务都是经过精确定义的，对任务的定义也就提供了临时组织的存在理由，项目任务具有一次性的特点。再次是团队，团队是对项目临时组织的进一步定义，团队的组织形式由任务和允许的时间所决定，这也取决于可获取的资源、观念及态度上的支持程度。最后一个因素是转化，项目临时组织通常会创造或者是达到一项特定的目标，这个目标包含了要素的转化，项目组织是完成这种转化的手段，"转化"就意味着项目组织"原来"与"以后"的性质是不同的，因此，发生一系列的转化也是临时组织的重要因素（尹贻林和徐志超，2017）。与此相区别的是，永久性组织则常常是通过目标、生存、工作组织、制造过程、持续发展来定义。

（3）动态控制原理

项目管理就是将知识、技能、工具与技术应用于项目活动，以达成项目目标。因此，对于目标的控制是极其重要的。动态控制原理指的是项目目标控制，本质上是一个动态控制过程，是一个循环运行的过程，在过程中监测实际值与计划值的差异，找出偏差的原因并进行分析，并采取相应的控制措施或对计划值进行调整（薛能资，2007）。

动态控制原理强调，项目实施过程中主客观条件的变化是绝对的，不变是相对的，在项目进展中平衡是暂时的，不平衡则是永恒的，因此在项目实施过程中必须随着情况的变化进行项目目标的动态控制。

（4）PDCA 循环原理

PDCA 循环（又称戴明环）也是一种被广泛采用的项目目标控制理论。它是一种能使活动有效进行的合乎逻辑的工作程序。PDCA 循环包括计划（plan）、执行（do）、检查（check）和处置（action）四个基本环节，必须形成闭环管理，四个环节缺一不可（吕志强和栗继祖，2019）。

计划是指明确目标并制定实现目标的行动方案。

执行是指具体运作实现计划中的内容。执行包含两个环节：一是计划行动方案的交底；二是按计划规定的方法与要求展开活动。

检查是指对计划实施过程进行各类检查。检查包含两个方面：一是检查是否严格执行了计划的行动方案，实际条件是否发生了变化，没按计划执行的原因；二是检查计划执行的结果。

处置即对检查中发现的问题，及时进行原因分析，采取必要的措施予以纠正，保持目标处于受控状态。处置分为纠偏处置和预防处置两个步骤：纠偏处置是采取应急措施，解决已发生的或当前的问题或缺陷；预防处置是反思问题症结或计划的不周，为今后类似问题的预防提供借鉴。

（5）工作分解结构（WBS）方法

工程项目未能完成其目标的一个原因是，工程项目团队没能做好项目的范围管理，而项目范围管理的核心就是正确应用工作分解结构（Work Breakdown Structure，简称WBS）。工作分解结构是指以可交付成果为导向对项目要素进行的分组，它归纳和定义了项目的整个工作范围，每下降一层代表对项目工作的更详细定义。工作分解结构处于计划过程的中心，也是制定进度计划、资源需求、成本预算、风险管理计划和采购计划等的重要基础（乌云娜等，2007）。工作分解结构同时也是控制项目变更的重要基础。项目范围是由工作分解结构定义的，所以工作分解结构也是一个项目的综合工具。

工作分解结构有三个主要用途。首先，工作分解结构是一个描述思路的规划和设计工具，它帮助项目经理和项目团队确定和有效地管理项目的工作；其次，工作分解结构是一个清晰地表示各项目工作之间相互联系的结构化设计工具，在其帮助下，项目可以更好地展现全貌，详细说明为完成项目所必须完成的各项工作；最后，工作分解结构定义了里程碑事件，可以向高级管理层和客户报告项目完成情况，作为项目状况的报告工具。

工作分解结构是面向项目可交付成果的成组的项目元素，这些元素定义和组织该项目的总的工作范围，未在工作分解结构中包括的工作就不属于该项目的范围。工作分解结构每下降一层就代表对项目工作更加详细的定义和描述（江萍和成虎，2000）。项目可交付成果之所以应在项目范围定义过程中进一步被分解为工作分解结构，是因为较好的工作分解：可以防止遗漏项目的可交付成果；帮助项目经理关注项目目标和澄清职责；建立可视化的项目可交付成果，以便估算工作量和分配工作；帮助改进时间、成本和资源估计的准确度；帮助项目团队的建立和获得项目人员的承诺；为绩效测量和项目控制定义一个基准；辅助沟通清晰的工作责任；为其他项目计划的制定建立框架；帮助分析项目的最初风险。

（6）利益相关者理论

利益相关者理论是20世纪60年代在西方国家逐步发展起来的。进入20世纪80年代以后其影响迅速扩大，开始影响美英等国的组织治理模式的选择，并促进了企业管理方式的转变（王唤明和江若尘，2017）。除了在公司治理方面，利益相关者视角也是项目管理的重要视角之一。建设项目利益相关者管理是指对在建设项目生命周期中，对建设项目目标的实现起到促进作用或影响的组织和个人的管理。建设项目利益相关者管理是解决建设项目利益冲突，实现利益最大化和项目目标的重要途径和手段（沈岐平和杨静，2010）。

根据利益相关者与项目的不同影响关系，建筑工程项目利益相关者可以分为"主要利益相关者"和"次要利益相关者"。主要利益相关者是指那些与项目有契约合同关系的团体或个人，包括业主方、施工单位、设计单位、供货单位、监理单位、给项目提供借贷资金的金融机构等；次要利益相关者是指与项目有隐性契约，但并未正式参与到项目的交易中，受项目影响或能够影响项目的团体或个人，包括政府部门、环保部门以及社会公众等。

（7）价值工程与费用效益分析

价值工程作为技术与经济相结合的管理活动，能够提高项目管理工作的整体价值，让经济和技术相融合，避免功能浪费或成本过高的情况，为企业在激烈的市场中提高自身的竞争力，同时也在提倡科学发展，建立节约、和谐的社会生活上起着重要的作用。

价值工程也被称为价值分析，是以产品或作业的功能分析为核心，以提高产品或作业的价值为目的，力求用最低寿命周期成本可靠地实现产品或作业使用所要求的必要功能的有组织的创造性活动。其中价值可以理解为一种尺度，这种尺度体现了某一事物的功能和实现这种功能的耗费之比，用公式来表示就是："价值＝功能/成本"。

通过这个定义式我们可以很明确地看出价值工程既不是片面地提高功能，也不是单纯地追求降低成本，而是把功能和成本作为一个整体来研究，在保证产品的使用功能的前提下，尽可能地降低成本，提高产品的价值，使生产者和使用者都能够获得利益，这就是价值工程体系所追求的目标。

（8）全生命周期理念

建设项目的全生命周期是描述项目从开始到结束所经历的各个阶段，包括决策阶段、实施阶段以及运维阶段。实际工作中根据不同领域或不同方法再进行更为细化的具体划分。在项目生命周期运行过程中的不同阶段，不同的组织、个人和资源扮演着不同角色。

建设项目全生命周期管理涉及工程各参建方的管理，包括投资方的管理、开发方的管理、设计方的管理、施工方的管理、供货方的管理、工程使用期管理方的管理等。我国建设工程领域的迅猛发展对工程质量、使用年限、资源的利用率等方面都提出了更高要求，因此，全生命周期管理在建设工程领域日益受到重视。

全生命周期管理要求站在项目整体形成、运行、拆除过程的角度，统一管理理念，统一管理目标、组织领导、管理规则并建立集成化的管理信息系统。建设项目全生命周期管理对全过程、集成化、信息化等都提出了较高的要求。

（二）项目治理相关理论

项目治理指能够构建一套包含一系列正式或非正式、内部或外部的制度或机制的体系。项目治理科学合理地规定了项目各参建方之间的责权利关系，从而在项目交易中建立一种良好的秩序，以求有效协调利益相关者之间的关系并缓和各方之间的利益冲突（尹贻林等，2021）。本节即从项目治理理论基础、项目治理的概念以及项目治理的结构与机制展开介绍。

1. 项目治理理论基础

（1）项目管理理论

项目管理理论是项目治理理论的重要基础。前面已对项目管理理论进行简述，此处不再重复。

（2）公司治理理论

公司治理，从广义角度理解，是研究企业权力安排的一门科学。从狭义角度上理解，是基于企业所有权层次，研究如何授权给职业经理人，并针对职业经理人履行职务行为、行使监管职能的科学。

不同国家、不同企业采用不同的公司治理模型。宽宏模型常见于英美国家，倾向于以股东的权益为优先考量。常见于欧洲和日本的协调模型则更强调经理人以及工作者、供货商、顾客和社区等利益相关者的权益。两类模型具有不同的特征和竞争优势。宽宏模型鼓励激烈的创新及成本竞争，协调模型则促进渐进式的创新和质量比拼。在美国，大多数公司由董事会治理。他们有权选择行政主管，例如首席行政官。首席行政官在日常运作中，有更大权力来管理公司，但大型行动则需要得到董事会的同意，例如聘用直属同事、筹募费用、收购其他公司、大型资本扩张及其他昂贵项目。董事会则要制定政策、颁布重要决定、检查管理成效等。董事会的董事由股东选举产生，并对股东负责。

（3）新制度经济学理论

新制度经济学派是在 20 世纪 70 年代凯恩斯经济学对经济现象丧失解释力之后兴起的。新制度经济学（New institutional economics）在学者科斯撰写并发表的《企业的性质》论文中首次提出。所谓新制度经济学，正如科斯所说，就是用主流经济学的方法分析制度的经济学。

新制度经济学放宽了新古典经济学的一系列假设，在增强解释力的同时，也更加满足现实经济发展的需要。迄今为止，新制度经济学的发展初具规模，已形成委托代理理论、管家理论、交易成本理论等几个支流。

①委托代理理论

委托代理理论的产生可以追溯到 20 世纪 30 年代，美国经济学家伯利和米恩斯观察到企业所有者兼经营者在一些企业决策上存在问题，于是提出"委托代理理论"，倡导所有权和经营权分离，企业所有者保留剩余索取权，而将经营权利让渡给其他主体（吉格迪和杨康，2020）。委托代理理论被视为现代公共治理的"逻辑起点"。

委托代理理论是制度经济学契约理论的主要内容之一。委托代理关系是指一个或多个行为主体根据显性或隐形的契约，指定、雇佣另一些行为主体，在授予其一定的决策空间的基础上，要求其为自身服务，并根据后者提供的服务数量和质量对其支付相应的报酬。授权者就是委托人，被授权者就是代理人。委托代理关系的适用背景很大程度上取决于一些专业化的问题（宋子健等，2020）。当存在"专业化"时就可能出现一种关系，在这种关系中，代理人由于相对优势而代表委托人行动。委托代理理论从不同于传统微观经济学的角度来分析企业内部、企业之间的授权与被授权关系，它在解释一些组织现象时，优于一般的微观经济学。

②管家理论

作为一个更成熟的治理模型，管家理论在追求组织的长期利益方面是对代理理论的更好选择，具有实践和理论基础，是系统、完整和整体的管理理论和组织发展原则。管家理论在工程咨询领域也具有适用性。当所服务的具体情景不再是企业而是项目时，专业咨询团队所带来的集成化可以将项目的各参与方的利益及目标整合成一个整体，作为"管家"在建设项目的全生命周期中提供服务，其与业主方目标的一致性也有利于实现项目的效用最大化。在建设项目中，管家理论更强调建立正式合同之外的关系基础上的信任与授权。

管家理论认为委托代理理论对经营者内在机会主义和偷懒的假定是不合适的，而且经营者对自身尊严、信仰以及内在工作满足的追求，会使他们努力工作，做好"管家"。管家理论认为，股东或其他利益相关者可以采取一些手段，使得经营者严于律己，在此基础上实现两方的利益目标统一（李洪佳，2013）。

③交易成本理论

交易成本理论把交易作为分析的基本单元。造成各交易存在成本差异的关键是交易的频率、不确定性和资产专用性。治理模式由交易属性所决定，交易与治理结构的对应方式各不相同，但都以交易成本最小化为目标。交易成本存在的基本因素包括机会主义、有限理性和资产专用性（梁永宽，2012）。

交易中存在个人有限理性、行为的机会主义倾向和资产专用性三个基本因素，建设项目也不例外。学者们在项目治理研究中侧重两个方面。一方面强调合同治理在项目中的角色，探讨单纯依靠合同治理所存在的局限性，以及由此引发的机会主义行为；从交易成本视角来看，交易双方专用性资产投入越高的一方，越容易被另一方套牢，这种情况会导致所谓的单方依赖问题，进而提高一方投机的风险，如果这样的风险无法有效地降低或控制，将会使组织间交易减少、瘫痪或者使用较高成本的契约来保障专用性资产的投入（钱菲等，2021）。如果事前能设计防范措施，那么，事后的投机行为就难以再对交易造成什么损害。另一方面则关注"项目交易"和项目网络关系，强调应该在参与方与可获取的资源之间，建立合作关系，关注项目中长期关系已经产生的显著的进展。交易成本理论强调，组织间信任的作用是一种管理机制，可以减轻组织间交换中因不确定性以及依赖性所可能产生的投机行为。

2. 项目治理的概念

治理一词取自拉丁语"gubernare"，含义是"引导"，最开始主要指对国家的"引导"，在20世纪80年代开始应用到公司组织，用于解决权力设置、管理机制以及制度建设等管理方面问题。目前，发展比较成熟的是将治理思想应用到公司管理，近年来，越来越多学者亦将治理思想应用于项目管理领域。

针对项目治理的准确含义，学者之间似乎还没有达成高度统一。结合经济合作与发展组织（OECD）对公司治理的界定，项目治理的含义被初步界定为"提供一个用来确定项目目标、制定项目目标实现方法并进行监控绩效的手段的结构"。项目治理包含所有利益相关者的各种关系，包括项目投资人、项目管理者、项目承包商、业主等之间。美国项目管理学会认为项目治理是指项目经理和项目团队提供管理项目的结构、程序和决策模式及工具等，同时并支持和控制项目成功交付。项目治理框架包括制定项目决策，定义角色、职责和追责机制，以及评估项目经理等主要内容。

现阶段项目治理的研究可以分为两个截然不同的研究流派，一个流派认为项目治理是一种相对独立于具体项目之外的过程（即外部性项目治理流派），另一个流派则认为项目治理是一种具体项目内部的过程（即内部性项目治理流派）（Biesenthal & Wilden，2014）。其中，前一种流派的思想根源主要来自项目管理领域研究本身，而后一种流派的思想根源除了来自项目管理研究领域，还来自交易成本理论。借鉴 Ahola et al.（2014）的研究成果，可以从两个方向对项目治理的研究进行划分：一是多项目治理（governance of projects），即从项目的上级组织视角进行界定，可以将项目治理看作是上级组织对其旗下任一个项目的治理，因为大多数情况下项目型企业往往同时会承担多个项目；二是单项目治理（project governance），即从项目本身的内部视角进行界定，可以将项目治理看作是项目参与各方对某个特定项目的治理过程。

与一般企业组织不同，项目具有临时性组织特性，且具有特定的寿命周期，基于这一角度有学者对项目治理进行了界定。著名的交易费用理论，克服了已有研究只关注某一具体交易的局限，从微观层次对项目整个寿命周期的交易进行了治理分析，从而建立了建设项目全周期交易治理理论框架。该理论框架把业主、总承包商、建筑师、供应商等都纳入垂直交易治理范围，包括垂直交易治理和水平交易治理两个维度。其中，水平治理强调利益相关者的利益，垂直治理则强调委托人的利益。

近年来，学者们逐渐开始关注项目中各参与方的制度设计，即项目治理机制。刘常乐（2016）将项目治理机制界定为项目治理过程中有关公司治理和交易治理的一系列正式和非正式的制度安排，项目治理机制的作用在于约束与调节项目中所有参与方的行为，从而实现预定的项目目标。Turner & Keegan（2001）提出了以交易成本为角度的治理机制，认为项目治理是一种制度框架，用以解决项目冲突并形成良好秩序，并强调了经纪人和管理员在项目组织中的角色。

综上所述，关于项目治理的定义与内涵，国内外学者之间还具有不同的界定，并未形成统一的明确定论。学者一般认为项目治理是协助项目主要利益相关者通过责、权、利关系的制度安排来决定交易的一种制度框架。典型的项目治理含义总结如表1.2.4所示。

典型的项目治理的含义 表 1.2.4

作者(年份)	定义
APM(2004)	项目治理的研究范围是项目管理与公司治理之间的结合处,通过项目组合导向、项目发起者、项目管理效率、披露和报告等实现决策指导
Turner(2006)	项目治理涉及项目目标的设置、目标实现的保证方式和绩效的监控模式等
Turner(2010)	项目治理提供一个用来确定项目目标、制定项目目标实现方法并进行监控绩效的手段的结构
PMI(2013)	由项目赞助人和项目团队来协调项目目标和更大的组织战略目标保持一致。项目治理被定义为并被要求适应更大的组织的项目集情境或投资组织的情境,但它又是与组织治理相分离
Müller(2009)	治理,当被应用于项目,项目集和项目组合以及项目管理时,它共存于企业治理的框架内。它包含使得项目达成组织目标并促进所有内部、外部利益相关者和组织自身的利益的最好实现的价值系统、权责、过程和政策
严玲和尹贻林研究团队(2004—2008)	项目治理是在项目利益相关者与项目之间建立治理角色关系的过程,旨在降低项目治理角色的风险,为项目目标的实现和利益相关者的满意提供管理环境
彭本红等(2016)	项目治理被界定为项目利益相关方治理角色关系的过程,核心为降低项目治理角色承担的风险

分析表明,项目治理的核心原理在于关注协调项目目标和组织的总体战略相一致,以及有必要为组织各个层级上的利益相关者创造好处。总体而言,项目治理关注于交付成功的、令人满意的项目和项目集群,并使得这些项目符合它们事先计划好的对企业战略和利益相关者期望的贡献。因此,总结归纳已有项目治理含义,可以从治理机制、治理目的和治理目标三个方面体现。其中,治理机制是指采取的制度安排和相关措施,如采用信息化手段、制定相应的法律法规和保障机制等;治理目的是协调利益相关者之间的关系,从而保证利益相关者以项目利益为中心高效完成任务活动;治理目标是实现项目目标并使得利益相关者感到相对满意。

总体上,项目治理是一种囊括所有利益相关者的利益协调机制,终极目标是实现项目成功,并使利益相关者的利益最大化(杨建平,2009)。

3. 项目治理的结构与机制

(1)项目治理结构

项目的治理理论可分为两个层次:项目治理和项目集治理。美国项目管理协会在项目集管理标准中对项目集治理的含义进行了界定。项目集治理是指通过建立合适的组织结构和必要的政策与程序,以处理风险和对利益相关者的需求进行协调,从而确保决策的制定与项目实施的管理活动始终聚焦在项目集目标的实现上,以实现项目集的成功交付。项目集治理实施可以确保所有利益相关者进行有效的沟通,熟悉项目进展及相关事务,清晰地定义与实施各利益相关者的责任与义务(贾广社等,2010)。

工程项目治理结构主要涉及项目主要利益相关者之间权、责、利关系的制度安排,将治理范围分为内部治理和外部治理。杨飞雪等(2004)基于合同关系的紧密程度视角将项目治理分为内部治理、外部治理和环境治理,并认为项目经理层是项目治理结构的核心,外部市场合同关系包括业主、供应商、咨询单位和债权人等。严玲等(2004)以及严玲 & 尹贻林(2006)认为,治理结构是指主要利益相关者通过责、权、利关系的制度安排来决定一个完整的交易的一种制度框架。严玲 & 赵黎明（2005）进一步对项目治理结构进行了完善，将项目治理结构界定为项目内部组织结构及控制权的配置，并构建了一个包括内部治理结构、外部市场约束和政府监控的公共项目治理模式的概念框架。颜红艳（2007）将建设项目治理定义为包括内部治理机制、外部治理机制和环境治理机制的一个系统。可以看出，基于利益相关者视角，总体上可以将项目治理的结构分为内部治理、外部治理与环境治理。

（2）项目治理机制

"治理机制"，是由"治理结构"到"系统功能"和"行为"的转换环节，治理结构主要解决"谁来配置责权利（即权力制衡关系）"，而治理机制主要解决"如何配置责权利并如何产生治理绩效"。因此，建设工程项目治理由各利益相关者子集组织层面的治理结构和制度层面的治理机制构成。项目治理通过设计项目利益相关者的平衡制度，从而建立一种有利于项目实施的机制，以体现项目参与各方和其他利益相关者之间的权、责、利关系的制度安排。

可以看出，总体上，目前关于项目治理机制的类型及构成要素研究尚很不统一，但大多数研究都认为治理机制主要分为合同治理和关系治理。合同治理主要通过项目交易过程中的一系列正式的制度安排来实现，包括项目全生命周期管理过程中的风险分担机制、报酬机制、选择机制和问责机制等；关系治理是建立在各方非正式结构和自我执行之上，通过社会关系与共享规范实现对组织间关系的治理，包括信任机制、沟通机制、承诺机制与合作机制等。近年来，有学者进一步指出完整的项目治理机制应当包括正式合同和非正式关系，通过构建合同—关系混合治理机制，利用不同治理机制的均衡作用提升项目治理水平。

可以看出，一方面，虽然国内外项目治理的研究出发点不同，但基本都是基于项目制度视角展开，即通过各种制度安排来激励、调节、引导和控制项目利益相关者的行动，从而实现项目目标，且普遍认为项目治理机制主要包括合同治理及关系治理两个类型。已有研究成果对于解析我国重大工程项目治理机制关键问题提供了有价值的见解，为全过程工程咨询的提出提供了很好的参考和借鉴。

（三）系统工程理论

建设工程不是追求各个要素的最优化，而是追求各要素之间的协调，以实现工程系统功能的整体"涌现"。建设项目工程管理须考虑"系统思维与综合集成"，即立足于系统的视角，综合集成各类资源去解决问题（盛昭瀚等，2008）。本节即通过系统的概念、系统工程的概念及系统工程的方法论，层层递进，剖析工程项目复杂系统的指导理论。

1. 系统的概念

在工程管理的研究中，系统常用来揭示工程与工程管理的本质特征。

首先，任何工程实体都是由多种物质资源如土地、资金、材料、装备等在自然规律与技术原理支配下相互关联、组合而成的整体。因此，任何工程在整体层面上都表现为一个完整的实体系统形态，即任何工程都是系统；其次，工程活动最核心的实践是造物，是通过工程理念的形成、设计和施工把工程硬资源成功整合为工程硬系统的整体性活动过程（何照明，2021）。因此，任何工程实践都是系统的实践；同样的，任何工程管理活动也都是由基本管理活动要素构成的整体。各个管理活动之间根据一定的规律与原理相互关联，并最终体现出管理活动整体性的功能与行为。为此，我们也可以称工程管理系统为工程软系统。

因此可以概括出：工程管理的系统性主要是指工程管理活动的基本思维是依据系统的概念，采用明确目标、严格分析、注重定量化和程序化进行工程造物活动的规划、设计与现场施工，以实现工程的整体目标与综合效果。概括地说，工程管理的系统性就是在管理中坚持工程造物过程活动的整体性、关联性、动态性的统一（仲勇等，2016）。

上述基于系统属性的对工程及工程管理的认知十分重要。因为这使我们对工程与工程管理的直观感性认知升华为对它们本质属性的理论认知，从而可以超越工程与工程管理的具象而建立起基于系统抽象的认识论，并因此可以进一步运用系统科学思维的逻辑体系和话语体系来表述工程与工程管理的基本含义和相关理论。这将为我们进一步认知重大工程与重大工程管理提供思维范式与思维准则。

2. 系统工程的概念

系统工程是为了最好地实现系统的目的，对系统的组成要素、组织结构、信息流、控制机构等进行分析研究的科学方法。它运用各种组织管理技术，使系统的整体与局部之间的关系协调和相互配合，实现总体的最优运行。系统工程不同于一般的传统工程学，它所研究的对象不限于特定的工程物质对象，而是任何一种系统。它是在现代科学技术基础之上发展起来的一门跨学科的边缘学科。

系统工程方法的主要特点是：一、把研究对象作为一个整体来分析，分析总体中各个部分之间的相互联系和相互制约关系，使总体中的各个部分相互协调配合，服从整体优化要求；在分析局部问题时，从整体协调的需要出发，选择优化方案，综合评价系统的效果；二、综合运用各种科学管理的技术和方法，定性分析和定量分析相结合；三、对系统的外部环境和变化规律进行分析，分析它们对系统的影响，使系统适应外部环境的变化。

系统工程与一般工程技术的区别是：系统工程不仅研究物质系统，也研究非物质系统，如教育、文化、新闻宣传等系统，应用广泛；而一般工程技术以具体的物质系统为对象。系统工程从全局、整体上处理系统，要以系统论、控制论、信息论为理论基础，又必须具备每一类系统工程的专业理论；而一般工程技术主要处理具体技术门类，以专业理论为主。系统工程工作者是系统工程师，是决策人的委托人、参谋、助手，为社会服务；而一般工程师是专门技术人员。二者有不同的业务素质要求。

3. 系统工程的管理方法论

随着工程系统复杂程度的提高和人们对工程系统认识的加深，工程管理经历了从经验管理、科学管理、系统管理到综合集成管理的演化。对于相对不太复杂的工程系统，由于目标较少、工程要素单一且关联度不高，一般来说，利用基于系统原理的还原论或整体论就可以应对组织管理中的挑战（盛昭瀚，2009a）。还原论是指复杂系统的复杂性是以系统要素的复杂性、关联结构的复杂性为基础造成的，因此，需要自上而下地对系统要素属性、局部结构等进行分解、认识，并在整体意义上，对系统的中、微观行为进行分析与控制；整体论是指复杂系统的复杂性往往又是系统要素自身复杂行为以及要素之间复杂关联的"涌现"结果，因此，还要自下而上地将中、微观的局部整合起来，以获得对系统宏观的整体复杂性的认识。

　　但是，随着信息化时代的到来，现有的工程项目的复杂性大大提高，单独使用这两种方法中的任何一种，都不能实现工程要素的最佳集成，也就不能实现工程系统的最优化，而必须把这两种方法进行综合运用。这就是钱学森等科学家提出的处理开放的复杂巨系统的有效方法，即从定性到定量的综合集成方法理论（徐武明和徐玖平，2012）。不同方法论的原理、方法及适用范畴见表1.2.5。

不同方法论的原理、方法及适用范畴　　　　　　　　　　　　表 1. 2. 5

方法论	原理	方法	适用范畴
还原论	从整体到部分	定量	简单工程系统
整体论	从整体到整体	定性	简单工程系统
综合集成	从整体到部分 从部分到整体	定性到定量	复杂工程系统

来源：盛昭瀚，2009a

　　从原理上看，综合集成方法理论可以归纳出以下基本原理：

　　（1）复杂性原理

　　也就是说，综合集成所运用的对象是复杂系统。相对而言，复杂系统中也会有相对"简单"的问题，或用一般系统原理就能解决的问题，这就要求在不同问题层次上运用不同的方法论，彼此既不能"缺失"，又不能"错位"，但一旦管理对象表现出复杂性问题，综合集成方法是不可或缺的。

　　（2）涌现原理

　　从对资源的整合角度看，综合集成方法不是通过对管理资源的"线性"整合而形成一般的管理能力，而是通过对管理资源的"非线性"整合，实现新的管理能力的涌现。这也是综合集成方法理论能够处理更为复杂的建设项目的原因。

　　（3）自组织原理

　　由于管理对象中存在具有自学习、自适应性的自主主体，管理组织中体现出自组织特征。此时，管理主体不能期望实施的控制方案一定遵循确定的因果规律；相反，因为各自主主体的自利行为，往往会出现"上有政策、下有对策"的现象。因此，综合集成方法在管理策略上，更多的是采用诱导而不是强制的手段来实现工程目标。这种对具有自组织行为的被管理对象实施的更为柔性与间接的控制方法称为自组织控制。具体来说，对自组织的控制可以在责任共担、利益共享的原则下，通过合理的工作流程、恰当的激励补偿机制以及共享信息平台等，尽量使自主主体的自利行为与工程目标协调一致。

　　（4）迭代与逼近原理

　　要认识复杂系统并有效地实施管理，需要逐步减少认识的模糊性与不确定性，增强对管理对象的协调、组织能力，逐步实现对管理对象多样性的统一，对差异和冲突的协调，对不同要素的耦合、不同阶段的平滑衔接，以及对管理活动中大量存在的分布式、异构体的集成与综合（张国宗等，2013）。因此，可以认为，运用综合集成方法进行管理的过程就是从一个相对比较无序、比较不确定、比较模糊的系统序列逼近一个相对有序、相对确定化、相对清晰的系统的管理过程。

　　综上所述，综合集成方法论不仅是还原论和整体论的辩证统一，而且还融合了认识论、矛盾论和生成论的思想（盛昭瀚，2009b）。在认识论上，它不仅强调客体（工程系统）的复杂性，还强调主体（组织系统）的认知能力的进化，不仅要研究认识和分析复杂事物的方法和工具，还要研究认识主体的能力提高的路径，如专家的经验、知识和智慧、信息技术和人的结合、综合集成研讨厅和总体部等；在矛盾论上，它强调对立的辩证统一，专注于充满矛盾的事物，在方法和技术上强调多样性的统一，如同构和异构、分布和集中、组织和自组织、定性和定量、分析和综合、宏观和微观、有序和混沌等方面的转化和融合，达到一种平衡与升华；在生成论上，强调建构、反馈、迭代和优化，通过整合各类资源以构建新的系统适应复杂性管理的需要，并与周围环境建立一种可持续的动态平衡；在方法和技术上强调信息、资源、知识等从不充分向充分的转化，并以相对结构化的问题序列来逼近非结构化的问题。由此可见，综合集成方法论可主要应用于复杂系统，因此对愈发复杂的工程项目有着极强的适用性。

第三节　全过程工程咨询现有研究回顾与展望

（一）现有研究概述

全过程工程咨询是一个相对较新的概念，相关研究尚处于起步阶段。总体而言，国内对全过程工程咨询的研究主要集中于宏观和微观两个层面。宏观层面包括政策分析、概念界定、企业服务能力评价、发展路径等，微观层面包括组织模式、服务整合、取费标准以及服务模式分类等。从宏观层面来看，随着国务院办公厅《关于促进建筑业持续健康发展的意见》（国办发〔2017〕19号）等一系列政策文件的出台，全过程工程咨询相关研究迅速起步并逐渐发展。全过程工程咨询政策特点、概念界定与内涵分析成为学术界与实践界共同关注的焦点话题（陆帅等，2017；马升军，2017；赵振宇、高磊，2019），不同类型的工程咨询企业（如工程监理企业、造价咨询企业、设计企业）如何开展全过程工程咨询服务并有效提升服务绩效同样受到重点关注（杨学英，2018；周茂刚，2018；乔俊杰等，2019）。从微观层面来看，基于宏观层面的研究成果，国内学者针对全过程工程咨询服务模式的实践落地展开了深入探讨，聚焦于全过程工程咨询服务模式分类、组织模式与组织结构、取费标准等方面（王宏海等，2017；卢晓涛、宋元涛，2018；丁士昭，2019；王甦雅、钟晖，2019；赵振宇、高磊，2019；刘云飞等，2020；孙宁等，2020）。

全过程工程咨询是在我国工程咨询服务碎片化、分散化的特殊背景下提出的概念。国外相关研究主要以工程咨询（Engineering Consulting）或建筑专业服务（Construction Professional Services，CPS）为关键词开展。CPS是指专业人士围绕工程项目生产活动提供的多学科智力支持性服务（Madsen，1979），服务内容包括设计、项目管理、财务咨询、信息化咨询、法律咨询等，服务涵盖了从前期规划到项目启用的工程项目全过程，与我国的全过程工程咨询的内涵颇为类似（Lu et al.，2013）。国外学者对于相关领域的研究主要围绕企业核心能力、知识管理、服务质量/绩效评价、招标投标机制等方面展开（Samson & Parker，1994；Johnson et al.，2002；Christodoulou et al.，2004；Wu et al.，2012）。

为进一步明确全过程工程咨询研究文献的分布结构、数量关系和变化规律，采用文献计量分析法与内容分析法对全过程工程咨询研究进行文献综述，归纳全过程工程咨询的研究现状，识别未来研究方向，发现促进理论发展的具体问题，以期为促进全过程工程咨询理论发展与实践落地提供指导，为今后系统研究提供思路与方法建议。

1. 数据来源与研究方法

考虑到全过程工程咨询是基于我国工程咨询产业链松散状、碎片化的特殊背景提出的概念，国外相关研究缺少与之严格对应的学术词汇，因此，以下内容展开重点关注国内全过程工程咨询相关研究。由于国办发〔2017〕19 号等政策文件从 2017 年开始密集发布，检索时间跨度选取 2017 年至 2022 年，以中国知网为文献检索平台。考虑到文献的集中度与覆盖面，检索策略设定为主题＝全过程工程咨询，类型＝学术期刊，期刊限定为北大核心、CSSCI、CSCD 期刊以及项目管理和工程管理领域权威性较强的期刊（《工程管理学报》《项目管理技术》《建设监理》和《项目管理评论》）。通过上述检索策略，去重分析后共计收集到 251 篇文献（数据截至 2022 年 4 月）。

通过对所得文献数据进行初步的出版年份统计分析（图 1.3.1）与文献出版来源分析（图 1.3.2），形成对全过程工程咨询研究的初步认识。随着我国经济由高速增长阶段转向高质量发展阶段，工程建设和咨询服务的高质量发展成为工程咨询服务行业新的时代主题。在此背景下，全过程工程咨询应运而生，成为工程咨询行业谋求高质量发展的破局之道与共振共创行业新价值的突破口。2017 年后，全过程工程咨询理论研究文献数量快速增长，成为我国工程咨询行业改革创新的一个重要探索方向。从文献出版来源看，《建设监理》《建筑经济》《项目管理技术》《项目管理评论》《工程管理学报》等五个期刊的全过程工程咨询相关文献数量居于前五，其中，《建设监理》杂志全过程工程咨询发文量高达150 篇，研究主题聚焦于工程监理企业向全过程工程咨询企业转型发展的路径与策略，从侧面反映了工程监理企业对服务转型升级的迫切需求。

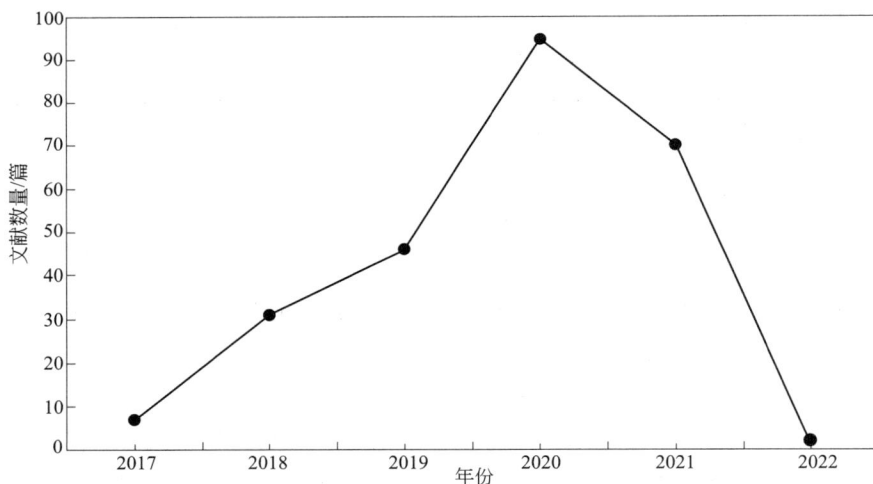

图 1.3.1　全过程工程咨询研究文献出版年份分布

采用文献计量分析法与内容分析法对全过程工程咨询研究进行文献综述。首先，通过 CiteSpace 5.8.R3 对全过程工程咨询相关研究文献进行科学计量。CiteSpace 是开展文献定量分析的有效工具，其主要目标是研究文献的分布结构、数量关系和变化规律，进而探讨特定研究领域的某种结构、特征和规律，实现文献研读主观化、碎片化向客观化、全景化的转变（陈悦等，2015）。在文献计量分析的基础上，运用内容分析法进一步分析相关

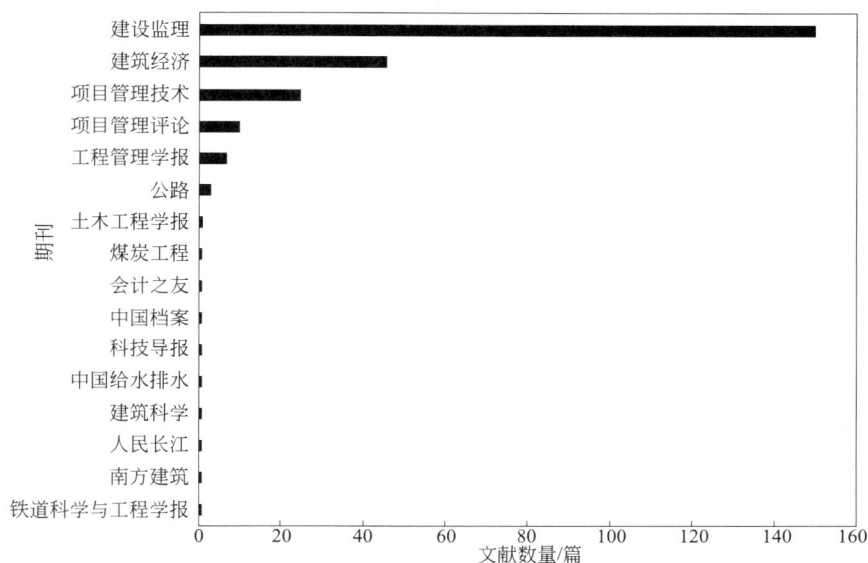

图 1.3.2　全过程工程咨询研究文献出版来源统计

文献，从项目治理、落地模式、项目经理胜任力模型三方面展开进一步分析（图 1.3.2）。

2. 研究主题演变分析

研究主题的聚类分析清晰展示了主题间的内在联系，有助于梳理和把握研究主题间的逻辑关联。将文献数据导入 CiteSpace，时间跨度选取 2017—2022 年，时间切片设置为 1 年。节点类型选择主题词（Term）和关键词（Keyword），提取各时区中出现频率最高的前 50 个主题词/关键词，构建关键词共现网络，运行聚类分析后得到关键词聚类图谱（图 1.3.3）。

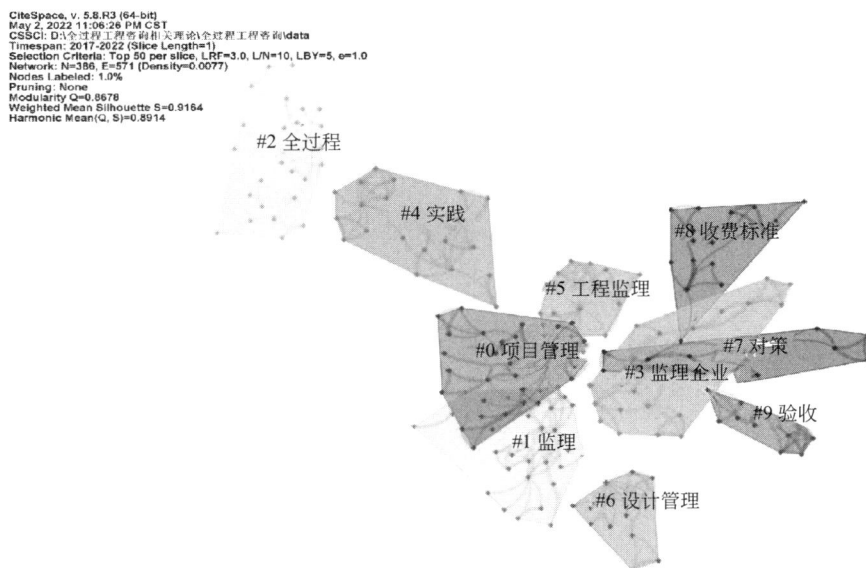

图 1.3.3　关键词聚类图谱

关键词聚类图谱模块值（Modularity Q）和平均轮廓值（Mean Silhouette）分别为0.8678 和 0.9611❶（受篇幅所限，本书仅选择前 10 个聚类予以呈现），表明全过程工程咨询各研究主题间界限清晰，领域分化显著，聚类集群同质性较强。图 1.4 表明聚类同质性最强、涵盖研究主题个数最多的前 5 个聚类分别为项目管理、监理、全过程、监理企业以及实践。

关键词聚类的时间线图谱能够揭示研究领域的发展脉络与主要特征，更为直观地表征知识演进，勾勒出各聚类的历史跨度与内在关联。运行聚类分析后执行 Timeline view 指令，得到横轴为引文发表年份，纵轴为研究主题聚类的共现网络的时间线图谱，图谱中按照聚类规模大小垂直降序排列（图 1.3.4）。

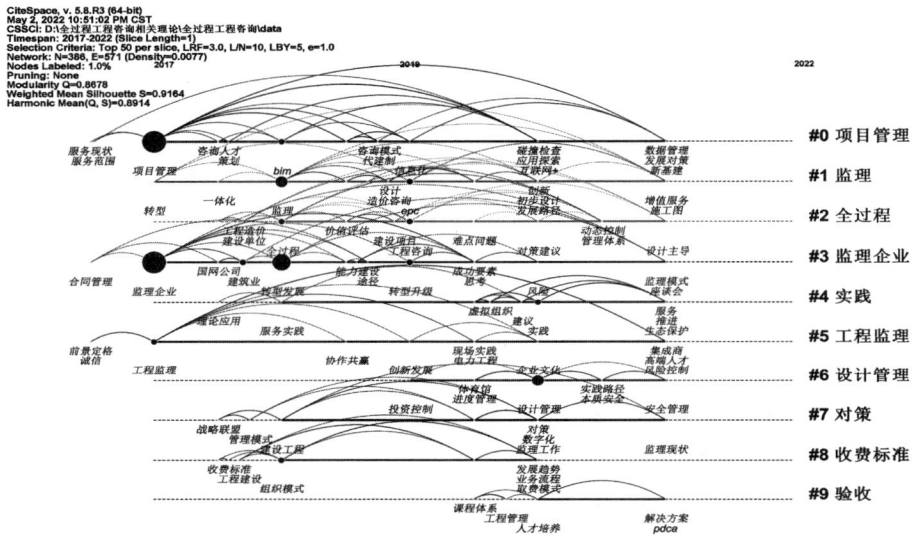

图 1.3.4　关键词聚类时间线图谱

从关键词聚类时间线图谱来看，全过程工程咨询研究主题持续期各不相同，如#1 聚类在 2017 年后逐渐活跃，至今仍为活跃聚类；而#6 聚类在 2018 年后逐渐活跃。从研究主题活跃时间上看，监理企业较早开展全过程工程咨询服务的探索；勘察设计企业在一定程度上持相对观望态度，缺乏参与全过程工程咨询项目的主动性。究其原因，一方面是全过程工程咨询服务牵涉设计人员的精力过多，另一方面，相较于设计服务的人均产值与服务附加值，其他咨询服务如监理、项目管理的人均产值和服务附加值偏低。总体而言，全过程工程咨询研究视角与层次随着时间推移逐渐丰富多样，呈现出螺旋式的动态演进趋势。但是，全过程工程咨询理论研究的系统性有待加强，不同研究主题间的相关性较弱，组织模式、治理结构、发展策略等相关研究也尚未成熟，尚难以为全过程工程咨询实践提供系统性和全面性的指导。

3. 研究热点与趋势分析

基于关键词视角进一步探究全过程工程咨询研究热点，通过关键词分析构建文献关键

---

❶ 一般认为 Q（模块值）＞0.3 聚类结构显著，S（平均轮廓值）＞0.5 聚类合理。

词共现网络，并根据关键词出现频率明确研究前沿。关键词分析选取时间跨度为 2017—2022 年，时间切片为 1 年。为保证分析的全面性，不限制主题词来源（Term Source），主题词类型（Term Type）选择名词短语（Noun Phrases）与突现词（Burst Terms），节点类型（Node Types）选择主题词（Term）与关键词（Keyword），得到关键词共现时区图谱与年度高频关键词如图 1.3.5 所示。

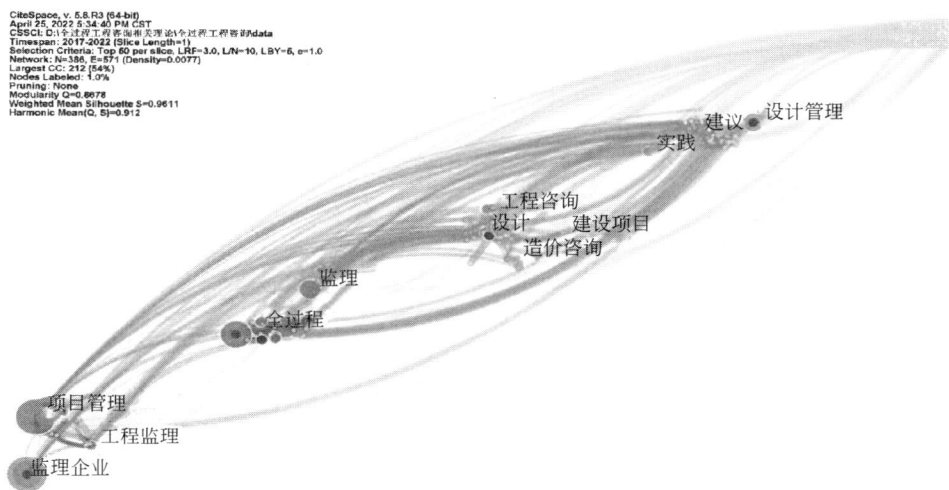

图 1.3.5　全过程工程咨询研究关键词共现时区图谱与年度高频关键词

图中共有 386 个节点（N），571 条链接（E），网络密度为 0.0077，网络整体较为稳健。结果表明，不同类型的工程咨询企业逐步开展全过程工程咨询服务模式探索，然而，目前全过程工程咨询理论研究主要集中于实践总结与经验梳理，理论层面的深度分析仍不足。全过程工程咨询服务模式的情境适应性问题、实施机制问题、对项目绩效的影响机理问题等尚待深入研究，全过程工程咨询的理论内涵也有待进一步形成共识。此外，全过程工程咨询关键词共现网络的密度较低，节点之间的链接较少，表明全过程工程咨询理论研究的主题较为分散，尚未形成系统的理论体系，系统的理论研究有待进一步增强。

突现词分析有助于进一步了解研究的热点领域，全过程工程咨询研究关键词突发强度的时间阶段如图 1.3.6 所示。结果表明，合同管理与监理企业为最先出现的两个突现词，合同管理的突现时间为 2017—2018 年，表明治理机制在全过程工程咨询研究早期就受到学者们的广泛关注；监理企业的突现时间为 2017—2018 年，反映了监理企业较早开展全过程工程咨询服务的探索。2018 年后，突现强度较高的关键词分别为 BIM 和收费标准。其中，收费标准的突现强度最高，表明全过程工程咨询服务的收费标准成为研究者们共同关注的焦点。在全过程工程咨询服务模式逐步推行的过程中，收费标准问题成为全过程工程咨询推广应用的重要因素之一。BIM（Building Information Model）可以为工程项目的全生命周期管理和全过程工程咨询服务模式的开展提供坚实的信息技术基础，使得多层次、多维度的信息融合与进度、成本、质量、安全等项目建设目标的协同管理成为可能，因此也逐渐成为研究者关注的焦点。

通过上述分析，可以看出全过程工程咨询研究处于一个快速增长的阶段，现有的相关

Keywords	Year	Strength	Begin	End	2017 - 2022
合同管理	2017	1.01	**2017**	2018	▬▬▬▬▬▬▬▬▬
监理企业	2017	0.49	**2017**	2018	▬▬▬▬▬▬▬▬▬
收费标准	2017	0.8	**2018**	2019	▬▬▬▬▬▬▬▬▬
bim	2017	0.71	**2018**	2019	▬▬▬▬▬▬▬▬▬
建设单位	2017	0.5	**2018**	2019	▬▬▬▬▬▬▬▬▬
设计	2017	0.35	**2019**	2020	▬▬▬▬▬▬▬▬▬
转型升级	2017	0.12	**2019**	2020	▬▬▬▬▬▬▬▬▬
设计管理	2017	0.16	**2020**	2022	▬▬▬▬▬▬▬▬▬

图 1.3.6 全过程工程咨询研究突现词

研究已经取得系列阶段性成果，以下将选取项目治理、落地模式和项目经理胜任力模型等三个方面深入介绍现有研究的主要内容。

（二）项目治理相关研究

1. 全过程工程咨询组织治理研究

全过程工程咨询服务涵盖了工程建设项目前期研究和决策以及工程项目实施和营运的全生命周期，是与集成化建设项目组织实施方式匹配的典型工程咨询模式。当业主委托全过程工程咨询服务后，形成业主、全过程工程咨询方、承包人为三方责任主体，全过程咨询项目（以下简称"全咨项目"）呈现出三边治理的组织结构。显然，在采用全过程咨询项目的三边关系中存在不同类型的委托代理关系，既包含以业主委托全咨团队进行项目管理的专业服务交易，又包括业主委托承包人进行项目实施与交付的项目交易，两者共同构成了完整的全咨项目组织结构（严玲等，2021a；严玲等，2021b）。

（1）全咨项目的专业服务交易层面。全过程工程咨询通过把项目生命周期分阶段的咨询融为一体，提供集成性的管理和专业咨询，最大化地实现项目目标。全过程工程咨询单位受业主委托，并在企业中选取特定的专业人士，组成跨越职能部门的全过程工程咨询团队（以下简称全咨团队）。全咨团队依照咨询合同接受业主的全部或部分授权，代表业主利益进行全阶段或分阶段的专业咨询服务，同时监督和管理承包人行使权利和义务，协调业主与承包商之间的关系。

（2）全咨项目的任务实施层面。业主委托承包商完成施工建造等任务，并将工期、质量、安全、成本等项目目标作为建设项目交付成功的衡量指标。建设项目实施前，业主与承包商会签署承包合同，并针对特定的建设项目采取适合的项目交付方式。DB、EPC 等集成化交付方式的出现，使得发承包双方对项目控制权的分配发生了变化，总承包商也需要以项目的成功交付和使用为目标，进行全过程项目管理。

然而，全过程工程咨询单位由于承担了项目管理、设计和专项咨询任务（如有），它既是代理方，又承担了业主的治理职能，使得业主相对于咨询单位的信息劣势被无限放大，客观上造成了业主与咨询单位的信息不对称地位（许景波，2020）。咨询单位的信息优势地位显著提高，有可能采取机会主义行为（Martin et al.，2001）。因此，在全过程工程咨询模式下，可能存在集成化管理的治理陷阱问题。从组织结构角度而言，可考虑通过增加设计咨询单位等专项咨询顾问作为技术顾问强化成果检验，改善业主方与全过程工程咨询单位之间的信息不对称，有效规避全过程工程咨询高度集成化带来的潜在的道德风险或职业风险问题（谢坚勋等，2018；谢坚勋等，2019；陈立文等，2020；罗岚等，2021）。

2. 全过程工程咨询项目治理机制与治理结构研究

全咨项目三边治理组织结构下，咨询单位作为业主缺位的补位者，给业主提供前瞻性和系统性的咨询服务。首先，业主和咨询单位组织结构的差异致使双方对项目的感知不一致，且双方自身利益的不同极易诱导合作过程中投机行为的产生，而良好的治理机制能够有效协调和规范双方行为（王琦，2014）。因此，全咨项目中业主和咨询单位需要通过合同治理机制来控制和规范咨询行为，控制和提升咨询服务的效率及有效性（Caniëls et al.，2012）。其次，实现这一目标不仅需要业主与咨询单位之间通过跨组织控制建立信任，构建良好的合作关系，还需要控制咨询方内部的专业人士来加强组织间知识整合与知识共享，实现组织的内部协作（Ritala & Hurmelinna-Laukkanen，2013）。最后，行政治理机制在政府参与的全咨项目中发挥着重要作用。谢坚勋等（2018）强调了行政治理机制的重要作用，并基于"行政-市场"二元视角提出"行政-合约-关系"的三维项目治理结构模型。

行政治理（Administrative Governance，AG）是相对于项目治理传统的合同治理和关系治理两类机制而言的，特指政府利用自身权威身份，对重大项目的建设推进所积极进行的监督、管理和控制（Zhai et al.，2017）。政府作为行为主体，通过行政命令对项目的建设与推进开展积极管控，在行政治理过程中发挥重要作用。因此，行政治理呈现出等级化、自上而下、命令与控制为主的特征（顾昕，2019）。需要特别说明的是，行政治理机制的相关研究聚焦于政府财政资金投资的重大基础设施项目，这和下面所述的合同治理、关系治理适用于一般项目有较为显著的区别。

合同治理（Contractual Governance，CG），又称为契约治理或正式治理，强调通过正式的书面合同明确交易各方的责任与义务，约束和管理交易各方的行为（严玲等，2016）。Williamson 从制度安排的视角出发，将合同治理定义为一种通过合理的制度安排实现交易成本降低的机制（Cao & Lumineau，2015）。尹贻林等（2011）认为合同治理机制的核心要素包括风险分担机制、项目所有权配置机制以及报酬机制。基于交易成本理论，有效的合同治理机制是跨组织合作治理的重要手段，可以减少合作伙伴的机会主义行为（娄祝坤、黄妍杰，2019），从而实现各方利益的最大化。业主与全过程工程咨询单位签署委托服务合同，并借助合同这一正式控制手段对咨询单位进行约束。合同治理是双方交易过程中抑制投机行为、保证项目成功最普遍采用的交易控制方式。通过签署合同可以督促对方履行自己的承诺、保障自身的利益，包括对合同的详细程度和合同使用的有效性两个方面的约束（Huo et al.，2015）。

关系治理（Relational Governance，RG），也称为关系契约治理或非正式治理，聚焦于组织间关系，通过社会关系（Social Relations）和共享规范（Shared Norms）营造交易各方良好的合作氛围，促进项目交易各方间的和谐关系（Zhou & Xu，2012）。与合同治理不同，关系治理以项目交易各方的非正式结构和自我执行为基础，通过影响交易各方行为的非正式规范提高交易效率（严玲等，2016）。项目关系治理机制主要包括信任、沟通、承诺以及合作等（严玲等，2014）。在全过程工程咨询服务交易过程中，全过程工程咨询服务成果质量难以准确测量，行为过程难以客观描述，因此业主无法通过明确的技术标准和评价指标来衡量质量绩效模糊的咨询服务（Caniëls et al.，2012）。也正是因为这一特点，基于明确条款的合同控制难以完全奏效，而关系治理可以减弱合同控制对合作过程灵活性的阻碍及服务质量难以控制的难题，引导双方树立共同的目标，形成一种互动合作、共生共赢的关系。建筑工程领域的关系治理机制主要包括信任、承诺、沟通、合作、行业惯例等，其中信任被普遍认为是关系治理的核心控制方式，通过高水平的信任更容易使合作双方形成相似的价值观和文化，从而使双方更容易达成科学一致的决策、提升双方的交流协作及信息共享。

3. 全过程工程咨询项目治理机制对项目绩效的影响研究

目前，全过程工程咨询模式下项目治理机制对项目绩效的影响研究较少且尚未成熟，现有研究主要探讨传统建设模式下治理机制对项目绩效的影响，在此做简要介绍。

邓娇娇等（2013）识别了内部治理机制中的项目所有权配置、风险分担、代建人报酬以及外部治理机制中的代建人项目管理绩效评价、代建人选择、市场声誉、代建人问责等关键治理因子，发现治理机制对公共项目代建人具有正向激励作用，提出"项目所有权配置—风险分担、风险分担—代建人报酬、项目管理绩效评价—代建人问责、市场声誉—代建人选择"四个关联影响路径。严玲等（2014）发现公共项目治理机制能够对代建人产生显著的激励效应，代建人的激励效应能够对公共项目管理绩效产生显著的影响。尹贻林等（2015）从业主与承包商信任的视角，通过研究发现工程项目合同柔性对项目管理绩效改善具有显著作用，而信任是合同柔性形成的重要驱动变量且信任对项目绩效改善具有正向影响。柯洪等（2015）发现信任对EPC工程供应链管理绩效具有显著正向影响，合作行为在信任与EPC工程供应链管理绩效的关系中发挥着重要的中介作用。严玲等（2016）认为公共项目治理框架中的合同治理与关系治理都能有效改善项目管理绩效，并且总体而言合同治理处于更为核心的位置。其中，关系治理主要是通过影响契约治理中的风险分担机制实现互补效应，而合同治理并不必然会导致双方的对抗关系，而是可能提升公共项目关系治理水平。代广松等（2019）通过实证研究发现关系治理对建设工程项目质量绩效具有积极的促进作用，而合作质量作为关系治理与建筑工程项目质量绩效的中介变量，与建筑工程项目质量绩效之间具有显著正相关关系。罗岚等（2021）发现重大工程的合同治理机制、关系治理机制与行政治理机制均能提高治理绩效，从而实现项目成功。罗岚等（2021）提出不同治理机制对重大工程项目绩效的影响具有动态性的特征，在中国情境下的重大工程项目实施的周期中，合同治理和行政治理在前期阶段占主导地位，推动着项目的发展；而关系治理在中后期的作用明显，有效推动治理绩效的提高，并超越契约治理和行政治理占据主导地位；同时，收益分配、关系维护和政府监管尤其是关系维护对治理绩效的影响相对较大。

（三）全过程工程咨询落地模式相关研究

目前，各方对于全过程工程咨询服务模式的分类研究数量较多，各种模式层出不穷，各级主管部门、业主方、专家学者根据自身理解,从本单位的实际出发,提出了不同类型的全过程工程咨询服务模式,具有多样性。

一些学者针对采用某一专项咨询服务模式提出落地建议。胡国民(2020)对 BIM 技术下全过程工程咨询服务模式进行了探索,从决策、设计、施工、运营、招标投标等方面提出对策,给建筑单位提供了相应的参考和帮助。蒋涛(2021)认为全过程工程咨询服务有助于实现建设项目的集约化管理,并进一步探讨提升全过程工程咨询服务实施效果的途径,提出需要鼓励引导设计单位成为全过程工程咨询服务联合体的牵头单位,发挥设计单位在全过程工程咨询服务和工程总承包统筹结合模式中的纽带作用,以保障全过程工程咨询有效实施。

另有学者针对多项咨询集合的服务模式提出落地建议。刘朝松等(2020)将全过程工程咨询服务与主营造价咨询服务进行了对比,借助 SWOT-PEST 方法分析出造价咨询企业发展全过程工程咨询服务的内外部环境,进而明确提出造价咨询企业需要积极拓展监理资质、招标采购资质,并基于分析结果从优势拓展、人才培养、加强合作、注重质量四个方面提出相应的落地建议。周翠(2020)在分析当前监理企业发展全过程工程咨询存在的突出问题的基础上,从延伸"上下游"服务链以构建适应的服务模式、优化全过程工程咨询业务流程、建设全过程工程咨询人才体系等角度,分析监理企业在服务模式、服务体系、集成化管理、数字化管理等方面的关键技术和要点,为监理企业发展全过程工程咨询业务的企业提供参考。李志和罗舒予(2021)从目标集成、组织集成和过程集成三方面,提出了设计主导多方参与的全过程工程咨询集成化实施办法。

基于政策文件-专家观点-实践案例的三维视角,并限于传统的项目类型和交付模式情境下暂时不考虑创新型、复杂交付和投融资模式下的全过程工程咨询模式,何清华和李含章(李含章,2020)将目前主流的全过程工程咨询服务模式总结为五种基本类型,分别是"专项延伸型""专项组合型""项目管理主导型""设计主导型"和"一体化型",各种类型的全过程工程咨询模式的特点及其适用情境分析如下。需要说明的是,下面所述的"专项咨询"服务不包括项目管理服务和设计服务,考虑到是否包含这两项服务对全过程工程咨询模式影响较大,将其与其他专项咨询服务分开讨论。

1. 专项延伸型全过程工程咨询模式

"专项延伸型"是一种仅对某专项咨询服务进行全过程委托的服务模式,指在建设项目既定委托某种专项咨询服务的前提下,将服务范围从工程建设的某一个阶段延伸至全过程,进而提升该专项服务的有效性。例如全过程造价咨询服务、全过程 BIM 咨询服务等都属于目前较为常见且典型的"专项延伸型"全过程工程咨询服务。这种模式是基于项目业主结合自身某一方面的管控能力缺陷而对症下药式的咨询委托,它比较适合于项目业主具备较强的管理集成能力(或拟另行委托项目管理服务),而在技术管理或某项目标控制角度存在强烈需求的项目情境。

从提升业主方能力角度而言,专项型全过程咨询服务可以起到重要的积极作用。举例来说,对于项目技术难度较高的工程,业主方基于对自身团队管控能力的认知和分析,委托全过程设计咨询服务。考虑到设计工作的策划、组织、协调和管理具有高度复杂性和技术难度,所带来的设计管理的复杂性和高挑战性,故将该类服务作为专项延伸型模式之一,它是一种直接、快速提升业主方技术管理能力的服务类型。

从咨询行业发展的促进角度看，专项延伸型咨询服务更加有利于企业做精做专，但较难以培养具备国际竞争力的综合型咨询企业。

从工程咨询产业基础条件角度看，专项延伸型全过程咨询服务的产业条件比较成熟，有一定的历史经验积累，适合大规模开展。从传统专项咨询服务到专项延伸型咨询服务，其核心咨询内容、控制目标以及人力资源需求等方面的变化相对于其他模式而言更小，有利于原本就对专项服务比较熟悉的咨询企业快速开展服务。

从对项目组织结构的影响角度看，专项延伸型服务模式只是增强了"业主＋咨询"团队的力量，对整体项目组织结构没有发生变化，从组织结构角度诱发项目治理不良行为的可能性较小。

以全过程造价咨询（QS咨询）、全过程BIM咨询、全过程设计管理咨询为代表的跨阶段延伸型服务模式符合全过程、跨阶段、全生命周期导向的管理理念，且在实务中得到了相对广泛的应用。

2. 专项组合型全过程工程咨询模式

"专项组合型"是指全过程工程咨询合同包中既不包括项目管理服务，也不包括设计服务，仅将造价咨询、工程监理、招标代理、BIM咨询等专项咨询服务根据项目业主的需求进行有机整合的服务模式。这种模式是基于业主方结合自身某些方面的管控能力不足开展咨询委托，具有较强的灵活性，它也比较适合于业主具备较强的管理集成能力（或拟另行委托项目管理服务），而在技术管理或某项目标控制角度存在强烈需求的项目情境。

从提升业主方能力角度而言，专项组合型的全过程咨询服务是相对有效的服务模式，这与专项延伸型模式类似。在对各专项服务进行组合的基础上，仍有必要将服务范围延伸至全过程，以体现全过程工程咨询服务的初衷。

从咨询行业发展促进的角度看，专项组合型服务模式赋予中小型咨询公司拓展全过程工程咨询业务的机会。一般而言，有能力提供一体化、设计主导型或项目管理主导型全过程工程咨询服务的企业均为大型设计院或综合型工程咨询企业，中小咨询企业较难以参与竞争。专项组合型服务模式能够赋予部分中小咨询企业参与全过程工程咨询项目的机会，并逐步提升其协调统筹和项目管理能力。因此，专项组合型服务模式更加有利于企业多元化发展，对于完善全过程工程咨询市场环境，提升工程咨询供应链企业整体水平具有积极的推动作用，在一定程度上能够促进又大又强型的具备国际竞争力优秀企业的培育。

从工程咨询产业基础条件角度看，专项组合型全过程咨询服务的产业条件也比较成熟，大规模开展的条件较好。

从项目治理结构的影响角度看，专项组合型服务模式增强了"业主＋咨询"团队的力量，工程建设五大责任主体的架构并未发生变化。

专项组合型服务模式是比较符合我国工程咨询行业现实环境和业主实际需求而出现的一类相对"中间阶段"的全过程工程咨询服务模式，具有重要的现实意义。特别是各项专项咨询服务都有较为明确的取费标准和概算计列金额，可操作性非常强。由于各项专项服务本身就不在项目同一时间提供，专项之间开展组合就使得咨询单位在服务阶段上更加全过程化，从信息获取上更加多来源化，从控制目标的角度也更加系统化。

3. 项目管理主导型全过程工程咨询模式

"项目管理主导型"是以全过程项目管理服务为基础，整合造价咨询、招标代理、工程监理、BIM咨询等其他专项服务的全过程工程咨询服务模式。这种模式强化了项目管理单位在项目中的参与度和地位，可以快速提升项目业主的管理集成能力和技术管理能力。该模式因其实用价值高、适用性强，在今后相当长的一段时间内仍然会是主流的全过程工程咨询服务模式之一，特别对政府投资项目而言。

从促进咨询行业发展的角度看，项目管理主导型全过程工程咨询服务有利于培养大型的管理型咨询企业。对于以项目管理为主营业务的工程咨询企业而言，应考虑通过兼并重组等途径快速提升设计和设计管理能力。

从工程咨询产业基础条件来看，项目管理主导型全过程工程咨询服务的产业条件成熟。规模以上项目管理/工程监理企业，一般都拥有工程监理、造价咨询、招标代理、工程咨询等专项服务的资质。项目管理主导型是目前较常见、发展较成熟的全过程工程咨询服务模式，相关的理论研究、配套制度较为齐全。即使在全过程工程咨询服务推广以前，项目管理服务也已经成为工程咨询市场的主流模式之一，有许多成功实施的案例。在实践中，咨询单位也逐渐摸索出了一套完整的实施流程以指导该服务的开展。

4.设计主导型全过程工程咨询模式

"设计主导型"是指在承担"工程设计"服务的基础上，整合造价咨询、工程监理、招标代理等专项咨询服务，但不提供项目管理服务的全过程工程咨询模式。这种模式强化了设计单位在项目中的参与度和地位，可以在一定程度上更好地衔接设计和施工过程，促进工程建设绩效的提升，同时为设计单位开展多元化经营提供更加广阔的市场，比较适合于业主具备较强的管理集成能力（或拟另行委托项目管理服务），同时在技术管理、项目品质控制角度存在强烈需求的项目情境。

对于提升业主方技术能力而言，设计主导型的全过程工程咨询服务模式的作用是巨大的。基于设计服务本身的技术密集型特征，设计单位拥有工程咨询行业最充沛的技术储备，设计人员的技术在总体上是强于其他咨询人员的（王宏海等，2017）。设计工作在项目实施过程中具有连续性，须确保设计理念、设计意图、技术指导在项目实施过程不间断落实，从而实现建设项目决策的初衷、提高建设品质。在工程采购、工程施工阶段，由设计单位提供咨询服务，可以比较好地衔接设计与施工过程，使得设计意图在采购和施工阶段得到比较充分的落实。

从促进咨询行业发展的角度看，设计主导型全过程工程咨询服务有利于培养"又大又强型"具备国际竞争力的优秀企业。采用设计主导型的全过程工程咨询服务，有利于在夯实大型设计单位技术服务能力的基础上，开展多元化经营，提升全方位的工程咨询能力，补齐短板。

从工程咨询产业基础条件来看，设计主导型全过程咨询服务的产业条件也是比较成熟的，但业主方需要重视对设计单位提供其他专项服务能力的考察。

5.一体化型全过程工程咨询模式

"一体化型"是指将工程设计、项目管理和专项服务打包在一个全过程工程咨询合同中，其中，工程设计和项目管理是必选项，其余的专项服务是可选项。该模式是整体性和集成化程度最高的全过程工程咨询模式，有能力提供该服务的企业大多为大型设计院、综合型工程咨询公司或形成整合产业链资源的联合体。一体化服务模式是最大化包含工程咨询工作内容的全过程工程咨询服务模式，其对工程建设绩效提升和工程咨询产业发展将起到巨大的促进作用。业主方采用这种模式，必须深入考察潜在合格供应商在技术和管理两方面的能力，以及充分考虑治理机制的设置。

从促进咨询行业发展的角度看，一体化服务模式最有利于促进又大又强型具备国际竞争力的优秀企业的培育。咨询企业可以通过众多项目机会的锻炼，在技术和管理以及两者集成方面获得长足的进步。

从工程咨询产业基础条件来看，一体化服务模式的产业基础条件较为薄弱，需要进一步的行业提升与整合。

从以项目管理为主营业务的企业角度来看，前面结合项目管理主导型模式分析已阐述设计行业进入壁垒较高，项目管理企业参与一体化服务模式的竞争存在技术落差和"资质鸿沟"。

从对项目组织结构的影响角度看，一体化服务模式下项目形成了业主-承包商-全过程工程咨询单位的三方关系，项目整体组织结构发生深刻变化，业主方相对于咨询方的信息劣势被放大。业主方必须高度重视对包含设计、项目管理双重任务的全过程工程咨询单位的协调、控制和激励，建立超越合同关系的信任。

如前所述，关于全过程工程咨询服务落地模式的分类方法比较多，本书介绍的分类方法试图尽量涵盖实践中各种可能的服务组合，并建立起一种方便分析各种类型落地模式优缺点和适用情境的结构，以期给全过程工程咨询服务供需双方的读者提供参考。从实践的情况来看，当前最主流的服务模式主要集中于"项目管理主导型"和"一体化型"两种落地模式，这两种服务模式都包含了项目管理服务。因此，有研究者提出的以项目管理服务为核心内容的"1＋N"模式是一种高度总结概括且比较符合实际情况的分类方法，作者建议有兴趣的读者可以进一步延伸阅读相关研究成果。

(四) 项目经理胜任力模型相关研究

胜任力模型是完成特定任务相应角色所需的能力要素的集成（Xu&Wang，2009），众多学者对项目经理胜任力核心要素进行研究。彭春艳等（2021）通过 EFA 和 PLS 模型进行实证研究，研究结果表明项目经理岗位胜任力的核心要素可分为专业技能、社交能力、项目管理能力和职业素养 4 个维度，其中职业素养对项目经理岗位胜任能力影响最大。康飞和张水波（2013）提出虽然不同的项目类型在技术胜任力方面对项目经理有着各自的要求，但在管理技能和人格特质方面，各行业对项目经理的胜任力的要求是存在一致性的，如很多研究都要求项目经理具备沟通能力、人际交往能力、团队合作能力、抗压能力、大局观、自我控制力、责任心等胜任特征。曲涛（2018）从业主方的角度，论述了全过程咨询单位项目经理应具备的综合素质要求，如廉洁自律精神、职业资格、模范带头精神等素质要求。

部分学者提出了通用项目经理胜任力模型，但由于所处的行业差异，项目经理的胜任特征也有所不同。陈训和罗培圣（2018）通过对复杂项目经理胜任力标准（CSCPM）模型进行转化、整理和分类汇总，总结出 21 项适用于中国情境下的复杂工程项目经理胜任力因素，将复杂工程项目经理胜任力分成核心胜任力和扩展胜任力两个大类，并建立复杂工程项目经理胜任力模型。陈为公等（2018）采用 Shapley 值和模糊数学相结合的数据处理方法，客观合理地定量表达特征描述的定性指标，并提出基于向量夹角余弦的项目经理胜任力评价模型，实现对建设工程项目经理胜任力的科学评估和准确抉择，该模型综合考虑了项目经理胜任力评估的多目标性和指标的模糊不确定、内部相干性。张水波等（2013）构建了建设工程项目经理胜任力的评价指标体系，将其胜任力分为四个维度：管理技能维、认知维、情商维和人格魅力维，在此基础上提出了一种基于支持向量机的胜任力评价模型，该模型具有自学习、自适应的能力，可以有效解决评价指标间非线性关联的问题。

除了公开发表的文献外，国际上众多专业协会或学会建立了各自的项目经理胜任力模型或专业资质标准，用于对专业人士的资质认证，如美国项目管理学会（PMI）开发的项目经理胜任力发展框架（PMCD）、国际项目管理协会（IPMA）开发的国际项目管理专业资质标准（ICB）、澳大利亚复杂项目管理国际中心开发的复杂项目经理胜任力标准（CSCPM）、英国特许测量师协会（RICS）开发的专业胜任能力评核（APC）等。以上模型从不同角度对胜任力类型和胜任力指标进行分类，产生了不同的细化胜任特征，并对其进行提取统计，简要总结如下。

（1）4个模型均提及的胜任力：领导力，沟通能力/沟通与谈判，团队构建/管理/建设，风险管理/风险与机会。

（2）至少2个模型提及的具体技能：变更/变革管理，采购管理，范围管理，进度管理，利益相关者管理，需求管理，资源管理，专业知识。

（3）至少2个模型提及的个人素质：目标导向/结果导向，诚信道德/正直可靠，战略，商业规划。

而在企业实践中，项目经理队伍的建设在组织中的重要性日趋凸显，IBM、AT&T和AECOM等国际企业根据业务特点和组织结构，建立了相关的项目经理胜任力模型。罗培圣等（罗培圣，2021）借助IBM的项目经理胜任力模型和AECOM的项目经理胜任力模型进行分析。

IBM的项目经理胜任力模型和AECOM项目经理胜任力模型在结构上存有差异，但是它们在项目经理胜任特征上具有共同性，归纳如下：

（1）成就项目与客户：充分理解客户需求，以客户为导向，成就客户。

（2）诚信可靠：具有责任感，值得企业和客户信赖。

（3）自我驱动与发展：强大的内在驱动力，持续地学习并提升自我。

（4）沟通能力：项目经理的大部分工作是沟通，沟通能力对项目经理至关重要。

（5）创新意识：运用创新意识和行为解决问题，为项目带来增值。

（6）团队协作：在项目内部和外部积极寻求支持与合作，具备协作共赢能力。

（7）关系维护与发展：人际和商务关系的拓展和维护能力。

1. 项目经理胜任特征分析

何清华和陈杨雪（陈杨雪，2020）分析发现工程建设领域的项目经理胜任特征包含众多方面，部分胜任特征在文献中出现的频率高：专业知识和专业素养是大多学者认为项目经理应该具备的胜任特征，因为这是从事项目经理的基本要求与前提；领导能力、沟通交流能力、组织协调能力、人际交往能力、冲突管理能力、信息获取与处理能力在文献中出现的频率较高，这些能力与项目经理处理项目内部与外部事务时所需的管理方面能力相关。一定程度上可以认为，高频出现的胜任特征具有代表性，大多建设领域的工程项目经理应具备。

2. 全过程工程咨询项目经理胜任力模型构建

何清华和陈杨雪（陈杨雪，2020）对专业文献、国际专业机构以及典型企业对项目经理、复杂项目经理、建设工程项目经理胜任力的分析，并且结合全过程工程咨询项目经理的行业和岗位特点，得出34项全过程工程咨询项目经理胜任特征，以及每项特征在全过程工程咨询背景下特定的内涵（表1.3.1）。

全咨项目经理的胜任特征及描述　　　　　　　表 1.3.1

编号	胜任特征	胜任特征描述
X1	沟通能力	具有良好的表达能力和沟通技巧，能够准确清晰表达意见并被他人理解
X2	诚信可靠	言行一致，讲求信誉，待人真诚，勇于承担责任，建立咨询服务团队和业主及其他参建各方的信任关系
X3	目标/结果导向	从项目最终目标、结果的角度去考虑问题，付诸强大的执行力
X4	冲突管理能力	采取措施预测和避免冲突产生，冲突发生时采取恰当的应对方式，从容处理
X5	公共关系发展维护	主动与利于项目实施的各方建立和维护良好关系，积极获取更多合作机会
X6	自信开放	认同自己和团队的咨询价值，在与项目参建各方打交道时展现自信，积极从他人之处获取经验与知识，创造鼓励探讨的开放环境
X7	谈判能力	识别和分析各谈判参与方的利益，制定谈判策略，促进谈判参与方达成最利于项目成功的决定
X8	灵活创新	积极寻求创新方法和机会，灵活应对并适应项目的变化
X9	自我驱动和自我发展	具有渴求项目成功的内在驱动力，追求卓越，持续学习和发展
X10	自我反思和自我管理	识别和反省自身优势和劣势，利用自身意志调节自身行为
X11	影响和激励能力	通过自己的言语、行为、情绪等影响和感染团队成员，激发下属信心与干劲
X12	决断能力	保持清晰的思维，分析和判断项目状况，及时做出最有利于项目的决策
X13	成就服务客户	理解并遵循所服务客户组织的价值观，转化为服务项目的一致性行动，成就客户可持续发展
X14	团队协作能力	为实现项目成功展现出来的团结团队成员、与项目相关方协作互补的动机与愿望
X15	系统思维和集成能力	从项目全生命周期管理的角度系统全面地看待问题，采用系统集成方法来解决项目的问题
X16	前瞻性/战略规划	研判市场动向，对事物认知深刻，具有战略视野
X17	职业道德和行为准则	遵守建筑行业的各项法律法规、职业规范以及合同约定的各项标准，保持行为合规、公正、廉洁
X18	倾听/亲和力	待人公平和善，愿意倾听别人的经验和意见
X19	教育背景	具有与工程规模和复杂性相匹配的工程建设类教育背景，取得相关专业高等教育毕业证书和学位证书，具体以满足招标文件要求为准
X20	执业资格	具有与工程规模和复杂性相符，与委托内容相适应的注册建筑师、勘察设计注册工程师、注册建造师、注册监理工程师、注册造价工程师等一项或多项工程建设类注册执业资格，具体以满足招标人招标文件要求为准
X21	专业职称	具有与工程规模和复杂性相符的工程类、工程经济类专业职称，具体以满足招标人招标文件要求为准

续表

编号	胜任特征	胜任特征描述
X22	经历与经验	具有与客户所在行业、项目所属领域相匹配的工程管理经历和经验;或不同专项咨询经历和经验,特别是业主方项目管理或全过程项目管理咨询经历和经验,积累了技术、经济、管理及法律等方面综合知识,具体以满足招标人招标文件要求为准
X23	工程进度与计划管理技能	对工程实施的进度计划编制和动态控制具备全局性把握能力,能够编制或组织编制、审核工程实施计划,并在实施过程中发现问题,提出总体性的纠偏措施
X24	工程投资管理技能	对工程投资组成、投资控制的影响因素、投资控制的主要措施具有深入理解,能够在项目实施各阶段针对性地构建投资控制体系,并在发生偏差时具备纠偏能力
X25	工程质量、安全、职业健康、环境管理技能	对工程质量、安全、职业健康、环境管理的内涵有深入理解,能够组织开展针对工程特点分析工程质量、安全、职业健康、环境管理的影响因素并提出针对性的管理措施,并在发生偏差时具备纠偏能力
X26	工程采购管理和合同管理技能	熟悉工程采购流程、法规,熟悉全国或当地的工程建设市场情况,对主要的设计及相关咨询顾问、施工、供货等供应方市场有深入了解。熟悉工程建设主要合同类型的条款,具备通过合同管理约束、协调主要参建单位维护项目秩序的能力
X27	工程信息管理技能	对工程信息、工程档案、信息管理系统有整体性的了解,具备通过信息文档开展工程协调、辅助工程推进的能力,能够组织重要工程文档、工程报告的编制与审核
X28	工程管理系统的策划和集成能力	对工程建设全生命周期的管理系统、管理任务和管理组织体系具有深入的理解,能够承担全生命周期工程实施策划,并在实施过程中进行必要的调整。针对具体项目分析总结其工程特点、技术难点和管理重点的能力
X29	工程组织协调能力	能够组织内部员工高效开展咨询工作,协调外部单位有序有效开展工程建设,保持良好的合作氛围与工作关系
X30	压力和气氛管理能力	能乐观地面对长期压力,并能够有效鼓舞团队成员和其他参建团队成员的士气,通过各种正式和非正式方式持续缓和团队紧张气氛的能力
X31	成就服务项目	遵循通过提供专业和务实的全咨服务,实现建设项目生命周期目标,满足并超出客户的期望
X32	成就服务企业	理解并遵循所服务工程咨询企业的价值观,转化为服务项目的一致性行动,成就企业可持续发展
X33	工程可持续发展技术、工程管理创新技术的掌握	对主流的可持续发展技术(如装配式建筑、绿色建筑设计、绿色建造技术等)有深入理解,可以组织针对所服务工程的可持续发展技术应用筹划和实施。对主流的工程管理创新技术(如 BIM 技术、大数据技术、云计算技术、复杂性管理技术)有一定程度的了解与掌握
X34	服务文化	使建设项目各参与方形成"项目利益高于一切"和"增值于项目"的项目文化

　　基于以上全咨项目经理的胜任特征,该研究将全过程工程咨询项目经理胜任力模型归纳为 5 个一级维度,即文化价值观、综合素质、领导力、专业技能和知识与经验,得到全过程工程咨询项目经理胜任力模型如图 1.3.7 所示。

(五)研究展望

　　结合作者自身的理解,从理论与实践相结合的角度,提出以下四个需要在未来开展进

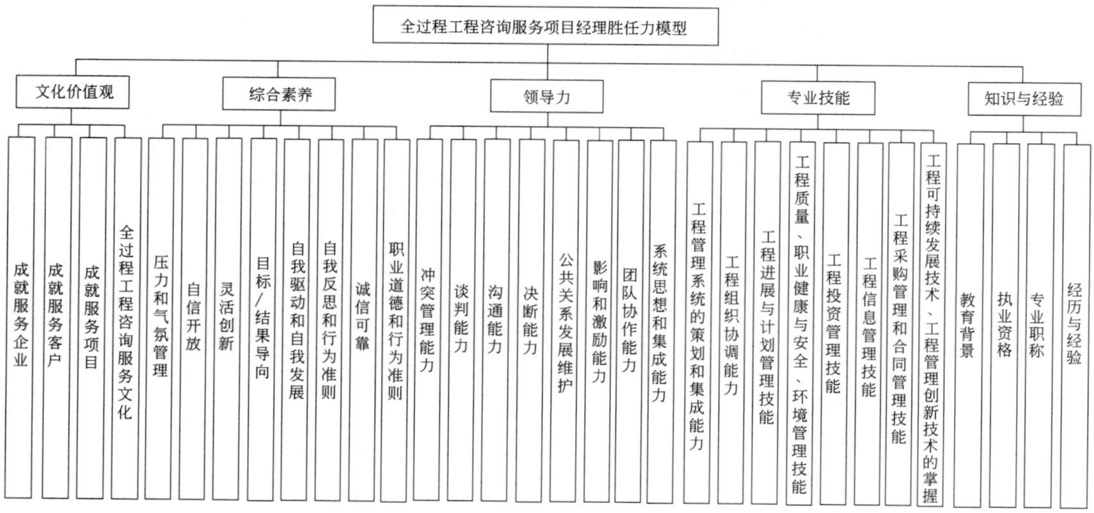

图 1.3.7　全过程工程咨询项目经理胜任力模型

一步研究的方向：

　　第一，全过程工程咨询模式的情境适应性问题有待进一步明确。全过程工程咨询模式实践落地的阻力在于对全过程工程咨询的概念内涵和不同类型的全过程工程咨询模式的情境适应性问题的认识不够深刻，缺乏系统深入的研究。未来研究可考虑进一步探究不同类型全过程工程咨询模式的情境适应性问题，明晰全过程工程咨询模式对咨询企业的能力要求、业主管控能力的要求、项目组织结构设置的要求等。

　　第二，全过程工程咨询模式对项目绩效的影响机理问题有待进一步分析。现有理论研究一定程度上忽略了全过程工程咨询模式对项目绩效的影响机理问题，全过程工程咨询的应用对项目绩效的提升作用的证据仍较为有限，需进一步探讨全过程工程咨询服务绩效的提升路径。因此，全过程工程咨询理论研究不仅应关注于实践经验的总结与梳理，还应聚焦于"为什么、是什么"和"谁来做、怎么做"的问题，构建全过程工程咨询系统化的理论内涵体系，进一步探讨全过程工程咨询模式对项目绩效的影响机理问题，从而为全过程工程咨询克服现实阻力和突破实践困境提供理论指导。

　　第三，全过程工程咨询模式下的项目治理研究有待进一步深化。全过程工程咨询模式下业主与全过程工程咨询单位的信息不对称导致咨询单位可能采取机会主义行为，带来集成化管理的治理陷阱问题。因此，未来研究可进一步讨论如何控制采用全过程工程咨询模式带来的治理风险，构建合理的风险分担与防范机制。

　　第四，全过程工程咨询的落地模式及分类研究有待进一步探索。目前学界和实践界对于全过程工程咨询服务模式类别以及具体分类方式仍有较多讨论。针对全过程工程咨询的落地模式研究，本书提出的五模式分类法可以涵盖目前大部分实践中的落地模式，但随着实践和理论研究的开展，全过程工程咨询服务模式也可能呈现动态变化的状态。因此，相关的落地模式及分类研究可以在后续实践与研究过程中进一步优化和深入探讨，五大模式的情境适应性问题也有待进一步讨论。

第二章

投资决策综合性咨询

第一节　投资决策综合性咨询的定义、作用和依据

一、投资决策综合性咨询的定义

《国家发展改革委 住房城乡建设部关于推进全过程工程咨询服务发展的指导意见》（发改投资规〔2019〕515号）提出，为更好地实现投资建设意图，投资者或建设单位在固定资产投资项目决策、工程建设、项目运营过程中，对综合性、跨阶段、一体化的咨询服务需求日益增强。要遵循项目周期规律和建设程序的客观要求，在项目决策和建设实施两个阶段，培育发展投资决策综合性咨询和工程建设全过程咨询，为固定资产投资及工程建设活动提供高质量智力技术服务（图2.1.1）。

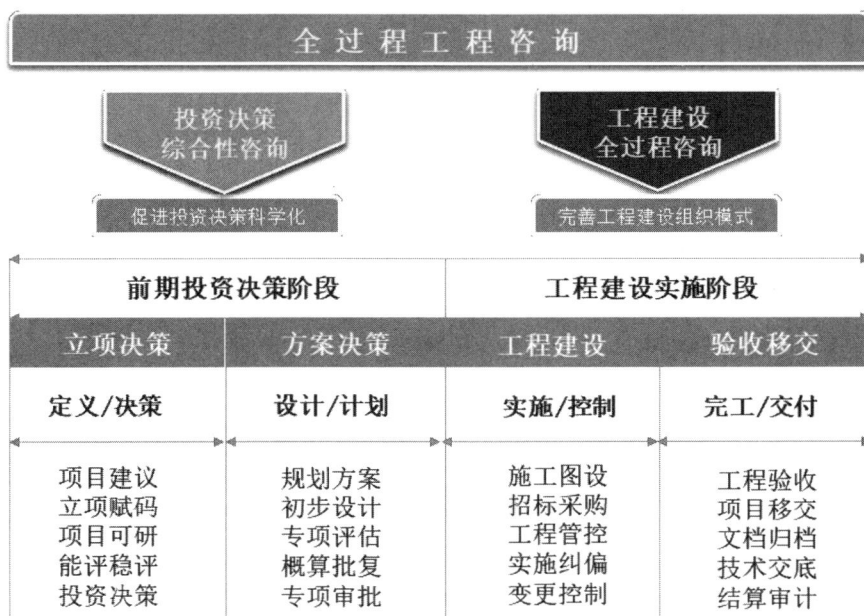

全过程工程咨询			
投资决策综合性咨询		工程建设全过程咨询	
促进投资决策科学化		完善工程建设组织模式	
前期投资决策阶段		**工程建设实施阶段**	
立项决策	方案决策	工程建设	验收移交
定义/决策	**设计/计划**	**实施/控制**	**完工/交付**
项目建议 立项赋码 项目可研 能评稳评 投资决策	规划方案 初步设计 专项评估 概算批复 专项审批	施工图设 招标采购 工程管控 实施纠偏 变更控制	工程验收 项目移交 文档归档 技术交底 结算审计

图 2.1.1

投资决策综合性咨询（业内简称"投资决策综合咨询""前期综合咨询"）是指——综合性工程咨询单位接受投资者委托，就投资项目的市场、技术、经济、生态环境、能源、资源、安全等影响可行性的要素，结合国家、地区、行业发展规划及相关重大专项建设规划、产业政策、技术标准及相关审批要求进行分析研究和论证，为投资者提供决策依据和建议。

二、投资决策综合性咨询的作用

投资决策综合咨询在项目建设程序中具有统领作用，对项目顺利实施、有效控制和高效利用投资至关重要。

1. 综合科学决策

协助投资者就项目定位、规模、投融资、建设方案、建设运营模式、分期计划、投资回报、外部影响（社会影响、环境影响、水土保持、交通影响、能源消耗）等各重点事项进行综合性论证和决策，减少分散专项评价评估，避免可行性研究论证碎片化，提高投资决策科学性，提升投资效益、工程质量和运营效率。

2. 前期统筹服务

依托投资决策综合性咨询牵头单位，统筹协调前期所需的各专业技术单位，解决在传统单项服务供给模式下投资者面对的不同专业难协调、信息堆集难决策、流程复杂难推进等问题，满足投资者对综合性、跨阶段、一体化的咨询服务需求。

三、投资决策综合性咨询的依据

（一）投资决策的依据

1. 社会投资项目决策依据

社会投资项目投资决策的主要依据性文件为企业内部制定的《投资管理办法》或类似规章制度，一般会就本企业投资项目决策涉及的投资决策原则、立项论证与审批流程、审批重点内容、控制性指标（投资收益率、回收期、经济增加值等）、投资类型和决策权限、监督与投后管理等方面作出明确规定。

2. 政府投资项目决策依据

政府投资项目投资决策的主要依据性法规为《政府投资条例》（中华人民共和国国务院令第712号，以下简称《条例》）（表2.1.1）。

政府投资决策依据 表2.1.1

《条例》序号	内容
第四条	政府投资应当遵循科学决策、规范管理、注重绩效、公开透明的原则
第九条	政府采取直接投资方式、资本金注入方式投资的项目（以下统称政府投资项目），项目单位应当编制项目建议书、可行性研究报告、初步设计，按照政府投资管理权限和规定的程序，报投资主管部门或者其他有关部门审批
	项目单位应当加强政府投资项目的前期工作，保证前期工作的深度达到规定的要求，并对项目建议书、可行性研究报告、初步设计以及依法应当附具的其他文件的真实性负责

《条例》序号	内容
第十一条	投资主管部门或者其他有关部门应当根据国民经济和社会发展规划、相关领域专项规划、产业政策等，从下列方面对政府投资项目进行审查，作出是否批准的决定： （一）项目建议书提出的项目建设的必要性； （二）可行性研究报告分析的项目的技术经济可行性、社会效益以及项目资金等主要建设条件的落实情况； （三）初步设计及其提出的投资概算是否符合可行性研究报告批复以及国家有关标准和规范的要求； （四）依照法律、行政法规和国家有关规定应当审查的其他事项。 投资主管部门或者其他有关部门对政府投资项目不予批准的，应当书面通知项目单位并说明理由 对经济社会发展、社会公众利益有重大影响或者投资规模较大的政府投资项目，投资主管部门或者其他有关部门应当在中介服务机构评估、公众参与、专家评议、风险评估的基础上作出是否批准的决定
第十二条	经投资主管部门或者其他有关部门核定的投资概算是控制政府投资项目总投资的依据

（二）投资决策综合咨询的依据性政策和规范指引

投资决策综合咨询的依据性政策、标准规范、工作指引等如表 2.1.2。

投资决策综合咨询的依据性政策、标准规范

表 2.1.2

类别	文件	制定部门	发布时间
政策法规	《国家发展改革委 住房城乡建设部关于推进全过程工程咨询服务发展的指导意见》(发改投资规〔2019〕515 号)	住房和城乡建设部 国家发展改革委	2019 年 3 月 15 日
	《政府投资条例》(国令第 712 号)	国务院	2019 年 4 月 14 日
标准规范	《建筑工程咨询分类标准》GB 50852—2013	住房和城乡建设部、质监局	2013 年 4 月 1 日
	《建设工程项目管理规范》GB/T 50326—2017	住房和城乡建设部、质监局	2017 年 5 月 4 日
	《房屋建筑和市政基础设施建设项目全过程工程咨询服务技术标准(征求意见稿)》	国家发展改革委固定资产投资司、住房和城乡建设部建筑市场监管司	2020 年 4 月 23 日
	《建设项目全过程工程咨询标准》TCECS 1030-2022	中国工程建设标准化协会	2022 年 8 月 1 日
工作指引	《投资项目可行性研究指南》(计办投资〔2002〕15 号)	国家计委办公厅、指南编写组	2002 年 1 月 4 日
	《国家发展改革委、建设部关于印发建设项目经济评价方法与参数的通知》(发改投资〔2006〕1325 号)	国家发展改革委、建设部	2006 年 7 月 3 日
	广东省住房和城乡建设厅《建设项目全过程工程咨询服务指引(投资人版)(征求意见稿)》(粤建市商〔2018〕26 号)	广东省住房和城乡建设厅	2018 年 4 月 4 日
	广东省住房和城乡建设厅《建设项目全过程工程咨询服务指引(咨询企业版)(征求意见稿)》(粤建市商〔2018〕26 号)	广东省住房和城乡建设厅	2018 年 4 月 4 日
	《深圳市政府投资项目前期工作技术文件编制指南(征求意见稿)》	深圳市发展和改革委员会	2020 年 8 月

第二节 投资决策综合性咨询工作内容

投资决策综合性咨询主要工作内容包括前期综合管理服务、专项技术咨询服务、投资决策综合服务三大部分。

一、前期综合管理服务

根据委托合同提供前期综合管理服务，包括工作策划、团队组建、统筹协调、前期总控、专题组织、报批报审、后续服务等活动（表2.2.1）。

前期综合管理的主要工作与内容　　　　　　　　　　　　　表2.2.1

序号	工作名称	工作内容
1	工作策划	·编制投资决策综合性咨询服务计划书,确定管理架构、各专项工作内容、咨询工作重难点及总体思路、综合工作进度计划、工作界面划分、协调机制、成果验收与质量评定方式等
2	团队组建	·确定投资决策综合性咨询项目负责人、统筹管理组成员 ·确定各专项咨询技术团队和成员 ·需要引进外部团队的专项咨询内容,按照合同约定和相关法规要求的采购方式,择优选聘专项技术服务单位
3	统筹协调	·协调对接项目各相关方,包括:甲方、项目组各专业技术团队、外部协同技术团队(设计、监理单位等)、政府主管部门、外聘专家等 ·组织各专业对接、相互提资、信息交换、成果交底 ·组织召开项目例会、专题会、成果汇报会、专家评审会
4	前期总控	·负责总控项目前期各专项工作节点,就成果提交、内部决策、项目报批等维度进行综合进度控制,以满足项目总工期计划要求 ·协助甲方把控、提升专项咨询成果质量,组织内部验收、专家评审和甲方验收 ·协助甲方申请划拨项目前期经费 ·统筹各专项工作进度认定和进度款支付
5	专题组织	·组织各专项咨询技术团队开展技术成果编制,包括投资策划(投资机会研究)、项目建议书、可行性研究、项目建设条件咨询、环境影响评价报告、节能评估报告、安全风险评估、社会稳定风险评估、水土保持评价、地质灾害评估、交通影响评价、资源综合开发利用评估等各专项技术成果
6	报批报审	·牵头开展各专项咨询成果报批材料、报批准备、报批衔接、主管部门沟通、专项评审、技术答疑等报批工作 ·协助甲方获得各专项审批批复文件
7	后续服务	·协助甲方在后续建设实施过程中对各项前期投资决策事项和议定目标进行约束、控制、评价、调整、细化、优化 ·配合甲方开展资料归档、技术交底答疑、结算审计、项目后评估等工作

二、专项技术咨询服务

（一）专项技术咨询事项和分类

项目前期决策所需的专项技术服务按是否属于政府审批事项，分为政府审批型咨询服务、技术论证型咨询服务（图 2.2.1）。

（1）政府审批型咨询服务：一般包括项目建议书（项目初步可行性研究）、可行性研究、初步设计及概算、环境影响评价、节能评估、安全风险评估、社会稳定风险评估、水土保持评价、地质灾害评估、安全风险评价、交通影响评价、资源综合开发利用评估等。

（2）技术论证型咨询服务：投资机会研究、财务经济测算、投融资方案、产业规划、项目策划、选址论证、用地强排方案、概念设计等。

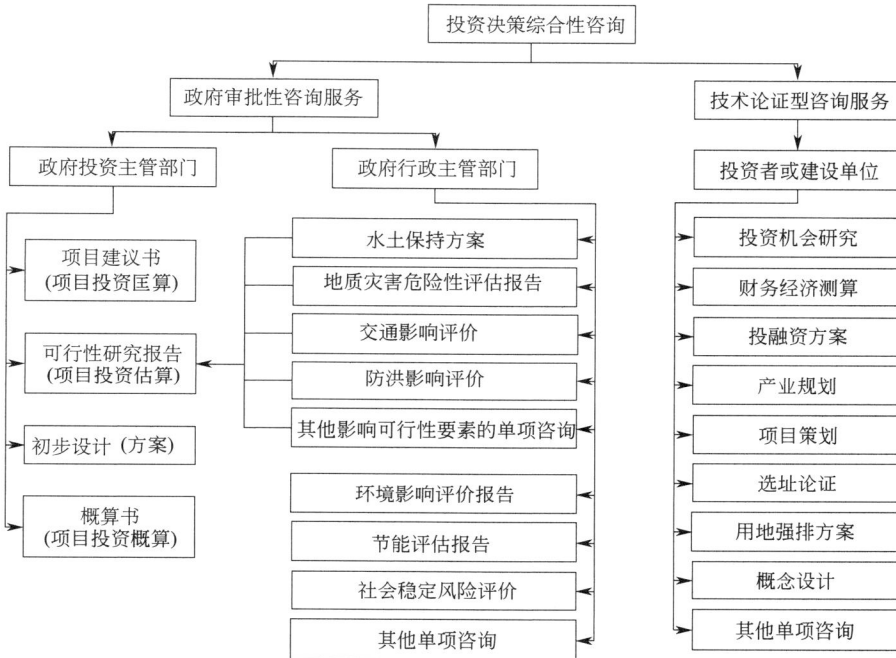

图 2.2.1　专项技术服务

（二）各专项技术咨询服务内容、成果和审批部门（表 2.2.2）

表 2.2.2

序号	报批事项	技术成果名词	审批部门	资质、资信分类
1	项目建议书(投资策划咨询)是政府投资项目立项的重要依据，主要论证项目建设的必要性，对主要建设内容、拟建地点、拟建规模、投资匡算、资金筹措以及社会效益和经济效益等进行初步分析，并附相关文件资料。项目建议书的编制格式、内容和深度应达到规定要求	项目建议书	政府投资主管部门	工程咨询资质甲级和乙级
2	可行性研究是政府投资项目审批决策的重要依据，重点分析项目的技术经济可行性、社会效益以及项目资金等主要建设条件的落实情况，应提供多种建设方案比选，提出项目建设必要性、可行性和合理性的研究结论。可行性研究报告的编制格式、内容和深度应达到规定要求	可行性研究报告	政府投资主管部门	工程咨询资质甲级和乙级

序号	报批事项	技术成果名词	审批部门	资质、资信分类
3	依据环境保护等相关法律法规的规定,有关环境影响评价标准和技术规范等,开展建设项目环境影响评价	环境影响报告书、环境影响报告表或填报环境影响登记表	环境主管部门	建设项目环境影响评价资质甲级和乙级
4	节能评估是根据节能审查等相关法律法规的规定,国家节能相关政策、标准和技术规范等,开展固定资产投资项目节能评估	节能评价报告书、节能评价报告表或节能评估登记表	节能审查主管部门	具有发展改革部门认定的相应专业工程咨询资质,或依法取得的发展改革部门认可的其他相关节能咨询资质
5	防洪影响评价是依据防洪等相关法律法规的规定,全面掌握防洪影响评价标准和规范性文件要求,开展防洪影响评价 河道管理范围内建设项目工程建设方案的审批,需编制防洪评价报告 非防洪建设项目防洪影响评价报告的审批,需编制防洪影响评价报告 国家基本水文监测站上下游建设影响水文监测工程的审批,需编制建设工程对水文监测影响程度的分析评价报告	防洪评价报告、防洪影响评价报告或建设工程对水文监测影响程度的分析评价报告	水务行政主管部门	无资质要求
6	建设项目水土保持方案是依据水土保持等相关法律法规的规定,全面掌握国家水土保持政策标准、技术规范等,编制建设项目水土保持方案	水土保持方案	水务行政主管部门	无资质要求
7	建设工程文物保护是依据文物保护等相关法律法规的规定,全面掌握拟建项目建设地点、工程规划和设计方案、文物保护单位的具体情况等,开展建设工程对文物可能产生破坏或影响的评估	文物影响评估报告	文物行政主管部门	文物保护工程勘察设计资质甲级、乙级和丙级
8	社会风险评估是依据重大固定资产投资项目社会稳定风险评估暂行方法等相关法规的规定,开展社会风险评估	社会稳定风险评估报告	政府投资主管部门	工程咨询资质甲级和乙级
9	政府和社会资本合作(PPP)咨询:拟采用政府和社会资本合作(PPP)模式的,在可行性研究阶段对项目是否适宜采用PPP模式进行分析和论证 PPP咨询主要内容是从政府投资必要性、政府投资方式比选、项目全生命周期成本、运营效率、风险管理以及是否有利于吸引社会资本参与等方面,对项目是否适宜采用PPP模式进行分析和论证	项目实施方案、项目物有所值评价报告、项目财政承受能力论证报告	政府投资主管部门	无资质要求

(三) 各专项技术文件编制内容和要求

政府审批型咨询服务技术文件编制的主要内容和编制要求如表2.2.3。

专项技术文件编制内容和要求 表 2.2.3

技术文件名称	主要内容和深度要求
项目建议书	1. 通过对现状、规划及政策背景的分析,论证项目建设的必要性
	2. 进行需求分析,初步论证项目的建设目标、建设内容和建设规模
	3. 根据项目特点,选址及场地建设条件提出初步落实总体规划、平面布置及主要技术经济指标。提出项目的初步建设方案
	4. 初步进行项目的环境和生态影响评价
	5. 初步确定项目投资匡算和资金筹措方案
	6. 初步进行项目的经济社会效益评价
	7. 从技术、经济、环境和社会条件等方面,总结项目建设的必要性
可行性研究报告	1. 通过对现状、规划及政策背景的分析,叙述项目建设的必要性
	2. 深化需求分析,论证和确定项目建设目标、功能定位、建设内容和建设规模
	3. 项目场址条件、征地拆迁方案等分析
	4. 落实总体规划方案,通过对建设方案的比选论证,确定推荐方案及主要技术经济指标
	5. 进行节能评估、环境和生态影响评价
	6. 制定项目组织与管理方案
	7. 细化项目投资估算。投资估算是在对建设地块和地质条件,项目的建设规模、技术方案、设备方案、工程方案及项目实施进度等进行研究并基本确定的基础上,估算项目投入总资金,并测算建设期内分年资金需要量。编制深度满足项目决策的不同阶段对经济评价的要求
	8. 投资估算是制定融资方案、进行经济评价,以及编制初步设计概算的依据
	9. 根据项目特点,进行项目的经济评价
	10. 根据项目实际情况,进行项目社会评价;部分项目需进行社会稳定性评价
	11. 综合技术、经济、环保、节能、运营管理及社会风险等方面,总结建设方案的可行性
	12. 项目建设规模、投资规模较项目建议书批复有较大变化的,需以独立章节对变更部分进行说明和论证
初步设计概算文件	一、根据政府项目投资主管部门对该项目可行性研究报告(或项目建议书)的批复进行编制,并遵循国家相关政策法规、标准及规范。初步设计概算与项目可行性研究报告批复的方案和投资相比有较大变化时,需单独对方案变化进行论证,对投资变化进行说明 1. 初步设计图纸编制要求: 1.1 贯彻执行国家有关工程建设的政策、法规、工程建设强制性标准和制图标准,遵守设计工作程序;设计图纸应完整齐全,内容深度符合本指南的要求。 1.2 在设计中宜因地制宜,正确选用国家、行业和地方标准设计,并在设计的图纸目录或初步设计说明中注明所应用图集的名称。 1.3 初步设计图纸应根据批准的可行性研究报告或方案设计进行编制;要明确工程规模、投资效益、设计原则和标准,深化设计方案,并提出设计中存在的问题及有关建议。 1.4 本指南提出的设计图纸编制深度属基本要求,不影响业主及相关项目设计合同提出的其他要求。根据项目类型和规模,设计图纸的内容可适当增减。 2. 概算编制要求: 2.1 初步设计概算应在充分调研及可靠的基本资料的基础上进行编制。 2.2 概算文件需完整反映工程初步设计的内容,严格执行国家有关方针、政策和规定,实事求是地根据项目建设条件,正确地按有关资料进行编制。 二、信息化类项目的初步设计概算,应按照信息化项目的特殊要求编制 三、针对新基建、科技创新和先行示范的重点项目,应加强前沿创新技术的专题论证研究

技术文件名称	主要内容和深度要求
环境影响报告书	根据项目对环境的影响程度不同,编制环境影响报告书、环境影响报告表或填报环境影响登记表。主要内容包括项目概况、项目周围环境现状、项目对环境可能造成影响的分析、预测和评估、项目环境保护措施及其技术、经济论证、项目对环境影响的经济损益分析,对项目实施环境监测的建议、环境影响评价的结论等
节能评估报告	项目建设方案的节能分析和比选;选取节能效果好、技术经济可行的节能技术和管理措施;项目能源消费量、能源消费结构、能源效率等方面的分析;对所在地完成能源消耗总量和强度目标、煤炭消费减量替代目标的影响等方面的分析评价等
社会稳定风险评价	应满足相关法律法规对报告内容、格式和要求的规定,征求相关单位意见,结合内审意见进行编制,形成可行性研究报告的独立篇章。主要内容包括项目概况、社会风险调查分析、相关群众意见、风险点、风险发生的可能性及影响程度、防范和化解风险的方案措施,提出采取相关措施后的社会风险等级建议等
水土保持方案	应满足国家现行的《开发建设项目水土保持方案技术规范》及其他相关法律法规的规定。主要内容包括生产建设项目概况及项目所在地区域概况、主体工程水土保持评价与水土流失预测,水土流失防治责任范围及防治分区,水土流失防治目标及防治措施布局,水土保持方案投资估算与效益分析等
地质灾害危险性评估报告	应满足现行的《地质灾害危险性评估规范》及其他相关法律法规的规定,并通过由具有国土资源系统评估报告水文工程环境地质项目评审专家资格的专家进行的技术评审
交通影响评价	应满足现行的《建设项目交通影响评价技术标准》及其他相关法律法规的规定,并通过公安交通管理部门组织的评审,获得《建设项目交通影响评价审核意见书》等审批文件
防洪影响评价	防洪影响评价主要内容包括项目概况、项目对防洪的影响、洪水对建设项目的影响、消除或减轻洪水影响的措施、结论与建议等。 1. 河道管理范围内建设项目工程建设方案的审批,需编制防洪评价报告。全面掌握防洪影响评价标准和规范性文件要求,开展防洪影响评价。 2. 非防洪建设项目防洪影响评价报告的审批,需编制防洪影响评价报告。 3. 国家基本水文测站上下游建设影响水文监测工程的审批,需编制建设工程对水文监测影响程度的分析评价报告

说明:参照《深圳市政府投资项目前期工作技术文件编制指南(试行)》以及各专项技术文件的编制规范、指引文件引用整理。

(四) 各专项咨询成果之间的关系及要求

(1) 建议书审批后、可行性研究报告报批前应开展建设项目用地预审与选址意见,并取得相应批复文件,重大社会风险的建设项目应进行社会风险评估。提前开展必须完成的环境影响评价、节能评估、防洪影响评价和水土保持方案等建设条件单项咨询,并将相关成果纳入可行性研究报告。

(2) 要围绕可行性研究报告,充分论证建设内容、建设规模,并按照相关法律法规、技术标准要求,深入分析影响投资决策的各项因素,将其影响分析形成专门篇章纳入可行性研究报告。可行性研究报告包括其他专项审批要求的论证评价内容的,有关审批部门可以将可行性研究报告作为申报材料进行审查。

(3) 可行性研究报告审批后、初步设计(方案)报批前,建议提前完成开工前必须完成的建设条件单项咨询及工程勘察设计等咨询,并将相关成果纳入初步设计(方案)。

(4) 工程咨询方应根据各专项审批部门的意见负责修改可行性研究报告,与批复的单项咨询意见保持一致，并对可行性研究报告的结论负主体责任。

三、综合决策咨询服务

1. 开展综合研究论证

投资决策综合咨询服务牵头单位依托各专项咨询技术成果，进行综合分析，出具综合决策咨询成果——纳入各专项技术文件论证成果专篇的可行性研究报告，或其他形式的综合咨询分析报告。

2. 完成项目综合决策

投资决策综合咨询服务牵头单位协助甲方就项目定位、规模、投融资、建设方案、建设模式、分期计划、运营模式、投资回报、外部影响（社会影响、环境影响、水土保持、交通影响、能源消耗）等各重点事项进行综合决策，以内部投决会等方式达成共识、形成决议。

3. 开展综合性申报审批

发改投资规〔2019〕515号文提出：鼓励项目单位加强可行性研究，将国家法律法规和产业政策、行政审批中要求的专项评价评估等一并纳入可行性研究统筹论证。各审批部门应当加强审查要求和标准的协调，避免与相同事项的管理要求相冲突。鼓励项目单位采用投资决策综合性咨询，减少分散专项评价评估，避免可行性研究论证碎片化。各地要建立并联审批、联合审批机制，提高审批效率，并通过通用综合性咨询成果、审查一套综合性申报材料，提高并联审批、联合审批的操作性。

从当前实操案例经验来看，各地在政府投资项目前期审批管理中按各专项审批事项独立审批仍是主流，但审批事项精简合并，最终采用一套综合性申报材料、实现投资决策综合性审批是总体改革趋势，目前各地政府也纷纷在就并联审批、联合审批进行探索，如节能审查并入可研审批、医院土建/信息化/设备购置三合一审批、用地预审和可研联合审批等新举措在不断尝试，也为投资决策综合性咨询的开展提供了便利。

第三节　投资决策综合性咨询组织管理

一、投资决策综合咨询的管理组织模式

1. 组织管理模式

投资决策综合性咨询服务可由投资者/建设单位按规定招采程序选取一家具备综合咨询服务能力的单位，由其牵头统筹委托各专业技术单位提供服务；也可由一家牵头单位会同其他具备相应资格单位采取联合体方式共同提供服务。

对于各专项技术咨询服务，如咨询人具有相应资信、资质条件时宜优先由咨询人实施，也可委托其他具备相应资格条件的咨询单位实施。

投资决策综合咨询的典型组织模式如图2.3.1。

2. 主体责任划分

根据发改投资规〔2019〕515号文件规定，牵头提供投资决策综合性咨询服务的机构，根据与委托方合同约定对服务成果承担总体责任；联合提供投资决策综合性咨询服务

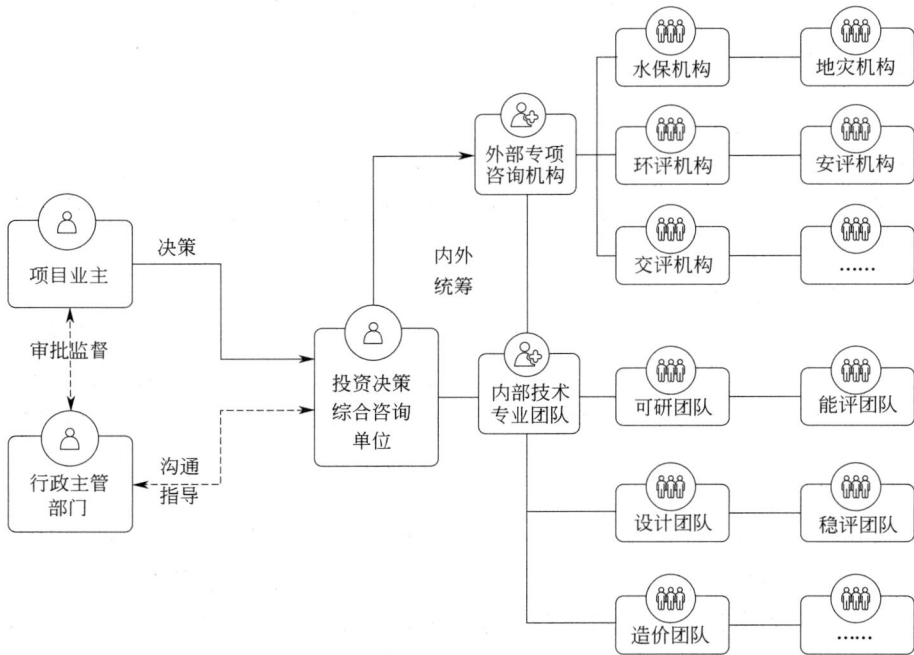

图 2.3.1　投资决策综合咨询典型组织模式

的，各合作方承担相应责任。

二、投资决策综合咨询团队架构（图 2.3.2）

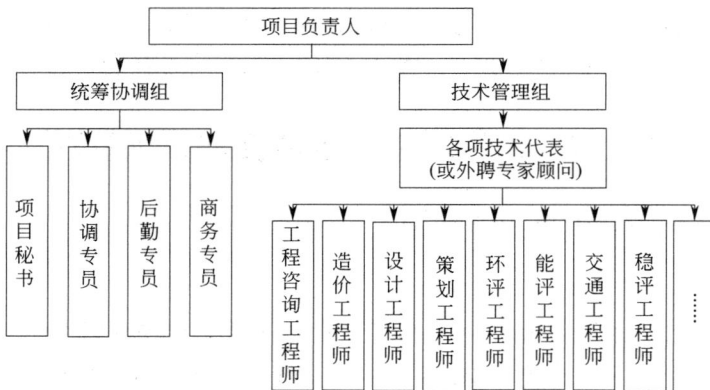

图 2.3.2　投资决策综合咨询团队架构

1. 统筹协调组的职责

（1）沟通和协调与项目投资决策有关的相关人之间的接口关系，组织各专业对接、相互提资、信息交换、成果交底，组织召开项目例会、专题会、成果汇报会、专家评审会，并形成会议纪要/记录；

（2）落实委托方按照项目投资决策咨询合同约定应该提供的办公、交通、通信、生活等配套实施；

（3）组织开展各专项咨询成果报批工作；

（4）及时、准确、完整地将项目投资决策咨询过程中形成的咨询成果文件进行收集、整理、编制、传递，并向委托方移交；

（5）对接项目各方商务和招采事宜，需要引进外部团队的专项咨询内容，按照合同约定和相关法规要求的采购方式，择优选聘专项技术服务单位；

（6）落实委托方按照合同约定应该支付的项目投资决策工作量核算、请款付款、结算设计等事项。

2. 技术管理组的职责

（1）负责具体编制咨询工作大纲和工作进度计划，配合项目负责人确定管理架构、各专项工作内容、咨询工作重难点及总体思路、综合工作进度计划、工作界面划分、协调机制、成果验收与质量评定方式等。

（2）组织各专项技术代表或行业专家，督促和指导项目技术团队和外协的各专业技术机构，就项目重难点问题共同开展研究，按合同和相关规范要求完成专项技术咨询成果编制。

（3）负责总控项目前期各专项技术咨询工作节点，就成果提交、内部决策、项目报批等维度进行综合进度控制，以满足项目总工期计划要求。

（4）针对实施过程中发生的重大变化，及时对项目投资决策的实施规划进行调整，经总咨询师审核，报委托方重新批准后实施。

（5）协助甲方把控、提升专项咨询成果质量，组织内部验收、专家评审和甲方验收。

（6）应对委托方的满意度情况进行全过程跟踪分析，对项目投资决策咨询人的执行情况和咨询人自身承担的项目投资决策的管理工作的执行情况进行全过程监督和控制。

三、投资决策综合性咨询负责人

1. 负责人资格要求

参照发改投资规〔2019〕515号文件精神，投资决策综合性咨询项目负责人原则上应当取得工程建设类注册执业资格且具有工程类、工程经济类高级职称，并具有类似工程经验。各专项咨询负责人应具有法律法规规定的相应执业资格。投资决策综合性咨询应当充分发挥咨询工程师（投资）的作用，政策鼓励其作为综合性咨询项目负责人，提高统筹服务水平。

投资决策综合性咨询项目负责人原则上只能同时担任一项委托合同的项目负责人。如需担任多项委托合同的项目负责人，须征得所有委托单位同意。

2. 负责人的主要职责

（1）牵头组建投资决策综合性咨询团队，明确咨询岗位职责及人员分工，并报送所在单位及委托方批准；

（2）组织制定咨询工作大纲及咨询工作制度，明确咨询工作流程和咨询成果文件要求；

（3）组织审核咨询工作计划；

（4）统筹内外部资源，根据咨询工作需要及时调配所需人员、设备、资金；

（5）代表牵头单位协调项目内外部相关方关系，调解相关争议，解决项目实施中出现的问题；

（6）监督检查各项咨询工作进展情况，组织评价咨询工作绩效；

（7）参与咨询团队或联合体重大决策，在授权范围内决定咨询任务分解、利益分配和资源使用；

（8）审核确认工程咨询成果文件，并在其确认的相关咨询成果文件上签章；

（9）参与或配合咨询服务质量事故的调查和处理；

（10）定期向委托方报告项目进展计划完成情况及所有与其利益密切相关的重要信息。

第四节　投资决策申报审批流程

了解政府各行政主管部门对投资决策综合咨询不同技术咨询成果文件申报要求及审批流程，及时获得政府相关部门的批复文件，是制定项目前期管理工作计划，有序开展项目前期各专项咨询工作，保障项目前期实施进度的重要环节之一。

一、项目投资决策申报审批通用流程

项目投资决策申报审批一般分为项目赋码、正式立项、投资批复三个阶段。

符合相关规定的政府投资项目，可以简化需要报批的文件和审批程序。

符合相关规定的企业投资项目，可以简化核准或备案程序和申报材料。

第一阶段　项目赋码

获得项目建议书的批复并赋码（投资项目在线审批监管平台生成的项目代码），视为项目初步论证通过，可以进一步开展可行性论证研究。

第二阶段　正式立项

获得可行性研究报告的批复，视为项目正式立项，可以启动设计工作。

在可研编制上报前，需同步开展环境影响评价报告、节能评估报告、安全风险评估、社会稳定风险评估、水土保持评价、地质灾害评估、交通影响评价、资源综合开发利用评估等当地政策规定的专项评估工作。

第三阶段　投资批复

经投资主管部门或者其他有关部门核定的投资概算是控制投资项目总投资的依据。投资项目建设投资原则上不得超过经核定的投资概算。

因国家政策调整、价格上涨、地质条件发生重大变化等原因确需增加投资概算的，项目单位应当提出调整方案及说明资金来源，按照规定的程序报原初步设计审批部门或者投资概算核定部门核定；涉及预算调整或者调剂的，依照有关预算的法律、行政法规和国家有关规定办理。

项目投资决策申报与审批通用流程见图2.4.1。

二、深圳市工程建设项目审批流程参考

为便于读者进一步理解项目前期审批操作详细流程，特以深圳市投资项目审批为例，附深圳市住房和建设局发布的政府投资、社会投资房建类工程项目审批流程供参考（见后附图）。

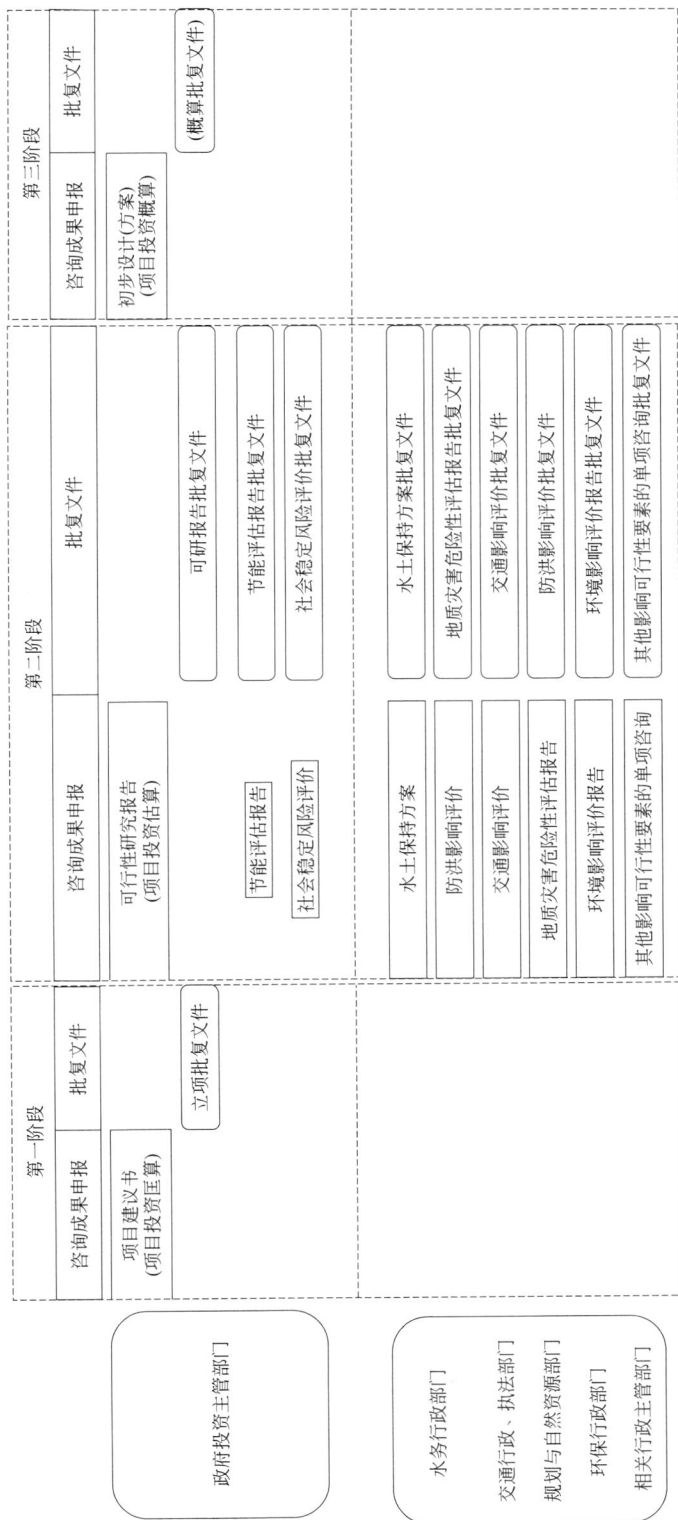

图 2.4.1 项目投资决策申报与审批通用流程

深圳市政府投资类工程建设项目审批流程图(房屋建筑工程类:审批总时限41个工作日)

| 项目策划生成 | 第一阶段:立项及用地规划许可阶段(审批时限5个工作日) | 第二阶段:建设工程规划许可阶段(审批时限18个工作日) | 第三阶段:施工许可阶段(审批时限3个工作日) | 第四阶段:竣工验收阶段(审批时限15个工作日) |

技术流程关键节点

提出建设意向 → 项目建议书编制委托 → 规划设计单位委托 → 初勘、可研单位委托

项目建议书编制和论证申报 → 可研报告编制和论证申报 → 可研报告论证 → 可研论证

根据地基至在线平台的信息确认申报相关审批事项

工程设计单位委托 → 方案设计(完成):申报工程规划许可在方案设计方案文件 → 初步设计(完成):项目总概算材料编制 → 施工图设计(完成):施工图设计文件,施工单位招标及合同签订 → 联合测绘 → 工程规划联合验收

EPC工程总承包招标项目实际情况(在方案设计完成后进行)
土石方、基坑支护及桩基础施工设计、土石方、基坑支护及桩基础施工招标、监理招标及合同签订

国有建设用地使用权及房屋所有权首次登记

行政审批主线

在"多规合一"平台进行项目前期策划工作

规划自然资源部门		
海域使用权的审核 / 港口岸线使用审核 / 建设项目使用用林地审核审批(含临时征占用林地审批事项)	用地预审与选址意见书 — 3个工作日	建设工程规划许可证或规划设计要点 — 5个工作日

发改部门	
可行性研究报告批复 — 4个工作日	项目概算审批 — 8个工作日

投资项目审批监管平台

规划自然资源部门	
	建设工程规划许可证 — 10个工作日

住建、水务部门	
土石方、基坑支护、桩基施工许可证核发 — 2个工作日	建设工程施工许可证核发 — 3个工作日

| 住建、水务或交通运输部门 | |

投资项目审批监管平台

行政审批辅线

第一阶段可并联行政办理事项
- 地名核准(建筑物等命名、公共设施)
- 区级文物保护单位保护范围内进行其他工程建设
- 海域使用权的审核
- 淹没区开发利用方案审批(不涉及跨流域、跨流域水系)的工程建设方案审批
- 水利工程管理和保护范围内新建、改建
- 建设项目水土保持方案审查
- 划拨土地决定书或签订土地使用权出让合同

第一、二阶段可并联行政办理事项
- 国定资产评估
- 项目节能审查
- 地质灾害危险性评估
- 固定资产投资
- 区级、市级文物保护单位建设控制地带内的工程建设方案审批
- 地铁控制保护区和建设规划控制区内工程建设活动方案审批
- 建设项目环境影响评价审批
- 航空限高审查
- 洪水影响评价审批

第二阶段可并联或并行办理事项
- 人防工程方案审查
- 市政设施接口审批
- 地铁控制保护区(内工程)施工作业对地铁结构安全影响
- 易燃易爆建筑物的使用建设规划批准
- 建设项目水土保持方案报告书备案
- 城镇污水排入排水管网许可
- 超限高层建筑工程抗震设防审批
- 危险化学品建设项目安全条件审查
- 地铁控制保护区内规划及方案设计审批
- 放射性同位素与射线装置转让、转移备案
- 建设工程开工备案

第二、三阶段可并联或并行办理事项
- 出具开路占用、迁移城镇排水与污水处理设施方案审核
- 移动通信基站建设项目备案
- 气象探测环境保护范围内建设项目审批(变更、补办)
- 拆除或闲置城市环境卫生设施、环境卫生设施设置方案审核

第三阶段可并联或并行办理事项
- 消防设计审查
- 特种设备施工告知
- 特种工程开工备案
- 水利工程开工备案
- 水质净化厂(新、扩、改建和提标改造涉及)的施工许可证核发
- 城市用水许可
- 占用、挖掘道路审批
- 国有建设用地供地审核

第四阶段可并联或并行办理事项
- 特种设备监督检验
- 城建档案接收
- 燃气点火、移交
- 海域使用权首次登记

备注
1. 项目立项批复前即可申报本部门所需的前期基本材料经费人本部门门窗审受理。
2. 凡项目建设用地已审核完毕后即可审批复与办理。
3. 策划生成阶段中,空间初步论证应在论证前就细,证由规划自然资源部门通过"多规合一"平台系统等、其他相关部门门协办。
4. 行政审批主线中,立项及用地规划许可阶段与自主批事项,发行政审批资料材料即批复可依次进行。
5. 本流程图按情况(体系)根据项目需要与当地实际选择。行政审批法规、规范等执行。法规、规范等执行。
6. 本流程适用于新建、扩建、改建建设项目类项目。政府投资市政交通及综合管廊项目、水利工程、市政管线工程、公园绿化工程、二次装修工程、社会投资房屋建筑建设管理工程、小型低风险工程项目本审批流程图另行制定。二次装修工程的审批流程图因另行制定。

深圳市政府投资类工程建设项目审批流程图(市政交通及综合管廊类：审批总时限36个工作日)

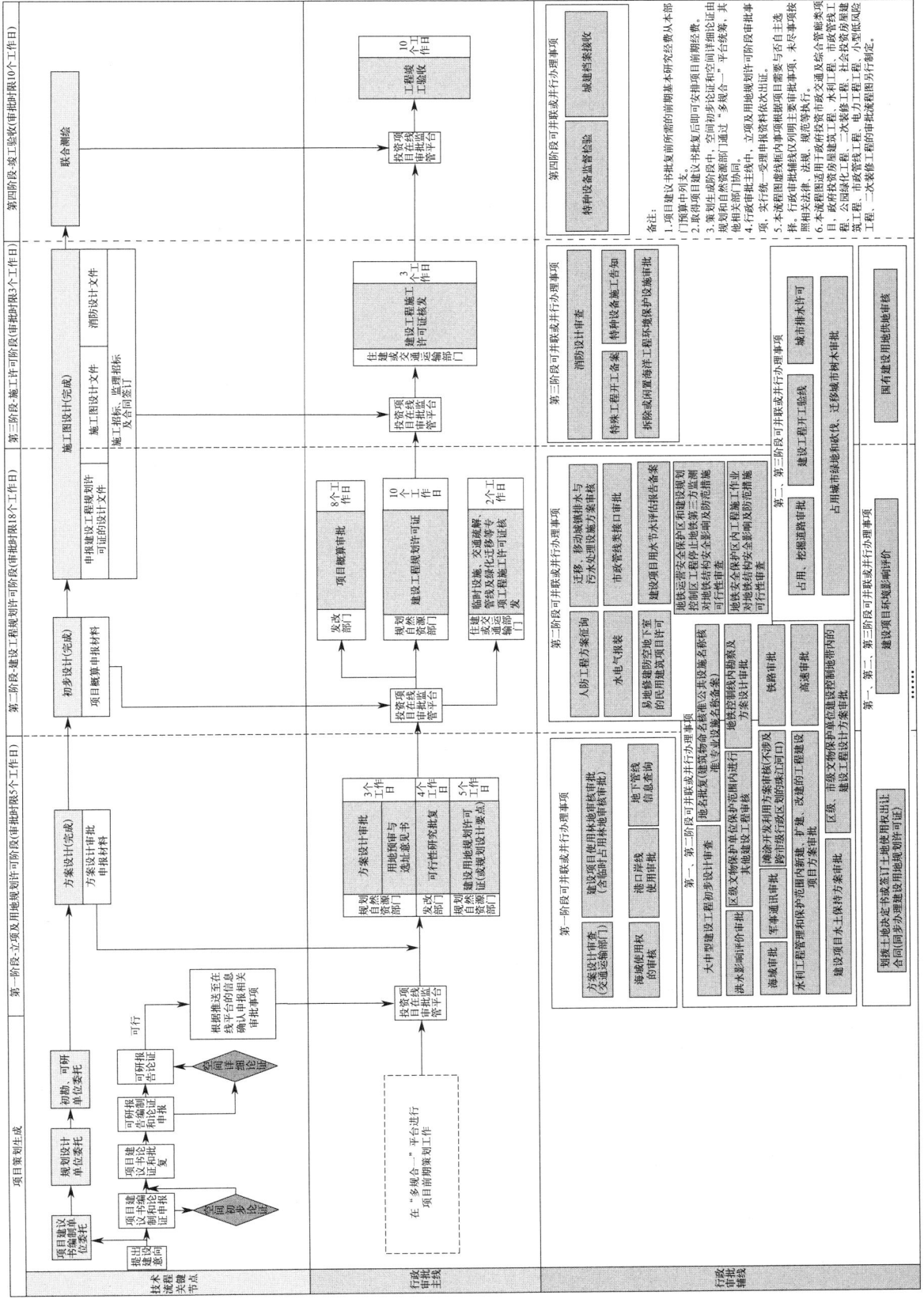

第一阶段·立项及用地规划许可阶段(审批时限5个工作日) | **第二阶段·建设工程规划许可阶段(审批时限18个工作日)** | **第三阶段·施工许可阶段(审批时限3个工作日)** | **第四阶段·竣工验收阶段(审批时限10个工作日)**

项目策划生成

项目建议书编制委托 / 提出建设意向 / 项目建议书编制和论证申报 / 规划设计单位委托 / 初勘、可研单位委托 / 可研报告编制申报 / 可研报告论证和批复 / 空间初步论证 / 详细论证

在"多规合一"平台进行项目前期策划工作

根据推送至在线平台的信息确认申报相关审批事项

投资项目在线审批监管平台

方案设计(完成)：方案设计审批材料
初步设计(完成)
联合测绘

规划自然资源部门：方案设计审查 3个工作日 / 用地预审与选址意见书 4个工作日 / 可行性研究批复 5个工作日 / 建设用地规划许可证或规划设计要点

发改部门：项目概算审批 8个工作日
规划自然资源部门：建设工程规划许可证 10个工作日
住建或交通运输编制部门：临时设施、交通疏解管线及绿化迁移等专项工程施工许可证核发 2个工作日

施工图设计(完成)：申报建设工程规划许可证的设计文件 / 施工图设计文件 / 消防设计文件 / 施工图审核、监理合同签订

工程竣工验收 10个工作日

住建或交通运输编制部门：建设工程施工许可证核发 3个工作日

投资项目在线审批监管平台

行政审批辅线

第一阶段可并联或并行办理事项 / 第二阶段可并联或并行办理事项 / 第三阶段可并联或并行办理事项 / 第四阶段可并联或并行办理事项

备注：
1. 项目建议书批复所需的前期研究经费从本部门预算中列支。
2. 取得项目建议书批复后即可开展初步设计和空间详细论证由规划自然资源部门通过"多规合一"平台统筹，其他相关部门协同。
3. 策划生成阶段同步完成"空间和空间详细论证通过'多规合一'平台同步进行。
4. 行政审批主线中，立项及用地规划许可阶段申报材料依次出证。
5. 本流程图绿线内事项根据项目实际需要与各自主管行政审批事项并联或并行审批，未尽事项按照相关法律、法规、规章等执行。
6. 本流程图适用于政府投资市政交通及综合管廊类项目，政府投资房屋建筑工程、市政管线工程、水利工程、公园绿化工程、社会投资房屋建筑工程、市政管线工程二次装修工程、电力工程、小型低风险工程二次修缮工程的审批流程另行规定。

深圳市政府投资类工程建设项目审批流程图(水利工程类：审批总时限32个工作日)

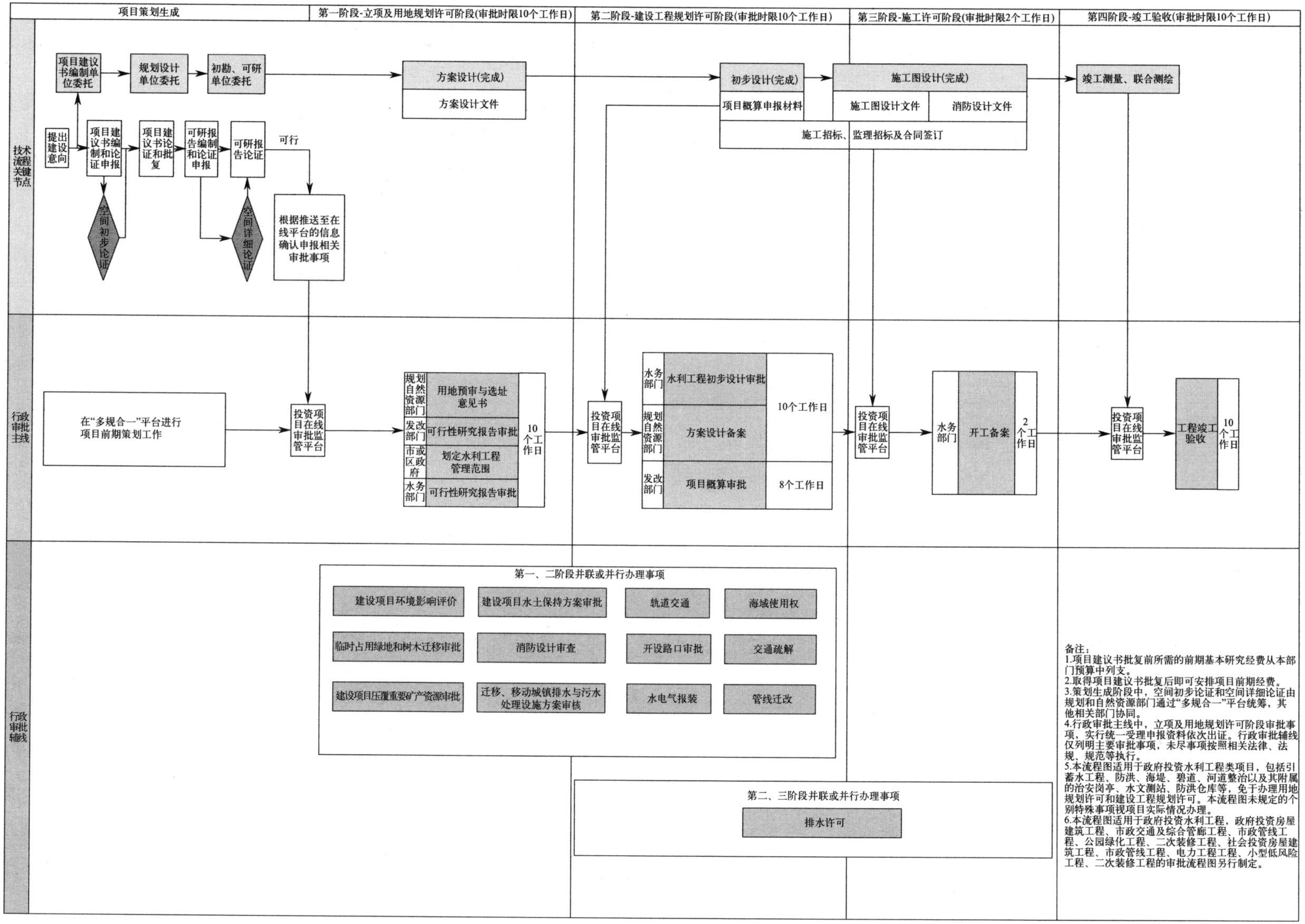

第一阶段-立项及用地规划许可阶段(审批时限10个工作日)	第二阶段-建设工程规划许可阶段(审批时限10个工作日)	第三阶段-施工许可阶段(审批时限2个工作日)	第四阶段-竣工验收(审批时限10个工作日)

项目策划生成

- 提出建设意向
- 项目建议书编制单位委托
- 规划设计单位委托
- 初勘、可研单位委托
- 项目建议书编制和论证审批
- 可研报告证和论证申报
- 可研报告论证
- 是否初步论证
- 是否论证
- 可行
- 根据施送在线平台的信息确认申报相关审批事项

方案设计(完成) — 方案设计文件

规划自然资源部门	用地预审与选址意见书	10个工作日
发改区政府	可行性研究报告审批	
市政区政府	划定水利工程管理范围	
水务部门		

投资项目在线审批监管平台

在"多规合一"平台进行项目前期规划工作

初步设计(完成) — 项目概算申报材料

水务部门	水利工程初步设计审批	10个工作日
规划自然资源部门	方案设计备案	
发改部门	项目概算审批	8个工作日

投资项目在线审批监管平台

施工图设计(完成) — 施工图设计文件、消防设计文件、施工招标、监理招标及合同签订

| 水务部门 | 开工备案 | 2个工作日 |

投资项目在线审批监管平台

竣工测量、联合测绘 — 工程竣工验收 10个工作日

投资项目在线审批监管平台

第一、二阶段并联或并行办理事项

- 建设项目环境影响评价
- 建设项目水土保持方案审批
- 海域使用权
- 轨道交通
- 占用与用地规划和林不过按可批
- 消防设计审查
- 开挖路口审查
- 交通疏解
- 迁移、移动或城镇排水与污水处理设施迁移方案审核
- 水电气报装
- 管线迁改
- 建设项目压覆重要矿产资源审批

第二、三阶段并联或并行办理事项

- 排水许可

备注：
（备注说明文字）

深圳市政府投资类工程建设项目审批流程图(市政管线类：审批总时限34个工作日)

| 第一阶段·立项及用地规划许可阶段(审批时限3个工作日) | 第二阶段·建设工程规划许可阶段(审批时限18个工作日) | 第三阶段·施工许可阶段(审批时限3个工作日) | 第四阶段·竣工验收(审批时限10个工作日) |

项目策划生成

技术流程关键节点

提出建设意向 → 项目建议书编制委托 → 规划设计单位委托 → 初勘 → 可研单位委托

项目建议书编制和论证申报 → 项目建议书批复和论证批复 → 可研报告编制和论证申报 → 可研报告论证批复

同步初步论证 / 同意详细论证 / 可行

根据推送至在线平台的信息确认申报相关审批事项

方案设计完成 → 方案设计申报文件

初步设计完成 → 初步设计申报材料 → 项目概算审报材料

施工图设计完成 → 施工图设计文件 申报建设工程规划许可证的设计文件

施工招标、监理招标及合同签订

联合测绘

行政审批主线

在"多规合一"平台进行项目前期策划工作

投资项目在线审批监管平台

规划自然资源部门　方案设计审批　第2个工作日
发改部门　可行性研究报告审批　第3个工作日

发改部门　项目概算审批　8个工作日
规划自然资源部门　建设工程规划许可证　10个工作日

住房建设部门　建设工程施工许可证核发　3个工作日

投资项目在线审批监管平台　工程竣工验收　10个工作日

行政审批辅线

第一阶段 可并联或并行办理事项

港口岸线使用的审批
海域使用权的审核
地下管线信息查询

第一、第二阶段 可并联或并行办理事项

建设项目水土保持方案审批
地名核定(建筑物名称申报公共设施名称标准名称及设施名称备案)
区级文物保护审核(非文物保护区内进行其他建设工程审核)
滩涂开发利用行为方案审核(不涉及跨市级行政区规划的绕江河口)
水利工程影响审核水利工程管理保护范围内新建、改建、扩建的项目建设方案审批)
洪水影响评价审批
地铁控制保护区域内审核及方案设计审核
市政管线接入审核
水电气报装

第二阶段 可并联或并行办理事项

建设项目用水节水评估报告备案
迁移、移动减损排水与污水处理设施方案审核
地铁安全保护区内工程施工作业对地铁结构安全影响及防范措施工程停止地铁运营需要安全保护和建设设施第三方监测地铁结构安全影响及防范措施可行性审查
区际、市级文物保护单位审核建设设施附地带内的建设工程设计方案研究

特种设备施工告知

拆除或置换海洋工程环境保护设施审批
特种设备施工告知

特种设备监督检验

城建档案接收

第二、第三阶段 可并联或并行办理事项

城市排水许可
占用、挖掘道路审批
占用、挖掘城市绿地和绿线、迁移城市树木审批
占用城市道路和城市公园、道路绿化工程审批

第二、第三阶段 可并联或并行办理事项

建设项目环境影响评价

备注：
1.项目建议书批复前所需的前期基本研究经费从本单位门预算中开支。
2.策划生成阶段项目建议书批复或初步勘测阶段，可通过"多规合一"平台线索，由规划和资源部门协同。
4.本表各阶段相关辅线审批事项需同步与各自主选线，法规范审批辅助事项主要事项，未实事项按照法律法规、规范文件办理，项目需办理的项目消防设计审查手续，将特殊工程项目消防设计审批图另行制定。
5.本流程图适用于政府投资管线类工程，政府投资房屋建筑工程、市政交通及综合管廊工程、水利工程、社会投资房屋建筑工程、公园绿化工程、电力工程，小型低风险工程，二次装修工程的审批流程图另行制定。

深圳市政府投资类工程建设项目审批流程图（公园绿化类：审批总时限26个工作日）

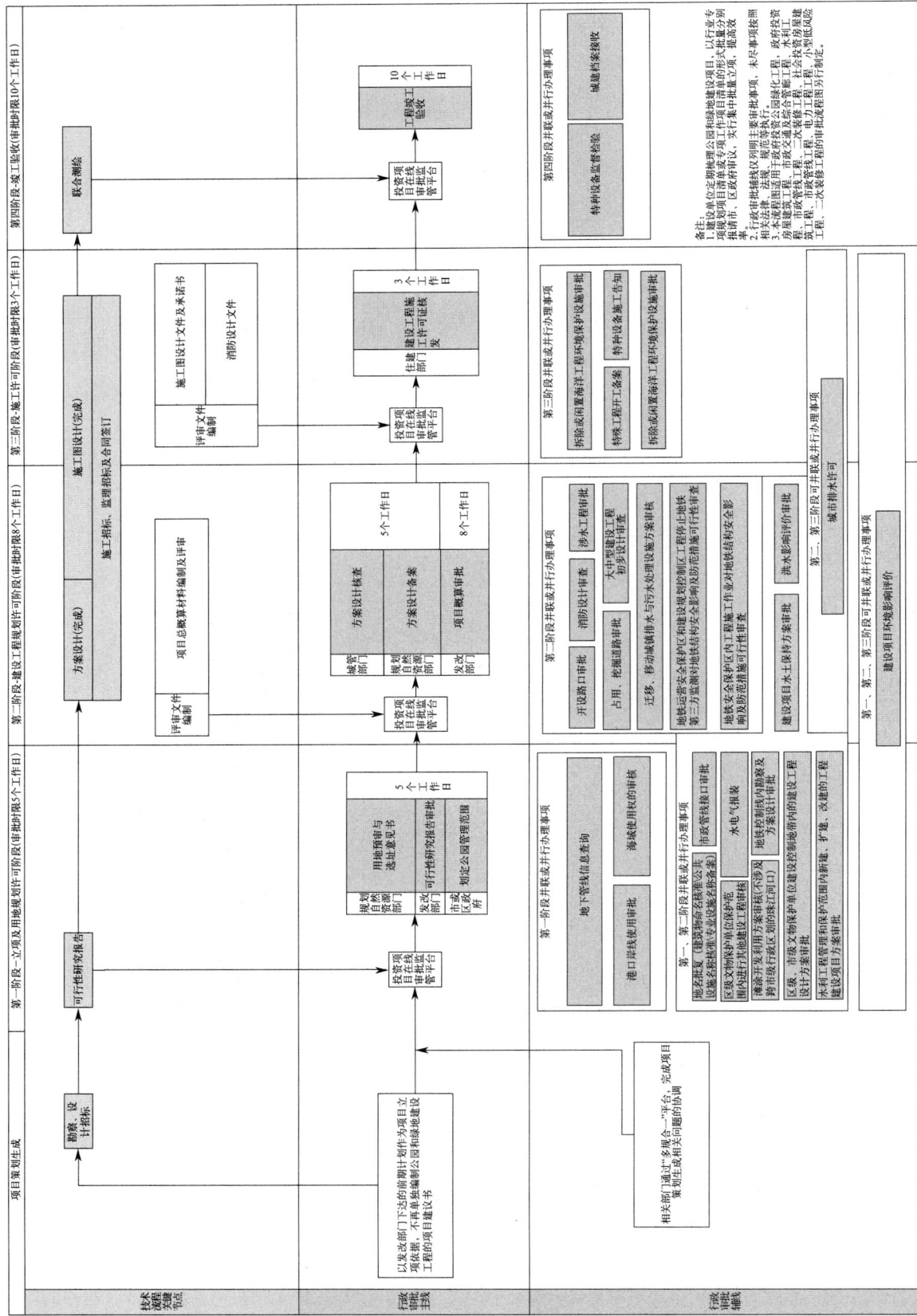

第一阶段·立项用地规划许可阶段（审批时限5个工作日）　第二阶段·建设工程规划许可阶段（审批时限8个工作日）　第三阶段·施工许可阶段（审批时限3个工作日）　第四阶段·竣工验收（审批时限10个工作日）

技术流程实现节点 / 行政审批主线 / 行政审批辅线

项目策划生成

勘察 设计招标

可行性研究报告

方案设计（完成）　施工招标、监理招标及合同签订

施工图设计（完成）

联合测绘

工程竣工验收　10个工作日

投资项目在线审批监管平台

施工图设计文件及承诺书 / 消防设计文件

住房建设工程施工许可证核发　3个工作日

城市绿地管理公园和绿地建设项目

用地预审与选址意见书　规划自然资源部门 / 发改、市政区政府

可行性研究报告审批 / 划定公园管理范围

地下管线信息查询 / 海域使用权的审核 / 港口岸线使用审批

方案设计审查　城管部门 / 方案设计备案　规划自然资源部门 / 项目概算审批　发改部门　5个工作日　8个工作日

项目总概算材料编制及评审

评审文件编制

建设项目环境影响评价

以发改部门下达的前期计划作为项目立项依据，不再单独编制公园和绿地建设工程的项目建议书

相关部门通过"多规合一"平台，完成项目策划生成相关问题的协调

第一阶段并联或并行办理事项 / 第二阶段并联或并行办理事项 / 第三阶段并联或并行办理事项 / 第四阶段并联或并行办理事项

城建档案接收 / 特种设备监督检验

拆除或新建海洋工程环境保护设施审批 / 特种设施工程开工备案 / 拆除或闲置海洋工程环境保护设施审批

开挖路口审批 / 消防设计审查 / 大中型建设工程初步设计审查 / 涉水工程审批 / 占用、挖掘道路审批 / 迁移、移动城镇排水与污水处理设施审核 / 地铁运营安全保护区和建设规划控制范围内禁止地铁第三方施工影响及防范措施许可行性审查 / 地铁安全保护区内工程施工作业对地铁结构安全影响审核 / 建设项目水土保持方案审批 / 洪水影响评价审批 / 城市排水许可

第二、第三阶段可并联或并行办理事项

备注：
1. 建设单位定期梳理公园和绿地建设项目，以行业专项或规划项目清单等专门工作清单的形式批量分别报请市、区政府审议，实行集中批量立项、提高效率。
2. 行政审批辅线仅列明主要审批事项，未尽事项依照相关法律、法规执行。
3. 本流程图适用于政府投资的公园和绿地综合整治工程、政府投资公园和绿地建设工程、城市绿化工程。市政道路工程、市政交通及综合管廊工程、水利工程、房屋建筑工程、市政管线工程、社会投资房屋建筑工程、市政管线工程、电力工程、小型风险工程、二次装修工程的审批流程图另行制定。

深圳市政府投资类工程建设项目审批流程图(二次装修类：审批总时限15个工作日)

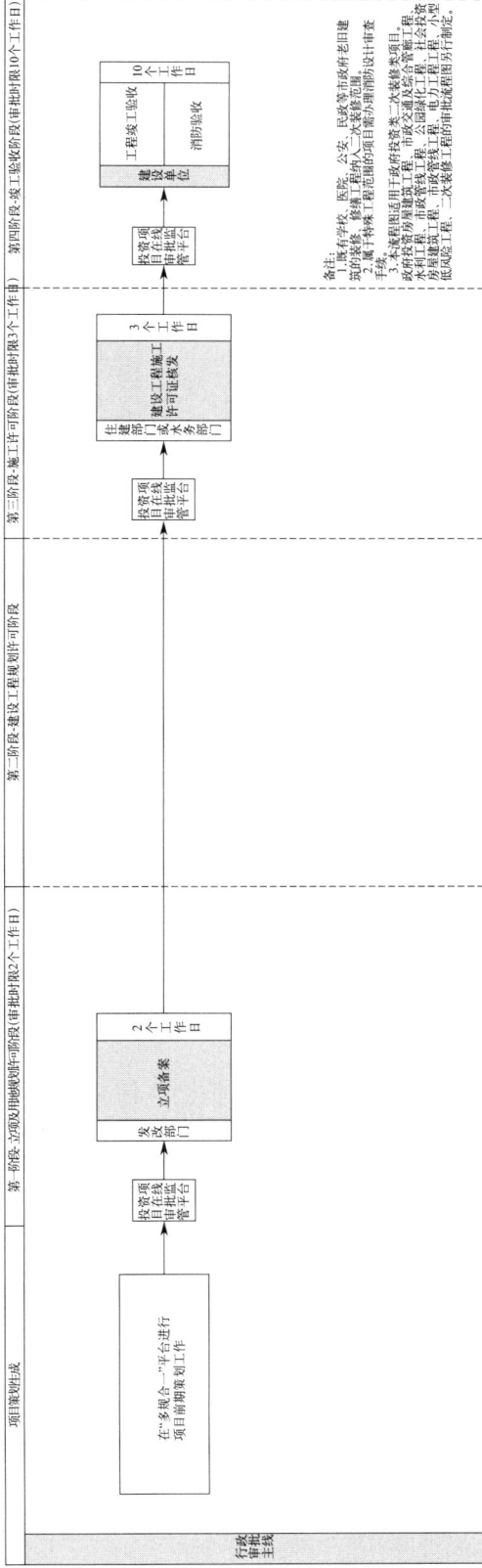

项目策划生成	第一阶段-立项及用地规划许可阶段(审批时限2个工作日)	第二阶段-建设工程规划许可阶段	第三阶段-施工许可阶段(审批时限3个工作日)	第四阶段-竣工验收阶段(审批时限10个工作日)

行政审批主线

- 在"多规合一"平台进行项目前期策划工作
- 投资项目在线监管平台 → 发改部门：立项备案（2个工作日）
- 投资项目在线监管平台 → 住建部门或水务部门：建设工程施工许可证核发（3个工作日）
- 投资项目在线监管平台 → 建设单位：工程竣工验收、消防验收（10个工作日）

备注：
1. 既有学校、医院、公安、民政等市政府老旧建设的装修、修缮工程纳入二次装修及社会投资范围。
2. 属于特殊工程范围的项目需办理消防设计审查手续。
3. 本表所涉图适用于政府投资类二次装修类项目、政府投资房屋建筑工程、市政交通及综合管廊工程、水利工程、市政管线工程、公园绿化工程、社会投资房屋建筑工程、市政管线工程、电力工程、小型低风险工程的审批流程图另行制定。

深圳市社会投资类工程建设项目审批流程图(二次装修类：审批总时限15个工作日)

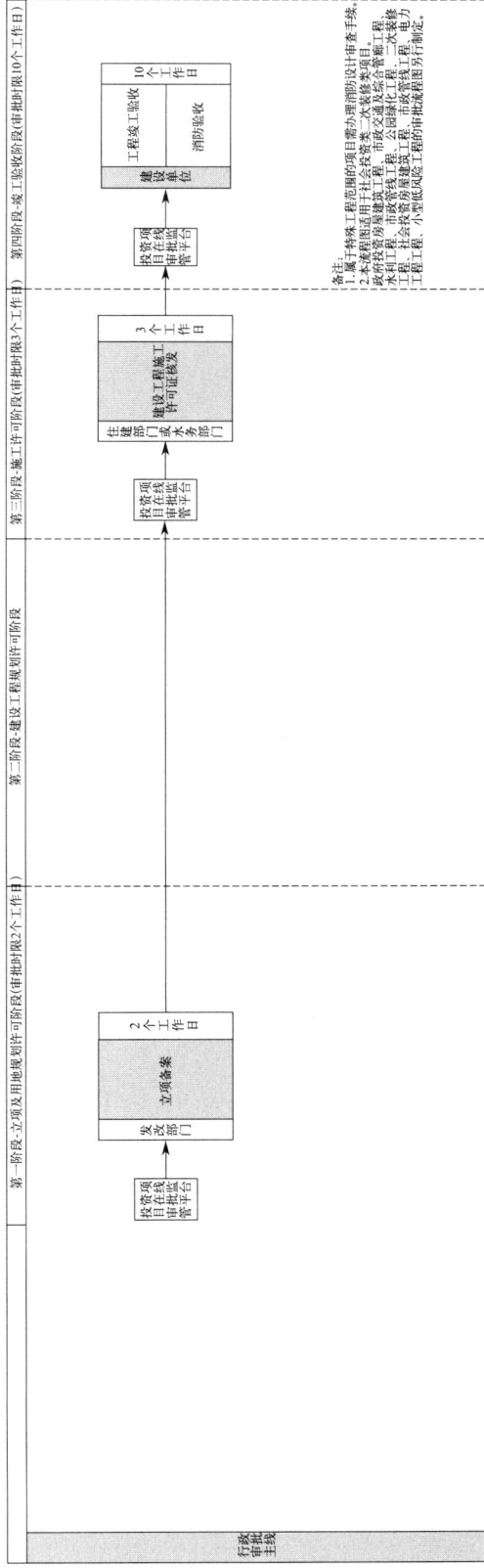

第一阶段-立项及用地规划许可阶段(审批时限2个工作日)	第二阶段-建设工程规划许可阶段	第三阶段-施工许可阶段(审批时限3个工作日)	第四阶段-竣工验收阶段(审批时限10个工作日)

行政审批主线

- 投资项目在线监管平台 → 发改部门：立项备案（2个工作日）
- 投资项目在线监管平台 → 住建部门或水务部门：建设工程施工许可证核发（3个工作日）
- 投资项目在线监管平台 → 建设单位：工程竣工验收、消防验收（10个工作日）

备注：
1. 属于特殊工程范围的项目需办理消防设计审查手续。
2. 本表所涉图适用于社会投资类二次装修类项目、政府投资房屋建筑工程、市政交通及综合工程、水利工程、市政管线工程、公园绿化工程、社会投资房屋建筑工程、市政管线工程、电力工程、小型低风险工程的审批流程图另行制定。

深圳市社会投资类工程建设项目审批流程图(房屋建筑工程类：审批总时限30个工作日)

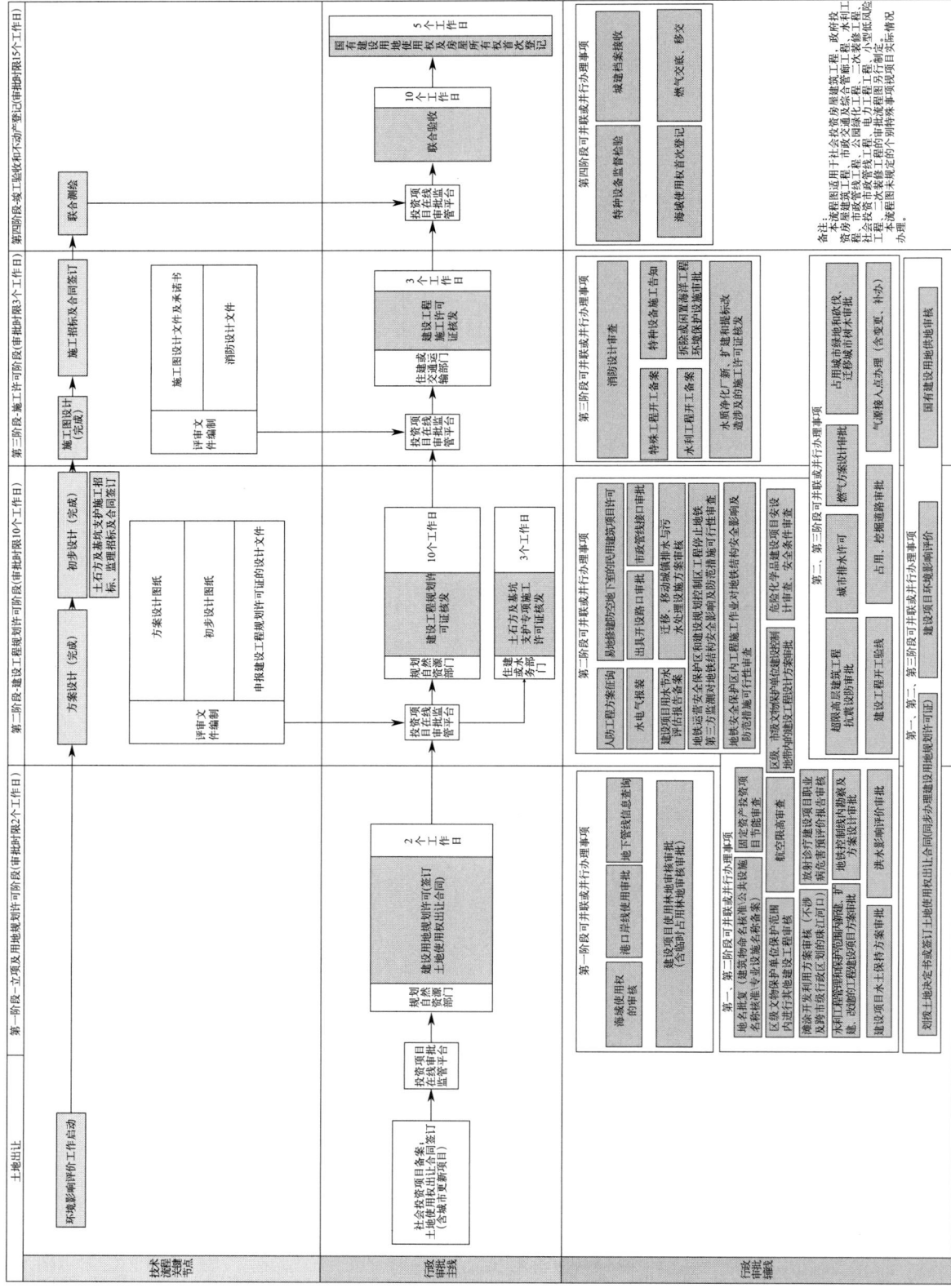

技术流程关键节点

土地出让	第一阶段-立项及用地规划许可阶段(审批时限限2个工作日)	第二阶段-建设工程规划许可阶段(审批时限10个工作日)	第三阶段-施工许可阶段(审批时限3个工作日)	第四阶段-竣工验收和不动产登记(审批时限15个工作日)

备注：
本流程图适用于社会投资房屋建筑工程，政府投资房屋建筑工程参照执行。
本流程图涉及市政道路工程、市政交通工程、公园绿化工程、市政管线工程、社会投资房屋建筑工程的二次装修及小型低风险工程的审批流程图另行制订。
本流程图未规定的个别特殊事项视项目实际情况办理。

第一阶段 可并联或并行办理事项

| 海域使用权的核发 | 港口岸线使用审批 | 地下管线信息查询 |

建设项目使用林地审核转报（含临时占用林地使用证核发）

第一、第二阶段 (建筑物命名核准)公共设施名称核准专业设施审核备案

地名批复、区级文物保护单位保护范围内进行建设活动地使用证核发、洪水影响评价审批、放射治疗建设项目职业病危害预评价报告审核、地铁控制保护区内勘察设计审批、建设项目水土保持方案审批

航空限高审核、固定资产投资项目节能审查

第二阶段 可并联或并行办理事项

人防工程行政审批、市政接驳审批、移动城镇排水与污水处理设施备案、地铁运营安全保护区和建设规划控制区工程施工地铁、地铁安全保护区内工程作业对地铁结构安全影响审查防范措施与行政审核

水电气预案、建设项目指定中水评估报告备案、超限高层建筑工程抗震设防审批、建设工程日照方案设计审批

第二、第三阶段 可并联或并行办理事项

城市水许可审批、城市道路审批、危险化学品建设项目安全条件审查、安全条件审查

占用、挖掘道路审批、燃气方案初步审核

第一、第二、第三阶段 可并联或并行办理事项

划拨土地决定书或签订土地使用权出让合同同步办理建设用地地勘"可研"

第三阶段 可并联或并行办理事项

消防设计审查

特种工程开工告知、特种设备施工告知、水利工程开工备案、拆除或处置海洋工程环境保护设施建设施工作业审查、水质净化厂新、扩建和提标改造涉及的施工审查图审批、建设或交通部门整改发建设工程施工许可证核发

第三阶段 可并联或并行办理事项

占用城市绿地和砍伐、迁移城市树木审批、气源接入点办理、固有建设用地供地核

第四阶段 可并联或并行办理事项

特种设备监督检验、海域使用权首次登记、城建档案接收、燃气交接、移交

深圳市社会投资类工程建设项目审批流程图(市政管线类:审批总时限26个工作日)

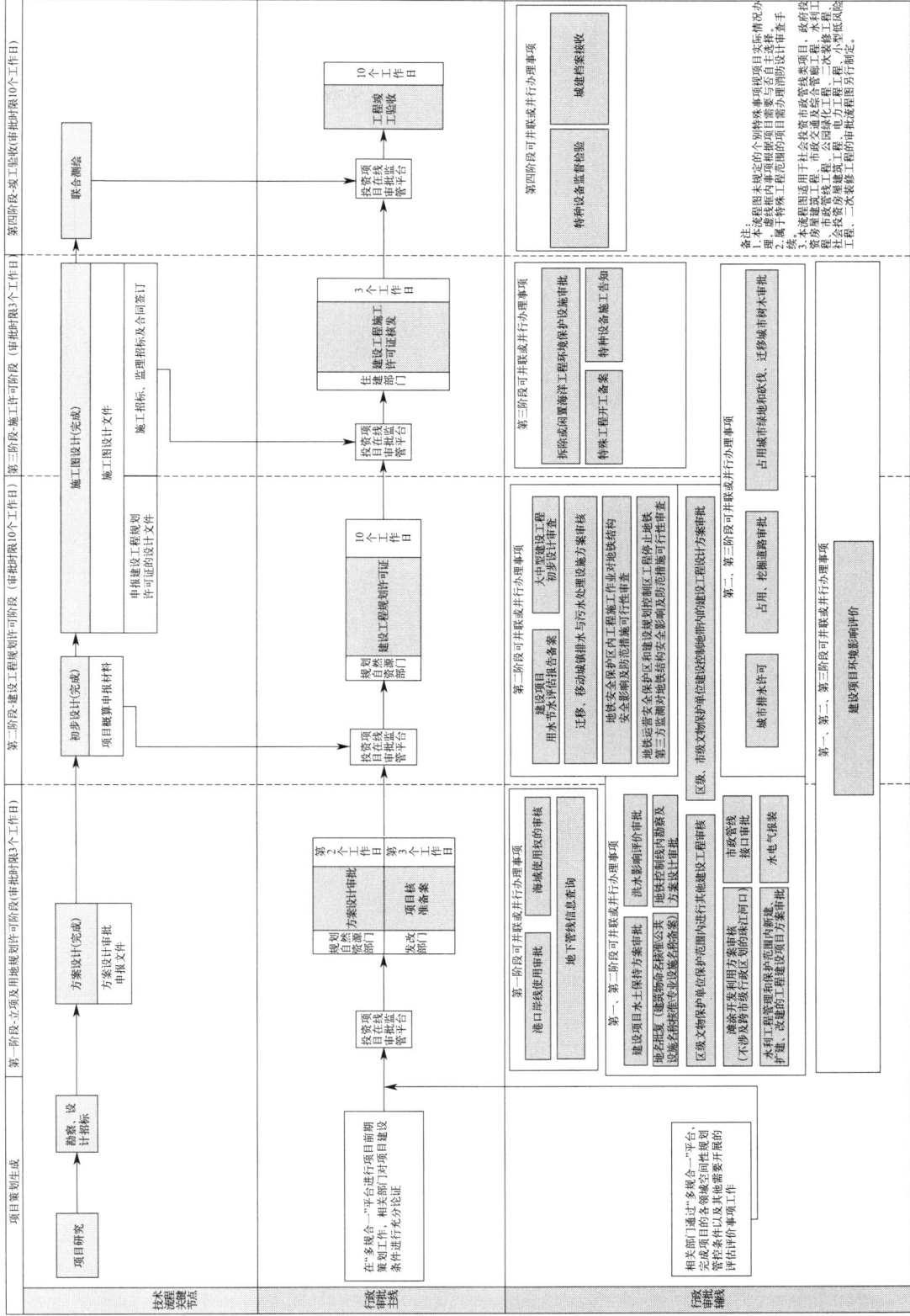

| 第一阶段-立项及用地规划许可阶段(审批时限3个工作日) | 第二阶段-建设工程规划许可阶段(审批时限10个工作日) | 第三阶段-施工许可阶段(审批时限3个工作日) | 第四阶段-竣工验收阶段(审批时限10个工作日) |

项目策划生成

项目研究 → 勘察、设计招标 → 方案设计(完成) → 初步设计(完成) → 施工图设计(完成) → 联合测绘

技术审批主线

- 方案设计审批 第2个工作日 / 项目核准备案 第3个工作日
- 建设工程规划许可证 10个工作日
- 住房建设部门 建设工程施工许可证核发 3个工作日
- 工程竣工验收 10个工作日

投资项目在线审批监管平台

规划自然资源部门 / 发改部门 / 住房建设部门

方案设计审批申报文件 / 项目概算申报材料 / 申报建设工程规划许可证的设计文件 / 施工招标、监理招标及合同签订 / 施工图设计文件

行政审批主线

第一阶段可并联或并行办理事项:
- 港口岸线使用审批
- 海域使用权的审核
- 地下管线信息查询

第二阶段可并联或并行办理事项:
- 建设项目 用水节水评估报告备案
- 移动或锅炉排水与污水处理设施方案审核
- 大中型建设工程初步设计审查
- 地铁安全保护区内工程施工作业对地铁结构安全影响及防范措施的可行性审查
- 地铁运营安全保护区内建设项目规划控制工程停工地铁第三方监测对地铁结构安全影响及防范措施可行性审查
- 区级、市级文物保护单位保护范围的建设控制地带内建设工程规划方案审批

第三阶段可并联或并行办理事项:
- 拆除或阻隔海洋工程环境保护设施审批
- 特种设备施工告知

第四阶段可并联或并行办理事项:
- 特种设备监督检验
- 城建档案接收

行政审批辅线

第一阶段可并联或并行办理事项:
- 建设项目水土保持方案审批
- 建筑物命名核准(建筑物命名、冠名及设施名称核准及设施名称的命名备案)
- 区级、文物保护单位保护范围的建设控制地带内建设工程规划方案审批
- 滩涂开发利用方案审核
- 市政管线接口审批
- 洪水影响评价审批
- 地铁控制线内勘察及方案设计审批
- 水利工程建设和涉水工程范围内新建、扩建、改建的工程建设项目方案审批(不涉及防洪排涝)
- 城市绿线许可
- 水气报装

第二、三阶段可并联或并行办理事项:
- 占用、挖掘城市道路审批
- 占用城市绿地和砍伐、迁移城市树木审批

第二、三阶段可并联或并行办理事项:
- 建设项目环境影响评价

备注:
1.本流程图适用于社会投资的个别特殊事项或视项目实际情况办理,属于框线内事项根据项目能否合并共同选择是否办理。
2.本流程图适用于社会投资类市政管线类项目,市政交通综合类、水利工程、公园绿化工程、二次装修工程、电力工程及小型低风险类、二次装修工程需另行办理的审批流程图另行制定。
3.本流程图适用于社会投资类市政管线类项目及社会投资房屋建筑工程、社会投资房屋建筑工程范围内的消防设计审查手续。

深圳市工程建设项目审批流程图(电力工程类：审批总时限32个工作日)

第一阶段·立项及用地规划许可阶段(审批时限4个工作日) | 第二阶段·建设工程规划许可阶段(审批时限10个工作日) | 第三阶段·施工许可阶段(审批时限3个工作日) | 第四阶段·竣工验收阶段(审批时限15个工作日)

主要流程关键节点

项目研究 → 项目策划生成 → 勘察、设计招标 → 方案设计(完成) → 初步设计(完成) → 施工图设计(完成) → 施工招标及合同签订 → 联合测绘

土石方及基坑支护施工招标、监理招标及合同签订

初步设计图纸
申报建设工程规划许可证的设计文件
土石方及基坑支护专项施工设计文件及承诺书

评审文件编制

施工图设计文件
施工图设计文件及承诺书
消防设计文件

评审文件编制

投资项目在线审批监管平台

规划自然资源部门：建设工程规划许可证
住建部门：土石方及基坑支护专项施工许可证核发

10个工作日 / 3个工作日

住建部门：建设工程施工许可证核发
电力监督机构：建设工程质量安全监督登记

3个工作日

投资项目在线审批监管平台

联合验收

10个工作日

国有建设用地使用权及房屋所有权首次登记

5个工作日

行政审批主线

相关部门在"多规合一"平台对项目建设条件进行充分论证

规划自然资源部门：用地预审与选址意见书
发改部门：项目备案
规划自然资源部门：出具建设用地规划许可

第2个工作日 / 第3个工作日 / 第4个工作日

投资项目在线审批监管平台

行政审批辅线

相关部门通过"多规合一"平台，完成项目的各领域空间性规划管控条件、落址意向的核查，以及其他需要开展的评价事项

第一阶段可并联或并行办理事项
海域使用权的审核
港口岸线使用审核
地下管线信息查询
建设项目使用林地审核审批(含临时占用林地审核审批)

第一阶段可并联或并行办理事项
区级文物建筑核准公布、历史名镇名村专业论证备案
区级标准厂房专项用途核准、备案
滩涂开发及跨市级保护区内新建、扩建、改建的工程建设项目方案审核
水利工程管理和保护范围内
建设项目水土保持方案审批

第一、第二阶段可并联或并行办理事项
地名核实(建筑物等)
欧标评价（公共设施）
审定影响评估的行政备案
固定资产投资项目节能审查
区级、市级文物保护单位保护范围、带内的建设工程
夹人新建项目（出入口）
项目节能审查
地块控制内的方案设计审核

第二阶段可并联或并行办理事项
易燃建筑物空地下室的民用建筑报建许可
建设项目用水节水报告书
水电气接装
市政管线接口核准
移动城镇供水与污水处理
地铁运营安全保护区和建设用地控制区域工程施工地块地块的第三方监测地块结构安全影响范围内许可性审查
地铁安全保护区内工程施工对轨道铁结构安全影响范围内的方案审批

第二阶段可并联或并行办理事项
超限高层建筑工程抗震设防审查
建筑工程开工线
城市地规划路验路

第二、第三阶段可并联或并行办理事项
燃气方案设计审批
占用、挖掘道路审批
城市排水许可

第三阶段可并联或并行办理事项
特种工程开工备案
水利工程开工备案
拆除或闲置海洋工程环境保护设施施工许可核发
特种设备施工告知
水土保持"建、扩建设施结构安全施工许可核发

第三阶段可并联或并行办理事项
占用城市绿地和绿化、正移除城市树木审批
气源接入人员点办理（含变更、补办）

第四阶段可并联或并行办理事项
特种设备监督检验
竣建档案接收
海域使用权首次登记
燃气交底、移交

第一、第二、第三阶段可并联或并行办理事项
建设项目环境影响评价

划拨土地决定书或签订土地使用权出让合同(同步办理建设用地规划许可证)

国有建设用地供地审核

注：本流程图适用于深圳市电力工程类项目，政府投资房屋建筑工程、市政园林绿化工程综合管廊电化等第类改建项目；政府投资新建工程、旧改管网建设工程，首次表新建工程，电力工程类项改建、改建等项目工程，次政改次新建工程流程图办理项目实际情况办理。第三次改建等建设工程电力工程流程图的，本流程图未规定的个别事项视项目实际情况办理。

深圳市社会投资工程建设项目审批流程图(小型低风险工程类:审批总时限16个工作日)

第一阶段:立项及用地规划许可阶段(审批时限4个工作日)	第二阶段:工程规划和施工许可阶段(审批时限5个工作日)	第三阶段:竣工验收和不动产登记阶段(审批时限个工作日)

技术流程关键节点各阶段: 方案设计 → 初步设计 → 施工图设计 → 联合测绘

- 评审文件编制：规划设计方案及总平面示意图
- 评审文件编制：申报建设工程规划许可证的设计文件
- 评审文件编制：施工图设计文件及承诺书 / 消防设计文件

项目策划生成

在"多规合一"平台进行项目前期策划工作,相关部门对项目建设条件进行充分论证,通过论证后纳入年度土地储备计划

行政审批主线

投资项目在线审批监管平台

部门	事项	时限
发改部门	社会投资项目备案	4个工作日
规划自然资源部门及房地管理局	土地使用权出让合同签订(颁发建设用地规划许可证)	

投资项目在线审批监管平台

部门	事项	时限
规划自然资源部门	建设工程规划许可证核发	4工作日
	地名批复(建筑物命名核准公共设施名称核准专业设施名称备案)	1个工作日
人防部门	应建防空地下室的民用建筑项目审批	1个工作日
	易地修建防空地下室的民用建设项目审批	1个工作日
住建部门	建设工程施工许可证核发	1个工作日
水务部门	污水排入排水管网许可证核发	1个工作日
	建设项目用水节水评估报告备案	即来即办

投资项目在线审批监管平台

联合验收 (4个工作日)

国有建设用地使用权及房屋所有权首次登记 (3个工作日)

备注:
1. 手续特殊工程范围规定的项目需办理消防设计审查。政府投资项目需办理特殊工程范围规定的项目需办理消防设计审查。
2. 本流程图未规定审批时段的个别低风险社会投资项目,政府投资房屋建筑工程、市政交通及综合管廊工程、水利工程、市政管线工程、公园绿化工程、二次装修工程、社会投资房屋建筑工程、市政管线工程电力工程、二次装修工程的审批流程图另行制定。
3. 本流程图适用于小型低风险社会投资项目。

第三章

建设项目全过程工程咨询服务内容

第一节　组织架构及职责分工

一、概述

对全过程工程咨询项目管理部组织架构的研究，目的是提出适用于深圳市建筑工务署全过程工程咨询类项目部构建的基础框架和思路，明确各专业职能管理模块的项目管理工作，包括各专业主要工作内容、相互专业间的工作界面及协作关系，形成一般性的部门岗位设置和职责分工。

本篇主要针对深圳市建筑工务署全过程工程咨询类一般性的项目管理工作，通过对若干项目的实践经验总结，结合类似项目管理社会最佳实践，进行归纳、总结、提升，对于规范全过程工程咨询类项目部各岗位对于项目管理的工作思路、工作行为、工作成果等，启发、引导项目管理工程的管理思路、提升管理的标准化、规范化具有较大作用，同时，可满足项目管理工程师在工作过程中明晰任务、超前预判，达到 PDCA 管理循环的目的。

受项目类型、项目定位、开发模式等多方面因素影响，项目管理的方式、内容、重心也有一定的变化，应根据项目实际情况进行相应调整。

二、组织架构及职责分工

（一）项目部组织架构及职责分工

1. 组织模式分类

根据建设方项目管理体系、制度、流程、人力资源配置等情况，项目部组织模式分为管理型模式、融合型模式和咨询型模式，如图 3.1.1 所示。

（1）管理型模式适用于建设方专业配置不齐全、专业管理人员少、无相关管理经验和制度、流程。如学校、医院等基建办或重大办等。

（2）融合型模式适用于建设方有健全的管理体系、制度、流程、指引，管理经验丰富、专业配置齐全、项目管控严谨，但存在项目多、专业管理人员少等情况。如深圳市建筑工务署、各大城市城投公司等。

（3）咨询型模式适用于建设方有健全的管理体系、制度、流程、指引，管理经验丰富、专业配置齐全、项目管控严谨但相对灵活，专业管理人员多。如房地产开发公司。

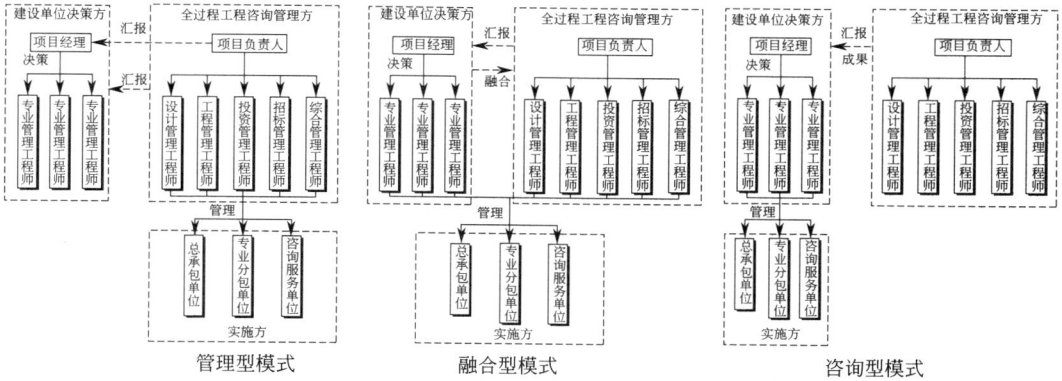

图 3.1.1 项目部组织模式

2. 组织模式选择

项目部组织架构是项目管理实施的基础和载体，基于深圳市建筑工务署体系，全过程工程咨询类项目采用融合型模式，其组织模式框架如图 3.1.2 所示。

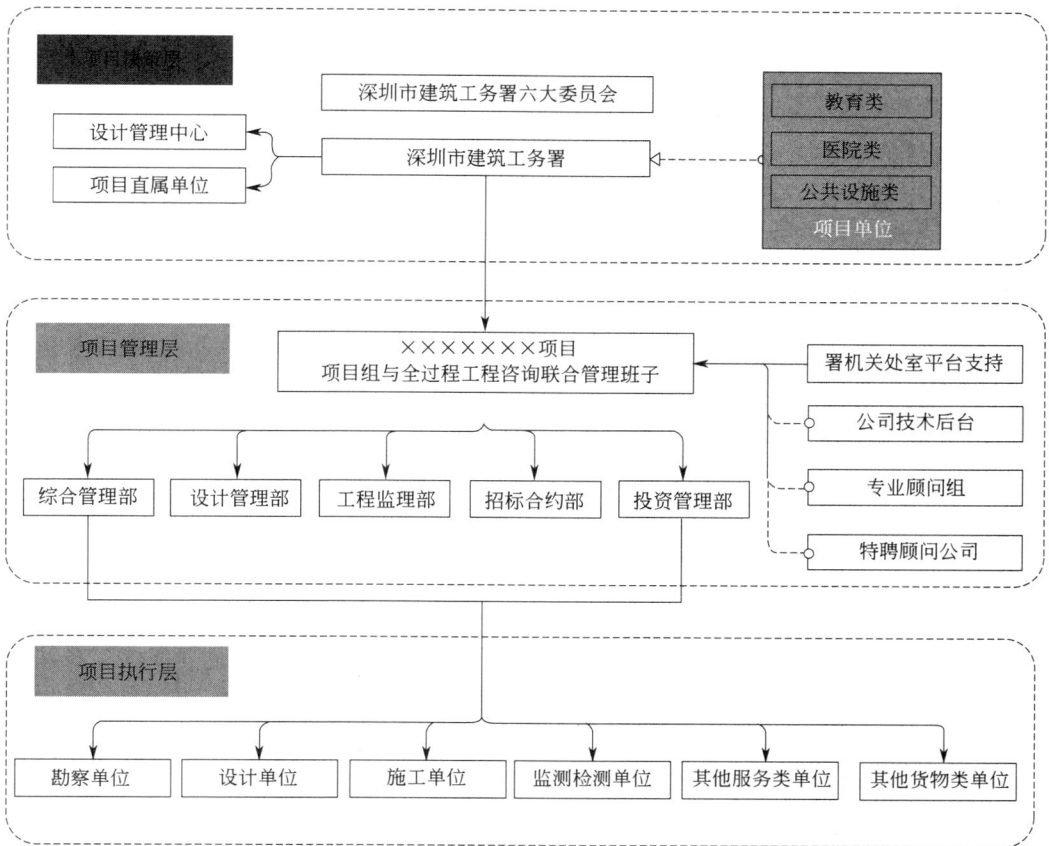

图 3.1.2 深圳市建筑工务署融合型模式组织框架

主要特点如下：

（1）项目组织架构把深圳市建筑工务署设计管理中心、直属单位项目部和全过程工程咨询单位团队融为一个管理团队，减少管理层级，提高项目管理效率，有利于建设项目工作氛围；

（2）全过程工程咨询单位根据各自职责分工，主动与工务署项目部相应工程师进行工作对接，积极主动推进项目；

（3）各自项目管理人员在业务安排上服从联合团队统一管理，但对人员的行政管理仍旧按照各公司管理规定实施。

3. 职责分工

深圳市建筑工务署为规范全过程工程咨询类项目管理，达到职责分明、过程跟踪、监督考核的目的，制定全过程工程咨询项目管理工作实施要点，主要内容包括策划管理、报批报建、合同管理、工程进度管理、勘察管理、设计管理、投资管理、招标与采购管理、组织协调管理、施工质量管理、安全生产及文明施工管理、信息管理及档案管理、人员配置管理、风险管理、竣工验收及移交管理、工程结算管理、运营维护管理等涵盖项目全寿命周期的管理工作。

【相关文件】

《深圳市建筑工务署全过程工程咨询合同项目管理工作实施要点》

（二）全咨项目部组织架构及职责分工

深圳市建筑工务署全过程工程咨询类项目采用项目主任负责制，各项目组建项目部，成员包括项目主任（直属单位）、项目副主任（设计管理中心）、设计管理工程师、土建工程师、成本工程师、招标采购（合约）工程师、项目秘书等岗位。对应全过程工程咨询项目部，基础框架应包括设计管理组、工程管理组（监理）、投资管理组、招标合约管理组、综合管理组等五个基本管理单元。根据项目的复杂程度和管理重心，可扩展 BIM 管理组、创新技术组、医疗专项管理组等。

1. 全咨项目部组织架构

通过对深圳市建筑工务署项目组组织结构的研究，提出全过程工程咨询单位项目部的基础框架和思路，形成一般性的部门岗位设置（图 3.1.3）。

2. 职责分工

根据项目部的组织结构，分解各个专业管理部门的项目管理工作，并进行职责分工，明确各专业管理部门和岗位的工作界面和协作关系。受项目特点、项目推进等各方面影响，任务分解清单应灵活运用，动态调整，以适应项目的实际需求。

（1）项目负责人职责

作为项目负责人，统筹协调、检查、督促、推进项目部内部各小组工作，负责联系各职能部门，组织各专业小组编制工程进度总控计划、合约规划、招标采购计划、施工进度计划、工程管理规划等，全面负责工程项目质量、进度、安全文明施工，是工程质量、进度、安全生产第一责任人，同时对项目组成员有工作调配权和考核权。

```
                    ┌──────────────┐
                    │   ×××项目    │
                    │  项目总负责人  │
                    └──────────────┘
```

综合管理组 负责人	设计管理组 负责人	招标合约组 负责人	投资管理组 负责人	工程监理组 总监
项目经理助理	建筑专业工程师	招标专业工程师	造价工程师(土建)	总监理代表工程师
报批报建工程师	结构专业工程师	合约管理工程师	造价工程师(安装)	安全监理工程师
进度计划工程师	水/电/暖专业工程师			土建专业监理工程师
项目资料员	精装修/景观工程师			安装专业监理工程师
	幕墙专业工程师			监理员/资料员

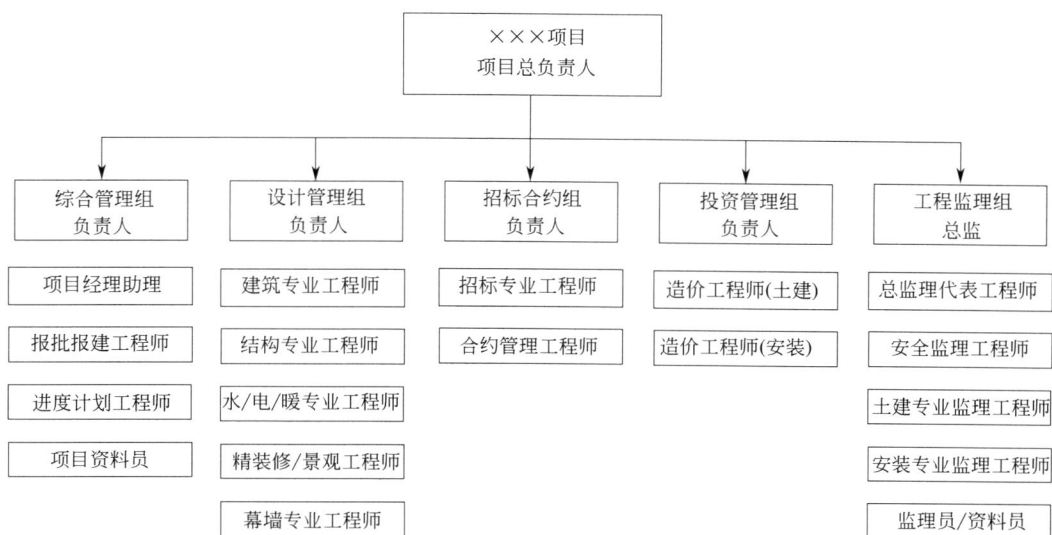

图 3.1.3　全咨项目部部门岗位

备注：根据项目大小及其复杂程度，岗位设置可动态调整，必要时可进行兼岗或者增设岗位，兼岗情况如下：

①各专业管理组负责人可按专业能力兼任本组内岗位；

②综合管理组报批报建、进度计划工程师可兼任；项目经理助理、项目资料员可兼任；

③设计管理组、工程监理组可视项目推进情况配置、调整或撤销相应岗位；

④项目处于施工阶段时，设计管理组专业工程师可兼岗工程监理组对应专业工程师作为技术管理进行补充。

①项目策划管理实施要点（表3.1.1）

项目策划管理实施要点

表3.1.1

序号	工作任务分解	全过程工程咨询单位实施要点	建设方审核要点	咨询成果/行为
1	项目策划	1）编制项目实施策划文件，制定项目具体工作目标，建立项目管理的组织机构与组织模式，明确各部门及岗位工作职责 2）项目合约策划：包括但不限于招标采购WBS（任务分解）清单，拟采用招标形式，招标时长，资源需求，节点安排，承包方式 3）设计总控策划：设计内容，范围，施工安排，节点安排，深度要求，限额设计规划，设计界面划分，设计审查专项策划；设计管理重难点及管理方案（重点流转清单及要求，文档信息转换与设计条件） 4）信息策划：信息流转方案（通信录，文件流转流程清单，节点，数字化管理规划，文件编码体系，BIM管理 5）报批报建策划：报批报建工作任务清单，责任人，技术文件需求，招标采购前置条件，节点安排，报批报建建流程图，Project版的报批报建进度计划等 6）投资控制策划：投资目标分解至专业或单个工程，进行估、概、预、结跟踪，建立变更台账表格，台账信息需与投资目标分解表相对应；项目建设期年度投资计划 7）项目总体进度策划：编制项目总体进度计划，工序工期要求，项目建设期施工进度计划，根据实施情况进行调整，编制项目目标论证或项目施工期进度计划，资金来源落实情况，资金使用计划，人员排期计划，人员进退场计划，材料设备需求计划 8）施工管理策划：场地现状分析，施工管理工作流程（明确建设方与全咨单位内外部），任务但不限于出人员计划，分包计划，人员计划，全咨单位内外部，任务（包括但不限于出人员计划，分包计划，人员计划） 9）竣工验收及移交管理策划：竣工验收及移交工作流程，任务分工等 10）风险管理策划：主要风险识别，风险责任人，风险管理流程 11）沟通管理策划：沟通渠道和形式确定，沟通责任人，会议和报告计划等 12）BIM策划：BIM工作目标，BIM工作流程，BIM实施标准等 13）重难点分析和措施策划：项目建设重难点分析与针对性咨询措施策划 14）项目评优评奖策划 15）智慧工地策划 16）材料设备管理策划 17）新技术应用策划 18）运维管理策划	1）项目实施策划及管理制度体系包含模块是否齐全 2）每个模块包含的要素是否齐全 3）每个要素是否根据建设方的管理制度及项目的实际建设特点，场布置施设布置等），建设进行序策划，即是否备针对性工况进行策划，即是否具备针对性	咨询规划，项目总体进度计划书

续表

序号	工作任务分解		全过程工程咨询单位实施要点	建设方审核要点	咨询成果/行为
	项目策划				
2	项目管理制度体系		应基于工务署、项目所在直属单位的现有制度体系，补充或组织化完善适用于本项目的管理制度；确定项目实施的组织，包含组织架构，将项目组织分解至专业或专项，包含专项投资总额及投资指标、招标采购任务清单、任务分工、节点安排、资源需求、工作任务要求	项目管理依据性文件	
3	组织编制专项报告		组织编制项目建议书、可行性研究报告，环境影响评价，节能评价，安全评估，社会稳定风险评估，地质灾害危险性评估，水土保持评价，交通影响评价，绿色建筑评价，装配式建筑项目设计评价阶段技术认定等报告	需求与符合性审查准确定	办理
4	前期文件审核		对项目规划设计文件，可行性研究报告，项目估算概算，工程质量安全监督文件，深圳市装配式建筑项目预制率和装配率等前期文件进行审核	需求与符合性审查准确定	审核报告
5	编制创优计划		根据项目质量安全目标，编制项目创优规划方案，结合工程实际情况，按阶段制定创优工作内容、创优技术措施及阶段管理要点（包括质量、安全、绿色施工、设计、函件类奖项）	需求与符合性审查准确定	创优计划

注：属于管理行为类的工作任务，咨询成果为实施管理行为的相关行为活动。

②报批报建咨询要点（表3.1.2）

报批报建实施要点

表 3.1.2

序号	报批报建管理		全过程工程咨询单位实施要点	建设方审核要点	咨询成果/行为
	工作任务分解				
1	项目建议书审查		符合性审查	符合性审查准确性	咨询审核报告
2	可行性研究报告及估算		需求及符合性审核 1）建安费单方指标合理审核 2）建安费单方指标类似项目对比 3）工程建设其他费列项及计费依据 4）估算表与文本内容一致性检查 5）计费标准规范及更新并符合要求	报告应包含工程概况、编制依据、审核要点，建议及结论等相关内容	咨询审核报告

续表

序号	报批报建管理 工作任务分解	全过程工程咨询单位实施要点	建设方审核要点	咨询成果/行为
3	项目概算审批	1)建安费单方指标合理性审核 2)建安费单方指标类似项目对比 3)工程建设其他费列项及计费依据 4)概算表与文本内容一致性检查 5)计费标准及文件是否更新并符合要求 6)主要材料及设备合理性审核及对部分材料设备进行询价 7)审核概算编制单位提供的土建模型,并审核计价文件中工程量正确性	报告应包含工程概况、编制依据,审核要点,建议及结论等相关内容	咨询审核报告
4	节能审查	对政府部门出具的节能审查报告中基本信息进行一致性核查	—	办理
5	建设项目选址意见书、用地预审意见及设计要点申请	对政府部门出具的建设项目选址意见书、用地预审意见进行一致性复核	—	办理
6	建设用地规划许可证核发	对政府部门出具的建设用地规划许可证与国有土地划拨决定书进行一致性复核	—	办理
7	建设工程规划许可证核发	对政府部门出具的建设工程规划许可证进行一致性复核	—	办理
8	建设用地批准手续办理	对政府部门出具的建设用地批准文件进行一致性复核	—	办理
9	地名批复	对政府部门出具的地名批复进行一致性复核	—	办理
10	环境影响评价报告书	对政府部门出具的环评批复进行一致性复核	—	—
11	项目配套建设手续审查,包括交通、地灾、人防、超限抗震建设防、水土保护,用水节水,用电许可,用气许可,排水许可,地铁安全风险、社会稳定风险等手续审查	对政府部门出具的环评批复进行一致性复核	—	办理
12	占用、挖掘道路审批	对政府部门出具的占用、挖掘道路审批书进行一致性复核	—	办理
13	使用林地审核审批	对政府部门出具的使用林地审核审批进行一致性复核	—	办理
14	占用城市绿地和砍伐、迁移城市树木审批	对政府部门出具的占用城市绿地和砍伐、迁移城市树木审批书进行一致性复核	—	办理
15	消防设计审核	对政府部门出具的消防设计审核书进行一致性复核	—	办理

续表

序号	报批报建管理 工作任务分解	全过程工程咨询单位实施要点	建设方审核要点	咨询成果/行为
16	建设工程质量安全监督手续办理	对政府部门出具的建设工程质量安全监督手续文件进行一致性复核	—	办理
17	获取建设工程施工许可证	对政府部门出具的工程施工许可证进行一致性复核	—	办理
18	组织建筑工程竣工联合验收和办理竣工验收备案	对政府部门出具的竣工备案文件进行一致性复核	—	办理

注:属于管理行为单类的工作任务,咨询成果应是实施管理行为的相关会议纪要、联系单、函件等佐证文件

③合同管理实施要点(表3.1.3)

合同管理实施要点　　　　　　　　表3.1.3

序号	合同管理 工作任务分解	全过程工程咨询单位实施要点	建设方审核要点	咨询成果/行为
1	策划项目合同总体结构	对项目发包模式、合同类型选择、合同结构体系、界面划分、合同文件、招标方案、招标文件、合同文件设计及流程进行策划	是否满足项目总体目标和项目实施需	工程合同总体策划
2	协助拟定合同文件	提出建议并与工务署招标组确认合同条款完整性、合规性、合理性、齐全	1)合同条款是否合规 2)合同条款是否齐全 3)双方权利及义务、罚则是否合理	合同范本
3	协助开展合同及补充协议的谈判签订、保函管理	1)合同组成部分、附件资料、份数等 2)履约保函、预付款保函内容的审核	1)签约前的审核是否已完成 2)合同的组成附件是否齐全 3)保函管理的有效性	合同文本
4		1)违法转包、挂靠审查 2)投标关键岗位到岗履约率考核 3)建设单位、监理单位指令完成率考核 4)第三方评估成绩考核 5)其他工程业务完成情况考核,如档案、信息化、材料设备管理等 6)督促各参建单位按合同履约 7)跟踪管理合同信息更新,及时对合同信息变更进行备案	时效性,符合及准确审核	合同履约报告

69

续表

合同管理

序号	工作任务分解	全过程工程咨询单位实施要点	建设方审核要点	咨询成果/行为
5	合同款支付	1)审核进度款,对支付条件、金额计算、资料签章、资料完整性进行审核 2)出具工程进度月报表,建立支付台账,严格按照合同条款(验收记录、会议纪要等)支付,防止超付	时效性,符合及准确性审核	进度款审核意见、形象进度报表支付台账
6	合同纠纷(含分包合同)与索赔事宜	对纠纷及索赔事件的合同依据、施工记录、索赔背景及索赔权利进行分析,得出索赔合理性的结论	时效性,符合及准确性审核	索赔审核报告
7	合同履约评价	组织或协助开展合同履约评价工作,在合同完成或终止后编制合同管理总结报告	时效性,符合及准确性审核	合同管理总结报告
8	合同、支付台账	编制整理合同台账、支付台账等工作内容	时效性,符合及准确性审核	合同台账支付台账
9	合同风险评估	对合同风险进行分析并制定风险防范措施	时效性,符合及准确性审核	合同风险评估报告

注:属于管理行为类的工作任务,咨询成果应是实施管理行为的相关会议纪要、联系单、函件等佐证文件

④工作进度管理实施要点(表3.1.4)

工作进度管理

表3.1.4

序号	工作任务分解	全过程工程咨询单位实施要点	建设方审核要点	咨询成果/行为
		(一)进度管理策划书		
1.1	协助分析和论证项目总进度,提交项目进度管理策划书	工程概况、需求分析,展现方法、策划的确定,展现方法(鱼刺图)、策划书的确定	1)总控节点设置是否合理 2)保证措施是否有效	进度管理策划书
1.2	编制项目总控计划及总控措施并下发给参建各方	根据进度管理策划书,编制总控鱼刺图。编制Project年度计划、季度计划及月度计划。此版总控计划应含设计、招标和施工等全过程内容	是否满足进度策划书要求	鱼刺图 进度计划

续表

序号	工程进度管理 工作任务分解	全过程工程咨询单位实施要点	建设方审核要点	咨询成果/行为
		（二）进度总控		
2.1	审核施工总进度计划和年/月/周等阶段性进度计划	审核各类进度计划编制说明及各工序人材机投入情况是否满足招标文件、总控计划及合同约定的要求，针对滞后的工期是否有追赶措施；审核材料设备供货计划，并全程跟踪	1)进度计划编制说明合理性 2)进度计划是否满足各依据性文件要求 3)措施的合理性	审核报告 会议纪要
2.2	进度检视、推进及报告	背景及推进目的，进度计划分解，对标情况，预警机制，进度推进重点，专项推进策划，联动履约评价及不良行为机制等	各模块内容是否准确合理	PPT 或报告
2.3	工务署 OA 平台进度动态管理系统的应用	审核进度计划编制是否符合系统编制要求、审核进度报告是否及时准确	平台进度计划符合性审查	—
		（三）进度过程管控		
3.1	进度动态反馈、进度偏差分析及管控措施	结合项目实施过程中进度推进情况，定期进行进度偏差分析，编写进度分析报告，并定期组织各参建单位开展进度管理会，协调审核项目进度，若存在偏差，及时采取进度纠偏措施并督促各方落实、确保不影响总进度目标	复核审查进度偏差 进度计划调整建议符合性审查	PPT 或会议纪要
3.2	审批、处理工程停工、复工及工期变更事宜	审核计划编制符合系统编制要求、审核进度报告及时准确 1)停工期间：认真落实停工方案、统筹人员安排、停工期间工地现场的安全，以及复工的准备 2)复工期间：认真落实复工方案；依据现场情况，首先确认复工期 3)工期变更事宜：认真审核，若存在任变更工期，接着审查变更工期，采用线上线下同时审批的方式，对项目变更进行留痕	复核审查	PPT 或会议纪要、系统流程

注：属于管理行为类的工作任务，咨询成果应是实施管理行为后的相关会议纪要、联系单、函件等佐证文件

⑤勘察管理实施要点（表3.1.5）

勘察管理实施要点

表3.1.5

序号	勘察管理 工作任务分解	全过程工程咨询单位实施要点	建设方审核要点	咨询成果/行为
（一）前期阶段				
1.1	协助编制勘察要求（勘察任务书）	协助明确委托内容、勘察要求及所需提供的勘察成果，依据任务书开展后续招标工作	内容完整性及准确性	勘察任务书
1.2	协助确定勘察单位	根据工务署的相关要求完成网上呈批、编制勘察招标文件要求	管理行为及准确性、完整性与准确性	协助建设单位完成招标工作
1.3	审查勘察单位资质	根据招标文件要求、审核勘察单位资质	复核审查	协助建设单位完成审核工作
1.4	审核勘察方案	勘察方案的深度、完整性是否满足勘察任务书的要求	复核审查	勘察方案审报告
（二）实施阶段				
2.1	检查勘察工作质量、安全及进度	1)根据勘察过程实施的情况，专项周报反映工程概况、勘察工作进展、勘察现场验收，需协调问题等 2)针对安全的控制行为，监察勘察单位对勘察安全巡查，对日常安全巡查中的问题进行整改闭合消除安全隐患 3)针对质量的控制行为：监察、审核勘察钻孔间距、深度、岩样检查验收，勘察报告等内容 4)针对进度的管控行为：根据项目特征，招标文件、合同条款、制定勘察专项进度管理制度，并定期召开勘察制度落实情况会议	1)周报编制的完整性 2)勘察专项进度管理制度编制的完整性、管理制度落实监督	1)勘察专项周报 2)勘察专项进度管理制度文件
2.2	审核勘察报告	进行程序性审查和技术性审查，或开展勘察审查工作（甲方另行委托时）。程序性检查包括盖章、签字是否合规、格式是否合规范等；技术性审查包括审核勘察报告是否符合强制性规范、勘察深度是否达标、勘察报告结论与建议是否合理等	程序性检查与技术性审查的准确性	审核意见

注：属于管理行为类的工作任务，咨询成果应是实施管理行为的相关会议纪要、联系单、函系单、函系等佐证文件

⑥设计管理实施要点（表3.1.6）

设计管理实施要点

表3.1.6

序号	设计管理 工作任务分解	全过程工程咨询单位实施要点	建设方审核要点	咨询成果/行为
		（一）总体要求		
1.1	设计管理工作大纲	制定设计管理工作大纲，明确设计管理的工作任务、管理模式，设计管理工作制度、管理方法等	符合及准确性审核	设计管理工作大纲
1.2	日常设计管理工作	开展日常设计管理工作，编制设计进度管理计划，跟进各专业专项形式汇报设计进度、设计质量与投资控制，并定时以周报和月度报告形式汇报设计进度，设计成果文件，传成果文件，并进行审查	符合及准确性审核	设计进度计划 设计管理周/月报
1.3	设计单位质量保证体系文件	检查设计单位质量保证体系文件，并出具检查结论	符合及准确性审核	审核报告
1.4	设计问题销项	根据各方审图意见，会议要求等，建立设计问题销项表，跟进落实设计问题处理进度	符合及准确性审核	销项清单报告
1.5	相关特殊专项审查能力	对特殊专项设计文件进行审查	如项目组认为全过程工程咨询相关专项审查能力不具备合同范围内的相关审查能力，需聘请相关行业专家或咨询团队，由全过程工程咨询团队提供相关资金支持	—
1.6	设计标准	搜集并整理深圳市地方标准以及工务署相关规定标准并监督设计单位是否按照标准设计	符合及准确性审核	—
1.7	新工艺、新材料咨询	组织对新工艺、新材料进行考察调研，方案比选并出具咨询报告	符合及准确性审核	调研报告
1.8	工程勘察设计奖项	争创国家级、省级优秀工程勘察设计奖	—	设计奖项
		（二）决策阶段		
2.1	设计单位确认	协助招标及确定设计单位	设计单位资质条件	设计合同
2.2	设计单位资质	审查设计单位资质证、资质等级评审是否满足合同要求	符合及准确性审核	设计合同
2.3	设计任务书	协助编制设计任务计划，使用方需求文件，明确责任方，前期各依据性文件，任务书框架及编制要求	1)符合及准确性审核 2)确认程序是否完整（经使用方签字盖章）	设计任务书

续表

序号	设计管理 工作任务分解	全过程工程咨询单位实施要点	建设方审核要点	咨询成果/行为
		（三）方案设计阶段		
3.1	使用需求管理	调研使用需求，跟踪落实，归口管理，并做好需求管理台账（留有佐证材料）	1）需求台账是否清晰、全面 2）佐证材料是否完整	需求台账、佐证材料
3.2	设计范围	明确设计范围	设计范围要求是否合理、明确	设计文件、各种函件及会议纪要
3.3	设计界面	划分设计界面	设计界面划分要求是否合理、明确	设计文件、各种函件及会议纪要
3.4	方案设计	1）督促设计单位完成方案设计任务：设计任务书、过程进度控制、过程需求对接、过程节点文件、过程文件确认、各专业、专项设计对接情况、最终成果确认 2）组织专项技术论证、评估、建筑、室内专业需按要求提供材料样板	1）过程进度是否满足整体进度要求 2）需求对接是否及时，使用方反馈是否及时、明确 3）需求对接调整是否及时完整 4）各专业、专项设计对接是否及时，是否有记录文件 5）过程成果确认是否及时、明确 6）使用方最终确认是否及时、明确	设计文件、各种函件及会议纪要
3.5	设计方案审查报告	对各专业专项方案设计进行审查，并提出合理化意见，出具设计方案审查报告	1）设计文件是否满足使用方需求 2）设计文件是否满足工务署引文件等要求 3）设计文件是否完整 4）设计深度是否文件要求 5）各图纸是否一致、检查错漏碰缺情况 6）各专业、专项图纸是否相匹配、对应 7）设计文件是否满足规范要求 8）设计文件是否合理 9）是否满足限额设计要求 10）是否满足前期批复文件要求 11）前期审核意见是否在设计文件中体现 12）设计文件是否满足设计任务书要求	审查报告

续表

序号	设计管理 工作任务分解	全过程工程咨询单位实施要点	建设方审核要点	咨询成果/行为
3.6	审核成果	提供文件专项审核报告或审核成果，对阶段内容进行闭环管理，设计提资文件，使用方提资文件，过程进度控制，过程需求对接，过程节点确认，过程文件确认，最终成果确认	1)过程进度是否满足整体进度要求 2)设计文件、使用方资料提资是否及时、明确 3)过程需求对接是否及时 4)各专业、专项设计对接是否及时，是否有记录文件 5)过程成果确认是否及时、明确 6)使用方最终成果确认是否及时、明确	专项咨询报告及评估文件
		（四）初步设计阶段		
4.1	设计任务书	督促设计单位完成初步设计任务	1)过程进度是否满足整体进度要求 2)需求对接是否及时，使用方需求是否及时、明确 3)需求对接调整是否及时、完整	进度报告
4.2	设计概算	配合完成设计概算，包括但不限于： 1)审查设备规格、数量和配置是否符合设计要求，是否与清单相一致 2)审查综合概算、总概算编制内容、方法是否符合现行规定和设计文件要求 3)审查技术经济指标 4)审查经济投资效果	工作环节的完整性、有效性	初步设计概算书、各种函件及会议纪要
4.3	初步设计内容	组织评审初步设计内容，包括但不限于： 1)设计文件是否满足使用方需求 2)设计文件是否满足工务署指引文件等要求 3)设计文件是否完整 4)设计深度是否满足要求 5)各图纸是否一致、检查错漏碰缺情况 6)各专业、专项设计是否互相匹配、对应 7)设计文件是否满足规范要求 8)是否满足前期各批复要求 9)前期审核意见是否在设计文件中体现 10)是否满足设计任务书要求 11)设计文件是否满足设计任务书要求	工作环节的完整性、有效性	初步设计文件、各种函件及会议纪要

续表

序号	设计管理 工作任务分解	全过程工程咨询单位实施要点	建设方审核要点	咨询成果/行为
4.4	专项初步设计审查	对各专业专项初步设计成果进行审查，出具审查报告，跟踪审查意见的落实修改情况，对修改后的设计文件进行复审	1)过程进度是否满足整体进度要求 2)设计文件、使用方资料提资是否及时、完整 3)过程需求对接是否及时、完整 4)各专业、专项设计对接是否及时、明确 5)确认过程成果是否及时、明确 6)使用方最终成果确认是否及时、明确	审查报告
4.5	审核成果	提供专项审核报告或审核成果文件，对阶段内容进行闭环	1)过程进度是否满足整体进度要求时、明确 2)需求对接调整及时、完整 3)需求对接调整是否及时 4)各专业、专项设计对接是否及时、明确 5)确认过程成果是否及时、明确 6)使用方最终成果确认是否及时、明确	专项咨询报告及评估文件
(五)施工图设计阶段				
5.1	图纸优化	组织施工图审查工作，并提出图纸优化意见，并督促设计单位完成施工图设计任务	1)审查依据文件齐全、准确 2)审查结论意见齐全、准确 3)设计优化建议齐全、准确	专项咨询报告及评估文件
5.2	施工图审查	对各专业专项施工图设计进行全面审查(包括设计深度、质量、品质、功能、造价、适用性等)或实施全面审查，并出具联合审查报告，跟踪审查意见的落实修改情况，对修改后的图纸进行复审	1)审查依据文件是否齐全、准确 2)审查结论意见是否齐全、准确 3)设计优化建议是否齐全、准确	专项咨询报告及评估文件，联合审查意见单
5.3	审核成果	提供专项审核报告或审核成果文件，对阶段内容进行闭环	1)审查依据文件是否齐全、准确 2)审查结论意见是否齐全、准确 3)设计优化建议是否齐全、准确	专项咨询报告及评估文件
5.4	组织对设计材料样板的审查	组织对设计样板、材料清单及图纸内容等各专项文件的审查工作，提出材料造型优化意见	1)审查材料造价、品质等是否符合要求，提出优化建议 2)审查设计样板、材料清单是否齐全、符合设计方案	专项设计材料样板审查报告

续表

序号	设计管理 工作任务分解	全过程工程咨询单位实施要点	建设方审核要点	咨询成果/行为
		(六)施工阶段		
6.1	服务支撑	督促各专项服务单位及时为施工现场提供技术服务	1)过程对接是否满足整体进度要求 2)技术支撑是否满足设计需求	—
6.2	组织设计交底及图纸会审	提供设计交底文件,收集会审意见及图纸会审,协同组织编制会议纪要,跟踪根据会审意见调整设计交底会议,协同组织会审意见调整设计情况	1)提交的设计文件是否完整、准确 2)会审意见收集是否完整、准确 3)会议纪要调整是否及时、准确 4)设计调整是否及时、准确	图纸会审记录
6.3	组织协调	进行施工现场的技术协调和界面管理	1)协调问题收集是否及时、全面 2)问题协调记录是否完整、准确 3)需推进事项经协调后顺利推进	会议纪要联系单
6.4	设备选型	进行工程材料设备选型和技术管理	设备材料选型是否满足招标文件或设计文件需求	设备选型报告
6.5	设计变更	审核、处理设计变更,工程咨询,签证的技术问题,并督促设计单位及时提交变更图纸,对设计变更内容、深度、造价影响,工期影响等进行审查,并出具审查意见	1)变更线下沟通是否顺畅 2)图纸线下调整是否及时、完整、准确 3)设计变更是否合理、合规 4)正式变更图纸提交是否及时、准确	变更文件、联系单、审核意见
6.6	施工阶段设计优化	根据施工需求组织实施设计优化工作	1)需求对接是否及时,使用方反馈是否及时、明确 2)需求对接调整及时、完整 3)优化建议是否齐全、准确	需求报告
6.7	设计验收	组织关键施工部位的设计验收管理	施工质量是否满足设计要求	验收报告
6.8	组织对施工材料样板的审查	组织对工艺样板、样间(段)的审查工作,提出优化意见	审查工艺样板、样板间(段)与设计方案的一致性,把控空间效果的品质、细节、工艺等相关要求,并提出合理化建议及意见	专项施工材料样板审查报告
		(七)竣工验收阶段		
7.1	竣工图	组织项目竣工验收,组织审核竣工图,竣工图内容应与施工图图纸设计、设计变更、洽商、材料变更、施工及质检记录相符合	符合及准确性审核	竣工图

续表

序号	设计管理 工作任务分解	全过程工程咨询单位实施要点	建设方审核要点	咨询成果/行为
7.2	设计文件进行整理和归档	监督设计单位对设计文件进行整理和归档,包括设计原始资料、设计条件资料,设计中间资料,设计施工资料	符合及准确性审核	档案移交证书
(八)后评估阶段				
8.1	工作总结	组织实施工作总结编制	符合及准确性审核	工作总结报告
8.2	对设计管理绩效开展后评估	对设计管理绩效开展后评估	符合及准确性审核	绩效评估报告

注:属于管理行为类的工作任务,咨询成果应以实施管理行为时的相关会议纪要、联系单、函件等佐证文件

⑦投资管理实施要点(表3.1.7)

表 3.1.7

投资管理实施要点

序号	投资管理 工作任务分解	全过程工程咨询单位实施要点	建设方审核要点	咨询成果/行为
(一)总体管理要求				
1.1	制定投资管理策划	明确投资控制目标,制订投资管理制度、措施和工作程序,制定投资管理制度,制定资金使用计划,制定预结算编制计划;做好决策、设计、招标、施工、结算各阶段的投资控制	投资控制目标合理,制度完善,措施得当,工作程序全面	投资管理策划书
1.2	投资过程管控	在设计安全性的前提下,在各不同设计阶段,审查设计单位设计文件和合理性,建立变更管理台账,支付控制台账等,全过程动态管理项目投资工作,提供专项报告并定期呈报	设计文件及图纸审核意见的准确性,各类台账数据的准确性	审核报告、投资控制台账
1.3	项目可研估算、项目概算报审文件的审核	1)建安费单方指标合理性审核,建安费单方指标类似项目对比,建安费其他费列项审核 2)工程建设概算表与文本内容及完整性审查 3)估算、概算、估算文件审核 4)计费标准建设及必要性需求分析 5)项目建设必要性、需求分析、投资估算、建设规模、初步建设方案、环境影响分析等审核,投资估算审核	可研、概算、估算文件审核意见的准确性	审核报告

续表

序号	投资管理	全过程工程咨询单位实施要点	建设方审核要点	咨询成果/行为
	工作任务分解			
1.3	项目可研估算、项目概算报审文件的审核	6)主要材料及设备价格合理性审核及对部分材料设备进行询价 7)审核概算编制单位提供的土建模型,并审核计价文件中工程量正确性 8)配合发改委、评审中心评审工作,以批复的限额投资为依据,监督设计单位限额设计	可研、概算、估算文件审核意见的准确性	审核报告
1.4	组织专题会议	定期组织召开各类造价专题会议:概算阶段专题评审会、招标阶段工程量清单、招标控制价讨论专题会、限额设计专题会、可研及概算申报会、合同清单审查会、设计变更交底、结算审核等专题会议	会议纪要出具的及时性、完整性、准确性	会议纪要
1.5	工程结算申报	组织审核竣工结算,督促各方在约定的时间内进行工程结算的申报,在约定时间完成工程结算的审核并配合报送深圳市财政审计中心或审计部门审定	结算审核报告全面性与准确性	结算审核报告
1.6	投资控制总结	竣工验收后提交全过程工程投资总结,报告内容包括但不限于:工程概况及建设全过程咨询情况,造价咨询工作手段、管理情况,设计变更的内容、原因,造价审计中存在的问题及解决办法,对项目造价管理工作的评价与分析(包括但不限于概算与结算情况对比分析)、工程遗留问题的总结与分析,并提出合理的建议	工程投资总结报告内容全面性及准确性	评价报告
（二）决策阶段				
2.1	组织审查项目投资估算	1)建安费单方指标合理性审核 2)建安费单方指标与其他指标类似项目对比 3)工程建设其他费列项及计费依据 4)估算表与文本内容一致性检查 5)计费标准及文件是否更新并符合要求 6)建安费条目的完整性审核 7)审核投资估算内容全面、费用构成完整,计算合理	报告的完整性与准确性	审核报告

续表

序号	投资管理		全过程工程咨询单位实施要点	建设方审核要点	咨询成果/行为
	工作任务分解				
			(三)设计阶段		
3.1	协助组织审查方案设计估算		1)组织建安费单方指标合理性审核 2)组织建安费单方指标类似项目对比 3)工程建设其他费列项及计费依据 4)预算表与文本内容一致性检查 5)计费标准与文本内容一致性检查 6)主要材料及设备是否更新并符合价格合理审核 7)审核预算编制单位提供合理格价设备及对部分材料设备进行询价，并审核计价文件中土建模型，并审核计价文件中工程量正确性	报告的完整性与准确性	评价报告
3.2	审查设计概算/预算		1)组织审核/复核建安费单方指标合理性 2)建安费单方指标类似项目对比 3)工程建设其他费列项及计费依据 4)概算表与文本内容一致性检查 5)计费标准及文件是否更新并符合要求 6)主要材料及设备价合理审核并对部分材料设备进行询价 7)组织审核/复核概算编制单位提供的成果文件，审核申报概算工程量计算式的一致性，审核计价文件中工程量正确性，组价合理性 8)组织审核/复核建安费条目的完整性 9)比较并分析设计概算费用对应的投资估算费用组成，提出相应的比较分析意见和建议 10)配合发改委、评审中心概算评审工作，与发改审部门进行沟通、协调，确保审评结果的合理性	报告的完整性与准确性	审核报告
3.3	协助组织审查施工图预算		1)建安费单方指标合理性审核 2)建安费单方指标类似项目对比 3)工程建设其他费列项及计费依据	报告的完整性与准确性	评价报告

续表

序号	投资管理 工作任务分解	全过程工程咨询单位实施要点	建设方审核要点	咨询成果/行为
3.3	协助组织审查施工图预算	4)预算表与文本内容一致性检查 5)计费标准及文件是否更新并符合要求 6)主要材料及设备及设备合理性审核及对部分材料设备进行询价 7)审核预算制单位提供的土建模型,并审核计价文件中工程量正确性	报告的完整性与准确性	评价报告
3.4	参与限额设计	按照投资改造价的限额对限额设计任务书进行审核(是否满足限额目标)	报告的完整性与准确性	评价报告
		(四)招标与采购阶段		
4.1	组织审核工程清单	进行符合性审查与技术性审核: 1)工程量是否存在明显缺项或遗漏 2)项目特征是否清晰、全面、准确 3)计量单位是否符合规范要求 4)工程量计算规则是否符合相应计算式和计量匹配 5)清单工程量是否与国标规范不符的 6)是否存在与国标规范不符的 7)编写初步意见书,并督促造价咨询根据初步意见进行修正 8)审核工程清单与招标文件中界面划分是否一致	报告的完整性与准确性	审核报告
4.2	组织审核招标控制价	进行符合性审查与技术性审核: 1)查计价定额套用是否合理,有无明显漏洞 2)按招标控制价公布的公布时最近一期造价站公布的信息价行调整 3)对于有参考要求询价计价包括市场另行考察询需品牌的材料设备,价格水平是否存在明显错误 4)特殊材料价格是否符合市场实际 5)措施费计算是否存在明显错误或编离施工组织设计的估值 6)各种费率是否正确适用(安全文明措施费、管理费、利润率、规费、税率等) 7)暂列金额、专业工程暂估价、材料设备暂估价、奖金等是否正确计入总价	报告的完整性与准确性	评价报告

续表

序号	投资管理 工作任务分解	全过程工程咨询单位实施要点	建设方审核要点	咨询成果/行为
4.3	协助开展清标工作	1）按照投标总价的高低或者招标文件规定的其他方法，对投标文件进行排序 2）根据招标文件的规定，对所有投标文件进行全面的审查，列出投标文件在方面存在的所有偏差 3）按照招标文件规定的方法和标准，对投标报价进行换算 4）对投标报价进行校核，列出投标文件存在的算术计算错误 5）根据招标文件规定的标准，审查并列出过高和过低的投标价格	报告的完整性与准确性	审核报告
	(五)施工阶段			
5.1	编制项目资金使用计划并动态调整	根据建设项目进度计划编制资金使用报告、合理预测、动态管理项目投资工作，提供分析报告	报告的完整性与准确性	资金计划报告
5.2	审核工程计量与合同价款	对承包人已经完成的合格工程进行计量工作，因此工程计量不仅是发包人控制工程造价的前提工作，也是约束承包人履行合同义务的重要手段	报告的完整性与准确性	评价报告
5.3	协助进行甲供材料和设备的询价与核价工作	审核甲供材料设备备价格申请采购计划；组织、参与供应商考察和询价	甲供材料采购询价核价单	—
5.4	审核工程变更、工程索赔和工程签证	参与设计变更事项会议，准备有关造价上会资料，组织无资料变更台账，工程变更审核，建立并维护变更台账，依据相应管理办法要求完成待定的事项	报告的完整性与准确性	审核报告
	(六)竣工阶段			
6.1	开展工程技术经济指标分析	对项目技术、工艺过程、所用原材料特点相适应的技术经济指标进行分析	报告的完整性与准确性	技术经济指标分析报告
6.2	配合竣工结算审计工作	配合竣工结算审计工作（包括但不限于配合结算资料送审，回复评审中心有关造价问题）	报告的完整性与准确性	结算审核报告

续表

序号	投资管理 工作任务分解	全过程工程咨询单位实施要点	建设方审核要点	咨询成果/行为
6.3	组织审核竣工决算报告	组织审核竣工决算报告	报告的完整性与准确性	竣工决算报告
		（七）后评价阶段		
7.1	分析项目建设投资，提供项目投资评估报告	对项目立项、决策、设计、建设、施工、竣工、生产等全过程进行系统分析，对投资项目取得的财务效益、社会效益、环境效益进行综合评价	报告的完整性与准确性	项目投资评估报告

注：属于管理行为类的工作任务，咨询成果应是实施管理行为的相关会议纪要、联系单、函件等佐证文件

⑧招标与采购工作管理实施要点（表3.1.8）

招标与采购工作管理实施要点

表 3.1.8

序号	招标与采购管理 工作任务分解	全咨单位实施要点	建设方审核要点	咨询成果/行为
1.1	专项环境调研	按项目要求开展专项环境调研，需包含政策法规与市场环境调研、已签订合同调研，建设方需求调研等内容	1）调研目标是否明确 2）调研数据是否充分 3）调研内容是否全面	调研报告
		（一）开展招标策划工作		
1.2	实施策划	需含工程概况，建设单位要求及需求分析，合同结构与标段划分，工程范围及界面，招标范围与招标方式及总体计划等	1）项目特征与需求分析 2）招标项目范围、实施条件、项目质量、进度、价格等需求及其目标 3）招标组织形式和招标方式 4）合同结构与标段（标包）的划分 5）投标人资格条件 6）招标程序及时间计划 7）专业力量安排、工作责任分解 8）招标目标保证措施，可能发生的风险和解决预案	招标与采购实施策划

序号	招标与采购管理		建设方审核要点	咨询成果/行为
	工作任务分解	全过程工程咨询单位实施要点		
1.3	工作计划	需含工程名称、招标方式、工作启动至合同签订所有时间节点计划；依据合约规划、施工总进度计划、设计进度计划、施工总进度计划编制或审核招标采购总整计划；分年度和跨年度建设项目还需制订详细招标计划；子项招标工作编制订详细招标计划	项目招标方式、工作启动至合同签订时间节点计划是否满足项目实施需求	招标与采购进度计划
			（二）开展招标采购前期准备工作	
2.1	实施方案	就单个工程招标提供招标方案、需含概况、特征、需求分析、招标范围、实施条件、建设目标、组织形式与招标形式、投标人资格条件、突破性条款设置等	市署招标方案范本	标准化招标方案
2.2	招标文件编制	招标文件正文明确招标内容与范围、界面划分、计价方式、择优方式及管理部分要求	1）招标文件是否符合招标方案要求 2）招标方案格式是否变更改原模板固有内容 3）招标文件内容是否符合现场要求、工程量清单报价规定、工务署品牌车要求及现行国家、地区技术要求等	招标文件正文
2.3	招标图纸审核	需进行符合性审查与技术性审核；技术标准及要求审核	1）是否符合设计规范要求 2）是否进行过限额设计 3）是否存在错漏碰缺问题 4）是否满足方案及初步设计要求	招标图审核报告
2.4	组织招标采购相关考察管理	考察前提供材料设备考察计划，考察后提供考察报告，含厂家基地基本情况、生产基地基本情况及考察报告；资审补遗挂网、截标情况等	1）考察厂家是否数量充足（不少于三家） 2）考察厂家的品牌是否属同一档次 3）是否形成了完成的考察报告	材料设备考察计划与报告
2.5	呈批后工作计划	单个招标审核时间计划；招标文件呈批通过、招标信息发布、质疑截止/答疑补遗挂网、截标情况、资审小组、专家构成、专家费用等呈批流程时间节点	时间节点是否符合深圳市建筑工务署招标工程审批时间	呈批后工作计划表

续表

序号	招标与采购管理 工作任务分解	全过程工程咨询单位实施过程	建设方审核要点	咨询成果/行为
		（三）协助管理招标采购实施过程		
3.1	回复答疑文件	全过程工程咨询单位协助建设单位组织回复答疑文件	1)是否符合法律法规要求 2)是否符合招标文件及招标方案要求 3)回复内容是否完整、清晰明确，是否存在争议	答疑文件回复
3.2	编制补遗文件	招标过程中遗漏或回复答疑文件过程中需要补充的图纸、清单或管理内容	1)是否符合法律法规 2)补遗内容是否违背招标方案内容 3)补遗内容应明确增加、修改还是删除，若是修改，应列举原文与补遗内容对比	补遗文件
3.3	定标准备工作组织	1)按照工务署相关招标工作指引与招标方案中工作要求，准备定标资料，如相关资料、招标委员会会议纪要、署长办公会会议纪要、招标方案、招标资料，项目概况、定标准备工作方案（如有）、答辩流程及注意事项、外部文件（如有）等 2)按照《深圳市建筑工务署评定分离项目清单专家库专家工作指引》审核评委评定分离成表及评审专家费的请示、确认专家回避单位等	1)是否符合《深圳市建筑工务署专家库工作指引》目清单专家工作指引 2)是否符合招标工作指引 3)是否与招标方案相符 4)评标专家评审费是否符合建局审费标准 5)评委会的会组成员是否符合招标文件中的专业人数要求 6)评审专家回避单位是否已回避相关单位	定标准备工作方案、评标委员会专家构成表及相关费用，成立资格审查小组的请示
3.4	过多投标人淘汰工作组织	1)按照工务署相关招标工作指引与招标方案中工作要求，收集相关资料，如招标委员会会议纪要、署长办公会会议纪要、招标方案，票选入围Q值表，招标工程截标之日的市建筑工务署施工总承包专业工程承包类及专业工程分类分级单位开标信息项-收集定标基础资料 2)汇总过多人淘汰入围定标表及信息项清单网络截图扫描件 3)参加入围淘汰会	工程类入入围定标表中： 1)摘录自投标文件中的单位名称、资质等级是否正确 2)信息库企业业绩、履约评价情况、近期不良行为记录、一年内中标情况、署内安全文明实名推荐情况、署分级分类等信息项是否填写正确	过多人淘汰入围定标表
3.5	开标工作组织	按照招标工作指引，协助完成开标各个流程工作，包括： 1)现场开标：编写邮件，注明开标时间、地点，需要携带的资料；告知投标单位开标相关信息；准备投标单位签到表；	1)工期是否符合招标文件要求 2)投标单位投标保函原件是否备交	开标会议签到表、开标记录文件及相关表格式

续表

序号	招标与采购管理 工作任务分解	全过程工程咨询单位实施要点	建设方审核要点	咨询成果/行为
3.5	开标工作组织	2)网上开标:编制邮件并致电投标单位在开标前前须将投标保函原件及QDG文件送至或邮寄至工务署直属机构,收取资料前须编辑信息表进行记录 3)后续流程:收到开标情况记录,并编制为Excel文档;编写开标记录文件,表格内包含投标单位名称、报价、净下浮率、项目经理姓名及身份证证号、职业资格证号、技术负责人姓名及身份证号等信息	1)工期是否符合招标文件要求 2)投标单位投标保函原件是否提交	开标会投标单位签到表 开标记录文件及相关表表式
3.6	评标工作组织	1)协助建设单位抽取专家,回避相关单位及投标单位,上传评标专家机构成表,评标人员身份证扫描件等资料 2)编写评标专家评标费用发放、咨询评标前须证让各专家填写收取专家费的银行卡号等个人信息,并签字确认 3)评标过程中操作不熟悉,于交易中心打印专家至专业工作人员 4)专家完成评标后,于交易中心公章)、发放金额必须与工务署直属机构的专家费用发放信息表一致 5)下载技术与商务标的评标报告	1)专家费用发放是否外网公示 2)评标报告是否已网内外公示 3)评标费用是否符合住建局标准正确	评标专家评标费用发放表
3.7	清标工作组织	按照招标工作指引中相关要求协助组织开展清标工作	1)预清标中摘录自投标文件的清标项汇总信息是否完整及正确 2)正式清标的专家打分及签字是否完整 3)清标人员的组成及及程序是否符合定标准备工作要求	清标会议工具表 清标得分汇总表 清标评审表(客观) 清标评审表(主观)
3.8	答辩工作组织	1)根据答辩流程及注意事项文件内准备相关物资及排布会场场 2)答辩结束后将专家打分资料进行汇总并清理会场	1)答辩信息项是否符合招标文件要求 2)答辩流程是否符合招标工作指引中相关要求 3)答辩流程是否符合定标准备工作方案	答辩工作工具标
3.9	定标工作组织	1)收集定标基础资料,至今中标情况,质量安全排名(近一年内),实名推荐标会等行为包括履约评价(站平台查询)、不良行 2)协助组织定标 3)编写定标结果公示表发至项目组后公示3天	投标情况汇总表中: 1)摘录自投标文件的单位名称、投标报价、下浮率、资质质等级是否正确 2)评标意见、履约评价情况、近期不良行为记录、一年内中标情况、署内安全文明、实名推荐情况、清标综合等级是否填写正确	投标情况汇总表(重大招标项目) 定标结果公示表(票选定签法)

续表

序号	工作任务分解（招标与采购管理）	全过程工程咨询单位实施要点	建设方审核要点	咨询成果/行为
3.10	澄清会工作组织	1)编写投标文件澄清会谈会纪要，并与中标单位邮件提前确认纪要内容有无异议 2)待项目组确定会议时间，并通知中标单位会议到会信息及准备签到表 3)会后要求中标单位就会议纪要签字盖章并将原件寄至工务署直属机构（一式四份）	1)澄清文件信息项是否符合招标文件要求 2)澄清内容是否已与中标候选人线下同意确认	澄清记录
3.11	约谈会工作组织	按照深圳市建筑工务署中标人约谈工作指引编写相关会议所需资料，并按要求提交寄至工务署直属机构	1)会议所需资料是否根据《深圳市建筑工务署中标人约谈工作指引》进行编写 2)会议资料是否已加盖单位公章并按照指引要求的份数寄至工务署直属机构	会议资料
3.12	中标通知书工作组织	收集汇总开标情况一览表、定标报告，中标单位主要管理人员、项目经理及技术负责人证书扫描件、中标通知书，招标完成报告等资料；核对资料是否准确无误	1)中标通知书内的中标单位、中标价阶段工作时，中标价是否填写正确 2)招标完成报告内的各招标阶段工作时，地点、人物等信息是否根据《定标报告》填写正确	中标通知书

（四）合同谈判和签订工作

| 4.1 | 工作组织 | 根据招标工作指引协助编制合同初稿，督促中标单位办理履约保函并收集合同附件资料 | 合同内容及合同附件是否按照招标文件进行编制和收集 | 合同文件 |

（五）当采用EPC模式时组织编制交付标准

| 5.1 | 工作组织 | 结合项目可行性研究报告、项目建议书组织对项目交付标准内容进行编制 | 支付标准是否满足项目使用功能需求 | 项目交付标准 |

注：属于管理行为类的工作任务、咨询成果应是实施管理行为的相关会议纪要、联系单、函件等佐证文件

⑨组织协调管理实施要点（表3.1.9）

组织协调管理实施要点 表3.1.9

序号	工作任务分解（组织协调管理）	全过程单位实施要点	建设方审核/关注要点	咨询成果/管理行为
1	建立组织管理协调体系	1)建立组织管理协调体系 2)建立项目各参建单位，以及建设单位与使用单位之间的沟通机制，协调各参建单位之间的合同工作的配合	是否建立	1)组织管理协调机制 2)沟通机制

续表

序号	组织协调管理 工作任务分解	全咨单位实施要点	建设方审核/关注要点	咨询成果/管理行为
2	协调沟通各方之间工作配合	1)协调参建各方及外部单位关系 2)协助建设单位与使用单位沟通 3)协调各参建单位工作的配合，明确对总包单位和分包单位的管理要求 4)协调各个单位之间界面不清楚等施工冲突 5)协调各参建单位之间的施工进度矛盾	1)是否有效沟通 2)是否形成相关文件	1)工程简报 2)沟通会议记录/联系单/函等
3	主持工程管理会议	1)主持各种工程管理会议，保证参建各方沟通顺畅 2)组织召开第一次工地会议 3)明确对总包单位和分包单位的管理要求	1)是否有具体要求指引 2)是否形成相关会议记录	1)会议记录 2)管理要求文件
4	协调施工前期工作	1)协助完成施工场地条件准备工作，三通一平、控制网测量，补充踏勘，总场布 2)协助进行场地(包括坐标、高程、临电、临水、毗邻建筑物和地下管线等)移交和规划验线	是否形成结果文件	施工前期文件
5	配合工作	根据建设单位要求，完成全过程工程项目管理服务内容下的相关配合工作	1)是否有过程文件 2)是否有结果文件	会议纪要/联系单/函

注：属于管理行为类的工作任务，咨询成果/管理行为应是实施管理行为的相关的会议纪要、联系单、函件等佐证文件

⑩施工质量管理实施要点（表 3.1.10）

施工质量管理实施要点

表 3.1.10

序号	施工质量管理 工作任务分解	全咨单位实施要点	建设方审核/关注要点	咨询成果/管理行为
		（一）总体管控		
1.1	根据项目管理需要，组织建立整个项目的质量管理体系，设立项目质量管理部门，配置质量管理人员	1)项目目的质量目标分解，人员组织架构，工作保证体系 2)项目组织架构图	1)质量目标分析要素是否齐全、是否有针对性 2)人员组织架构及保证体系是否满足项目实际建设特点	报告或PPT

续表

序号	施工质量管理 工作任务分解	全咨单位实施要点	建设方审核/关注要点	咨询成果/管理行为
1.2	组织机构建立及资质审查	审查承包单位资质、项目组织机构的人员配备及资格	1) 总、分包单位资质等级是否满足招标文件、承包范围、规模、专业要求，资质质量标准是否齐全有效 2) 项目管理人员配备是否满足投标承诺，组织机构是否健全、合理，岗位职责是否明确	报告或PPT
1.3	管理体系、制度审查	审查承包单位质量管理体系、技术管理制度是否建立健全	1) 专职管理机构是否建立且合理，各级人员岗位职责和责任制度是否明确，责任追究机制是否完备 2) 质量目标是否明确并符合合同规定及投标承诺 3) 测量放线、原材料进场、工序交接、隐蔽工程、分部分项验收、不合格品处理、技术交底、质量培训等质量管理制度是否建立 4) 施工图会审、设计变更、施工组织设计及专项方案、试验检测、档案资料等技术管理制度是否完善、工作流程是否清晰 4) 是否针对质量目标制订质量计划和工艺标准、内容是否符合相关技术标准、规范、规程，是否有具体落实措施 5) 对采用新工艺、新技术、新材料和项目重、难点工程是否制订专门的质量保证措施	报告或PPT
1.4	结合项目特点开展质量策划，制定质量目标并规定必要的运行过程，进行质量控制，实施质量改进，最终实现项目质量目标	根据合同文件及工务署制度、制定质量控制策划	质量策划文件是否满足要求、质量控制过程文件是否齐全	报告或PPT
1.5	组织学习工务署质量管理各项制度	定期组织参建单位学习工务署下发的各项管理制度，特别是变更、材料设备管理及第三方质量评估方案等内容	学习工作是否开展	学习记录

89

续表

序号	施工质量管理 工作任务分解	全咨单位实施要点	建设方审核/关注要点	咨询成果/管理行为
		（二）实施阶段		
2.1	设计环节的质量控制	方案设计、初步设计、施工图设计环节的质量控制： 1)设计依据是否充分，设计采用的标准是否齐全、正确，主要设计基础资料收集是否齐全 2)设计内容是否完整，深度是否达到有关规定要求；各专业是否符合《工程建设标准强制性条文》和其他有关工程建设强制标准 3)设计技术指标是否在规划许可的范围，上阶段审批意见是否在设计中得到落实，主要经济技术指标应合理并符合上阶段的审批要求 4)是否有方案比较，比选是否充分、合理，是否明确了工程规模、推荐方案是否合理，是否可以有效控制投资 5)设计文件及相关资料是否齐全，设计图纸制图是否规范、统一、标识清楚、签署是否符合规定	管理行为以及所采取的措施是否有效保证工程质量	报告/PPT/会议纪要/联系单等
2.2	招标采购环节的质量控制	1)合同文件质量目标 2)合同文件对材料设备、技术要求	1)管理行为及所采取的措施是否有效保证工程质量 2)招标文件是否包含相应质量目标要求	招标文件
2.3	施工环节的质量控制	1)应督促施工单位建立完善自身质量管理体系，在施工环节设置质量控制措施，以事前控制为主：通过对原材料、施工工艺过程等管理保证工程质量 2)对重点工序、关键环节开展质量检查，包括按施工方案、作业指导书进行施工过程监督，跟踪问题落实整改、检测、调试及竣工验收 3)质量隐患100%记录在案，100%复查	1)材料使用是否满足招标文件要求及工务署最新规定 2)重点工序、关键环节的质量验收情况 3)质量问题整改闭环率 4)各分部分项是否完成成质量验收	验收文件（验收记录或报告）、质量问题整改台账
2.4	质量改进	包括对设置的设计、施工质量控制点进行检查与监测，对质量不符合要求的情况进行持续跟踪，组织分析原因，研究提出包括方案、工序、工艺等在内的改进措施，督促施工单位予以落实，确保最终质量满足合同要求	1)质量管理流程是否清晰 2)质量管理计划是否明确 3)质量问题整改有无闭环	联系单/函/报告

续表

序号	施工质量管理 工作任务分解	全咨单位实施要点	建设方审核/关注要点	咨询成果/管理行为
2.5	组织施工组织设计等文件、参与重大技术方案评审	方案符合性、针对性、操作性评审	1)方案内容是否齐全 2)质量保证措施是否具有针对性 3)施工工艺是否合理且具有可操作性	方案审批表
2.6	协助开展材料（设备）的采购管理和验收工作	采购计划合理、技术指标响应，质保资料齐全，存储及保管合理，材料设备进场审核验收、抽检、监管使用等环节管控	1)材料设备采购计划是否满足项目进度需求 2)材料设备选型是否满足合同及招标文件要求 3)现场验收记录资料是否齐全 4)材料设备存储是否合理、是否有相应的防火、防水、防盗及应急措施 5)材料设备进场复验是否合格	验收记录或报告
2.7	组织开展工程样板评审工作	应根据《深圳市建筑工务署设计效果落地流程管理指引（试行）》《深圳市建筑工务署建设项目产生重要影响的样板实施细则》，针对项目对建筑效果产生重要影响的样板制定相应的材料样板引路方案，并目经过建设单位审定后执行，包括但不限于： 1)确认样板部位（样板部位选择是否合理、是否满足大面积施工要求） 2)确定样板验收标准 3)督促施工单位完成技术交底 4)组织开展样板评审	工程样板评审工作开展的时间是否影响工期进度、样板施工工艺是否合理、是否能够达到施工规范及验收标准要求	会议纪要或报告
2.8	参与阶段性验收工作	做好验收前准备工作、工程实体质量、技术、规程满足阶段验收、专项验收要求	阶段性验收、专项验收是否验收通过，施工质量问题整改措施是否有效落实、整改是否到位	分项、分部验收记录
（三）竣工验收及移交				
3.1	参与处理质量缺陷和质量事故	1)针对不同类型的事故，各承包单位仍需进一步细化、制定针对性的应急预案，并有条件地进行演练 2)应急方案中的应急领导小组成员是否合理 3)质量缺陷记录是否有文件资料	1)重点检查方案中的应急制度是否齐全 2)项目有无按工程质量缺陷和质量事故处理的程序及时进行处理	报告或PPT

续表

序号	工作任务分解	全咨单位实施要点	建设方审核/关注要点	咨询成果/管理行为
	施工质量管理			
	(四)维保运营			
4.1	组织项目保修管理	1)组织施工单位制订项目保修方案,并督促项目保修管理;收集维保合同,建立台账,跟踪落实 2)收集维保问题清单成果模块、典型问题作为后续工程的借鉴	1)项目保修管理方案中人员组织架构是否齐全有效 2)对施工单位保修管理措施是否及时有效	项目保修管理方案

注:属于管理行为类的工作任务,咨询成果应是实施管理行为的相关会议纪要、联系单、函件等佐证文件

①安全生产管理实施要点(表3.1.11)

安全生产管理实施要点

表 3.1.11

序号	安全生产管理 工作任务分解	全咨单位实施要点	建设方审核/关注要点	咨询成果/管理行为
1	安全生产管理策划	1)统筹组织统一的安全管理网络与沟通协调机制,确保所有参建单位纳入现场统一安全管理 2)对项目的安全生产管理工作进行策划;安全生产管理策划书需明确基本的安全管理原则,建立工作程序与制度,明确岗位职责,建立安全寿命周期的安全管理思路与方法 3)组织学习署内安全生产管理制度及相关奖惩办法 4)监督施工单位落实文明施工有关规定(如6S)的项目日管理工作要点 5)应急管理	1)岗位设置是否合理,满足合同要求 2)工程程序与制度是否符合合规要求 3)管理思路与方法是否适用 4)安全管理网络及沟通机制是否覆盖齐全	安全生产管理策划书
2	审核设计文件	1)审核设计文件是否符合公共利益、公众安全和工程建设强制性标准要求 2)审核设计文件是否符合施工安全操作和防护的需要	审核报告内容准确、完善	审核报告

续表

序号	安全生产管理 工作任务分解	全咨单位实施要点	建设方审核/关注要点	咨询成果/管理行为
3	监督管理	根据《深圳市建筑工务署建设项目全过程安全管控要点汇编》,包括但不限于: 1)监督检查安全专项施工方案的编审和执行情况 2)审查并监督施工单位安全生产责任制的落实情况及安全生产管理体系的建立与运行情况 3)审查并监督监理单位安全生产责任制的落实情况及安全监理制度的建立与运行情况 4)针对多标段项目或同一标段内存在多个施工合同主体的,要加强安全生产工作的统筹管理与协调并落实各方各自安全职责的情况,对于施工界面交叉的不同合同主体是否明确并落实各自安全职责的情况,进行监督检查 5)针对项目实施过程中的重大安全风险,组织建立项目层面的风险辨识与评估机制,推动并参建各方建立安全风险防范措施 6)督促施工单位加强现场的隐患排查整治工作,跟踪重大安全隐患的整改落实情况,并在授权范围内采取必要措施推动隐患的及时整改 7)对现场安全隐患问题及时予以处置并置反馈,保证安全隐患100%记录在案,100%复查 8)组织检查和评估安全生产标准化建设实施情况 9)审核、监管安全文明措施费专用情况 10)参与事故应急救援工作,配合现场事故调查活动 11)其他监理单位的主体责任	各项监督管理行为是否有效到位	监督记录/联系单等佐证材料
4	日常工作报告	1)定期提交涉及安全管理的各类周报等报告 2)每月至少汇报一次项目现场的总体安全生产工作情况,并提交书面报告	报告提交的及时性与准确性	报告文件(含PPT)

续表

序号	安全生产管理		全咨单位实施要点	建设方审核/关注要点	咨询成果/管理行为
	工作任务分解				
5	危大工程管理		1)危大工程安全文明措施是否全面 2)组织专家论证工作,是否按期完成 3)专家审核意见是否修改完成 4)危大工程条件验收是否按要求完成 5)危大工程档案是否建立	审批危大工程方案,参与专家论证	危大工程方案及配套管理资料
6	文明施工				

注:属于管理行为类的工作任务、咨询成果应实施管理行为的相关会议纪要、联系单、函件等佐证文件
⑫信息管理及档案管理实施要点(表3.1.12)

信息管理及档案管理实施要点

表 3.1.12

序号	信息管理及档案管理		全咨单位实施要点	建设方审核/关注要点	咨询成果/管理行为
	工作任务分解				
	(一)公共信息管理				
1.1	信息管理		组织建设过程照片和视频等资料的形成、整理和归类,项目管理模式、招标投标、质量安全管理、信息化等完点工作归纳总结 1)建设过程中,照片、视频、文字等资料的形成 2)项目管理模式、招标投标、设计、质量安全管理、信息化等完点工作归纳总结、技术创新,以微信推文等进行宣传推广(建设故事),每年至少一次 3)结合项目特点,通过拍摄视频、制作微信推文等方式对公众开展建筑文化、建筑艺术、建筑科技和建筑知识普及(建筑故事),每年不少于2次 4)邀请党代表、人大代表、政协委员和社会监督员开展监督视察,每年不少于1次(备选) 5)邀请市内外媒体,对项目重大建设节点进行信息公开,同时在公众号做推送,每年不少于1次,视项目建设实际进度决定	1)是否按照项目公共信息管理内容清单完成相关工作 2)工作总结内容分类是否齐全,内容是否齐全	工作总结

94

续表

序号	信息管理及档案管理	全咨单位实施要点	建设方审核/关注要点	咨询成果/管理行为
	工作任务分解			
1.1	信息管理	6)挖掘项目建设过程中的人物故事、感人事迹，并通过拍摄方式进行宣传推广（建造故事），每年不少于2次 7)项目建设全记录片，项目建设周期内至少拍摄一部，主要介绍项目建设全过程，其他专项介绍片根据项目实际情况制作 8)组织公众参与活动，开展公众满意度调查，每年不少于1次（备选） 9)开展舆情监测和应对（备选） 10)招标人组织开展的其他公共信息管理工作（备选）	1)是否按照项目公共信息管理内容清单完成相关工作 2)工作总结内容分类是否齐全，内容是否齐全	工作总结
		（二）BIM管理		
2.1	BIM策划及制度建设	依据《深圳市建筑工务署政府公共工程（房建类）BIM实施标准》(2017)，完成： 1)协助建设方完成BIM策划方案编制，明确项目BIM应用实施背景、实施目标、实施内容与要求、BIM实施管理方法、BIM实施协调机制、投资管理及进度管理计划，以及BIM实施保障措施 2)编制工程项目BIM实施管理文件，明确所承接项目各阶段BIM实施的具体要求及管理要求，包括：配合甲方提出基于设计阶段BIM实施管理、进度管理及模型细度要求、编制工程项目《设计阶段BIM实施细则》《设计阶段BIM工作管理制度》等BIM实施管理文件；配合甲方提出基于BIM的工程质量、施工安全管理、施工进度管理及工程成本管理要求，编制工程项目《施工阶段BIM实施细则》《施工阶段BIM工作管理制度》等BIM实施管理文件	1)实施方案内容是否齐全，各要素是否根据建设项目实际特点进行策划 2)所编制的各项BIM管理制度及BIM实施管理文件是否符合深圳市建筑工务署政府公共工程BIM实施标准和要求，是否科学合理	1)《BIM策划方案》 2)《设计阶段BIM实施工作管理制度》《设计阶段BIM实施细则》《施工阶段BIM实施工作管理制度》《施工阶段BIM工作管理制度》等
2.2	协助编制招标文件及合同文件BIM技术条款	根据招标文件范本及项目实际需求，协助建设方完成招标文件BIM技术应用条款制	1)投标文件及合同文件的BIM技术条款组织是否完整、合理 2)BIM实施工作范围，内容及成果交付要求是否明确	招标文件

续表

序号	信息管理及档案管理	全咨单位实施要点	建设方审核/关注要点	咨询成果/管理行为
	工作任务分解			
2.3	设计阶段的BIM管理	1）负责向设计单位宣贯工务署BIM实施要求，并负责审核项目《设计BIM实施方案》的完整性、科学性（二选一），审核设计单位编制的《设计阶段BIM实施方案》，提出审核意见，并协助其完成方案编制 2）从质量、安全、投资、进度四个维度出发，对设计BIM实施流程、实施进度、成果质量进行管理 3）负责审核设计BIM实施最终成果，指导督促设计单位按照设计BIM实施计划节点将BIM实施成果上传至署BIM信息化管理平台，并对上传成果进行审核，成果需满足国家、广东省、深圳市及深圳市建筑工务署项目BIM标准和图纸是否一致 4）负责组织设计单位向施工单位进行设计BIM成果交底，BIM技术应用是否根据建设方要求，在设计模型及图纸中考虑运维应用需求 5）负责设计阶段BIM实施管理经验的总结与推广 6）负责审核设计单位是否根据建设方要求，在设计模型及图纸中考虑运维应用需求沿用	1）项目BIM实施进度是否满足项目BIM实施进度计划要求 2）项目BIM监管行为是否有效 3）BIM实施成果是否完整，是否能够沿用 4）是否及时指导参建各方完成BIM实施成果，并及时提交至BIM实施成果 5）设计成果是否考虑运维需求 6）图纸和模型是否一致	设计单位BIM成果审核文件及相关管理文件
2.4	施工阶段的BIM管理	按照《深圳市建筑工务署政府公共工程（房建类）BIM实施标准》（2017）： 1）负责向施工总包、专业工程单位宣贯工务署政府公共工程（房建类）BIM实施要求，并审核相关参建单位编制的BIM实施方案所承接服务范围的BIM实施方案的完整性、科学性；或者审核施工单位编制的《施工阶段BIM实施方案》，提出审核意见，对施工BIM实施方案，并协助其完成方案编制 2）从质量、安全、投资、进度四个维度出发，对施工BIM实施流程、实施进度、成果质量进行管理，确保最终建筑实体与竣工BIM模型一致	1）项目BIM实施进度是否满足工程进度要求 2）项目BIM监管行为是否有效 3）是否及时指导参建各方BIM成果文件进行归档移交	参建各方BIM成果审核文件及相关管理文件

续表

序号	信息管理及档案管理 工作任务分解	全咨单位实施要点	建设方审核/关注要点	咨询成果/管理行为
2.4	施工阶段的BIM管理	3) 组织施工总包单位提供BIM数据，协助工程验收，负责审核BIM实施成果，包括施工单位按照施工进度计划节点成果归档工作，负责督促施工单位上传至署信息化管理平台，并对上传成果进行审核、成果需满足国家、广东省、深圳市及深圳市建筑工务署项目BIM标准和要求 4) 负责施工阶段BIM实施管理经验的总结与推广	1) 项目BIM实施进度是否满足工程进度要求 2) 项目BIM监管行为是否有效 3) 是否及时指导参建各方BIM成果文件进行归档移交	参建各方BIM成果审核文件及相关管理文件
2.5	运维准备阶段的BIM管理	协助建设方竣工成果完善及移交工作，包括但不限于： 1) 督促参建单位进行业务对接、协助建设单位向运维单位移交竣工BIM成果 2) 组织参建单位在竣工模型的基础上添加设计变更信息，施工及竣工信息等，审核建筑图纸、模型、实体建筑的信息一致性	1) 图纸、模型、实体建筑的信息一致性 2) 移交的竣工BIM成果是否符合使用单位的需求	1) 图纸、模型、实体建筑信息一致性审核报告 2) 相关管理文件
		(三)信息化应用管理		
3.1	信息管理制度	1) 开展信息管理策划 2) 合理分类和识别项目信息 3) 制定信息管理制度并组织实施 4) 建立项目信息沟通渠道 5) 完成项目咨询报表和记录 6) 开展培训、督促、检查各参建单位做好信息管理	1) 信息沟通渠道是否畅通 2) 信息管理制度是否满足项目需求 3) 信息分类是否齐全	信息管理制度
3.2	数字化平台应用	1) 基于信息技术应用（包括大数据等）管理 2) 借助先进的信息管理软件或信息技术平台，对工程建设过程中如质量、安全、文明施工等信息进行高效的分享、传递、监督反馈管理 3) 开发和利用建筑信息模型(BIM)、大数据、物联网等现代信息技术和资源，努力提高信息管理与应用水平，为开展全过程工程咨询业务提供保障	信息技术平台是否建立、平台管理功能分类是否齐全	信息技术平台

序号	信息管理及档案管理	全咨单位实施要点	建设方审核/关注要点	咨询成果/管理行为
	工作任务分解			
3.3	智慧工地	督促相关参建单位落实建设方关于"智慧工地建设"的有关规定,确保智慧工地设备相关监测数据按要求接入工务署智慧工地系统,包括但不限于: 1)督促施工单位制定智慧工地实施方案,督促施工单位完成视频监控、塔吊监测、升降机监测、实名制管理7类设备接入智慧工地平台,完成巡检、抽查、完成巡检记录表 2)组织项目实施供应商及设备按入智慧工地平台,并定期进行抽查巡检,智能化检测设备的检测数据接口,并接入建设方开放的相关监测平台	7类监测设备是否按要求接入智慧工地平台	抽查巡检记录
3.4	运维需求对接	与使用方或运维单位(若有)进行对接,明确运维需求	运维需求是否明确	运维需求清单
3.5	数字资产建设与移交	1)组织参建单位根据工务署相关要求完成数字资产建设工作 2)组织并指导设计、施工单位开展数字资产产移交 3)结合深圳市建设工务署运维标准体系,组织整理实施项目的相关编码清单,为运维阶段提供基础数据	1)移交的数字资产是否完备、准确,符合工务署相关标准 2)相关设备清单编码表是否准确、完整	1)工程项目数字成果及相关管理文件 2)相关设备清单编码表
		(四)档案管理		
4.1	项目前期阶段的档案管理	1)建立工程项目信息与档案管理体系,统一文档管理制度与具体业务标准 2)借助信息管理软件或档案信息技术平台,建立信息沟通机制 3)对勘察设计文件及时进行整理、分发(依据前期文件归档) 4)定期提交立项报建、勘察设计报告、工作报告等,工作报告需含各档案专项内容 5)配合工务署各类信息化系统的应用 6)定期每月召开项目档案管理会议	1)档案管理制度是否满足项目需求 2)档案信息收集范围是否全覆盖项目全专业及全阶段 3)档案编目及编码是否满足日常管理需求 4)档案表格样式框架是否满足日常管理要求 5)日常工作报告是否按时提交,是否及时上传EIM平台	1)项目档案管理制度文件、档案管理体系文件 2)月度会议纪要、日常工作报告 3)项目档案资料员培训记录 4)EIM平台文件信息

续表

序号	信息管理及档案管理 工作任务分解	全咨询单位实施要点	建设方审核/关注要点	咨询成果/管理行为
4.2	项目实施阶段的档案管理	1)统筹各参建单位档案资料工作,建立项目组档案资料管理制度、体系 2)统筹各参建单位资料员管理,落实参建单位资料员需求及时督促账号变更、开户、报备等,项目更换资料员及时设置分部分项设置账号 3)指导、审核检查分部分项目各参建单位资料及信息化的完整、完整性、规范性 4)督促检查项目各参建单位档案专项内容同步性、规范性 5)做好自身单位档案资料的完整性、同步性、规范性 6)组织项目档案预验收并取得认可文件或备案 7)每月定期指导审核各单位档案资料情况 8)定期提交工作报告、工作报告包含不限于:日志、周报、月报、专家评审报告等,工作报告需含档案专项内容 9)及时更新项目概况内项目基本信息	1)全咨询单位员是否配备专职的档案资料管理员;各参建单位是否配备专职的档案资料员;参建各方档案信息联络方式是否建立、联络是否通畅 2)是否组织参建各方定期开展信息平台使用培训;信息平台应用中存在问题是否及时跟踪落实到位 3)日常工作报告是否按时提交,并及时上传到EIM平台、日常工作报告、数据及内容是否对工程全覆盖 4)对档案存在问题较多单位是否进行督办,整改是否落实到位 5)档案管理会议是否正常召开,会中需协调各类问题是否已落实 6)各参建单位是否按档案管理制度进行档案管理	1)项目档案资料制度体系 2)日常检查指导报告,并附发出的检查整改通知及回复 3)月度会议纪要、日常工作报告 4)项目档案资料员培训记录 5)EIM平台文件信息 6)项目档案预验收或确认文件(竣工时)
4.3	项目保修阶段的档案管理	1)配备专职档案资料员,并能及时组织协调组织项目各参建单位开展档案资料移交归档工作 2)负责督促项目组甲方文件资料的整理,满足进馆整理、交使用方、交建设方要求 3)认真审核项目各参建单位的应进馆移交的档案,并完成进馆工作 4)及时组织项目各参建单位的档案移交使用方,并完成移交建设方工作 5)组织和审核参建单位自身档案资料移交 6)及时完成本单位自身档案资料的整理移交	1)档案资料是否齐全、准确 2)是否按照档案移交计划进行移交 3)档案资料整理归档进度是否满足归档时限要求	1)竣工资料验收移交计划 2)档案移交证明(含各参建单位) 3)日常工作报告

续表

序号	信息管理及档案管理 工作任务分解	全咨单位实施要点	建设方审核/关注要点	咨询成果/管理行为
	(五)后评价			
5.1	后评价	1)进行现场调查和收集相关资料 2)开展项目后评价 3)组织编制项目总结及后评价报告	1)资料收集是否完善 2)项目总结及后评价报告完善	1)项目总结 2)后评价报告

注:属于管理行为类的工作任务,咨询成果应是实施管理行为的相关会议纪要、联系单、函件等佐证文件

⑬人员管理实施要点

表 3.1.13

序号	人员管理 工作任务分解	全咨单位实施要点	建设方审核/关注要点	咨询成果/管理行为
	(一)人员配备			
1.1	数量及岗位匹配度	应符合招标文件及合同约定,配置相应的人员数量,以及对配置人员职称、职业证书等方面的要求	是否符合要求	统计汇总形成有效盖章文件
	(二)重点岗位管理人员			
2.1	实名认证	实名认证工作应在实名制管理办法规定时限内(合同签订后7天内)完成	是否完成	督促并完成实名认证
2.2	人员更换	人员更换应符合招标文件及合同约定(经直属单位变更决策机构决议通过,在实名制管理平台完成人员变更审批流程后生效)	是否合规	保证人员更换符合相关约定
2.3	人员考勤	考勤开始时间和结束时间由项目组确定(从开始考勤当月计算),出勤天数应满足合同要求。且每月出勤天数不得低于21天。出勤天数以现场原则上以实名制管理平台中的考勤数据为准,若考勤数据与现场不符,以项目组核实确认为准	是否符合要求	完成相关要求
	(三)主要管理人员			
3.1	实名认证	实名认证工作应在实名制管理办法规定时限内(合同签订后14天内)完成	是否按时完成	督促并按时完成实名认证

续表

序号	人员管理	全咨单位实施要点	建设方审核/关注要点	咨询成果/管理行为
	工作任务分解			
3.2	人员更换	人员更换应符合招标文件及合同约定，并按实名制管理办法的规定执行（经直属单位招标决策机构审议通过，在实名制管理平台完成人员变更审批流程后生效）	是否合规	保证人员更换符合相关约定
3.3	人员考勤	考勤开始时间和结束时间由项目组确定（从开始考勤次月计算），考勤期间，项目组根据合同、招标文件及项目具体情况，按团队出勤率等于1为合格线。团队季度出勤率=团队季度实际出勤总天数/团队季度应出勤总天数，团队季度应出勤天数为21天/人/月×3月×团队人数	是否符合要求	完成相关要求

注：属于管理行为类的工作任务、咨询成果应是实施管理行为的相关会议纪要、联系单、函件等佐证文件
⑭风险管理实施要点（表3.1.14）

表3.1.14
风险管理实施要点

序号	风险管理	全咨单位实施要点	建设方审核/关注要点	咨询成果/管理行为
	工作任务分解			
1	风险管理规划	建立全面风险管理体系，提出项目风险管理工作报告	1)风险管理体系是否全面、是否覆盖项目全专业全周期 2)风险管理工作报告是否详细包含各风险类别、风险管理职责等内容	风险管理规划
2	风险识别	建立重大决策、重大风险、重大事件和重要业务流程的判断标准或判断机制	1)风险识别类别是否全面 2)风险判断标准是否得当 3)风险响应机制是否及时	风险识别清单 风险点管控方案
3	风险分析	分析各项风险发生的可能性（概率）及后果（损失）程度	风险分析应对及应对方案是否适应项目建设、是否适当的成本实现有效的风险控制	风险分析报告
4	风险动态管理	1)进行风险评估 2)做好未来风险预警 3)及时对未来风险预警 4)针对风险辨识结果及分析，提出各项工程风险应对策略或风险点管控方案，如投资风险、质量风险、安全风险、廉洁风险等，并监督措施落地	1)风险动态管理措施是否合理全面并且有效 2)风险管控方案内容是否齐全	风险评估报告 风险管理措施

续表

序号	风险管理			
	工作任务分解	全咨单位实施要点	建设方审核/关注要点	咨询成果/管理行为
5	风险管理效果评价及改进	对风险管理有效性评估,研究提出全面风险管理的改进方案	1)风险后评价报告内容是否涵盖全过程控制环节 2)风险管理改进方案是否适应项目建设可持续发展	风险后评价报告

注:属于管理行为类的工作任务,咨询成果应是实施管理行为的相关会议纪要、联系单、函件等佐证文件

⑮竣工验收及移交管理实施要点(表3.1.15)

表3.1.15 竣工验收及移交管理实施要点

序号	竣工验收及移交管理			
	工作任务分解	全咨单位实施要点	建设方审核/关注要点	咨询成果/管理行为
1	组织办理项目产权证等审批手续	对政府部门出具的项目产权证等文件进行一致性复核	—	办理
2	组织各类专项验收,制定竣工验收计划	根据合同工期要求和实际进度计划,及时组织专题会议,明确项目竣工验收计划	1)各类专项验收是否顺利通过 2)预验收问题整改落实情况 3)竣工验收准备工作是否到位	竣工验收方案、专项工程验收计划
3	组织项目竣工验收	项目满足竣工验收要求后,建设单位及时组织质安站、施工单位、设计院、监理、勘察进行竣工验收	竣工验收是否顺利通过	深圳市质安站和建设局责令整改通知单、竣工验收收报告
4	协助办理项目移交、督促人员撤离	1)审核重要设施、设备清单(各系统设备移交清单是否齐全 2)组织厂家对项目运行维护人员进行培训(对运维人员进行培训覆盖专业是否齐全) 3)协助申请土地核验 4)协助办理规定资产权属登记工作	1)使用单位满意度 2)移交单 3)竣工资料归档进度及计划是否满足工程进度及档案时限要求	使用手册、培训记录
5	审核重要设施、设备的清单,使用及维护手册	督促施工单位编制资料移交清单	施工单位是否及时实施	资料移交清单
6	组织对项目运行、维护人员的培训	1)组织使用方,施工单位对维修保障进行交底 2)督促施工单位对重要设备进行培训,形成培训记录	有无组织培训交底和培训	报告或PPT
7	协助申请土地核验	在竣工备案前完成规划专项验收,保证项目尽可能具备竣工验收条件,早日投入运行使用	规划验收是否完成	竣工测绘报告、规划验收合格证

注:属于管理行为类的工作任务,咨询成果应是实施管理行为的相关会议纪要、联系单、函件等佐证文件

⑯工程结算管理实施要点（表3.1.16）

工程结算管理实施要点

表3.1.16

序号	工程结算管理工作任务分解	全咨单位实施要点	建设方审核要点/关注要点	咨询成果/管理行为
1	制定工程结算工作计划	根据建设项目实际情况，制定工作计划，包括结算资料提交时间（含变更与签证类资料）、造价咨询单位审核时间、送审时间、跟踪审计情况、反馈审计意见及归档等	工作计划的合理性	工程结算管理计划
2	组织办理工程结算工作	对照深圳市建筑工务署结算指引： 1)负责本合同（含监理）及造价咨询单位的工程结算管理、送审、跟踪审计进度、反馈审计意见、归档审计报告等资料、起草答复文件等 2)负责通知及督促工程各方上交结算资料、审核竣工结算资料、审核报告，跟踪结算报告资料，对结算资料、证明文件等进行查缺补漏，跟进结算签字流程、处理争议及函询处理等佐证文件 3)组织协调结算争议处理，包括争议处理流程、联系单、函件等	1)结算资料的完整性，审核报告的准确性、造价类资料符合性与技术性审核 2)监督行为的有效性	结算资料、审核报告、监督联系单等

注：属于管理行为类的工作任务、咨询成果应是实施管理行为的相关会议纪要、联系单、函件等佐证文件

⑰运营维护管理实施要点（表3.1.17）

运营维护管理实施要点

表3.1.17

序号	运营维护管理工作任务分解	全咨单位实施要点	建设方审核要点/关注要点	咨询成果/管理行为
1	编制项目智慧运营策划方案	编制本项目智慧运营策划方案，制定项目智慧运维实施目标、实施内容、实施要求、管控制度及保障措施	1)是否制定 2)是否有针对性	项目智慧运营策划方案
2	运营维护前期准备工作	建立运营维护咨询团队，做好运维工作对接，包括： 1)配合项目组在设计和施工招标时和将智慧运维内容纳入招标文件中 2)配合完善可研及概算申报材料中关于智慧运维专项工作的内容及费用测算 3)指导设计单位根据运维专项方案进行施工图深化设计工作 4)指导施工单位根据深化设计进行施工智慧运维的实施准备工作 5)开展建筑运维管理工作，组织并指导设计、施工等参建单位数字资产移交	为开展运营维护工作所提供的依据支撑是否充分或有效	招标文件、数字资产移交记录、运营维护咨询团队组织架构
3	协助开展运营工作	项目保修期限内，协助运维管理单位开展数字资产运维相关工作，包括编制运营维护管理方案	运维管理单位满意度	运营维护管理方案

注：属于管理行为类的工作任务、咨询成果应是实施管理行为的相关会议纪要、联系单、函件等佐证文件

（2）综合管理组职责

①负责组织编制、完善项目工程管理制度建设；

②负责本项目的工程报建报批及配套管理工作；

③负责项目总体计划的组织编制和过程跟踪调整工作，同时对各组进行必要的工作督查；

④负责制定信息管理规划，制定信息管理工作流程、管理控制方法等；

⑤做好信息文档的编码工作，收发文档，做好收发记录；

⑥做好例会会议纪要，专业管理、专题会则由各部门安排专人做好纪要；

⑦建立数字文档储存结构，及时存储数字化文档；

⑧根据项目计划和会议工作安排，跟踪检查各部门及岗位人员的工作。

（3）设计管理组职责

①负责设计管理的策划，编制设计管理规划；

②负责制定设计管理的实施细则，制定设计管理工作流程、管理控制方法等，调查、了解和落实当地地方政府对设计各阶段的审批程序和要求；

③编制设计控制进度计划，协助工程管理组制定总进度计划及相关进度计划，进行设计进度控制，并提交设计进度控制报告；

④负责组织编制方案设计、初步设计、施工图设计等阶段和专业设计、深化设计的设计任务书或技术要求；

⑤负责组织方案设计、初步设计、施工图设计等外部评审工作；负责初步设计、扩初设计、施工图设计等阶段的设计图纸审查和设计效果落地事宜。

⑥负责组织、协调、管理各参建设计顾问单位的工作；

⑦组织设计单位、顾问单位资源，协同综合管理组共同承担项目的报批报建管理工作，设计管理组主要负责报批技术文件的整理，综合管理组主要负责报批报建流程的梳理；

⑧负责设计、技术咨询顾问等招标工作的组织编制、讨论、审核；

⑨提供设备选型建议，负责编制设备采购的技术规格书，协助成本管理组完成招标文件；

⑩协同投资管理组在设计阶段进行投资控制，推进限额设计、价值工程工作，以节约投资，获得最佳性价比。

（4）招标合约组职责

①负责制定造价合同管理规划，制定工作流程、管理控制方法等；

②负责咨询单位潜在投标人的联络沟通，获得成本、招标采购的相关信息和数据；

③负责招标工作的组织编制、讨论、审核；安排专人与公司招标合约部对接，跟踪直至招标文件挂网。同时定标前组织商务标清标工作；

④合同管理主要内容包括设计合同结构、审核各种合同文件、参与合同谈判，进行各类合同的跟踪管理，为采购提供商务方面的支持，处理与工程有关的各种索赔事宜及合同纠纷等。

（5）投资管理组职责

①组织编制项目总投资、建安投资，做好投资切块，编制成本合约规划；

②项目总成本目标的分析和论证，审核设计概算、设计修正概算、施工图预算和工程竣工结算；

③控制各种工程变更，审核各类工程付款单，审核承包商报送的材料设备价格等；

④协同设计管理组，提供限额设计控制参数，做好限额设计工作；利用价值工程等理论和方法，对设计方案进行优化。

（6）工程监理组职责

①负责制定现场管理规划，制定现场管理工作流程、管理控制方法等；

②负责现场管理的总体策划和督促实施；

③负责现场总体规划、安全文明施工等要求、标准的制定；

④负责现场工程技术审核与管理工作；

⑤负责现场的工程质量管理、进度管理工作；

⑥负责协调施工现场工作，协调各承包商的工作界面；

⑦负责现场安全生产、文明施工管理；

⑧协同投资管理组进行现场工作计量。

3. 项目管理工作分解（表 3.1.18）

项目管理工作分解清单

项目管理工作分解清单

表 3.1.18

说明：D-决策 decision；R-审核 review；E-执行，负责 execute；A-建议、协助 assist

WBS 编码	工作内容	项目负责人	综合管理组	设计管理组	招标合约组	投资管理组	工程监理组	备注
T01	项目管理工作分解							
T01.01	项目策划管理							
T01.01.01	项目策划实施策划							
T01.01.01	项目概况	D/R/E	E	A	A			区位，总体定位，建设规模及内容，里程碑节点，项目进展情况
T01.01.02	重难点分析	D/R	E/A	E	E	E	E	设计，施工，投资，组织协调，危大工程，工期管理重点难点
T01.01.03	实施管理策划							
T01.01.03.01	设计品质管理策划	D/R	A	E				设计目标；各阶段设计管控内容及措施；设计效果落地等
T01.01.03.02	招标采购管理策划	D/R	A		E			标段划分，建设模式，招标择优
T01.01.03.03	投资与进度管理策划	D/R	E/A			E		限额设计，成本精细化管理，设计变更全生命周期投资管理；进度计划编制，工期研判，措施
T01.01.03.04	质量与安全管理策划	D/R	A				E	目标；工务署质量安全制度理解；管控措施，技术创新
T01.01.03.05	材料设备管理策划	D/R	A	E	E	E	E	材料设计管理全过程，全流程管理
T01.01.03.06	合同管理与履约策划	D/R	A		E			
T01.01.04	信息化与标准化管理	D/R	E/A	A	A	A	A	数字化建造，智慧化管理
T01.01.05	全生命周期管理							
T01.01.05.01	运维管理	D/R	E/A				A	

续表

项目管理工作分解清单

说明:D-决策 decision;R-审核 review;E-执行,负责 execute;A-建议,协助 assist

WBS编码	工作内容	项目负责人	综合管理组	设计管理组	招标合约组	投资管理组	工程监理组	备注
T01.01.05.02	新技术应用	D/R	E/A	A		A	A	绿色建筑、装配式建筑、海绵城市、综合管廊、无废城市、建筑废弃物处置、智慧建筑、减隔震等
T01.01.06	党建引领策划	D/R	E	A	A	A	A	
T01.02	项目管理制度编制专项报告	D/R	E/A	E/A	E/A	E/A	E/A	补充或细化适用的管理制度
T01.03	组织编制专项报告	D/R	A	E/A	E/A		A	专项技术报告
T01.04	前期文件审核	D/R	A	E/A			A	技术审查报告
T01.05	编制创优计划	D/R	A	E/A			E/A	创优方案、工作内容、技术措施及管理要点
T02	报批报建管理工作分解							
T02.01	梳理属地项目行政审批事项及流程	D/R	E	A	A			梳理本项目行政审批事项
T02.02	编制项目报批报建进度计划	R	E				E	根据总进度计划编制专项计划
T02.03	行政审批事项申报							
T02.03.01	涉及的专项资料审查		A	E		E		
T02.03.02	申报资料收集		E/A	E			E	
T02.03.03	申请加盖建设单位公章	R	E					
T02.03.04	网上事项申报		E					
T02.03.05	窗口递交资料		E					
T02.03.06	取证、存档		E					
T02.04	报批报建专项进度计划跟踪、督办	R	E	A		A	A	
T03	合同管理工作分解							

续表

项目管理工作分解清单

说明:D-决策 decision;R-审核 review;E-执行、负责 execute;A-建议、协助 assist

WBS编码	工作内容	项目负责人	综合管理组	设计管理组	招标合约组	投资管理组	工程监理组	备注
T03.01	项目合同总体结构策划	D/R		E/A	E	E/A	E/A	发包模式、合同结构体系、界面划分、合同工期、招标文件及流程
T03.02	拟定合同文件	D/R			E			合同条款合规性、全面性
T03.03	合同反补协议的谈判、签订及交底		A	A	E	A	A	
T03.04	编制及更新合同管理台账				E			
T03.05	合同款支付、更新合同支付台账	D/R		E/A	E	E/A	E/A	
T03.06	协助处理合同纠纷与索赔	D/R	A	E/A	E	E/A	E/A	
T03.07	合同履约评价	D/R	E	A	A	A	A	
T04	工程进度管理工作分解							
T04.01	熟悉建设单位进度计划管理制度、指引		E					
T04.02	编制项目总控进度计划					A	A	Project 软件
T04.02.01	项目相关信息收集、整理、论证		E	A	A	A	A	
T04.02.02	编制项目里程碑(关键节点)计划	D/R	E	A	A	A	A	
T04.03	编制专项进度计划							
T04.03.01	设计专项进度计划	D	R	E	A		A	
T04.03.02	报批报建专项进度计划	D/R	E	A	E			
T04.03.03	招标采购专项进度计划	D	R	A	E		A	
T04.03.04	施工总进度计划	D	R	A	A		E	
T04.03.05	专业承包/分包施工进度计划	D	R	A	A		E	
T04.04	进度计划的过程控制							
T04.04.01	审核各参建单位年/季/月度阶段性计划		R	E			E	

续表

项目管理工作分解清单

说明:D-决策 decision;R-审核 review;E-执行、负责 execute;A-建议、协助 assist

WBS编码	工作内容	项目负责人	综合管理组	设计管理组	招标合约组	投资管理组	工程监理组	备注
T04.04.02	工务署OA平台进度动态管理系统应用		R/E	A			E	
T04.04.03	进度动态反馈、偏差分析	R	E	A	A		A	
T04.04.04	阶段性进度分析报告	R	E	A	A		A	阶段性进度管理报告
T04.05	进度计划的调整							
T04.05.01	影响进度计划执行原因分析	R	E	A	A		A	
T04.05.02	论证调整后进度计划的可实施性	D/R	E	A	A		A	
T04.05.03	审批、处理工程停工及工期变更事宜	R	E				E	工期变更流程
T04.05.04	进度计划调整上OA平台		A				E	
T05	勘察管理工作分解							
T05.01	编制勘察要求（勘察任务书）			E			A	
T05.02	审核勘察单位提交的方案			A			E	深度、完整性审查
T05.03	勘察作业过程跟踪							
T05.03.01	勘察工作进度跟踪		E	A			E/A	
T05.03.02	勘察工作质量、安全控制			A			E	勘察现场验收
T05.03.03	与相关单位沟通协调事宜		A				E	
T05.04	审核勘察报告			E			E	程序性、技术性审查
T06	设计管理工作分解							
T06.01	总体要求							
T06.01.01	编制设计管理工作大纲	R	A	E	A			工作目标、工作制度、管控思路
T06.01.02	审核设计单位质量保证体系文件		A	E				

109

项目管理工作分解清单

说明:D-决策 decision;R-审核 review;E-执行,负责 execute;A-建议,协助 assist

WBS编码	工作内容	项目负责人	综合管理组	设计管理组	招标合约组	投资管理组	工程监理组	备注
T06.01.03	编制设计专项进度计划	R	E/A	E	A			
T06.01.04	设计进度、会议结果、问题跟踪督办		A	E				设计问题销项表、督办落实
T06.01.05	日常设计管理工作		A	E	A	A	A	会议组织、阶段报告、成果收集等
T06.02	方案设计阶段							
T06.02.01	使用需求管理	R		E				需求调研、跟踪落实、归口管理,阶段性成果确认及管理台账
T06.02.02	组织协调方案设计过程中汇报工作			E	A	A	A	组织专项技术论证、评估、建筑室内专业材料样板确定
T06.02.03	督促完成初步设计任务书		A	E				
T06.02.04	审核方案设计成果文件,并督促落实			E				
T06.03	初步设计阶段							
T06.03.01	根据最新使用需求优化设计任务书	R		E				
T06.03.02	方案技术交底及资料移交		A	E	A			方案设计成果交底
T06.03.03	督促设计单位提交统一技术措施			E		A		
T06.03.04	跟踪设计单位初步设计工作进度		E/A	E				
T06.03.05	组织协调设计中期汇报、成果审核			E		A		
T06.03.06	组织材料、设备选型			E		E/A		
T06.03.07	初步设计成果审核及确认			E				
T06.04	施工图设计阶段							
T06.04.01	跟踪设计单位施工图设计工作进度		E/A	E				
T06.04.02	组织协调设计中期汇报、成果审核		A	E		A		

续表

项目管理工作分解清单

说明：D-决策 decision；R-审核 review；E-执行，负责 execute；A-建议、协助 assist

WBS 编码	工作内容	项目负责人	综合管理组	设计管理组	招标合约组	投资管理组	工程监理组	备注
T06.04.03	专项施工图设计成果文件审核			E		A		施工图全面审查（包括设计深度、质量、品质、功能、造价、可实施性等）或联合审查
T06.04.04	施工图设计成果审核及确认			E				
T06.05	施工阶段							
T06.05.01	组织设计交底及图纸会审			E			E/A	
T06.05.02	督促各深化设计的质量、进度		E/A	E				
T06.05.03	样品样板及设备的调研、分析、确认			E		A		设备选型技术管理、工艺样板、样板间（段）审查
T06.05.04	设计变更、工程洽商和现场签证管理		A	E		E/A	E/A	设计变更、工程洽商签证的技术问题、变更图纸督办及审查
T06.05.05	重大设计变更、重大方案的技术审核		A	E		E/A	E/A	
T06.05.06	施工阶段设计优化			E			E/A	
T06.05.07	参与关键施工部位的设计验收			E				
T06.06	竣工验收阶段							
T06.06.01	组织审核竣工图纸			E			E/A	
T06.06.02	督办设计文件整理和归档		A	E				
T06.07	后评估阶段							
T06.07.01	组织编制设计及设计管理工作总结	D/R	E/A	E				
T07	投资管理工作分解							
T07.01	总体要求							

续表

项目管理工作分解清单

说明:D-决策 decision;R-审核 review;E-执行,负责 execute;A-建议,协助 assist

WBS 编码	工作内容	项目负责人	综合管理组	设计管理组	招标合约组	投资管理组	工程监理组	备注
T07.01.01	编制投资管理策划	R	A			E		明确投资目标;制订管理制度、工作流程;制订资金使用计划
T07.01.02	编制年度投资建议计划					E		
T07.01.03	日常投资管理工作		A			E		
T07.02	设计阶段							
T07.02.01	组织审查方案设计估算	R				E		建安费单方指标合理性;建安费单方指标类似项目对比
T07.02.02	技术方案与材料设备经济比选	R				E		审核/复核建安费单方指标类似项目对比;工程建安费单方指标类似项目对比;工程建设费其他费列项及计费依据;审核/复核建安费条目的完整性;计费标准符合要求;主要设备材料及设备进行询价
T07.02.03	审核初步设计概算,分析超估算原因					E		核建安费条目是否更新并符合要求;主要材料及设备价格合理性审核及对部分材料及设备进行询价
T07.02.04	按项目或合约规划分解概算限额					E		
T07.02.05	审核专项设计、概算成果文件	R		A		E		
T07.02.06	概算、预算对比分析及优化建议	D/R		E/A		E		
T07.02.07	参与限额设计	R		E/A		A		按照投资或造价的限额对限额设计任务书进行审核
T07.02.08	设计阶段付款审核、更新合同付款台账	D/R	A	A	A	E		
T07.03	招标采购阶段							
T07.03.01	组织审核工程量清单					E		

112

续表

项目管理工作分解清单

说明:D-决策 decision;R-审核 review;E-执行,负责 execute;A-建议,协助 assist

WBS编码	工作内容	项目负责人	综合管理组	设计管理组	招标合约组	投资管理组	工程监理组	备注
T07.03.02	组织审核招标控制价				A	E		
T07.03.03	协助开展清标工作					E		
T07.04	施工阶段							
T07.04.01	编制项目资金使用计划并动态调整	D/R				E		
T07.04.02	审核工程计量与合同条款	R			A	E		
T07.04.03	协助进行甲供材料和设备的询价与核价工作		A		E	E		
T07.04.04	审核工程变更、工程索赔和工程签证	D/R		E	E	E	E/A	
T07.05	竣工阶段							
T07.05.01	配合竣工结算审计工作		A	A	A	E	A	
T07.05.02	组织审核竣工决算报告	R		A	E	E	A	
T07.06	后评估阶段							
T07.06.01	分析项目建设投资,提供项目投资评估报告	R	A	A	A	E	A	
T08	招标与采购管理工作分解							
T08.01	招标策划工作							
T08.01.01	招标合同分判,标段划分	D/R	A		E			
T08.01.02	编制招标专项进度计划	R	E/A		E			
T08.02	招标采购前期准备工作							
T08.02.01	编制招标方案	R			E			
T08.02.02	编制招标文件	D/R	A	A	E	A		
T08.02.03	组织招标采购相关考察工作				E			
T08.02.04	跟进招标呈批后相关工作		A		E			

项目管理工作分解清单

续表

说明：D-决策 decision；R-审核 review；E-执行，负责 execute；A-建议，协助 assist

WBS 编码	工作内容	项目负责人	综合管理组	设计管理组	招标合约组	投资管理组	工程监理组	备注
T08.03	招标采购实施过程							
T08.03.01	回复答疑文件	R			E			
T08.03.02	编制补遗文件				E			
T08.03.03	组织定标准备工作				E			
T08.03.04	组织过多投标人淘汰工作				E			
T08.03.05	组织开标、评标、清标工作				E			
T08.03.06	组织答辩工作				E			
T08.03.07	组织定标工作				E			
T08.03.08	组织澄清会工作				E			
T08.03.09	组织约谈后中标通知书发放工作				E			
T08.03.10	跟踪合同签订		A		E			
T09	施工质量管理工作分解							
T09.01	总体要求							
T09.01.01	审查施工单位组织架构及资质	R	A				E	
T09.01.02	审查施工组织设计等文件、参与重大技术方案	R	A	A			E	
T09.01.03	审查质量管理体系、制度	D/R					E	
T09.01.04	编制施工质量管理策划	R	A				E	
T09.01.05	组织学习工务署质量管理各项制度		A				E	
T09.02	实施阶段							
T09.02.01	施工质量控制							

续表

项目管理工作分解清单

说明：D-决策 decision；R-审核 review；E-执行，负责 execute；A-建议，协助 assist

WBS编码	工作内容	项目负责人	综合管理组	设计管理组	招标合约组	投资管理组	工程监理组	备注
T09.02.01.01	审查专项施工方案（关键部位、关键工序）	R		A			E	
T09.02.01.02	重点工序、关键环节开展质量检查						E	
T09.02.01.03	质量隐患100%记录在案、100%复查						E	
T09.02.02	质量改进	R	A				E	
T09.02.03	开展材料（设备）进场资料审及验收工作	R					E	
T09.02.04	组织开展工程样品、样板检验、确认、封样	R	A	E/A			E	
T09.02.05	参与阶段性验收工作						E	
T09.02.06	质量事故的处理、总结及报告书编制	D/R	A	A			E	
T09.03	竣工验收及移交阶段							
T09.03.01	参与处理质量缺陷	R	A				E	
T09.03.02	组织竣工验收及移交工作		A	A			E	
T09.04	维保运营阶段							
T09.04.01	组织项目保修管理						E	
T10	施工安全生产管理工作分解							
T10.01	安全生产管理策划	R	A				E	
T10.02	督促落实安全文明施工保障体系						E	
T10.03	审查超过一定规模的危险性较大的分部分项工程专项施工方案，督促组织专家论证		A	A			E	
T10.04	汇总、整理、编制安全文明施工管理工作报告						E	
T10.05	危大工程管理						E	
T10.06	安全事故的处理	D/R	A	A			E	

续表

项目管理工作分解清单

说明:D-决策 decision;R-审核 review;E-执行、负责 execute;A-建议、协助 assist

WBS编码	工作内容	项目负责人	综合管理组	设计管理组	招标合约组	投资管理组	工程监理组	备注
T10.07	现场协调及日常管理						E	
T11	信息管理及档案管理工作分解							
T11.01	信息管理							
T11.01.01	过程中照片、视频、文字资料的形成、整理和归档		R/E	E/A	E/A	E/A	E/A	
T11.01.02	项目管理经验总结及对外平台推广	D	R/E	E/A	E/A	E/A	E/A	
T11.01.03	其他形式的调查、考察、对外开放、检查等	R	A	E/A	E/A	E/A	E/A	
T11.02	BIM管理							
T11.02.01	BIM策划及制度建设	R	E	A			A	
T11.02.02	协助编制招标文件及技术条款	R	E/A	E/A	E	E/A	E/A	
T11.02.03	审核全过程BIM实施规划、进度计划和标准	R	E	A		A	A	
T11.02.04	组织BIM专题例会		E	A	A	A	A	
T11.02.05	设计阶段BIM管理							
T11.02.05.01	审查设计单位BIM建模与应用情况		E	A				
T11.02.05.02	跟踪BIM审查成果在设计中的落实	R	E	E/A				
T11.02.05.03	组织、参与BIM专题会、协调会		E	A				
T11.02.06	施工阶段BIM管理							
T11.02.06.01	设计阶段BIM模型移交与检查							
T11.02.06.02	协调施工单位BIM模拟与相关情况							
T11.02.06.03	组织、参与BIM专题会、协调会							
T11.02.07	运维阶段BIM管理							
T11.02.07.01	审查施工单位BIM竣工模型							

续表

项目管理工作分解清单

说明：D-决策 decision；R-审核 review；E-执行，负责 execute；A-建议，协助 assist

WBS编码	工作内容	项目负责人	综合管理组	设计管理组	招标合约组	投资管理组	工程监理组	备注
T11.02.07.02	协调BIM与物业.运营系统的融合							
T11.03	信息化应用管理							
T11.03.01	信息管理制度	D/R	E	A	A	A	A	
T11.03.02	数字化平台应用		E	A	A	A	A	
T11.03.03	智慧工地管理	R	A				E	
T11.03.04	运维需求对接	R	E	A			A	
T11.03.05	数字资产建设与移交	R	E					
T11.04	档案管理							
T11.04.01	项目前期阶段							
T11.04.01.01	建立项目信息与档案管理体系	D/R	E	A	A	A		
T11.04.01.02	建立信息沟通机制		E					
T11.04.01.03	定期提供工作报告	R	E	E/A	E/A	E/A		
T11.04.01.04	对勘察设计文件及时整理.分发		E	A	A	A	A	
T11.04.02	项目实施阶段							
T11.04.02.01	统筹各参建单位资料员管理	R	E				E/A	
T11.04.02.02	督促各参建单位档案资料及信息化管理	R	E				E/A	
T11.04.02.03	定期提交工作报告		E	A	A	A	E/A	
T11.04.02.04	及时更新项目基本信息		E	A	A	A	E/A	
T11.04.02.05	定期指导审核各参建单位档案资料情况	R	A	A			E	
T11.04.02.06	组织项目档案预验收并取得认可文件或备案	R	A	A	A	A	E	
T11.04.03	后评价阶段							

续表

项目管理工作分解清单

说明:D-决策 decision;R-审核 review;E-执行、负责 execute;A-建议、协助 assist

WBS编码	工作内容	项目负责人	综合管理组	设计管理组	招标合约组	投资管理组	工程监理组	备注
T11.04.03.01	编制项目信息管理后评估报告	D/R	E	E/A	E/A	E/A	E/A	
T12	人员管理工作分解							
T12.01	实名认证	R	E	A	A	A	A	实名制管理办法 1.重点岗位 2.主要管理人员
T12.02	人员更换	D/R	E					
T12.03	人员考勤	R	A				E	实名制管理平台考勤数据每月不少于21天
T13	风险管理工作分解							
T13.01	风险管理规划	R	A	E/A	E/A	E/A	E/A	风险识别类别,风险职责分工
T13.02	风险识别	R	A	E/A	E/A	E/A	E/A	风险判断标准,风险响应机制
T13.03	风险分析	R	A	E/A	E/A	E/A	E/A	
T13.04	风险动态管理	R	A	E/A	E/A	E/A	E/A	
T13.05	风险管理效果评价及改进	D/R	A	E/A	E/A	E/A	E/A	
T14	竣工验收及移交管理工作分解							
T14.01	制定专项竣工及竣工验收计划	D/R	E/A				E	按合同要求及实际情况编制计划
T14.02	组织专项竣工及竣工验收	R		A		A	E	组织专题会议,预验收问题整改,竣工验收准备工作
T14.03	督促参建单位按要求进行整改	D/R					R//E	
T14.04	协助办理项目移交	R	A				E	设施设备清单、使用维护手册运行维护培训,相关资料移交
T15	工程结算管理工作分解							

项目管理工作分解清单

说明:D-决策 decision;R-审核 review;E-执行 负责 execute;A-建议、协助 assist

WBS编码	工作内容	项目负责人	综合管理组	设计管理组	招标合约组	投资管理组	工程监理组	备注
T15.01	制定工程结算工作计划	R	E/A		A	E	E/A	结算资料提交时间、审核时间、送审时间等
T15.02	组织办理工程结算工作							
T15.02.01	负责项目合同的工程结算管理、送审、跟踪审计进度,反馈审计意见,归档审计报告,配合决算审计(包括组织准备补充资料,起草答复文件等)					E		
T15.02.02	负责通知及督促工程各方上交结算资料,审核竣工结算报告资料,对结算资料、证明文件等进行查漏补缺、跟进结算资料签字流转情况			A		E	A	
T15.02.03	组织协调结算争议处理			A		E	A	
T16	运营维护管理工作分解							
T16.01	编制项目智慧运营策划方案	D/R	E	E/A	A	A	A	实施目标、内容、要求、管控制度及保障措施
T16.02	运营维护前前期准备工作	R	E	E/A	A	A	A	招标文件要求、专项工作内容及费用测算、运维施工图深化、数字资产移交
T16.03	协助开展运维工作		E	A		A	A	编制运营维护管理方案

第二节　项目综合管理

项目综合管理是为了保证项目各组成部分恰当协调而必须进行的过程，项目经理对项目综合管理负责，主要工作内容包括会议管理、档案管理和后勤管理等。

一、会议管理

项目会议管理目的：

1）决策：解决分层决策及团队决策问题；

2）沟通协调：解决团队信息沟通与整体协调问题；

3）最终目的：提高项目管理运作效率和质量。

项目建设过程中通过与各干系人充分沟通，确定定期召开会议的时间、与会人员及主要议题等。专项会议及其他会议根据具体情况做好会议前准备工作。

（一）会议分类

根据会议周期、参会人员及决策事项分为管理会议、专题会议和文化会议等（表 3.2.1）。

会议分类与内容　　　　　　　　　　表 3.2.1

会议分类	会议内容
管理会议	指在项目管理过程中，为确保项目各参建单位的信息沟通与整体协调而召开的会议。主要包括有：项目管理例会、监理例会、项目协调会、项目总结会、考察及接待等
专题会议	指在项目建设推进过程中，对某一类(或一个)事项进行研究、讨论、评审、决策的会议，最大的特点是与工程建设技术息息相关，以解决问题、推进工作为目的。主要包括：设计例会、造价咨询例会、BIM例会、专家评审会及其他专项例会等
文化会议	指项目为宣传企业文化、倡导项目人员联谊、营造良好的项目管理氛围而召开的务虚会。与会人员可适当扩大，会议形式可以根据具体情况灵活掌握。主要包括：党建会、交流座谈会、联谊会及培训会等

（二）会议组织

会议组织主要工作包括会议确定、会务安排、会议准备、召开会议、决议督办等（表 3.2.2）。

会议组织及内容　　　　　　　　　　表 3.2.2

会议组织		主要内容
会议确定		会议经办人单位负责组织，需经会议发起人确认。发起会议应充分考虑必要性，凡可通过会下沟通解决的事项，应尽量避免采用会议方式
会务安排	确定会议时间	与会议发起人确定会议时间，特别是专题会议、专项会议、专家评审会等
	确定与会人员	利用电话、微信与邮件等通信手段确定与会人员
	会议室预约	确定会议室，如建设单位的会议室须走预约程序，须提前一天进行预约
	发布会议通知	确定会议时间、与会人员和会议室后，编制会议通知，并通过邮件形式发布
会议准备	资料准备	会议发起人应及时准备资料，提交项目管理相关人员进行审核，具体如下： 1)明确会议议题，会前征询参会人员意见； 2)会议资料准备齐全； 3)会前和与会主要人员进行充分沟通，便于会上形成决议
	名牌	与会主要人员名牌
	设备准备	开会用到设施设备准备，主要是激光笔、电脑、投影仪等

续表

会议组织		主要内容
召开 会议	会议主持	会议主持人负责主导和控制会议进程，明确会议结果，具体如下： 1）主动控制会议进程，严格按议程控制时间，超出时间主持人应对发言人给予提醒； 2）及时控制发言人跑题、小范围讨论等现场秩序杂乱情况； 3）严格检查和执行会议纪律； 4）进行总结性发言，包括对照会议议程逐项明确会议结论
	会议纪要	会议记录人应做到： 1）清楚记录发言要点及结论，要求； 2）对照议程逐项记录要点，包括任务安排、讨论结果、经主持人明确的会议结论等； 3）会议如有需上报未出席会议的领导决定的事项，应在纪要中明确记录内容及报审领导； 4）会后24小时应整理出会议纪要，经与会最高领导审批后下发会议内容相关人员
决议督办		任何会议均需形成纪要或音像资料，重要会议应形成视频资料，作为会议成果的记录文件，并注意保存和归档。会议纪要应保证最大范围地发送给相关联人员，以确保会议信息的有效沟通 会议经办人应当指定人员负责会议有关内容的督办落实

二、档案管理

为强化项目管理的档案管理成效，有效收集、整理、保管和利用档案，为项目相关业务服务，应根据《中华人民共和国档案法》《深圳市城市建设档案管理规定》《市建筑工务署工程建设档案管理办法》等，结合公司实际情况，制定项目信息与档案管理制定。

信息与档案管理工作职责：明确与工程有关的工程文件资料的范围，确定文件资料的接收、分发以及无效版回收、存档的具体工作程序与各相关方、部门的职责，确保各相关方均能及时获得并按有效版本的工程文件进行工作，以便于经验总结回顾和竣工移交。

其目的在于：规范档案资料管理工作，遵循"专人负责、原件（正本）集中保管、建设过程同步数字化与归档、竣工档案及时移交"等原则。

（1）明确信息采集制度，以确保所收集原始资料的全面性和可靠性；

（2）确保档案制度的完善，档案资料的完整，可以完整反映工程项目建设中的所有档案情况，做到快速利用；

（3）明确信息流程，快速、有效地流转，以减少信息不对称、脱节等情况；

（4）利用高效的信息处理手段来处理信息，以实现信息共享。

项目需要归档文件包括直接形成的具有保存价值的文字、图纸、图表等各种类型和不同载体的图文材料。

深圳市建筑工务署项目应遵守档案管理制度，上传电子资料至文档信息管理平台和EIM平台。

（一）全咨单位内部责任分工

项目部应指派专人进行档案管理工作，基本配置是项目管理资料员、监理资料员2名。专业版块的信息与档案管理资料员由部门负责人指派专业工程师兼任，与项目管理资料员进行工作对接，确保项目文件归档的全面性和可靠性。

相关责任人应编制台账，包括但不限于：文件收/发台账；报批报建台账；设计图纸台账；设计变更台账；合同台账；资金支付台账；工作联系单台账；监理通知单/监理工作联系单台账；项目大事记台账；项目宣传报道台账及其他（表3.2.3）。

全咨项目阶段划分及分工

表 3.2.3

项目阶段	职责分工
项目启动阶段	1）项目中标后，与项目组进行前期文档资料接收、存档，并分发相关专业人员进行研究分析 2）建立项目参建单位通信录，明确各参建单位信息与档案管理专人 3）创建网盘、公共邮箱等档案资料共享与流转媒介 4）建立信息与档案管理制度，内容包括：常用文件信息的编制模板（如会议通知、会议纪要、周报、月报、简报、工作联系单、台账等）、文档编码体系、文档存储结构和文件信息的报送、接收、整理、发放、流转及归档流程
项目实施阶段	1）设计、招标、造价专业档案管理： 由各专业版块工程师整理相关文件，并定期移交至项目管理资料员存档。文档内容包括但不限于：阶段性汇报材料、相关成果类文件、专家论证意见、台账等。 2）现场管理档案管理： 由监理资料员整理相关文件，按竣工验收要求进行档案的立卷与归档工作；将工务署要求上传文档信息管理平台和 EIM 平台，并负责跟进上传文件的闭合情况；配合质安监及第三方巡查单位的检查工作。文档内容包括但不限于：监理规划、监理实施细则、监理日志、施工图纸、现场质量安全管理类文件、现场质量安全验收类文件等。 3）项目档案管理： 除监理资料外，文档归档由项目管理资料员负责。文档内容包括：各专业版块移交资料、大事记、咨询规划类文件、项目报建及报审文件、进度控制文件、日常管理类（往来文件及工作联系、指令性文件、会议管理类、报表类）、课题研究类、项目宣传资料及其他

（二）文档管理流程（图3.2.1）

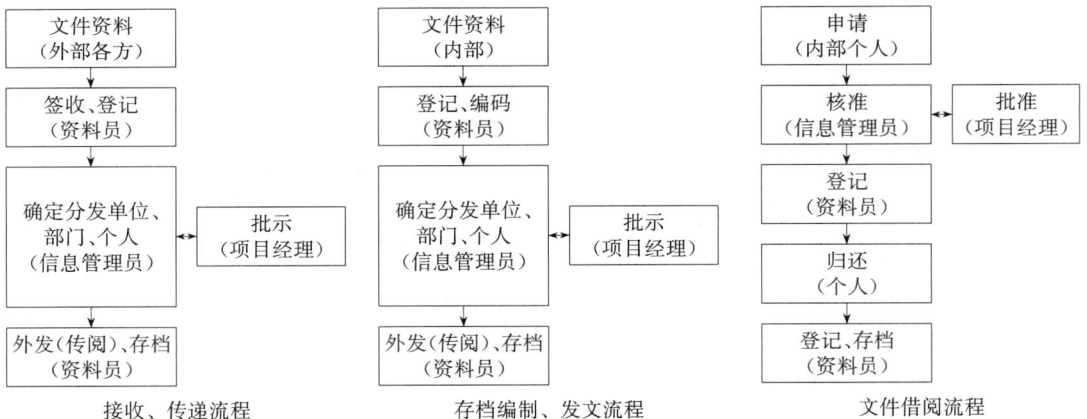

图 3.2.1　文档管理流程

（三）工程档案数据管理平台（EIM平台）

1. EIM平台文件存储结构

这里列举深圳市建筑工务署 EIM 平台文件存储结构，具体上传文件详见《EIM平台文件审查标准》，纸质资料按《深圳市建筑工程文件归档内容业务指引》组卷（表3.2.4）。

文件编号与类别 　　　　　　　　　　　　　　　　表 3.2.4

编号	文件类别名称	编号	文件类别名称
G1	建设方文件	G2	监理单位文件
G1-00	全过程咨询文件	G2-01	组织机构和技术准备、现场准备文件
G1-00-01	组织机构管理类	G2-02	施工质量控制文件
G1-00-02	咨询规划类文件	G2-03	施工进度控制文件
G1-00-03	项目报建、报审文件	G2-04	计量支付控制文件
G1-00-04	设计咨询管理	G2-05	监理例行工作文件、施工现场综合管理文件
G1-00-05	招标咨询管理	G2-06	监理验收文件
G1-00-06	合同管理	G2-99	其他
G1-00-07	造价咨询管理		
G1-00-08	BIM 咨询管理	G3	施工单位文件
G1-00-09	进度控制文件（总进度计划等）	G3-01	现场管理组织机构设置
G1-00-10	质量控制文件	G3-02	图纸会审及技术交底
G1-00-11	安全控制文件	G3-03	施工、检验检测方案及报审
G1-00-12	日常管理类	G3-04	施工安全、施工机械、计量器具管理文件
G1-00-13	课题研究类	G3-05	开工准备测量、第三方监测、观测等资料
G1-00-14	竣工验收类	G3-06	工程变更、联系洽商与现场签证材料
G1-00-99	其他类	G3-07	工程重要进度节点控制与验收文件
		G3-08	造价管理文件
G1-01	立项审批文件	G3-09	现场质量管理文件
	注：项管保存审批过程文件，余同	G3-10	施工现场例行管理文件
G1-02	建设用地、征地文件	G3-11	工程材料、构配件、设备管理文件
G1-03	工程场地勘察文件、测量文件及场地基础性资料	G3-12	工程质量第三方试验、检验、检测文件
G1-04	方案、初步、施工图设计与审批文件	G3-13	各分部分项工程工序检查及质量验收文件
G1-05	招标投标与合同管理文件	G3-14	施工图
G1-06	开工许可与审批文件	G3-15	竣工图
G1-07	工程投资与咨询过程文件	G3-16	按分部分项进行录入的施工工序检查文件
G1-08	项目接收文件	G3-99	其他
G1-09	项目日常管理文件		
G1-10	竣工验收及质量评估检查文件	G4	声像文件
G1-11	工程竣工专项验收文件	G4-01	开工前的原址、原貌
G1-12	结算、决算文件	G4-02	摄影单位拍摄的施工场景、形象进度等照片
G1-13	工程质量保证及保修文件	G4-03	其他参建单位拍摄的施工场景、形象进度等
G1-14	工程移交材料	G4-04	采用新材料、新技术、新工艺等应用情况
G1-15	图纸	G4-05	施工现场发生事故及处理情况
G1-99	其他	G4-06	会议、活动照片（重要人士、署领导）
		G4-07	竣工全貌
		G4-16	获奖文件
		G4-99	其他

2. EIM 平台管理关注要点

（1）实体文件质量（表 3.2.5）

实体文件质量 表 3. 2. 5

常见情况	关注事项
文件组件不齐全	1)会议纪要:签到表 2)工序文件:报验表 3)材料进场:报审表、数量清单、合格证、出厂报告、送检报告等
施工/监理单位缺签章/日期	1)表格中对签章有要求,则严格按照表格要求盖章 2)若表格没有要求,建议加盖项目组 3)各类文件的签字日期
缺监理工程师注册章/日期	1)总监签字,需要盖注册章 2)明确项目经理签字的,需加盖注册章
用章错误	1)人员资质文件需加盖公章 2)图审文件需加盖公章 3)开工、分部验收、竣工文件需加盖公章
缺原件/彩色扫描	优先使用原件彩色扫描上传 1)材料进场的质量证明文件或送检报告 2)第三方检测报告,优先使用白底黑字的原件扫描上传、移交 3)治安部门下发的意见单及整改单

（2）扫描件质量（表 3.2.6）

文件扫描件质量 表 3. 2. 6

常见情况	关注事项
一份文件应扫描一份	原则上,强烈建议一份文件扫描成一个 PDF 文件上传;若有特殊情况需多个文件上传,应固定扫描件上传顺序
照片文件一组不超过 6 张	声像文件,一般情况,建议 3~6 张作为一组照片上传
扫描文件方向需调整	1)交管文件,不应有明显倾斜 2)其他文件,应端正扫描、不得遮挡导致文件内容缺失 3)横向表格,表头在左侧
扫描件要原件彩色扫描	彩色扫描,不得黑白扫描,复印件需备注情况
其他问题	1)应删除空白页、无效页 2)扫描件模糊 3)文件内容缺失、被遮挡 4)两页扫描成一页 5)若有涉及电子档直接转 PDF 文件,有签章部分需彩色扫描,且不应重复(报审表、封面)

（3）信息项著录规范（表 3.2.7）

信息项著录规范 表 3. 2. 7

常见情况	关注事项
扫描的纸质文件左上角应写上著录收文号	1)用铅笔将收文号写在文件的左上角 2)建议先写收文号,再扫描上传
文件种类选择错误	注意各类特殊文件的,建议按种类上传
文件类别选择错误	1)需注意 G3-13 与 G3-16 的区别 2)安全日志归属安全文件,不建议与日志文件混淆一起管理

续表

常见情况	关注事项
文件题名不规范(不完整、不准确),应为"标题＋备注"	文件题名不规范(不完整、不准确),应为"标题(备注)"
日志类文件应以一周为一份,题名标注起止日期	日志类文件应以一周为一份,题名标注起止日期:施工日志(20200101-20200107) 特殊情况:施工日志(20200101-20200107)(春节停工);周报同上
照片文件题名应为"日期＋地点＋主题"	声像文件题名格式: 时间＋地点＋主题;如 20200101 三号楼基础承台混凝土浇筑
文件页数、张数、份数未填写/填写错误	页数:严格按 PDF 文件页数填写 折算 A4 张数:A3 折算 2 张 A4
责任者不规范,应为单位全称;	责任者:一般指文件第一责任者,文件形成单位、发起单位 第三方检测报告的责任者为检测单位
文件日期有误	统一以文件的最晚日期
分部分项选择有误	按实际选择;应选至所设置的最后层级;施工过程中,若发现分部分项不全,应及时联系管理员添加

【相关文件】

《深圳市建筑工务署工程档案数据管理平台（EIM）操作指引》

《EIM 平台操作说明（监理单位、建设单位、施工单位）》

《EIM 平台文件审查、著录、扫描及上传标准》（房建）

《EIM 平台文件审查、著录、扫描及上传标准》（市政基础）

《EIM 平台著录、扫描、拍照及全文上传规则》

《微信方式获取动态密码操作说明》

三、后勤管理

后勤管理包括办公用品管理、办公设备管理、食堂伙房管理、宿舍管理、后勤车辆管理、门卫管理等内容,具体按各公司内部管理办法执行。

第三节　项目策划管理

建筑工程项目策划是在充分调查市场环境及其关联环境的基础上,遵循一定方法或者规则,进行具有建设性、逻辑性思维的规划过程,是围绕项目建设总体目标要求,从建设单位的角度出发,通过系统的分析,对项目全过程、全周期建设活动进行周密、科学预测并制订科学的可行性方案,具有明确的目的性。其内容因建设项目的业态、建设管理模式和复杂性程度而异。

《建筑工程项目管理规范》GB 150326—2017 中要求的项目管理大纲编制程序包括明确项目目标,分析项目环境和条件,收集项目有关资料和信息,确定项目管理组织模式、结构、职责,明确项目管理内容,编制项目目标计划和资源计划,汇总整理七个方面。

一、项目策划管理规定

项目策划管理主要业务工作包括:确定项目建管模式、总体功能定位、建设标准、设计招标方案、工期目标、质量目标、关键节点工期目标、监理和施工招标方案等。

（一）项目策划方案综述

1. 定义

是指在项目前期阶段，通过收集资料和调查研究，对项目进行系统分析，对项目全过程管理作预先的考量和设想，是在调查和分析的基础上，针对项目的决策和实施，进行组织、管理、经济和技术等方面的科学分析和论证。

2. 任务

指导项目整个前期阶段的管理工作，对现场进行详细踏勘，对项目的目标、愿景、范围、建设标准、场地情况等进行透彻理解和分析，找出项目的特点、重点、难点并有针对性地进行深入研究，提出切实可行的设计、质量、进度、投资等管控要点及措施。

3. 作用

为项目实施形成良好的工作基础、创造完善的条件，使项目实施在定位上完整清晰，在技术上趋于合理，在投资方面周密安排，在组织管理方面灵活计划并有一定的弹性，从而保证项目具有充分的可行性，全过程把控方向性文件。

（二）策划方案分类及职责分工

策划方案分为统筹方案、前期策划方案和实施策划方案（表 3.3.1）。

策划方案分类   表 3.3.1

策划方案分类	职责分工	主要工作内容	备注
统筹方案	建设统筹处	1）确定建管模式：为充分发挥各直属单位的管理特长，快速推进项目，应对各种建管模式进行分析，选取合理的建管模式 2）明确建设质量目标：根据项目的建设规模及社会影响力，确定项目建设的质量目标，包括市级优质工程、省级优质工程、国家优质工程等	
前期策划方案	设计管理中心	详见《深圳市建筑工务署项目策划方案编制大纲》	可行性研究报告编制—施工图阶段
实施策划方案	工程管理单位	详见《深圳市建筑工务署项目策划方案编制大纲》	施工单位招标—项目竣工—后期维护

项目策划方案包括前期策划方案和实施策划方案

（三）策划方案分级及审批规定

项目根据投资规模和重要性分为三级，具体分级及审批详见表 3.3.2。

策划方案分级及审批规定   表 3.3.2

项目分级	主要情况	审批规定
一级项目	1）总投资 10 亿元以上（含 10 亿元） 2）总投资 10 亿元以下但地理位置显著、地标属性较强、意义重大、社会关注度高或工艺流程复杂的项目 3）采用非常规建设模式的项目	策划委员会主任召集主持会议审定
二级项目	总投资在 2 亿元（含 2 亿元）以上 10 亿元以下的项目	策划委员会常务副主任召集主持会议审定
三级项目	总投资在 2 亿元以下的项目	项目策划委员会授权设计管理中心和工程管理直属单位组织的内部会议审定

二、策划方案编制主要内容

(一) 总体原则

项目策划方案原则上分第一阶段策划方案和第二阶段策划方案，在策划方案编报时段如具备相应条件，也可合并为项目整体策划方案（表3.3.3）。

策划阶段及策划侧重点　　　　　　　　　　　　　　　　表 3.3.3

策划阶段	策划侧重点	备注
第一阶段策划方案	项目宏观分析和初步安排，包括项目概况、总体定位、重难点初步分析、建管模式及组织架构、一级进度安排、设计招标策划及设计管理、创新思路等	适用于前期策划方案阶段
第二阶段策划方案	包括设计品质管理、招标择优、投资与进度管控、质量与安全管控、材料设备管理、合同管理与履约评价、信息化与标准化管理、全生命周期管理、党建引领与廉政建设、信息公开等	适用于实施策划方案阶段

策划内容以标准化和个性化相结合，原则上须涵盖本大纲相关要素。鼓励项目组根据项目特点和管理思路，提出要素以外的其他创新内容。

(二) 策划方案主要内容

1. 第一阶段策划方案主要内容（表3.3.4）

第一阶段策划方案及主要内容　　　　　　　　　　　　表 3.3.4

第一阶段策划总纲		主要内容
(1) 项 目 概 况	区位	包含项目地址、场地及周边现状、场地边界、市政配套设施等
	总体定位	市委市政府、相关行业规划和专项规划、主管部门、使用单位等关于本项目的定位要求；直属单位、项目组结合项目各项条件拟定本项目应该达到的建设目标以及设计理念；是否属于市、工务署重大项目、重点督办项目等
	投资规模	项目匡算、估算或发改部门其他相关投资批复意见
	建设规模 建设内容	用地面积、建筑面积、功能要求、配套设施、规划要点、市政接驳方案等。市政类项目结合项目特点补充相关内容
	时间要求	用地面积、建筑面积、功能要求、配套设施、规划要点、市政接驳方案等。市政类项目结合项目特点补充相关内容
	进展情况	已完成工作及近期开展工作
(2)重难点初步分析		包括但不限于设计管理重难点、施工管理重难点、投资管理重难点、组织协调重难点、危大工程管理重难点、工期管理重难点等，对重难点进行初步分析，提出项目存在的问题及其解决思路
(3) 建 管 模 式 及 组 织 架 构	建管模式选择	按照目前工务署推行的建管模式，如常规模式、全过程工程咨询、EPC、建筑师负责制、代建模式、PMC模式等，结合项目特点进行选择或搭配，阐述建管模式实施方案，在保证投资、质量、安全的前提下，提高建设效率和单位人效。鼓励项目组对建管模式进行创新试点，包括采取引入港澳建筑企业和港澳执业人员等创新措施
	组织架构	明确项目主任、设计副主任、投资副主任、土建副主任人选。建议参照第三人民医院二期工程应急院区项目明确项目管理总体架构，落实"建设单位管控，承包单位组织实施，监理咨询服务，第三方实测实量和专家抽查"的建设管理格局

续表

第一阶段策划总纲		主要内容
(4)一级进度安排	房建类项目	提出方案设计单位招标、用地许可和规划设计要点批复、可行性研究报告批复、方案设计确定、建设工程规划许可、初步设计概算批复、施工总包单位招标完成、建筑工程施工许可、地下室主体结构完工、精装修样板确认、主体结构封顶、精装修工程施工完成、外立面工程施工完成、室外工程完成、消防验收、竣工验收等一级进度节点(以综合计划处最终确定的一级节点为准)
	市政类项目	按道路、桥梁、隧道等不同项目类型,提出一级进度节点(以综合计划处最终确定的一级节点为准)
	横道图	提供工期计划横道图
	工期保障措施	市政府有明确项目开工时间要求的,应提出确保按期开工的工作方案,如选择合适的工程建设组织模式、优化组织协调,选择先进设计方案、施工方案和技术措施等
(5)设计招标策划及设计管理		根据项目所选择的建设管理模式制定项目的设计招标策划,如招标方式、招标范围、招标内容、招标组织等主要内容,不含设计招标方案
		提出设计管理目标及措施,加强需求精细化管理,完善建筑设计方案审查论证机制,提高建筑设计方案决策效率及水平,加强结构选型优化优选,强化施工图规范化、精细化审查,确保设计安全
(6)创新思路		初步提出本项目拟在组织创新、管理创新、技术创新、党建创新等方面开展的创新工作思路,以改革创新的办法来提升质量管理水平

2. 第二阶段策划方案主要内容

在第一阶段策划方案的基础上,结合项目进展,进一步说明项目总体情况和策划内容,对于与第一阶段策划方案相比有所调整变化的内容,应着重提出(表3.3.5)。

第二阶段策划方案及主要内容 表 3.3.5

第二阶段策划总纲		主要内容
(1)项目概况		在第一阶段策划方案的基础上,结合项目推进情况,进一步说明项目的目标定位、功能需求、场地条件、规划设计、方案设计、投资造价、建管模式及组织架构、项目进展等主要情况
(2)重难点分析		结合项目空间论证、策划生成、设计方案确定、可行性研究论证等推进情况,进一步对项目重难点进行深入分析,提出解决方案
(3)项目实施管理策划	设计品质管理策划	视项目需要制定相应的设计导则,规范和引导建筑设计,增强艺术性,丰富建筑内涵,统筹考虑现代功能、生态环保、建筑艺术、工程进度、投资造价等因素,在设计过程中充分做好方案、初设、施工图之间的协调,设计与施工之间的协调,确保设计效果真正落地
	招标策划	(1)招标标段策划 从组织、规模、工期、工程类别等方面统筹考虑标段划分,综合平衡项目的管理、整体功能目标和专业化队伍选择进行标段划分。 (2)招标择优策划 根据项目建设内容、建管模式等多方面的考量制定项目的施工总包等招标策划,提出通过招标方式选择、招标条件设置、评标方法合理安排等,实现择优目标。招标策划不含具体的招标方案。鼓励探索新型工程担保与保险
	投资与进度管控策划	(1)投资方面 分析项目总投资水平、单方造价水平,开展全生命周期评估。预判项目投资风险,设定投资管理目标,提出确保投资目标实现、落实限额设计、加强建造成本精细化管控的主要措施。严格设计变更管理,探索清单报价和市场竞价机制 (2)进度方面 确定项目进度总目标,研判工期风险,根据《深圳市建筑工务署项目进度计划管理办法(试行)》和《深圳市建筑工务署在建项目进度计划编制指引》,进行项目总进度计划编制和关键节点的设置,明确二级进度节点,指导项目建立符合工程建设实际规律的进度计划,满足工务署工程管理平台的进度管理系统模块进行工期进度管理的要求,提出确保进度目标实现的主要措施

续表

第二阶段策划总纲		主要内容
（3）项目实施管理策划	质量与安全管控策划	（1）质量方面 设立项目质量目标、奖项目标，设置质量管理组织和职责，编制质量计划文件，在系统控制、全过程控制、全要素控制、工序控制等方面做出安排。对第三方巡查、专家抽查、考核标准建设、履约评价结果应用等方面提出有力的质量管控措施。 （2）安全文明方面 确定安全文明管控目标，确保零死亡、零重大隐患、任意一次的随机检查中，质量安全评分均要达到85分以上三个底线。开展安全风险分析，对重大分部分项工程、重要节点、重大变更事项（尤其涉及工期、工序、工艺、施工界面重大调整时）、危险性较大的分部分项工程进行预判分析，提出合理的防控机制，包括常规措施、防疫措施、应急管理措施等
	材料设备管理策划	根据项目的质量目标、进度安排和成本控制要求，开展采购分析，提出材料设备的采购与控制计划，选择合适的供应方式，建立材料设备采购管控的组织保障体系。对于特殊产品，应重点提出相应的招标采购方案和管控措施
	合同管理与履约评价策划	（1）合同管理 对合同体系、合同范围、承发包模式、合同种类、招标方式、合同条件、合同风险、重要合同条款等内容进行研究分析策划，发挥合同管理在项目管理中的核心作用。 （2）履约评价 构建对参建各方的履约评价体系，充分发挥第三方巡查在常态化巡查、专项巡查、交付前巡查三种模式下的工程质量安全评价作用，确定巡查评价标准和评价细则，确保评价工作的针对性和有效性。同时要建立专家抽查机制，对施工、监理和第三方巡查机构履职情况进行随机抽查，加强履约监督和考核。提出履约评价结果应用的有效机制，制订奖罚办法，奖优罚劣，构建创先争优的氛围
（4）信息化与标准化管理	信息化管理	（1）数字化建造 对符合BIM实施条件的项目需在策划阶段统筹考虑项目规划、勘察、设计、施工、运维准备阶段的整体BIM实施要求，形成项目策划方案BIM实施专篇，指导项目BIM整体实施工作。策划案应明确项目整体BIM实施目标、实施阶段、实施模式、实施范围、各阶段实施内容等，分析需通过BIM技术辅助解决的项目重难点问题，提出各阶段BIM实施的进度计划、管理措施、成果应用要求和奖项申报目标等。 （2）智慧化管理 利用物联网、大数据、云计算、人工智能、融合通信等先进技术，依托政府工程建设智慧工务平台等信息化系统，开展智慧工地建设和创新应用策划，提出实施范围、总体要求、技术方案、进度计划、保障措施等内容和创新应用评估，对工地现场的施工质量、安全等问题进行全面监控、自动识别、风险预警和闭环跟踪，预防安全隐患，提升现场管控水平
	标准化建设	结合本项目类型及特点，提出完善工务署标准体系建设的相关任务，包括但不限于：功能、设计、选材用材、绿色节能等产品标准；需求研究、前期策划、招标采购、验收交付、履约评价、运行维护等政府工程管理标准；建造工艺标准等
（5）全生命周期管理	运维管理	从运维角度，综合考虑建筑全生命周期经济效益，研究提出对建筑设计的要求。分析本项目运维管理的重点，初步提出关于项目运维状态感知体系的设计、施工以及数据互通的要求、基于BIM模型的建设期数据资产维护及交付运维的要求等，明确项目参建各方的职责和工作内容，指导项目在建设期落实运维需求前置的相关实施工作
	新技术应用	提出在绿色建筑、装配式建筑、海绵城市、综合管廊、无废城市、建筑废弃物处置、智慧建筑、减隔震等新技术应用方面的主要目标和措施
（6）党建引领廉政建设及信息公开	党建引领	成立项目联合党组织，明确党员责任要求、工作制度建设、政治学习计划、活动基地安排、党建台账管理、典型案例宣传等，落实工务署特色党建品牌建设，提高"党建＋"活动质量，推动党建与业务工作深度融合的相关措施
	廉政建设	明确开展政治理论学习、党风廉政主题教育、廉政风险防范、完善过程监督、工程信息公开、业务流程监测预警、实名制监督、廉政文化建设等，有力保障党风廉政建设
	信息公开	结合项目特点制定项目公共信息管理工作计划，包括但不限于：建设过程照片和视频等资料的形成、整理和归类，项目管理模式、招标投标、设计、质量安全管理、技术创新、信息化等亮点工作归纳总结，纪录片、画册和项目总结等策划制作，人物故事、感人事迹的挖掘呈现，重大节点信息公开计划，党代表、人大代表、政协委员和社会监督员监督视察计划，公众参与活动安排，满意度调查，舆情监测及应对等

（三）编制策划方案的要求：

（1）文字简明扼要；

（2）逻辑性强、句序合理；

（3）主体鲜明；

（4）多运用图表、照片、模型来说明；

（5）方案合理、可操作性强；

（6）风险识别全面，应对措施合理。

三、策划方案编制关注要点

项目策划方案的编制应是一个动态的、不断完善的过程，关注要点如下：

（一）项目信息收集与分析

全过程工程咨询单位进场后应及时与项目组进行项目文件资料及相关管理制度接收工作，清晰了解项目进展情况，包括已完成工作、项目目前进展及项目下一阶段工作（《项目文件资料接收清单》）。同时，分发相关专业工程师研究分析。

1. 项目建议书及其批复文件、市委市政府会议纪要、建设用地批复文件、所在区域的法定图则等；

2. 收集场地及项目相关基础资料、各类技术报告等；

3. 现场踏勘了解用地条件，研究场地地形特点，分析设计与建设难点，预判项目存在的问题等，应带有目的性地收集一些信息：

（1）用地条件

建设场地的用地性质，自然地貌，水文地质条件，分析该场地可能存在的自然水系、农业用地、林地、公园改造等情况，尤其注意是否存在不良地质条件、危险边坡治理等情况。

（2）场地现状

建设场地土地权属和相关手续办理情况，是否存在现有建（构）筑物，是否存在征地拆迁、产权不清晰的问题及当前使用情况，现有制备情况，是否在航空限高区域内，是否在地铁保护范围内。

（3）周边交通

建设场地周边的主次干道路以及高速路等车辆交通情况，分析场地周边现有的公交、地铁及未来规划城市公共交通情况，并从安全、流线、噪声、振动等方面分析对建设项目的相互影响。

（4）周边设施配套

建设场地周边公共建筑、商业、住宅、市政配套等设施情况，分析现有条件对项目建设的影响。特别注意的因素有高压电线（架空、埋地）及变电站、市政管线（水、电、燃气、通信）、地铁站及地铁线路等与项目建设场地之间的相互影响。

（二）参建各方沟通协调

全过程工程咨询单位进场后应及时与参建各方建立沟通协调机制，指派专人进行工作对接，并定期向项目组进行信息交圈，重要信息应及时上报项目组。

1. 与使用单位交流，确认需求与项目定位、编写设计任务书；使用方的需求确认分为信息收集和转化、需求评审、需求确认、需求动态管理、需求变更、需求跟踪及完善等；

2. 协同设计管理中心、使用单位与发改委、规自局（规划和自然源源局）、财政局等建设主管部门沟通，明确项目投资、用地规划要点、前期经费等项目相关信息；

3. 与项目组进行沟通，共同分析预判项目建设全过程中的技术难点及管理难点，预估对项目建设的影响，并对项目工期达成共识。

（三）详细策划

1. 项目概况

通过对项目文件资料的研究分析，编制相关内容。

2. 重难点分析

通过现场踏勘及与参建各方的沟通，对设计管理（特别是需求管理）、投资管理、施工管理、工期管理、组织协调管理进行分析，提出项目的存在问题及其解决思路。

3. 建管模式及组织架构

根据市建筑工务署项目组一级管理策划确定项目建设管理模式；根据投标文件确定全过程工程咨询项目部管理组织架构。

4. 项目实施策划

（1）设计品质管理策划

重点进行设计需求管理、设计效果落地及设计管理措施的策划。

（2）招标策划

包括招标方式、招标范围、招标内容等。应从组织、规模、工期、工程类别等方面统筹考虑标段划分，必要时应提供不同招标方式、招标范围、标段划分等方面内容以便进行招标优劣势分析并供项目组决策参考，达成一致意见后进行合同包分判。

根据总控进度计划编制招标专项进度计划。

（3）进度管理策划（图 3.3.1）

根据市/区政府、使用单位相关的开工、完工时间要求（已有相关要求）或与设计管

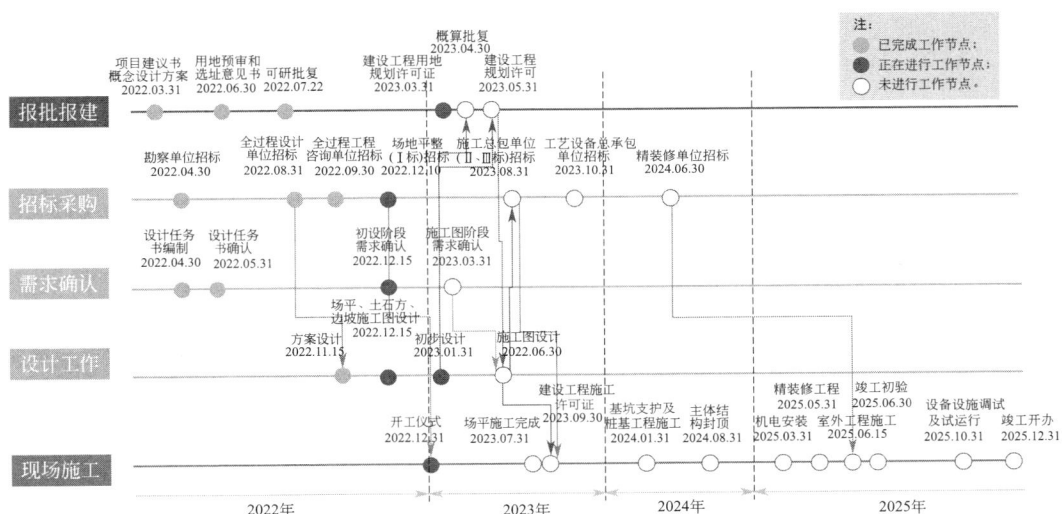

图 3.3.1　计划图模板

理中心、工程管理中心达成一致意见的总工期为目标，合理安排或倒排项目总控进度计划，确定重要里程碑节点计划。

进度计划编制应按网路计划图模板执行。

模板说明：

①工作主线

统一四条工作主线，分别为报批报建、招标采购、设计工作和现场施工。

②工作节点（表3.3.6）

工作节点　　　　　　　　　　　　　　　表3.3.6

原则上应包括以下节点，可视项目具体情况进行个别调整：				
1. 项目建议书及概念设计方案	2. 用地预审和选址意见书	3. 方案设计招标	4. 初设及施工图设计单位确定	5. 方案设计
6. 可研申报	7. 初步设计	8. 概算申报	9. 建设工程用地规划许可证	10. 建设工程规划许可证
11. 主体施工图设计	12. 施工总包单位招标完成	13. 地下室主体结构完工	14. 主体结构封顶	15. 机电安装施工
16. 精装修工程	17. 室外工程施工	18. 竣工验收		
备注：采用地基与基础工程单独发包的项目，建议增加桩基工程施工完成、土方开挖完成等工作节点				

③格式要求

相关的图形、线形、颜色等格式要求按模板执行。

（4）投资资金管理

进行建设项目全生命周期投资资金分析：

①从决策、设计、招标、实施及结算五个阶段采取的投资控制措施；

②根据招标采购合同分判分析投资控制重难点及采取的措施；

③根据总控进度计划编制项目全生命周期资金使用计划；

④公司在投资资金管理的优势和亮点介绍。

（5）现场质量、安全文明施工管理

深刻理解深圳市建筑工务署关于现场质量、安全文明施工管理制度、流程及相关理念，针对性地提出管控目标、手段及措施，确保在项目实施过程中高品质管控。

（6）信息化管理

包括但不限于全生命周期的 BIM 应用（从设计、施工、运维全周期角度）、智慧工地、标准化建设等内容。

（7）新技术应用

包括但不限于绿色建筑、装配式建筑、海绵城市、综合管廊、无废城市、建筑废弃物处置、智慧建筑、减隔震等新技术应用方面的主要目标和措施。

（8）党建引领廉政建设及信息公开

【相关文件】

《深圳市建筑工务署项目策划管理委员会工作制度》

《深圳市建筑工务署项目策划方案编制大纲》

第四节　设计管理

全过程工程咨询模式下，全咨单位协同建设单位进行设计管理工作，起到设计咨询总体管理角色，针对设计的质量、进度、成本和信息管理等方面进行统筹。

分设计阶段工作如表 3.4.1 所示。

设计阶段及工作内容等　　　　　　　　　　　　　　　表 3.4.1

阶段	工作内容	工作成果
前期策划阶段	1. 充分调研，识别相关方诉求，市场及政策环境 2. 组建设计管理团队，建立相应的工作流程及程序文件；建立职能分工表，厘清工作界面，编制设计管理大纲 3. 评估项目建设风险，制定对应措施 4. 编制项目总体计划	1. 设计管理大纲 2. 总体设计进度计划
方案设计阶段	1. 组织功能调研，编制方案设计任务书 2. 组织多方案比选论证 3. 组织专项系统及机电设备选型论证 4. 协调方案设计进度、成果确认进度、方案与报批报建进度	1. 方案设计任务书 2. 方案审查报告 3. 专项咨询评估报告 4. 机电系统选型报告 5. 月审查报告
初步设计阶段	1. 组织需求再调研，编制初步设计任务书 2. 组织装修设计研讨并编制装修设计任务书 3. 组织重要材料设备比选 4. 设计总体管理、设计各专业协调，设计与报批报建协调 5. 审查初步设计文件、成果文件 6. 启动其他专项设计工作 7. 设计进度监控	1. 初步设计任务书 2. 室内装修设计任务书 3. 外立面装修设计任务书 4. 其他专项设计任务书 5. 初步设计审查报告 6. 进度管理报告
施工图设计阶段	1. 组织科室调研、编制施工图设计任务书 2. 组织景观设计调研，编制景观设计任务书 3. 主体设计与各专项设计协调 4. 设计进度监控	1. 施工图审查报告 2. 月审查报告 3. 专项设计审查报告 4. 进度管理报告
施工阶段	1. 专项设计管理 2. 深化设计管理 3. 设计图纸管理 4. 图纸交底及会审管理 5. 招标技术条件审查 6. 组织开展样板工作，对施工单位的样板设计、样板施工方案以及材料样品，组织相关单位进行评审，并组织确认 7. 设计现场配合 8. 变更管理 9. 参与验收管理	1. 深化设计管理审查报告 2. 图纸及变更管理台账 3. 招标技术条件审查记录
竣工验收阶段	1. 运营前设计配合 2. 投入使用前的设计完善与优化 3. 交付说明及培训 4. 工程结算配合	1. 编制竣工图 2. 设计管理总结

设计管控要点详见表 3.4.2。

设计管控要点 表 3.4.2

管控内容	管控要点
设计质量控制	1. 根据项目的总体质量控制目标制定设计质量分解目标 2. 组织充分的需求调研 3. 在设计任务书中提出有关质量控制的要求 4. 分析质量风险,提出建议 5. 审核各阶段成果是否满足规划及规范、规定和技术标准 6. 审核设计成果是否满足相关设计深度要求,对施工图进行施工可行性分析 7. 组织专题分析论证,提出论证报告 8. 组织论证项目的新产品、信息技术、新工艺、新材料的主要使用用途,提出论证报告 9. 对于技术标准和设计规范规定缺失的,组织技术标准的制定 10. 实施设计变更管理
设计阶段进度控制	1. 根据项目总体进度控制目标制定设计进度分解目标 2. 专项设计安排前置 3. 在设计任务书中提出有关进度控制的要求 4. 审核设计方的详细出图计划,并进行设计进度过程控制 5. 组织设计进度协调会 6. 组织分析设计方提出的问题并及时回复 7. 编制设计各阶段进度控制报表和进度控制分析报告
设计阶段投资控制	1. 根据总体造价控制目标制定造价分解控制目标 2. 在设计任务书中提出有关造价控制要求 3. 审核方案设计估算、初步设计概算、施工图预算 4. 组织价值工程论证 5. 分析设计变更的技术可行性及对造价的影响 6. 编制设计阶段造价控制报表和分析报告
设计协调及信息管控	1. 建立信息沟通机制和制定设计协调制度 2. 协调各方工作 3. 组织设计方协助和参与材料设备采购及施工等相关工作 4. 建立文档信息管理制度 5. 组织设计阶段各类工程文档管理

实行全过程工程咨询管理模式后,许多全咨公司、设计院及专家学者对全咨模式下的设计管理做过深入的研究和讨论,本篇不再赘述,主要针对深圳市建筑工务署对设计管理工作的要求进行详细介绍。

一、建筑文化艺术审查

(一) 审查内容

1. 审查内容按重要性分为:

(1) 重点审查内容:项目各阶段影响建筑效果的设计内容(包含建筑设计理念、外立面、室内、景观等涉及效果的部分),以及材料的选择及定样;

(2) 一般性审查内容:项目除建筑、室内、景观整体效果外的各分项内容,如幕墙、展陈、标识等;

(3) 审查项目设计阶段、施工阶段由于各种原因所导致的观感效果的变更;

(4) 审查文化艺术委员会认为需要审查的其他事项。

2. 审查内容按阶段分为设计阶段和施工阶段(表3.4.3)。

审查阶段及内容　　　　　　　　　　表 3.4.3

阶段	审查内容
设计阶段	主要审议影响整体方案设计效果、方案设计方向和设计思路等方面内容。方案设计效果主要包括建筑立面、室内、景观、材料选型、设计样板；幕墙、泛光、展陈、标识等专项设计；部分相连的平面功能、结构特殊设计、成本控制等技术因素需对主要内容及对整体效果有直接影响的内容进行说明
施工阶段	进入施工阶段的项目，需文化艺术委员会审查影响主要立面、重点空间、重点效果的重大变更

（二）审查节点

1. 项目完成中标方案优化后需申报建筑方案设计（景观、室内设计的概念方案）的审查；
2. 项目完成概算批复后，总包招标前，需申报设计样板的审查；
3. 项目完成总包招标后，需申报施工深化设计的审查。

（三）审议要求

根据项目需审议内容，参照表 3.4.4 要求提交材料。

审议内容及要求　　　　　　　　　　表 3.4.4

审议内容	要求
设计方案类	审议项目建筑方案（包含景观、室内设计的概念方案） 提交材料要求如下： 1. 议题呈批表 2. 项目汇报文件，需包含（但不限于）以下内容： （1）项目概况、定位、使用需求、当前进度等基本情况； （2）设计中心预评审、专家评审、其他单位、公众征询等综合意见； （3）直属单位关于设计方案综合分析，简述技术、安全、经济等方面的综合评估意见。 3. 方案文本册 4. 附件：附相关会议纪要、批复文件、专家评审意见（如有）等 5. PPT 演示文件 6. 实体模型、Sketchup 等格式的三维模型、多媒体等展示文件
材料样板类	审议设计阶段材料样板相关内容 提交材料要求如下： 1. 议题呈批表 2. 项目汇报文件，需包含（但不限于）以下内容： （1）项目基本情况； （2）设计样板的颜色、纹样、材质等相关技术参数； （3）项目组关于设计材料方案综合分析，简述设计效果、施工工艺、成本控制等方面的综合评估意见。 3. 与设计方案相匹配的实物样板或图片 4. 附件：相关会议纪要、批复文件、专家评审意见（如有）等 5. PPT 演示文件
重大设计效果修改类	审议与原通过方案效果有显著修改的设计内容 提交材料要求如下 1. 议题呈批表 2. 重大项目设计效果修改汇报，需包含（但不限于）以下内容： （1）设计、施工等相关单位相关变更申请； （2）修改原因、主要责任单位、修改方案、变更估价，详述技术、安全、经济、先进性等方面的论证情况，并提供变更后的对比效果图； （3）项目总体造价控制情况； （4）项目组意见及直属单位上会研究情况。 3. 有利于说明情况的主要技术图纸及照片 4. 附件：相关会议纪要、批复文件、专家评审意见（如有）、专业技术组评审意见（如有）等 5. PPT 演示文件

【相关文件】

《深圳市建筑工务署建筑文化艺术审查委员会工作制度》

《深圳市建筑工务署设计效果落地管理指引》

二、设计效果落地

为提升项目设计效果的落地性，加强设计、施工阶段设计效果流程管理，制定设计效果落地总流程表（建筑外立面、幕墙工程、室内装饰工程），详见表3.4.5。

【相关文件】

《深圳市建筑工务署设计效果落地管理指引》

设计效果落地总流程表 表 3.4.5

阶段	主体专业（含建筑外立面）	幕墙专业	室内装饰工程
方案设计阶段	1. 设计启动 1)定标方案设计文件 2)方案设计技术措施 3)方案设计工期计划 4)人员通信录		
	2. 方案设计(25%节点) 1)建筑方案关键技术论证(如规划指标、消防、人防、交通流线、总平面布置等) 2)经各方确认的建筑方案设计文件,建筑方案提资记录表	幕墙概念意向方案	
	3. 设计方案比选(50%节点) 1)各专业关键技术论证文件、比选文件及计算文件等(如结构体系、复杂机电系统方案比选论证文件等) 2)专项设计方案论证文件(如绿色建筑、海绵城市、装配式及节能设计等)	1. 幕墙设计启动 1)幕墙设计人员通信录 2)相关专业相互提资文件及记录表	1. 室内设计启动 1)室内设计技术措施 2)室内设计工期计划 3)人员通信录 4)接收相关专业资料文件及记录表
	4. 方案设计深化(75%节点) 方案设计各专业相互提资文件及记录表	2. 幕墙方案设计 幕墙方案设计(比选方案)	2. 室内概念方案 1)主要空间效果图方案 2)主要空间平面深化方案(比选方案)
	5. 方案设计成果(100%节点) 1)各方审图意见及反馈意见表 2)设计校审记录表 3)方案设计成果文件	3. 幕墙设计方案比选(25%节点) 1)幕墙体系方案比选 2)方案设计成果(效果图、三维模型、各关键部位的造型尺寸、面材汇总表)	3. 室内设计方案比选(25%节点) 1)室内设计比选方案 2)方案设计成果(效果图及平面方案)
初步设计阶段	1. 初步设计启动 1)初步设计技术措施 2)初步设计工期计划 3)人员通信录	1. 幕墙方案深化设计(50%节点) 1)相关专业互提资料文件及记录表 2)物理性能参数、设计指标及结构形式技术论证文件	1. 室内方案深化设计(50%节点) 深化设计方案
	2. 设计过程(20%节点) 各专业第一时段互提资料文件及记录表	2. 幕墙方案设计成果 1)各方评审意见及反馈意见; 2)幕墙方案设计成果文件	2. 室内方案设计中间成果文件(主要空间) 1)方案设计成果文件(主要空间效果图、平面、顶棚、地材图) 2)效果图材料示意

续表

阶段	主体专业(含建筑外立面)	幕墙专业	室内装饰工程
初步设计阶段	3. 设计过程(60%节点) 1)各专业第二时段互提资料文件及记录表 2)人防地下室相互提资料文件及记录表	3. 幕墙初步设计(60%节点) 相关专业互提资料文件及记录表	3. 室内方案深化设计(60%节点) 相关专业互提资料文件及记录表 (其他次要空间方案深化,主材实物样板)
	4. 设计过程(75%节点) 提交概算编制单位第一版设计文件(设计说明、主要平立剖面、系统及基础图等)	4. 幕墙初步设计(75%节点) 提交概算编制单位第一版幕墙设计文件(设计说明、平立剖面及节点构造图)	4. 室内方案深化设计(75%节点) 提交概算编制单位第一版设计文件,包括: 1)设计说明 2)空间平面、顶棚、地材图 3)主要空间立面图、次要空间材料说明 4)装饰材料清单及五金洁具清单
	5. 初步设计成果备案 1)各方评审意见及反馈意见表 2)设计校审记录表 3)初步设计成果文件	5. 幕墙初步设计成果备案 1)各方评审意见及反馈意见 2)各方审图意见及反馈意见 3)设计校审记录表 4)初步设计成果文件	5. 室内设计成果备案 1)各方评审意见及反馈意见 2)设计校审记录表 3)室内方案设计成果文件
施工图设计阶段	1. 设计启动 1)施工图设计技术措施 2)施工图设计工期计划 3)人员通信录	1. 幕墙设计启动 1)施工图设计技术措施 2)施工图设计工期计划 3)人员通信录	1. 室内设计启动 1)施工图设计技术措施 2)施工图设计工期计划 3)人员通信录
	2. 设计过程(20%节点) 各专业第一时段互提资料文件及记录表单	2. 设计过程(20%节点) 接收相关专业资料文件及记录表单	2. 设计过程(20%节点) 1)相关专业第一时段互提资料记录表单及互提资料文件 2)各空间方案及图纸方案
	3. 设计过程(40%节点) 各专业第二时段互提资料文件及记录表单	3. 设计过程(40%节点) 提供相关专业资料文件及记录表单	3. 设计过程(40%节点) 1)相关专业第二时段互提资料记录表单及互提资料文件 2)优化二次机电设计、顶棚综合点位图 3)深化施工图设计成果文件
	4. 设计过程(60%节点) 各专业第三时段互提资料文件及记录表单	4. 设计过程(60%节点) 相关专业相互返提资料文件及记录表单	4. 设计过程(60%节点) 1)相关专业第三时段互提资料记录表单及互提资料文件 2)深化施工图设计成果文件
	5. 设计过程(80%节点) 提交预算编制单位第一版设计文件(设计说明、主要平立剖面、系统及基础图等)	5. 设计过程(80%节点) 提交预算编制单位第一版幕墙设计文件(设计说明、平立剖面及局部大样图、节点详图及型材截面图等)	5. 设计过程(80%节点) 提交预算编制单位第一版室内装饰工程设计文件: 1)设计说明 2)室内各空间平立剖面及门窗表等各项图纸 3)各空间材料表及五金洁具清单 4)材料实物样板定样
	6. 施工图设计成果备案 1)各方评审意见及反馈意见 2)各方审图意见及反馈意见 3)设计校审记录表 4)设计会签记录表 5)施工图设计成果文件	6. 幕墙施工图设计成果备案 1)各方评审意见及反馈意见 2)各方审图意见及反馈意见 3)设计校审记录表 4)设计会签记录表 5)施工图设计成果文件	6. 室内施工图设计成果备案 1)各方评审意见及反馈意见 2)各方审图意见及反馈意见 3)设计校审记录表 4)设计会签记录表 5)施工图设计成果文件

续表

阶段	主体专业(含建筑外立面)	幕墙专业	室内装饰工程
施工配合阶段	1. 施工图设计交底 1)施工图设计交底提纲 2)图纸会审纪要	1. 幕墙施工图设计交底 1)施工图设计交底提纲 2)图纸会审纪要 3)现场效果把控	1. 室内施工图设计交底 1)施工图设计交底提纲 2)图纸会审纪要 3)现场效果把控
	2. 深化设计成果备案 1)选材定样； 2)各专业专项深化设计成果	2. 深化设计成果备案 1)实体样板确定 2)幕墙深化设计成果文件 3)现场效果把控(主创设计师参与巡查)	2. 深化设计成果备案 1)选材定样 2)室内深化设计成果文件 3)现场效果把控(主创设计师参与现场巡查)
	3. 现场施工配合 1)各专业巡检报告 2)重大设计变更	3. 现场施工配合	3. 现场施工配合 施工现场配合及图纸变更

三、材料设备样板管理

(一) 术语与定义

1. 设计样板

根据当前设计深度要求，由设计单位制作的设计样板，在设计方案确认后提交，并经相关各方共同确认后完成设计样板定样，概算批复后经设计单位优化及各方确认后，完成封样并作为总包招标样板。

2. 材料设备样板

施工前，施工单位根据招标文件及设计要求（含设计样板）提交的，满足设计样板或招标样板各项技术指标以及招标文件的品牌要求，并经相关各方共同验收的材料设备实物样板。

所有材料设备样板应由材料设备样板验收人共同签字批准，并封存于样品库中，作为材料设备进货验收和工程验收的重要依据。施工单位最终在工程中使用的材料设备应在技术参数、外观、规格、品质、品牌约定等方面全面符合样板的要求。

3. 工艺样板

施工前根据设计要求，在小范围内或者选择某一特定部位进行单个工序的施工，制作成样板进行展示以确定工艺做法。

4. 实施样板

指施工现场各道工序大面积开始施工前，根据已审批的样板引路实施方案，由施工单位的施工班组在施工图纸要求的现场部位施工的实体样板，作为该工序的技术交底及质量验收依据。

5. 样板间（段）

在装修或安装工程开始大面积施工前，在公共展示区先行施工一个包含建设内容的标准单元的实物样板间（段）。

(二) 材料样板确认流程

1. 设计样板定样、封样流程

主要工作内容：

（1）督促设计单位提供与方案设计相符的设计样板、材料清单等相关文件；

（2）把控设计样板颜色、材质、纹样、工艺等设计效果；

（3）概算批复后，督促设计单位依据批复文件对设计方案及设计样板进行优化，组织相关各方对设计样板进行评审，并于优化设计样板后，完成设计样板定样；

（4）审查通过后，组织相关各方对设计样板进行签字确认，完成设计样板封样，作为施工招标样板，并作为施工阶段材料设备样板送样的参考依据；

（5）封样单应标明公司名称、工程名称、材料名称、材质、规格型号、签名栏等信息，设计样板一式三份，实物样板应拍照留底，与设计文件一并存档。

工作流程如图 3.4.1。

设计样板深度要求：

（1）提供各区域主要材料实物样板及各区域所有装饰材料的物料白皮书；

（2）样板应包含各区域的主要装饰材料，颜色、纹理、材质等应与设计效果相符；

（3）样板中五金样板材质说明须包含安装方式、规格要求、使用说明等相关技术参数；

（4）物料白皮书应包含各空间装饰材料的编号、图片、品种、名称、使用区域、规格等相关要求，应描述材料厚度、硬度、处理面、吸水率、防火等级等相关技术参数；

（5）其他不便提供实物样板的材料（如洁具、地毯拼花、石材拼花等）均须在物料白皮书中提供详细说明，应包含产品图片、型号、拼花纹样示意图、规格尺寸等相关说明。

2. 材料设备样板确认流程

主要工作内容：

（1）参与施工深化设计审查，督促施工单位提交满足要求的施工深化设计文件，如涉及主要立面、重点空间、重点效果的重大变更，督促施工单位相应调整效果图方案；

（2）组织设计单位审核涉及建筑外立面、室内等重要空间及重点区域观感效果的材料设备样板是否满足设计要求，核对与招标样板的一致性；

（3）审核施工单位提交材料设备样板的样板引路实施方案；

（4）督促施工单位根据招标文件和设计要求提交满足设计样板或招标样板各项技术指标的材料设备样板；

（5）参与材料设备样板确认。

工作流程如图 3.4.2 所示。

3. 工艺样板、样板间（段）确认流程

主要工作内容：

（1）审核施工单位的样板引路方案，并督促按方案要求的施工工艺样板及样板间（段）实施；

（2）督促设计单位相关专业负责人制定巡查计划并参与现场巡查；

（3）组织设计单位进行现场效果及工艺细节把控，审核现场材料、效果品质、工艺做法等是否达到设计要求；

（4）组织工艺样板、样板间（段）的确认。

设计样板定样、封样流程图		
设计单位	项目组	其他单位

设计阶段

文化艺术委员会审查(建筑方案)

设计样板定样阶段

设计单位送样 → 样板基地材料复核

提供与设计方案一致的材料实物样板及材料清单,无法提供实体样板可提供参考图片

组织设计单位对送样材料进行复核,以工务署材料样板基地中材料样板作为基准,对品质、效果进行对比,优化设计样板

不合格

设计样板

| 负责把控设计样板特性、耐久度、施工工艺(施工难易度、后期养护性、耐候性能)等相关要求,提出合理化意见和建议 | 负责把控设计样板颜色、材质、纹样、工艺等设计效果相关要求 | 负责把控材料造价、成本、品质等相关要求,针对成本、造价等方面提出合理化意见及建议 | 针对材料维护性提出合理化意见及建议 |

概算批复 → 优化

设计样板定样

组织设计单位、建设单位、使用单位等相关方对设计样板进行定样

文化艺术委员会执行委员会审查

设计样板封样阶段

设计样板封样

设计单位须依据相关批复内容优化设计样板,由项目组组织设计单位、建设单位、使用单位等各方签字确认,完成设计样板封样。所有样板应一式三份并贴上封样单,应标明公司名称、工程名称、材料名称、材质、规格型号、签字栏等信息

形成招标样板

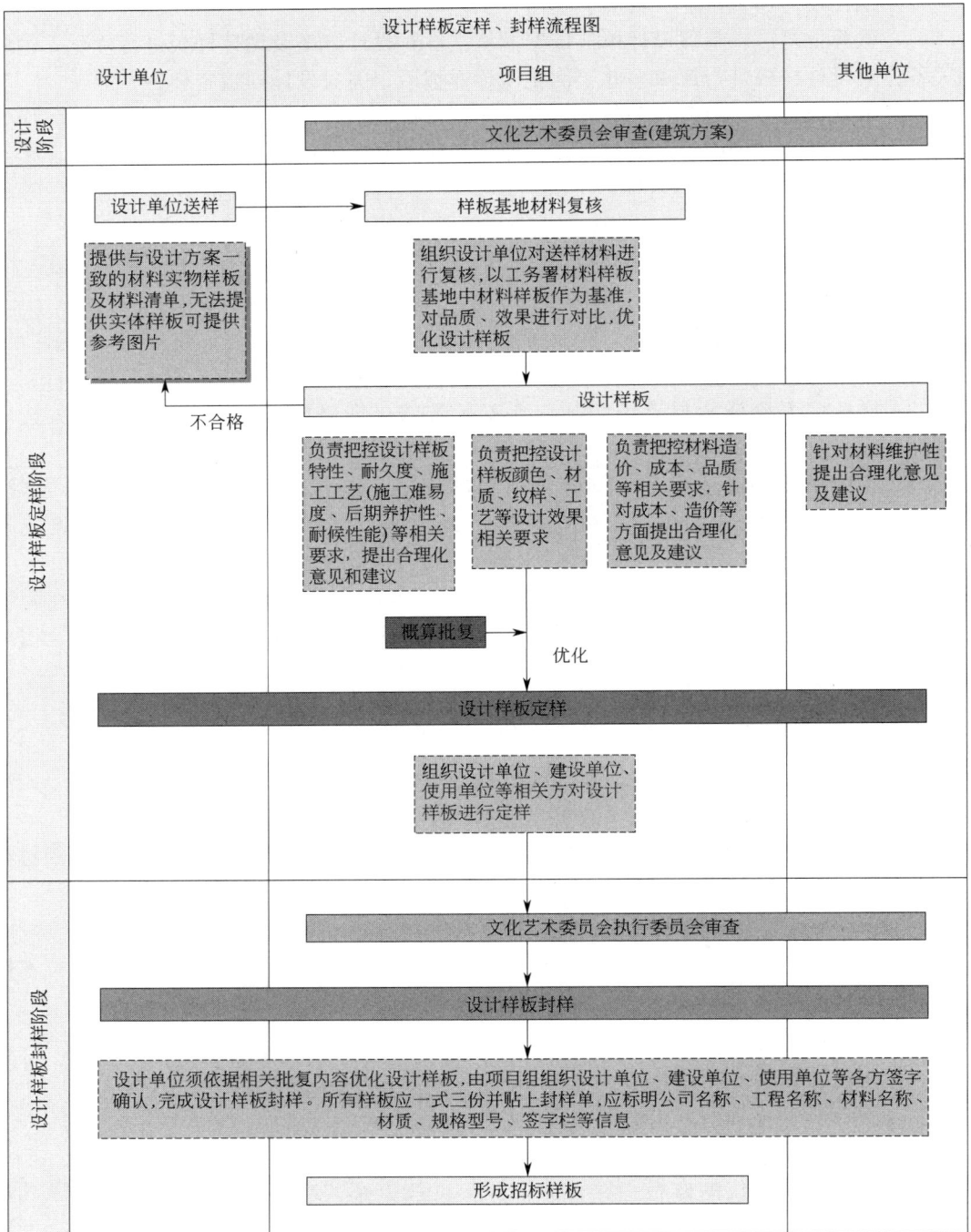

图 3.4.1 设计样板定样、封样流程图

工作流程如图 3.4.3 所示。

材料设备样板确认流程图				
设计单位	项目组		其他单位	施工单位
设计样板封样阶段 招标样板				
				施工深化设计
				如涉及原效果图空间的方案变化,必要时则需相应调整效果图方案
材料设备样板确认阶段 材料设备样板				
负责审核材料设备样板颜色、材质、纹样等是否满足涉及要求	组织对投标单位提供的材料设备样板进行评审,考虑材料施工工艺等等相关要求,提出合理性优化意见	负责把控设计样板颜色、材质、纹样、工艺等效果,审核与设计样板的一致性	参与对施工单位提供的材料设备样板进行评审,提出成本优化建议	对涉及重要空间及重点区域观感效果的材料设备样板提出合理化意见及建议	应能满足涉及样板或招标样板各项技术指标以及招标文件要求的品牌,如不能达标应进行多轮送样,直至满足上述要求为止
署艺术文化委员会执行委员会审查				
重点审查内容:涉及主要立面、重点空间、重点效果的重大设计效果变更				
材料设备样板封样				
所有样板应一式三份,标明公司名称、工程名称、样板分别标明材料名称、材质、规格型号、签字栏等信息,各方签字确认并完成验收				

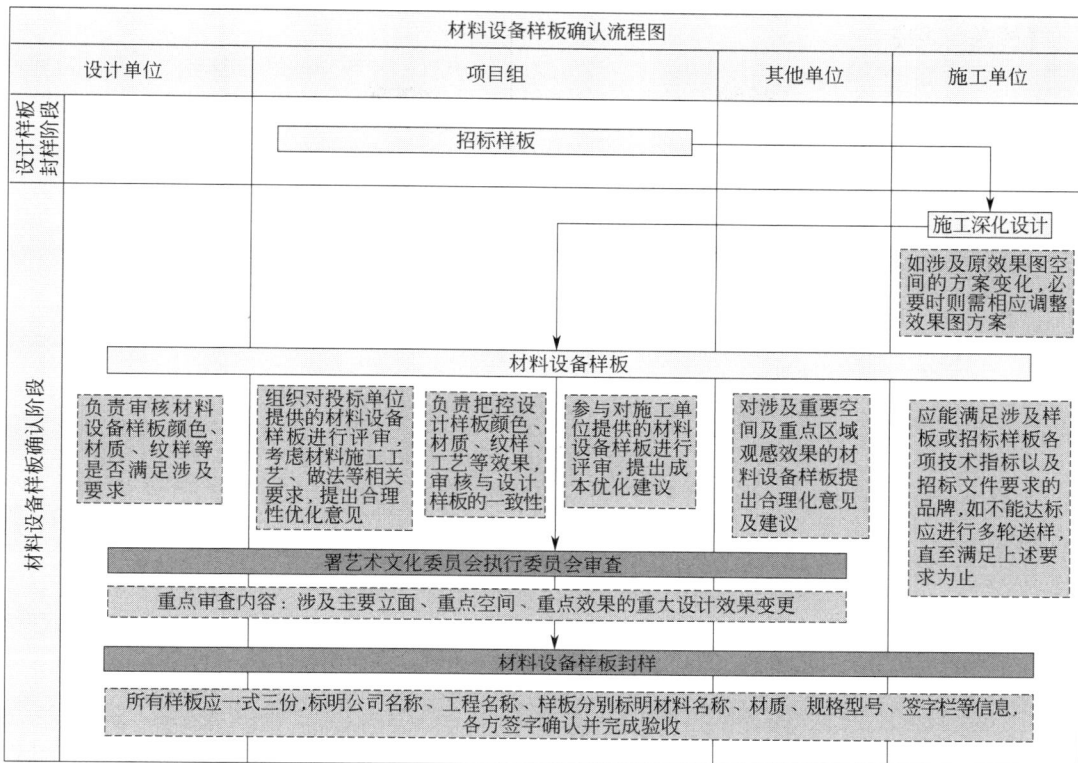

图 3.4.2　材料设备样板确认流程

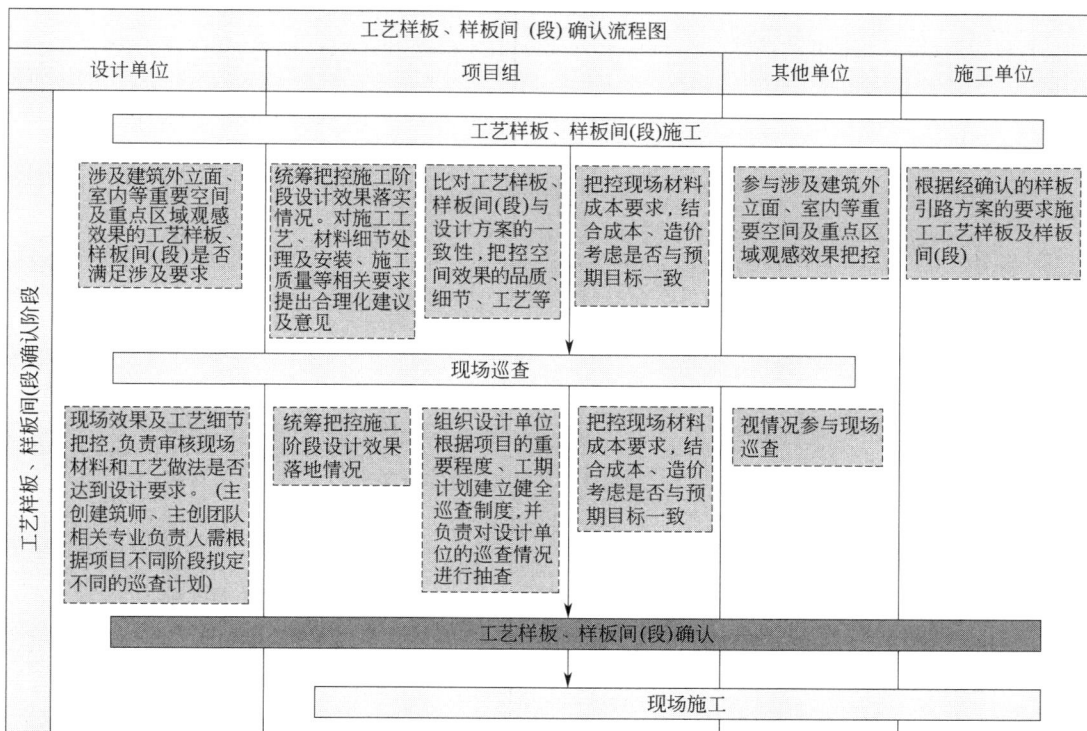

工艺样板、样板间(段)确认流程图				
设计单位	项目组		其他单位	施工单位
工艺样板、样板间(段)确认阶段 工艺样板、样板间(段)施工				
涉及建筑外立面、室内等重要空间及重点区域观感效果的工艺样板样板间(段)是否满足涉及要求	统筹把控施工阶段设计效果落实情况。对施工工艺、材料细节处理及安装、施工质量等相关要求提出合理化建议及意见	比对工艺样板、样板间(段)与设计方案的一致性,把控空间效果的品质、细节、工艺等	把控现场材料成本要求,结合成本、造价考虑是否与预期目标一致	参与涉及建筑外立面、室内等重要空间及重点区域观感效果把控	根据经确认的样板引路方案的要求施工工艺样板及样板间(段)
现场巡查				
现场效果及工艺细节把控,负责审核现场材料和工艺做法是否达到设计要求。(主创建筑师、主创团队相关专业负责人需根据项目不同阶段拟定不同的巡查计划)	统筹把控施工阶段设计效果落地情况	组织设计单位根据项目的重要程度、工期计划建立健全巡查制度,并负责对设计单位的巡查情况进行抽查	把控现场材料成本要求,结合成本、造价考虑是否与预期目标一致	视情况参与现场巡查	
工艺样板、样板间(段)确认				
现场施工				

图 3.4.3　工艺样板、样板间(段)确认流程图

【相关文件】

《深圳市建筑工务署设计效果落地管理指引》

《深圳市建筑工务署建设项目（开工后）样板引路实施细则》

四、工程设计主控内容管理

（一）设计管理主要工作内容与工作重点（表3.4.6）

设计管理主要工作内容与工作重点　　　　　　表3.4.6

序号	设计管理工作内容	工作重点
（一）前期阶段		
1.1	设计管理资料收集	根据国家有关的各项政策,项目规划要求等,收集以下资料,包括但不限于:场地情况;资金投入情况;项目要完成的任务;项目要达到的目标;建设用地申请情况;申请规划要点条件;规划设计指标;用地规划许可证;领取划拨土地证批准情况;已经认可的文件;已经签署的咨询类合同等
1.2	协助业主进行需求调研和分析决策	协助建设单位在项目定位、功能需求、建设标准、限额设计等方面提供专业意见
1.3	确认设计条件	包括但不限于规划条件、市政能源供给条件、地址及人文条件、周边环境分析等
1.4	协助编制设计任务书	设计任务书可以由需求书或者已有的可行性研究报告代替,但是设计任务书的内容应该更详细、细致,加入容积率、建筑限高、建筑红线、地形图内容供设计团队使用
1.5	协助管理设计合同	协助建设单位完善设计合同,同时从设计管理角度针对设计合同进行审核审查,保证设计合同的完整性与和合理性,避免造成设计工作缺漏,保障设计质量和设计进度。配合项目部做好前期合同管理,沟通协调和信息管理等工作
（二）工程勘察阶段		
2.1	审查勘察实施方案	包括但不限于:工程测量、工程地质勘察、水文地质勘察等
2.2	审查勘察成果报告	
2.3	组织勘察单位技术交底	
（三）方案设计阶段		
3.1	组织方案评选	组织设计方案招标或竞赛,协助方案评选,落实设计方案修改优化
3.2	审查方案设计	审查各项技术指标与规划条件的符合性、主要经济指标的合理性
（四）初步设计阶段		
4.1	审查开展初步设计的必备条件	(1)建设项目可行性研究报告经过审查,并已获得核准文件 (2)建设单位已办理征地手续,并已取得规局提供的建设用地规划许可证和建设用地红线图,或取得当地政府的承诺 (3)建设单位已取得规自局提供的规划设计条件通知书、环保部门批准的环境影响评价报告书或环境评价书 (4)建设单位要办理各种外部协作条件的取证工作和完成科研、勘察任务,并转交设计团队,作为设计(设计和编制概算)依据

续表

序号	设计管理工作内容	工作重点
(四)初步设计阶段		
4.2	审查初步设计任务书的主要内容	(1)初步设计主要设计依据,批准的资源报告,经过科研取得的建设条件的技术资料,有关主管部门或地方政府签订的外部水、电、交通等的协议书 (2)建设工程的名称、功能、规模和有关的技术数据和条件,各单位工程的详细使用要求,批准的相应的勘察报告,科研报告,自然环境资料,测量资料 (3)属于引进项目的还要提供引进技术及设备的国别、厂商和技术经济指标、数据、条件、资金来源落实等情况
4.3	审查初步设计的原则要求	根据本项目建设进度的要求;充分利用和综合利用资源和原料的要求;采用技术、工艺、设备的要求;建筑型式、景观、结构的要求;总体布局和工程布置的要求;建设标准的要求;环保、安全、卫生、劳动保护的要求;合理选用各种技术经济指标的要求;节约投资、限额设计;建设项目扩建、预留发展场地的要求;设计质量方面的要求及其他有关的原则要求
4.4	设计深度管理	(1)多方案比较:在充分细致论证设计项目的经济效益、社会效益、环境效益的基础上,择优推荐设计方案 (2)建设项目的单项工程要齐全,要有详尽的工程量清单和计算书,主要工程量误差应在允许范围以内 (3)主要设备和材料明细表,要符合订货要求,可作为订货依据 (4)总概算不应超过可行性研究估算投资总额的 90% (5)满足施工图设计的准备工作要求 (6)满足土地征用、投资包干、招标承包、施工准备、开展施工组织设计,以及生产准备等工作的要求 (7)满足经审批的可行性研究报告中所确定的主要设计原则和方案
(五)施工图设计阶段		
5.1	审查开展施工图设计的条件	(1)建设单位对初步设计的审核文件、批准的工程建设计划和核发的施工图设计条件 (2)初步设计审查时提出的重大问题和初步设计的遗留问题,已经解决;施工图阶段勘察及地形测绘图已经完成 (3)外部协作条件:水、电、交通运输、征地、安置的各种协议已经签订或基本落实 (4)主要设备订货基本落实,基础图资料已收集齐全,可满足施工图设计的要求
5.2	审查施工图设计大纲的主要内容	设计依据,经批准的初步设计及建设单位部门核发的设计条件,经批准能满足施工图设计的勘察资料、地形地貌资料、建设地点的自然状况资料,与有关部门及地方政府落实的外部条件,以及施工条件、地方材料和有关的技术经济数据、资料、设计标准、主要计算公式与程序、技术规定、项目进度表等
5.3	确定施工图设计要求	满足土建施工的要求;满足设备材料的安排;满足非标准设备和结构件的加工制作;施工组织设计的编制,应满足施工的设计安排;工程项目、规格、标准与工程量应满足招标施工、计量计价的要求;设计说明和技术要求应满足施工质量检验、完工验收的要求;工程监理和项目计算机信息化管理需要

续表

序号	设计管理工作内容	工作重点
		（六）施工阶段
6.1	组织设计交底和图纸会审	设计资格审查和图纸是否经设计单位签署，图纸与说明是否齐全，有无续图供应；地质与外部资料是否齐全，抗震、防火、防灾、安全、卫生、环保是否满足要求；总平面和施工图是否一致，设计图之间、专业之间、图面之间有无矛盾，标志有否遗漏；地基处理是否合理，施工与安装有否不能实现或难于实现的技术问题，或易于导致质量问题、安全及费用增加等方面的问题，材料来源是否有保证、能否代换；标准图册、通用图集、详图做法是否齐全，非通用设计图纸是否齐全
6.2	施工质量管理	协同施工管理部门做好施工过程中的相关设计接口工作，处理设计与施工质量、进度、费用之间的接口关系。参与现场质量控制工作，参与工程重点部位及主要设备安装的质量监督等。督促设计单位配合施工，协同设计单位，参加施工中主要技术问题的设计校核与处理等。进行有关设计的施工质量跟踪检查，发现偏差时，及时与设计、施工和监理等单位沟通，处理并解决现场问题
6.3	设计变更管理	严格控制工程变更。当需要进行设计变更时，结合项目实际情况，对变更内容及图纸进行审核管理
		（七）竣工阶段
7.1	协助竣工验收计划管理	协助施工单位制定项目竣工计划，提供必要的计划目标实施支持，参与检查项目竣工计划，按有关规定提供必要的计划目标实施支持，协助创造项目竣工计划实施条件
7.2	协助竣工验收资料管理	协同施工、监理、设计单位，参与项目竣工资料的整理工作，按照项目竣工资料的整理规定要求，保证竣工资料真实、完整、准确、系统和规范，符合归档备案的管理要求。参加各阶段各项竣工验收的组织、审阅竣工资料、评价验收、项目移交和竣工验收备案等工作。按国家现行标准规定，参与完成项目竣工验收文件资料的整改、整理、交接、归档等工作。工程竣工验收合格后，参与项目竣工验收报告编制和附件整理工作
7.3	协助项目进行设备调试	参与检查生产性项目试运行前的准备工作，按设计文件及相关标准检查已完成项目范围内的生产系统、配套系统和辅助系统的施工安装及调试工作。督促设计单位提供试运行过程中的技术支持和服务，处理出现的有关设计的问题
7.4	参与项目考核评价	参与项目考核评价中的制定考核评价办法、确定考核评价方案、实施考核评价、提出考核评价报告工作；编制项目的设计管理工作总结。回访设计单位，请设计单位对设计进行总结，设计回访和后评价，提出供业主改善建设项目使用的建议与意见

（二）设计咨询具体内容管理

1. 一般原则

（1）检查设计文件的完备性。设计文件应包括：说明工程的各种文件，各种专业设计图、规范、模型、相应的概预算文件，设备清单和项目的各种技术经济指标说明，以及设计依据的说明文件、边界条件的说明等。设计文件应能够为施工单位和各层次的管理人员所理解。

（2）从宏观到微观，分析设计构思、设计工作内容、设计成果的正确性、全面性、安全性，识别系统错误和薄弱环节。分析设计付诸实施和工程建成后能否安全、高效、稳定、经济地运行，是否适用、美观，能否与环境协调一致。

（3）设计文件应符合国家或行业标准和规范要求，特别是必须符合强制性标准要求的防火、安全、环保、抗震标准，以及某些质量标准、卫生标准。

（4）检查设计中可能存在的问题：

①技术设计没有考虑到施工的可能性、便捷性和安全性；

②设计中未考虑将来运营中的物业维修、设备更换、保养的方便；

③设计中未考虑运营的安全、方便和运行费用的高低；

④设计基本资料不详实或深度不够。

2. 专业设计具体咨询内容要点（表 3.4.7、表 3.4.8）

通用专业设计审查要点　　　　　　　　　　　　　　　　表 3.4.7

序号	通用专业设计	审查要点
		（一）建筑
1.1	总平面设计	(1)项目技术经济指标 (2)主要出入口的合理性 (3)道路、广场及交通组织、停车位的优化 (4)竖向设计的合理性
1.2	建筑立面、平面、剖面设计	(1)建筑外立面设计及建筑材料选择 (2)建筑外立面节点做法优化 (3)建筑平面功能性、合规性、合理性审核 (4)建筑剖面(层高、总高、使用净高控制等)与建筑装修及设备安装的一致性 (5)建筑保温、隔热、防潮、防水等节点构造设计
1.3	建筑防火设计	(1)建筑防火间距、消防车道优化、消防救援场地 (2)地上地下防火分区及安全疏散设计的合理性 (3)设备用房防火设计 (4)管道井防火设计 (5)外围护保温系统防火要求 (6)其他特殊部位防火设计
1.4	绿色建筑设计	(1)审核施工图设计文件 (2)审核绿色建筑设计专篇(施工图阶段) (3)审核绿色建筑设计预评价阶段自评估报告 (4)审核绿色建筑施工图审查报告
1.5	建筑节能设计	(1)复核围护结构传热系数和遮阳系数限值(应符合规定值) (2)复核建筑每个朝向的窗(包括透明幕墙)墙面积比、可见光透射比,复核屋顶透明部分面积占比、外窗可开启面积、外窗气密性 (3)复核建筑设计总说明的建筑节能设计篇章,明确建筑(节能设计)设计依据。复核建筑节能设计的保温形式构造措施,应与节能设计报告书一致 (4)复核公共建筑节能设计审查备案登记表和热工计算书(包括权衡判断计算书)
1.6	审核建筑设计变更	
1.7	审核优化建筑室内外装修设计及材料	
		（二）结构专业
2.1	施工图结构方案优化确认	

续表

序号	通用专业设计	审查要点
	（二）结构专业	
2.2	复核结构计算模型	(1)结构计算参数 (2)结构荷载 (3)主要构件尺寸
2.3	结构平面图布置	(1)与建筑平立剖图纸的精准对应 (2)与设备专业预留洞口等对应关系
2.4	审核结构设计变更	
	（三）给水排水设计	
3.1	给水排水系统图确认	
3.2	给水系统	(1)给水用水量 (2)水源确认 (3)室外给水系统引入点及系统管线 (4)室内给水系统设计及设备选用 (5)室内外管材及阀门、洁具配件的选择
3.3	热水系统	(1)审核优化热水用量设计 (2)热水供给方式 (3)热水供应系统的分区 (4)热水管材的选择
3.4	生活排水系统	(1)污水量计算 (2)污水系统:室外排水采用雨、污分流制,室内采用污废合流制排水系统 (3)管材设计和选用
3.5	雨水系统	雨水排水量、雨水系统、管材设计和选用
3.6	给水排水消防设计	审核优化施工图设计中的消防用水标准、用水量和水源、消防储水、室内外消火栓系统、自动喷淋灭火系统、气体消防系统、灭火器设置
3.7	给排水抗震设计	
3.8	给水排水环保节能设计	(1)节水设计:雨水收集回用、节水型生活用水器具选择、智能化计量节水系统 (2)节能设计:充分合理利用市政水压,采用高效节能水泵、选用节能管材 (3)环保设计:生活用水中水系统的合理设计,减少污染。设置智能计量系统,监测水质
	（四）暖通设计	
4.1	审核优化设计参数	(1)室外气象参数 (2)室内计算参数 (3)负荷估算数值 (4)各区域通风设计参数
4.2	审核优化空调设计	(1)冷热源的确认 (2)空调水系统:空调冷、热水系统、空调冷凝水系统 (3)空调风系统:对不同功能空间做系统优化 (4)多联机空调系统、分体空调系统、空调通风系统控制 (5)各空调系统材料选用
4.3	审核优化通风设计	(1)汽车库通风 (2)设备用房(包含发电机房、弱电机房、数据机房、高压配电室、变配电室、制冷机房、厨房、房间、卫生间等)通风设计

146

序号	通用专业设计	审查要点
		（四）暖通设计
4.4	审核优化防排烟系统	（1）地下室：地下室车库、地下室房间及走道 （2）地上房间及走道 （3）高大空间（净高大于6m） （4）地下室防烟楼梯间及前室 （5）地上楼梯间及前室 （6）防排烟系统的自动控制要求 （7）防排烟系统的材料选用
4.5	节能环保	（1）审核优化节能环保措施，如管材做法、风管做法、空调送回风管及新风管保温防火做法等 （2）复核空调逐项、逐时冷负荷计算书
		（五）电气设计
5.1	变配电系统	（1）负荷等级：区分不同用房负荷等级 （2）供电电源 （3）备用电源：优化备用电源位置及容量 （4）变配电所：设备技术条件及选型、变压器容量选择 （5）电能计量 （6）功率因数补偿
5.2	低压配电系统	（1）供电措施：确认消防用电设备、普通电梯、应急照明及全部疏散指示标志灯、消防控制室、网络电话机房、电视安防系统 （2）线路选择与敷设：高压供电进线电缆、一般低压回路及母线电缆 （3）数据机房供电措施 （4）电动汽车充电 （5）电缆桥架设置方式
5.3	照明设计	（1）照明种类 （2）光源及照度 （3）应急照明、景观照明 （4）照明控制：采用就地控制、自熄开关控制相结合 （5）线路选择及敷设
5.4	防雷保护、接地系统及安全措施	（1）防直击雷保护 （2）防雷击电磁脉冲 （3）接地系统及安全措施
5.5	抗震设计	（1）对所有吊装设备的抗震考虑 （2）配电装置的抗震措施
5.6	消防系统	（1）火灾自动报警和消防联动系统 （2）电气火灾监控系统 （3）消防设备电源监控系统 （4）防火门监控系统 （5）火灾应急照明和疏散指示标志 （6）其他防火措施
5.7	电气节能	（1）按规范及功能要求对设备及各类用电场所做节能优化审核 （2）复核照明光源选择、灯控方式、照明灯具效率 （3）复核电气设备选择、无功功率补偿、配电变压器设置位置等
5.8	室内外管线	按规范及用途做审核优化

续表

序号	通用专业设计	审查要点
		(六)智能化设计
	智能化系统审核优化	(1)综合布线系统 (2)信息网络系统 (3)光纤到户通信系统 (4)有线电视系统 (5)综合安防系统平台 (6)视频安防监控系统(安防) (7)入侵报警系统(安防) (8)电子巡查系统(安防) (9)无线对讲系统(安防) (10)智能卡应用系统 (11)门禁、道闸管理系统(智能卡) (12)消费管理系统(智能卡) (13)考勤管理系统(智能卡) (14)电梯五方对讲系统 (15)背景音乐系统 (16)停车场管理系统 (17)信息导引及发布系统 (18)机房工程及 UPS 配电系统 (19)智能化信息集成系统 (20)建筑设备监控系统 (21)建筑能效监管系统 (22)智能照明系统 (23)综合管路系统 (24)标准网络时钟系统

专项设计审查要点　　　　　　　　　　　　　　　表 3.4.8

序号	专项设计	审查要点
(一)	室内装修设计	空间重新组织 空间界面处理 内置物设计 声环境设计 光环境设计 热环境设计
(二)	景观设计	包括但不限于:地形地貌、硬质铺装、苗木种植、景观建筑、景观墙体、景观小品、水景、灯光、景观给水排水、附属设施等
(三)	幕墙设计	幕墙系统方案、排水、防水、防火、通风设计 幕墙热工性能设计 幕墙节点、构造设计 幕墙成本分析
(四)	泛光照明设计	方案效果、灯具清单、控制系统图、灯位布置图、用电负荷计算、主要安装节点与布线方式、造价概算等
(五)	消防专项设计	防火分区设计 安全疏散设计 电气防火设计 消防系统设计 灭火器材的配置设计

续表

序号	专项设计	审查要点
（六）	综合管网设计	雨水、污水、给水（含消防给水）、供暖、供电、智能弱电、消防控制等系统设计

（七）其他专项设计

如绿色建筑专项设计、海绵城市专项设计、碳排放专项设计、抗震支架专项设计、智能化专项设计、钢结构专项设计、工艺设备专项设计等。

根据项目情况，以上涉及的各类专项设计均应进行合规性、合理性审核审查，均应满足国家相关技术规范对各类专项的设计要求

五、工程设计进度管理

工程设计进度控制要点如下：

1. 监督勘察设计工作计划编制的情况

（1）根据建设单位要求的目标日期，合理划分工作阶段，测算各专业设计工作周期。

（2）根据各专业的设计条件与工作时间，拟定勘察工作布置，测算、协商勘察资料提出的时间，用进度表与接口图标示控制性工作进度。

（3）各专业工作接口与互提资料。

（4）明确各专业设计配备的具体人员、资源。

（5）勘察设计成果清单计划。

2. 勘察设计工作进度的执行检查

设计管理单位根据设计工作项目与进度计划，重点检查计划执行情况，并提出改进要求。本项目在设计的中间阶段，与建设单位协商约定，实地检查所有设计的进展情况。

（1）重要设计标准制定和论证工作进展；

（2）设计方案比选论证工作进展；

（3）重要部位勘察工作进展；

（4）设计内容各专业结合部接口资料的落实；

（5）主要专业设计人员的到位与调整情况；

（6）勘察设计工作的进度保证调整措施；

（7）设计团队完成预定计划工作成果的程度；

（8）施工图设计中影响现场建设的因素等。

3. 设计进度的协调与管理措施

（1）设计管理单位根据建设单位委托，协调各设计团队（包括其他勘察、设计、科研等单位）和专业的工作。应根据设计的进展情况，通过定期召开设计协调会议来完成。在协调会议上明确分工、落实任务，确定重大设计原则，统一设计标准，研究控制措施，明确各专业互提条件的深度及时间，进行各专业之间的进度协调。

（2）加强与外部的协调工作。配合设计进度，提供基础资料，协调设计与有关主管部门的关系，包括协调与规划、消防、人防、防汛、环保、供电、供水、供气和交通等部门的关系。

（3）协调设计与设备供应商的关系。设计管理单位根据建设单位委托，应协调设计团队与设备制造厂设备设计之间的工作，一般通过召开设计联系会，明确各方提供资料的内

容与时间。

4. 设计进度监督控制

设计进度监督的重点工作如下：

（1）针对项目情况，监督制定合理的设计周期

（2）审查设计团队设计进度计划，并监督执行

（3）监督设计基础资料、必要数据及文件的提供

（4）优选设计团队，协助建设单位签订设计合同

（5）设计管理单位做好协调工作

（6）加强设计需求变化的管理

六、工程设计协调管控

（一）各设计接口、评审管理、资料管理等的协同工作

（1）组织协调勘察与设计团队之间（或多个设计团队之间）、设计团队与物资供应、设备制造、施工等单位之间的配合与互提资料。负责本工程所有设计团队之间的沟通协调工作，定期组织协调会。

（2）监督管理所有设计团队在项目建设期间履行其合同义务，确保设计的质量、进度并满足投资限额。

（3）设计阶段对拟采用的新技术、新材料、新工艺、新设备组织科研试验和成果评价，对工程勘察设计不同环节之间的接口管理和组织设计进行成果评审。

根据项目进度总控制计划和设计合同，组织各设计团队编制各自的设计进度计划。审核设计进度计划，对设计进度进行跟踪监控，并向建设单位递交进度报告。

（二）设计评审管理

协助业主完成对设计各阶段报批报建、消防设计审查、初步设计、施工图设计的第三方审查等设计评审的协调管控。

（三）设计与外部协作接口管理

设计管理单位应根据建设单位的委托，负责设计过程中与外部协作的接口管理，主要内容有：

（1）对设计中拟采用的超出现行技术标准的新技术、新材料、新工艺、新设备组织开展专家评审工作；

（2）负责外部协作条件的取证；

（3）办理环境影响防治或整治措施、水土保持设计、劳动安全与消防、征地移民调查和安置规划等专题设计的报送、评审和审批；

（4）协调设备供应厂商提供主要设备技术规格、性能、参数、控制性结构尺寸与基础图。

（四）设计环节的衔接和管理

（1）工程勘察主要技术成果与参数的审查；

（2）设计方案比选和设计大纲审查，包括总体布置、设计原则、重大关键的技术标

准、参数、设备设施方案等；

（3）组织设计方案成果审查，提出设计建议方案；

（4）组织专业技术问题设计审查；

（5）组织设计成果审查，提出优化设计的意见；

（6）审批各阶段成果。

第五节　报批报建管理

政府在城市的管理中担当引导者、规划者、监管者、培育者的角色（宋雄伟《"简政放权"中政府应扮演四种角色》）。城市建设的主要内容就是建设项目，政府为做好城市管理中的各种角色，专门为建设项目设立了管理部门，项目报批报建是建设项目融入政府管理体系的过程。

项目行政审批管理是依据建设程序办理行政审批手续，涵盖工程建设项目审批全过程（立项到竣工验收和公共设施接入服务）。在优化营商环境和建设项目审批改革的大背景下，深圳市在 2018 年 7 月 10 日正式发布《深圳市政府投资建设项目施工许可管理规定》（又称"深圳 90"改革措施），并于 2018 年 8 月 1 日起正式实施，2020 年 4 月 28 日，重新修订发布《深圳市政府投资建设项目施工许可管理规定》（人民政府令第 328 号）和《深圳市社会投资建设项目报建登记实施办法》（人民政府令第 329 号）。同阶段，发布《深圳市政府投资项目策划生成管理办法》《深圳市建设用地规划许可证核发工作规则》《深圳市住房和建设局关于做好我市建设工程施工图审查改革工作的通知》及《深圳市建设工程竣工联合（现场）验收管理办法》等政策文件。目的是加快转变政府职能，建设服务型政府，营造最优营商环境，按照"投资服务需求、设计服从规划、保证质量安全"的要求，构筑政府管理和项目管理"双流程、双优化、共提效"的政府投资建设项目施工许可办理流程。全流程遵循主动服务、优化审批、强化职责、放管并重、流程管控、信息共享的原则，结合深圳市工程建设项目审批制度改革实际情况，切实提高项目高效顺畅报建。

一、深圳市报批报建简介

（一）在线审批监管平台操作

深圳市投资项目在线审批监管平台（以下简称在线平台），结合审批部门、建设单位、中介机构等多方面使用单位共同应用的要求，作为广东省网上办事大厅深圳分厅的在线受理系统，是全市区唯一的建设项目施工报建事项办理的跨部门协同平台，实行统一受理、并联审批、实时流转、跟踪查询、信息共享。

在线平台从申报人角度出发，提供便捷的网上申报服务。申报人可以通过网上服务平台获取项目公示信息、政策法规、申报指南、平台动态、申报业务查询、在线申报、项目及申报业务办理进度等服务。

1. 平台入口

登录网上办事大厅 http://wsbs. sz. gov. cn/investment/index 选择法人事项模块下的"投资项目审批监管平台"入口平台首页（图 3.5.1）。

图 3.5.1　深圳市投资项目在线审批业务平台

2. 角色划分

网上服务平台用户角色分为两类：个人用户和单位用户。

3. 用户注册

如已有账号可直接点击"登录"进入申报流程，如无账号可点击"注册"进入注册页面，可选择"用户密码"或"CA 注册"（选择 CA 注册必须有 CA 证书），并按要求填写注册信息。

4. 账号实名认证

单位账号注册后携带资料移步至深圳市行政服务大厅"身份认证实名核验"进行现场实名核验注册。或使用企业 CA、地税局账号、统一代码认证的方式登录平台，进行网上申报。

现场实名核验注册有效资料包括：单位公章、法人身份证原件、统一社会信用代码证原件。（法人如需委托，须授权代理人持法人、授权代理人的个人身份证原件、加盖单位公章的业务授权书。）

个人账号注册需要通过单位账号进行项目授权才可申报。

项目授权：将项目授权到个人账户，授权后个人账号可进行该项目下的事项申请。

5. 网上申报

网上申报主要按部门分类和阶段分类两种，详见"办事指南"。

6. 咨询信息

"咨询信息"公示网上服务平台的咨询与回复信息。

7. 项目申报流程图（图 3.5.2）

（二）深圳报批报建相关政策解读

1. 政府投资建设项目

（1）建立主动立项机制

将原来部门申报改为由发展改革部门对市委市政府决定的建设项目，**主动下达前期费**

用，启动项目建设，推动项目单位启动相关工作。

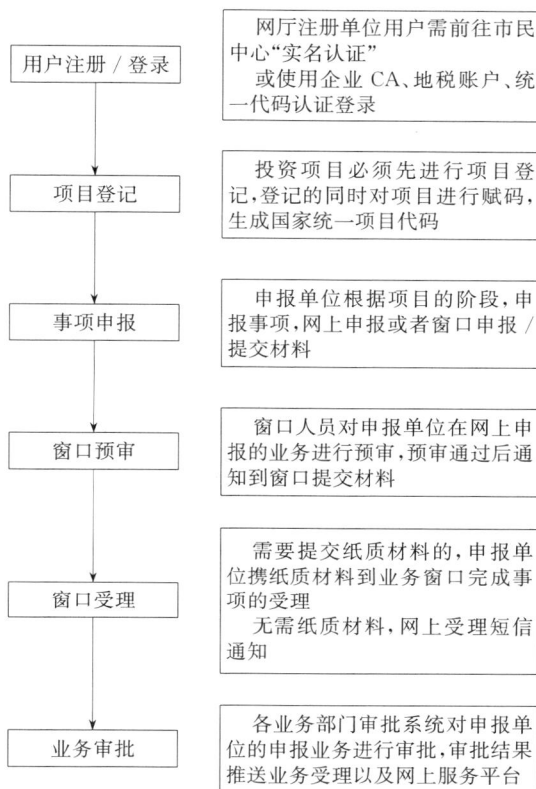

图 3.5.2　项目申报流程

年度政府投资项目计划经**市人大审议通过并印发**相关文件后，发展改革部门即按照计划所列项目向使用单位（建设单位）直接下达前期经费。

行业主管部门报市委市政府决策议定的其他项目，发展改革部门根据**市委常委会会议纪要、市政府常务会会议纪要**完成赋码并下达首次前期经费；**项目首次前期经费文件下达即视为项目启动，并作为项目立项文件。**

（2）调整项目供地机制

对市委市政府确定的房建类项目，由规自委部门主动提出初步选址方案，并根据辖区政府及相关单位的意见，确定项目用地，出具选址及用地预审意见、用地规划许可。

房建类项目涉及国家、省事权的审批等原因暂时无法办理用地规划许可证的，规自委部门先出具规划设计要点。

选址意见书、用地预审意见作为项目审批的用地依据文件。

（3）改革施工图审查制度

为避免取消施工图审查后的管理空白，防止勘察设计质量事故，取消施工图审查制度必须坚持以确保工程质量为核心，从质量、安全、效率和成本四个维度，统筹处理好质量与效率、政府与市场、整体与局部的关系，进一步理清政府和市场在工程勘察设计管理方面的职责边界，按照"放权不放责"要求，加强对工程勘察设计质量的事中事后监管。

取消施工图审查：建设单位在施工报建时采用告知承诺的方式，承诺提交的施工图设计文件符合标准要求，将施工图文件上传至施工图信息管理系统。

实行联合抽查制度：建立工程勘察设计"双随机、一公开"的抽查机制，相关部门进行监管和联合抽查。对社会投资建设项目实行100％抽查，对政府投资建设项目实行50％抽查。

落实建设项目主体责任：强化工程建设、勘察、设计、施工、监理五方责任主体项目负责人的终身责任。

推行勘察设计职业责任保险制度：将建立适合深圳市勘察设计责任保险制度，率先在政府投资项目中推行。

2. 所有建设项目

（1）大力推广并联审批

每个审批阶段包括应办理事项和可能涉及办理事项，两类事项并行推进，各阶段内容的可能涉及办理事项均不互为前置，具备必要条件即可办理。

每个审批阶段确定一家牵头部门，实行**一家牵头、并联审批、限时办结**。

（2）取消行政许可事项不必要的审批条件

消防、人防、水土保持、环保等事项**不再作为**建设工程规划许可的前置条件，工程规划许可所需条件从11项减少为4项。

施工许可仅保留了保证**项目质量安全**的必要前置条件。

（3）合理精简、优化整合审批事项

通过梳理，截至施工许可，政府投资减少项目涉及办理事项为50个，比改革前81个减少31个，其中，取消21个，合并19个。

（4）调整部门事项的审批时序

建设项目在施工图审批阶段申报消防审批，调整为**初步设计阶段即可申报消防审批**。

（5）推进行政审批与技术审查相分离

行政与技术分别管理：审批事项涉及的技术审查（包括方案设计、节能评价、环境影响评价、初步设计等）与行政审批分别管理；

结论终身负责：强化技术审查机构的主体责任，技术审查人员对其出具的结论终身负责；

加速审查：对已有独立技术审查意见的，审批部门只进行形式性审查；

技术审查限时：对于行政审批中附含技术审查的，审批事项的办理时限包含该部分的技术审查时限。

（6）推行告知承诺制和"容缺受理"

实行告知承诺制：对通过事中事后监管能够纠正的行为且不会产生严重后果的审批事项，例如办理施工许可时提供工伤保险参保证明、劳务工工资分账协议等，全部实行告知承诺制；

容缺受理：对于非办结类审批事项，在基本条件、关键材料具备情况下，允许在非关键材料缺少或者存在瑕疵的前提下先行受理并进入审核程序，待材料补正后及时出具办理结果。

（7）精简用地规划和工程规划办理条件

建设单位获得建设项目选址及用地预审意见、前期经费下达文件或资金申请报告批复后，即可办理用地规划许可证；

用地预审与选址意见书或者用地规划许可证（或规划设计要点）可作为办理工程规划许可和基坑支护或土石方工程或桩基础工程施工许可（含质量安全监督登记）等的土地使

用证明文件。

建设单位取得使用土地证明文件和用地规划许可证（规划设计要点），完成建设工程方案设计文件，即可办理建设工程规划许可证。用地规划许可证可在施工许可证前完成即可。

消防、人防、环保、水土保持审批不作为工程规划许可前置。

（8）简化施工许可前置条件

对于已依规定完成施工图设计后，确定施工单位、监理单位，有保证工程质量安全措施的，按照审批事项目录要求进行施工许可报建，住房建设、交通运输、水务等行业主管部门合并办理施工许可及质量安全监督登记手续。

项目单位书面承诺后，办理施工许可无需提供工伤保险参保证明、劳务工工资分账协议，无需核验安全生成许可证、人员资格证书等原件。

（9）实行限时联合验收

全面推行联合验收，统一验收竣工图纸、统一验收标准、统一出具验收意见。对于验收涉及的测量工作，实行"一次委托、统一测绘、统一成果审核、统一汇交管理、实现成果共享"。

工程建设项目具备竣工验收条件后，建设单位提出申请，牵头单位组织相关部门对建设项目的规划、消防、民用建筑节能等按照"一家牵头，一窗受理，限时办结，集中反馈"的方式进行联合（现场）验收。

竣工联合（现场）验收办理时限为 10 个工作日，自现场验收之日起计算，至在线审批平台填写验收意见结束。如有整改，项目责任主体整改闭合期限最长为 15 个工作日，各验收部门复查工作期限最长为 3 个工作日。

整改闭合工作和复查工作不计入竣工联合验收（现场）验收事项办理时限内。

（10）加强事中事后监管

以政府购买服务方式聘请施工图审查机构、第三方巡查机构开展对施工图设计文件的质量抽查和施工现场质量安全检查巡查，协助政府开展行政执法。

对于实行告知承诺制的审批事项，审批部门应当在规定时间内对申请人履行承诺的情况进行检查，对申请人未履行承诺的，撤销行政审批决定并追究申请人的相应责任。

（11）规范中介和市政公用服务

明确供水、供电、燃气、轨道等市政公用服务企业入驻市行政服务大厅，规范简化施工用水、用电、用气报装程序，供水、供电、供气单位公布办事流程，公开各项费用，明确办理时限，不得设置任何报装前置条件。

3. 工程建设项目审批制度改革-310 号令和 328 号令对比（表 3.5.1）

工程建设项目审批制度　　　　　　　　　　　　　　表 3.5.1

事项	310 号令和深府办函〔2018〕189 号	328 号令和深府规〔2020〕6 号
阶段划分	共分三个阶段（房建 85 日/市政 90 日） 1. 立项及用地规划许可（27 日） 2. 建设工程规划许可和概算批复（55/60 日） 3. 施工许可（3 日）	0. 策划生成阶段（50 日） 　—项目建议书（含空间初步论证） 　—可行性研究报告（含空间详细论证） 1. 项目审批阶段（41 日） 　—用地规划许可和可行性研究报告批复（5 日） 　—建设工程规划许可和概算批复（18 日） 　—施工许可（3 日） 　—竣工验收（15 日/10 日）

事项	310 号令和深府办函〔2018〕189 号	328 号令和深府规〔2020〕6 号
有关审批论证时限要求	项目首次前期经费下达（2个工作日）	项目建议书（含空间初步论证）（28个工作日＋延期规定）
	可行性研究报告（20个工作日）	可行性研究报告（含空间详细论证）（20＋2＋4个工作日＋延期规定）
	概算批复（20个工作日）	概算批复（不含技术审查）（8个工作日）
简易程序规定	各部门报市委市政府决策议定的其他建设项目，市发展改革部门根据市委常委会会议纪要、市政府常务会会议纪要完成赋码并下达首次前期经费。项目首次前期经费文件下达即为项目启动，并作为项目立项文件（第九条）	项目建议书批复后即可向发展改革部门申请项目前期经费。市委常委会会议和市政府常务会议审议通过的免于项目建议书审批的项目，可由发展改革部门按照程序安排项目前期经费（第八条）
	总投资 5000 万元以下或经市委市政府确定的应急、抢险、救灾工程项目免于可研审批，直接审批项目总概算（第十八条）	总投资 5000 万元以下的项目或者单纯装修装饰、设备购置、维修改造、绿化提升、公交停靠站、交通安全设施、城市照明等建设内容单一、投资规模较小、技术方案简单的项目免于可研审批，直接审批项目总概算（第十三条）
	对于单纯装修装饰、设备购置、维修改造、绿化提升以及公交停靠站、交通安全设施、城市照明等建设项目或投资补助类项目免于可研和概算审批，直接审批资金申请报告（第二十条）	市委常委会会议和市政府常务会议明确的应急工程参照抢险救灾工程办理（第四十八条）
概算控制要求	概算超可研批复 20％以内的，由建设单位报发展改革部门审核；概算超可研批复 20％以上的，由建设单位开展可行性研究报告修编，经市政府同意，调整功能定位、建设内容及规模、标准等的项目，免于可行性研究报告修编，直接审批项目概算	概算超过可研批复 10％的，项目单位应当向发展改革部门报告，发展改革部门可以要求项目单位重新报送可研
几个事项关系	在可研申报前须取得选址意见书、用地预审、用地规划许可证（或规划设计要点）	用地预审与选址意见书、可研批复、用地规划许可并联办理，5个工作日内依次出证
其他	市发展改革部门按照年度投资计划所列项目向使用单位（建设单位）直接下达前期经费（第九条）	项目建议书批复后即可向发展改革部门申请项目前期经费（第八条）
	前期经费按照项目总投资的 3％～5％安排，对于重大项目或需开展场地平整、基坑开挖及基坑相关工程等施工前期准备工作的项目，应根据项目实际需求下达经费（第十条）	前期经费按照项目总投资的 3％～5％安排，对于重大项目或者需要开展场地平整、基坑开挖及基坑相关相关工程等施工前期准备工作的项目，根据项目实际需求下达经费。项目建议书批复前所需的前期基本研究经费从部门预算中列支（第八条）

（三）深圳市政府投资建设项目工作及审批事项

政府投资建设项目施工许可流程按照项目建设的时序，分为项目策划生成和项目审批两大流程。

项目策划生成是项目单位提出建设意向、开展前期研究论证、初步落实建设条件并初步明确项目技术经济指标的阶段，主要包括项目建议书、可行性研究报告以及空间初步论证；详细论证的技术审查部分挪到审批阶段之前，让各个审批部门通过多规合一平台，提前对项目建设的条件边界共同会诊，解决不同规划相互打架问题，形成较成熟的项目方案。项目在策划生成后，已提前介入的审批部门原则上不重复组织同类技术评审或审查工作，实行"技审分离"。

项目审批流程分为用地规划许可和可行性研究报告批复、建设工程规划许可和概算批复、施工许可、竣工验收四个阶段。每个阶段包括应办理审批事项和可能涉及办理的审批事项，两类事项并行推进。各阶段内办理的审批事项均不互为前置，具备必要条件即可办理。

梳理深圳市政府投资建设项目从项目策划生成阶段至竣工验收阶段应办理事项、部分可能涉及办理事项及其开展所需进行的工作。具体办理事项的申请材料、办理时限、实施机构、办理地址详见《深圳市政府投资建设项目审批事项目录》或《办事指南》（表3.5.2）。

深圳市政府投资建设项目工作及审批事项与依据　　　　表 3.5.2

序号	工作及审批事项	依据和成果文件
一、项目策划生成阶段		
1	前期基本研究	
1.1	规划设计单位委托	成果文件： 签订《规划设计委托合同》
1.2	建设意向的研究和确定	建设意向提出依据： 1. 项目单位根据国民经济和社会发展五年规划纲要或者经批准的专项规划，提出一定时期内需要建设的政府投资项目。 2. 深圳市委市政府、区委区政府会议纪要（临时增加项目立项）
2	登记项目基本信息	完成政府审批平台项目登记
3	项目建议书批复	项目建议书内容包括：阐明项目提出的背景、建设必要性、意向用地范围、功能定位、建设规模、建设内容、总投资等
3.1	项目建议书编制单位委托	
3.2	项目建议书编制	成果文件： 1. 完成《项目建议书》报审稿 2. 完成《空间初步论证》报告 3. 征求相关单位意见情况及意见汇总表
3.3	项目建议书论证申报和批复（含空间初步论证）	成果文件： 取得《项目建议书批复意见》
3.4	规划调整	需要开展规划调整的，相关部门原则上应当在项目建议书批复后主动开展规划调整
4	项目首次前期经费下达	市委常委会议和市政府常务会议通过的免于项目建议书审批的项目，可由发展改革部门按照程序安排项目前期经费
二、用地规划许可和可行性研究报告批复阶段		
1	可行性研究报告批复	根据项目建议书批复，结合空间初步论证意见开展项目功能定位、建设规模、建设内容、工艺技术方案、投融资方案、经济社会效益、建设管理模式、运营管理模式研究，进行勘察、方案设计、专项论证等相关工作
1.1	可研单位委托	
1.2	可研报告编制	开展可研报告编制工作，完成空间详细论证，并征集各相关单位意见形成意见汇总表。 成果文件： 1. 完成《可行性研究报告》报审稿 2. 完成《空间详细论证》报告 3. 征求相关单位意见情况及意见汇总表

157

续表

序号	工作及审批事项	依据和成果文件
1.3	可研报告预审	
1.4	可研报告论证申报(含空间详细论证)	成果文件: 可行性研究报告论证意见、空间详细论证意见
1.5	可行性研究报告审批	
2	初步勘察工作	
2.1	初步勘察单位委托	
2.2	开展初步勘察工作,核查初勘工作内容及勘察工程量等	
3	用地预审与选址意见书	成果文件:取得《用地预审与选址意见书》
4	建设用地规划许可证(或规划设计要点)	成果文件:取得《建设用地规划许可证(或规划设计要点)》
5	地下管线信息查询	
6	建设项目使用林地审核审批 (含临时占用林地审核审批)	1. 林地可行性研究报告编制单位委托 2. 现场踏勘 3. 森林植被恢复费缴费发票复印件 4. 建设项目使用林地批复
三、建设工程规划许可和概算批复阶段		
1	出具建设工程方案设计审查意见	
1.1	建筑方案设计单位委托	
1.2	组织进行项目建设需求调研,并形成调研报告	成果文件: 项目建设需求调研报告 项目设计需求表
1.3	建筑方案设计意见征询	1. 方案设计中期交流:在设计过程与设计单位进行设计中期交流,做好设计交流信息记录,及时沟通解决设计过程的问题 2. 方案设计意见征询:设计单位按设计任务书要求的时间提交设计中期成果,并由项目设计负责人组织设计单位将建筑方案的设计成果向有关政府部门进行意见征询(包括技术经济指标、交通与流线规划、群体空间形态规划、景观规划、通风分析、绿化分析、日照阴影分析等)
1.4	建筑方案设计专家评审会	1. 方案设计专家评审:设计负责人组织设计单位汇报建筑方案设计成果,并组织专家委员会进行建筑方案专家评审,汇报后收集相关部门和专家的评审意见,形成《设计评审记录表》 2. 设计单位根据《设计评审记录表》对建筑单体方案进行修改、调整,必要时重新组织对设计成果的评审
1.5	建设工程方案设计核查意见书	
2	建设工程规划许可证核发	
3	初步设计概算审批	
3.1	开展详勘工作,核查详勘工作内容、勘察工程量等	初步设计阶段现场踏勘:组织全过程咨询(如有)单位和设计单位到现场进行踏勘,发现勘查测量资料与现状不符时,应组织设计单位与勘察单位进行核对,必要时进行补勘

续表

序号	工作及审批事项	依据和成果文件
3.2	初步设计中期成果文件评审	初步设计中期交流:组织项目使用单位、项目单位、建设单位、全咨单位和设计单位,进行初步设计图纸审核,各单位提出明确意见,设计单位进行优化和落实
3.3	新材料、新设备技术应用及主要材料设备确认	初步设计新材料、新设备应用:设计单位如采用的新材料、新设备,应经合法机构检测合格,并说明采用原因,提供工程案例。项目单位、项目使用单位对设计单位选择的主要设备、材料进行确认,必要时设计单位需提供样板,或组织专家论证、现场考察等
3.4	消防设计意见征询	
3.5	人防工程方案意见征询	
3.6	防雷装置设计审核	
3.7	地铁安全保护区内工程勘察作业/设计方案对地铁结构安全影响及防范措施可行性审查	1. 地铁安全保护评估单位委托 2. 取得地铁安全影响及防范措施可行性评估报告 3. 必要时组织专家评审会
3.8	超限高层建筑工程抗震设防审批	
3.9	初步设计概算编制	对初步设计图纸及概算的完整性进行核查,确保其完整性,不出现重大缺漏
3.10	初步设计概算报批	
4	地名批复(建筑物命名核准\公共设施名称核准\专业设施名称备案)	
5	出具开设路口审批和市政管线接口审批	
6	建设项目水土保持方案审批	
7	建设项目用水节水评估报告备案	
8	建设项目环境影响评价文件审批	
9	地下燃气管道现状查询及燃气管道保护协议签订	
10	土石方、基坑支护、桩基础专项工程施工许可证核发	
10.1	完成土石方、基坑支护、桩基础专项施工图设计	
10.2	土石方、基坑支护、桩基础专项施工图预算批复	
10.3	土石方、基坑支护及桩基工程施工单位招标	
10.4	地铁安全保护区工程施工作业对地铁结构安全影响及防范措施可行性审查	
10.5	建设工程桩基础报建证明书核发	
10.6	土石方、基坑支护、桩基础专项工程施工许可证核发	
四、施工许可阶段		
1	施工图预算批复	
1.1	施工图设计中期成果文件评审	施工图设计中期交流:组织项目使用单位、项目单位、建设单位、全过程咨询单位(如有)和设计单位,进行施工设计图纸审核,各单位提出明确意见,设计单位进行优化和落实
1.2	施工图预算意见征询	对施工图设计图纸及预算的完整性进行核查,确保其完整性,不出现重大缺漏,并组织设计单位将建筑方案的设计成果向有关政府部门进行意见征询
1.3	施工图及预算备案	

续表

序号	工作及审批事项	依据和成果文件
2	建筑工程施工许可证核发	
2.1	施工总承包单位招标	各建设单位应参考使用市级行业指导部门建立的"材料设备品牌库",并在招标文件中明确建设项目的材料设备品牌选用要求,形成《主要材料设备品牌推荐表》纳入招标文件,并在住建部门备案
2.2	地铁安全保护区工程施工作业对地铁结构安全影响及防范措施进行可行性审查	成果文件:取得《地铁安全保护区内工程施工作业对地铁结构安全影响及防范措施可行性审查意见书》
2.3	建设工程施工许可证核发	
3	施工准备	
3.1	施工临时用水报装	
3.2	施工临时用电报装	
3.3	临时建筑用地规划许可	如建设项目土石方、基坑支护、桩基础专项工程提前开工,该施工准备内容除建设工程开工验线在地下室主体结构施工前办理外,其余应在监理、施工合同签订后办理
3.4	占用、挖掘道路审批	
3.5	占用城市绿地和砍伐、迁移城市树木审批	
3.6	城市建筑垃圾处置(排放)核准	
3.7	建筑工程开工验线	
4	施工阶段	
4.1	城市排水许可	
4.1.1	污水第三方检测机构委托	
4.1.2	污水第三方检测报告	
4.1.3	城市排水许可	
4.2	特种设备施工告知	
4.3	气源接入点办理	
4.4	高压业扩新装	
4.5	建设项目用水报装	
五、竣工验收阶段		
1	防雷装置竣工验收审批	
2	建筑节能专项验收	
3	建设工程消防验收或备案抽查	
4	建设工程规划验收	
5	排水设施验收备案	各审批事项相关的工程施工内容全部完成后可组织五方责任主体进行专项验收工作
6	生产建设项目水土保持设施验收备案	
7	特种设备监督检验	
8	燃气交底、验收、移交	
9	工程竣工联合验收	
10	城建档案接收	
11	国有建设用地使用权及房屋所有权首次登记	

二、报批报建管理

报批报建工作是让建设项目合法化、合规化的过程，基于项目报批报建工作的复杂性、差异性、系统性，故其重要性毋庸置疑。如若报批报建工作存在缺失，将直接影响建设项目的顺利推进。

（一）报批报建人员能力和必备知识

1. 从技术层面，应全面熟悉掌握属地报批报建流程；

2. 从知识储备层面，必须清楚了解属地的《行政许可法》《城乡规划法》及项目规划图，增加必要的报批报建相关知识的储备；

3. 从沟通协调层面，因行政许可审批涉及的是最为繁琐且细致的工作，面临来自各方面的压力，报批报建人员应具备超强的协调与沟通能力；

4. 应提高自己的文字组织能力，应全面熟悉公文写作的规范，要做到合规范、有文采，分析问题有理有据；

5. 应根据项目总控进度计划编制报批报建专项进度计划，并督促各参建单位按时完成工作目标和工作计划。

（二）报批报建管理工作内容

1. 报批报建策划管理

全过程工程咨询单位进场开展工作后，针对项目所处阶段、已完成工作情况，梳理报批报建工作事项、流程及近期须开展的报建重点工作。必要时熟悉市/区报建所需资料的成果文件编制深度要求。

2. 制定报批报建专项进度计划

根据项目总控进度计划，合理安排报批报建专项进度计划，并应适当超前。专项进度计划应明确职责分工及所需成果文件的提交时间（图 3.5.3）。

3. 动态跟踪督办

通过报批报建专项会议，明确指定专职人员、会议制度、影响因素评估与分析、跟踪督办等事项。

（三）报批报建管理工作关注点

1. 厘清深圳市建筑工务署各阶段报批报建主体

深圳市建筑工务署项目管理工作由工程设计管理中心和各直属单位分阶段完成，以初步设计概算批复为移交节点。报批报建过程中须厘清报建主体单位，并与相关行政审批部门审批事项经办人进行充分沟通，避免在线审批监管平台出现建设单位名称不匹配现象，影响工作正常推进。

2. 评估使用单位提出调整意见对报批报建的影响

在报批报建管理过程中，应关注并评估使用单位提出的调整意见对已完成、正在进行报批报建事项的影响程度，并及时调整计划，同时向建设单位、使用单位进行汇报。

3. 关注行政审批部门发布的最新动态

项目建设过程中，行政审批部门有关审批事项有相应的调整，应实时关注发布的最新动态，并对工作内容和工作计划进行调整。

序号	审查事项	对接部门	对接人	需提交资料	任务分工 ✓:执行 ☆:配合						开始时间 计划完成	备注
					招采	造价	设计	报建	配合	监理		
一	**工程勘察作业对地铁结构安全影响及防范措施同可行性审查**	深圳市地铁集团有限公司	地保办	1 勘察计划与方案			☆			✓		
				2 勘察孔与地铁平、剖面位置关系CAD图（图纸上附表注明勘探孔、与地铁结构边线距离）		☆				☆		
				3 运营安全影响及防范措施可行性评估报告及评估机构的资质证明文件	☆		✓					
				4 《安全保障承诺书》				☆		✓		
				5 作业单位的资质证明文件	☆							
				6 地铁运营安全保护区内工程勘察作业审查信息表			☆		✓	☆		
五	**深圳市福田区临时建设工程设计方案批复**	福田区住房和建设局	福田住建局：	1 建设临时建筑的申请报告				✓		☆		区住房建设局自受理之日起十个工作日内完成审核，作出是否同意建设临时建筑的决定。同意建设的向申请人核发《深圳市临时建设工程设计方案批复》；不同意建设的，由区住房建设局依程序作退回处理，并向申请人书面说明理由。 http://www.gdzwfw.gov.cn/portal/guide/11440300007541 96 9A30114008003
				2 深圳市福田区临时建设工程申请表				✓		☆		
				3 申请人主体资格证明材料				✓		☆		
				4 同等土地使用权出让合同或土地证明材料复印件1份（验质件）				☆		✓		
				5 临时建筑设计方案（含总平面图、各层平面图、立面图、剖面图。总平面图应标明场地区域位置、场地范围（用地红线坐标）、拟建建筑物、主要建筑物与用地界线及相邻建筑物之间的距离、拟建建筑物名称、层数及有关技术经济指标等。立面图应标明建筑高度）			✓					
				6 遵守临时建筑管理规定的承诺书						☆		
				7 法律、法规、规章规定需提交的其他资料				✓		☆		
十一	**林木迁移**	福田区城市管理和综合执法局	面口：	1 《深圳市占用城市绿地和砍伐、迁移城市树木申请表》				☆		✓		深圳市城市管理和综合执法局网站（http://cgj.sz.gov.cn/）或广东政务服务网（http://www.gdzwfw.gov.cn 切换区域和部门-深圳市-深圳市城市管理和综合执法局）城市管理和综合执法局具体网址：http://www.gdzwfw.gov.cn/portal/guide/1144030000754196 9A30114008003
				2 承诺函				✓		☆		
				3 企业法人营业执照或法人证书			✓			✓		
				4 法定代表人身份证明书			☆		✓	☆		
				5 法人授权委托书			☆		✓	☆		
				6 现场照片及位置图	✓		✓		☆			
				7 实施占用城市绿地和砍伐、迁移城市树木的管理方案		☆	☆		✓			
				8 涉及轨道交通、燃气等管道铺设控制保护范围内活动的，请提供建设管理单位意见及双方签订的保护协议			☆			✓		
				9 公共绿地管理单位意见			☆		✓	✓		
				10 植物检疫部门意见			☆		☆	✓		
				11 红线图和树木权属人意见（其中包含涉及居民住小区的树木迁移砍伐公示结果）			☆		☆	✓		

图 3.5.3 报批报建事项梳理

三、报批报建流程

详见相关文件。

【相关文件】

《深圳市人民政府办公厅关于印发〈深圳市进一步深化工程建设项目审批制度改革工作实施方案〉的通知》

深圳市人民政府关于印发市政府投资项目策划生成管理办法的通知

深圳市"多规合一"信息平台运行管理规则

《深圳市政府投资建设项目施工许可管理规定》（第 328 号）

《深圳市政府投资项目审批流程和申报材料指引》

《深圳市政府投资建设项目报建审批材料汇编（含流程图电子版）》

《政府投资事项办事指南》

《政府投资事项开工前的审批目录》

《深圳市政府投资建设项目涉及土地规划调整和审批事项目录》

第六节　招标采购管理

一、工作内容

（一）项目管理

全过程工程咨询单位应参与或组织建立招标采购管理制度，确定招标采购流程和实施方式，规定管理与控制的程序和方法，经投资人确认后实施。

全过程工程咨询单位在招标采购阶段需要管理的内容有：

（1）对项目招标采购策划和实施流程进行管理。

（2）审核招标条件。

（3）审核招标公告、招标文件。

招标投标工作应符合有关合同、设计文件所规定的技术、质量和服务标准，符合进度、安全、环境和成本管理要求，全过程工程咨询单位应确保实施过程符合法律、法规及地方管理规定等要求。

（4）对项目招标采购策划和实施流程进行管理；首先需要确定项目是否属于必须招标的范围，然后再确定采用具体的招标方式。

必须招标的工程：

全部或者部分使用国有资金投资或者国家融资的项目（包括使用预算资金 200 万元人民币以上，并且该资金占投资额 10％以上的项目或使用国有企业事业单位资金，并且该资金占控股或者主导地位的项目）、集体资金投资的项目以及根据《必须招标的基础设施和公用事业项目范围规定》（发改法规〔2018〕843 号，附件 1）必须招标的项目，达到下列标准之一的，必须招标：

（1）施工单项合同估算价在 400 万元人民币以上；

（2）重要设备、材料等货物的采购，单项合同估算价在 200 万元人民币以上；

（3）勘察、设计、监理等服务的采购，单项合同估算价在 100 万元人民币以上。同一项目中可以合并进行的勘察、设计、施工、监理以及与工程建设有关的重要设备、材料等的采购，合同估算价合计达到前款规定标准的，必须招标。

（二）招标方式

（1）根据《中华人民共和国招标投标实施条例》，国有资金占控股或者主导地位的依法必须进行招标的项目，应当公开招标。

（2）属于应当招标但不属于应当公开招标的项目可采用邀请招标。

（3）依法必须进行招标的项目符合《中华人民共和国招标投标法》第六十六条、《中华人民共和国招标投标实施条例》第九条及《深圳市人民政府关于建设工程招标投标改革若干规定的通知》（深府〔2015〕73 号，以下简称 73 号文）第九条情形的，可不进行招标。

（三）招标策划

全过程工程咨询单位依据有关法律法规、项目可行性研究报告、全过程工程咨询合同及有关文件等组织招标策划，招标策划应包括下列内容：招标采购模式及合同模式的选择，标段划分，总承包与专业分包之间、各专业分包之间、各标段之间的界面划分，拟采用的合同范本等。

招标策划应考虑项目的类型、规模及复杂程度、进度要求、投资人的参与程度、市场竞争状况、相关风险等因素。

招标策划应在项目招标采购阶段开始之前完成。对于投资规模大、建设期长、对于社会经济影响深远的项目，宜从项目决策阶段开始。

招标策划应遵循有利于充分竞争、控制造价、满足项目建设进度要求以及招标投标工作顺利有序进行的原则进行。

招标策划应经过相关部门审核，并经投资人批准后实施。必要时，招标策划应按规定进行变更。

全过程工程咨询单位按照国家现行的有关规定和标准、规范、示范文本等编制或审核招标文件时，应结合招标项目的特点和需要。招标文件应当包括招标项目的技术要求、对投标人资格审查的标准、投标报价的要求和评标标准等所有实质性要求和条件以及拟签订合同的主要条款。

招标文件审核的主要内容包括：

（1）招标范围是否准确；

（2）投标人的资格要求是否符合相关法规规定、项目本身的特点和需求；

（3）技术与质量标准、技术要求、进度要求是否满足项目要求；

（4）招标投标活动的进度安排是否满足整体项目进度计划要求；

（5）所附的合同条款是否满足投资人和项目的目标要求以及现行法律法规、相关规范的规定；

（6）评标方法是否符合科学、公平、合理的要求，是否符合项目性质。

根据 73 号文第三条规定，建设工程招标投标实行招标人负责制，下列事项属于招标人责任和权力范围，建设行政主管部门工作人员不对其进行复核，由招标人对其合法性负责。

（1）招标人确保符合 73 号文及相关法规的事项

招标人应按 73 号文及相关法规对下列事项的合法合规性进行审查，对其合法合规性负责：

①否决性条款单列　招标文件中否决投标文件条款是否按 73 号文第十四条、第三十三条规定进行单列；

②投标保证金　投标保证金是否在法规允许额度之内；

③履约担保与支付担保　要求中标人提交履约担保的，额度是否在条例允许额度之内，是否向中标人提交对等的支付担保；

④暂估价工程　暂估价工程额度是否符合 73 号文第二十二条规定；

⑤有关评审人员　资格审查委员会、评标委员会、定标委员会的组建方式和人数是否符合 73 号文第二十三条、第三十七条至第三十九条、第四十七条规定。

（2）招标人有权自主确定的事项　招标人有权根据招标项目的实际情况自主确定合同条款、技术要求等事项，并对其公平性、公正性负责。

①发包内容及标段划分　确定发包内容、标段划分，并确保发包内容与资质要求相对应；

②评标定标方法及程序　在 73 号文规定的方法中自主选择，并对招标结果负责，确定开标、评标及定标的具体程序及相关约定，并确保程序公开、公平和公正；

③商务合同条款　主要包括合同通用条款、合同专用条款、投标报价相关约定等，具体还包括工程计价方法、质量目标、工期目标、招标控制价公示、最高报价限价（政府工程需确保该价格不超出概算中建安费用）、付款方式与付款条件、工程担保、奖罚条款等；

④技术条款　确保技术规格、技术要求符合公平原则；

⑤投标文件内容　确定投标文件中资信标、技术标和商务标需提交的具体内容、格式，并确保符合公平原则；

⑥符合 73 号文规定的其他事项以及 73 号文未禁止事项。

（四）招标过程管理

全过程工程咨询单位按照《中华人民共和国招标投标法》和《中华人民共和国招标投标法实施条例》等法律法规规定的程序，遵循公开、公平、公正和诚实守信的原则，完成项目的招标过程管理。

全过程工程咨询单位应编制或审核招标进度计划并严格执行。

全过程工程咨询单位应针对项目的需要，组织专业咨询工程师在开标后、定标前，对投标报价进行分析，对需要清标的项目编制清标报告成果文件。清标报告应包括清标报告封面、清标报告的签署页、清标报告编制说明、清标报告正文及相关附件。清标报告正文宜阐述清标的内容、清标的范围、清标的方法、清标的结果和主要问题等。

全过程工程咨询单位须根据项目实际情况，依据现行的合同示范文本，科学合理拟订项目合同条款。

招标程序：建设工程一般招标程序为：招标项目计划发布、发布招标公告及招标文件、截标、资格审查、开标、淘汰入围、评、定标等。

1. 招标项目计划备案

对依法必须招标的项目，招标人应于招标公告发布前在深圳公共资源交易网发布招标计划，招标计划应包括项目名称、项目类型、招标估价、招标方式及预计招标时间等内容。招标计划可采用定期或适时的方式发布，但与招标公告的发布时间间隔不少于 30 日。

招标人未按上述要求发布招标计划的，原则上不得开展招标投标活动（应急抢险工程除外）；不能按计划开展招标投标活动的，应及时根据项目实际调整发布招标计划。

2. 招标公告备案

招标人应将招标项目相关技术指标在招标公告中予以明确，在严格执行工程项目基本建设程序的基础上，对深圳市范围内依法必须招标的项目，全面推行招标备案"秒批"。招标人应按照《关于进一步优化建设工程招标备案工作的通知》（深建市场〔2021〕21 号）填报招标备案申请，并对上传资料的真实性、准确性、合法性负责。上传内容完整的项目即时通过备案。有关行政监督部门应根据《通知》要求对备案材料进行复核，加强事中事后监管。通过备案后的招标公告将于深圳公共资源交易网网站发布。

3. 公布招标控制价

采用工程量清单方式编制招标控制价的，招标人应进行控制价公示。公布的招标控制价内容应当包括工程总价、分部分项工程量清单计价合计、措施项目清单计价合计、其他项目清单计价合计、税金和规费合计。其中安全文明措施费、暂列金额、暂估价等投标人不可竞争的固定报价另外单列。

对于不具备编制招标控制价条件的，招标人可以根据经批准的工程概算、造价指标或者通过市场询价等方式设置最高报价限价，按暂定价进行控制价公示。

4. 截标或报名截止

截标后，正式投标人数满足下列人数的，可进入下一招标程序：

（1）采用资格预审或者投标报名，确定的正式投标人数量 5 名以上的，或者提交投标文件的投标人数量 3 名以上的。

（2）采用资格后审，提交投标文件的投标人数量 3 名以上的。

（3）采用批量招标的，提交投标文件的投标人数量大于拟定中标人数量加上 2 名的。

5. 资格审查

招标人应当对投标人进行资格审查，资格审查不合格的投标人不得进入后续程序。招标人可以组建资格审查委员会对投标人资格进行审查。资格审查委员会成员数量为 3 人以上单数，招标代理人员参与资格审查的，其人员不得超过总人数的 1/3。招标人根据招标公告明确的资格审查方法对投标人进行资格审查，资格审查不合格的投标人不得进入后续程序。

资格审查方法分为以下几种：

（1）资格预审方式：资格预审是指招标人在投标前对提交资格预审申请文件的潜在投标人进行资格审查，招标人按资格预审文件中的方式确定正式投标人，方案设计招标及《深圳市住房和建设局关于明确建设工程招标相关事宜的通知》（深建规〔2018〕3 号，附件 14）第二点中要求提供设计方案的 EPC 招标可以采用资格预审。

（2）资格后审方式：资格后审是指招标人组建资格审查委员会在截标后、开标前对投标人资格进行审查，施工、监理招标一般采用资格后审方式。

（3）投标报名方式：投标报名是指招标人在投标前对报名投标的潜在投标人进行资格

审查，货物、服务项目招标可以采取投标报名方式。

6. 开标

开标由招标人在深圳公共资源交易网进行，招标人需按开标程序分步对电子投标文件各部分进行导入，按招标文件规定宣布为不予受理情形的投标文件，不予进入下一步程序。

7. 淘汰入围

对于开标后合格的投标人数量超过 20 名的，招标人应当采用票决法淘汰部分投标人，但进入后续评标程序的投标人数量应当为 15 至 20 名。招标人应在招标公告备案前依据相关规定制定该项目的定标方案（含入围规则），并依据入围规则及清标报告进行择优入围。具体淘汰办法在招标文件中明确规定。

8. 评标

评标方法一般为定性评审法。需要评标的工程，招标人应当组建评标委员会，并在深圳公共资源交易网公布评标委员会成员名单。除评标当天补抽情形、保密项目、招标人需当天抽取的特殊项目外，其余项目均在评标会开始前一个工作日抽取评标专家。

评标委员会的专家成员应当由招标人从评标专家库内按照专业随机抽取，但来自同一单位的评标专家不得超过 2 人。组建施工招标的评标委员会，技术标评标委员会成员数量为 5 人以上单数，商务标评标委员会成员数量为 3 人以上单数，招标人可以各委派一名代表作为技术标和商务标的评标委员会成员。组建服务、货物招标的评标委员会，评标委员会成员数量为 5 人以上单数，招标人可以委派一名评标代表。

对于技术复杂、专业性强或者有特殊要求的建设工程，因评标专家库没有相应专业库，或者评标专家库现有专家难以胜任该项评标工作的，招标人提交招标公告备案前取得建设行政主管部门书面同意意见后，可从自行提供的专家库中随机抽取专家进行评标，自行提供的专家库中应保证能出席专家人数是抽取专家人数的三倍以上。

对于方案设计项目以及按规定可以设置同类工程经验（业绩）的施工类项目，经向建设行政主管部门事先报备，招标人可以采取以下方式组织评标：

（1）邀请中国科学院院士、中国工程院院士或者国内知名的相关工程领域专家、学者进行评标；

（2）评标过程设置质询和澄清环节，质询和澄清内容应当书面记录，作为评标报告组成部分，并不得超出投标文件范围或者改变投标文件实质性内容；

（3）按照项目需求确定评标时间和评标地点。

9. 定标

招标人应在招标公告备案前依据相关规定制定该项目的定标方案，在定标时依据定标规则及清标报告进行择优定标。在定标过程中，应当坚持择优与竞价相结合，择优为主。招标人可采用票决定标法、票决抽签定标法、集体议事法、价格竞争定标法在评标委员会推荐的合格投标人中确定中标人，限制采用直接抽签方式进行定标，具体定标程序按招标文件约定执行。

招标人应当自评标结束后 10 个工作日内进入交易中心进行定标。方案设计招标的招标人应当在评标结束后 30 日内确定中标人。不能按时定标的，应当通过深圳公共资源交易网公示延期原因和最终定标时间。

（五）招标时限

1. 一般招标时限要求

（1）采用投标报名方式招标的，招标公告自开始发布至投标报名截止不得少于 5 个工作日。对招标公告的质疑应当在投标报名截止 3 日前提出，答疑、补遗应当在投标报名截止 2 日前发出，逾期答疑、补遗的，截止时间应当相应顺延。

（2）采用资格预审方式招标的，资格预审公告自开始发布至提交资格预审申请文件截止不得少于 10 日。对招标公告的质疑应当在提交资格预审申请文件截止 5 日前提出，答疑、补遗应当在投标报名截止 3 日前发出，逾期答疑、补遗的，截止时间应当相应顺延。

（3）采用资格后审方式招标的，招标文件应当与招标公告同时发布，招标公告自开始发布至提交投标文件截止不得少于 20 日。对招标公告的质疑应当在截标时间 10 日前提出，答疑、补遗应当在截标时间 5 日前发出，逾期答疑、补遗的，截标时间应当相应顺延。

（4）招标文件自开始发布至提交投标文件截止不得少于 20 日，方案设计招标的不得少于 30 日。

（5）招标公告发布后，招标人若变更投标人资格条件、评标定标方法等实质性条款的，应当重新发布招标公告。

（6）施工类及货物类最迟应当在提交投标文件截止 5 日前在深圳公共资源交易网公布招标控制价、最高报价限价。

2. 特殊招标时限要求

（1）不编制技术标的简易程序

此类项目不要求投标人编制技术标书，不进行技术标评审的，招标文件自发布至提交投标文件截止不得少于 5 个工作日。

（2）重新招标

投标条件未发生变化的，招标人重新发布招标公告和招标文件的时间可以缩短，但不得少于原规定发布时间的 50％且不少于 5 个工作日。

二、基本工作流程

（一）深圳市建设工程招标平台介绍

深圳市建设工程招标平台主要包括深圳市建设工程交易行政监督平台和深圳市电子招标投标系统交易平台，具体如下：

1. 深圳市建设工程交易行政监督平台（http：//zjj.sz.gov.cn/xxgk/ztzl/jsjd/）：主要用于招标项目的报建以及招标环节中多项业务的备案申请提交和备案。具体包括项目登记备案、招标（资审）公告备案、资格预审文件备案、招标文件（含变更澄清）备案、招标控制价备案、招标方式变更备案等内容。

2. 深圳市电子招标投标系统交易平台（https：//www.szggzy.com/dzzbtbjyxt/）：主要用于经备案后的招标项目的交易执行。具体包括招标项目计划、质疑记录、审核报名文件、资格预审、资格审查、会议安排、开标、入围、专家抽取、评标、定标成员及清标报告录入、定标、打印中标通知书等内容。

总体说明：各招标项目需先由招标人在监督平台上向项目备案部门提交备案申请，备案申请通过后才能在交易平台招标公告发布与公示，并进入交易平台进行后续招标投标活动。

（二）招标业务流程图示

1. 投标报名业务流程图（图 3.6.1）

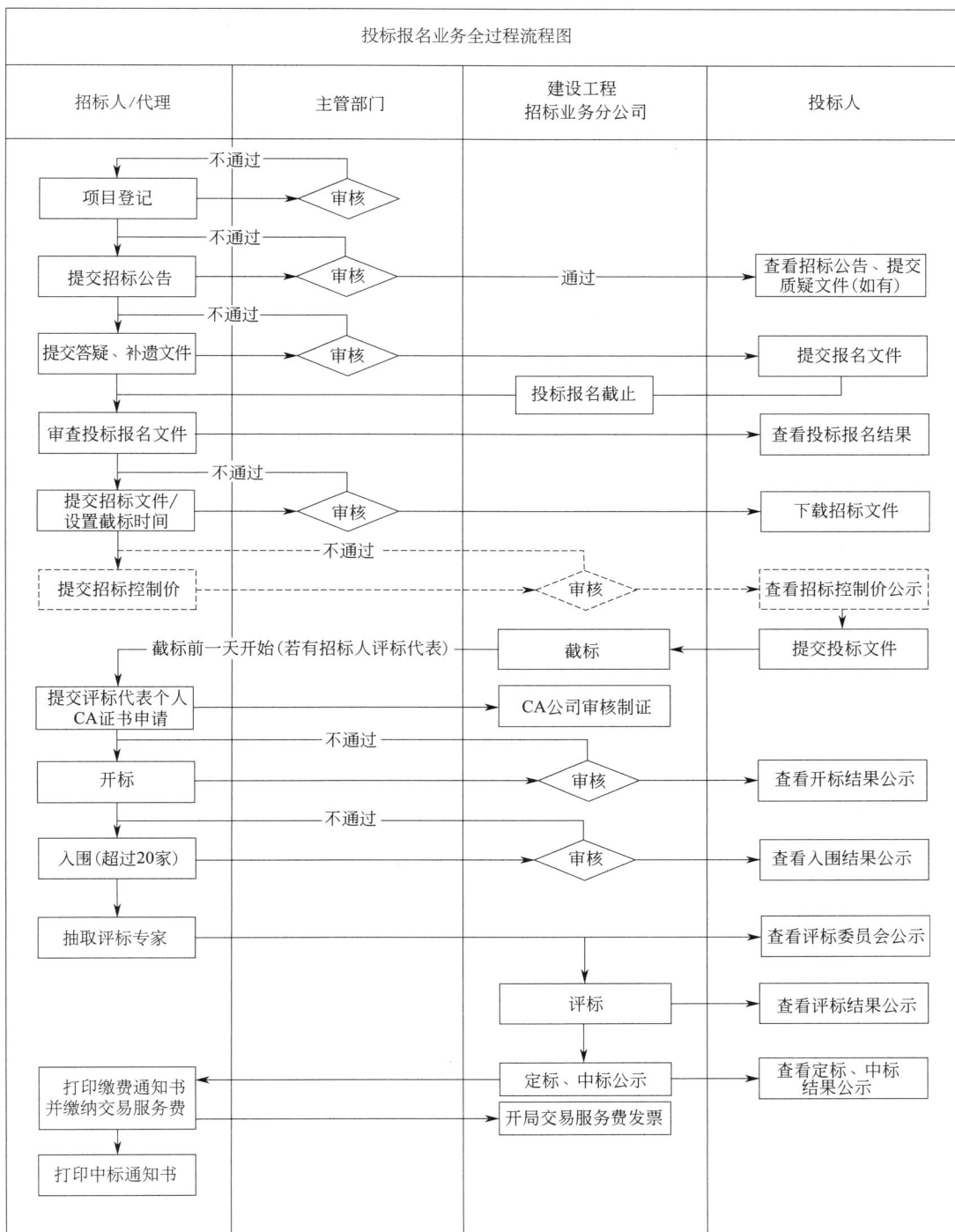

投标报名业务全过程流程图			
招标人/代理	主管部门	建设工程 招标业务分公司	投标人

项目登记 —不通过— 审核

提交招标公告 —不通过— 审核 —通过— 查看招标公告、提交质疑文件（如有）

提交答疑、补遗文件 —不通过— 审核 提交报名文件

投标报名截止

审查投标报名文件 查看投标报名结果

提交招标文件/设置截标时间 —不通过— 审核 下载招标文件

提交招标控制价 —不通过— 审核 查看招标控制价公示

截标前一天开始（若有招标人评标代表） 截标 提交投标文件

提交评标代表个人CA证书申请 CA公司审核制证

开标 —不通过— 审核 查看开标结果公示

入围（超过20家） —不通过— 审核 查看入围结果公示

抽取评标专家 查看评标委员会公示

评标 查看评标结果公示

打印缴费通知书并缴纳交易服务费 定标、中标公示 查看定标、中标结果公示

开局交易服务费发票

打印中标通知书

图 3.6.1　投标报名业务流程

2. 资格预审业务流程图（图 3.6.2）

资格预审业务全过程流程图			
招标人/代理	主管部门	建设工程 招标业务分公司	投标人

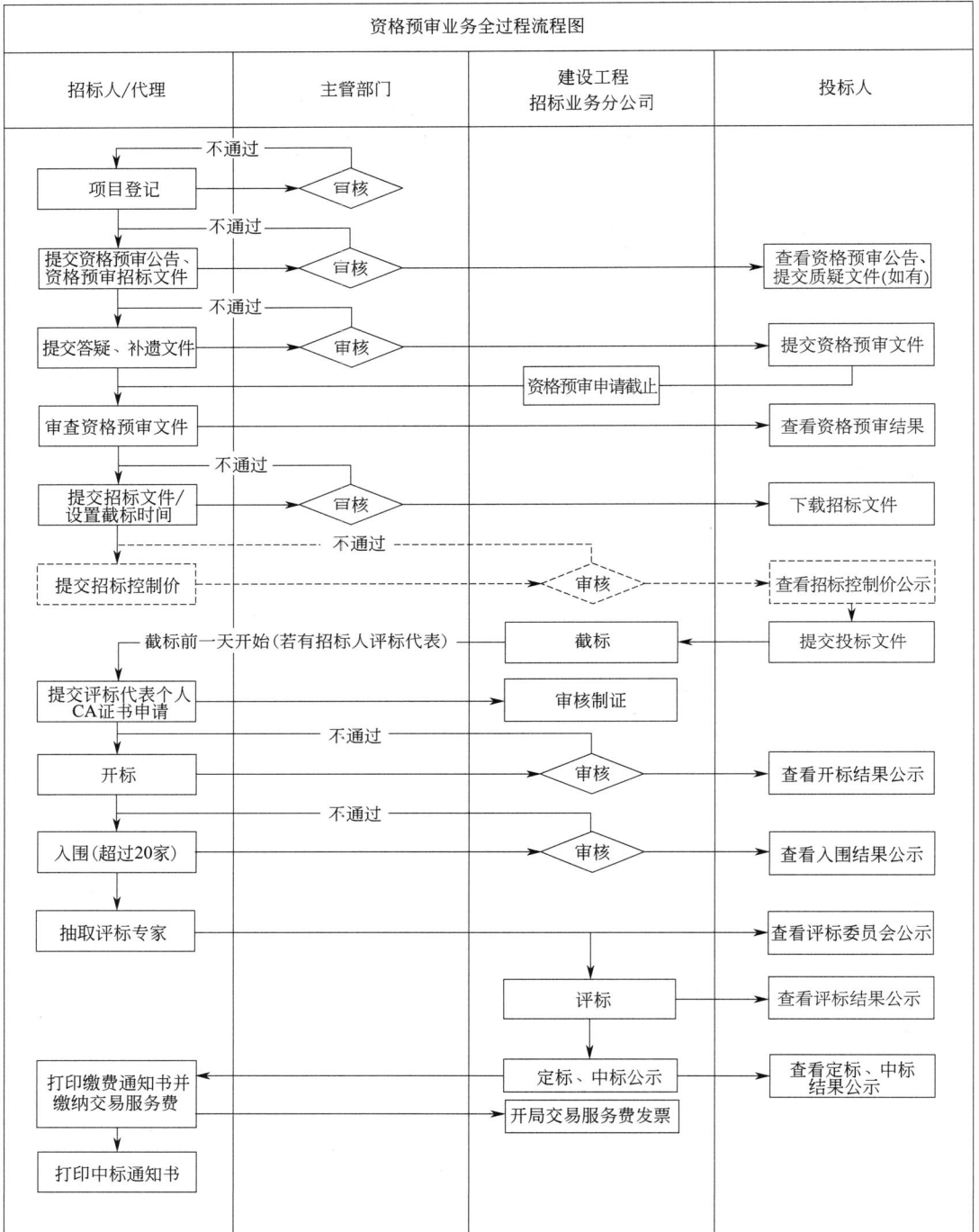

图 3.6.2　资格预审业务全过程流程图

3. 资格后审业务流程图（图 3.6.3）

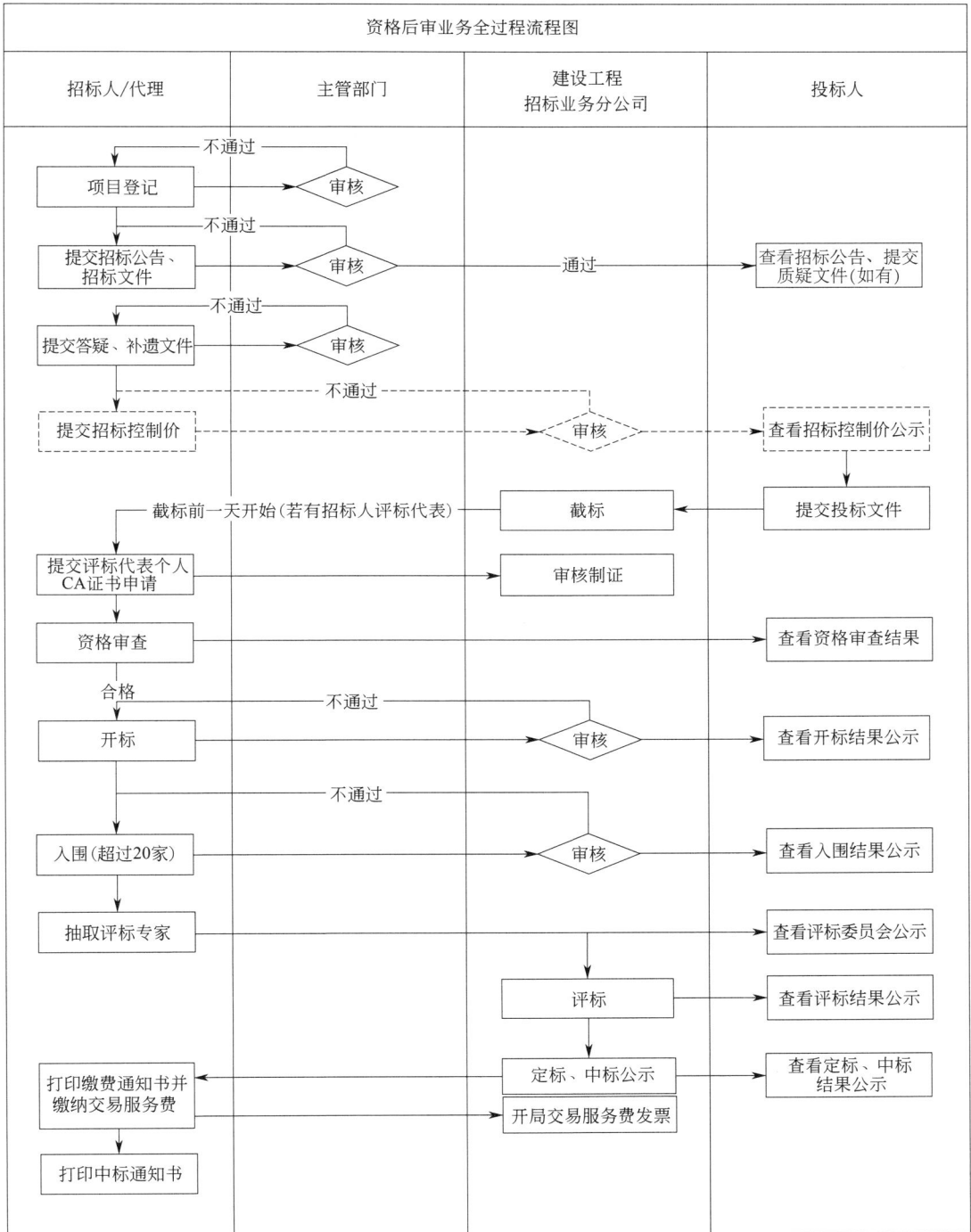

图 3.6.3　资格后审业务流程

4. 招标备案材料清单

为深入贯彻国家、省、市有关持续深入推进"放管服"改革工作部署，助力打造市场化、法治化、国际化营商环境，深圳市已全面实施备案"秒批"，进一步落实招标人负责制精神，在严格执行工程项目基本建设程序的基础上，由招标人（或委托的招标代理机构）按照备案材料清单（详见附件）要求填报招标备案申请，上传内容完整的项目即时通过备案。备案通过后需对招标文件进行必要澄清或者修改的，招标人应自主申报答疑、补遗文件，申报材料实时对外发布。招标人应对所有填报信息及上传资料的真实性、准确性、合法性负责，并承担相应法律责任（表3.6.1）。

招标备案材料 表 3.6.1

序号	材料名称	材料形式	备注
1	立项文件之一： ①立项文件 ②深圳市社会投资项目备案证	电子化	政府投资项目前期服务招标须提供资金已落实的计划性批复文件,施工招标须提供概算批复文件
2	资质设置说明(含项目经理)	电子化	
3	风险自担承诺书	电子化	不要求投标人编制技术标书的需提供
4	不设置"霸王条款"的承诺书或设置"霸王条款"的申明	电子化	招标人根据《关于在施工招标中增加不设置"霸王条款"承诺等内容的通知》(深建市场〔2019〕7号)自主选择
5	招标控制价、最高报价限价文件	电子化	招标控制价文件需加盖编制、复核人执业印章、招标人公章、咨询公司公章(如委托咨询公司编制时需提供),最高报价限价文件需加盖招标人公章;上述文件最迟应当在截标5日前发布
6	代建合同	电子化	代建项目需提供
7	申请人经办人的身份证明材料： ①建设单位(代建单位)法定代表人证明书 ②法定代表人授权委托书、被委托人身份证	电子化	
8	招标代理需提供材料： ①招标代理合同 ②法定代表人证明书 ③法定代表人授权委托书、被委托人身份证	电子化	有招标代理时提供

（三）招标过程办事指南

1. 资格后审工程招标流程：企业信息登记→数字证书办理→招标项目登记→发布招标公告→发布招标文件→招标控制价公示（施工类）→截标→资格后审→开标→入围（超过20家）→抽取评标专家→评标→定标→缴纳交易服务费→打印中标通知书。

2. 资格预审工程招标流程：企业信息登记→数字证书办理→招标项目登记→发布招标公告及资格预审文件→接收资格预审申请文件→审核资格预审申请文件，并发布资格预审结果→发布招标文件→招标控制价公示（施工类）→截标→开标→抽取评标专家→评标→定标→缴纳交易服务费→打印中标通知书。

3. 投标报名工程招标流程：企业信息登记→数字证书办理→招标项目登记→发布招标公告并报名→审核报名资料并提交报名结果→发布招标文件→招标控制价公示（施工类）→截标→开标→入围（超过 20 家）→抽取评标专家→评标→定标→缴纳交易服务费→打印中标通知书（图 3.6.4～图 3.6.12）。

事项内容	建设工程数字证书办理
法律依据	《深圳市人民政府印发关于建设工程招标投标改革若干规定的通知》（深府【2015】73 号）《关于进一步完善建设工程招标投标制度的若干措施》（深建规【2020】1 号）
条 件	凡已在深圳市住房和建设局备案或深圳交易集团有限公司建设工程招标业务分公司完成信息登记，需要使用证书进行履约评价、办理施工许可、合同备案、电子标书编制系统、电子评标系统、网上招标、网上投标业务的各类企业和个人，均须申请办理相应的数字证书。
数量及方式	具体详见附件
申请材料	附件 1：建设工程数字证书办事指南（深圳 CA）附件 2：建设工程数字证书办事指南（网证通 NETCA）附件 3：建设工程数字证书办事指南（广东 CA）附件 4：建设工程数字证书办事指南（北京 CA）附件 5：建设工程招标人评委代表数字证书办事指南（深圳 CA）
申请受理机构	数字证书办理机构
办理时间	具体详见附件
办理地点	数字证书办理机构
咨询电话	深圳 CA：400-112-3838、0755-23489204 网证通 NETCA：400-830－1330 广东 CA：95105813 北京 CA：0755-82752750-820，19878410225
事项程序	1、已在深圳市住房和建设局备案或深圳交易集团有限公司建设工程招标业务分公司完成信息登记；2、建设工程数字证书由第三方机构办理，办理机构现场受理申请资料；3、经办人根据各数字证书办理机构的要求领取建设工程数字证书；（详情请咨询各数字证书办理机构）
时 限	具体参照数字证书机构办理时限

图 3.6.4 建设工程数字证书办事指南

事项内容	招标人进行招标控制价公示（依法依规需要进行招标控制价公示的项目）
法律依据	《深圳市人民政府印发关于建设工程招标投标改革若干规定的通知》（深府【2015】73 号）《关于进一步完善建设工程招标投标制度的若干措施》（深建规【2020】1 号）
条　件	已完成了招标控制价审定或编制的工程
数量及方式	无数量限制，符合条件即可
申请材料	附件：《招标控制价公示表》（加盖编制、复核人执业印章、招标人公章、咨询公司公章的原件扫描件）
申请受理机构	深圳交易集团有限公司建设工程招标业务分公司
办理时间	法定工作日上午 9：00-12：00，下午 14：00-17：00
办理地点	深圳公共资源交易网（http://www.szggzy.com/）
咨询电话	0755-83788603
事项程序	1、招标人使用本单位的机构数字证书或电子营业执照登录"深圳公共资源交易网"，选择"交易信息（建设工程）"打开"电子招标投标系统"进入"我要登录网上招标系统"提交招标控制价公示申请，并上传公示内容电子文件。招标控制价最迟应当在提交投标文件截止 5 日前在"深圳公共资源交易网"公布。 2、工作人员对拟公示内容进行核验，反馈意见。 3、通过核验的，招标控制价将在"深圳公共资源交易网"公示。
时　限	即到即办

图 3.6.5　招标控制价公示办事指南

事项内容	投标人依据招标人发布的招标公告要求办理
法律依据	参照《深圳市人民政府印发关于建设工程招标投标改革若干规定的通知》(深府【2015】73 号)、《关于进一步完善建设工程招标投标制度的若干措施》(深建规【2020】1 号)
条　件	1、投标人符合招标公告和相关法律法规要求 2、企业信息需备案登记并办理建设工程数字证书或电子营业执照; 3、投标员信息登记。(如有)
数量及方式	无数量限制,符合条件即可
申请材料	按招标公告要求提交
申请受理机构	深圳交易集团有限公司建设工程招标业务分公司
办理时间	投标报名/资格预审截止时间前
办理地点	深圳公共资源交易网(http://www.szggzy.com/)
咨询电话	0755-83788603
事项程序	1、投标人使用本单位的建设工程数字证书或电子营业执照登录"深圳公共资源交易网",点击"交易信息(建设工程)"打开"电子招标投标交易系统",选择"我要登录网上投标系统"。 2、选择报名工程,填写报名信息,确认报名,上传报名资料。 3、招标人使用本单位建设工程数字证书或电子营业执照登录"深圳公共资源交易网",查看报名情况,审核投标人报名资料,并提交审查结果。 4、报名截止后,投标人通过建设工程数字证书或电子营业执照登录,查看报名/预审结果。
时　限	投标报名/资格预审截止时间前

图 3.6.6　投标报名/资格预审办事指南

事项内容	办理截标事宜
法律依据	《深圳市人民政府印发关于建设工程招标投标改革若干规定的通知》（深府【2015】73号） 《关于进一步完善建设工程招标投标制度的若干措施》（深建规【2020】1号）
条件	投标人已提前办理以下手续： ①企业信息需备案登记并办理建设工程数字证书或电子营业执照； ②拟派建造师或总监理工程师信息备案；（如有） ③投标员信息登记。（如有）
数量及方式	无数量限制，符合条件即可
申请材料	投标文件
申请受理机构	深圳交易集团有限公司建设工程招标业务分公司
办理时间	法定工作日上午9：00-12：00，下午14：00-18：00
办理地点	网上截标：深圳公共资源交易网（http://www.szggzy.com/） 现场截标：深圳市福田区振华路8号设计大厦2楼窗口
咨询电话	0755-83788603
事项程序	**网上截标：** 　　1、投标人使用建设工程数字证书或电子营业执照登录"深圳公共资源交易网"，点击"交易信息（建设工程）"打开"电子招标投标交易系统登录"选择"我要登录网上投标系统"。 　　2、选择工程名称、项目经理（限施工工程）和联合投标人名称（限采用联合体投标方式）。 　　3、上传投标文件。 　　4、使用建设工程数字证书或电子营业执照对投标文件进行确认签名并提交。 **现场截标：** 　　投标人须携带投标文件和本单位的建设工程数字证书（或法人/投标员携带本人有效身份证件），在深圳市福田区振华路8号设计大厦2楼窗口办理截标事宜，同时领取回执。
时限	即到即办

图3.6.7　截标办事指南

事项内容	招标投标各类会议安排
法律依据	《深圳市人民政府印发关于建设工程招标投标改革若干规定的通知》(深府【2015】73 号)《关于进一步完善建设工程招标投标制度的若干措施》(深建规【2020】1 号)
条　件	截标后，投标人数量符合相关规定
数量及方式	无数量限制，符合条件即可
申请材料	无
申请受理机构	深圳交易集团有限公司建设工程招标业务分公司
办理时间	法定工作日上午 9：00-12：00，下午 14：00-18：00
办理地点	深圳公共资源交易网（http://www.szggzy.com/）
咨询电话	开、定标会议室安排：0755-83788603 评标会议室安排：0755-83781605
事项程序	招标人根据实际工作安排，通过建设工程数字证书或电子营业执照登录"深圳公共资源交易网"，选择"交易信息（建设工程）"打开"电子招标投标系统"进入"我要登录网上招标系统"预定开、评、定标会议场地。 **注意事项** 　　1. 会议应按预定的时间、地点召开，如有变动，招标人应及时在"深圳公共资源交易网"进行会议时间变更，避免造成会议室资源浪费。 　　2. 如有特殊情况，请及时与深圳交易集团有限公司建设工程招标业务分公司联系，进行协调处理。
时　限	即到即办

图 3.6.8　会议安排办事指南

事项内容	各类招标项目开标（入围）服务
法律依据	《深圳市人民政府印发关于建设工程招标投标改革若干规定的通知》（深府【2015】73号）
条　件	1、项目已完成截标且投标人数量符合相关法律法规要求 2、已按规定确定开标（入围）时间，安排开标（入围）会议室
数量及方式	无数量限制，符合条件即可
申请材料	网上开标（入围）：无 现场开标（入围）：投标截止时间前投标人递交的投标文件
申请受理机构	深圳交易集团有限公司建设工程招标业务分公司
办理时间	法定工作日上午9：00-12：00，下午14：00-18：00
办理地点	网上开标（入围）：深圳交易集团有限公司建设工程招标业务分公司交易平台 现场开标（入围）：深圳交易集团有限公司建设工程招标业务分公司
咨询电话	0755-83788603
事项程序	网上开标（入围）：招标人在深圳交易集团有限公司建设工程招标业务分公司交易平台进行投标文件的资格审查。 　　现场开标（入围）：招标人在开、定标会议室拆封投标文件，进行投标文件资格审查。 备注： 　　当资格审查合格的投标人数量超过20名时,招标人应按招标文件规定的方法将进入评标环节的投标人数量淘汰至15至20名。 　　开标（入围）结束后，招标人应将开标（入围）结果在"深圳公共资源交易网"公示。
时　限	开标（入围）会当天

图3.6.9　开标（入围）办事指南

事项内容	各类招标项目评标服务
法律依据	《深圳市人民政府印发关于建设工程招标投标改革若干规定的通知》（深府【2015】73号）《关于进一步完善建设工程招标投标制度的若干措施》的通知深建规〔2020〕1号
条 件	已完成开标且合格投标人数量符合相关法律法规 已按规定确定评标时间，安排评标会议室
数量及方式	无数量限制，符合条件即可
申请材料	**网上办理**：招标人通过数字证书或电子营业执照登录"深圳公共资源交易网-交易信息（建设工程）—电子招标投标交易系统登录—招标系统—专家抽取模块"，按要求填写，提交"抽取任务确认"进行网上抽取。 **现场办理**：因特殊原因，未提交"抽取任务确认"的项目到设计大厦3楼评标区办理现场抽取，需提交加盖单位公章的《评标委员会人员专业构成表》、《评标专家回避单位表》、招标人委派评审代表及工作人员参与评标的，需提供法定代表人证明书、授权委托书和身份证复印件。
申请受理机构	深圳交易集团有限公司建设工程招标业务分公司
办理时间	法定工作日上午9：00-12：00，下午14：00-18：00
办理地点	网上办理：深圳公共资源交易网（http://www.szggzy.com/） 现场办理：深圳市福田区振华路8号设计大厦3楼评标区
咨询电话	0755-83781605
事项程序	1、招标人在评标会前一个工作日进行网上专家抽取，开展评标事宜；如特殊原因未提交"抽取任务确认"的项目，招标人需在评标会前一个工作日到深圳市福田区振华路8号设计大厦3楼评标区递交申请材料，进行现场抽取工作，开展评标事宜。 2、评标完成后，招标人应将评标报告（含合格投标人名单）在"深圳公共资源交易网"公示3个工作日。 **重要提示** 1.招标人代表前来抽取评标专家及开展评标工作应携带建设工程数字证书； 2.《评标委员会人员专业构成表》和《评标专家回避单位表》，可在"深圳公共资源交易网"上"服务导航（建设工程）"的"资料下载"的"表格下载"中下载；（适用于现场抽取项目） 3.评标期间，招标人应当委派一名熟悉项目情况的工作人员协助评标，解答招标项目与招标文件的有关问题； 4.招标人如有委派评委代表参与评审的，应为评委代表办理数字证书。 5.采用现场抽取方式的项目，招标人委派评审代表及工作人员需提供法定代表人证明书、授权委托书和身份证复印件。
时 限	即到即办

图 3.6.10 评标办事指南

事项内容	各类招标项目定标服务
法律依据	《深圳市人民政府印发关于建设工程招标投标改革若干规定的通知》（深府【2015】73号）《关于进一步完善建设工程招标投标制度的若干措施》的通知深建规〔2020〕1号
条　件	按规定已安排定标会议室
数量及方式	无数量限制，符合条件即可
申请材料	招标人通过建设工程数字证书或电子营业执照登录"深圳公共资源交易网"（http://www.szggzy.com/）实名填写定标委员会成员名单及监督小组成员名单
申请受理机构	深圳交易集团有限公司建设工程招标业务分公司
办理时间	法定工作日上午9：00-12：00，下午14：00-18：00
办理地点	深圳交易集团有限公司建设工程招标业务分公司
咨询电话	0755-83788603
事项程序	招标人在评标结束后10个工作日内按招标文件规定组建定标委员会，在评标委员会推荐的合格投标人中择优确定中标人，定标结果应当即时在"深圳公共资源交易网"公示3个工作日。 **重要提示：** 1.定标委员会由招标人的法定代表人或者主要负责人组建。定标委员会成员原则上从招标人、项目业主或者使用单位的领导班子成员、经营管理人员中产生，成员数量为7人以上单数； 2.定标委员会成员应当由招标人从2倍以上符合上述条件的备选人员名单中随机抽取确定。法定代表人或主要负责人可以从本单位指定部分定标委员会成员，但总数不得超过定标委员会成员总数的三分之一； 3.定标委员会应当在定标会上推荐定标组长，招标人法定代表人或者主要负责人参加定标委员会的，由其直接担任定标委员会组长； 4.招标人应当组建监督小组对定标过程进行见证监督。
时　限	定标会当天

图 3.6.11　定标办事指南

事项内容	各类招标项目中标通知书打印
法律依据	《深圳市人民政府印发关于建设工程招标投标改革若干规定的通知》（深府【2015】73号）《关于进一步完善建设工程招标投标制度的若干措施》的通知深建规〔2020〕1号
条件	已完成中标结果公示，且已缴纳交易服务费
数量及方式	无数量限制，符合条件即可
申请材料	无
申请受理机构	深圳交易集团有限公司建设工程招标业务分公司
办理时间	全天
办理地点	深圳公共资源交易网（http://www.szggzy.com/）
咨询电话	0755-83788603
事项程序	招标人在中标公示之日起20个工作日内完成交易服务费缴纳，缴费完成后在招标子系统定标模块自行打印《中标通知书》。 温馨提示： 1、交易服务费缴纳详见《深圳交易集团有限公司收费信息（建设工程交易服务费）》 2、中标结果公示期满后30日内，招标人应当向中标人发出中标通知书，签订中标合同。
时限	即到即办

图3.6.12　中标通知书打印办事指南

三、关注点

（一）告知性备案主要复核哪些内容？

《建设工程招标投标告知性备案工作规则》（深建市场〔2016〕7号）规定：

一、建设行政主管部门复核范围

建设行政主管部门对下列事项进行合法合规性复核，告知招标人不合法合规问题所在。下列事项符合规定即予以备案。

1. 进场招标的前提条件

工程及货物：项目已立项为必备条件；其他条件：概算已批复或按73号文第十二条提

181

供"满足招标相关技术条件并承担招标失败风险责任"承诺书，与工程相关的服务类项目（勘察、设计、造价咨询、监理等）：项目已立项。市委市政府确定上马的民生工程在立项之前需要先行招标的，由招标人提出书面申请后，政府决议、会议纪要等依据视为"立项"。

2. 投标资格条件

复核招标人设置的投标资格条件是否符合73号文第二十四条至第二十七条、第二十九条至第三十一条、第三十三条规定。

3. 评标定标方法

复核评标定标方法是否为73号文中列明的方法。过多投标人淘汰是否符合73号文第三十六条规定。

4. 招标时限

复核各招标环节时限是否符合73号文第十五条、第十六条、第十九条、第二十三条、第三十一条、第三十二条、第四十三条、第四十九条、第五十二条规定。条文中"日"均指"日历天"。

（二）招标人应该对哪些事项的合法合规性进行审查？

具体参见《建设工程招标投标告知性备案工作规则》深建市场〔2016〕7号文或咨询市住建局建筑市场与招标投标监管处。

《建设工程招标投标告知性备案工作规则》（深建市场〔2016〕7号）：

（一）招标人确保符合73号文及相关法规的事项

招标人应按73号文及相关法规对下列事项的合法合规性进行审查，对其合法合规性负责。

1. 否决性条款单列

招标文件中否决投标文件条款是否按73号文第十四条、第三十三条规定进行单列。

2. 投标保证金

投标保证金是否在法规允许额度之内。

3. 履约担保与支付担保

要求中标人提交履约担保的，额度是否在条例允许额度之内，是否向中标人提交对等的支付担保。

4. 暂估价工程

暂估价工程额度是否符合73号文第二十二条规定。

5. 有关评审人员资格

审查委员会、评标委员会、定标委员会的组建方式和人数是否符合73号文第二十三条、第三十七条至第三十九条、第四十七条规定。

（三）招标人有权自主确定的事项有哪些？

《建设工程招标投标告知性备案工作规则》（深建市场〔2016〕7号）：

（二）招标人有权自主确定的事项

招标人有权根据招标项目的实际情况自主确定合同条款、技术要求等事项，并对其公平性、公正性负责。

1. 发包内容及标段划分

确定发包内容、标段划分，并确保发包内容与资质要求相对应。

2. 评标定标方法及程序

在 73 号文规定的方法中自主选择，并对招标结果负责。确定开标、评标及定标的具体程序及相关约定，并确保程序公开、公平和公正。

3. 商务合同条款

主要包括合同通用条款、合同专用条款、投标报价相关约定等，具体还包括工程计价方法、质量目标、工期目标、招标控制价公示、最高报价限价（政府工程需确保该价格不超出概算中建安费用）、付款方式与付款条件、工程担保、奖罚条款等。

4. 技术条款

确保技术规格、技术要求符合公平原则。

5. 投标文件内容

确定投标文件中资信标、技术标和商务标需提交的具体内容、格式，并确保符合公平原则。

6. 符合 73 号文规定的其他事项以及 73 号文未禁止事项。

第七节　投资管理

全过程投资管理系运用现代项目管理的方法，以项目造价管理为核心，以合同管理为手段，以信息化动态管理为工具，在项目建设各个阶段、各个环节进行的有关工程、货物、服务等方面的投资管理活动，以实现全要素综合成本最低、全生命周期投资价值最优、全参与方综合效益最好的目标。可划分为项目决策、勘察设计、招标采购、工程施工、竣工验收五个阶段。

一、投资管理总体要求

1. 制定投资管理策划：明确投资控制目标，制订投资管理制度、措施和工作程序，制定资金使用计划，制定预结算编制计划；做好项目决策、勘察设计、招标采购、工程施工、竣工验收各阶段的投资控制。

2. 投资过程管控：在确保设计安全性的前提下，在各不同设计阶段，审查设计单位设计文件及图纸的经济性和合理性，建立变更管理台账、支付控制台账等，全过程动态管理项目投资工作，提供专项报告并定期呈报。

3. 项目可研估算、项目概算报审文件的审核：

（1）建安费单方指标合理性审核，建安费单方指标类似项目对比，建安费条目的完整性审核；

（2）工程建设其他费列项及计费依据；

（3）估算、概算表与文本内容一致性检查；

（4）计费标准及文件是否更新并符合要求；

（5）项目建设必要性、需求分析、建设规模、初步建设方案、环境评价、投资估算审核；

（6）主要材料及设备价格合理性审核及对部分材料设备进行询价；

（7）审核概算编制单位提供的土建模型，并审核计价文件中工程量正确性；

（8）配合发改委、评审中心评审工作，以批复的建安工程投资为依据，监督设计单位限额设计。

4. 组织专题会议：定期组织召开各类造价专题会议：概算阶段专题评审会，招标阶段工程量清单、招标控制价讨论专题会，限额设计专题会、可研及概算申报交底会、合同清单核查交底、设计变更交底、结算交底等专题会议。

5. 工程结算申报：组织审核竣工结算，督促各方在指定的时间内进行工程结算的申报，在约定时间完成工程结算的审核并配合报送深圳市财政评审中心或审计部门审定。

6. 投资控制总结：竣工验收后提交项目的工程投资总结。报告内容包括但不限于：工程概况及建设全过程情况、造价咨询工作手段、管理情况，设计变更的内容、原因，造价审计中存在的问题及解决办法，对项目造价管理工作的评价与分析（包括但不限于概算与结算情况对比分析），工程遗留问题的总结与分析，并提出合理的建议。

二、项目决策阶段投资管理

投资估算贯穿于整个建设项目投资决策过程之中，投资决策过程可划分为项目建议书阶段，初步可行性研究阶段及详细可行性研究阶段，因此投资估算工作也分为相应三个阶段。不同阶段所具备的条件和掌握的资料不同，对投资估算的要求各不相同，总体而言，投资估算应内容全面、费用完整、计算合理，其准确度及细化程度应随项目决策的推进逐步提高。

（一）投资估算管理工作内容

1. 负责投资匡算、投资估算的审核，配合建设单位组织专家评审会议。审核内容包括：
（1）建安费单方指标合理性审核；
（2）建安费单方指标类似项目对比；
（3）工程建设其他费列项及计费依据；
（4）估算表与文本内容一致性检查；
（5）计费标准及文件是否更新并符合要求；
（6）建安费条目的完整性审核；
（7）审核投资估算内容全面、费用构成完整、计算合理。

2. 配合项目建议书、可研的报审工作，以及与发改部门、评审中心沟通、协调，确保评审结果的合理性。

3. 投资匡算和投资估算对比：包括建筑规模变化、新增内容、建设标准变化、价格变化、地质通信电力情况变化等方面投资对比分析。

4. 主要技术经济指标分析：包括总投资指标、建安总指标、分专业分项指标、同类项目指标、影响因素（常规项和非常规项）分析。

（二）投资估算管理工作要点

1. 投资估算内容完整、齐全，建设内容、规模与设计方案一致，避免多项、漏项情况。

2. 提出优化建议：在项目建设总体需求研究的基础上，根据调研、论证、规划方案设计等工作成果，对可行性研究报告提出优化意见，对可能出现的可研修编可能性实时报告并提出建议。

3. 各方案经济比选：对建设方案和设计各阶段的不同设计方案或同一设计方案的不同建设要求，进行经济比较和分析。综合考虑技术和经济效益，运用价值工程原理，对不同方案的全要素综合成本、全生命周期投资价值、全参与方综合效益进行分析，确定或推荐最优方案。

4.判断投资控制方向和疑难问题：根据国家、深圳市的相关规范、政策，对项目用地面积、建筑面积、建设规模、工程建安造价指标进行系统分析，并根据对项目场地与项目功能、规模的分析，判断投资控制的方向和可能出现的疑难问题。

（三）投资估算管理工作流程（图 3.7.1）

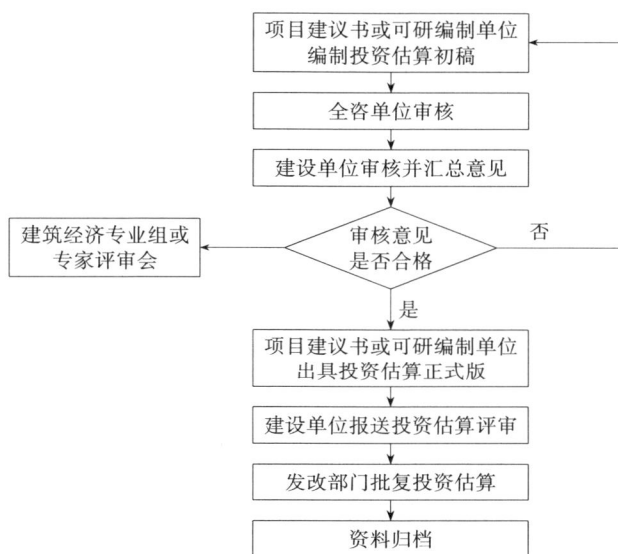

图 3.7.1　投资估算管理工作流程

三、勘察设计阶段投资管理

勘察设计阶段的投资管理是建设工程投资管理的重要环节，设计概算是初步设计文件的重要组成部分，加强设计阶段工程造价重点控制工作，可避免设计浪费。协助设计单位在工程设计各个阶段的经济性分析，在满足功能需要的前提下，充分考虑节能减排、生态环保、项目投入使用后的运营维修成本等因素，运用限额设计、价值工程等方法进行设计比选，实现建设项目全生命周期成本最优。

（一）设计概算管理工作内容

1.负责设计概算的审核，配合发改委、评审中心概算评审工作，以批复的可行性研究报告中建安工程投资为依据，监督设计单位限额设计。审核内容包括：

（1）组织审核/复核建安费单方指标合理性；

（2）建安费单方指标类似项目对比；

（3）工程建设其他费列项及计费依据；

（4）概算表与文本内容一致性检查；

（5）计费标准及文件是否更新并符合要求；

（6）主要材料及设备价格合理性审核及对部分材料设备进行询价；

（7）组织审核/复核概算编制单位提供的成果文件，审核申报概算工程量计算式的一致性，审核计价文件中工程量正确性、组价合理性；

（8）组织审核/复核建安费条目的完整性；

（9）比较并分析设计概算费用与对应的投资估算费用组成，提出相应的比较分析意见和建议；

2. 组织概算全面审查工作，组织专家评审会议，根据项目特点参考同类工程经济指标进行对比分析。

3. 参与限额设计：按照投资或造价的限额对限额设计任务书进行审核，判断是否满足限额目标。

4. 配合概算报审工作，与发改评审部门进行沟通、协调，确保评审结果的合理性。

（二）设计概算管理工作要点

1. 概算编审依据的合法、有效、完整；

2. 概算成果文件的准确、全面、完整；

3. 考虑施工现场实际情况，结合必要的方案进行编审，并考虑一定幅度的风险费用；

4. 概算所对应的工程项目建设内容、建设规模、建设标准等符合已批准的可行性研究报告或立项批文，概算总额控制在投资估算内；

5. 设计文件、工艺技术与经济指标的匹配；

6. 材料设备的价格符合标准；

7. 取土弃土运距符合现场要求；

8. 措施项目计算符合现场要求；

9. 概算和投资估算对比分析。

（三）设计概算管理工作流程（图 3.7.2）

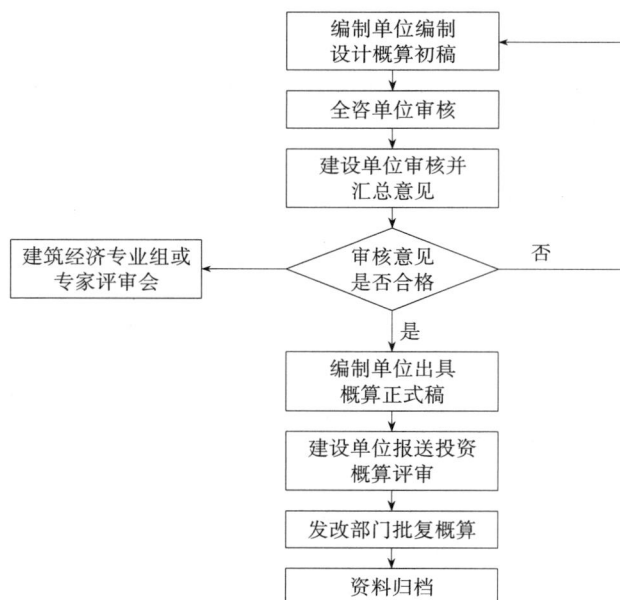

图 3.7.2 设计概算管理工作流程

四、招标采购阶段投资管理

招标采购阶段，招标控制价审核遵循客观、公正、合理的原则，招标控制价包含的内容和范围与招标采购文件一致，且包括完成招标采购清单（工程量清单）全部工作内容以及符合招标采购文件要求的全部费用与价格。综合单价（含人工、材料、设备、机械等价格）、措施费等定价符合编制时期的市场价格水平。本阶段经济指标分析，与投资控制分解书、目标成本、限额设计指标、设计概算阶段和施工图预算阶段的经济指标进行对比分析，确保所有指标均在相应指标和限额范围内。同时，与同时期类似项目的招标控制价或合同价进行对比分析，以确定招标控制价是否在合理价格水平内。

（一）招标控制价管理工作内容

1. 审核工程量清单，进行符合性审查与技术性审查：

（1）建设规模、内容、标准是否符合经批准的工程概算；

（2）工程内容与施工图纸、现场情况是否一致；

（3）基于项目可行性施工组织设计计价的措施费列项是否合理、准确；

（4）工程量是否存在明显缺项或遗漏，设计图中的工程量汇总是否按计算规则重新核实计算；

（5）项目特征是否清晰、全面、准确；

（6）计量单位是否符合规范要求；

（7）工程量计算规则是否符合规范要求；

（8）清单工程量是否与相应的计算式和模型计量匹配；

（9）是否存在与国标规范不符的；

（10）编写初步意见书，并督促造价咨询根据初步意见进行修正；

（11）审核工程量清单与招标文件中界面划分是否一致。

2. 审核招标控制价，进行符合性审查与技术性审查：

（1）是否按招标文件、拟签订合同的有关计价条款取费和编制；

（2）合同通用条款、专用条款、补充条款中有关计价条款是否响应招标投标内容；是否存在相矛盾和理解歧义的情况；是否存在约定不明确或不符合相关规定的情况；

（3）建设规模、内容、标准是否符合经批准的工程概算；

（4）工程内容与施工图纸、现场情况是否一致；

（5）基于项目可行性施工组织设计计价的措施费是否合理、准确；

（6）审查计价定额套用是否合理、有无明显漏洞；

（7）是否按招标控制价公布时最近一期造价站公布的信息价调整；

（8）对于有参考品牌的材料设备包括需另行考察的材料设备，是否按要求询价计价，价格水平是否存在明显错误；

（9）特殊材料价格是否符合市场实际；

（10）措施费计算是否存在明显错误或偏离施工组织设计的估值；

（11）各种费率是否正确选用（安全文明措施费、管理费率、利润率、规费、税率等）；

（12）暂列金额、专业工程暂估价、材料设备暂估价、奖金等是否正确计入总价，其设置是否合理、合规；是否存在施工图纸未深化导致清单子项过高或偏低的情况；

（13）招标控制价是否按分项概算严格控制，对超过概算项是否说明原因。

3. 协助开展清标工作：

（1）按照投标总价的高低或者招标文件规定的其他方法，对投标文件进行排序；

（2）根据招标文件的规定，对所有投标文件进行全面的审查，列出投标文件在符合性、响应性和技术方法、技术措施、技术标准等方面存在的所有偏差；

（3）按照招标文件规定的方法和标准，对投标报价进行换算；

（4）对投标报价进行校核，列出投标文件存在的算术计算错误；

（5）根据招标文件规定的标准，审查并列出过高和过低的投标价格；

（二）招标控制价管理工作要点

1. 审核工程量清单、招标控制价编制成果文件的完整性和规范性：

（1）编制依据是否正确，计价规范、取费文件是否符合规定；

（2）工程量清单是否存在明显缺漏项、明显错误；

（3）项目特征是否清晰、全面、准确。

2. 与批复概算中对应内容、费用进行比对：

（1）如超分项概算，但预计工程总费用不超过批复概算中建安造价与预备费之和的，项目组组织设计单位进行设计优化，降低工程造价。

（2）如预计工程总费用超过批复概算（简称"超概"），可通过控制材料设备的档次以达到控制造价的目的。如仍然超概则必须对设计进行评估，凡概算中没有的项目不得实施（此要求无论超概与否均要遵循）。通过上述手段仍然超概的，要找出超概问题所在，报告业主协调解决。

3. 对工程造价汇总、分部分项工程费、措施项目费、其他项目费、规费税金等分别进行审核：

（1）重点审查金额较大、工程量较大的清单子目，核实清单数量、价格的准确性。

（2）仔细核对措施项目清单，包括核对工程量清单的工程量和项目设置。措施项目费用的计算应根据常规的施工组织设计和特殊施工方案，计取范围、标准必须符合规定。

（3）暂列金额、暂估价是否按招标文件中约定的价格计算，是否符合招标投标政策文件规定。

（4）总承包服务费是否按招标文件的要求进行计算。

（5）拆除物的可再利用及折价情况是否已合理考虑。

（6）工程勘察报告等预算（标底）编制依据的结论是否存在误差，直接采用是否合理。

（三）招标控制价管理工作流程（图 3.7.3）

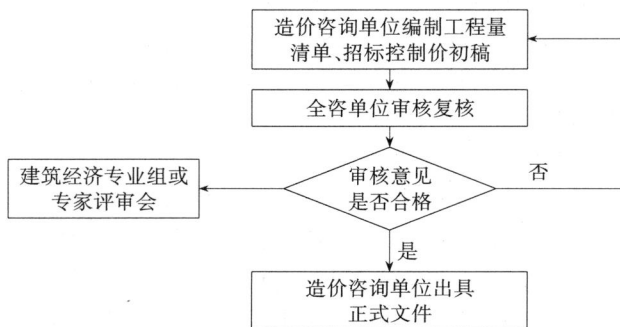

图 3.7.3 招标控制价管理工作流程

五、工程施工阶段投资管理

工程施工阶段投资管理，实施投资动态管理、规范合同价格调整工作、推行施工过程结算，保障投资效益。其中，合同价格调整包括对法律法规变化、市工程造价管理机构发布的工程造价调整政策、工程量清单复核（包括工程量偏差、清单缺陷、项目特征不符）、工程变更、签证（包括经确认的现场施工记录）、索赔、工料机调差、确定暂估价、确定暂列金额、提前竣工、延期竣工及赶工补偿、合同其他条款中确定的违约责任、应由发包人承担的不可抗力损失费用以及合同约定的其他调整事项。合同价格调整的审核内容，包括程序的合规性、方案的可行性和经济性、手续的完备性、资料的齐全性和时效性以及费用的准确性。合同新增单价涉及人工、材料、设备、专业工程、服务等询价与核价，市场调查与考察及时充分，比价分析合规合理，确保询价结果的可参考性和正确性。

（一）施工阶段投资管理工作内容

1. 编制项目资金使用计划并动态调整：根据建设项目进度计划编制资金使用报告，合理预测，动态管理项目投资工作，提供分析报告。

2. 审核工程计量与合同价款：对承包人已经完成的合格工程进行计量并予以确认，是发包人支付工程价款的前提工作，因此工程计量不仅是发包人控制施工阶段工程造价的关键环节，也是约束承包人履行合同义务的重要手段。

3. 协助进行甲供材料和设备的询价与核价工作：审核甲供材料设备核价申请、采购计划；组织、参与供应商考察和询价。

4. 审核工程变更、工程索赔和工程签证：参与设计变更事项会议、准备有关造价上会资料、工程变更审核、建立并维护变更台账、组织无信息价材料设备询价以及依据相应管理办法要求需完成的事项。

（二）施工阶段投资管理工作要点

1. 按施工合同约定对工程量清单复核、工程变更、工程索赔、工程签证和工料机调差等合同价款调整进行审核。

2. 在工程变更、工程签证确认前，对工程变更、工程签证可能引起的费用变化提出建议，并应根据施工合同的约定，对有效的工程变更和工程签证进行审核，计算工程变更、工程签证引起的费用变化，计入当期工程造价。对工程变更、工程签证等认为签署不明或有异议时，可提出建设单位与施工单位进行协商确定，如实行施工过程结算的，可对有异议项目提出双方委托社会中介机构出具暂定结算意见（暂定结算意见在竣工结算前被最终确认或修改）。

工程变更和工程签证的审核应包括下列内容：

（1）变更或签证的必要性、合理性；

（2）变更或签证方案的合法性、合规性、有效性（包括手续的完备性、资料的齐全性和时效性）；

（3）变更或签证方案的可行性、经济性。

3. 收到工程索赔费用申请报告后，在施工合同约定的时间内予以审核，并出具工程索赔费用审核报告，或及时提出申请人进一步补充索赔理由和依据（如需）。

工程索赔费用的审核包括下列内容：

（1）索赔事项的时效性、程序的有效性和相关手续的完备性；

（2）索赔理由的真实性和正当性；

（3）索赔资料的全面性和完整性；

（4）索赔依据的关联性；

（5）索赔工期和索赔费用计算的准确性。

4. 审核工程索赔费用出具审核报告，包括下列内容：

（1）索赔事项和要求；

（2）审核范围和依据；

（3）审核引证的相关合同条款；

（4）索赔费用审核计算方法；

（5）索赔费用审核计算细目。

5. 询价和核价的审核，包括下列内容：

（1）询价依据：施工合同约定、补充双方认可的询价办法、询价采购办法（深圳市）。

（2）询价原则：遵循公开公平、竞争择优、诚实信用原则。

（3）一般要求：综合考虑相应的设计参数、项目的市场定位以及市场行情等因素。尽量通过大型建材市场和平台，原则上报价单位不得少于三家。

（4）询价方式：①常规性询价：包括市场询价、电话询价、传真询价、网络询价、同类项目跟标；②竞争性谈判询价；③询价采购：参照《深圳市建设工程材料设备询价采购办法》，在施工单位通过询价采购网络服务平台采购前，造价咨询单位出具询价上限价报告。

（5）归档和台账：及时对询价资料进行归档整理，建立询价台账，并将询价结果录入价格信息库。

（三）工程施工阶段工作流程

1. 工程进度款审核流程（图 3.7.4）

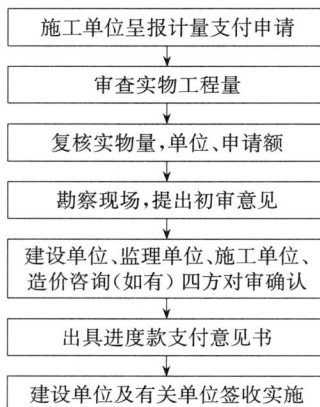

图 3.7.4　工程进度款审核流程

2. 工程变更、签证的审核工作流程（工程量清单复核、工料机调差等参照此流程）（图 3.7.5）

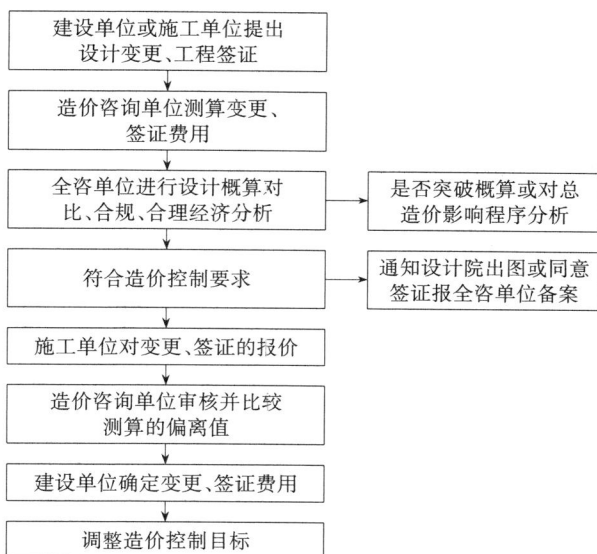

图 3.7.5 工程变更、签证的审核工作流程

3. 工程索赔的审核工作流程（图 3.7.6）

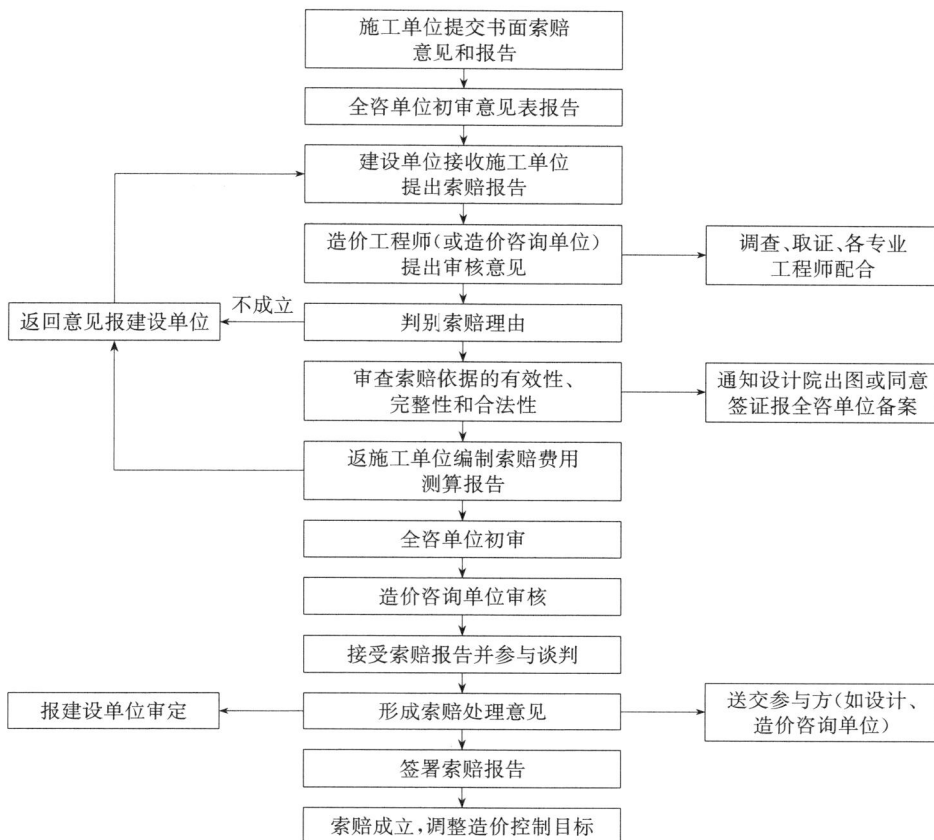

图 3.7.6 工程索赔的审核工作流程

六、竣工验收阶段投资管理

(一) 竣工验收阶段工作内容

合同履约完成，经质量验收合格并符合合同要求后，根据合同实施过程中所发生的实际情况以及工程合同、货物采购合同、服务采购合同的约定审核竣工结算。结算审核遵循合法、平等、诚信的原则，对结算依据资料的真实性、完整性、有效性，结算手续的完备性，结算费用的准确性进行审核。竣工决算编制或审核工作，依据财政部门的相关规定，遵循合法性、全面性、有效性原则，做到独立、客观、公正，与财务部门密切配合，进行数据核对，做到决算费用不重不漏、数据闭合，确保竣工决算文件的完整性、真实性、准确性。

1. 结算管理

（1）负责工程结算的审核；对项目技术、工艺过程、所用原材料和特点相适应的技术经济指标进行分析，负责提交结算审核事项表；参与结算资料整理归档。

（2）工程竣工验收后，审核施工单位提交的竣工结算报告以及完整的结算资料、完整有效的工程竣工档案、货物到货凭证资料情况是否符合合同的约定，审核后报建设单位确认。

（3）对于财政投资建设项目，配合建设单位竣工结算审计工作（包括但不限于配合结算资料送审、回复评审中心有关造价问题）。

2. 决算管理

（1）负责编制或审核竣工决算，参与决算资料整理归档。做好决算的规模和费用与批复的规模和费用的对比分析，且规模和费用应控制在批复的设计概算和投资估算范围内，如有超出，应编制超出原因分析报告，符合概（估）算调整条件的，可按照规定的程序和要求申请调整概（估）算。

（2）服务合同履行完成，审核承包单位提交的成果文件、取得的相关批复文件、履约评价情况是否符合合同的约定，审核后报建设单位确认。

（3）对于财政投资建设项目，配合建设单位审计工作（包括但不限于配合决算资料送审、回复评审中心有关决算问题）。

(二) 竣工阶段工作要点

1. 竣工结算管理

（1）合同检查。是否签订实质性违背招标投标内容的条款或另行订立实质性违背原合同内容的其他协议，有关互相矛盾和理解歧义的计价条款是否已澄清。

（2）竣工结算条件。专项验收和工程竣工验收是否通过。

（3）结算资料检查。是否真实、完整、有效，相关审批手续是否完备。如施工图、竣工图、变更图是否齐全，施工图与招标挂网图纸是否一致，与招标工程量清单、招标控制价算量模型是否一致，各专业图纸是否完整齐全，设计变更和签证内容、工程量是否真实、有效，程序是否完备等。

（4）竣工结算范围，与合同约定是否一致，施工总承包工程不同标段之间、施工总承包与专业工程之间的界面划分是否清晰。

（5）结算原则：①施工类（货物类）一般情况：合同结算价＝合同价＋合同调整价，其中，合同调整价＝工程量清单复核＋工程变更（含设计变更和现场签证）＋工材料调差＋工期奖罚＋索赔＋合同其他条款中确定的违约责任＋应由发包人承担的不可抗力损失费用＋合同其他约定；特殊情况，采用竣工图结算。②服务类合同：结算价＝合同基本酬金＋绩效酬金＋合同其他约定。

（6）现场踏勘，检查现场实施情况与结算资料是否一致。

（7）新增清单子目单价（包括计价标准、价格信息基准期、下浮率等）、工料机调差、措施项目计算与招标文件、合同约定是否吻合。工料机调差，与进度款支付表格、进度款对应的计价文件等资料是否吻合。

（8）新增的信息价外材料、设备、专业工程、服务的询价和核价是否合理、合规。

（9）甲供材料设备，其使用量与施工总承包、精装修等工程结算工程量是否吻合。

（10）特殊资料是否齐备：①拆除工程，如无拆除图纸的，由参建各方共同确认资料。②土方工程，由第三方专业机构出具的测绘报告。③桩基工程，桩基工程打桩原始现场记录，由参建各方共同签字确认的资料。

（11）拆除项目的可利用、可回收构件的相应价款是否已合理抵扣工程款。

（12）施工过程结算编审项目的当期工程量及价款与招标文件、合同约定的结算周期、范围、计量计价方法是否一致。

（13）工程结算是否超合同价、预算价、概算价。送审结算价高出合同价幅度超过15％（或10％）的工程应分析原因。

2. 决算管理

（1）工程价款结算是否已由相关主管部门或者第三方专业机构出具审核意见。

（2）待摊费用是否按照合同约定和有关规定结算，费用支出及其分摊是否合理、合规。

（3）项目是否按照批准的概算内容实施，超标准、超规模、超概算建设内容是否已按程序报审；项目增加、减少建设内容的相关依据是否充分、程序是否完备。

（4）项目资金核算是否规范、完整，是否存在超付问题，有无挤占、挪用情况。

（5）项目建设是否履行基本建设程序，是否符合有关建设管理制度要求等。

（6）竣工财务决算报表所填列的数据是否完整，表间勾稽关系是否清晰、正确。

（7）决算资料报送是否完整、决算数据间是否存在错误。

（8）后评价工作：提供项目投资评估报告，对项目立项、决策、设计、建设、施工、竣工、生产等全过程进行系统分析，对投资项目取得的财务效益、社会效益、环境效益进行综合评价。

（三）竣工阶段工作流程

1. 结算管理工作流程（图 3.7.7）

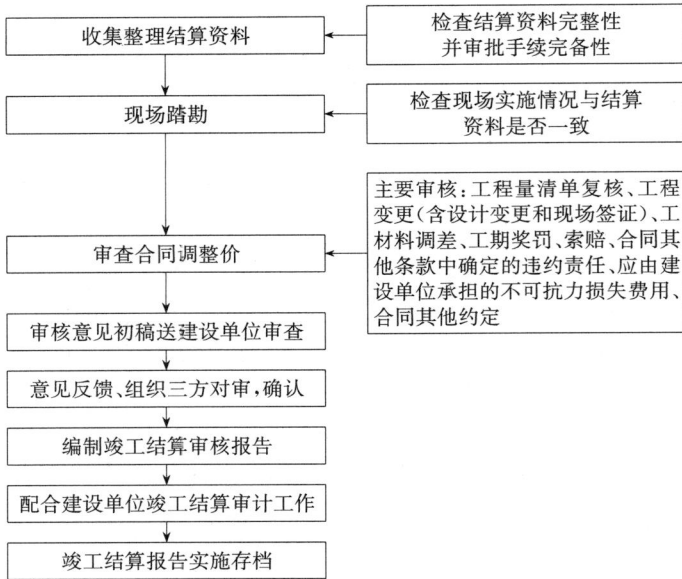

图 3.7.7 结算管理工作流程

2. 决算管理工作流程（图 3.7.8）

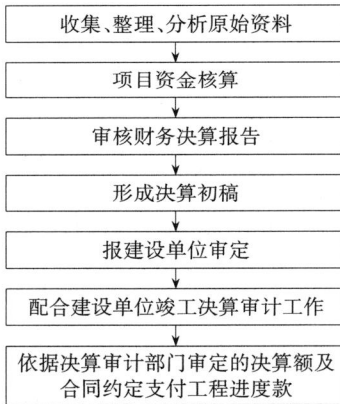

图 3.7.8 决算管理工作流程

第八节 现场管理

全过程工程咨询的项目现场管理工作由工程监理组负责，在未颁布全过程工程咨询行业规范前，在项目建设施工阶段继续执行现有的监理法律、法规文件，承担其法律范围内的责任和义务。

现场管理（工程监理）的权利、义务和责任应符合《建筑法》《建设工程质量管理条例》《建设工程安全生产管理条例》《建设工程监理规范》《建设工程项目管理规范》和全过程工程咨询合同（示范文本）等法律、法规和规范性文件。

本篇主要针对深圳市建筑工务署对现场管理工作的要求进行详细介绍。法律、法规和规范性文件赋予工程监理的权利、义务和责任参照相关文件执行。

一、防范化解质量安全风险工作方案

(一) 目标策略

坚持"零伤害"的安全愿景和"消除质量通病"的质量愿景，实现"零死亡"的安全目标和"杜绝结构隐患、结构和功能缺陷"的质量目标。

工作目标： 及时发现风险，消除隐患，特别是及时发现和消除可能导致死亡和结构隐患的质量安全风险隐患。

风险防控工作必须加强预判，抓早抓小，标本兼治，全面掌握防范化解风险的策略和方法。

全面推广风险管理理念，以风险管理为导向，**贯彻"三个优先"的原则：** 坚持预防预警和应急处置相结合，优先加强预防工作；坚持消除风险和控制风险相结合，优先采取消除风险措施，加强源头治理；坚持风险全面治理和重点治理相结合，优先治理高风险，减少存量风险，控制增量风险。

(二) 主要任务

1. 加强组织领导和机制建设，为防范化解风险提供组织和制度保障。

(1) 完善风险防控责任机制；

(2) 建立风险分析研判机制；

(3) 完善决策风险评估机制；

(4) 建立风险防控协同机制；

(5) 制定风险防控管理办法。

2. 突出重点，持续全面降低质量安全风险。

(1) 推广风险管理理念和方法、强化风险管控；

(2) 加强对容易引起群死群伤风险的辨识和管控；

(3) 强化安全文明施工标准落实，全面管控风险；

(4) 以清单化管理推动自然灾害和季节性安全防范措施的落实。

3. 加强监督检查的闭环管理，增强风险管理检查的效能。

(1) 强化施工单位的风险管控自查；

(2) 强化对重大分部分项工程和安全标准化执行的旁站监理；

(3) 强化第三方巡查评估，增强对施工及监理单位的影响力；

(4) 组织专家抽查和专项检查，强化对参建各方风险管控的约束。

4. 强化宣传培训活动，增强风险意识，提升风险管控能力，提高防范化解风险的水平。

(1) 各工程参建单位要开展多种形式的风险教育活动，强化管理人员和员工的风险管理意识，丰富风险管理知识；

(2) 建立岗位风险分析和培训制度；

(3) 加强风险防控经验交流和风险警示；

(4) 加强重大风险治理专题研讨和培训。

5. 加强质量安全技术力量投入，不断提高科技和信息化水平，为风险防范提供技术支撑。

(1) 建立健全安全质量专家队伍制度，加强技术支持；

（2）突出科技强安，强化信息化技术应用；

（3）推广先进的安全施工设施设备，提高现场施工本质安全。

6. 完善履约评价和督导工作，增强防范化解风险的约束力。

（1）完善履约评价管理办法，建立动态履约评价机制；

（2）实行多层次的督导约谈制度，落实企业主体责任；

（3）完善质量安全评分排名制度，挂钩企业履约风险名录；

（4）突出提高管理团队水平和员工安全文明素质，加强履约评价结果运用；

（5）建立质量安全专家抽查制度。

（三）工作要求

1. 提高认识，加强领导：结合工程实际，制定具体工作方案，明确目标任务，落实工作措施，细化责任分工，整合资源，抓紧组织推进，力争取得实效。

2. 突出重点，精准施策：要抓住工程施工关键环节、关键岗位，加大监督力度，从加强源头治理、提高应急处置能力等方面入手，采取有针对性的措施，对症下药，精准施策。

3. 加强检查，落实工作：坚持问题导向，超前辨识预判安全风险，以风险防范责任机制、风险分析研判机制、决策风险评估机制及风险防控协同机制四项工作机制和"策划到位、部署到位、培训到位、自查自改到位、抽查到位、服务到位"六个到位为抓手，将各项安全工作落到实处。

4. 注意总结，及时反馈：要及时总结上报防范化解质量安全风险进展情况，及时反馈。

【相关文件】

《深圳市建筑工务署关于政府工程高质量发展行动方案（2019年—2025年）》

《政府工程高质量发展行动方案（2019年—2025年）文件解读》

《深圳市建筑工务署2019年防范化解质量安全风险工作方案》

《深圳市建筑工务署防范化解质量安全风险奖惩措施的工作方案》

《质量安全管理行为具体情形与奖惩措施一览表》

二、建设项目全过程质量管控

强化质量第一的目标和观念，确保质量合格的前提下加快进度，杜绝一切不顾质量赶进度的行为，对不合格工程坚决予以返工，确保施工质量。

（一）建设工程质量风险管理

1. 质量风险识别

（1）质量风险识别的种类

①按专业、分部分项风险识别，即"层层识别"：从明确防范的风险对象开始，分专业逐层识别，通过"短板"分析的方法查找引起风险的重点部位、关键环节，应用各种技术确定风险防范的监控手段和风险控制的现场措施。

②施工工艺、工序等的风险识别，即"处处识别"：对施工现场等过程中存在的质量

风险，进行较为系统的识别。

（2）研判危险源，确定质量风险点

根据施工过程实际，准确确定危险源，分析研判质量风险危险点，制定相应防范风险控制措施。

2. 质量风险识别登记分类

一是风险发生的可能性是多少，二是风险产生的后果是什么。风险衡量是对于已经识别的风险进行风险性评估，通常根据该风险事件的严重性、发生概率和检测概率进行汇总分析。

3. 质量风险控制

风险控制的四种基本方法是风险回避、损失控制、风险转移和风险承担。

4. 风险识别等级评价

风险识别等级评价由风险源等级和综合管理风险识别等级采用矩阵法确定。

5. 风险识别等级上报

风险识别等级评价由建设单位组织施工、监理等单位在项目开工前完成，并在开工后每月更新，质量风险识别等级及标准表由施工单位每日自行完善、排查并识别风险，每周汇总，监理单位审核分别通过监理质量月报的方式向主管部门报送，第三方质量评价团队抽查风险识别台账及过程文件等。

（二）建设工程质量缺陷分级判定

建设工程质量缺陷分类

1. A级问题：严重违反工程建设强制性标准、设计文件要求，当达到一定规模（数量）或具备一定条件即可构成重大结构隐患或重大使用功能缺陷的质量缺陷，以及可能造成重大不良社会影响的其他质量缺陷。

2. B级问题：除A级问题外，违反工程建设强制性标准或设计文件要求，对局部的结构安全、使用功能及观感质量等造成较大影响的质量缺陷，以及可能造成不良社会影响的其他质量缺陷。

3. C级问题：除上述A、B级问题以外的其他质量缺陷。

（三）材料设备管理

材料设备进场流程：品牌报审、采购合同备案、进场报审、进场验货、见证送检（需检测）、检测报告（需检测）、使用报审，同时配合第三方材料设备抽查。

1. 样板引路

目的是消除工程质量通病，杜绝结构隐患、结构和功能缺陷，使建设项目的整体效果、使用功能、工艺做法、细部构造等达到精品工程的水准，确定工务署的建设质量标准。

（1）术语定义

设计样板：根据设计深度要求，由设计单位制作的设计样板，经设计方案确认后提交相关各方共同确认后完成设计样板定样，概算批复后经设计单位优化及各方确认后，完成封样并作为总包招标样板。

招标样板：建设项目在发标前确定的，并作为招标文件发出的设计样板。

材料设备样板：施工前，施工单位根据招标文件及设计要求（含设计样板和招标样板）提交的，满足各项技术指标以及招标文件要求的品牌，并经相关单位等共同验收的材料设备实物样板，封存于样品库中，作为材料设备进货验收和工程验收的重要依据。

工艺样板：施工前根据设计要求，在小范围内或者选择某一个特定部位进行单个工序的施工，制作成样板进行展示以确定工艺做法。

实施样板：施工现场各道工序开始大面积施工前，根据已审批的样板引路实施方案，由施工单位的现场施工班组按施工图纸要求的现场部位施工实体样板，作为该二序的技术交底及质量验收依据。

样板间（段）：在装修或安装工程开始大面积施工前，在公共展示区先行施工一个包含设计内容的标准单元的实物样板间（段）。

（2）样板引路管理流程
①制定《样板引路实施方案》流程（图 3.8.1）
②确认样板流程（图 3.8.2）

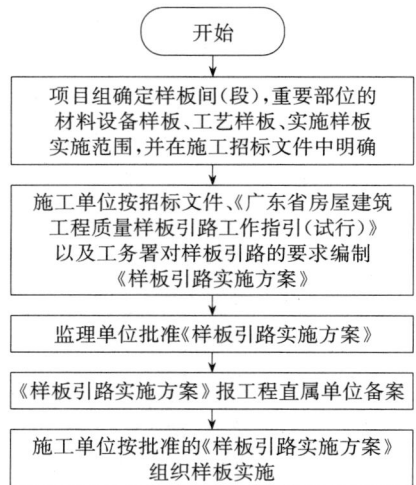

图 3.8.1 制定《样板引路实施方案》流程

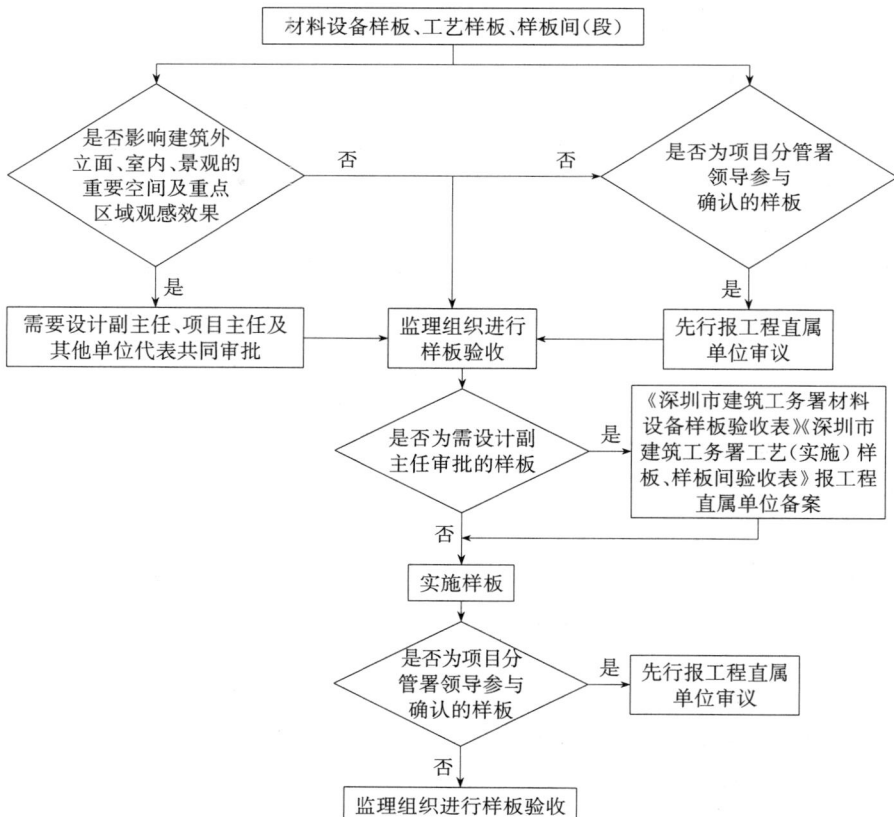

图 3.8.2 确认样板流程

③完工后核对样板流程（图 3.8.3）

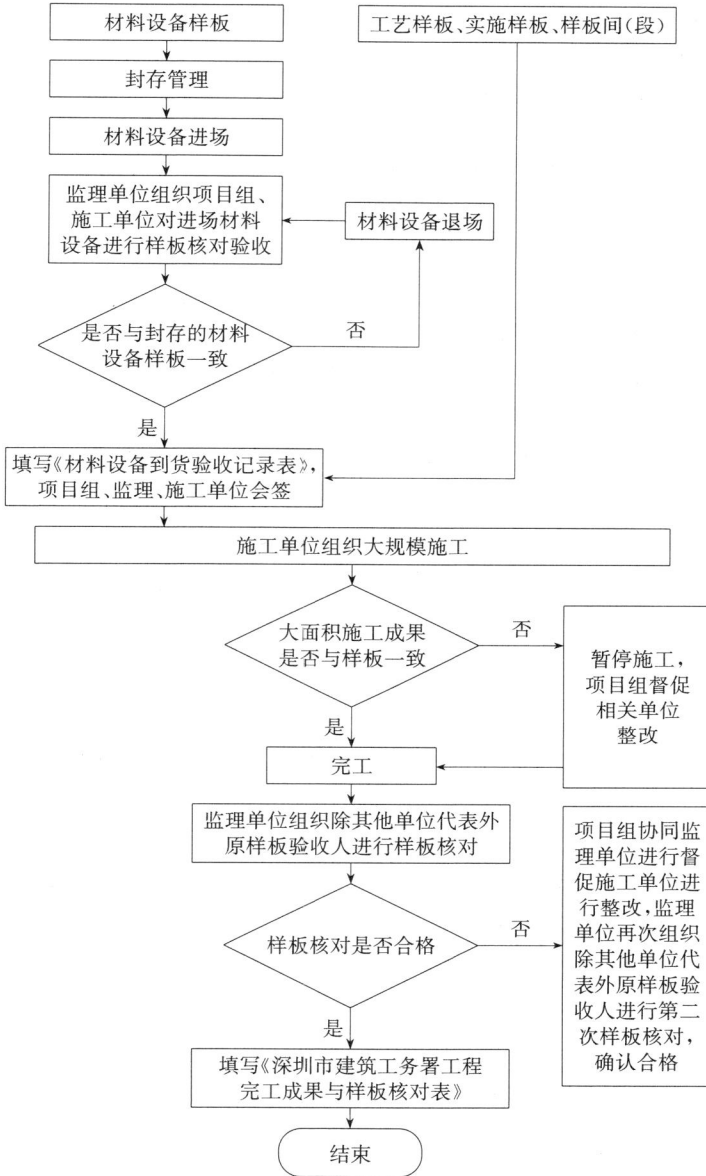

图 3.8.3 完工后核对样板流程

2. 材料设备质量监督管理

（1）材料设备的资料管理、样板管理和进场验收

施工单位在材料设备进场前均应完成资料报审程序，监理单位须及时进行资料审查核对。各参建单位根据建设单位相关工作指引完善材料设备资料分类管理工作，建立完整的资料档案。

材料设备进场验收管理工作严格按照相关规定组织实施，责任主体单位为项目的监理单位。

对技术性较强或对工程关键时间节点有较大影响的材料设备，按照相关规定对其质量、技术和工期等方面采取科学合理的方式开展监造和验收工作。

（2）材料设备的检测及抽检管理

委托的第三方检测或巡查单位的检测或抽查。项目的施工单位或供应商对材料设备的质量负主要责任。

材料设备第三方巡查内容包括资料报审检查、品牌符合度检查、材料实测实量、材料抽检送检、假冒伪劣情况检查等。

材料设备现场资料检查，内容包括品牌报审、采购合同、进场报审、进场验货、见证送检、检测报告及使用报审等相关资料。

（3）不合格材料设备的认定及处理

送检材料初检出现检测结果不合格时，直接按照该材料特性及相关要求进行复检。复检仍不合格，则认定该材料抽检不合格。

发现材料设备检测或抽检不合格的情况，下发《工程建筑材料抽检不合格通知单》，项目组按相关要求进行处理。

3. 材料设备进出场台账

材料设备进场后，第一时间建立台账，加强材料设备的质量控制。

各参建单位应积极响应并落实信息化管理，材料设备管理全过程资料包括从品牌报审到使用报审，均应在工程管理平台"材料设备模块"中操作。

（四）质量问题（事故）处理

1. 质量事故的分类及事故通报按照住房和城乡建设部《关于做好房屋建筑和市政基础设施工程质量事故报告和调查处理工作的通知》（建质〔2010〕111号）和《深圳市建筑工务署突发事件应急预案（2016年修订版）》执行。

2. 对于偶发的、小范围的质量问题可按简化流程，直接由监理单位发出工程质量问题整改通知单，项目组监督整改落实情况。

3. 项目组在组织质量问题（事故）原因分析及整改时，必须将施工、监理单位的质量保证体系存在的问题进行分析并监督整改。

【相关文件】

《深圳市建筑工务署建筑工程质量风险管理技术指南》

《深圳市建筑工务署建筑工程质量缺陷分级（A级）判定导则》

《深圳市建筑工务署项目级质量问题管理清单》

《深圳市建筑工务署工程质量安全第三方评估管理办法》

《深圳市建筑工务署建设项目（开工后）样板引路实施指引》

《深圳市建筑工务署在建项目样板引路实施细则》

《深圳市建筑工务署建筑材料设备质量监督管理办法》

《深圳市建筑工务署材料设备第三方巡查工作指引》

三、建设项目全过程安全管控要点

认真贯彻落实**"安全第一、预防为主、综合治理"**的方针，规范和加强安全生产工作，有效防范和减少各类安全事故，落实《中华人民共和国安全生产法》《广东省安全生产条例》《深圳市安全管理条例》等法律法规和**"一岗双责、失职追责"**的规定。

（一）四个清单

包括：预防措施清单；预警清单；应急响应措施清单；复工检查要点清单。

预防措施清单：即在针对汛期风险辨识与评估的基础上，对控制风险的有效措施逐条列出，对照实施；

预警清单：即恶劣天气来袭前，对所有需要予以事先提醒的工作场所、工作岗位、作业活动等事无巨细逐条列出，形成清单，接到气象预警时立即实施；

应急响应措施清单：把应急预案中的分级响应措施条款摘录出来，并结合实际情况列成清单，便于实施；

复工检查要点清单：在防灾抗灾活动结束后，现场的真实作业条件和安全状况已发生变化，在重新开展施工活动前，应按事先拟定的清单逐条对照检查，排查隐患，直到满足安全复工条件。

（二）六微机制

安全生产责任制：建设单位、监理和全过程工程咨询、施工总承包、专业分包等参建各方，各自履行职责，明确职责分工，加强自主管理。一是施工总承包单位要开展综合协调，现场分区域明确安全生产主体责任，明确责任分区、责任到人；二是监理和咨询履行法定监理职责，及时发现安全隐患，监督执行到位；三是建设单位履行安全生产首要责任，全面管控，监督、检查、引导帮扶到位。

培训教育机制：建立安全生产培训教育台账，进行信息化管理。一是落实全员每日岗前安全教育培训；二是项目经理每周至少一次带班和工人一起培训，开展安全生产风险分析讨论；三是全员参与，按照风险辨识、隐患排查、制定措施、狠抓落实的工作方法建立岗位安全分析制度。

隐患排查机制：每个岗位每天一次安全隐患排查；项目管理人员带队每周一次全面排查；项目经理和总监每两周至少一次全面排查；项目主任带队每月至少一次全面排查。

专题学习机制：安全生产专题学习要避免形式主义，应采用分析讨论方式，组织员工开展案例分析，提升安全意识、安全知识、安全管理能力，学习工务署项目管理规章制度，学习建筑行业安全生产技术规范和检查标准，学习安全生产法律法规等。施工单位组织全体员工每月 22 日前后至少半天时间专题学习；项目管理人员每周至少一次专题研讨学习。

技术管理支撑机制：抓好施工组织设计、专项技术方案落地实施。一要针对性地制订施工组织设计和专项施工方案；二要履行好相关技术方案的论证审批制度；三要落实作业指导书的编制和培训工作。利用信息化手段，将风险辨识、防范技术措施融入专项技术方案，达到流程化、清单化、可视化，让员工听得懂、学得会、用得上。

落实奖惩机制：各参建单位要建立自我约束机制，制定安全生产现场评价考核标准，实行严管重罚，提升管理效能。一是施工单位要将制度的落实情况纳入奖惩，奖罚分明、执行到位；二是要侧重过程奖惩，即时激励。

（三）"6S"管理

整理（SEIRI）：将工作场所内的任何物品区分为有必要和没有必要的，除了有必要的留下来，其他的都彻底清除。把有必要与没有必要的物品分开，再将没有必要物品加以处理。

目的：（1）改善和增加作业面积；（2）现场无杂物，行道通畅，提高工作效率；（3）减少磕碰的机会，保障安全，提高质量；（4）消除管理上的混放、混料等差错事故；（5）改变作风，提高工作情绪。

整顿（SEITON）：把工作场所内有必要的物品按规定位置摆放整齐，并加以明确标识。

目的：（1）工作场所一目了然；（2）消除寻找物品的时间；（3）整整齐齐的工作环境。

清扫（SEISO）：将工作场所内看得见与看不见的地方清扫干净，保持工作场所干净、亮丽的环境。

目的：保持工作场所内干净整洁，保持良好的工作情绪，稳定工作品质。

清洁（SEIKETSU）：将整理、整顿、清扫进行到底，并制度化、规范化，经常保持工作场所处在美观的状态。

目的：维持整理、整顿、清洁的既有水准，根绝脏乱的源头，进而使工作场所明朗、干净，提升现场安全文明施工形象。

素养（SHITSUKE）：每位成员养成良好的习惯，并遵守规则做事，培养积极主动的精神（也称习惯性）。

目的：提高人的素质，养成工作认真的习惯，营造良好的团队精神。

安全（SECURITY）：重视成员安全教育，每时每刻都有安全第一观念，防患于未然。

目的：减少事故；杜绝灾害或重大事故的发生；提升员工的安全意识；提升灾害或应急事故的能力。

6S管理所蕴含的真意是培训全员养成整洁的好习惯，借此改善工作环境及安全监控水平。

（四）四队一制

重大隐患整改队：负责根据项目目前所处阶段，以清单形式编制相对应阶段的重点巡检内容；负责按频次要求进行巡检，按区域记录巡检过程中发现的问题形成书面文件，特别重大的隐患还应组织专项会议讨论解决方案，并组织区域楼栋长按相关要求整改落实。

6S专项管理队：负责根据项目目前所处阶段，以清单形式编制相对应阶段的重点巡检内容；负责按频次要求进行巡检，并按区域记录巡检过程中发现的问题形成书面文件，及时督办区域楼栋长根据书面文件整改落实，负责按相关考核机制进行扣分。

违章作业纠察队：负责按频次要求每日不定时对施工现场违章作业进行巡检，发现后及时制止；知会楼栋长，并按相关考核机制进行扣分；巡检后形成书面文件。

技术审核把关队：负责对危大工程的技术方案、安全技术交底、作业指导书进行审核把关，并形成书面审核意见。

楼栋长制：负责本区域内重大隐患、6S管理、违章等质量安全隐患的日查日纠，并形成相关记录，上传至e工务平台；负责按"四队"书面文件进行整改落实，并定期将整改情况上传至e工务平台。

四、检查评估考核

（一）第三方质量安全巡检

委托的独立第三方对在建项目进行工程质量安全第三方评价，主要对项目的实体质量、观感质量、安全管理行为、安全管理状态、文明施工（含生态文明）、质量安全风险程度等内容进行定性与定量的评定。

第三方评价是对项目质量安全实施监督管理，不免除施工单位、监理单位和代建单位应负的主体责任。

质量安全评价工作内容：

1. 施工合同标段质量方面评价内容：

（1）施工合同标段分为实体评价和管理行为评价；

（2）实体评价包含实体质量、观感质量的检查评价；

（3）管理行为评价包含人员在岗考评、质量培训、优秀工艺、质量负面清单、加减分核查等。

2. 施工合同标段安全方面评价内容：

（1）施工现场安全生产状态，事故风险的控制措施落实情况；

（2）安全文明施工标准化及生态文明要求的实施情况；

（3）施工合同标段安全管理行为。

3. 监理合同标段评价内容

监理合同标段检查内容为监理管理行为检查、资料检查、质量安全负面清单、加减分核查等。

质量安全评价，如对现场的评价结果有争议，被评价单位可在三个工作日内提出申诉，经项目组和直属单位审核同意后提交工程督导处，工程督导处成立调查小组，组织开展调查处理工作，并拟定处理意见。对处理意见有异议时，项目组可在工务署组织的评价结果会审会上提请审议。

第三方评价时发现质量安全的问题，分为两个等级进行处理：

（1）一般问题由工程督导处发放《督导通知书》给直属单位，直属单位应在《督导通知书》发出14个日历天内将《督导通知书回复单》提交至工程督导处备案。

（2）重大问题由工程督导处发放《警示通报》给直属单位，直属单位应在《警示通报》发出的14个日历天内予以回复，需复查的工程督导处在5个工作日内组织进行复查。

（二）履约评价

履约评价以建设工程相关法律法规规章以及规范性文件、工务署有关管理制度及规定、招标投标文件、合同协议书及补充协议等为依据，遵循实事求是、客观公正的评价原则，全面、真实反映承包商的履约情况，为促进工程整改、招标择优、奖罚管理等提供依据。

合同履约评价按评价周期的不同划分为节点履约评价、年度履约评价、合同完成履约评价。

（1）节点履约评价分为季度履约评价和阶段履约评价。

①季度履约评价：季度末，根据承包商在该季度的履约情况，按各类型合同履约评价细则评价得出。

②阶段履约评价：在合同各阶段工作内容完成后的一个月内，根据承包商在该阶段的履约情况，按各类型合同履约评价细则评价得出。

（2）年度履约评价是指承包商年度内同一类型合同履约情况的总体评价。年度履约评价结果为承包商年度内同一类型合同全部合同节点履约评价结果的算术平均值。

（3）合同完成履约评价是指工程合同内容履行完毕或合同约定的履约评价内容履行完毕后，对承包商履约情况的最终评价。合同完成履约评价结果为该工程合同的全部合同节点履约评价结果的算术平均值。

奖罚应用规则如下：

（1）节点履约评价和完成履约评价结果优秀的，将获得激励积分，具体按照《深圳市建筑工务署激励积分管理办法》执行。

（2）节点履约评价和完成履约评价结果不合格的，将视情形给予相应处罚措施，具体按照《深圳市建筑工务署不良行为记录处理办法》执行。

（三）分级督导约谈

一级约谈情形：承包商在同一季度内有且仅有一个合同标段排名靠后；所承建的合同标段没有实现质量安全目标、管理不力、措施不到位等；约谈工作由直属单位组织，直属单位分管负责人、项目主任出席会议。

二级约谈情形：承包商在同一季度内有两个及以上合同标段排名靠后，或同一合同标段在连续两个及以上季度排名靠后；所承建的合同标段发生质量安全事故等；承包商已被进行一级约谈，整改工作仍不达标时；约谈工作由工程督导处与直属单位共同组织，建筑工务署分管负责人、工程督导处负责人、直属单位负责人、项目主任出席会议。

三级约谈情形：承包商已被进行二级约谈，整改工作仍不达标时；约谈工作由署机关组织，建筑工务署负责人、建筑工务署分管负责人、署机关（工程督导处、招标合约处等）处室负责人、直属单位负责人、项目主任出席会议。

约谈的主要内容：

（1）本次约谈涉及事项以及该事项可能面临的处理措施；

（2）说明存在问题，以及对承包商的整改要求；

（3）承包商就被约谈事项进行表态，对整改工作做出承诺。

（四）奖惩措施

为杜绝危大工程安全隐患，避免质量安全管理措施不到位，按以下具体不同情形设定相应的奖惩原则。具体情形如下：

工地发生1人及以上死亡事故的情形；

危险性较大的分部分项工程（以下简称为"危大工程"）安全隐患排查整治工作的情形，对照工务署标准，要求在建项目任意一次检查结果，承包商得分在85分及以上为达标；

施工现场存在重大安全隐患或死亡风险安全隐患的情形；

施工质量存在结构隐患或结构功能缺陷的情形；

质量或安全评比排名的情形；

分级督导约谈后整改不达标的情形；

通报表扬/通报批评/市住建局红色警示的情形；

优秀工艺/优秀做法/市住建局安全文明施工标准推荐项的情形；

提供优质培训资源或成为署样板示范项目的情形；

获得质量安全奖项的情形。

【相关文件】

《深圳市建筑工务署承包商履约评价管理办法及各类型合同履约评价细则》

《深圳市建筑工务署不良行为记录处理办法》

《深圳市建筑工务署安全生产领域不良行为记录处理办法实施细则》

第九节　项目进度管理

为全面统筹项目进度管理，有效加强项目进度管控，提高项目进度管理工作的精细化、科学化和系统化水平，全面系统有序推进项目建设，安全高效高质量完成建设任务，深圳市建筑工务署关于加强项目进度管控工作方案中提出如表 3.9.1 中的工作任务和工作方案。

项目管控工作方案　　　　　　　　　　　　　　　　　表 3.9.1

工作任务		工作方案
（一）加快项目可研概算的编制和申报		一是结合《深圳市政府投资项目策划生成管理办法》，协助使用单位做好项目立项及选址研究，避免后续因规划及选址问题影响项目推进 二是针对不同类型项目和使用单位，分类分级制定标准化需求清单，加强需求引导，促使使用单位尽快明晰项目使用需求，加快项目推进 三是梳理分析现已取得可研和概算批复项目单方造价指标，建立动态的市场化的工程造价指标体系，指导后续可研及概算申报工作 四是加强与使用单位、发改等部门的沟通联系，建立多方协调沟通机制，减少线下沟通时间，合理降低可研概算的申报时限
（二）强化投资计划和预算资金保障		加强投资资金管控
（三）优化项目设计和施工组织	优化项目设计时限	一是完善设计合同，加强合约管理，增强对设计单位履约评价的管理 二是完善"前策划、后评估"的制度，发挥项目策划引领作用 三是打造覆盖工程全过程的精细化设计管控制度体系，优化设计管理流程，施工图设计提前介入方案设计，施工单位提前介入施工图设计 四是优化工务署项目设计管理，实行扁平化管理，推行项目组负责制
	减少项目设计变更	一是加大设计择优力度，引进优秀的设计企业，提升设计质量和品质 二是完善建筑设计方案审查论证机制，提高建筑设计方案决策水平 三是加强初步设计方案和结构选型优化优选，提高设计水平 四是强化设计图纸各阶段规范化精细化审查，确保设计质量、安全
	强化项目施工组织	一是建立健全项目决策指挥体系，根据项目情况设立管理机构，组建团结高效项目管理团队 二是建立健全项目组织协调体系，优化建设组织方式，创设协调联动机制、密集调度机制、日报清单机制、重大问题研判预警机制、事项立项销项机制 三是建立健全项目监督保障体系，建立施工现场疫情防控和安全生产风险管理模式，落实参建单位主体责任制，建立现场监管机制和多层级的巡查机制，建立人机料等资源保障机制，快速调集人力物力 四是进一步落实"6 个统筹"工作（统筹工期进度、统筹优势资源、统筹方案与施工组织设计、统筹风险防控、统筹培训交底、统筹监督检查） 五是加快推动 6S、6Σ 精益管理工作落地，全面贯彻"6 微"机制，高效有序稳步推进项目建设

205

续表

工作任务	工作方案
(四)加强合约管控	一是在项目招标文件及合同编制过程中,对于项目的重要节点工期、关门工期要引入奖罚结合的激励机制,并严格执行。对于已完成合同签订的项目,则通过告知函或补充协议的形式将上述内容纳入合约管理 二是加大合同履约评价对于工程进度的考核力度,严格落实由于影响工期触发不良行为的规定,确保工作落实见效 三是建立参建单位"季度进度完成情况红黑榜",及时将有关情况通报参建单位所属总公司,形成参建单位之间奋勇争先、你追我赶的良好建设氛围
(五)加快问题的协调和解决	一是建立问题分级协调机制 二是加强对存在突出问题项目的推进力度
(六)加强项目进度管理	统筹管理和信息化相结合,建立工期进度动态管控机制,实现对工期进度的有效控制

一、项目运营管理

(一)概念

提出政府投资建设项目运营管理理念,指在政府投资项目建设周期中,以项目工期进度为抓手,通过管控、调度、考核等规范化、流程化和精细化的运营策划和管理手段,有效实现对整个项目的全过程管理。

项目运营管理的价值,一是管目标,根据市委市政府督办任务、工务署年度目标责任书,管控并实现项目的运营目标;二是控进度,针对项目关键里程碑节点及一级节点计划严格管控;三是防风险,对建设实施前期的阶段性成果和工作进行重点管控,项目实施阶段关键里程碑节点跟踪管理,有效进行风险管控。

(二)目的

为进一步提升政府工程建设管理水平,严格管控项目关键节点(里程碑节点)、一级节点、阶段性成果和工作,完善项目管理团队考核机制,高效实现运营管理目标。

(三)定义

项目计划分为四类:总控计划、主项计划、专项计划、特殊计划(表3.9.2)。

项目计划分类 表3.9.2

类型	定义
总控计划	前期总控计划:接收项目后编制的项目前期阶段的进度控制计划,计划时间跨度为项目接收开始至项目概算批复为止,包含项目策划、报批报建、方案设计等内容,由项目管理团队制定并组织实施
	施工总控计划:项目概算批复后编制的项目施工总进度控制计划,计划时间跨度为施工总承包招标开始至项目竣工验收并交付使用为止,包含项目招标、开工准备、工程施工、竣工验收并交付使用等内容,由项目管理团队制定并组织实施
主项计划	是为完成关键节点工作内容设定的推进计划,由项目管理团队负责人制定并组织实施
专项计划	是为完成某工作项的工作内容而设定的细化工作推进计划,主要由项目管理团队专业负责人制定并推进
特殊计划	不适用于上述项目进度计划编制的项目(特殊项目),需按实际情况编制进度计划

工期节点分为三类：关键节点（里程碑节点）、一级节点、二级节点、三/四级节点（表3.9.3）。

工期节点分类 表 3.9.3

类型	定义
关键节点（里程碑节点）	是指对项目进度具有重要影响或里程碑意义的节点,是重点管控的检查点和决策点,同时也是项目阶段性工作完成的标志
一级节点	以分部工程为主,可根据各项目工程特点适当增减,从项目接收、项目策划阶段至消防验收、竣工验收阶段,按职能由各机关处室会同各直属单位重点管控
二级节点	以子分部工程为主,可根据各项目工程特点适当增减,如召开接收会议、可研申报、施工总包合同签订、专项验收、竣工预验收等,由各直属单位直接管控
三、四级节点	以分项、子分项工程为主,可根据各项目工程特点适当增减,由项目管理团队自行管控

（四）计划编制、执行及调整

1. 计划编制

项目总控计划、主项计划、专项计划、特殊计划的编制要求按《深圳市建筑工务署进度计划管理办法》《深圳市建筑工务署进度计划管理实施细则》《深圳市建筑工务署进度计划编制指引》（另行制定）执行。

2. 计划执行及调整

项目总控计划经工务署策划委员会审定后，项目管理团队严格按照项目总控计划执行，涉及项目关键节点计划调整，项目管理团队应提交原因分析及依据，报工务署策划委员会审定，保证后续计划目标的实现。

二、项目进度计划管理

（一）管理实现

项目进度计划管理主要通过管控节点来实现，项目进度计划的节点是项目策划方案的重要内容。

（二）计划定义

1. 前期计划

是前期策划方案的重要内容之一，应于项目接收后由设计管理中心负责编制完成，经分管署领导审定后10个工作日内录入系统。

2. 实施计划

是实施策划方案的重要内容之一，应于概算批复后由工程管理直属单位负责编制完成，经分管署领导审定后10个工作日内录入系统。

（三）业务流程

项目进度计划管理分为进度计划的编制、进度计划的执行与监督、进度计划的预警、进度计划调整和进度计划完成五个部分，业务流程详见《进度计划管理模块业务全过程示意图》。

1. 编制计划

登录"进度计划管理模块",根据项目策划方案和总进度计划模板在线编制项目总进度计划,详见《进度管理系统操作手册》。

编制要求:

(1) 工务署负责建设的项目均须编制项目进度总控计划,项目总控计划需贯穿项目全周期,涵盖一级节点(重大节点、关键节点)、二级节点、三级节点、四级节点;

(2) 直接委托的,含施工安装的材料设备子分部工程(如电梯工程、防火门安装工程),原则上应纳入进度计划管控;

(3) 地基与基础工程单独发包的项目,进度计划须单独编制;

(4) 不适用于上述总控计划编制的项目(特殊项目),需按实际情况编制进度计划。

2. 计划审批

同项目管理策划审批项目一级进度计划。

3. 过程控制

及时在线填报本项目进度计划管理有关信息、关联成果材料;定期形成进度计划完成情况报告报上级领导审阅。

4. 成果关联

关键节点由系统关联以下内容:投资计划、支付进度、形象进度、材料设备供应、质量安全情况、现场人员实名考勤、智慧工地照片和视频等,立体多维地展示节点。

5. 计划预警

进度管理系统自动进行计划预警,并按照计划滞后的情况将相关信息推送至相关人员。

6. 完成报告

工程完工后,将进度计划执行完成情况纳入项目总结(图3.9.1)。

三、工期研判报告

为使工务署在建项目进度管理"过程可控",工务署开发"项目工期分析研判报告线上管理系统",各在建项目须每月提交工期分析研判报告。

研判报告要求监理单位或全过程咨询单位填写、项目组审核,通过报告反映各个项目的进度情况,填写内容分为"项目概况"栏、"项目标段进度信息"栏、"关联合同"栏、"合同标段进度"栏。

具体详见相关文件:工期研判报告线上填报指引。

【相关文件】

《深圳市建筑工务署加强项目进度管控工作方案》

《深圳市建筑工务署项目运营管理办法》

《深圳市建筑工务署项目运营管理考核评价细则》

《进度管理用户操作手册》

《工期研判报告线上填写指引》

《项目滞后原因及对应措施标准化清单》

进度计划管理模块业务全过程示意图			
署领导	业务处室、直属单位	项目组	署策划委员会

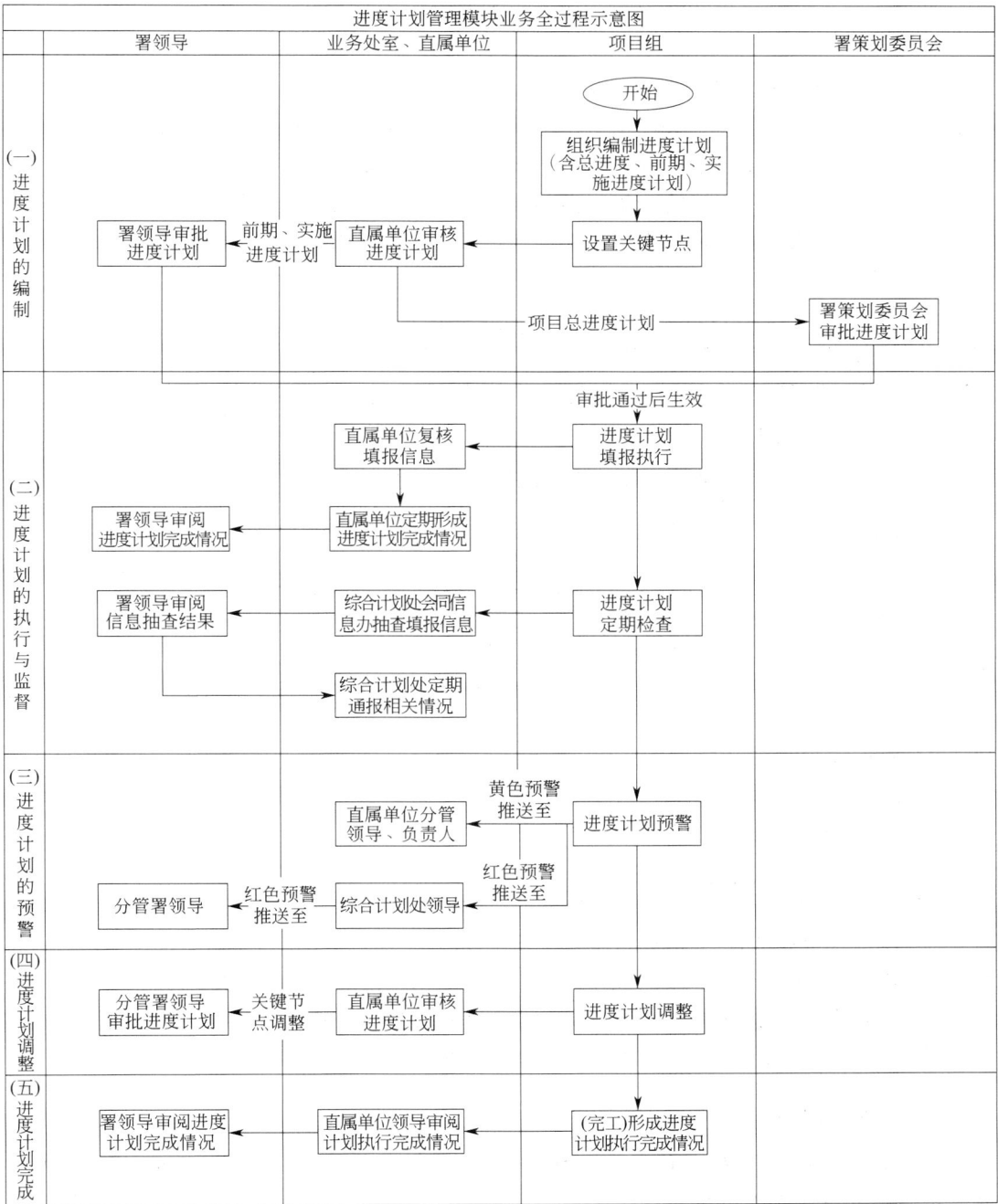

图 3.9.1 进度管理系统业务全过程示意图

第十节 信息化管理

项目信息化是指项目实施过程中产生的文件的收发、流转、存储、借阅等的管理工作，以及会议管理工作。此处所指的文件既包括各工作阶段所产生的正式文件，也包括各阶段所形成的临时性文件的管理，以及各单位间的往来函件。

按照项目管理的工作职能和工作内容可将项目信息分为8类，包括公共信息、工程概况、进度控制、质量控制、成本控制、合同管理、职业健康安全与环境管理、项目组织协调等（表3.10.1）。

项目信息分类　　　　　　　　　　　　　　　　表 3.10.1

序号	分类名称	内容
1	公共信息	国家现行法律法规；地方政策；企业、部门规章制度；项目所在地的气象、地貌、水文地质等自然条件
2	工程概况	工程实体概况、场地与环境交通概况、参与建设的相关单位概况等
3	进度控制	进度计划管理体系、工作制度、流程及风险分析；总控进度计划、进度目标分解；资源配置计划；进度记录等
4	质量控制	质量管理制度及流程；质量管理体系的组成；主要原材料、成品、半成品、构配件、设备出厂质量证明和检(试)验报告；预检记录；隐蔽工程验收记录；验收记录；设备安装工程记录；质量检查的数据、各种材料设备的合格证、质量证明书、检测报告等
5	成本管控	各阶段目标成本分析、成本合约规划、成本"三算"审核、投资与支付管理、工程变更管理、限额设计
6	合同管理	合同管理规划、工程制度、流程；招标投标相关工作资料；各类合同跟踪管理
7	职业健康安全与环境管理	安全管理目标、安全控制要求、安全管理资料
8	项目组织协调	内、外部关系协调信息

信息化管理的目标是为贯彻落实《关于推动智能建造与建筑工业化协同发展的指导意见》（建市〔2020〕60号）《深圳市建筑工务署政府工程高质量发展行动方案（2019—2025年）》，助力粤港澳大湾区、中国特色社会主义先行示范区建设，推动政府公共工程建设管理数字化转型，进一步实现政府公共工程精细、科学、高效管理。

一、总体目标

通过系统谋划、整体设计、迭代实施，形成"需求引领、数据驱动、业务协同、科学决策"的"数字工务"发展格局。

1. 建管数字化

通过业务流程再造，管理系统功能整合，"打通业务衔接、打通系统壁垒、打通数据互联"，实现规划、设计、施工、竣工等建设管理全流程数字化，实现业务上下游信息的快速传递、共享、协同，建立基于数据的政府工程项目建设管理模式，推动项目建管无纸化，有效提升政府工程项目建设管理效率。

2. 决策数字化

通过大数据建模，形成工程建管业务主题域，利用可视化的指标指数、图表图形直观展示业务运行状态、发展趋势、异常情况，聚焦重点难点、支撑业务研判，为工务署领导、专业委员会、机关处室、直属单位、项目组提供实时数据决策支持。

3. 资产数字化

通过知识中心，工程建管的方法、知识、流程、标准、规范等实现数字化，形成工务署政府工程建管知识数字资产。

二、信息化管理平台

搭建涵盖招标投标管理、设计管理、投资管理、支付管理、合同管理、质量管理、安全管理、履约评价管理、材料设备管理、进度管理、变更管理、结算管理、档案管理、承包商分类分级管理以及智慧工地等业务的工程管理平台，建立决策分析驾驶舱系统，研发移动端融合管理系统"e工务"。工务署的信息化系统为政府工程建设管理提供了协同环境，各参与方基于该环境开展协同工作，并积累了大量的工程建管数据，为工务署的数字化转型提供了基础条件。

（一）招标投标及合同管理

建立招标、评标、定标、合同执行、履约评价等业务的数据关联，整理工务署各项目招标数据和合同数据并进行数字化，形成大数据分析基础；利用可视化的图形图表直观展示招标数据变化趋势，为招标管理、合同履约管理提供决策支持。

（二）设计管理

深化 BIM 在项目周边环境分析、设计方案比选等设计品质管理方面的应用，通过信息化手段实现项目的精细化设计管控；通过数据应用，分析影响设计质量、设计进度的主要因素，为提高设计决策效率和设计质量提供数据支撑。

（三）项目进度管理

进一步细化工程进度管控节点，建立多节点联动的工期动态管理模式，结合三维点云扫描和 BIM 模型比对，实现项目进度可视、实时、动态管理；建立涵盖计划进度、形象进度、预警信息、纠偏措施等的进度管理大数据主题域，通过多项目进度信息汇总、统计、分析，为全署项目的进度管控、计划调整、资源配置提供决策支持。

（四）项目质量管理

强化设计品质、施工工艺、材料设备管理，打通全过程咨询单位、监理单位、第三方质检单位、质量安全监督总站之间的数据壁垒，建立包含试验、检测、质检、验收、材料等质量管控大数据分析基础，实现链条式质量追溯，助力高质量政府建设工程监管体系构建。通过可视化的图形图表和数据报表，直观展示项目质量变化趋势和实时状态；通过长时间、多项目横纵对比分析，挖掘工程质量管理知识，为工程质量的精准管理提供支持。

（五）项目安全管理

创建建设项目风险量化模型，对风险特征值进行合理赋权运算，实时生成各项目量化风险动态地图，提升项目风险管控的预警预判能力；利用现场视频监控系统，远程掌控和监督现场安全管理状况；基于历史安全管理数据，开展数据挖掘，辅助项目安全预防性管理。

（六）项目投资管理

通过流程再造，打通项目匡算、估算、概算、预算、合同价、变更、支付、结算、决算各环节业务流；采集、清洗和结构化项目投资数据，形成投资管理主题的大数据分析基础；利用可视化的指标指数、图表图形直观展示投资管理的运行状态、发展趋势，为项目造价、投资计划、投资管控提供决策分析工具。

（七）材料设备管理

建立主要材料设备的构件库，为 BIM 模型全过程共享共建提供支持；逐步建立包含采购、使用、评价等的材料设备管理大数据，利用可视化图形图表直观展示各类材料设备的使用、评价情况，为材料设备的动态管理、优质材料设备的项目应用提供决策支持。

（八）参建单位及人员管理

基于实名制管理系统，建立参建单位和现场管理人员的管控大数据，为工程项目所有参建单位和人员的综合分析提供基础；利用可视化的图形图表直观展示各参建单位和人员考勤情况，为供应商分类分级管理提供数据支撑，进一步遏制转包挂靠等违规行为。

（九）项目问题和风险管理

针对项目协调、项目报批、招标投标、合同管理、变更管理、工程支付等项目管理业务，基于信息化平台实现项目问题清单化管理，针对市政府、各委办局、各区政府、各处室、各直属单位等不同协调对象，建立分级管理方式，识别项目问题风险，聚焦项目建管异常问题，通过问题跟踪和销项管理，形成项目问题闭环管理，进一步提升项目协同管理效率。

（十）智慧运维管理

在建筑空间管理、资产管理、能源管理等方面，利用大数据持续优化完善运维管理方式。结合数据挖掘、自动学习等技术应用，提升智能化运维水平，利用运维大数据开展多项目、多类型建筑运维专项内容比对、分析，形成通用、常规、标准化的建筑运维内容和要求，辅助进行智慧运维决策管理。

三、智慧工地管理

工程管理平台中招标及合同管理、设计管理、项目进度管理、材料设备管理、项目风险管理和智慧运维管理模块实现项目管理信息数字化，本篇重点介绍智慧工地管理模块。

深圳市建筑工务署智慧工地联网检测系统，支持在建纳管项目的人员实名制、现场视频监控、环境检测、塔机监控、升降机监控、配电箱监控和车辆监控等 7 类监测设备的实时运行数据、报警预警信息以及历史明细信息的查看和处置等功能。系统分为电脑端和手机端，其中手机端集成在"e 工务"APP 中。系统操作指引详见相关文件。

（一）总体要求

项目的视频监控系统可考虑永临结合的方式进行规划和建设。

项目组和全咨单位应指导、监督、检查项目施工现场信息化系统的建设和应用工作，配合工程管理平台各类信息化系统的应用。

项目参建单位应按要求内容建设项目级施工现场信息化系统并将数据上传至相关系统，按时检查监测设备运行情况，及时发现和处理问题，确保监测设备状态完好、系统运行稳定、网络顺畅、数据接入正常。

（二）智慧工地实施策划

总承包单位在进场后、项目开工前，编制本项目智慧工地实施策划，内容包括：

1. 智慧工地总平面规划

根据项目所处不同阶段策划智慧工地设施设备布置的总平面规划图，并明确项目信息化实施进度计划，如图 3.10.1、图 3.10.2 所示。

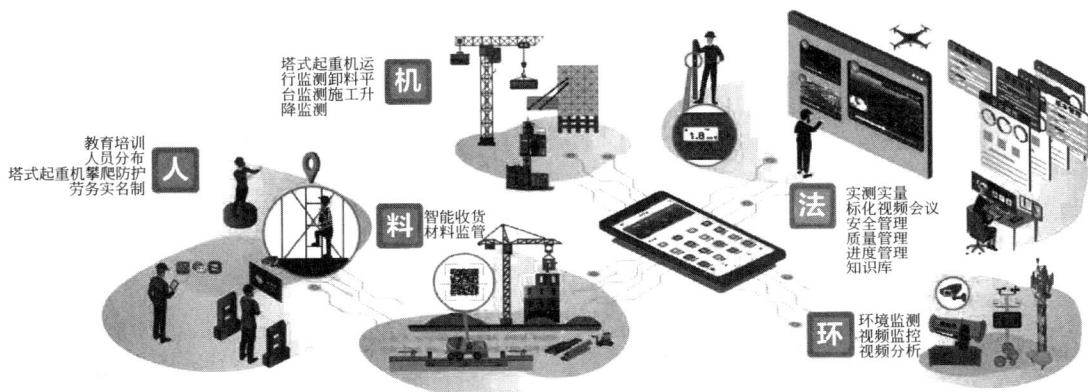

图 3.10.1 智慧工地示意

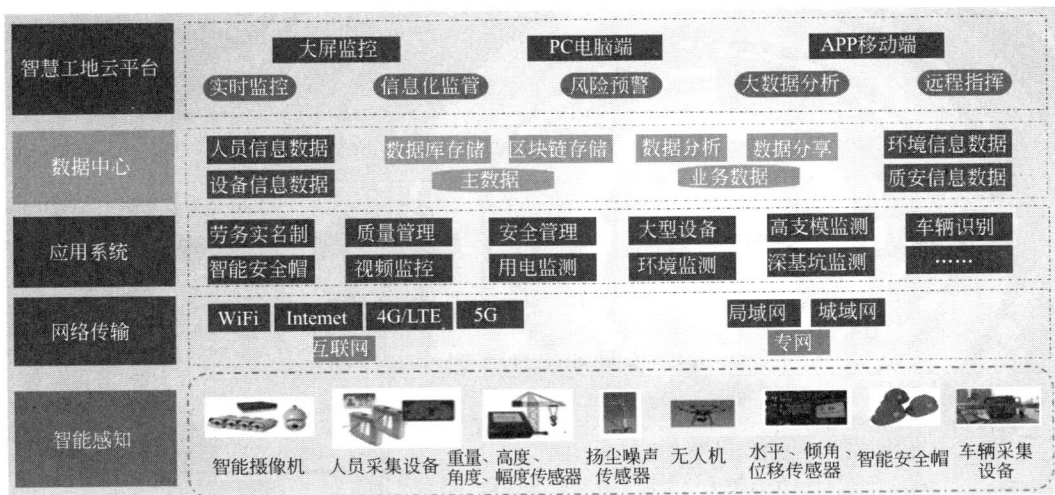

图 3.10.2 智慧工地规划结构示意

2. 组织架构及职责分工

明确智慧工地管理组织架构，包括项目部组织架构、总承包单位组织架构及人员分工（图 3.10.3，表 3.10.2）。

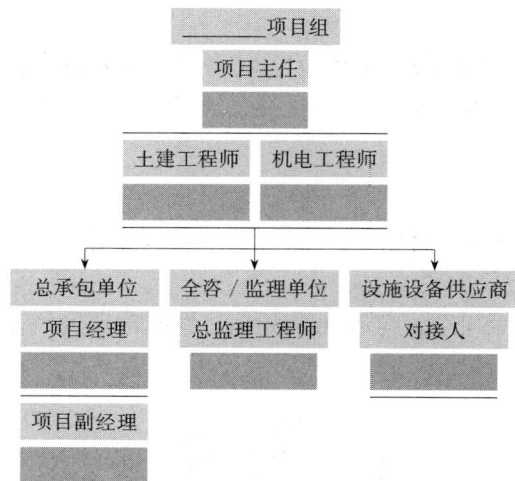

项目组组织架构示意

```
_____项目组
    │
  项目主任
    │
 ┌──┴──┐
土建工程师  机电工程师
    │
 ┌──────┬──────┐
总承包单位  全咨/监理单位  设施设备供应商
 项目经理   总监理工程师    对接人
    │
 项目副经理
```

项目组组织架构示意

岗位职责示意

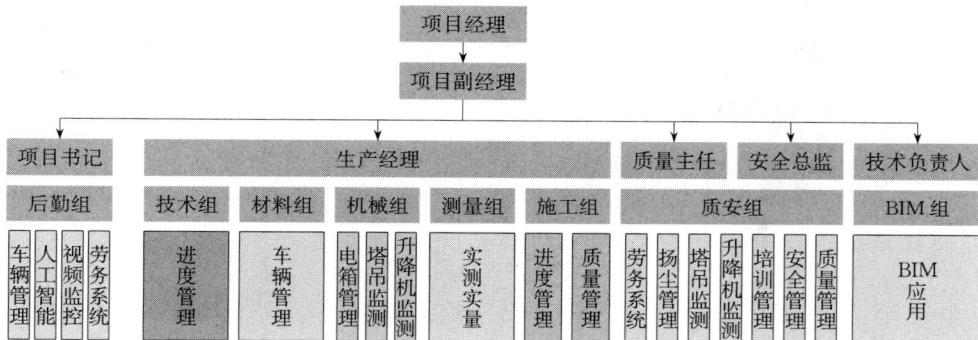

序号	岗位	职责	备注
1	项目负责人	负责本项目指挥工地软件、硬件安装总协调	
2	业务员	负责客户需求对接及建议反馈	
3	安装工程师	负责现场硬件安装	
4	方案技术工程师	负责项目智慧工地实施方案的编制以及答疑	
5	IT技术工程师	负责相应的编程工程	
6	对接调试工程师	设备调试,如果有数据对接进行数据对接	
7	培训师	对项目各管理员及项目制定智慧工地负责人进行各功能模块操作使用培训讲解	

岗位职责示意

```
项目经理
  │
项目副经理
  │
┌────┬──────────────┬──────┬──────┬──────┐
项目书记    生产经理         质量主任  安全总监  技术负责人
后勤组 技术组 材料组 机械组 测量组 施工组    质安组        BIM组
车辆管理 进度管理 车辆管理 电箱管理 实测实量 进度管理 劳务系统 培训管理 质量应用 BIM应用
人工智能     塔吊监测     质量管理 扬尘管理 安全管理
视频监控     升降机监测         塔吊监测
劳务系统                     升降机监测
```

总承包单位组织架构示意

图 3.10.3 智慧工地架构

智慧工地人员分工　　　　　　　　　　　　　　　　表 3.10.2

产品模块	工作职责	执行人	汇报上级	监督执行
劳务系统	带领工人到施工现场,进行身份验证	各班组长	班组长	监理
	人员信息录入:身份证、大头照、合同等工人信息存档,并上传劳务系统		后勤部	监理
	三级教育、数字化教育安全培训策划、跟进、执行、考核员工培训合格情况		质安部	监理
培训管理	编制及确定培训内容;组织工人实名入场并参与培训;评估工人安全培训是否合格,监督不合格者直至合格闭合		质安部	监理
人员定位	通过移动鼠标,在人物定位图标上查看所在位置中的人员所在公司、所在班组及姓名;实时查看在建楼栋中的人员及班组信息			监理
扬尘管理	扬尘监测数据查验;自动启动/关闭喷淋装置,不定时手动启动/关闭喷淋装置,保障环境指标正常		质安组	监理
	管理扬尘设备的使用与维护,保障机械正常使用		机械组	监理
塔吊管理	实时查看塔吊运行指标是否正常;异常预警的问题排插与整改;机械维保		机械组	监理

续表

产品模块	工作职责	执行人	汇报上级	监督执行
升降机管理	实时查看升降机运行指标是否正常;异常预警的问题排查与整改;机械维保		机械组	监理
车辆管理	及时核验入场车辆与人员;身份验证合格后放行		后勤组	监理
	根据来料车信息安排相关人员验收材料		材料组	监理
电箱管理	实时查看配电指标是否正常;异常问题的排查及处理;预防用电事故		机械组	监理
安全管理	固定巡更点位(随机新增其他点位),使用手机 APP 进行巡更、发现问题的信息填报、责任人分配、整改要求及拍照上传		安全组	监理
质量管理	固定巡更点位(随机新增其他点位),使用手机 APP 进行巡更、发现问题的信息填报、责任人分配、整改要求及拍照上传		质量组	监理
实测实量	对每一户进行测量,记录合格点数及不合格点数;实时上传有效的实测数据		质量组	监理
	实测不达标时,由施工组主导修复或整改工作		施工组	监理
BIM 应用	进行基础功能、可见性操作/视图操作/信息读取等的更新、上传和维护;实现各个终端、各个用户和各种设备之间的协同工作,并生成协同报告		BIM 组	监理
视频监控	多端呈现、专人定岗实时查看视频监控,出现问题时追溯监控源并及时通知质安组进行整改		后勤组	监理
AI 系统	基于视频监控和 AI 算法;在外架、危险区域有人员闯入时报警;发现未佩戴安全帽、抽烟行为、发现明火时报警、抓拍		后勤组	监理
视频会议	可以多单位同时在线,面对面沟通,高效解决问题		后勤组	监理
危大工程	实时监测高支模、脚手架、地下水,在出现异常时及时报警		质安组	监理

3. 应用系统要求

(1) 数据交互

在建项目涉及的相关设备和系统应为工务署施工现场信息化系统提供可访问的接口,实现数据实时上传。

(2) 网络环境

施工现场网络环境应符合国家现行标准的规定,具有开放性、可扩充性、可靠性和安全性,并应符合以下要求:

①视频监控及视频会议信息传输应使用上下行均不小于 20M 的网络带宽,传输延迟不大于 100ms,宜固定 IP,专网专用。确不具备有线接入条件的可采用 4G 及以上无线网络。

②日常办公传输网络宜采用不小于 100M 的互联网共享带宽,专网专用。

③监测设备数据传输可与日常办公传输网络共享,局域网内传输宜使用有线网络。

④局域网环境宜采用千兆以上网络。

⑤在建项目应绘制施工现场网络拓扑图,并根据相关主管部门的要求及时上报或上传系统。

(3) 劳务系统

劳务系统对人员的基本信息、健康档案、实名认证(身份证)、所在班组、所属工种、工牌等进行管理,若前期未进行实名认证,后续可补录身份证信息,可将人员花名册导出、身份证信息导出，若人员已离场，可打印离场凭证。

可实现工种管理、班组管理、薪资发放管理、人员预退场管理和劳务计划管理（图 3.10.4，表 3.10.3）。

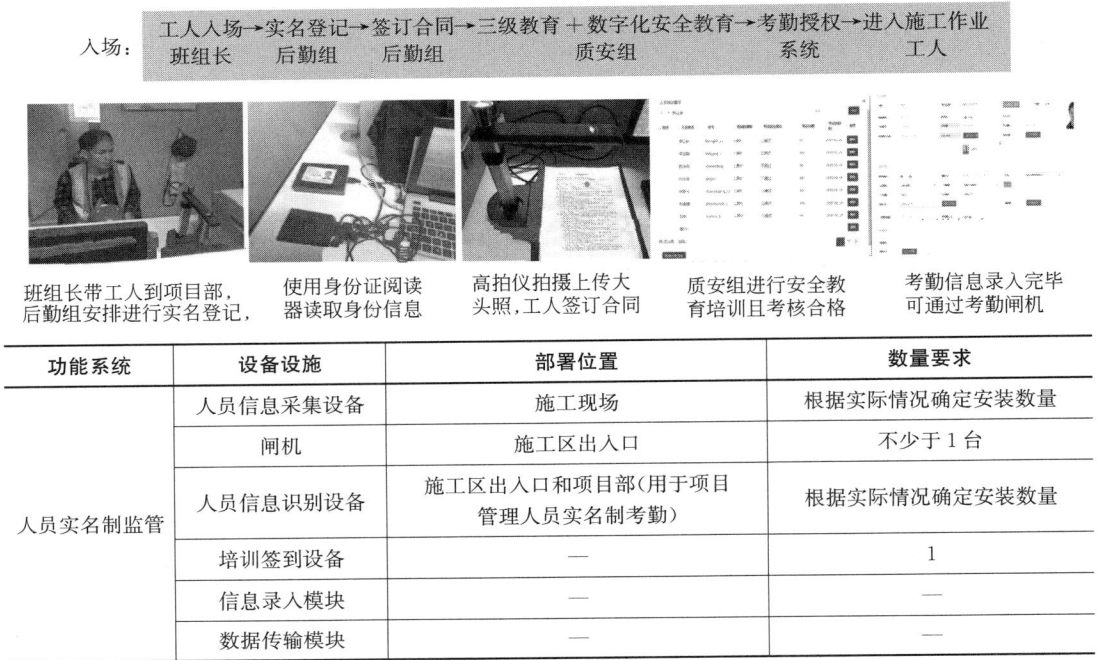

入场：工人入场→实名登记→签订合同→三级教育＋数字化安全教育→考勤授权→进入施工作业
班组长　　后勤组　　后勤组　　　　质安组　　　　　系统　　　工人

班组长带工人到项目部，后勤组安排进行实名登记，｜使用身份证阅读器读取身份信息｜高拍仪拍摄上传大头照，工人签订合同｜质安组进行安全教育培训且考核合格｜考勤信息录入完毕可通过考勤闸机

功能系统	设备设施	部署位置	数量要求
人员实名制监管	人员信息采集设备	施工现场	根据实际情况确定安装数量
	闸机	施工区出入口	不少于1台
	人员信息识别设备	施工区出入口和项目部（用于项目管理人员实名制考勤）	根据实际情况确定安装数量
	培训签到设备	—	1
	信息录入模块	—	—
	数据传输模块	—	—

图 3.10.4　设施设备配备要求

设备性能参数要求　　　　　　　　　　　　　　　　　表 3.10.3

设备	性能参数要求
人员信息采集设备	1. 具备公安部认证的二代身份证识别模块，可进行认证对比 2. 数据库软件支持人数≥5000 人 3. 人脸注册失败率≤5％
闸机	三辊闸应满足下述要求： (1)闸杆长：500～700mm； (2)闸杆最大承受力≥80kg； (3)闸杆工作驱动力 3kg； (4)闸杆传动方式：数字方式、电动方式； (5)闸杆转向：单项、双向(可选)； 项目根据需求也可选用全高闸、翼闸等闸机
人员信息识别设备	1. 采用主流的人脸识别技术 2. 具备双目活体检测功能 3. 能够排除眼镜、光线、脸部灰尘等干扰因素，准确识别 4. 支持单机特征库容量≥10000 人 5. 具备脱机存储功能，单机考勤库容量≥60 万人次，考勤数据同时具备实时上传和脱机存储联网补传功能 6. 识别精准快速，识别速度≤1s，通过率高于99％ 7. 具备与市场上大部分闸机通道联动的要求，即验证通过就开闸 8. 设备具备以太网、Wi-Fi、4G、5G 等通信模块，可支持将将考勤数据远程实时上传"平台" 9. 支持二次开发，能够根据主管部门的要求进行升级

设备	性能参数要求
培训签到设备	1. 具备高清摄像头,摄像头分辨率不低于 1920×1080,支持活体/真人检测算法 2. 具备第二代居民身份证识别功能,读卡符合公安部 GA 450/IGA 450 标准,符合非接触 IC 卡 ISO 14443 标准 3. 支持多种软件、硬件接口,包括但不限于:USB 接口、网络接口、HTTP 协议 API 接口等 4. 支持以太网、Wi-Fi 两种网络接入模式 5. 具备多人脸检测的算法功能,并能正确与身份证的照片进行身份验证 6. 必须通过深圳市工程建设行业工人质量安全培训系统对接及认证
信息录入模块	具有人脸(照片)数据采集功能
数据传输模块	支持 4G 及以上,LAN 或 RS485 或 CAN 或 Wi-Fi 等通信功能

（4）培训系统

培训管理子系统分为安全培训管理以及晨会培训管理。安全培训管理记录培训的主题、培训地点、培训机构、培训老师、培训人员、培训时间等,统计每次的培训记录,量化每个人的培训时间、课程,分析每个人的培训时间、培训间隔以及有多久没进行培训。

晨会培训记录培训主题、培训时间、培训地点、培训内容等,并记录每个人晨会的完成情况。自动点名、自动计时,设置培训时长,完成培训任务。

培训：编制培训内容→实名入场→参与培训→实名出场→评估是否合格→培训合格闭合
　　　质安组（安全）　工人　　　工人　　　系统　　　质安组　　　质安组

（5）人员定位

通过工人安全帽上的芯片发射信号源至基站,确定工人所在位置,鼠标移至人物定位图标上,会显示所在公司、所在班组及姓名;随时了解现场工人、工种的分布情况。

跨区域作业：通过工人定位和人员信息录入中的区域分配,可统计跨区域人数,并可查看具体人员信息。

定位：佩戴定位信号安全帽→发射信号源至基站→查看工人所在位置→统计跨区域人数→整改闭合
　　　工人　　　　　　　安全帽　　　　　　后勤组　　　　　　系统　　　后勤组/班组

（6）扬尘管理

环境管理系统为施工现场提供工地环境监测及改善服务,当系统检测到环境指标异常时,管理人员可手动或自动进行高空、地面的雾泡喷淋系统,改善施工环境（图 3.10.5,表 3.10.4）。

入场：数据对接→设备监测→数据推送→TSP 超标报警→自动/手动启动喷淋系统
　　　供应商　　设备　　系统　系统(邮件、短信、APP)　　　质安组

功能系统	设备设施	部署位置	数量要求
施工现场环境监测	TSP 在线监测仪	施工现场出入口等区域	根据现场事情情况,不少于 1 套
	扬尘传感器($PM_{2.5}$)		
	扬尘传感器(PM_{10})		
	风速传感器		
	风向传感器		
	温度传感器		
	湿度传感器		
	噪声传感器		
	数据传输模块	—	—

图 3.10.5　设施设备配置要求

设备性能参数要求　　　　　　　　表 3.10.4

设备	性能参数要求
TSP 在线监测仪	测量范围：0.01～30.00mg/m³ 分辨率：1ug/m³ 准确度：±10%
扬尘传感器（PM$_{2.5}$） 扬尘传感器（PM$_{10}$）	测量范围：0.001～6mg/m³ 分辨率：1ug/m³
风速传感器	精度：±1m/s 分辨率：0.1m/s
风向传感器	测量范围：0～360°/16 方位 分辨率：1° 准确度：±3°
温度传感器	测量范围：30～130dB 频率范围：20～12.5kHz 准确度：±1.5dB
湿度传感器	分辨率：0.1℃ 准确度：±0.3℃
噪声传感器	测量范围：0～100% RH 分辨率：0.1% RH 准确度：5% RH
数据传输模块	支持 4G 及以上、LAN 或 RS485 或 CAN 或 Wi-Fi 等通信功能

注：在线监测设备需具备中国环境保护产品认证证书（CCEP）和省（市）级计量院出具的计量器具形式批准证书（CPA）

（7）塔吊管理

使用黑匣子检测塔吊运行的各类数据，如力矩、载重、风速、幅度、高度、角度、倾角。将有资质的塔吊操作员的信息加入列表中，将人脸识别仪与塔吊绑定，让操作员操作设备，规避非同岗同职人员操作的安全问题（图 3.10.6）。

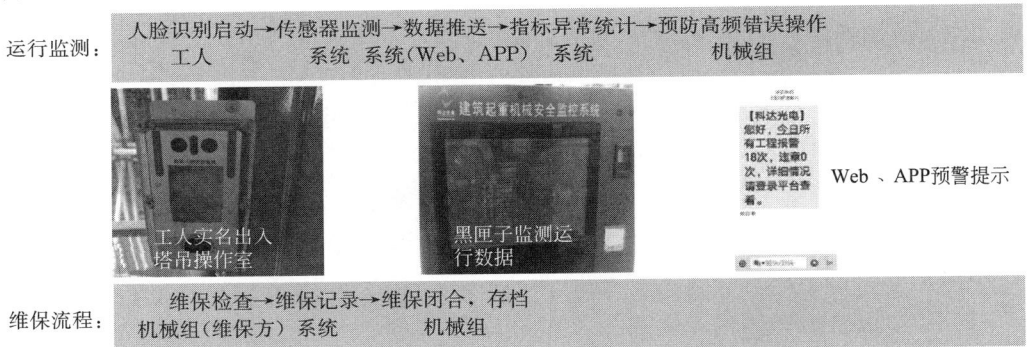

功能系统	设备设施	部署位置	数量要求
塔式起重机监测	幅度传感器	塔式起重机	1
	角度传感器		1
	高度传感器		1
	风速传感器		1
	吊重传感器		1
	回转传感器		1
	监测主机		1
	生物识别模块（人脸识别与虹膜识别二选一）		
	球式摄像机		不少于 1 路
	数据传输模块	—	—

注：每台塔式起重机应部署一套塔式起重机监测系统

图 3.10.6　设施设备配置要求

塔吊是工地重点监测对象，吊钩可视化能有效管理和监测塔吊的吊钩运行情况，保障塔机使用安全，监管司机操作行为，预警塔机环境状态（表3.10.5）。

设备性能参数要求　　　　　　　　　　　　　　　　　表3.10.5

设备	性能参数要求
幅度传感器	1. 量程：0～100m 2. 精度：0.1m
角度传感器	1. 量程：−540°～＋540° 2. 精度：±2°
高度传感器	1. 量程：0～300m 2. 精度：0.1m
风速传感器	1. 量程：0～30m/s 2. 精度：0.1m/s
吊重传感器	1. 量程：0～99.99t 2. 精度：0.1t
回转传感器	精度：±2°
监测主机	报警信息30s内推送到责任人
生物识别模块（人脸识别与虹膜识别二选一）	1. 识别速度：20万次匹配/s(1∶N) 2. 环境光照强度适应性能：3000～106lx范围内性能稳定 3. 生物信息高清采集镜头分辨率≥800万 4. 识别率＞98%，错误接受率≤0.0001%，错误拒绝率≤0.01%
球式摄像机	1. 主码流最大分辨率不小于1920×1080，最大码流6144 2. 子码流最大分辨率704×576，最大码流2048 3. 最大倍率20 4. 支持国标GB/T 28181，H.265视频编码标准及1080P的视频显示格式
数据传输模块	支持4G及以上，LAN或RS485或CAN或Wi-Fi等通信功能

（8）升降机监测

监测防超载、上下限位、内外门检测、防坠器检测、楼层呼叫、防冲顶预警、维保提醒等。管理施工电梯，管理施工电梯的数量，以及相关证件，当维保证书过期后，远程提醒管理员。

管理操作人员，只有有资质的施工电梯操作员才能使用设备。防止不相关人员误操作设备。监控施工电梯运行数据，时刻关注施工电梯运行情况，达到预警值后，就发出预警信息（图3.10.7，表3.10.6）。

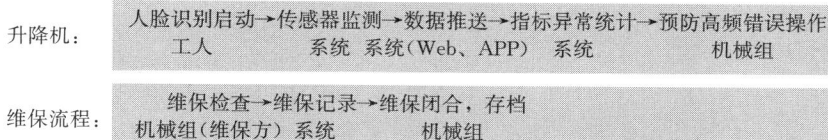

升降机：　人脸识别启动→传感器监测→数据推送→指标异常统计→预防高频错误操作
　　　　　工人　　　　系统　　系统（Web、APP）　系统　　　　　机械组

维保流程：　维保检查→维保记录→维保闭合，存档
　　　　　机械组（维保方）系统　　　　机械组

功能系统	设备设施	部署位置	数量要求
施工升降机监测	高度传感器	施工升降机	1
	起重量传感器		1
	行程限位监测装置		1
	防坠在位监测装置		1
	监测主机		1
	生物识别模块（人脸识别与虹膜识别二选一）		—
	数据传输模块		—

注：每台施工升降机应部署一套施工升降机监测系统。

图3.10.7　设施设备配置要求

设备性能参数要求 表 3.10.6

设备	性能参数要求
高度传感器	精度:0.1m
起重量传感器	精度:0.1t
监测主机	报警信息 30s 内推送信息到监管系统
生物识别模块(人脸识别与虹膜识别二选一)	1. 识别速度:20 万次匹配/秒(1：N) 2. 环境光照强度适应性能:3000～106lx 范围内性能稳定 3. 生物信息高清采集镜头分辨率≥800 万 4. 识别率＞98％,错误接受率≤0.0001％,错误拒绝率≤0.01％
数据传输模块	支持 4G 及以上、LAN 或 RS485 或 CAN 或 Wi-Fi 等通信功能

（9）车辆管理

对特种车辆及材料进行验收,特种车辆主要验收是否有安全证明、维保证明、驾驶人员是否有操作证书等,材料验收主要验收材料是否合格、材料数量是否足够等;若各事项都验收合格,则进入项目部,若验收不合格,则退回;严格控制车辆及材料的合格情况,避免施工事故的发生;若出现事故,可追溯责任（图 3.10.8,表 3.10.7）。

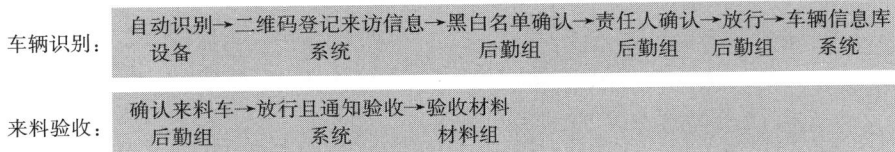

车辆识别：自动识别→二维码登记来访信息→黑白名单确认→责任人确认→放行→车辆信息库
　　　　　设备　　　　系统　　　　　　后勤组　　　　后勤组　　　后勤组　　　系统

来料验收：确认来料车→放行且通知验收→验收材料
　　　　　后勤组　　　系统　　　　　　材料组

功能系统	设备设施	部署位置	数量要求
车辆识别系统	红外线枪式摄像机	所有车辆出入口	每个出入口 2 个(进、出方向各一个,项目根据需求可增设)
	车辆识别系统		1 套
	道闸		每个车辆出入口进出方向

图 3.10.8 设施设备配置要求

设备性能参数要求 表 3.10.7

设备	性能参数要求
红外线枪式摄像机	1. 车辆识别摄像机分辨率不小于 200 万像素 20 倍聚焦 2. 进方向摄像头可拍摄清楚车头和车牌图片,出方向摄像头可拍摄清楚车身全图
车辆识别系统	1. 系统车牌识别率:白天≥99.95％,夜间≥99.95％ 2. 系统识别速度:汽车电子标识读时间≤20ms 3. 系统识别信息:车辆身份信息、车牌号码、车辆类型、进出场时间、进出场次数、放行情况等 4. 工作温度及湿度:－10～＋75℃;湿度小于 95％(无凝结);防护等级 IP65
道闸	1. 道闸应具有一体化机芯、离合装置、智能防抬功能,遇阻返回装置 2. 道闸材质应根据施工现场情况而定,宜采用栅栏式道闸

（10）电箱管理

工地上用电安全是极其重要的事情,在后台将配电箱的信息添加进来后,通过检测一级、二级、三级电箱的温度和电流,达到预警值后,就发出预警信息。还可以监测电缆温度、空气温度、电流、漏电情况等。

通过配电箱监测电箱的电缆温度及电流等，若超标则报警，可以有效预防用电事故；可以管理配电箱的组织架构；可以管理电箱的位置信息（图3.10.9，表3.10.8）

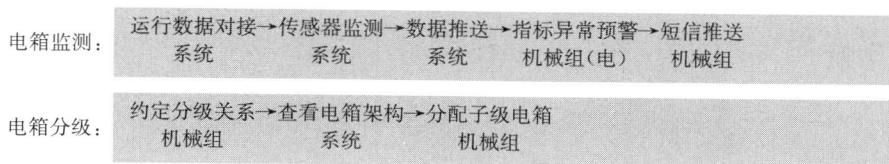

电箱监测：运行数据对接→传感器监测→数据推送→指标异常预警→短信推送
系统　　　　系统　　　　系统　　机械组（电）　机械组

电箱分级：约定分级关系→查看电箱架构→分配子级电箱
机械组　　　　系统　　　　机械组

功能系统	设备设施	部署位置	数量要求
配电箱监测	监测主机	生活区、办公区和材料堆放区的二级配电箱	各不少于1套
	漏电流监测传感器		
	电缆温度传感器		
	环境温度传感器		
	数据传输模块	—	—

图3.10.9 设施设备配置要求

设备性能参数要求　　　　　　　　表3.10.8

设备	性能参数要求
漏电流监测传感器	1. 剩余电流预警值范围：30～999mA，通常设定值150mA 2. 调节精度：1mA
电缆温度传感器	1. 温度预警值：45～140℃，通常设定值70℃ 2. 温度调节精度：1℃
环境温度传感器	1. 温度预警值：45～140℃，通常设定值70℃ 2. 温度调节精度：1℃
数据传输模块	支持4G及以上、LAN或RS485或CAN或Wi-Fi等通信功能

（11）安全管理

基本安全管理：管理未戴安全帽、未打卡，以及有违章行为的人员，可追责到具体的人员，对其进行教育整改；

安全巡更：在施工过程中，发现的安全问题及时通过PC端或手机APP进行问题提交（提交问题位置、问题类别、问题描述、整改时间等），并@负责人，选择执行班组、验证人、抄送人，整改完成后，验证人去现场验收并上传验收图片，若问题未整改好，则继续退回整改，直至验收合格后该问题自动关闭，系统可对所有问题进行统计汇总（图3.10.10）。

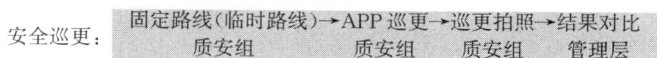

安全巡更：固定路线（临时路线）→APP巡更→巡更拍照→结果对比
质安组　　　　质安组　　质安组　　管理层

巡检路线：3#宿舍楼～2#宿舍楼～1#宿舍楼楼梯间及结构边的临边防护情况

图3.10.10 安全巡更

（12）质量管理

在施工过程中，发现的质量问题及时通过 PC 端或手机 APP 进行问题提交（提交问题位置、问题类别、问题描述、整改时间等），并@负责人，选择执行班组、验证人、抄送人，整改完成后，验证人去现场验收并上传验收图片，若问题未整改好，则继续退回整改，直至验收合格后该问题自动关闭，系统可对所有问题进行统计汇总。

质量巡更：	Web 计划路线时间→	APP 巡更→	巡更拍照→	结果对比
	质安组	质安组	质安组	管理层

（13）实测实量

去繁从简，记录检查点数以及问题点数，留照保存，提高用户的可操作性；

统计分析并生成对应的实测实量操作率表和实测实量合格率表，直观地看到管理人员执行的情况以及工人完成的质量。

实测实量：	检查项及标准→	测量并记录→	班组比对数据考核
	管理层	质量员	质安组

（14）BIM 协同管理

各个参与方通过网页、手机、Revit、Navisworks 等软件对项目进行协同工作，协同信息在各个终端、各个用户和各种设备之间实时同步。并且可以自动生成协同报告。

● 轻量化、移动化	● 遨游/VR 遨游	● 2D、3D 联动	● 项目结构树
● 场地 GIS 实景	● 4D 进度展示	● 查看信息	● 节点展示
● 协同管理	● 测量，剖切	● 视图切换	● 部品清单

基础功能、可见性操作＼视图操作＼信息读取等→更新→上传→维护（秦万泉）

协同管理→协调→沟通→处理问题（向永平）

高性能BIM引擎	OpenBIM国际标准	数据安全	定制化研发

（15）视频监控

视频监控主要有热成像和标准施工监控两种，热成像可远距离识别明火与抽烟并报警，标准施工监控通过施工作业面、文明施工情况、人员安全情况、出入场与考勤情况、工程质量情况等的监控，进行全过程、多方位的实时监控，并通过大屏、PC、手机端展示。可实现预警安全隐患；监控路径可循；多屏互动等功能。

视频：	数据对接→	监控中心→	监控呈现———————————————————→	追溯监控源
	系统	项目部	后勤组/项目部（APP、Web、显示屏）	后勤组

后勤组执行、监督监控运行情况,记录巡检状态并存档

后勤组可调用NVR录像记录查找问题或事故问题源

（16）AI 系统

将在后台添加设备信息，将设备安装在项目上，将自动识别未戴安全帽的人员、还可做到明火识别，发生上述情况后，立刻远程给管理员发送报警信息。

可实现机器识别，在第一时间发现危险情况；自动识别危险情况，减少人工巡查的工作；时刻监测未戴安全帽行为，发现问题进行整改，大力抓没戴安全帽行为，减少安全隐患；发现有明火可以在第一时间发现并且发出警报，人员可以在第一时间进行处理，减少损失；识别到未戴安全帽人员或者明火后自动拍照，让整改有据可依等。

AI系统：监控中心系统 → 主动识别监测系统 → 声光报警系统/现场 → 自动抓拍系统 → 整改后勤组

（17）视频会议系统

融合通信平台应提供视频会议、值班值守、视频监控、短信调度、应急预案、手机端APP、语音电话、无人机支撑等技术应用服务（表 3.10.9、表 3.10.10）。

设施设备配置要求　　　　　　　　　　表 3.10.9

功能系统	设备设施	部署位置	数量要求
融合通信平台	视频会议一体化终端	施工现场项目部	根据现场实际情况不少于 1 套/个
	全向麦克风		
	聚合路由器		
	单兵执法设备		

设备性能参数要求　　　　　　　　　　表 3.10.10

设备	性能参数要求
视频会议一体化终端	1. 采用嵌入式一体化结构设计，非 Windows、Android 系统，非 PC、工控机架构，集成编解码器、麦克风、摄像头等，方便安装部署 2. 支持 ITU-T H.323、IETF SIP 协议，具有良好的兼容性和开放性，支持 IPv4 和 Ipv6 双协议栈 3. 支持 1080P 25/30fps、720p 50/60fps、4CIF、CIF 等分辨率 4. 支持 G.711、G.722、G.722.1、G.728、G.719、G.729A、AAC-LD 等音频协议，且满足不少于三种 20kHz 以上的宽频音频协议，支持双声道立体声功能 5. 支持主流达到 1080P30 情况下，辅流支持 1080P 6. 提供至少两路高清视频输入，至少两路高清视频输出 7. 支持两路音频输入和两路音频输出 8. 内置全高清摄像机，不低于 200 万像素，1/3 英寸 CMOS，支持 1080P 60fps 视频图像采集。摄像机支持不小于 12 倍光学变焦，水平视角不小于 72° 9. 具有良好的网络适应性，25%的网络丢包下，图像流畅、清晰、无卡顿、无马赛克现象 10. 512kbps 会议带宽下，实现 1080P30 帧图像格式编解码，384kbps 会议宽带下，实现 720P30 帧图像格式编解码
全向麦克风	1. 数字阵列麦克风，支持 360°全向拾音，最大拾音距离不小于 6m 2. 支持终端供电，不需额外电源 3. 支持回声抵消、自动增益控制、自动噪声抑制
聚合路由器	户外多卡三网聚合路由器，支持 4G 及以上运营商网络
单兵执法设备	1. 外壳防护等级符合 GB 4208—2008 中的 IP68 要求 2. 触摸彩色显示屏，显示屏尺寸不小于 2.2 寸 3. 编码格式支持 H.264、H.265 4. 照片分辨率为 7392×5544、5248×3969、4160×3120、3264×2448、2592×1944、2048×1536 时，照片分辨率应不小于 1000 线 5. 视频分辨率应支持 1920×1080、1280×720，在 1920×1080 下视频分辨率不低于 1000 线，在 1280×720 下视频分辨率不低于 700 线 6. 可接入 4G 及以上运营商网络，实现无线传输功能

（18）项目指挥中心

项目部指挥中心应设置显示区、操作值班区、指挥座席区、通信设备区，宜与融合通信平台进行合并建设。

项目部指挥中心软硬件宜与融合通信平台技术应用服务兼容。

项目部指挥中心应为项目监控、综合展示、值班值守、应急协同、远程协同、远程指挥提供支撑。

指挥中心应支持利用工务署融合通信平台（应急指挥系统）开展应急突发事件的指挥调度的能力，支持向工务署等上级单位部门通报相关情况，向项目人员发出指令。

显示区的显示设备分辨率应不低于1080P，应能24小时连续运行。

操作值班区用于项目监控值班人员接收、处理相关信息，应具有突发事件报警信息接收、存档、上报、续报等功能。

指挥座席区可作为相关负责人对重大紧急情况进行指挥调度，或对各类预案进行研究决策的场所，也可作为应急预案演练及人员培训的场所。

通信设备区应满足日常工作需要，并符合机房建设的相关规定。

指挥中心应安排 7×24 小时的值班人员。（表 3.10.11、表 3.10.12）

设施设备配置要求 表 3.10.11

功能系统	设备设施	部署位置	数量要求
融合通信平台	显示设备	项目部办公区	根据现场实际情况不少于1套/个
	电脑		
	交换机		
	路由器		
	视频服务器（可选）		
	多屏处理器（可选）		
	扩声影响设备（可选）		
	不间断电源		
	桌椅		

设备性能参数要求 表 3.10.12

设备	性能参数要求
显示设备	1. 项目可根据实际情况选择投影仪、LCD显示设备或LED显示设备,也可根据实际需要进行拼接； 2. 显示设备分辨率不低于1080P
电脑	1. 整机最大可用千兆口≥48 2. 交换容量≥336Gbps,包转发率≥108Mpps 3. 支持VLAN划分 4. 支持静态路由,支持RIP、OSPF协议 5. 支持DLDP、LACP、VRRP、RSTP、MSTP、QoS、ACL 6. 支持IPv6
交换机	1. CPU性能等同于INTEL I3 8100或以上 2. 内存应不小于16G 3. 显卡性能等同于NVIDIA GTX 1050TI或以上 4. 硬盘容量≥1TB 5. 一机双屏（推荐）

(三) 智慧工地管理要点

1. 设置专人管理

在项目部设立专门的智慧工地对接人员，每天检查智慧工地在线情况，发现问题后，结合现场情况，第一时间做出判断，反馈到监理或工程站沟通群（表 3.10.13）。

表 3.10.13

现场状况	判断措施	判断结果
设备单独离线	1. 联系项目电工,核查项目电力情况 2. 联系供应商,确认服务器情况	1. 评估电工时间,判断是否走异常单 2. 根据供应商反馈结果,判断是否走异常单
成组设备离线	1. 联系项目电工,核查项目电力情况 2. 联系供应商,确认服务器情况	1. 评估电工时间,判断是否走异常单 2. 根据供应商反馈结果,判断是否走异常单
大面积离线	1. 联系项目电工,核查项目电力情况 2. 联系供应商,确认服务器情况 3. 联系网络平台,确认平台连接问题	1. 评估电工时间,判断是否走异常单 2. 根据供应商反馈结果,判断是否走异常单 3. 根据电工情况,优先走异常单,并及时上报

2. 供应商选择

须挑选资质优良，实力雄厚的供应商作为项目的供应商，并且在合同条款中标注好以下条款：（1）专业对接人；（2）保修时间；（3）设备布置图；（4）设备操作手册；（5）问题反应时机制（当天或隔天）；（6）问题固定机制。

3. 现场日常管理

（1）从项目早班会开始宣贯智慧工地的重要性。

（2）在项目现场，处理器集中放置的地方（一般是门卫室）进行门卫管理人员的宣贯，可让警卫管理者协助日常管理，设置专人使用权，上报至项目部领导，其他任何人都不得使用。

（3）设立智慧工地设备专业标识并将标识代表意义宣贯所有管理者和分包。

（4）设立日常巡查制度。

4. 宽带网络及服务器管理

（1）目前比较常见的是专线网络和网桥两种方式，根据实际项目情况架设网络，最优先选择专线网络。

（2）如选择网桥方式，对网络架设技术要求较高，在架设前，可做模拟测试，架设过程中，应注意网络链条线上关键点的控制，不要在弱传输信号点处架设关键设备。

（3）服务器性能上，在满载状态下，要预留 20% 以上的处理盈余，确保性能稳定。

（4）在适当时间（如节假日、重大检查等）主动联系供应商，重启服务器，确保关键节点的稳定。

5. 供电线路管理

（1）设立专线，在项目进场动工之前，排查好线路情况，将智慧工地线路尽可能独立出来，减少因设备跳闸引起的断电情况。

（2）设立专线标识，由专业电工对各分包电工进行宣贯，不得动用专线标识线路。

（3）设立单独电箱，与二级电箱并行。

（4）建立线路保护措施，电箱钥匙由专业电工保管，在专业电工巡检的过程中，可进行专电巡管。

6. 设备运行和维护

（1）在项目上智慧工地设备应具有防水防尘的保护措施，以确保设备的日常稳定运行。

（2）项目上位置除非必要，不宜放在潮湿的位置，如放在潮湿位置，应设置保护措施并做好附近操作人员的宣贯工作。

7. 应急预案

（1）有条件的项目，可根据需求设置专业的储备电源设备（或太阳能电池板），可选择在临时断电的情况下，支撑所有连接设备 30 分钟以上的设备方案。

（2）将智慧工作的操作流程形成文件，培养项目组内辅助操作人员，在特殊情况下，可由辅助操作人员进行恢复操作，减少因故障导致的异常时间。

（3）将智慧工地系统运行的所有密码形成"二维码"制度，并上报给项目责任人，有条件可定期更新。

（4）建立项目智慧工地及时沟通制度，保持与管理站、监理的良好沟通。

（5）提高供应商的服务意识，定期电话反馈问题，建立良好沟通渠道。

（6）落实项目组内专人负责制度，压实责任，碰到问题，以单一问题为单位，明确措施、单位、责任人。

【相关文件】

《政府公共工程建设管理数字化转型实施方案》

《深圳市建筑工务署 2020 年智慧工务建设工作要点》

《深圳市建筑工务署智慧工地联网监测系统操作指引》

《深圳市建筑工务署施工现场信息化系统项目级配套技术指引》

第十一节　竣工验收及移交管理

项目竣工验收主要是对工程项目的总体验收，工作内容就是查看项目有没有完成图纸和合同约定的各项工作，以及所完成的工作符不符合相关的法律法规和验收标准、竣工验收是对项目的工程资料和实体全面检查的一个过程。

项目竣工验收的验收依据、验收条件、验收内容、验收程序及竣工备案执行现行的法律、法规文件，本篇主要介绍深圳市建筑工务署关于竣工验收管理的创新做法。

一、竣工初验管理

（一）主要业务工作

主要业务工作包括：参与竣工初验、提出初验意见。

（二）主要工作要点

1. 项目组参加监理单位组织的初验。承包单位完成设计文件和合同约定的全部内容，自验合格，并编制竣工申请报告，监理单位组织初验，项目组参加；

2. 项目主任组织各专业工程师对工程竣工资料和实体质量进行审查，提出初验意见；

3. 初验意见需要整改的，督促监理跟进整改情况；合格的，由总监理工程师签认单位工程竣工验收报审表，确定进入预验收程序。

（三）管理流程（图 3.11.1）

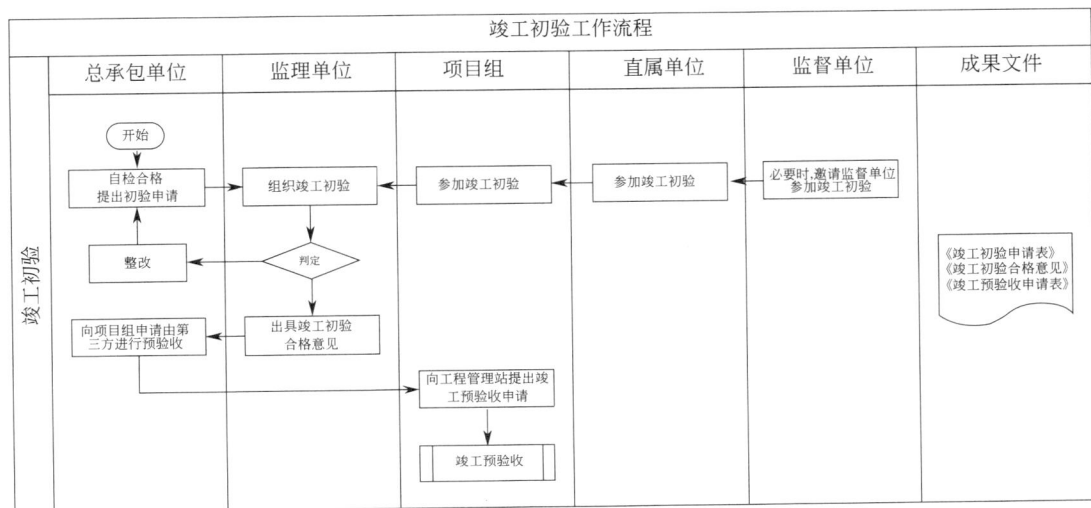

图 3.11.1　竣工初验管理流程

二、竣工预验收管理

（一）主要业务工作

主要业务工作包括：编制预验收工作计划、提出预验收申请、配合第三方的预验收工作、组织整改发现的问题并回复预验收工作小组、参加预验收会议。

（二）主要工作要点

1. 预验收计划及申请

（1）前期和技术部汇总各计划预验收项目，并填报预验收季度工作计划表，于每个季度第一周的周二前经分管站领导同意报工程督导处；

（2）项目组提出预验收申请，分管站领导核查后对申请表确认，报工程督导处；

（3）工程督导处对预验收申请及相关资料审查合格后起草项目预验收小组成员名单，成立项目预验收小组；

（4）项目预验收工作小组通知第三方评估单位对项目进行第三方预验收评估。

2. 预验收

（1）第三方评估单位在现场评估工作完成当日向项目组提交所发现问题清单，并于三个工作日内向项目预验收工作小组提交第三方预验收评价报告（报告应判断是否存在重大质量隐患），并抄送工程督导处、前期和技术部；

（2）项目组将第三方评估单位所发现问题整改后，填写预验收整改回复单，于现场评估工作完成 30 日历天内（含 30 日历天）报送项目预验收工作小组，并在预验收整改回复单中对无法在规定期限内完成整改的质量问题，提出后续整改计划和措施；

（3）若在预验收工作评估过程中发现重大质量隐患，前期和技术部应组织进行专项处理，确认处理完善后在预验收整改回复单上填写意见报预验收工作小组。

3. 预验收复查

项目预验收工作小组收到预验收整改回复单后通知第三方评估单位复查，复查后视复查情况于三个工作日内安排项目预验收会议。

4. 预验收会议及结论

（1）项目预验收会议由项目预验收工作小组组长主持，项目预验收工作小组成员、项目主任、设计单位项目负责人、施工单位项目经理、监理单位项目总监、第三方监测单位负责人（视情况）、第三方评估单位人员参加；

（2）设计单位项目负责人、施工单位项目经理、监理单位项目总监、第三方监测单位负责人汇报工作总结，包括第三方评估单位预验收评估所发现问题的整改情况；第三方评估单位汇报第三方评估报告中问题整改的复查情况；

（3）预验收工作小组成员现场分组检查，一般情况下，房建项目分建筑（土建）工程、安装工程组，市政项目分建筑（土建）工程或市政工程组、安装工程组，并根据不同类型的项目选择不同的专业工程师；

（4）预验收工作小组在现场检查结束后召开总结会议，提出预验收评价、整改意见及结论，填写项目预验收记录。

5. 预验收特殊情况的处理方式

（1）对交付时间紧迫的特殊项目，如无法在短时间内达到全部预验收条件的，可在报本站的分管署领导同意后实行有条件的分阶段预验收，但延续时间不得超过三个月；或申请取消预验收直接进入竣工验收程序。

（2）若项目还存在部分质量问题尚未整改完成，项目组可在整改回复单中明确整改单位责任人、整改时限、整改工作计划及相应措施，经分管站领导审核后报项目预验收工作小组审定，同意后报署工程督导处备案。

（3）因预验收问题整改导致项目工期延误的，由施工单位负责，项目组应按合同规定对施工单位进行处罚。

（4）对整改后符合现行有关验收规范和深圳市建设行政主管部门相关规定要求，但无法满足项目合同文件（含招标文件及设计文件等）对工程质量标准要求的项目，以及预验收过程中发现重大质量问题的项目，前期和技术部应及时提出处理方案报工程督导处，必要时应组织专家评审会或署专业组会议审定后实施。

（三）管理流程（图 3.11.2）

三、竣工验收管理

（一）主要业务工作

主要业务工作包括：组织项目档案专项验收、确认符合竣工验收条件、组织竣工验收、协调参建单位整理和移交工程竣工验收归档资料、编制工程竣工验收报告等。

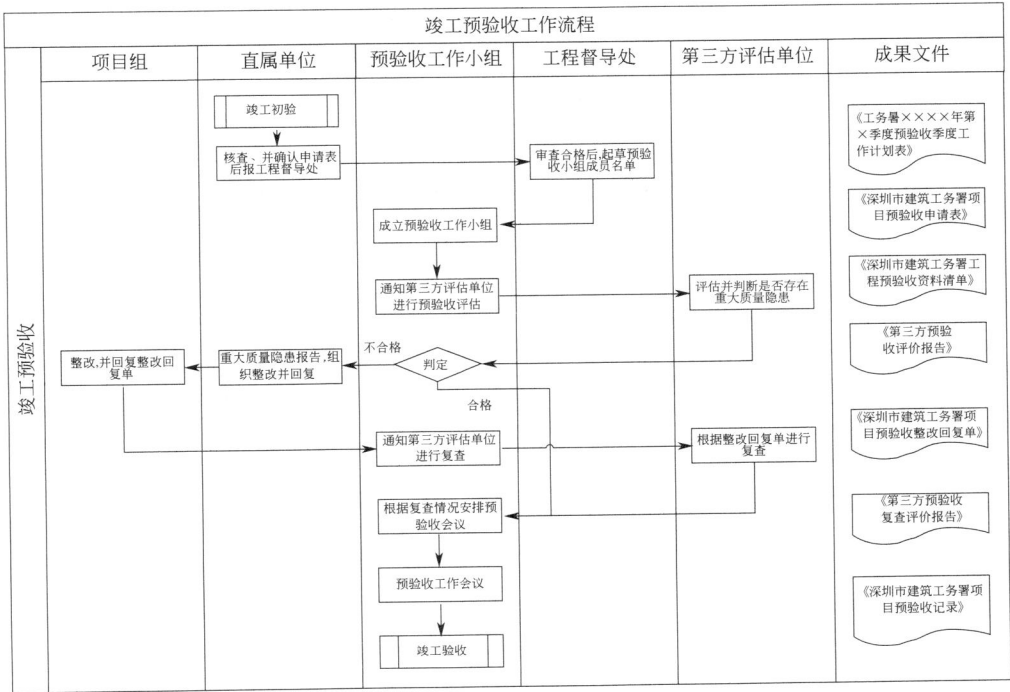

图 3.11.2　竣工预验收管理流程

（二）主要工作要点

1. 档案专项验收

（1）项目档案的归档与移交，责任主体为项目组。

（2）项目竣工验收前，应按规定组织项目档案专项验收工作。

（3）专项验收工作由项目组组织，档案室负责档案的专项验收。档案室验收合格后出具验收意见，由项目组负责向市档案局申报备案，备案通过后方可组织项目竣工验收。

（4）项目竣工后，项目组组织各参建单位编制竣工档案，落实项目档案的整体移交工作。

（5）项目组组织参建单位须于项目竣工验收合格后 3 个月内，完成合同承包范围的档案整理，并移交项目组汇总；6 个月内向市城建档案馆（以下简称进馆）、本单位档案室和使用单位各移交一套完整的工程竣工档案。

2. 竣工验收

根据住房和城乡建设部《房屋建筑和市政基础设施工程竣工验收规定》（建质〔2013〕171 号）和市工务署的项目管理手册。竣工验收的主要工作如下：

（1）项目组在工程初验、预验收和档案专项验收合格，应确认工程符合住房和城乡建设部《房屋建筑和市政基础设施工程竣工验收规定》（建质〔2013〕171 号）的第五条的11 项要求后，正式确定组织竣工验收。

（2）项目组主任应马上与监理商讨组织竣工验收事宜，组织勘察、设计、施工、监理等单位组成竣工验收小组，制定验收方案（确定验收小组成员、时间、要求和具体流程安排）。对于重大工程和技术复杂工程，根据需要可邀请有关专家参加验收组。

（3）项目组应当在工程竣工验收 7 个工作日前将验收的时间、地点及验收组名单书面通知负责监督该工程的工程质量监督机构。提前 3 天通知有关参建单位人员。

（4）项目主任组织验收活动。

（5）项目组跟进监督站的监督意见，在竣工验收后 3 个工作日内未收到质监机构签发的责令整改通知书或者重新组织验收通知书的，即可进入竣工验收备案程序。

（6）由建设单位组织的竣工验收包含人防、水保、环评、档案、防雷、节水、排水、海绵城市、通信及其他需要与建设项目同时交付使用的相关配套设施等验收事项。竣工验收报告应当载明各验收事项合格或备案与否的结论。（摘自《深圳市建设工程竣工联合（现场）验收管理办法》深建规〔2020〕12 号）

（7）竣工验收通过后，《竣工验收报告》应由工程站负责人签字并加盖单位公章。

（8）项目组协调承包单位和监理单位整理和移交工程竣工验收归档资料。

（9）竣工验收报告应当使用主管部门规定的格式文本，一式五份，由主管部门、城建档案管理部门、建设单位、施工单位和监理单位各存一份。

（三）管理流程（图 3.11.3）

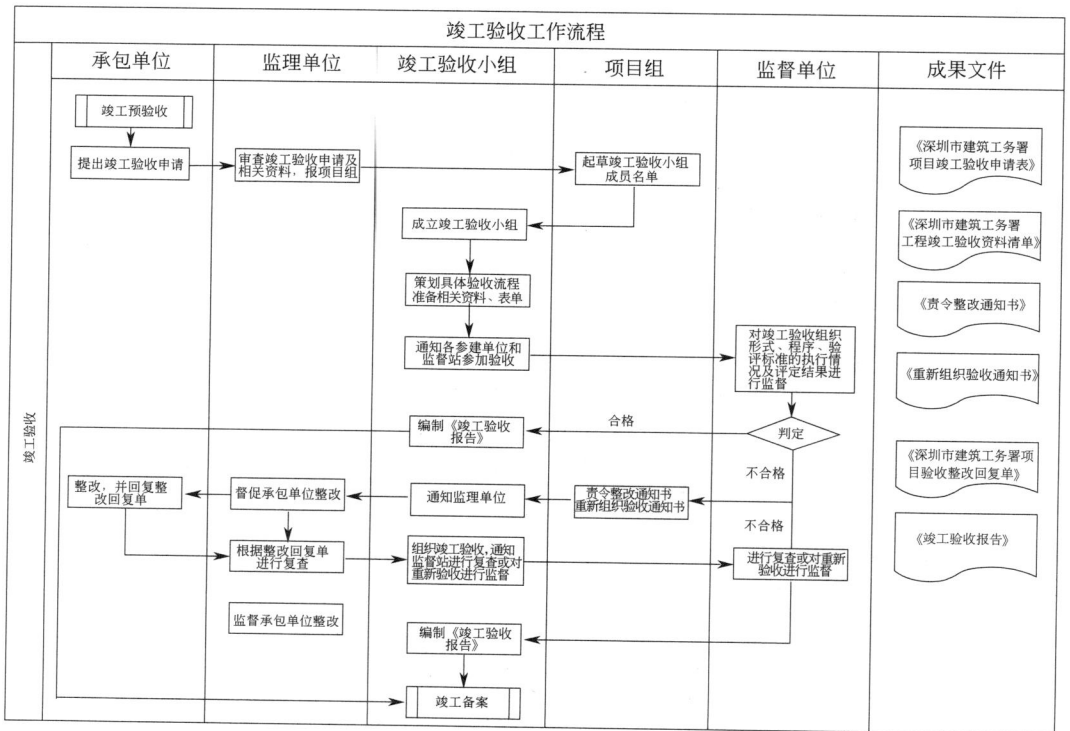

图 3.11.3　竣工验收管理流程

四、竣工联合验收

（一）主要业务工作

根据《深圳市建设工程竣工联合（现场）验收管理办法》深建规〔2020〕12 号文，工程完工后，项目组委托进行验收测量，申请竣工联合（现场）验收并上传一套竣工图纸以及相应资料，上传《工程竣工验收报告》至在线审批平台。项目组应当根据整改意见和相关规定及时整改。

（二）主要工作要点

1. 竣工联合验收条件

（1）完成工程竣工验收；

（2）完成竣工测绘，临建已拆除，公共配套已移交，具备原规划验收条件；

（3）根据施工图消防设计要求建成，并具备原建设工程消防验收或备案抽查条件；

（4）已完成工程设计和合同约定的各项内容，并按照已审核批准或建设单位告知承诺的各专项施工图纸设计要求施工完成；

（5）完成档案验收；

（6）电梯等特种设备安装工程完成施工，检验合格并出具报告；

（7）人防、水保、环评、档案、海绵城市、通信等专项验收或备案及其他法律法规要求完成的事项已完成；

（8）根据工程分类，其他应当满足条件详见办事指南情形分类。

2. 竣工联合验收程序

（1）项目组可以根据实际情况向各联合（现场）验收部门申请预验收服务。

（2）验收需要进行测量的，遵循"一次委托、统一测绘、成果共享"的工作原则，验收测量数据应当纳入在线审批平台。

（3）竣工验收后，项目组通过在线审批平台"竣工联合（现场）验收事项"提出申请，并上传一套竣工图纸以及相应资料。

（4）在线审批平台上选择需要联合（现场）验收的事项以及参与联合验收的部门。

（5）审批平台流转对资料进行审核，通过提出整改意见，建设单位补齐补正材料，并确认验收事项，以达到预约现场验收的条件。

（6）申请"同意受理"后，项目组通过在线审批平台提前七日预约现场验收时间。

（7）由牵头单位（市工务署）组织相关主管部门对建设项目的规划、消防、民用建筑节能等按照"一家牵头，一窗受理，限时办结，集中反馈"的方式进行联合（现场）验收。

（8）项目组组织各参建单位进行的工程竣工验收报告，应当在现场验收后五个工作日内上传至在线审批平台。

（9）各行政主管部门通过在线审批平台填写验收意见。现场验收发现不合格的，通过在线审批平台一次性告知建设单位。项目组应当根据整改意见和相关规定及时整改。

（10）整改完成后，项目组应当组织勘察、设计、施工、监理等单位组成验收组进行自验，形成自验报告。自验合格后，应当通过在线审批平台上传自验报告，提出复验申请。

（11）经整改后，无"不合格"意见的，项目在线审批平台即时自动生成联合验收意见书，验收结论为"验收通过"的联合验收意见书即为联合验收合格的统一确认文件，不再办理工程竣工验收备案。

五、项目移交管理

工程竣工验收后，项目组应及时联系使用（管理）单位办理工程移交。一般情况下，工程移交应当在工程具备移交条件后 10 日内进行。

项目组组织工程档案移交和工程现场移交，项目主任及直属单位分管领导在移交书上签字盖章，使用（管理）单位和其他参与工程交接的单位应由单位法人代表或其委托人签字盖章。

（一）工程档案移交

工程档案包括建设单位工程档案、监理单位工程档案和施工单位工程档案三部分。工程档案是工程项目的永久性技术文件，是项目运行管理以及维修改造的重要依据。凡是属于归档范围的工程文件档案，均应妥善进行收集、整理、查验和移交。

工程竣工后，项目组应及时组织监理单位、施工单位收集、整理各类工程档案，确保工程档案的真实性和完整性。任何单位和个人不得擅自修改、伪造工程档案。

移交市城建档案馆的工程档案：至少编制三套，正本一套，报市城建档案馆归档；副本两套，分别移交中心档案室和接收（管理）单位归档。参建单位应当在竣工验收后 3 个月内，向市城建档案馆移交建设工程档案。

移交建设方的工程档案：至少编制一套，原件移交至中心档案室归档。

（二）工程实物移交

工程实物包括委托项目所有合同约定的室内外工程及其配套工程，项目组在工程竣工后应及时组织验收和移交。

接收（管理）单位应参加工程竣工验收，根据《项目移交协议书》及设计任务委托要求对工程提出意见。对于存在的工程质量问题，项目组核实后，责成施工单位在规定时间内完成整改。

工程竣工验收合格后，项目组应要求各施工单位和监理单位做好人员及机械设备等的撤离计划，并做好移交的准备工作。工程具备移交条件后，项目组应及时组织施工单位、监理单位和接收（管理）单位进行工程实物的移交。

施工单位应提供完整的《工程实物移交清单》，工程各主要部位、各主要设备等应详细列明具体名称、数量及其状况，必要时提供项目使用手册。接收（管理）单位按照清单逐一清点接收。交接双方分别填写工程实物移交书并签字、盖章。移交书一式两份，交接双方各保存一份。

移交手续办理完毕后，各施工单位全部撤出项目现场。

第十二节　其他专项技术咨询

一、全过程 BIM 咨询

BIM 技术全过程咨询管理是指在项目规划、设计、施工和运营阶段，通过以咨询服务活动及其成果形式为建设单位提供 BIM 技术应用与管理。

（一）工作依据

（1）相关法律法规、政策文件、标准规范等；

（2）工程设计相关成果文件；

（3）建设单位与各参建单位签订的合同；

（4）深圳市住建局《建筑工程信息模型设计交付标准》；

（5）《建筑信息模型分类和编码标准》GB/T 51269—2017；

（6）《建筑信息模型设计交付标准》GB/T 51301—2018；

（7）《建筑工程设计信息模型制图标准》JGJ/T 448—2018；

（8）《建筑信息模型应用统一标准》GB/T 51212—2016；

（9）《建筑信息模型施工应用标准》GB/T 51235—2017；

（10）深圳市住房和城乡建设局《城市轨道交通工程信息模型表达及交付标准》；

（11）深圳市住房和城乡建设局《城市道路工程信息模型分类和编码标准》；

（12）深圳市住房和城乡建设局《城市轨道交通工程信息模型分类和编码标准》；

（13）深圳市住房和城乡建设局《道路工程勘察信息模型交付标准》；

（14）深圳市住房和城乡建设局《市政道路工程信息模型设计交付标准》；

（15）深圳市住房和城乡建设局《市政桥涵工程信息模型设计交付标准》；

（16）深圳市住房和城乡建设局《市政隧道工程信息模型设计交付标准》；

（17）深圳市住房和城乡建设局《综合管廊工程信息模型设计交付标准》；

（18）深圳市住房和城乡建设局《市政道路管线工程信息模型设计交付标准》；

（19）深圳市建筑工务署关于 BIM 管理工作规定。

目前国内国家、省市及行业内所发布的 BIM 相关标准均为非强制性，且各个项目也会分属不同的建设工程类别，因此上述第 5～18 项所列标准供作为参考依据，同时可根据项目具体情况编制有针对性的 BIM 标准作为工作依据。

深圳市住房和建设局发布"关于消防设计审查、施工许可和竣工联合验收基于 BIM 报建系统功能上线试运行的通知"，自 2022 年 1 月 1 日起，新建（立项、核准备案）市区政府投资和国有资金投资建设项目、市区重大项目、重点片区工程项目全面实施 BIM 技术应用，在办理消防设计审查、主体工程施工许可、竣工联合验收报建环节上传 BIM 模型。同时鼓励除上述项目外的其他项目在办理消防设计审查、主体工程施工许可、竣工联合验收报建环节时使用 BIM 报建功能。全过程 BIM 咨询工作应充分考虑地方政府的相关政策，协助业主统筹各参建单位落实地方政府的 BIM 管理要求。

（二）全过程 BIM 管理工作内容

具体工作内容如下：

（1）编制《BIM 总体方案》，指导并督促各参建单位 BIM 实施工作；

（2）协助设计、施工和运维等阶段招标工作，提供 BIM 技术应用要求；

（3）组织召开 BIM 工作启动会，按招标文件要求督促落实各参建单位 BIM 实施团队岗位及职责、BIM 实施软硬件环境等；

（4）审核参建单位编制的《BIM 实施方案》；

（5）检查 BIM 实施单位软硬件资源配置及人员配置；

（6）督促各参建单位运用 BIM 技术完成相关工作，并对 BIM 模型及应用成果进行成果；

（7）定期组织召开 BIM 协调会，协助建设单位部署 BIM 工作计划及要求，检查工作进度及质量，为建设单位决策提供辅助；

（8）组织各阶段 BIM 成果的验收与移交，协助项目组进行履约评价；

（9）制定 BIM 工作的评优方案，协助开展本项目 BIM 相关竞赛及评选等工作，做好项目成果总结和宣传。

1. 编制《BIM 总体方案》

在签订合同并收集相关资料、信息后，开始编制《BIM 总体方案》，该方案须包含但不限于以下内容：

（1）与建设单位协商确定项目 BIM 工作目标；

（2）确定项目总体组织架构与各参建单位职责分工；

（3）确定 BIM 应用范围和应用点清单；

（4）制定 BIM 工作总体进度计划；

（5）制定总体工作流程；

（6）确定或编制项目 BIM 标准；

（7）制定 BIM 交付成果清单，包含成果的类型、数量、交付时间和交付形式等；

（8）制定 BIM 实施资源要求，包含对参建单位软、硬件及 BIM 团队成员的要求；

（9）制定项目管理制度，内容包含但不限于会议管理、资料管理、工作汇报、施工现场巡检、风险管理等。

2. 配合招标工作

依据建设单位和项目实际情况，分别编制设计、施工和运维等阶段的 BIM 技术应用要求。

主要内容包括但不限于：项目概况、工作范围、BIM 应用点及方案、工作计划、BIM 成果清单、BIM 标准、BIM 团队要求、实施资源要求、保障措施等。

3. 召开 BIM 工作启动会

（1）根据项目招标进展不同阶段，涉及 BIM 技术应用的单位进场后，组织召开 BIM 工作启动会；

（2）向 BIM 实施单位介绍项目概况、各单位主要职责，以及安排后续工作等；

（3）向相关单位做《BIM 总体方案》、《BIM 标准》的交底，同时对《BIM 实施方案》的编制提出要求。

4. 审核《BIM 实施方案》

审核 BIM 实施单位上报的《BIM 实施方案》，经建设单位批准后方可执行。审核关注点如下：

（1）BIM 实施目标。确定 BIM 实施的成果目标，分析项目 BIM 实施的重难点，明确BIM 技术的具体应用措施。

（2）BIM 实施范围和深度。确定 BIM 实施的具体范围，按照《BIM 总体方案》要求，明确 BIM 实施的深度。

（3）进度计划。根据项目实际情况，各单位明确自己的 BIM 实施计划，明确各任务计划完成的时间节点，要提交的成果。

（4）BIM 实施团队。明确 BIM 实施团队及相关岗位职责，配置详细的实施人员清单。

（5）BIM 实施软硬件环境。说明参建单位所具有的软硬件环境，包括主要的 BIM 建模软件、模拟软件、分析软件及版本信息；以及计算、存储和网络等硬件资源的配置清单。

（6）BIM 应用价值点及方案。应针对招标文件的 BIM 应用清单，详细说明如何开展 BIM 实施工作。如实施流程、技术方法、交付物、实施计划、模型创建和管理等。

（7）BIM 协同实施。说明本单位与其他参建单位之间如何基于 BIM 技术协同工作的流程、方法和步骤。

（8）BIM 实施保障措施。现场 BIM 实施的技术保障、沟通机制、管理制度等，以及人员、质量、进度等的保障措施。

5. 检查 BIM 实施单位资源配置

BIM 实施单位资源配置包括 BIM 实施团队、BIM 实施的软件和硬件等。

（1）BIM 实施团队

根据 BIM 实施单位合同检查 BIM 实施团队，主要包括：

① BIM 项目经理、BIM 工程师人员到位情况；

② BIM 项目经理任职条件是否符合合同要求，包括工作年限、业绩、执业资格证书及 BIM 管理协调能力的考察。

（2）BIM 实施软件基本要求

模型是 BIM 实施的基础，各实施单位应确保 BIM 软件版权符合项目需求，同时确保 BIM 软件的授权数量及授权时间与项目周期相符。为了使 BIM 模型能够在实施过程中无障碍地传递和共享，项目各参建方应在《BIM 总体方案》中明确软件类型及版本。

（3）BIM 实施硬件基本要求

硬件资源是支撑建设单位 BIM 实施的 IT 架构基础，其包括计算资源、网络资源和存储资源。

① 计算资源是指建设单位 BIM 实施过程中 BIM 模型创建与应用的计算设备，主要指工作站和移动工作站。

工作站用于 BIM 模型创建、效果渲染、动画模拟等图形计算处理，为保证模型创建和 BIM 应用工作的顺利开展，工作站性能应不低于表 3.12.1 中的性能要求。

工作站性能基本要求　　　　　　　　　　　　　　　　表 3.12.1

硬件名称	工作站(台式电脑)	移动工作站(笔记本电脑)
CPU	主频:3.5GHz 及以上 内核:4 核心 8 线程或 8 核心及以上支持最大 内存:32GB CPU:64 位处理器	主频:3.0GHz 及以上 内核:4 核心 8 线程或 8 核心及以上支持最大 内存:16GB CPU:64 位处理器
显卡	显存容量:2G 以上 显存位宽:256bit 以上 显存类型:GDDR5 流处理单元:1664 以上 接口类型:HDMI/DVI/VGA	显存容量:2G 以上 显存位宽:256bit 以上 显存类型:GDDR5 流处理单元:1280 以上 DirectX:11 以上

硬件名称	工作站(台式电脑)	移动工作站(笔记本电脑)
内存	16GB DDR3 及以上	16GB DDR3 及以上
硬盘	128G SSD 固态及以上	128G SSD 固态及以上
显示器	支持 1920×1080 以上分辨率	支持 1920×1080 以上分辨率
操作系统	Win7 Pro 64bit 及其以上	Win7 Pro 64bit 及其以上

② 网络资源是指 BIM 实施过程中的网络通信环境,是进行协同工作的基础资源。

为保证协同工作的网络环境,局域网的带宽应不低于 100M/s,公共网络的带宽应不低于 50M/s,其中上传带宽不低于 20M/s。

③ 存储资源主要是指在 BIM 实施过程中服务器端的网络存储设备,是 BIM 数据存储、共享的核心。存储资源应支持基于网络存储技术(NAS)或服务器连接存储(SAS)的网络文件存储,具体的性能要求如表 3.12.2。

存储资源性能基本要求   表 3.12.2

指标	要求
硬盘容量	2TB 及以上(超大型工程除外)
网络连接	千兆及以上以太网接口
冗余电源	支持冗余电源装置
数据传输	Http、FTP
数据安全	支持数据安全与用户管理
数据备份	支持外部存储器的同步与备份

6. 审核 BIM 模型及其应用成果

(1)设计阶段:依据项目 BIM 标准与前序工程资料,由设计单位创建设计模型,设计模型需要满足以下几点要求:

①设计 BIM 模型创建应满足设计专业齐全、模型完整、信息准确等方面的要求;

②设计 BIM 模型精度须满足设计 BIM 模型建模深度指标要求和各阶段设计深度要求;

③同一项目的不同专业应自始至终确保空间关系的自洽;

④模型的创建原则、命名、颜色等须依据项目合同及相关 BIM 标准的要求。

(2)施工阶段:由施工单位在施工过程中依据项目 BIM 标准、工程设计图纸、现场条件等进行设计 BIM 模型的深化工作,形成深化设计模型及图纸等,同时对 BIM 设计模型进行优化审核,然后将优化建议或问题以《施工 BIM 优化建议表》反馈给全过程咨询单位、建设单位、设计单位,各单位统一意见或建议后,全过程咨询单位负责督促设计单位对模型和图纸进行修改与完善,并由施工单位现场落实。

(3)对于除模型之外的其他应用成果,依据相关合同与《BIM 标准》进行审查,然后将审查意见反馈给建设单位与 BIM 实施单位,由后者依据意见对应用成果进行修改完善,直到满足要求。

7. 组织召开工作例会

(1)以每周或每双周召开工作例会的形式,实现 BIM 实施的过程管理;

（2）各 BIM 实施单位在工作例会上汇报本单位 BIM 工作进展，并商讨需要协调解决的事项；

（3）全过程工程咨询单位与建设单位听取工作汇报并做出后续工作安排。

8. BIM 成果的验收与移交

（1）待 BIM 成果完成并经全过程工程咨询单位审查通过之后，建设单位应组织开展成果移交及验收工作。

（2）在施工单位进场之后，建设单位组织设计阶段 BIM 成果的移交工作。施工单位审查 BIM 成果并提出意见，全过程工程咨询单位对施工单位提出的意见进行评估和整改确认，然后由施工单位接收设计阶段 BIM 成果并以此开展施工阶段 BIM 应用。

（3）建设单位可以以 BIM 成果验收单的形式向 BIM 实施单位确认，并签署验收意见。

9. BIM 相关竞赛及评选

根据项目进展情况，制定 BIM 工作的评优方案，协助建设单位督促 BIM 实施单位开展本项目 BIM 相关竞赛及评选等工作。

（三）全过程 BIM 技术应用清单

全过程 BIM 技术应用内容广泛，涉及多个工作阶段，以深圳市工务署规划的 BIM 应用为例，其中包括 BIM 招标投标、BIM 模型创建、设计 BIM 实施评价等九大项内容，共 32 项设计具体 BIM 应用点。全过程咨询工作根据项目特点和业主 BIM 应用需求，合理选择或拓展相应的 BIM 应用点。

1. 设计阶段 BIM 技术应用清单（表 3.12.3）

设计阶段 BIM 应用管理

表 3.12.3

应用项	应用点		实施目的
一、BIM 招标投标	（一）招标文件编制	1. 项目组编制设计 BIM 招标文件	提高项目组 BIM 招标文件的编制及评审效率，提升 BIM 招标工作的质量和专业性
	（二）招标文件评审	2. 项目组组织设计 BIM 投标文件评审	
二、设计 BIM 准备	（一）BIM 管理平台	3. 搭建设计 BIM 管理平台	为项目组提供协同管理手段
	（二）BIM 实施方案	4. 设计单位编制《设计 BIM 实施方案》	明确设计 BIM 应用点、实施方法、交付物等内容，统筹设计 BIM 实施，提高设计 BIM 整体实施效率和质量
		5. 项目组组织《设计 BIM 实施方案》评审	
	（三）BIM 实施资源准备	6. 设计单位组建 BIM 团队、搭建 BIM 实施软硬件环境	在人员配置、软硬件环境方面为 BIM 实施工作提供保障，并综合检查设计 BIM 实施的资源准备落实情况
	（四）BIM 实施准备工作检查	7. 组织 BIM 咨询单位综合检查 BIM 实施准备工作	
三、BIM 模型创建	（一）模型创建	8. 项目组提出 BIM 模型创建要求	充分考虑后续 BIM 应用需求，明确设计 BIM 模型创建要求，保证 BIM 模型创建质量
		9. 设计单位创建设计 BIM 模型	
	（二）模型审核和修改	10. BIM 咨询单位审核设计模型	保证设计 BIM 模型质量
		11. 设计单位修改 BIM 模型	

应用项	应用点		实施目的
四、BIM 模型应用	（一）建筑指标统计计算	12. 功能区面积计算	明确各类建筑指标,提高设计方案质量
		13. 容积率、建筑密度等指标计算	
	（二）专业综合	14. 专业综合与碰撞检查	强化各专业协同配合,梳理专业配合职责,减少设计错误,提高 BIM 设计成果质量
	（三）模拟分析	15. 风环境分析	以方案设计工作为主导,结合 BIM 设计工作,尽可能利用 BIM 技术的优势,延展常规建筑性能分析内容的技术边界,提高设计方案质量
		16. 光环境分析	
		17. 热环境分析	
		18. 声环境分析(选)	
		19. 净空净高分析	
		20. 室内外漫游模拟	使用效果预演,优化设计方案,提高设计质量
		21. 设计建造过程模拟	建造过程预演,优化设计方案,提高设计质量
	（四）工程数量统计	22. 统计建筑结构工程数量	明确工程数量,强化投资控制,提高设计质量
		23. 统计机电设备材料工程数量	
		24. 统计幕墙钢构工程数量	
五、BIM 设计优化工作	项目组组织设计优化工作	25. 管线综合优化指标实现	优化设计方案,提升设计质量
		26. 建筑结构优化指标实现	
		27. 建筑性能优化指标实现	
		28. 使用功能优化指标实现	
六、BIM 管理平台应用	利用 BIM 管理平台实现信息化管理	29. BIM 管理平台使用	利用 BIM 管理平台实现设计 BIM 的信息化管理
七、基于 BIM 的管控工作	设计 BIM 应用	30. 设计 BIM 管控工作	利用 BIM 实现设计阶段的质量、进度管理
八、BIM 成果汇总	成果收集、整理	31. 设计 BIM 成果汇总(模型、视频、报告等)	规范设计 BIM 成果汇总,提高设计 BIM 成果管理效率
九、设计 BIM 实施评价	履约评价	32. 设计 BIM 实施履约评价(方案、成果等)	评价设计 BIM 实施成果,提高设计 BIM 管理质量

2. 施工阶段 BIM 技术应用清单（表 3.12.4）

施工阶段 BIM 技术应用管理　　　　　　　　　　　　　表 3.12.4

应用项	应用点	实施目的
一、BIM 招标投标	1. 项目组编制各参建单位的《BIM 招标文件》	提高项目组 BIM 招标文件的编制及评审效率,提升 BIM 招标工作的质量和专业性
	2. 项目组组织 BIM 投标文件评审	

续表

应用项	应用点	实施目的
二、施工 BIM 准备	3. 部署 BIM 管理平台	为项目组及参建单位提供协同管理手段
	4. 各参建单位编制《施工 BIM 实施方案》	各参建单位明确施工阶段各自的 BIM 应用点、实施方法、交付物等内容，统筹设计 BIM 实施，提高施工 BIM 整体实施效率和质量
	5. 项目组组织《施工 BIM 实施方案》评审	
	6. 各参建单位组建 BIM 团队、搭建 BIM 软硬件环境	在人员配置、软硬件环境方面为 BIM 实施工作提供保障，并综合检查各参建单位的 BIM 实施的资源准备落实情况
	7. 组织 BIM 咨询单位综合检查 BIM 实施准备条件	
三、施工 BIM 模型创建	8. 设计 BIM 模型移交管理	提升设计模型在施工阶段的延续性
	9. 项目组提出施工 BIM 模型创建要求	提出明确的施工 BIM 模型创建要求，保证后续 BIM 应用顺利实施，保证 BIM 模型创建质量
	10. 各参建单位创建施工 BIM 模型	明确施工 BIM 模型创建要求，保证 BIM 模型创建质量，为后续施工 BIM 应用提供基础模型，保证后续 BIM 实施
	11. BIM 咨询单位审核施工 BIM 模型	
	12. 各参建单位修改施工 BIM 模型	
	13. 施工 BIM 基准模型管理	
四、BIM 模型应用	14. 施工总平面布置	提高施工方案质量，预知施工过程，优化施工方案，保障现场施工质量和工期，保障施工工作顺利开展
	15. BIM 模型施工深化	
	16. 基于 BIM 的施工方案优化	
	17. 施工 BIM 标准模型管理	
	18. 专业综合与碰撞检查	
	19. 施工管线洞口预留预埋	
	20. 施工过程模拟（节点模拟）	
	21. 大型设备吊装模拟	
	22. 基于 BIM 的施工交底（重点工艺）	
	23. 基于 BIM 的现场施工指导（部分施工指导）	明确施工工程数量，提高施工质量，精确施工
	24. 建筑结构工程数量统计（重要数量统计）	
	25. 机电设备材料工程数量统计（重要数量统计）	
	26. 幕墙钢构工程数量统计（重要数量统计）（选）	
	27. 预制加工与工业化（选）	
	28. BIM 模型施工信息添加	
五、BIM 管理平台应用	29. 平台功能模块应用（文档、会议、变更、质量、安全、手机 APP 等），实现信息化管理	利用 BIM 管理平台实现工程项目现场的信息化管理

续表

应用项	应用点		实施目的
六、基于BIM的管控工作	30. 基于BIM的工程质量管理(重点内容)		利用BIM降低投资"三超"风险,提高投资管控精细度,降低安全事故发生风险,保障工程项目进度,实现工程质量提升
	31. 基于BIM的工程安全管理(重点内容)		
	32. 基于BIM的工程进度管理(重点内容)		
	33. 基于BIM的工程投资管理工作		
	34. 基于BIM的工程变更管理工作		
七、竣工移交	35. 完(竣)工模型创建(迭代完成)		提高完(竣)工管理和验收,服务于结算和验收,为后期运维服务
	36. 工程竣工移交BIM应用		
八、BIM成果汇总	37. 施工BIM成果汇总(模型、视频、报告等)		规范施工BIM成果汇总,提高管理效率
九、施工BIM实施评价	38. 施工BIM实施履约评价(方案、成果等)		评价施工各参建单位的BIM实施成果,落实施工BIM管理质量动作

(四)全过程BIM技术应用管理工作内容

全过程BIM技术应用内容及深度根据不同项目的特点会存在一定的差异,相关应用及管理动作可参照下述内容自行组织优化。

1. 设计阶段BIM技术应用管理(表3.12.5)

设计阶段BIM技术应用管理　　　　　　　表3.12.5

技术应用点		管理目标与成果
1	设计模型审查	**管理目标** (1)确保设计模型符合建模标准 (2)确保设计模型满足合规性要求 (3)确保输出的二维图纸满足审图要求
		提交成果 (1)设计各阶段全部设计模型文件 (2)设计模型文件清单(含链接说明、版本说明) (3)EPC总包模型自检记录表
2	环境模拟分析	**管理目标** (1)通过BIM参数化对风、光、日照等环境因素进行模拟分析 (2)通过BIM可视化进行方案比选 (3)基于BIM提出环境影响优化措施
		提交成果 设计各阶段BIM环境模拟分析报告、方案比选与优化措施
3	多专业碰撞检测	**管理目标** (1)通过建筑、结构和机电模型的整合,发现建筑、结构、机电、精装修、幕墙等专业之间的碰撞点 (2)提高各专业间的协调深度,减少现场拆改及浪费
		提交成果 (1)设计各阶段碰撞检测报告(含碰撞处理措施) (2)碰撞点视图
4	机电管线综合	**管理目标** (1)合理布置各专业管线,减少由于管线冲突造成的二次拆改施工,节约施工成本 (2)保证吊顶的高度,保证机电各专业的有序施工,有效控制区域净高 (3)合理布置各专业机房的设备位置,保证设备的正常运行维修、安装等工作有足够的平面空间和垂直空间,提高运行效率
		提交成果 (1)管线综合节点剖面视图 (2)设备机房综合布置总体效果视图

技术应用点		管理目标与成果
5	关键区域净高检查	管理目标	（1）根据设计及施工要求,结合专业模型管道定位及业主对各区域的净高要求,分析哪些区域可能存在不满足净高要求,对建筑物最终的竖向设计空间进行模拟,并给出净空检测报告 （2）指定最优的净空方案,降低空间成本,提升项目建成后的空间品质
		提交成果	（1）净高检查与分析报告 （2）净高控制点视图
6	孔洞预留预埋	管理目标	利用机电管线综合模型与土建模型综合,提前完成水、暖、电、通风与空调系统等各专业间管线定位,在结构墙浇筑与二次结构墙体砌筑前进行穿插布管、预留孔洞,从工艺上杜绝后期因墙体剔凿、开洞对墙造成的损坏,保证墙体质量、减少建筑垃圾、降低人工成本
		提交成果	（1）孔洞预留预埋统计表 （2）孔洞预留预埋定位视图
7	主要工程量统计	管理目标	通过BIM三维模型对主要建筑构件、装修材料、管道及配件、机械设备等进行统计,加快概预算速度,增强审核及审定透明度
		提交成果	（1）主要材料用量统计明细表 （2）主要工程量统计明细表
8	疏散模拟	管理目标	利用相应灾害分析模拟软件,模拟灾害发生的过程,分析灾害发生的原因,制定避免灾害发生的措施,以及发生灾害后人员疏散、救援支持的应急预案
		提交成果	（1）灾难模拟分析报告、优化措施与应急预案 （2）模拟分析过程文件
9	面积统计	管理目标	基于BIM模型事项对项目各区域建筑面积统计,对各房间区域、走廊区域等进行标记,形成各区域建筑面积统计表,对建筑面积变化情况预警,辅助业主对项目设计管理的需求
		提交成果	（1）建筑面积平面视图 （2）建筑面积统计明细表
10	BIM设计图纸	管理目标	确保各专业设计BIM成果的各项必要数据和信息在设计图纸中充分体现
		提交成果	（1）各专业平、立、剖面设计图 （2）各专业节点 （3）相关图纸目录

2. 施工阶段 BIM 技术应用管理（表 3.12.6）

施工阶段 **BIM** 应用管理 　　　　　　　　表 3.12.6

技术应用点		管理目标与成果
1	施工场地规划	管理目标	结合现场实际情况,分阶段建立临dfs时布置模型,通过BIM技术解决现场施工场地平面布置问题,实现场地动态管理、工法样板场地管理、施工现场形象管理、危险源辨识、安全防护标准化等,提高施工场地利用率,优化项目成本,为现场精细化施工管理提供依据
		提交成果	（1）施工场地模拟 （2）施工组织设计（BIM场布部分）
2	BIM施工可视化交底	管理目标	在分部分项工程施工前,组织参建单位利用BIM模型参数化和可视化对施工班组进行技术交底,针对比较复杂的建筑构件或难以二维表达的施工部位,利用BIM技术导出相关图片及视频,加入到技术交底资料中,便于分包方及施工班组的理解
		提交成果	（1）各项工作BIM交底文档 （2）交底记录

技术应用点		管理目标与成果
3	施工碰撞检查	**管理目标** 结合本项目施工安装方案,通过碰撞检查功能,找出各专业在施工流程中的空间碰撞问题,在施工前预先解决问题,节省不必要的变更与浪费
		提交成果 (1)施工碰撞检查报告 (2)机房、管井等碰撞控制关键区域样板模型 (3)碰撞处理措施 (4)碰撞点视图
4	可视化检查	**管理目标** 在三维可视化的基础上,将施工现场发现的问题在模型上进行标注。由监理、设计、施工三方的专业工程师协调检查,将现场存在的问题解决在实际施工发生以前
		提交成果 (1)模型上检查点的标注与视图 (2)模型与现场对照检查与处理记录 (3)可视化检查照片与视频记录资料
5	综合管线支吊架深化	**管理目标** (1)确定机电管线综合方案,控制好机电综合管线模型质量,确保管线施工可行性;重点控制支吊架的模型精度,对支吊架进行分类编号,便于预制化加工 (2)绘制吊架大样图、支吊架安装定位图,指导现场施工安装
		提交成果 (1)综合支吊架深化模型 (2)机房、车库、通道等支吊架关键控制区域样板模型 (3)支吊架验收记录 (4)模型与现场支吊架对照检查记录
6	二次结构深化设计	**管理目标** 通过建立二次结构相关模型(砌筑排砖、构造柱定位、圈梁过梁位置等)进行深化设计,实现二次结构质量、成本、进度目标: (1)实现洞口预先留置,减少返工; (2)优化间隔梁、圈梁、构造柱、预制构件布置,排砖深化,降低材料损耗; (3)精确统计材料用量,合理安排人工与材料进场
		提交成果 (1)二次结构深化设计模型 (2)二次结构质量控制关键部位样板模型 (3)二次结构施工方案(BIM部分) (4)二次结构材料用量与工程量明细表 (5)模型与现场二次结构对照检查记录
7	施工样板	**管理目标** 将机电末端定位及相关内容提前进行BIM样板定制,以实现设计和施工可行性的双重验证,并作为业主方定样和质量验收的主要依据。 (1)通过BIM技术对机房等重点区域建立三维样板间,包括该区域的管线排布、设备安装以及孔洞预留等实施标准,指导施工单位按严格样板作业 (2)所有主材或主要工序需经过定样、样板制作并通过各方验收合格后,方可采购或大面积实施安装
		提交成果 (1)关键区域施工样板深化模型 (2)样板施工方案(BIM部分) (3)模型与现场对照检查记录
8	精装修深化设计	**管理目标** 利用土建施工阶段的BIM模型,制定空间规划,可进行室内装饰装修设计,生成施工指导文件。针对装修区域,将机电末端定位及其他二次装修内容提前进行BIM样板定制,饰面、地板装饰面、吊顶、门窗装饰、栏杆扶手、家具、陈设等标准化装饰,以实现二装定样和施工交底协调
		提交成果 (1)精装修深化设计模型 (2)精装修关键区域样板模型 (3)精装修施工方案(BIM部分) (4)模型与现场对照检查记录

技术应用点		管理目标与成果
9	BIM 施工工艺模拟	管理目标	对于本项目涉及高难度施工工艺或有一定危险性的专项工程,利用 BIM 施工模拟技术辅助专项评审,提供三维可视化解决方案。比如利用 BIM 技术完成高支模体系的创建与安全验算,优化方案,得出支架体系布置图指导现场施工
		提交成果	(1)BIM 施工工艺模拟图文资料 (2)相关专项施工方案(BIM 部分) (3)施工模拟与现场对照检查记录
10	深基坑工程 BIM 综合应用	管理目标	根据深基坑工程设计模型,运用 BIM 技术模拟基坑开挖的工况,辅助现场施工土方开挖路线、土方堆放运输、机械使用等方案的制定,并运用 BIM 进行深基坑工程施工风险预警
		提交成果	(1)深基坑 BIM 模型 (2)深基坑工况模拟分析资料 (3)深基坑工程施工方案(BIM 部分) (4)工况模拟与现场实施对照检查记录
11	钢结构 BIM 技术应用	管理目标	(1)运用 BIM 技术进行设计优化,辅助结构设计选型,提前解决碰撞问题和图纸错误 (2)基于 BIM 的二维码、RAID 射频芯片等手段实现材料从生产到运输进场安装的规范化管理 (3)运用 BIM 技术进行现场施工模拟,选择最佳钢结构施工方案、辅助施工方案交底;施工过程中现场与模型比对避免出错 (4)基于 BIM 平台建立三维可视化动态监测系统,及时发现风险点,避免事故发生
		提交成果	(1)钢结构整体 BIM 模型 (2)钢结构关键部位样板模型 (3)钢结构专项施工方案(BIM 部分) (4)钢结构模型与现场对照检查记录

3. 竣工阶段 BIM 技术应用管理(表 3.12.7)

竣工阶段 BIM 技术应用管理

表 3.12.7

技术应用点		管理目标与成果
1	BIM 辅助竣工验收	管理目标	基于 BIM 的竣工验收可分为阶段性和综合性竣工交付,按 BIM 整体进度计划组织参建单位进行竣工 BIM 验收,通过 BIM 咨询平台中上传的模型与现场进行分析对比,严格把控 BIM 模型及成果质量,确保 BIM 模型与现场的一致性,提高工程验收质量和效率,服务 BIM 竣工验收
		提交成果	(1)BIM 竣工模型 (2)BIM 竣工模型与现场对照检查记录 (3)项目 BIM 应用成果汇总资料 (4)项目 BIM 实施过程管理文件汇总资料
2	BIM 辅助运维管理	管理目标	将隐蔽工程、机电管线、阀组等的定位、尺寸、安装时间、厂商、施工时间、质检记录等基础数据和信息输入 BIM 模型,确保竣工模型的运维信息完整性 通过培训与交底等手段确保运维和使用单位能充分利用 BIM 模型开展运维管理工作
		提交成果	(1)项目运维阶段 BIM 实施方案 (2)运维单位 BIM 培训记录 (3)运维 BIM 交底记录
3	BIM 成果总结宣传	管理目标	组织各参建单位收集、整理、总结项目全过程 BIM 实施应用成果,通过各种媒介和渠道(文字、图片、视频、新闻网站、微信公众号等)积极宣传项目 BIM 成果,组织参与相关竞赛评选活动
		提交成果	(1)项目 BIM 应用成果总结文档 (2)项目 BIM 应用成果宣传资料 (3)项目参与 BIM 评优竞赛活动资料

（五）管理流程

下述流程中，因考虑到项目条件的差异性和甲方的实际需求，在设计阶段和施工阶段中，BIM 实施单位和设计单位可以是同一家单位主体，也可以是不同单位主体。

1. BIM 总体方案编制、审批流程（图 3.12.1）

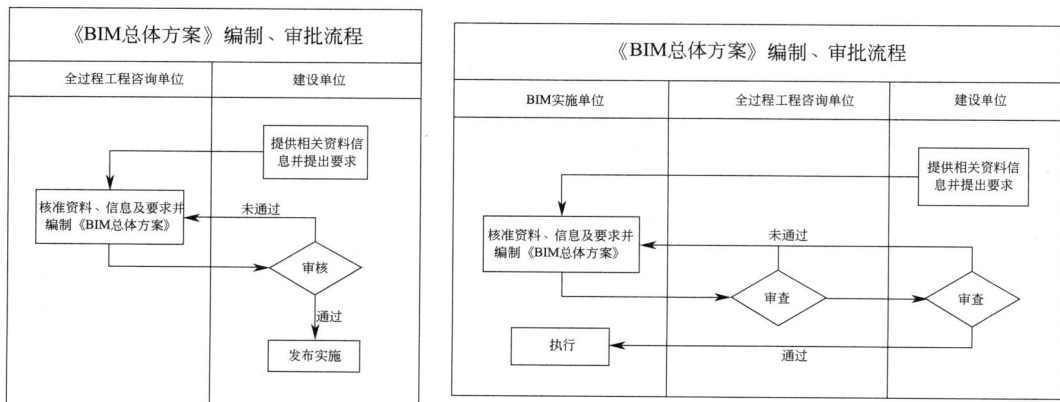

图 3.12.1　BIM 总体方案编制、审批流程图

2. BIM 实施方案编制、审批流程（图 3.12.2）

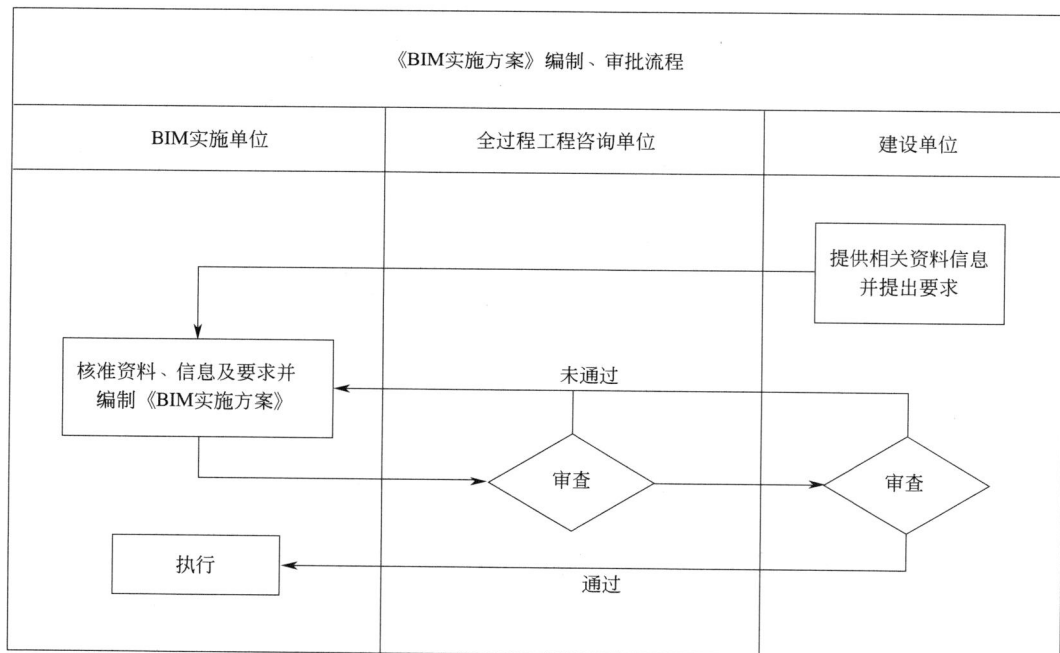

图 3.12.2　BIM 总体方案编制和审批流程图

3. BIM 实施资源准备与检查流程（图 3.12.3）

4. BIM 模型创建、审查流程（图 3.12.4、图 3.12.5）

5. BIM 专项应用流程（图 3.12.6、图 3.12.7）

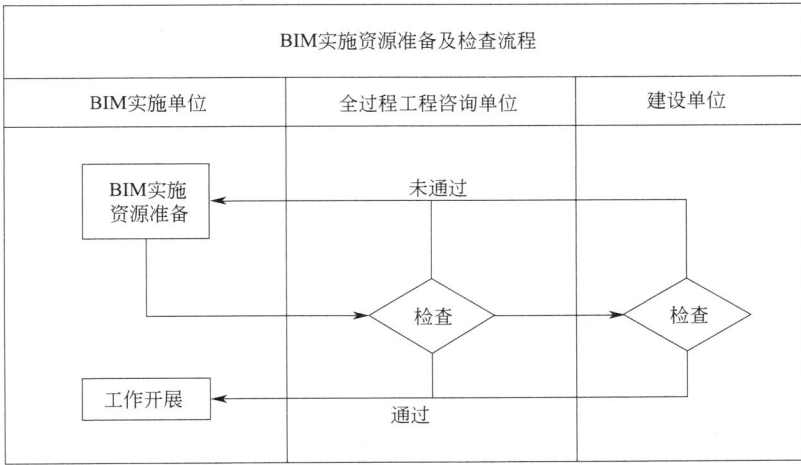

图 3.12.3　BIM 实施资源准备与检查流程

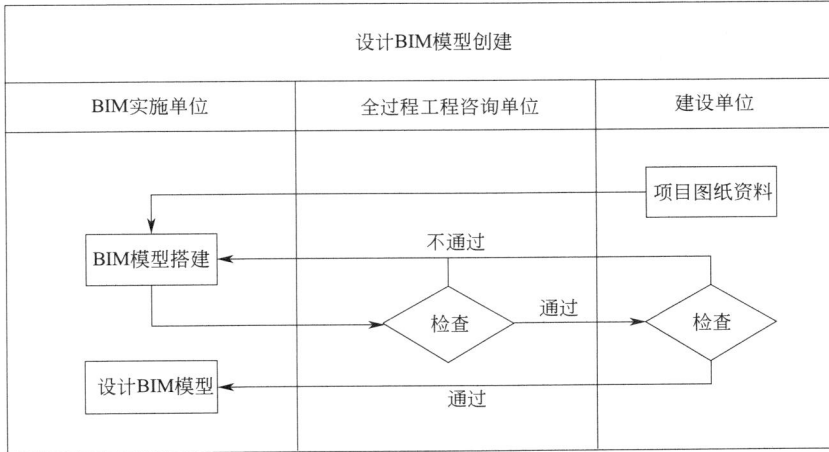

图 3.12.4　设计 BIM 模型创建

二、绿色建筑咨询

(一) 工作内容

1. 确定项目的绿色策略及定位

(1) 根据项目规划设计任务书的要求，明确项目绿色建筑等级，制定绿色建筑实施方案，满足规划任务书的要求；

(2) 等级划分由高到低划分为三星级、二星级、一星级和基本级。

2. 评价与等级划分

(1) 绿色建筑评价应以单栋建筑或建筑群为评价对象。评价对象应落实并深化上位法定规划及相关专项规划提出的绿色发展要求；涉及系统性、整体性的指标，应基于建筑所属工程项目的总体进行评价。

(2) 绿色建筑评价指标体系应由安全耐久、健康舒适、生活便利、资源节约、环境宜

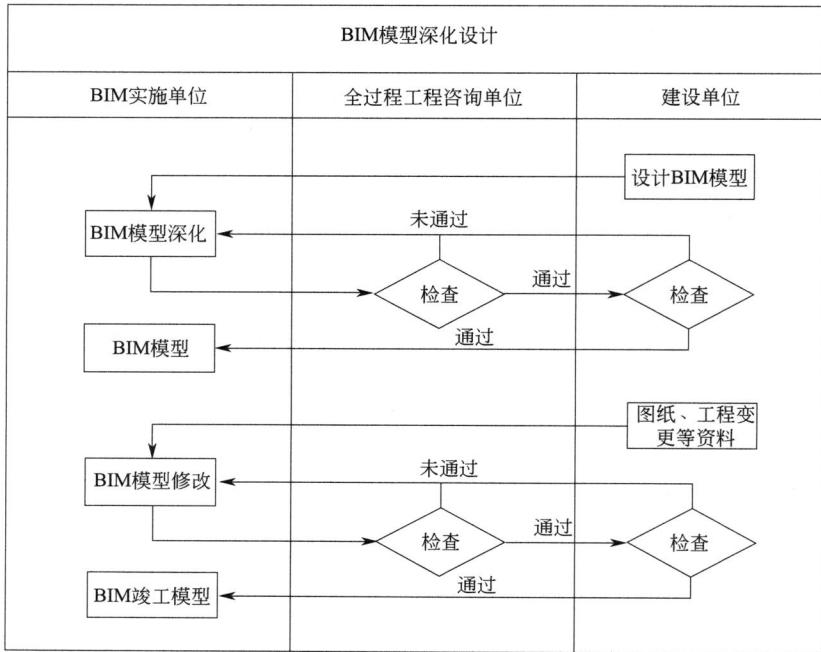

图 3.12.5　BIM 模型深化设计

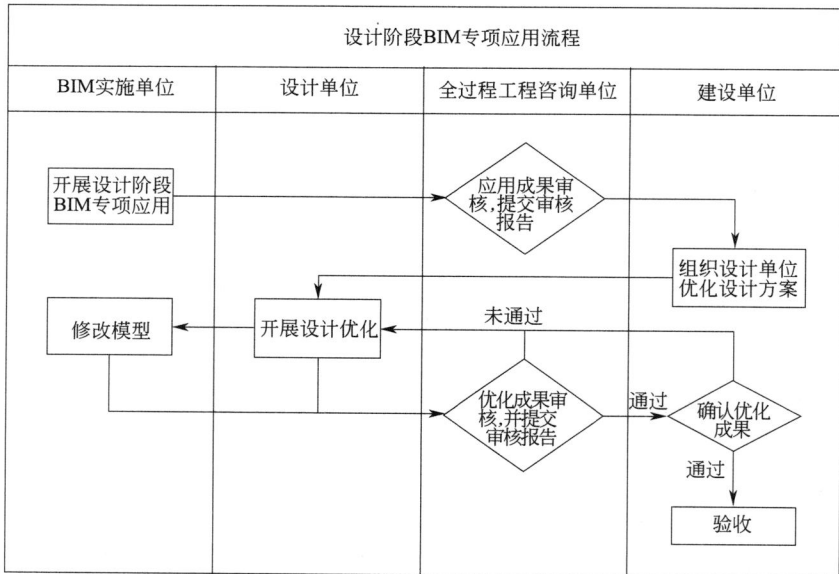

图 3.12.6　设计阶段 BIM 专项应用流程

居 5 类指标组成。绿色建筑评价应在建筑工程竣工后进行。在建筑工程施工图设计完成后，可进行预评价。

（3）对于多功能的综合性单体建筑，应按本标准全部评价条文逐条对适用的区域进行评价，确定各评价条文的得分。

（4）绿色建筑评价的分值设定（表 3.12.8）；

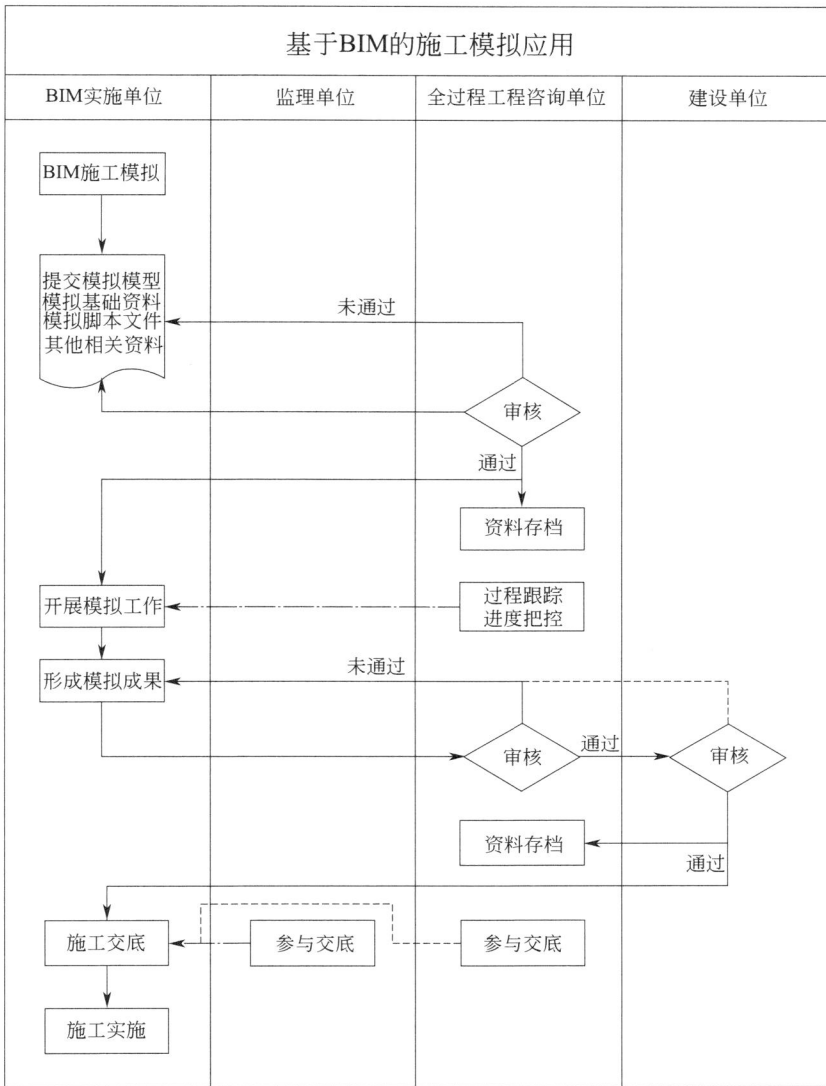

图 3.12.7　基于 BIM 的施工模拟应用

绿色建筑评价分值　　　　　　　　　　　　　　　　表 3.12.8

	控制项基础分数	评价指标评分项满分值					提高与创新加分项满分值
		安全耐久	健康舒适	生活便利	资源节约	环境宜居	
预评价分值	400	100	100	70	200	100	100
评价分值	400	100	100	100	200	100	100

（5）当满足全部控制项要求时，绿色建筑等级应为基本级；

（6）绿色建筑星级等级应按下列规定确定：

一星级、二星级、三星级 3 个等级的绿色建筑均应满足本标准全部控制项的要求，且每类指标的评分项得分不应小于其评分项满分值的 30%；

一星级、二星级、三星级 3 个等级的绿色建筑均应进行全装修，全装修工程质量、选用材料及产品质量应符合国家现行有关标准的规定；

当总得分分别达到 60 分、70 分、85 分且满足表 3.12.9 的要求时，绿色建筑等级分别为一星级、二星级、三星级。

一星级、二星级、三星级绿色建筑的技术要求 　　　　　表 3.12.9

	一星级	二星级	三星级
围护结构热工性能的提高比例，或建筑供暖空调负荷降低比例	围护结构提高 5%，或负荷降低 5%	围护结构提高 10%，或负荷降低 10%	围护结构提高 20%，或负荷降低 15%
严寒和寒冷地区住宅建筑外窗传热系数降低比例	5%	10%	20%
节水器具用水效率等级	3 级	2 级	
住宅建筑隔声性能		室外与卧室之间、分户墙（楼板）两侧卧室之间的空气声隔声性能以及卧室楼板的撞击声隔声性能达到低限标准限值和高要求标准限值的平均值	室外与卧室之间、分户墙（楼板）两侧卧室之间的空气声隔声性能以及卧室楼板的撞击声隔声性能达到高要求标准限值
室内主要空气污染物浓度降低比例	10%	20%	
外窗气密性能	符合国家现行相关节能设计标准的规定，且外窗洞口与外窗本体的结合部位应严密		

注：①围护结构热工性能的提高基准、严寒和寒冷地区住宅建筑外窗传热系数降低基准均为国家现行相关建筑节能设计标准的要求。

②住宅建筑隔声性能对应的标准为现行国家标准《民用建筑隔声设计规范》GB 50118。

③室内主要空气污染物包括氨、甲醛、苯、总挥发性有机物、氡、可吸入颗粒物等，其浓度降低基准为现行国家标准《室内空气质量标准》GB/T 18883 的有关要求。

3. 绿色建筑过程管理

（1）规划设计阶段绿色建筑过程管理

1）规划咨询阶段

咨询单位对此阶段控制主要体现在降低绿色建造成本，研究总结新型绿色建筑成套建造技术，进而提升经济效益。结合费用效益分析理论，确定对绿色建筑经济、社会、环境和生态效益的分析方法，从经济和社会角度为业主方分析建设项目的可行性和必要性。根据业主的定位要求，通过分析区域环境以便于充分利用环境因素，可从项目概况、项目目标亮点、噪声控制、智能化系统及其他绿色措施、增量成本分析、项目预评估和项目总结等方面分析综述，编写绿色建筑专篇，专篇中应明确绿色建筑等级、节能减排目标、技术路径以及装配式等新型建筑工业化建造方式的要求等内容，并将相关费用纳入工程投资概预算。

2）方案设计阶段

在设计阶段，工程咨询单位应充分考虑建造成本降低因素，在规划阶段绿色建筑专篇基础上，进一步进行绿色建筑方案设计，营造舒适、健康的工作生活环境。绿色建筑中应规模化应用绿色建材、可再生能源等产品和技术降低建筑碳排放强度和碳排放总量，实现碳排放目标。此外，要基于项目地理、地质、气象、水文等客观条件，充分利用环境所提供的可再生能源，选择如太阳能供暖、热水、发电及风力发电装置等合适的绿色技术。

①初步方案阶段

对项目的初步能源评估、环境评估、采光照明评估，提出绿色建筑节能设计意见，与设计部门沟通提出有效的绿色建筑节能技术策略，并协助其完成高质量的绿色建筑方案设计。流程大致为：

a. 确定项目整体绿色建筑设计理念和项目目标，分析项目适合采用的技术措施和具体的实现策略；

b. 分析整理项目材料，明确项目施工图及相关方案可变更范围；

c. 完成项目初步方案、投资估算和绿色建筑等级预评估；

d. 向业主方提供《项目绿色建筑预评估报告》。

②深化设计阶段

根据业主要求，对设计部门提交的设计文件与图纸资料开展深入分析，并结合相应审核意见给出各专业具体化指标和建筑节能设计策略。如空调选型建议、墙体保温、建筑整体能耗等分析和节能技术寿命周期成本分析。本阶段具体实施步骤为：

a. 基于业主方确定的目标及绿色建筑等级自评估结论，确定项目要达到的技术要求；

b. 按项目工作计划和进度安排，完成与建筑设计、机电设计、景观设计及其他专业深化设计，完成设计方案的技术经济分析，并落实采用技术的技术要点、经济分析、相关产品等；

c. 完成绿色建筑认证所需各项模拟分析，并提供相应分析报告；

d. 向业主方提供《项目绿色建筑设计方案技术报告》。

③施工图设计阶段

在本阶段，进一步对方案进行调整完善，以确保项目设计符合业主方预期。同时，对设计策略中提出的标准和指标进行落实，并对各项实施策略做最终评估，主要工作划分为：

a. 根据已定设计方案，提供相关技术文件，指导施工图设计结合绿色建筑理念并融入绿色建筑技术；

b. 提供施工图方案修改完善建议书，并指导施工图设计。

④结构设计优化方案

在保证结构设计既满足项目总体开发要求，也满足有关规范所规定安全度的条件下，利用合理技术措施，尽量降低结构成本。

⑤设计预评价申报阶段

按照绿色建筑评价标准中相关要求，完成各项方案分析报告。再编制和完善相应申报材料，进行现场专家答辩。与评审单位进行沟通交流，对评审意见反馈解释，协助业主方完成绿色建筑设计标识的认证。

（2）施工、验收和运营阶段绿色建筑管理

1）绿色施工管理

一个项目从立项、规划、设计、施工、竣工验收到资料归档管理，整个流程、环环相扣，每个环节都很重要。其中，施工是将设计意图转化为实际的过程，施工阶段任何一道工序均有可能对整个工程质量产生致命缺陷，因此施工管理也是绿色建筑非常主要的管理环节。

绿色施工管理可定义为通过切实有效的管理制度和工作制度，最大限度减少施工管理活动对环境的不利影响，减少资源和能源消耗，实现可持续发展的施工管理技术。绿色施工管理是可持续性发展思想在工程施工管理中的应用体现，是绿色施工管理技术的综合体现。

绿色施工管理主要包括组织管理、规划管理、实施管理、评价管理和人员安全与健康管理五个方面。组织管理就是基于所建绿色施工管理体系制定系统完整的管理制度与绿色施工整体目标，将绿色施工工作内容分解到管理体系结构中，在项目负责人的组织协调下，使参建方能各司其职地参与绿色施工过程，推进绿色施工的规范化与标准化；规划管理主要是指编制执行总体方案与独立的绿色施工方案，通过对实施过程控制以达到设计需要的绿色施工目标；实施管理是指绿色施工方案确定之后，在项目实施阶段，对绿色施工方案实施过程进行策划和控制，以达到绿色施工目标；绿色施工管理体系中应建立评价体系，根据绿色施工方案，对绿色施工效果进行评价；人员安全与健康管理就是通过制定相关措施，改善施工人员的生活条件来保障施工人员的职业健康。

建设单位应当在竣工验收前组织设计、施工、监理等有关单位进行绿色建筑专项验收，并出具专项验收报告。建设单位应当在组织绿色建筑专项验收前委托具有资质的第三方评估机构对绿色建筑等级进行符合性评估。

2）施工阶段技术管理

绿色建筑建设过程中要积极运用新型建筑节能技术，构建新型建筑节能体系，把简单实用的技术很好地应用到绿色建筑中。绿色建筑的难点在于把先进适用技术在建筑中用好，这符合技术发展规律——继承和扬弃，而不是简单的替代。在推广新技术和开发绿色建筑过程中，均应注意这个问题。具体而言，要大力推广以下建筑节能技术：

①新型节能建筑体系，包括墙体、屋面保温隔热技术与产品，节能门窗和遮阳等节能技术与产品；

②暖通空调制冷系统调控、计量、节能技术与产品；

③太阳能、地热能、风能和沼气等；

④节水器具、雨水收集和再生水综合利用等节水技术与产品；

⑤预拌砂浆、预拌混凝土、散装水泥等绿色建材技术与产品；

⑥室内空气质量控制技术和产品；

⑦垃圾分类收集和废弃产品的循环利用；

⑧建筑绿色照明及智能化节能技术与产品。

3）运营配合阶段

首先组织业主、物业公司管理和操作人员进行绿色建筑技术介绍和绿色物业管理专业知识培训。在此阶段，服务内容主要包括定期运营管理取证、依据项目情况指导物业公司制定相应管理制度、编制相应记录表格指导物业记录系统和设备等运行情况，定期审查运行记录。

4）检测配合阶段

根据绿色建筑运营标识的申报要求，向业主方提供所有现场检测所需资料清单、编制检测计划、确定检测项目和检测指标，再待业主指派的检测机构检测完成后，进行资料审核和验证，协助业主方完成相关现场检测资料，后根据评审小组进行现场勘探的内容，结合《绿色建筑评价标准》进行预评估。

5）绿色建筑评价标识申报阶段

按《绿色建筑评价标准》中标识认证相关规定，建筑工程竣工后的绿色建筑评价，可以分为两种不同情况：一种情况是在建筑工程竣工后、投入使用前即进行绿色建筑评价，另外一种情况是在建筑工程投入使用后一段时间才进行绿色建筑评价。

整理汇总所有资料报告，编制和完善相关申报资料，进行专家评审会现场汇报和答辩。与评审单位进行沟通交流，对评审意见反馈解释，完善绿色建筑整体方案报告，协助业主方完成绿色建筑运营标识认证的申报工作，取得认证标识。

绿色建筑过程咨询的流程如图 3.12.8 所示。绿色建筑评估认证根本价值在于：通过认证搭建一个整合设计的平台，集聚规划、设计、施工及监理各环节人员，根据实际情况对所有设计指标进行完整量化，降低投入与维护费用，真正实现绿色建筑价值。

图 3.12.8　绿色建筑评估咨询流程

（二）绿色建筑评估咨询流程（表3.12.10）

绿色建筑评估咨询   表3.12.10

	前期阶段	方案阶段	施工图阶段	施工阶段	竣工	运营	运营一年后
建设单位	了解绿色建筑概念、内容、发展绿色建筑的意义。了解深圳市的有关的法律条例对绿色建筑发展的促进要求	明确绿色建筑星级要求,确定项目各类绿色设计、绿色技术的要求,实施成本	根据设计师及绿建工作人员的工作要求,提供工作协调	统筹全局,与各方做好协调工作	统筹全局,与各方做好协调工作,明确绿色建筑评价是竣工后评价即刻开展还是运营一年后开展	指示物业单位进行绿色运营	
设计单位	绿色建筑新国标中与设计相关的条文增多、要求更加严格,建议设计单位增强对绿色建筑内容的学习,设置绿色建筑团队,绿色建筑更紧密地与设计融合	绿色建筑工程师根据项目星级要求,制定绿色建筑方案,提交给建设方与设计师,各单位各部门会审绿色建筑方案,根据自身要求对方案内容提意见,共同商讨方案的可行性,做好定案	根据方案内容对绿色建筑进行深化设计。绿色建筑工程师跟进设计图纸,确保所有的绿色设计和绿色技术均要严格落实在图纸上。根据绿色建筑评价标准做好相关的分析报告,为通过绿色建筑施工图审查做好准备。通过绿色建筑施工图审查后可进行绿色建筑预评价的申报	设计师、绿色建筑工程师与施工单位做好技术交底,确保绿色建筑设计内容可顺利落地,跟进绿色建筑落地情况。对绿色建筑在施工过程出现的任何状况(各专业冲突、施工难度大等问题)做好协调工作,同时收集各类绿色建筑评价资料	按主管部门要求做好绿色建筑验收工作。在竣工验收后,根据建设方要求的评价方式开展绿色建筑评价;若是竣工后即刻评价,可即刻开展评价工作;若是运营一年后开展,则先做好资料收集整理的工作	根据评价标准的条文要求做好绿色物业绿色运营指导,收集相关条文所需的评价资料、评价数据	进行绿色建筑评价
咨询单位	若设计单位无绿色建筑团队,绿建施工图审查、预评价、绿色建筑验收、评价、奖励申报等工作可委托第三方咨询单位进行,咨询单位服务于建设单位和设计院,为项目的建成做绿色指导工作	功能同设计单位的绿色建筑团队	功能同设计单位的绿色建筑团队	功能同设计单位的绿色建筑团队	功能同设计单位的绿色建筑团队	功能同设计单位的绿色建筑团队	功能同设计单位的绿色建筑团队

续表

	前期阶段	方案阶段	施工图阶段	施工阶段	竣工	运营	运营一年后
施工单位	—	—	—	根据绿色建筑设计要求制定《专项绿色施工方案》，严格执行绿色建筑要求，按图施工，配合绿色建筑工程师的工作，做好绿色建筑资料收集工作，在竣工验收时，需委托有资质的检测单位做好绿色性能检测	配合绿色建筑工程师做好绿色建筑验收工作。整理好施工过程中要求收集的绿色建筑资料	根据实际使用情况，对使用期间出现的绿色建筑质量问题做好返工修理	配合绿色建筑评价工作
监理单位	—	—	—	配合绿色建筑，做好监理工作	配合绿色建筑工作		
物业单位	—	—	—	—	—	做好绿色物业管理，在保证物业管理和服务质量等的基本前提下，根据绿色建筑评价的条文要求运行，且做好资料准备、数据收集	配合绿色建筑评价工作

（三）近零碳排放区试点建设

1. 申报范围

近零碳排放区试点项目包括区域、园区、社区、校园、建筑、企业等六大类型。试点项目需具备较大的减排潜力或较好的低碳基础，具有一定的示范带动作用。

2. 申报要求

（1）近零碳排放区域试点。申报主体为城区、新区或重点片区的行政主管部门。区域规模较大的，可将其部分区域作为申报试点范围，创建年限为 4 年（表 3.12.11）。

近零碳排放区域试点主要指标体系　　　　　表 3.12.11

一级指标	指标名称	单位	参考值	指标类型
碳排放	既有区域碳排放总量下降率	%	较 2020 年下降 30% 以上	核心指标
	区域人均碳排放量	$tCO_2/(人 \cdot 年)$	≤3.5	核心指标

一级指标	指标名称	单位	参考值	指标类型
能源	可再生能源消费比重	%	≥5	核心指标
	购买绿色电力比例	%	≤30	一般指标
建筑	二星级及以上绿色建筑面积比例	%	≥50	一般指标
	新建民用建筑达到绿色建筑二星级及以上比例	%	≥90	一般指标
交通	新建停车场的新能源汽车充电桩配置率	%	≥40	一般指标
	新能源路灯占比	%	≥20	一般指标
绿地	绿化覆盖率	%	≥35	一般指标
废弃物	人均生活垃圾末端清运处理量	kg/(人·日)	≤1	一般指标
	人均用水量	L/(人·日)	≤160	一般指标
碳抵消	购买中国核证自愿减排量(CCER)、深圳碳普惠制核证减排量占碳排放量的比例	%	≤5	一般指标
管理	碳排放管理体系	—	建立	核心指标
	碳排放监测系统	—	建立	一般指标

（2）近零碳排放园区试点。申报主体为园区管理委员会，创建年限为 4 年（表 3.12.12）。

近零碳排放园区试点主要指标体系　　　　　表 3.12.12

一级指标	指标名称	单位	参考值	指标类型
碳排放	既有园区碳排放总量下降率	%	较 2020 年下降 40% 以上	核心指标
	既有园区单位产值或单位工业增加值碳排放量下降率	%	较 2020 年下降 40% 以上	核心指标
能源	可再生能源消费比重	%	≥10	核心指标
	购买绿色电力比例	%	≤30	一般指标
建筑	二星级及以上绿色建筑面积比例	%	≥60	一般指标
交通	园区内绿色交通出行比例	%	100	一般指标
	新能源路灯占比	%	≥60	一般指标
绿地	绿化覆盖率	%	≥30	一般指标
废弃物	一般工业固体废物综合利用率	%	≥92	一般指标
	工业用水重复利用率	%	≥92	一般指标
	生活垃圾分类收集率	%	100	一般指标
碳抵消	购买中国核证自愿减排量(CCER)、深圳碳普惠制核证减排量占碳排放量的比例	%	≤5	一般指标
管理	碳排放管理体系	—	建立	核心指标
	碳排放监测系统	—	建立	一般指标
	碳披露	—	每年定期对外公布园区企业碳排放情况	核心指标

（3）近零碳排放社区试点。申报主体为街道办事处（镇人民政府）、开发商或居住小区物业管理单位，创建年限为 4 年，创建年限为 3 年（表 3.12.13）。

近零碳排放社区试点项目主要指标体系　　　　表 3.12.13

一级指标	指标名称	单位	参考值	指标类型
碳排放	既有社区碳排放总量下降率	%	较 2020 年下降 40% 以上	核心指标
	社区人均碳排放量	tCO₂/（人·年）	城市社区：≤0.65 农村社区：≤0.5	核心指标
能源	可再生能源消费比重	%	城市社区：≥5 农村社区：≥10	核心指标
	农村社区太阳能热水器普及率	%	≥60	一般指标
	购买绿色电力比例	%	≤30	一般指标
建筑	城市社区二星级及以上绿色建筑面积比例	%	≥60	一般指标
	农村社区推进开展宜居型示范农房建设	—	开展试点建设， 以点带面推进	一般指标
交通	社区内居民拥有的新能源汽车占比	%	≥30	一般指标
	新建停车场的新能源汽车充电桩配置率	%	≥40	一般指标
	社区内新能源路灯占比	%	≥60	一般指标
绿地	绿化覆盖率	%	≥40	一般指标
废弃物	人均生活垃圾末端清运处理量	kg/（人·日）	≤1	一般指标
	生活垃圾分类收集率	%	100	一般指标
	人均用水量	L/（人·日）	≤120	一般指标
碳抵消	购买中国核证自愿减排量（CCER）、深圳碳普惠制核证减排量占碳排放量的比例	%	≤5	一般指标
管理	碳排放管理体系	—	建立	核心指标
	低碳宣传教育活动	次/年	组织相关低碳培训、 承办相关低碳活动， 每年次数≥4 次	一般指标

（4）近零碳排放校园试点。申报主体为中小学校、职业学校和高等院校等，创建年限为 3 年（表 3.12.14）。

近零碳排放校园试点项目主要指标体系　　　　表 3.12.14

一级指标	指标名称	单位	参考值		指标类型
			中小学校	职高、高等院校	
碳排放	既有校园碳排放总量下降率	%	较 2020 年下降 40% 以上	较 2020 年下降 40% 以上	核心指标
	校园人均碳排放量	tCO₂/（人·年）	≤1	≤1.5	核心指标

续表

一级指标	指标名称	单位	参考值		指标类型
			中小学校	职高、高等院校	
能源	可再生能源消费比重	%	≥10	≥10	核心指标
	购买绿色电力比例	%	≤30	≤30	一般指标
建筑	单位建筑面积综合能耗	kWh/(m²·a)	≤25	高等学校≤45 职业学校≤30	一般指标
交通	校园内绿色交通出行比例	%	100	100	一般指标
	校园内运营车辆的新能源汽车数量占比	%	100	100	一般指标
	停车场的新能源汽车充电桩配置率	%	—	≥40	一般指标
	校园内新能源路灯占比	%	≥60	≥60	一般指标
绿地	绿化覆盖率	%	≥35	≥35	一般指标
废弃物	人均生活垃圾末端清运处理量	kg/(人·日)	≤0.8	≤0.8	一般指标
	生活垃圾分类收集率	%	100	100	一般指标
	人均用水量	L/(人·日)	≤70	高等学校≤140 职业学校≤85	一般指标
碳抵消	购买中国核证自愿减排量(CCER)、深圳碳普惠制核证减排量占碳排放的比例	%	≤5	≤5	一般指标
管理	碳排放管理体系	—	建立	建立	核心指标
	碳排放监测系统	—	建立	建立	一般指标
	低碳教育	—	依托现有学科体系渗透低碳教育,开设低碳校园教育课程	开设低碳校园教育课程,依托科研优势开展技术研发、应用及推广	核心指标

(5)近零碳排放建筑试点。申报主体为建筑项目开发商、业主或运营管理单位,其中运营管理单位作为申报主体需提供业主授权证明,创建年限为3年(表3.12.15、表3.12.16)。

近零碳排放建筑试点项目主要指标体系 表 3.12.15

指标名称	参考值		指标类型
	居住建筑	公共建筑	
既有建筑碳排放总量下降率	较2020年下降40%以上	较2020年下降40%以上	核心指标
单位建筑面积碳排放量	≤近零碳排放建筑单位建筑面积碳排放量		核心指标
建筑综合节能率	—	≥60%	一般指标
建筑本体节能率	—	≥20%	一般指标

续表

指标名称	参考值		指标类型
	居住建筑	公共建筑	
可再生能源利用率	≥8%	≥8%	核心指标
购买中国核证自愿减排量(CCER)、深圳碳普惠制核证减排量占碳排放量的比例	≤5%	≤5%	一般指标
购买绿色电力比例	≤30%	≤30%	一般指标
碳排放管理体系	建立	建立	核心指标
碳排放监测系统	建立	建立	一般指标

近零碳排放建筑试点项目单位建筑面积碳排放量　单位：$kgCO_2/(m^2 \cdot a)$　**表 3.12.16**

建筑类别		近零碳排放建筑单位建筑面积碳排放量
办公建筑 A 类	党政机关办公建筑	18
	商业办公建筑	23
办公建筑 B 类	党政机关办公建筑	22
	商业办公建筑	27
酒店建筑 A 类	三星级及以下	29
	四星级	36
	五星级	40
酒店建筑 B 类	三星级及以下	40
	四星级	51
	五星级	58
商场建筑 A 类	一般百货店	36
	一般购物中心	36
	一般超市	38
	餐饮店	23
	一般商铺	23
商场建筑 B 类	大型百货店	69
	大型购物中心	88
	大型超市	87
医院建筑	三级医院	32
	其他医院	27
大型场馆		54
居住建筑		13

　　（6）近零碳排放企业试点。申报主体为在深圳市内注册、具有独立法人资格的企事业单位，创建年限为 3 年（表 3.12.17、表 3.12.18）。

近零碳排放企业试点项目主要指标体系 　　　　表 3.12.17

一级指标	指标名称	单位	参考值	指标类型
碳排放	企业碳排放总量下降率	%	较 2020 年下降 40% 以上	核心指标
	企业单位产值或单位工业增加值碳排放量下降率	%	较 2020 年下降 40% 以上	核心指标
能源	可再生能源消费比重	%	≥8	核心指标
	购买绿色电力比例	%	≤30	一般指标
建筑	单位建筑面积综合能耗	kWh/(m² · a)	低于《民用建筑能耗标准》GB/T 51161—2016 引导值	一般指标
交通	企业自有新能源汽车占比	%	≥50	一般指标
废弃物	一般工业固体废物综合利用率	%	≥92	一般指标
	工业用水重复利用率	%	≥92	一般指标
碳抵消	购买中国核证自愿减排量（CCER）、深圳碳普惠制核证减排量占碳排放量的比例	%	≤5	一般指标
管理	碳排放管理体系	—	建立	核心指标
	低碳宣传教育活动	—	对外组织相关低碳培训、承办相关低碳活动,每年次数≥2 次	一般指标
	碳披露	—	编制企业可持续发展报告,每年定期向社会公布企业能源、碳排放、污染物排放等情况	核心指标
	员工碳排放管理	—	空调温度不低于 26℃;无纸化办公;人走灯关、电脑关、水龙头关	一般指标

不同能源品种折标煤系数与碳排放因子 　　　　表 3.12.18

能源品种	折标煤系数	折二氧化碳系数/固碳系数
原煤	0.7143kgce/kg	1.9003kg～CO_2/kg
天然气	1.3300kgce/m³	2.1650kg～CO_2/kg
洗精煤	0.9000kgce/kg	2.1182kg～CO_2/kg
焦炭	0.9714kgce/kg	2.6482kg～CO_2/kg
原油	1.4286kgce/kg	3.0752kg～CO_2/kg
汽油	1.4714kgce/kg	3.0425kg～CO_2/kg
柴油	1.4571kgce/kg	3.1451kg～CO_2/kg
燃料油	1.4286kgce/kg	3.0472kg～CO_2/kg
煤油	1.4714kgce/kg	3.1517kg～CO_2/kg
液化石油气	1.7143kgce/kg	2.9240kg～CO_2/kg
炼厂干气	1.5715kgce/kg	3.0116kg～CO_2/kg

续表

能源品种	折标煤系数	折二氧化碳系数/固碳系数
其他石油制品	1.4286kgce/kg	2.8890kg~CO_2/kg
电力	0.1229kgce/kWh	0.4512kg~CO_2/kWh
碳汇	—	1.95tCO_2/hm^2

3. 大纲要求

申报大纲要求包括：申报主体概况、思路目标、主要任务、重点项目、进度安排、保障措施、有关证明材料等内容。

（1）申报主体概况

主要介绍申报试点项目基本概况、低碳工作基础及碳排放特征、试点项目创建可行性论证结论等内容。

（2）思路目标

主要介绍项目的总体思路如在技术路线、管理体系、重大工程等方面的创建思路以及试点目标等内容。原则上，相关核心指标优于国家、省有关规定，一般指标优于当地相关规划设定的同期目标值，具体指标及目标设定可参考试点申报要求，鼓励根据自身情况提出创新指标及更高目标。

（3）主要任务

根据试点目标和思路，结合试点项目发展实际，确定有关主要任务。包括能源、产业、建筑、交通、绿色供应链、资源循环利用、废弃物处理、环境保护、碳汇、教育与科技、运营管理、治理模式创新等。

（4）重点项目

根据近零碳排放目标和任务，结合试点项目发展实际，明确拟建设重点项目，包括名称、建设内容、实施计划、建设主体、建设周期、预期温室气体减排效益、投资规模、投资估算等内容。

（5）进度安排

根据近零碳排放目标和任务，结合试点项目发展实际，提出分年度的实施计划和工作内容。

（6）保障措施

主要包括建立组织机构，落实责任部门，制定部门、岗位职责，编制近零碳发展规划或方案，并将近零碳发展纳入年度计划和重点工作。强化项目支撑，落实资金保障。加强近零碳发展人才队伍建设。推进员工、消费者广泛参与，践行绿色生活方式和消费模式。

（7）有关证明材料

①相关证明文件，如证明在能源、产业、建筑、交通等方面建设基础的有关证明；

②拟实施重点项目的有关文件，如可行性报告、发展规划方案、实施方案等资料；

③已开展编制低碳发展规划、建立低碳运营管理机制、建立温室气体排放统计核算制度、编制温室气体排放清单等的相关资料；

④申报企业类型的，需提供营业执照复印件、法定代表人身份证明书复印件和上一年度财务审计报告；

⑤其他的有效支撑材料。

【相关文件】

《深圳市近零碳排放区试点建设实施方案》（发布稿）

三、装配式咨询

（一）工作依据

随着装配式建筑项目的持续增加，对建设、设计、生产、施工、审图、监理、质检的管控成为房屋交付的保证。

本章节结合国家和深圳市相关政策及装配式建筑技术、管理等规定要求，对装配式建筑项目全过程咨询的技术要求及管理要点，通过装配式建筑的全过程咨询与管理，坚持实操性、易建性与经济性原则，最大限度地实现装配式建筑"设计标准化、生产工厂化、施工装配化、装修一体化、管理信息化、应用智能化"的目标，充分发挥装配式建筑产业升级、提升建筑品质、提高劳动效率、实现节能减排、控制建设成本等特点，从而提高装配式建筑项目的管理、设计、施工、安装等整体管理水平。

1. 主要政策文件

国务院办公厅《关于大力发展装配式建筑的指导意见》（国办发〔2016〕71号）

《深圳市住宅产业化试点项目技术要求》（深人环〔2014〕21号）

《关于加快推进深圳住宅产业化的指导意见》（深建字〔2014〕193号）

《深圳市人民政府打造深圳标准构建质量发展新优势行动计划（2015—2020年）的通知》（深府函〔2015〕1号）

《关于加快推进装配式建筑的通知（试行）》（深建科工〔2016〕22号）

《关于加快推进装配式建筑的通知》（深建规〔2017〕1号）

《关于装配式建筑项目设计阶段技术认定工作的通知》（深建规〔2017〕3号）

《关于印发深圳市装配式建筑发展专项规划（2018—2020）的通知》（深建字〔2018〕27号）

《关于做好装配式建筑项目实施有关工作的通知》（深建规〔2017〕13号及附件一《深圳市装配式建筑评分规则》）

《深圳市住房和建设局关于进一步明确装配式建筑实施范围和相关工作要求的通知》（深建设〔2020〕1号）

2. 主要规范、标准

《装配式混凝土建筑技术标准》GB/T 51231—2016

《装配式钢结构建筑技术标准》GB/T 51232—2016

《装配式木结构建筑技术标准》GB/T 51233—2016

《混凝土结构工程施工质量验收规范》GB 50204—2015

《蒸压加气混凝土板》GB 15762—2008

《建筑工程施工质量验收统一标准》GB 50300—2013

《建筑装饰装修工程质量验收标准》GB 50210—2018

《装配式混凝土结构技术规程》JGJ 1—2014

《钢筋锚固板应用技术规程》JGJ 256—2011

《钢筋套筒灌浆连接应用技术规程》JGJ 355—2015

《建筑轻质条板隔墙技术规程》JGJ/T 157—2014

《组合铝合金模板工程技术规程》JGJ 386—2016

《装配式住宅建筑设计标准》JGJ/T 398—2017

《预制混凝土外挂墙板应用技术标准》JGJ/T 458—2018

《装配式整体卫生间应用技术标准》JGJ/T 467—2018

《装配式整体厨房应用技术标准》JGJ/T 477—2018

《建筑隔墙用轻质条板通用技术要求》JG/T 169—2016

《钢筋连接用灌浆套筒》JG/T 398—2019

《预制混凝土楼梯》JG/T 562—2018

《混凝土接缝用建筑密封胶》JC/T 881—2017

《钢筋连接用套筒灌浆料》JG/T 408—2019

《钢筋陶粒混凝土轻质墙板》JC/T 2214—2014

《装配式混凝土建筑结构技术规程》DBJ 15-107—2016（广东省标准）

《装配式混凝土建筑深化设计技术规程》DBJ/T 15-155—2019（广东省标准）

《预制装配钢筋混凝土外墙技术规程》SJG 24—2012（深圳市标准）

《装配式混凝土建筑设计文件编制深度标准》T/BIAS 4—2019（团体标准）

（二）全过程装配式咨询主要工作内容

工作原则：实施装配式建筑的项目应树立管理前移、技术前置、同步设计、协同合作的产业化理念，采用一体化模式，整合设计、生产、施工、管理等整个产业链，利用BIM技术实现各单位、各专业协同设计。

在设计阶段除常规建筑、结构、机电等各专业同时协作外，还应充分融合汇总部品部件设计、装饰装修设计、施工组织设计、构件生产、模具设计等各单位的相关条件内容，实现设计系统化、一体化。

全过程装配式咨询主要工作内容如下：

1. 装配式项目实施决策管理

在项目建设初期，咨询单位对项目装配式实施要求、技术应用点、成本、奖励政策、建设工期等，依据相关政策和项目案例做分析、梳理和总结，协助建设单位对装配式项目实施做初步决策。

（1）装配式实施要求分析

在项目建设初期，根据政策规定、地块所处位置、使用性质等情况，按照相关政策要求和规定，在《项目建议书》或《可研报告》中将装配式建筑的建筑面积比例作为地块情况进行说明，并提出相关技术要求。

（2）装配式技术应用分析

根据装配式建筑政策、实施标准、技术要求等进行技术应用分析，明确装配式建筑评分、装配式建筑体系等技术要求。对于群体建筑，要对装配式建筑实施面积比例要求以及拟采用装配式的单体等进行明确。

（3）装配式建筑成本分析

根据装配式建筑技术发展和应用状况，进行综合成本分析。同时结合绿色、可持续发展理念，综合考虑装配式建筑全生命周期的建设成本，选择合理的建造体系。装配式建筑项目成本变动的主要影响因素如下：

①建筑标准化设计程度；

②预制构件的生产与运输；

③预制内墙板的供货与安装；

④装配式模板工艺；

⑤以全混凝土外墙；

⑥施工措施：包括塔吊布置、预制构件安装、预埋预留、临时文撑、自升式爬架等。

（4）装配式建筑政策奖励分析

对实施装配式建筑的项目，在国家和深圳市政府相关鼓励政策文件有效期内，如建筑面积奖励、扶持奖励基金、税收优惠、提前预售等，针对项目自身特点进行详细分析。

结合项目特点，考虑打造装配式示范项目，通过创优创先等措施，提升项目质量和影响力，同时获取相应财政补贴。

（5）装配式建筑建设工期分析

装配式建筑项目的建设期主要分为设计周期、采购生产周期、施工周期及验收交付周期。除传统的建设期外，要重点考虑预制部品部件的深化设计、生产准备、生产、运输、安装等所消耗的工期。在前期充分考虑装配式周期对项目整体进度的影响。

2. 装配式方案策划管理

装配式建筑前期技术策划对项目的实施及成本控制具有十分重要的作用，前期咨询单位应配合建设单位充分考虑项目定位、建设规模、装配化目标、成本限额以及各种外部条件影响因素，制定合理的技术策划及实施方案，为后续的设计工作、管理工作提供依据。

在装配式建筑建设过程中，统筹建设设计、内装、生产和施工等单位密切配合、协同工作及全过程参与。在建设前期策划环节，统筹相关单位更全面、更综合地实现标准化设计、工厂化生产、装配式施工、一体化装修和信息化管理，全面提升建筑品质，降低建造和使用成本（图3.12.9）。

（1）充分分析并明确项目的装配式需求和目标。项目的需求和目标是采用装配式建筑前期必须明确的内容，根据不同的需求和目标才能确定装配式建筑的技术及策略选择方向。

（2）针对项目场地情况进行系统分析，综合判断项目场地预制构件的运输、吊装的可行性。

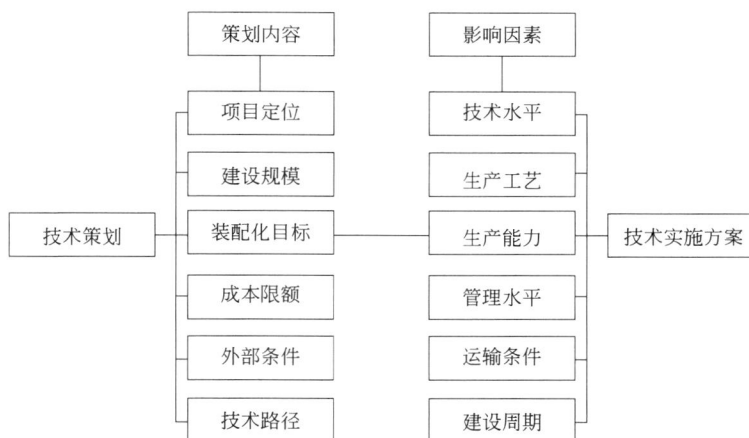

图 3.12.9　装配式方案策划管理要点

（3）协助建设单位建立与其相适应的管理和招标流程。装配式建筑宜采用 EPC 工程总承包模式。

（4）协助建设单位建立项目协同工作机制，综合协调各专业、各单位项目协同工作机制作为装配式建筑整个运行的管理平台，可以有效控制项目的整体进度、质量、效率。

3. 装配式方案设计管理

在方案设计阶段应充分考虑规划方案、建筑单体以及装配式建筑设计方案（主要包含合理的装配式结构方案、高性能预制构件的应用、预制构件的标准化分析、装配式建筑方案的技术经济性和可行性分析等），分析产业化成套技术的应用，如铝模、轻质隔墙、整体卫浴、整体厨房、装配式装修等技术对项目实施的影响，从技术和成本角度对装配式方案提供指导性意见。

应充分结合装配式建筑特点，从模数统一、模块协同，少规格、多组合，各专业一体化考虑，对装配式构件、模数、平面、立面的设计和选用提供合理性优化建议。

4. 装配式初步设计管理

对项目初步设计阶段提交的装配式方案进行审查，主要包含装配式结构体系、装配式构件类型、装配式建筑技术评分表、预制构件平面布置图等。结合项目的建筑、结构、设备等各专业初步设计图纸，充分考虑结构系统、内外墙系统、机电系统与室内装修系统之间的适用性和协同性，对装配式方案的可行性进行评估，并出具审核意见。

配合造价咨询单位，对装配式方案进行成本把控，初步估算装配式相关成本，保证装配式设计满足项目限额设计要求。

5. 装配式技术认定管理

（1）协助建筑单位组织装配式技术认定工作，保障项目按照相关计划节点准时完成装配式技术评审，满足相关技术要求。

（2）针对设计单位提交的完整的装配式技术资料进行审核。主要包含：装配式建筑评分表、装配式建筑详细比例计算书、装配式建筑实施方案、装配式建筑实施动画等，从资料完整性及符合评审等角度提出审核意见并督促设计单位完善相关技术资料，并出具审核

263

意见。

（3）协助建设单位组织召开装配式专家评审会。

（4）督促设计单位根据专家评审意见按时完成装配式专家评审意见修改，并协助建设单位上传装配式技术资料至住建局相关系统，完成备案。

6. 装配式施工图设计管理

（1）审核装配式相关图纸，包含建筑、结构、设备等各专业图纸，主要审核各专业是否按照装配式评分落实装配式评分项，并出具审核意见。当施工图设计文件涉及装配式建筑技术项调整并导致重大变更的，应及时提醒建设单位重新组织专家评审。

（2）审核装配式设计专篇，针对装配式相关技术措施等应在装配式专篇中有所体现。比如：装配式部品部件应用说明、施工详图（大样）、材料和工艺说明、装配式建筑评分或装配率计算说明、BIM 应用等。审核预制构件连接节点，保证节点设计合规合理，并出具审核意见。

7. 构件深化设计管理

依据合格的施工图设计成果，对构件深化图进行审核。以提高装配式建筑的易建性、经济性、可靠性为目标，坚持"系统化、模数化、标准化"原则，充分考虑各专业、各施工环节的现实条件，对装配式建筑部品部件及其连接节点进行审查，并出具审核意见。

8. 施工总体策划管理

（1）审核施工单位提供的施工总体策划方案。审核装配式标准层各工种交叉施工计划、装修计划、构件安装时间、构件生产工期、标准层施工周期、劳动力组织协调等，确保装配式施工组织的合理性和安全性。

（2）审核施工单位提供的装配式专项施工策划方案，专项施工方案应明确施工质量要求，编制施工组织设计。重点关注项目管理体制、施工部署、工程质量管理计划、主要施工方案及措施、绿色施工及环境保护管理计划等。

9. 预制构件采购管理

配合建设单位对构件厂质量管理体系认证、构件厂的产能及规模、对构件的深化设计能力、构件生产种类、构件的生产质量、运输距离及构件厂的供货业绩等进行梳理分析。条件具备时可协助建设单位建立构件厂家品牌库。

10. 预制构件生产监督管理

（1）对构件生产情况进行监督检查，装配式部品部件应符合相关规范、设计标准要求，确保构件质量合格。

（2）审核总包单位或预制构件制作单位是否具备相应的生产工艺设施和规定要求，完善的质量管理体系、安全保证体系和必要的试验检测手段。

（3）铝模应在工厂进行试拼，督促监理单位组织建设、设计、施工、咨询、生产单位等参建各方前往铝模厂进行联合验收，验收完成后形成书面验收报告。

11. 构件验收管理

协助建设单位组织专家对总包单位进行监督检查，审核总包单位构件验收制度，主要包括：生产准备验收制度；首件、首批预制部品部件验收制度；预制部品部件出厂验收制度；构件进场检验制度等。构件验收合格后方可进行批量生产。

12. 构件运输与保护管理

审查整体运输计划，不定期组织检查现场预制部品部件的堆放情况，检验构件成品保护措施是否到位。协助建设单位审查总包单位制定特殊构件的运输和装车起吊的专项施工方案，重点关注构件重量与吊装高度，必要时可进行专家论证。

13. 构件吊装管理

应重点管控构件的整体吊装质量。对施工总承包单位提出要求，要求吊装人员须持证上岗，具备特种作业资格。装吊须根据现场实际情况制定相应的安全管理措施。吊件进场后，要对吊点、吊件重心等进行检查和检验合格后方能起吊。尺寸较大或形状特殊的构件，必须采用平衡吊具辅助吊装。装配式结构大面积施工前，宜选择有代表性的单元进行预制构件试安装，实行样板先行验收制度，同时建议施工总承包单位采用 BIM 技术对构件吊装进行施工模拟。

14. 装配式关键施工工序质量管理

协助建设单位定期对构件安装工作人员进行检查，总包单位应对预制构件安装工作人员进行培训考核，并持证上岗，同时要求监理单位专业工程师在预制构件安装操作时全过程监督和旁站监理，如对套筒灌浆连接接头质量有疑问，可委托第三方独立检验机构进行检测。

15. 装配式质量巡查管理

协助建设单位寻找委托第三方巡查单位开展质量管理巡查工作，将构件厂生产、灌浆工序等作为工作重点，从根本上抓实质量管理。

16. 装配式竣工验收管理

协助建设单位对符合验收要求的专项工程，组织监理、施工总承包、设计及构件供应商等单位参与验收，验收组成员应具备相应资格，必要时，邀请相关专业的专家组成验收组。验收组分为资料组和现场组。

协助建设单位主持制定验收方案，验收组按照验收方案分别对装配式项目工程资料及现场质量进行验收，并针对验收中发现的问题提出整改意见及建议。

对装配式竣工验收资料进行归档整理。对建设、勘察、设计、监理、施工单位提供的工程档案资料中实施装配式建筑的单体建筑位置和面积、结构类型、预制构件种类、装配式施工技术和装配率等各指标进行审查，是否符合施工图设计文件和装配式建筑实施方案的相关要求；现场检查实施装配式建筑单体的预制构件及连接部位的观感质量及尺寸误差；审核竣工 BIM 模型、竣工图纸及实体建筑三者信息的一致性。最终形成验收意见。

17. 装配式竣工评审评价管理

项目交付使用后，协助建设单位按《深圳市装配式建筑评分规则》或《装配式建筑评价标准》GB/T 51129—2017 相关要求实地核查，进行专家评审，完成装配式建筑竣工阶段评分。

（三）全过程装配式咨询流程（图 3.12.10）

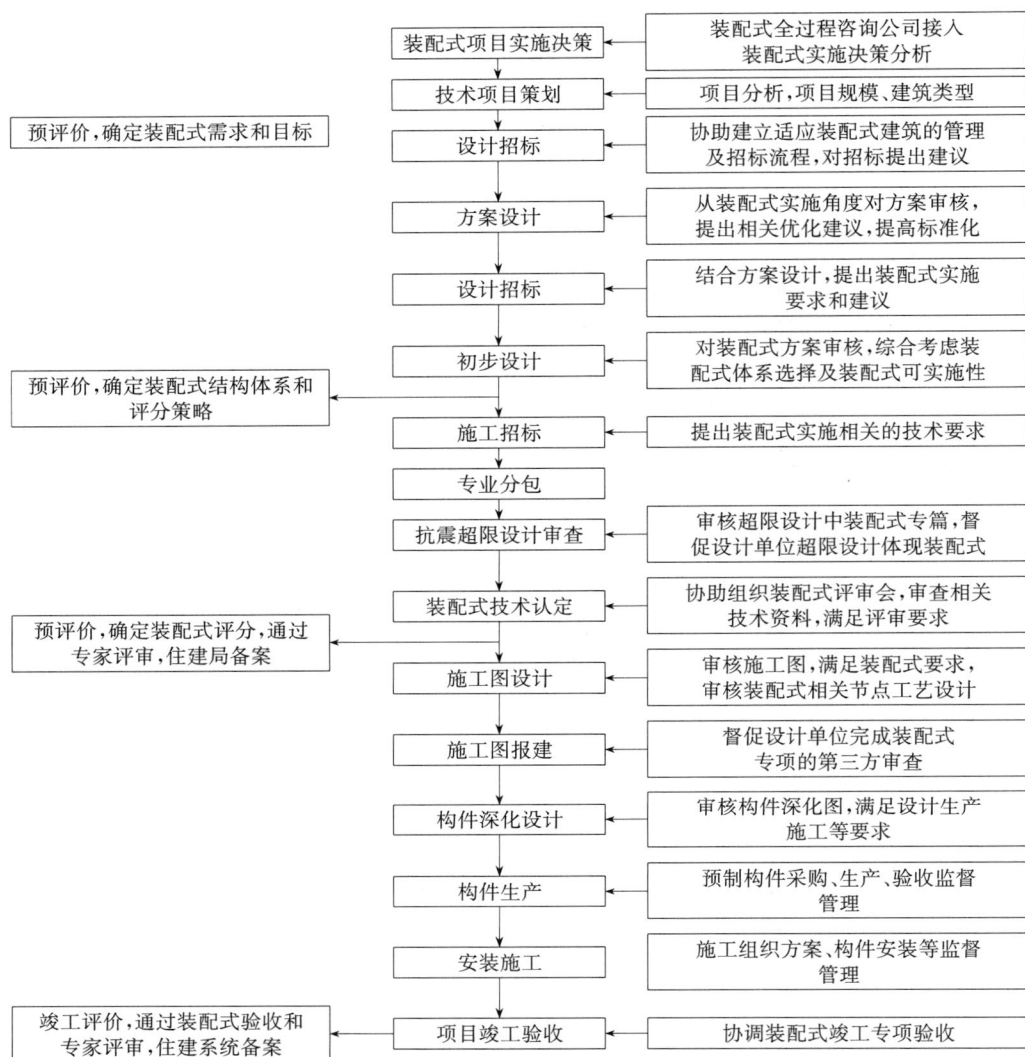

图 3.12.10 全过程装配式咨询流程

第十三节 项目管理后评估

一、项目评价分类

根据工程建设项目程序划分，项目评估可分为项目前评价、中评价和后评价。

1. 项目前评价

项目前评价是在项目投资决策阶段，从国家以及投资主体发展的角度，对拟建项目未来的发展前景，为决策者选择项目及实施方案提供多方面的建议，并力求客观、准确地将与项目执行有关资源、技术、市场、资金、经济社会等方面的基本数据资料汇集报告给决策者，使其能够在全面深入了解和掌握项目有关情况的条件下，实事求是地做出正确的决策。同时也为项目的执行、监督、检查奠定良好的基础。

对于政府投资项目来说，项目前评价主要就是可行性研究报告。

2. 项目中评价

项目中期评价是在项目实施过程中，通过项目实施情况与预定目标的比较分析，揭示问题，分析原因，提出改进措施，同时考虑新的环境因素的变动或者主客观要求，对已经发生的情况作阶段性的总结，并及时调整项目实施计划。

3. 项目后评价

项目后评价是指在项目已经完成并运行一段时间后，对项目的目的、执行过程、效益、作用和影响进行系统的、客观的分析；通过对项目活动实践的检查总结，确定项目预期的目标是否达到，项目或规划是否合理有效，项目的主要效益指标是否实现；通过分析评价找出成败的原因，总结经验教训；并通过及时有效的信息反馈，为未来新项目的决策和提高完善投资决策管理水平提出建议，同时也为后评价项目实施运营中出现的问题提出改进建议，从而达到提高投资效益的目的。

二、项目评价区别

项目前评价、中评价与后评价在原则和基本方法上大致相同，但在评价目的、评价内容、评价所用数据等方面存在着明显差异（表 3.13.1）。

项目评价区别　　　　　　　　　　　　　　　　表 3.13.1

区别	项目前评价	项目中评价	项目后评价
评价时间	决策审批阶段	项目启动后至竣工验收前	竣工验收后一段时间
评价目的	研究项目是否可行及如何实施	检查项目目标偏差,改进调整项目管理目标	总结经验、改进决策和管理
评价内容	项目建设的必要性,可行性	诊断和解决项目实施中存在的问题,确保项目目标实现	社会、经济、技术、环境、管理等方面
评价数据	历史资料和有关文件预测数据	工程例行信息资料	已有的实际数据
评价对象	不同的设计方案	—	项目实际执行结构和前评价预期对比
评价性质	可行性评价	—	综合性评价
组织实施	—	本项目管理机构	独立的机构

三、深圳市建筑工务署项目评价体系

（一）政府投资建设项目建设职能分工

根据深圳市政府部门职能划分，在项目策划生成阶段由项目单位（使用单位）组织开展前期研究工作，包括项目建议书论证（含空间初步论证）和可行性研究（含空间详细论证），并按照相关规定的内容和深度编制前期工作成果文件，按程序申请项目策划生成论证，项目单位去函深圳市建筑工务署提出办理项目移交程序。

项目接收后，深圳市工务署作为政府工程建设实施和管理的主体，代表政府履行投资建设方的市场职能，管理和监督项目的建设过程。

(二)项目管理体系

目前项目管理的工具为的"1+8"管理体系。

"1"即为"项目组+专业支持"的项目运作机制和多层次、跨部门的问题沟通协调机制。

"8"即为八项基础性制度:即设计品质管理体系、招标择优体系、材料设备管理体系、投资与进度管控体系、质量安全管控体系、合同管理和履约评价体系、新技术应用体系、廉政风险防控体系。

(三)项目管理主要内容

建设全过程可分为五个阶段,即前期阶段、开工准备阶段、施工阶段、竣工验收和移交阶段、保修阶段。其中前期阶段从项目接收开始至初步设计或概算完成期间的项目管理工作由工程设计管理中心负责;从施工图设计开始,项目管理工作由项目组负责。

综上所述,政府投资建设项目管理过程中,项目前评价的责任单位是项目单位;项目中评价和后评价的责任单位是深圳市建筑工务署。

项目中评价是检查项目实施状况与项目目标的偏离程度,并分析原因,将信息反馈到项目管理机构,及时调整项目计划,改进项目管理措施,使得项目的目标最终能够实现,并为项目后评价积累素材。受项目评价的阶段、目的、内容等不同,报告形式也各异,本篇不做格式限制。

项目后评价是在项目竣工并投入运行一段时间后开展的论证与评价工作,具有信息反馈、事后评估和服务决策等特性,是项目的终点和结束阶段,是对整个项目的目的、作用、实施过程、效益、影响程度与可行性研究的结果以及项目决策的正确性进行客观独立的分析和评价,完成整个项目的收尾工作。

为总结深圳市建筑工务署政府投资项目工程建设管理经验,完善深圳市建筑工务署项目"前策划-后评价"制度,搭建项目后评价体系、明确后评价实施方法,促进工务署项目后评价工作进一步走向制度化、规范化、科学化。

后评价作为政府投资监管体系的重要组成部分,是加强政府投资项目事后监管的重要手段。近年来,深圳市政府投资项目规模不断增大,有必要通过后评价工作总结政府投资项目全过程实施的经验,对投资决策、建设管理、项目效益等方面进行全面客观评价并提出相应的对策建议,推动提高政府投资决策和建设管理水平,提升项目投资效益。

项目后评估机制的作用和意义:

(1)对深圳市建筑工务署政府投资项目进行后评价是总结项目建设经验教训,提高未来决策和建设管理水平的重要手段;

(2)对深圳市建筑工务署政府投资项目进行后评价是对建设项目的决策者和执行者进行激励和约束的重要手段。

四、项目后评价

项目管理后评估的基本流程可分为项目总结和定量评价两个阶段。项目总结由项目组组织参建单位完成,形成项目总结报告。定量评价是在项目组提交项目总结报告后,由独立的第三方,按照项目评价体系对项目总结报告、项目目标完成程度、项目管理过程三项内容进行评分。现对项目总结模板要求如下:

项目总结报告大纲

(一) 项目概况

概括地描述本项目的基本情况,包括项目情况简述、项目可研批复结论、实施进度、总投资、技术经济指标等,具体内容可参照初步设计方案或扩初方案,相关数据以最终批复和最终实际完成情况为准(列表,并标明数据来源为批复数据或实际数据)。

项目基本情况表 附表 1.1

项目名称			
建设单位		项目主任	
项目地点			
立项/使用单位		立项文号	
建设性质		行业类别	
接收时间		移交时间	
占地面积		总投资	

表 1.1.1 项目主要经济技术指标表

项目	单位	数量	数据	备注
项目占地面积				
总建筑面积				
容积率				
建筑密度				
绿地率				
……				

表 1.1.2 项目主要建构筑物一览表 (房建类)

序号	建构筑物名称	建筑面积	数量	层数	高度	备注
1						
2						
3						
4						
……	……					

(二) 项目管理总结与分析

1. 项目策划

(1) 说明工务署接收项目时的基本信息(例如,使用单位完成项目建议书后移交给工务署,则说明项目建议书中的主要内容,包括建设规模、方案、投资、进度等),对比说明工务署接收项目后项目建设规模与内容变化和细化的过程(例如,工务署接收项目后完成方案设计、可研报告)。

(2) 总结项目策划的思路和过程,回过头来看项目特点和重难点分析是否把握准确,项目目标确定(质量、进度、投资、安全、环保、文明生产等)是否合适,管理思路是否有效，标段划分是否合理，管控（质量、进度、安全、材料设备等）要点是否把握准确。

2. 项目管理模式和组织架构

（1）列出项目建管模式和组织架构（图）。

（2）分析项目选用的建管模式和组织架构的优缺点（包括对目标实现的影响、对参建单位管控能力、解决问题的效率、不同部门专业间沟通配合的效率等）。

3. 项目招标采购

（1）项目招标采购工作的总结，包括各标段招标计划与实际完成时间、重要标段的资格条件及竞争性条款设定、招标过程中的谈判经验等。

招标计划对比表 附表 1.2

（说明：开始时间为发出招标公告时间，完成时间是发出中标通知书时间）

序号	标段名称	计划开始时间	计划完成时间	实际开始时间	实际完成时间	投标家数	预算金额	中标金额
1								
2								
......								
n								

（2）项目材料设备选用（表），与工务署材料设备库中品牌对比（哪些采用了，哪些另外采购的），没有的说明原因，说明新选用品牌的效果。

材料设备选用表（工务署库中品牌） 附表 1.3

序号	材料设备名称	品牌	使用标段、位置	金额
1				
2				
......				
n				

新建品牌库表（仅列非工务署材料设备库中品牌） 附表 1.4

序号	材料设备名称	品牌	使用标段、位置	金额
1				
2				
......				
n				

4. 项目设计管理

（1）设计管理回顾与实施完成情况：回顾并分析项目设计管理过程，并对比前期策划所确定的设计理念、设计标准、设计目标与项目实际成果间的差异。

（2）项目实施过程设计管理工作总结：重点说明施工配合过程中出现的图纸质量、设计进度、设计变更（根据变更原因分类统计）等方面。

设计变更汇总表 附表 1.5

变更分类/原因	政府规范或者规则调整	建设单位需求变化	现场条件变化	设计完善	施工不当	不可预见因素	其他	数量小计	金额小计
一类	数量	数量	数量	数量	数量	数量	数量		
二类	数量	数量	数量	数量	数量	数量	数量		

续表

变更分类/原因	政府规范或者规则调整	建设单位需求变化	现场条件变化	设计完善	施工不当	不可预见因素	其他	数量小计	金额小计
三类	数量	数量	数量	数量	数量	数量	数量		
四类	数量	数量	数量	数量	数量	数量	数量		
五类	数量	数量	数量	数量	数量	数量	数量		
数量合计									
金额合计									

（3）总结本项目简述过程中设计管理流程、节点控制、时间计划、设计协调、团队管理等的经验与教训，包括各阶段、各子项管理经验的总结、技术指标和限额设计回顾等方面。总结与各部门、各专业协调沟通解决的方法及经验。

5. 项目进度、工程管理

（1）项目总体进度计划执行情况

通过项目策划与实际完成时间节点的对比，列表得出每个关键节点区间延迟完成的天数，分析影响节点进度的主要因素和延误的原因，并建议在今后类似项目中可采取的改进措施。

总体进度计划执行情况对比表　　　　　　　　　　　附表 1.6

（房建样例，关键节点与策划方案中的关键节点一致）

序号	节点名称	策划开始时间	策划完成时间	实际开始时间	实际完成时间	区间延迟时间
1	项目策划定稿					
2	方案设计单位招标					
3	协助取得用地许可和规划设计要点批复					
4	可行性研究报告批复					
5	方案设计确定					
6	建设工程规划许可					
7	初步设计概算批复					
8	施工总包单位招标完成					
9	建筑工程施工许可证					
10	地下室主体结构完工					
11	精装修样板确认					
12	主体结构封顶					
13	精装修工程施工完成					
14	外立面工程施工完成					
15	室外工程完成					
16	消防验收					
17	竣工验收					

（2）项目工程施工进度计划执行情况

列出项目施工进度计划与实际完成的关键线路，分析产生变化的主要原因，通过项目施工进度计划与实际完成时间节点的对比，列表得出每个节点延迟完成的天数，分析影响节点进度的主要因素和延误的原因（例如设计出图慢、材料进场慢等），并建议在今后类似项目中可采取的改进措施。

工程施工进度计划执行情况对比表　　　　　　　　　　附表 1.7

（房建样例，关键节点与施工计划的关键节点一致）

序号	进度目标节点	计划开始时间	计划完成时间	实际开始时间	实际完成时间	区间延迟时间
1	土方开挖					
2	基坑支护					
……						
	主体结构封顶					
……						
	强电工程					
	燃气工程					
	电梯调试					
……						
	室外绿化					
	竣工验收					

（3）人员进场情况

分单位列出每日施工现场人员数量及工时统计。

施工人员统计表　　　　　　　　　　附表 1.8

日期	现场人员—单位 1	现场人员—单位 2	……	现场人员—单位 n

（4）第三方质量安全巡查情况

汇总项目各次第三方质量安全巡查的结果，说明项目质量管理和安全管理的效果。

第三方质量巡查汇总　　　　　　　　　　附表 1.9

合同名称	评价年度	评价季度	评价得分	发现问题数	整改完成数
	① ② ……	① ② ③ ④			

续表

合同名称	评价年度	评价季度	评价得分	发现问题数	整改完成数

第三次安全巡查汇总 附表 1.10

合同名称	评价年度	评价季度	评价得分	发现问题数	整改完成数

（5）不可预见事件的实际发生情况和采取的应变措施，总结风险控制的经验。

6. 投资、合同管理

（1）列表对比项目各个阶段（工务署接收时、可行性研究、初步设计概算、实施阶段）投资目标。

工务署接收时：工务署接收时（例如使用单位完成项目建议书的，则为项目建议书），项目投资估算情况。

可行性研究阶段：项目可行性研究报告及批复中各子项投资。

初步设计概算：项目概算批复中各项成本费用，分析评价限额设计情况，分析评价根据投资估算控制设计概算情况。

实施阶段：分析评价根据概算批复控制施工图预算、预算控制标底、标底控制中标价（合同价）、合同价控制结算价、结算价控制竣工决算的情况。

说明各阶段投资目标调整情况及原因，重点分析费用超支（超过上一步骤控制值）子项的主要原因，总结成本控制的经验和不足。

投资对比表 附表 1.11

（房建样例，科目与概算中分项工程一致，其余阶段调整与概算一致）

序号	项目	可研	概算	预算(标底)	合同	决算	节超额	节超比例
1	土地相关费用							
2	前期费用							
2.1	可研及评估费							
2.2	设计费							
2.3	勘察费							
2.4	其他前期费							
3	建安费用							

续表

序号	项目	可研	概算	预算(标底)	合同	决算	节超额	节超比例
3.1	地下及基础工程							
3.2	地上主体工程							
3.3	室外总体工程							
3.4	室内精装修							
3.5	其他							
4	建设工程管理费							
5	市政增容接口费							
6	上述未列举费用							
7	总投资							

（2）总结项目实施过程中重大合同签订、争议处理、纠纷、变更审定、工程结算经验。总结项目参建方管理、配合的经验。

（3）项目参建单位履约情况。

履约情况表 附表 1.12

合同类型	前期阶段结果构成	在建阶段结果构成	保修阶段结果构成	最终评价结果
施工	① ② ……			
采购	① ② ……			
监理				
造价				
设计				
监测				
其他咨询				
其他				

7. 项目信息化与信息管理

（1）总结项目实施过程中信息管理的做法，例如项目信息的收集计划，信息的分类、编码与处理方式，项目文件档案管理，项目信息化等。

（2）总结 BIM 技术在项目管理各阶段中的应用与效果。

8. 项目创新与效果

总结项目在新的建管模式、规划设计理念、新技术、新工艺、新设备的应用情况与效果。

（三）项目成果总结评价

1. 设计成果总结

（1）项目设计标准与完成效果

图文并茂地说明项目的设计标准与实际完成效果。例如总平面设计，建筑单体设计，结构体系，墙体围护材料，外立面材料，机电配置标准，装修标准，室外景观标准等。

（2）项目设计成果的得失总结

从总图、建筑、结构、机电、水暖、精装、景观等多专业角度，图文并茂地列举设计成果的亮点与不足之处，其中不足包括但不限于：

①设计不符合相关标准和规定；

②方案设计对使用功能的考虑不到位；

③设计观感考虑不到位、不美观；

④设计遗漏；

⑤使用单位体验把握不准；

⑥材料选择不适当；

⑦机电配置不适当等。

从使用单位需求把握，材料选择与质量把控，设备选型，施工图二次深化，各专业配合交流、设计与施工配合等方面总结经验教训及可推广的做法。

2. 项目施工质量总结评价

（1）项目施工完成质量

根据项目类型与特点，图文并茂地说明项目实物工程的质量，例如地面、吊顶、墙面、门窗、屋面、外立面、室外场地、设备及管线的观感、尺寸、平整、排列、定位、接缝、防水防锈等。

（2）项目施工质量的得失总结

图文并茂地列举项目移交使用单位后至后评价时点的实物工程质量缺陷与不足之处，例如施工不符合设计要求、施工不符合规范要求、裂缝、蜂窝、漏水、噪声、脱落、破损、下沉、生锈、接缝不齐、标识不清、安全隐患、工艺不美观、后期维护困难等。

针对实物工程质量缺陷与不足，分析工务署质量管理体系运行效果，反思样板先行措施，反思对材料设备供应商、监理单位和施工单位的监控管理效果，总结经验教训及可推广的做法。

3. 项目获奖情况

（1）说明截至总结报告编制时点的获奖情况。

（2）对照项目策划奖项目标，说明相关奖项申报准备工作情况。判断是否达到相关奖项申报及授予条件，说明是否已出现不能获奖的否决条件。

（四）经验教训和对策建议

1. 项目管理改进建议

从项目策划、组织协调、项目设计管理、进度与工程管理、投资管理、参建方管理、信息管理、项目技术创新等方面，提炼项目实施过程中的成功经验和失败教训，提出项目管理方面优秀经验和改进建议。

2. 建筑产品改进建议

从项目产品设计品质、施工质量等方面提炼项目实施过程中的成功经验和失败教训，提出项目设计理念、关键技术、材料和设备选用方面的建议。

【相关文件】

《深圳市建筑工务署项目后评价研究报告》

《深圳工务署项目后评价指引》

第四章

深圳试点案例实践

第一节　哈尔滨工业大学（深圳）国际设计学院项目

一、项目概况

哈尔滨工业大学（深圳）国际设计学院项目（以下简称"本项目群"）建设地点位于深圳市南山区深圳大学城校区南部哈尔滨工业大学（深圳）本科校区东南侧地块，紧邻留仙大道，建设周期约为 4 年。本项目总用地面积 $36227.01m^2$，总建筑面积 $110783.30m^2$，总投资约 95510.00 万元。

本项目建设内容为新建教学区一栋、配套宿舍两栋、扩建食堂一层，建成后可为在校师生提供更优质、更便捷的住宿、生活及学习条件。本项目各单项工程建筑风格新颖、别致又不失稳重，与周边自然地形地貌有机融合，现代化的室内装饰风格尽显大气，且基于使用单位对本项目的高期待、高要求、高发展，工务署创新发展，贴合学院要求，本项目列入 2018 年建筑师负责制试点项目，同时在建设模式上启用设计牵头的 EPC 总承包模式，为实现"建设周期短、品质要求高、设计艺术感强"等特点增砖添瓦，2020 年、2021 年已列入"深圳市重点项目"，社会关注度极高（图 4.1.1）。

二、服务范围及组织架构

（一）全过程工程咨询服务的具体内容

1. 项目管理：项目计划统筹及总体管理、前期工作管理（含报批报建等）、设计管理、技术管理、进度管理、投资管理、质量安全管理、专业咨询、项目组织协调管理、招标采购管理、成本管理、合同管理、BIM 管理、档案管理（项目档案、归档等所有工作）、竣工验收及移交管理、工程结算管理、维保管理以及与项目建设管理相关的其他管理与协调工作。项目管理中存在与《哈尔滨工业大学（深圳）国际设计学院项目勘察设计前期项目管理合同》相同的工作内容，由原前期项目管理单位负责实施，工程咨询中标单位负责统筹管理。

2. 工程监理：施工准备阶段监理、施工阶段监理、保修阶段监理以及与工程监理相关的其他工作。工程咨询单位依法承担与项目管理、工程监理相应的法律责任。

图 4.1.1 哈尔滨工业大学（深圳）国际设计学院效果图

3. 课题研究：在项目建设中，对项目拟采用的以设计单位作为牵头人的"设计-施工总承包"模式及配套管理模式进行总结及课题研究，形成设计牵头的"设计-施工总承包"模式项目相关指引或管理办法，并通过专家评审。

（二）全过程工程咨询的组织模式

为充分体现全过程工程咨询模式的管理实效和专业优势，五洲管理在该全过程工程咨询项目中，将项目管理团队与现场监理团队进行编制分组融入建设单位的管理团队，实施扁平化综合管理。

通过对行业及模式的思考，同时基于工务署统筹的组织架构，本项目采用典型项目导向型运作模式，涵盖了工程建设全生命周期，在项目前期根据业主需求进行规划、策划、概念设计和投资概算，在此基础上完成设计，协助业主进行承包商招标；在项目实施阶段作为业主顾问，在工程设计、招标采购和施工乃至运维过程中在保证项目功能、投资控制、管理协调等方面发挥作用。

构建以"业主-承包人-全咨团队"为核心的项目网络组织。以建设项目集成交付为目标的三方责任主体形成的三边关系，既包含以业主委托全咨团队进行项目管理的专业服务交易，又包括业主委托承包人进行项目实施与交付的项目交易，两者共同构成了完整的全咨项目组织结构（图 4.1.2）。

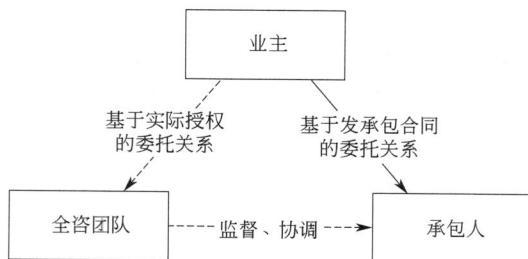

图 4.1.2 全咨项目组织结构

搭建以设计为核心、建筑师为主导的全过程工程咨询项目组织架构的优化。合理采用设计企业层面矩阵式和项目层面直线式组织结构。考虑到全过程工程咨询项目内部专业分工细，不同业务之间存在大量的工作交叉，对信息传递和协调要求高。选择直线式组织结构形式，在内部形成集中统一的领导，减少内部纠纷，使内部信息的传递速度相对较快，便于任务的执行；使项目任务分配明确，权责利关系清楚，采用这种结构形式能够加强项目的可控性。

建立融合项目组、全过程工程咨询、总承包单位的组织构架（图 4.1.3）。

2.2 创新组织管理架构
Inovata organzationanl managementstructure

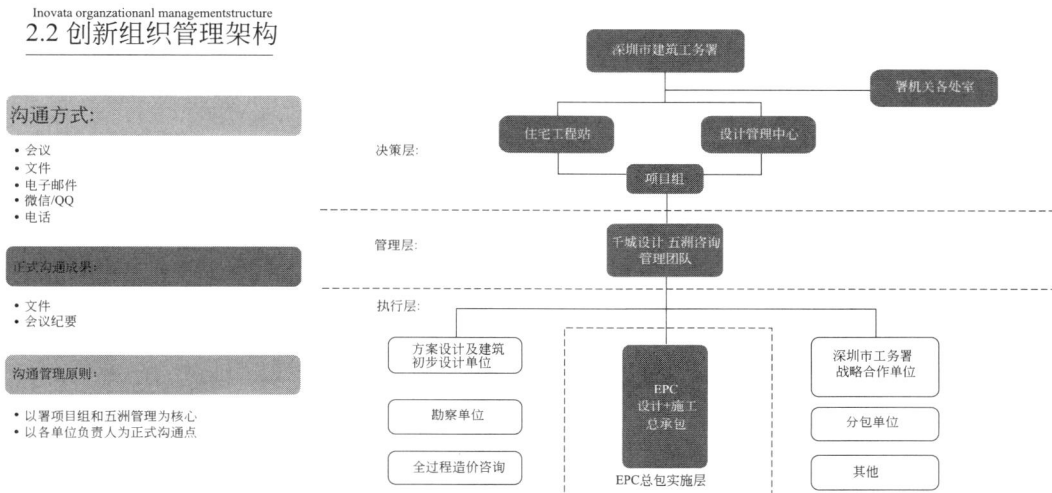

沟通方式：
- 会议
- 文件
- 电子邮件
- 微信/QQ
- 电话

正式沟通成果：
- 文件
- 会议纪要

沟通管理原则：
- 以署项目组和五洲管理为核心
- 以各单位负责人为正式沟通点

决策层：
深圳市建筑工务署
署机关各处室
住宅工程站
设计管理中心
项目组

管理层：
千城设计 五洲咨询 管理团队

执行层：
方案设计及建筑初步设计单位
勘察单位
全过程造价咨询
EPC 设计+施工总承包
EPC总包实施层
深圳市工务署战略合作单位
分包单位
其他

图 4.1.3　创新组织管理架构

在全过程单位招标设定条件下，制定项目总体战略目标，编制项目二级策划，明细本次招标重点工作及管控要点，本项目在实施中尝试，经过不断与总包之间磨合及约谈，定为采用了类 SPV 项目公司的项目管理运行模式，由设计单位与施工单位按照"目标一致、优势互补"的原则共同组建了一体化融合项目部，并采用同一套制度流程进行管理、考核，形成"统一指挥"的组织构架。为高质量完成质量、安全、进度、投资目标提供了组织保障（图 4.1.4）。

三、全过程工程咨询项目实践

（一）项目策划管理

1. 项目重难点分析

（1）模式创新管理要求高

哈尔滨工业大学（深圳）国际设计学院项目为深圳市建筑师负责制试点项目，具体试点模式为设计牵头的设计-施工总承包模式，对工程咨询管理能力及标准要求高。

EPC 总承包模式下，对同时满足投资控制、设计品质及功能效果要求的难度大。

（2）设计品质要求高，功能需求多

项目教学区设计功能复杂，含各类实验室 29 间，涉及模型实验室、数字实验室、声学光热、视觉传达实验室和电磁实验室等非常规专业，功能需求难以确定；

多个实验室对首层、负一层面积需求量大，对高大空间要求不一，荷载、防振要求高，同层不同标高，精细化设计和施工难度大；

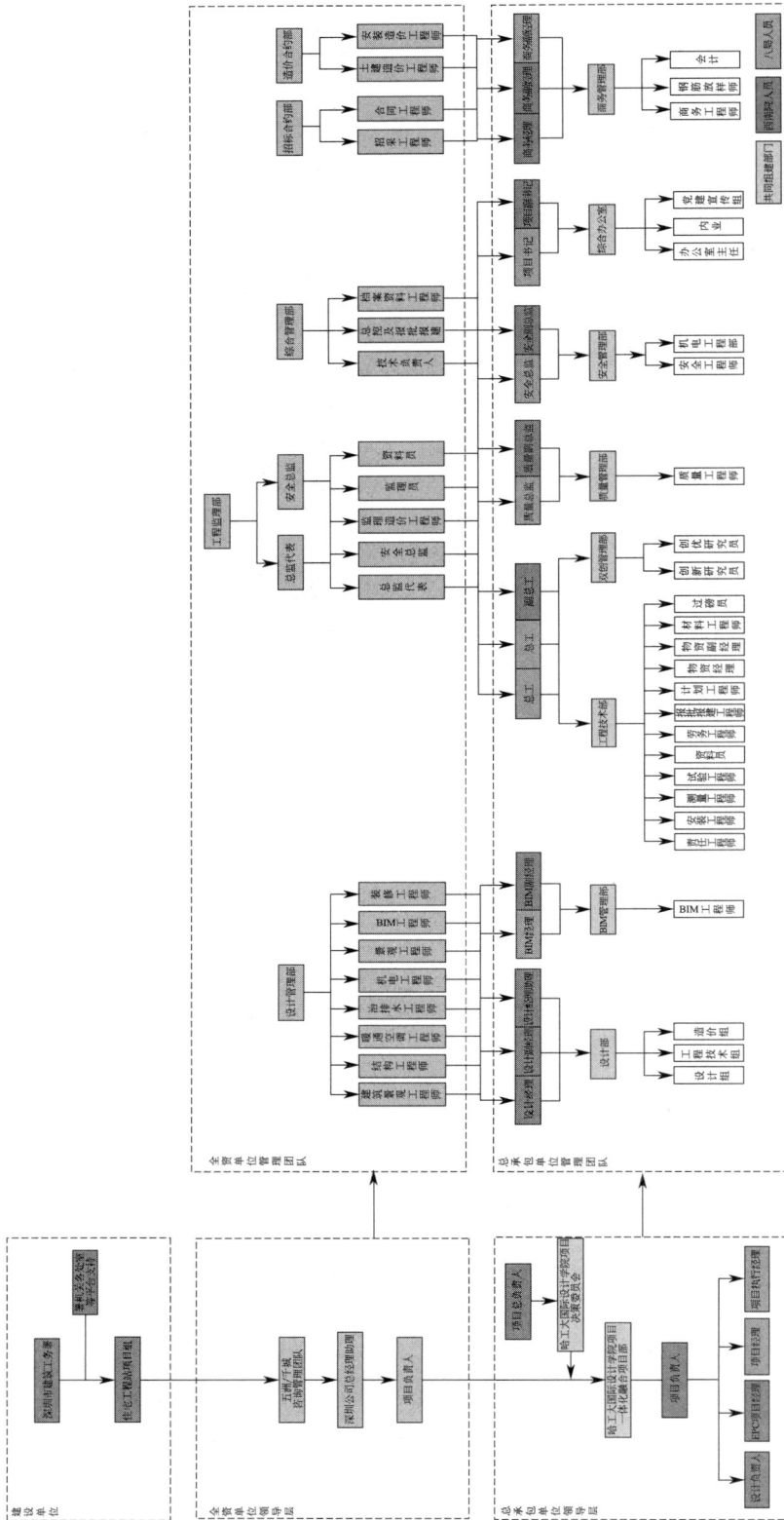

图 4.1.4　组织构架

智能化工程贯穿"科技以人为本"的设计理念，在智能化系统多、结构复杂，功能要求高的需求导向下，应展现先进性、经济适用性，统筹设计、优化配置，满足高效便利的物业管理及客户服务需求。

（3）山地连体建筑＋异型结构，管控难度大

宿舍楼地块位于山体，基坑支护型式、挡土墙深度标高不一，造价计价容易疏漏；

异型结构且两栋楼山地连体体系、设计及施工难度大；

场地狭小，施工难度大；

依据深圳市要求，项目要求全面采用装配式建筑技术，技术管理要求高。

（4）现场安全文明管理要求高

哈尔滨工业大学（深圳）国际设计学院项目教学区周边环绕已使用的哈工大（深圳）本科校区及市政道路，西侧毗邻住宅小区，安全文明施工管理要求高；

学生宿舍楼所在区域与教学区分开，施工主要路线与学生流线交叉，安全文明施工要求高，且宿舍楼地块位于山体，场地狭小，施工管理技术难度高。加建食堂要求 2020 年 11 月移交使用，工期管理要求高。

（5）社会影响大

项目使用单位为哈尔滨工业大学、苏黎世艺术大学、加泰罗尼亚高等建筑研究院，为国际联合办学项目，项目社会影响大，整体建设管理水平要求高。

2. 项目目标策划及分解（表 4.1.1）

项目目标策划及分解 表 4.1.1

进度目标	确保 2023 年 01 月竣工验收并移交使用
质量目标	确保广东省优质工程奖，争创"鲁班奖" 二星级绿色建筑设计标识以及广东省、深圳市各级奖项
投资目标	项目决算严格控制在总概算内
安全目标	确保零死亡 国家 AAA 级安全文明标准化工地
客户满意目标	质量安全每季度排名确保 30％以内，争 15％
运维目标	功能缺陷少，用户体验好

（1）工程质量控制目标：确保广东省优质工程奖，争创"鲁班奖"。

➢ 确保设计"技术、功能"质量的实现

➢ 实现建筑物使用功能最优化

➢ 保证各分段、分项工程一次性达到国家相关验收合格标准

➢ 确保广东省优质工程奖，争创"鲁班奖"

➢ 二星级绿色建筑设计标识以及广东省、深圳市各级奖项

➢ 各分部分项工程质量检验合格率 100％

（2）总工期目标：工程建设进度符合深圳市政府的相关进度要求，确保在要求期限内完工。

➢ 2020 年 5 月 10 日完成初步设计评审

➢ 2020 年 6 月 25 日完成施工图设计

➢ 食堂加建区主体施工结构预计 2020 年 9 月完成

➢ 2020 年 11 月完成食堂加建层

➢ 在竣工验收 3 个月内，督促工程承建方按照审计局要求完成工程审计资料的收集、整改、汇总工作，并将工程审计资料提交审计局

➢ 竣工验收 3 个月内完成本工程建设行政主管部门备案

➢ 工程审计完成日起 3 个月内完成本工程决算工作

（3）投资控制目标：项目实际结算总造价应控制在批复概算内，在满足使用人整体使用需求的前提下，确保竣工决算控制在经批准的初步设计概算内，概算不超投资估算。

➢ 初步设计概算不超投资估算，项目竣工决算不超批复概算，单项工程结算不超对应概算分解限额

➢ 实施限额设计、限额招标

➢ 资金使用有计划，资金支付严格依约审核

➢ 确保不超付，保障项目顺利推进

（4）安全目标：严格按照国家《建设工程安全生产管理条例》和地方有关安全法规，按照安全规范作业，对整个项目安全负责。

➢ 确保人身零伤亡

➢ 未造成人员伤亡但造成严重经济损失的一般以上安全事故为零

➢ 轻伤事故率控制在 3‰以内

➢ 现场安全文明施工合格率达 100%

➢ 危险源辨识与风险控制达 100%

（5）环境保护目标：符合国家和地方有关建设工地环境保护的法律、法规的要求，严格按照《环境管理标准》以及建设部门、市劳动局的有关要求进行管理和控制，尤其对于保护自然、扰民、降噪、粉尘污染等环境因素将严格控制。

➢ 噪声排放达标：结构施工，昼间<70dB，夜间<55dB；装修施工，昼间<65dB，夜间<55dB

➢ 防大气污染达标：施工现场扬尘、烟尘的排放符合要求（扬尘达到国家二级排放规定，烟尘排放浓度<400mg/nm）

➢ 生活及生产污水达标：污水排放符合深圳市的有关规定

➢ 施工垃圾分类处理，尽量回收利用

➢ 节约水、电、纸张等资源消耗，节约资源，保护环境

（6）合同管理目标：

➢ 协助合同承办人员依法起草、修改合同，参与合同谈判

➢ 防止不符合法律、法规和项目规定的合同行为

➢ 合同审核工作接到任务后，两日内完成

➢ 安全目标：确保零死亡

➢ 进度目标：总工期 2019.9-2023.1

➢ 投资目标：项目可研批复 67766.72 万元

（二）项目统筹管理——进度计划管控

（1）进度计划管控流程（图 4.1.5）

管理流程图

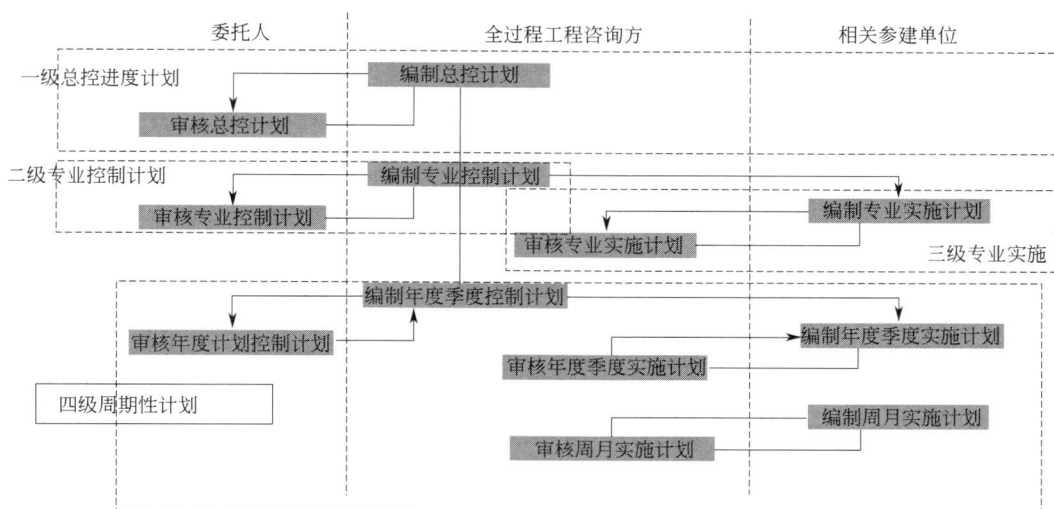

图 4.1.5 管理流程图

（2）目标保障措施（表 4.1.2）

目标保障措施及具体内容 表 4.1.2

序号	保障措施	具体内容
1	设计管理进度	1. 编制详细的设计出图计划表，按照计划落实到各专业的出图时间节点； 2. 组织设计周例会，动态关注设计进展； 3. 专业、专项设计前置； 4. 强化对总包的履约管理
2	招标合约保障	1. 分解总包和专业、专项分包的合同工期，通过招标条款明确，掌握合约主动权； 2. 按照提前半年的内控目标分解各单位招标的合同工期； 3. 招标文件明确工期动态里程碑节点的处罚条款，过程留好书面依据，强化过程书面往来依据； 4. 强化对各单位的合同履约管理
3	技术措施保障	1. 找准关键线路工作，加大关键线路的资源投入，合理优化关键线路工期； 2. 市政管线采用预设综合管廊方式，解决室外市政先行的管线埋设问题
4	管理措施保障	1. 四先行：土石方和基坑先行，市政先行，绿化先行； 2. 并联和穿插：专业设计和专项设计和主体设计并联穿插

（三）报批报建管理

1. 本项目报批报建事项（图 4.1.6）

2. 报批报建经验教训总结

（1）行政审批部门对工务署组织管理架构不清晰

深圳市建筑工务署的项目管理分工是以初步设计概算批复为移交节点，分别由工程设计管理中心和住宅工程管理站对项目进行管理。在报建平台出现建设单位名称不匹配问题，如施工许可证第一次申报时系统中无法选择深圳市住宅工程管理站。同时，部分政府审查经办人对工务署管理架构不清晰，分不清深圳市建筑工务署、深圳市住宅工程管理站、深圳市建筑工务署工程设计管理中心之间的关系，导致经办人产生误解，如消防审查经办人对建设单位负责人提出疑问。

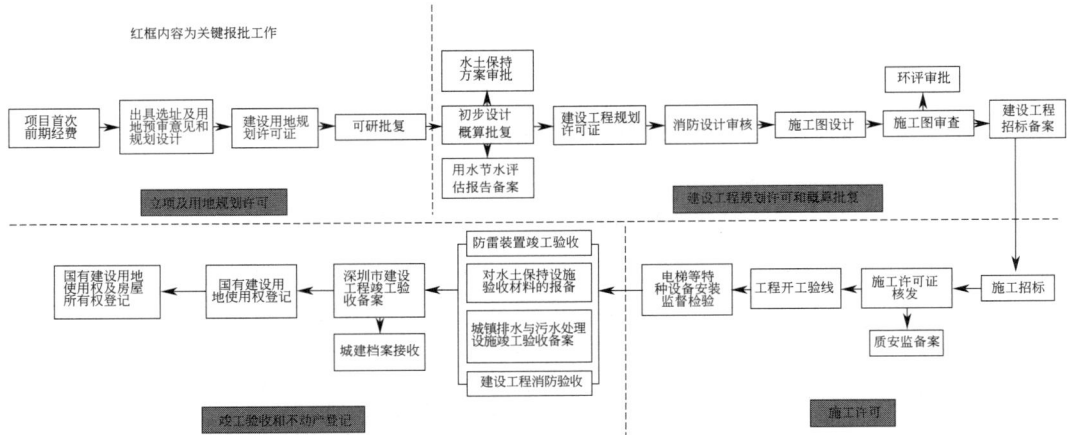

图 4.1.6　项目报批报建事项

（2）使用单位提出调整意见导致报建事宜产生变更

项目使用单位在方案深化或施工图阶段提出若干调整意见导致报建事宜变更，如校方提出需调整食堂货梯、取消四层扶梯等意见是在办理工程规划许可证之后，食堂的一系列调整将需申报工程规划许可证变更。后收到明确函件，项目名称由"哈尔滨工业大学（深圳）国际设计学院项目"变更为"哈尔滨工业大学深圳国际设计学院项目"，后续所有批复、许可证及网络平台的项目名称需同步变更。

（3）报建需政府多单位、多科室协调的事宜办理进度慢，突发意见多

项目办理用地规划许可证阶段需大学城管理办公室同意并盖章后申报住建局，因审核会出现反复，各单位对修改后的审核盖章办理缓慢，容易造成延误。在工程规划许可证阶段需住建局公共关系科与建管科协调办理，针对教学区红线及与一期相邻的校园路调整提出不同意见，多科室、多个经办人协调难度大，耗费时间长。

（4）审核单位对规范或政策理解不一导致审核尺度不一

不同单位（住建局、审图公司）或个人（经办人、设计师）对规范或政策理解并非相同，导致在审核过程中审核尺度不一。但通常此类问题对设计或施工影响较大，需耗费大量时间和精力协调解决。如用地规划许可证申报阶段，对于用地红线和与一期相邻的校园路处理问题。

（5）政府审核办公时限

政府审核办公系统内中对各个业务条线均设置了严格的办理时限，因经办人在审核过程中难免会提诸多相关意见，如严格按照审核办公时限，则只能被驳回。在严格的办公时限要求下必须提前做好线下预审，才能保证顺利通过审批。如工程规划许可证办理时限为5个工作日，若无提前预审或者预审沟通不到位，则无法按照正常时限办理完成。

3. 报批报建管理建议

人是报建工作的主导者、执行者，如何在不违背国家及地方法律法规，以及不损害国家和集体利益的前提下，顺利开展报建工作，须加强对报建人员培训和教育，主要包括以下几个方面：

（1）专业基础知识

深圳市报建涉及部门繁多、专业知识强、审查严格、对建设单位自身要求高、报建人

员需掌握与建设工程相关的基本知识，包括常用术语、地方性法规，并熟悉建设程序，同时能大致看懂建筑平、立、剖面图，便于与相关主管单位及审批人员进行沟通。

（2）语言表达及人际交往能力

工程前期报建人员除了需要与政府职能部门打交道外，还需要与勘察、设计、监理、施工单位沟通和交流，建立良好的沟通渠道。

（3）资料事先准备齐全

需加强新政策培训，加强与报建部门沟通，确保报建资料完整性。对于图纸等，需要事先请专业技术人员审核，确保图纸的准确性，避免报建审批后与实际施工不符，导致重新申报变更。

（四）勘察设计管理

在全国各地开展的全过程工程咨询试点案例的调查中发现，大多数试点项目仍然进行传统的工程设计工作，通过分析设计牵头 EPC 模式运行特征，项目采取设计牵头、建筑师主导的强设计管理全过程工程咨询模式。强调全过程工程咨询的核心理念，以业主需求、设计集成、全生命周期视角为导向，实现跨越主体、跨越阶段、跨越职能的全过程工程咨询，进而提升项目品质，增强行业价值。

全过程工程咨询嵌入式设计管理经验分享

1. 对设计单位的管理：

➢ 督促比选最优分包单位

➢ 审核设计分包合同内容

➢ 参与面试项目的主要设计负责人

➢ 制定《设计管理办法》

➢ 制定设计总控进度计划

2. 对设计单位的组织架构及人员的管理

（1）创新管理模式。充分发挥设计龙头优势，强化设计管理＋全过程工程咨询的创新管理模式。

（2）督促设计单位全专业设计人员驻场，有效降低沟通成本，提高工作效益。

（3）完善的管理体系文件包括组织架构、职能职责、资源配置、项目管理制度等。要求西南院提交了本项目设计管理一级策划，完善管理体系文件（图 4.1.7）。

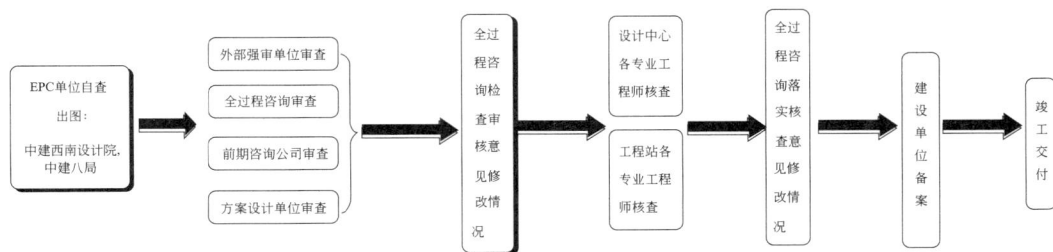

图 4.1.7　哈工大（深圳）国际设计学院项目施工图确认流程

3. 设计进度管理

（1）根据项目总体进度计划，即结合报批报建计划、施工总进度计划，编制设计总体进度计划（图4.1.8）。

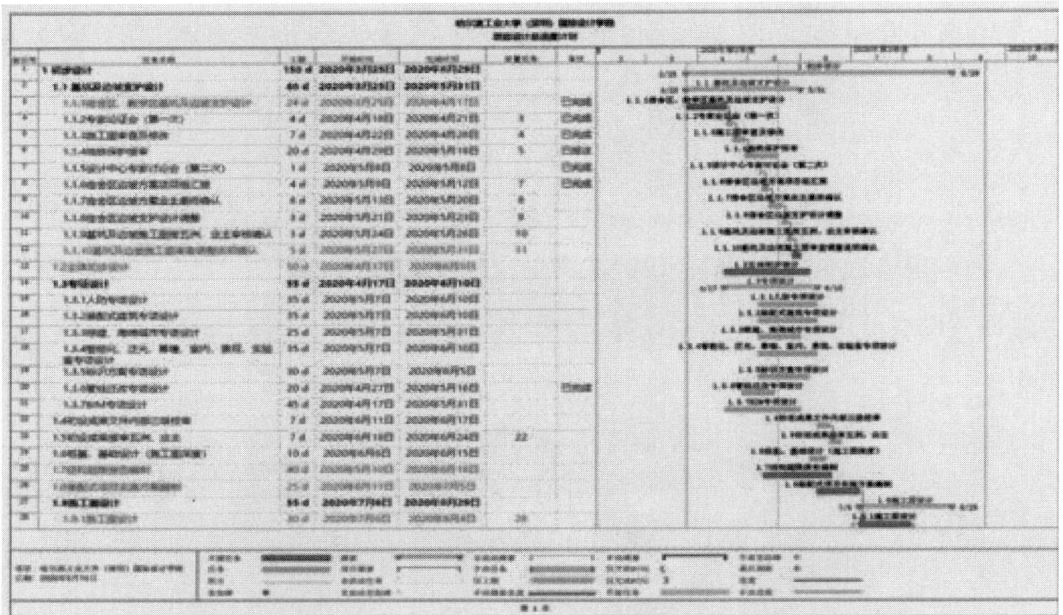

图4.1.8 设计进度管理

（2）EPC单位进场之后，编制本年度资金申请计划，并制定初设报概计划。协调前期咨询公司、全过程咨询共同完成概算设计图纸的审核工作（图4.1.9）。

图4.1.9 进度管理相关工作

（3）完成基坑提前开工、取得工规、基坑施工许可证和桩基础施工许可证制定的一级节点：方案设计文本报规；基坑及桩基础施工图设计；二级节点：基坑及边坡施工图审查；结构超限评审计划。

4. 组织协调工作

（1）强化目标意识，分析目标，将目标分解为若干阶段，落实跟进每个阶段的计划执行情况，响应项目组要求，协调督促 EPC 单位充分发挥系统内部资源优势，为完成计划创造条件；

（2）组织全过程咨询专业工程师、深圳市装配式专家、超限专家分别对各阶段设计技术文件预审，解决中建西南设计院在深圳设计落地性不强，对报规报建政策要求、超限技术审查、装配式评审等方面对深圳政策熟悉了解程度欠缺造成进度出现偏差等问题（图4.1.10）。

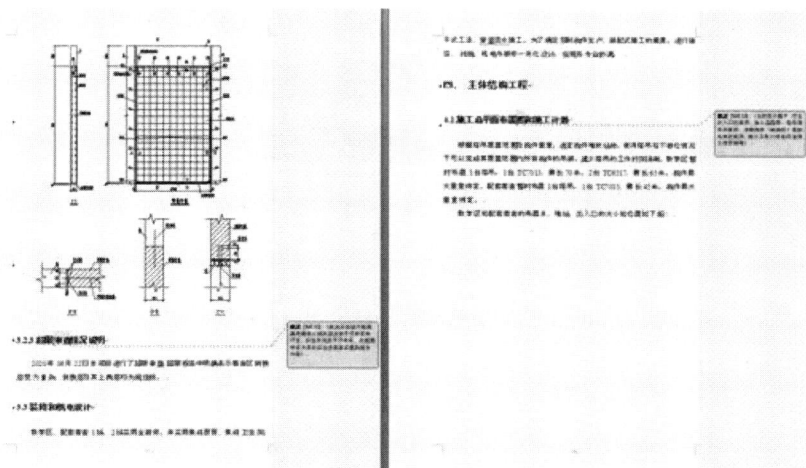

图 4.1.10　组织协调工作

（五）招标采购管理

本项目为深圳市建筑师负责制试点项目，深圳市建筑工务署首次采取以设计牵头的设计-施工总承包招标模式。

招标文件中我们设置了如下的条件：本项目应体现设计牵头的设计、施工总承包单位的专业技术水平和综合管理能力，在承担履行本项目设计和施工合同内容责任的同时，对各阶段设计和施工的质量、进度、安全文明、投资控制等负全面责任。在设计和施工的合同履约中，设计有着基础性、先导性和决定性的主导作用。

1. 招标策划管理

总体思路：条件具备前置招标，避免"工程进度"等待"承包商"现象；科学运用"合同网络图"，进行系统性招标策划和管理，避免遗漏、滞后、无序等情形。

针对性编制单项招标采购实施方案，进一步明确单项标段划分、标段具体范围、标段界面细化，以及招标采购工作各阶段工作内容、潜在投标人市场调研（如需求调研、招标文件编制及讨论（含资格审查方式、合同条款、评定标办法等主要条款讨论）、设计图纸完成时间、工程量清单及预算编制、品牌选用等）、计划时间〔各项工作启动时间、招标备案时间、开标时间、评标时间、清标时间（如有）、定标时间等〕（图4.1.11）。

2. 招标择优

（1）客观项清标及评分规则（表4.1.3）

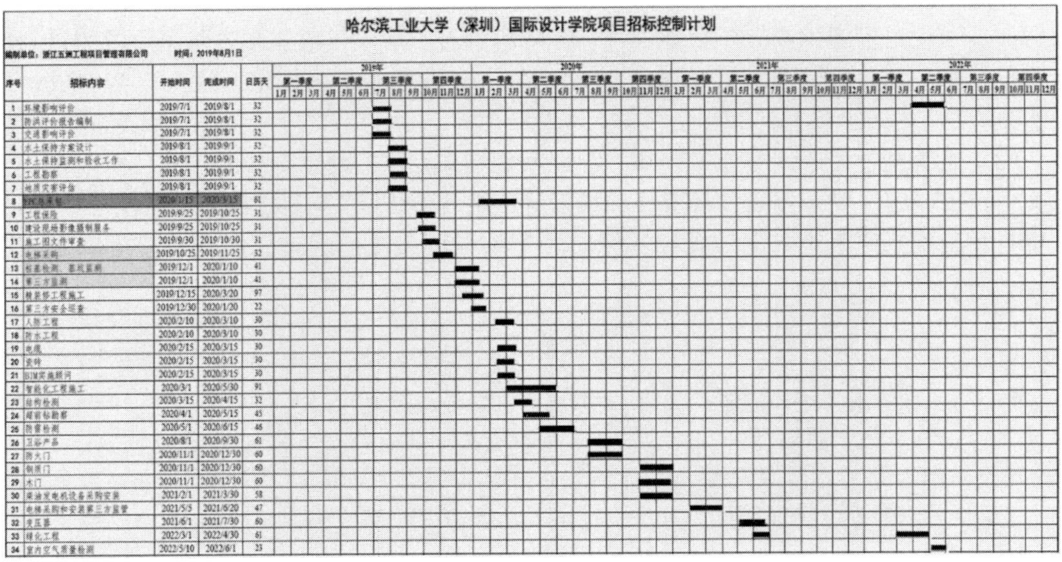

图 4.1.11　招标策划管理

客观项清标及评分规则　　　　　　表 4.1.3

序号		招标内容	分值	说明
1	投标人设计牵头业绩（如为联合招标投标则提供牵头单位业绩）	1.2015 年 1 月 1 日以来，建筑面积大于 5 万 m² 的，在建或已完工的以设计单位作为联合体牵头单位的设计施工总承包工程模式实施的，民用建筑类项目业绩，建筑面积 10 万 m² 每个项目 3 分，累计 30 分（投标人提供的此部分业绩不超过 5 项，超过 5 项的按前 5 项计）	30	证明材料：合同、开工文件、竣工报告、建设单位证明。 要求： 1. 所提供的项目合同签订日期或具有监理单位签字盖章的开工文件或竣工报告，竣工验收日期应处于 2015 年 1 月 1 日至今时间范围； 2. 所提供的合同关键页内容应清晰体现项目类型、面积大小以满足业绩要求； 3. 所提供的合同关键页内容应体现项目为以设计单位作为牵头单位的设计施工总承包业绩； 4. 如所提供材料无法体现满足项目要求要素，则应提供建设单位对相应要素的相关证明（加盖建设单位公章）
		2.2015 年 1 月 1 日以来获得省级及以上的工程总承包类奖项的民用建筑类项目业绩可得 2 分（投标人提供的此部分获奖业绩不超过 1 项，超过 1 项按前 1 项计）	2	证明材料：获奖证书 要求： 1. 获奖证书体现时间为 2015 年 1 月 1 日至今； 2. 奖项应属于省级及以上的工程总承包类奖项
		3.2015 年 1 月 1 日以来获得的全国性 BIM 奖项（不论名次）民用建筑类项目业绩，每项目 1 分，累计 3 分（投标人提供的此部分获奖业绩不超过 3 项，超过 3 项按前 3 项计）	3	证明材料：获奖证书 要求： 1. 获奖证书，体现时间为 2015 年 1 月 1 日至今； 2. 全国性 BIM 奖项指以下大赛颁发的奖项：中国图学学会举办的"龙图杯"全国 BIM 大赛；中国勘察设计协会和 AUTOCAD 公司合办的创新杯——建筑信息模型（BIM）应用大赛；中国建筑业协会举办的中国建设工程 BIM 大赛

2	投标人施工业绩（如为联合体投标则提供施工单位业绩）	4.2015年1月1日以来，联合体中的施工单位的民用建筑类总承包工程"鲁班奖"的项目业绩，每项目4分，满分12分（投标人提供的此部分获奖业绩不超过3项，超过3项按前3项计）	12	证明材料：获奖证书 要求：获奖证书，体现时间为2015年1月1日至今
		5.2015年1月1日以来，获得的安全文明类奖项的民用建筑类项目业绩，每项目3分，满分9分。（投标人提供的此部分获奖业绩不超过3项，超过3项按前3项计）	9	证明材料：获奖证书 要求： 1. 获奖证书体现时间为2015年1月1日至今。 2. 安全文明类奖项指以下颁发的奖项：中国建筑业协会的国家AAA级安全文明标准化工地；中国建筑业协会的全国建筑业绿色暨绿色施工示范工程；住房和城乡建设部的绿色施工科技示范工程
3	项目管理团队	1. 项目总负责人：2010年1月1日前全日制本科毕业（2分）；具备高级工程师及以上职称（2分）；具备2015年1月1日以来建筑面积大于10万 m^2 的，已完工的以设计单位作为牵头单位的设计施工总承包工程担任项目总负责人的民用建筑类项目工程管理业绩（5分）	9	证明材料：毕业证书、职称证书、项目竣工报告或合同 要求： 1. 毕业证书取得时间应早于2010年1月1日； 2. 项目业绩竣工报告或合同应体现类型、竣工日期、工程规模、承包范围、担任职务满足得分要素内容； 重要提醒：如所提供材料无法体现满足项目要求要素或相关签章严格比照国家规范要求存在缺失的，则应提供建设单位出具的相关证明（加盖其公章）
		2. 项目经理：2010年1月1日前全日制本科毕业（2分）；具备高级工程师及以上职称（2分）；具备2015年1月1日以来建筑面积大于10万 m^2 的已完工的民用建筑类项目，担任项目经理的工程管理业绩（2分）	6	证明材料：毕业证书、职称证书、项目竣工报告或合同 要求： 1. 毕业证书取得时间应早于2010年1月1日； 2. 项目业绩竣工报告或合同应体现类型、竣工日期、工程类型、工程建筑面积、担任职务满足得分要素内容； 重要提醒：如所提供材料无法体现满足项目要求要素或相关签章严格比照国家规范要求存在缺失的，则应提供建设单位出具的相关证明（加盖其公章）

通过设置企业类似设计牵头、类似工程规模、施工单位的质量奖项、安全文明施工奖项、全国性的BIM奖项来进行择优评分，确保最满足项目建设需求的和最具相关经验和实力的投标人脱颖而出；然后通过设置项目总负责人和项目经理的资历、业绩和答辩等手段来选择具有相关项目建设管理经验人员。

（2）主观项清标及评分规则（表4.1.4）

主观项清标及评分规则   表 4.1.4

1	施工进度保障措施	根据招标文件节点进度要求及总进度要求，制定进度保障措施	6
2	先进建造体系实施方案	对先进建造体系理解准确，实施方案符合本项目定位，目标明确，实施要点全面，保障措施到位，可实施性强，有针对性，重点突出。不是针对本项目的方案，不得分	4

3	工业化建筑方案	根据本项目实际情况,制定工业化产品的装配式建筑应用方案,并阐述选用理由	3
4	本项目重点、难点分析,及采取的相应措施	针对项目管理、设计、施工的重点、难点进行合理化分析及可操作的合适计划、方案	4
5	产业工人方案	是否制定产业工人工作相关方案,建立相关工种技能培训、考核、水平评定等标准,组织开展相关培训,实现产业工人认证上岗	2

因项目建设的工期相对紧张,对中标人的施工进度安排和施工组织有较高的标准,通过分析投标人的施工保障措施来判断投标人是否有相关项目的建设经验;同时根据先进建造体系实施方案、工业化建筑方案、项目重难点分析及采取措施和产业工人方案来选择熟悉工务署和项目情况的投标人。

（3）定标规则（表4.1.5）

定标规则   表 4.1.5

| 1 | 最终定标环节,定标优选原则 | 根据定标复核评审综合结论设置优选原则:定标时,首先优选在综合评级为优的投标人中选;其次同等条件下,优先施工单位在工务署建筑工程施工总承包分类分级等级为 A 及以上的投标人中选择 |

通过主观、客观、商务标清标项和答辩的综合评审得出设计经验丰富、施工能力突出的投标人,同时根据工务署的分类分级（履约评价和企业综合实力评分较高纳入分类分级的等级评分中）的管理办法,来选择综合评定等级较高和工务署分类分级等级高的投标人。

（六）投资资金管理

为保证项目的顺利实施并且达到预期的投资控制目标,在前期阶段开始精心策划,对项目各阶段投资控制风险进行深入分析,提前预判,并落实到招标文件中。在招标文件中明确了与投资控制密切相关的管控措施,如:招标内容、工程质量标准、变更的定义、调差、工程量清单复核等条款。

1. 投资管理目标（表4.1.6）

投资管理目标   表 4.1.6

目标项	目标值	备注
投资控制目标	总估算为 67766.62 万元,其中建筑工程投资 59460.73 万元 总投资控制在批复概算内,单项工程结算不超对应概算分解限额 实施限额设计、限额招标 加强前期审核和过程控制,减少变更	
资金管理目标	资金使用有计划,资金支付严格依约审核 建立投资预警机制,对投资进行动态监控,确保不超付,保障项目顺利推进 执行投资控制责任分解制度	

2. 目标保障措施（表4.1.7）

目标保障措施 表4.1.7

序号	保障措施	具体内容
1	可研分析	设计单位与可研单位编制深度及原则对比 可研工程量及单价审核 高校造价指标对比把控缺漏项
2	限额设计	设计单位分解专业对限额指标交底 结构和机电与高校专项选型合理经济比选 分解招标合同对比限额，对比可研及招标预算的差值
3	限额招标	确定招标范围、规模、清单描述、计价规定等 审核招标控制价的完整性、正确性 建立概算价与中标的动态监控表
4	控制变更	加强施工图纸内审 设计方案比选及审核造价 执行变更管理制度及做好台账
5	结算审核	核查结算资料完整性及真实性 对造价咨询复核交底 执行投资管理复核制度

EPC总承包采用何种计价模式直接影响发承包双方的权利、义务和责任，计价模式决定了发承包双方之间的风险分担方式，是投资控制最核心的要素。本项目在仅完成可研修编之后即开展设计-施工总承包公开招标。面临着资料匮乏，无法支撑造价编制的困难。在仅有方案及建筑专业初步设计图纸、初勘的客观条件下，为了更合理地反映该项目的整体造价，更公平公正地进行发包，根据该项目单位工程的特点、图纸资料及类似工程资料，选取多种计价模式相结合的模式。

3. 计价模式

（1）单位经济指标的模式

本项目采用EPC总承包模式，招标阶段仅有方案设计图纸，未进行施工图设计，但有大量类似项目的单位经济指标。在无法按照常规项目以国标清单计价的情况下，大胆采用单位经济指标进行计价，可以有效控制造价变动过大的风险。如本项目的地下结构建筑工程、地上结构建筑工程、强弱电工程等。

采用单位经济指标的前提是深化设计任务书，根据前期已有的设计任务书，进一步细化完善功能需求、设置功能需求最低配置、设置限额设计指标等。

结合设计任务书及招标文件来设置清单项目特征，对于图纸不明细的清单参考各大高校校区，对比类似的项目（哈工大本科校区）进行模拟，模拟后的清单进行复核，再下挂定额，完成后对比其他项目指标，最后确定本项目的单位经济指标（图4.1.12～图4.1.14）。

单位经济指标部分变更的计价原则：在清单合价的基础上，仅就变更内容增减金额进行计算，有信息价的材料设备按信息价执行，无信息价的主要材料设备按市场询价或竞价（竞价：《深圳市建设工程材料设备询价采购办法》或《深圳市建设工程交易服务中心》采购定价或其他竞价方式）；变更前、变更后主要材料设备单价均以变更当期的时间执行，具体定价方式由发包人确定。

哈尔滨工业大学（深圳）国际设计学院项目设计施工总承包工程单位经济指标计算说明(土建)

序号	单位工程名称	指标单位	国际设计学院采用指标（单位元/m²）	工程量单位:	合计	哈工大本科校区-I 标段土建（教学楼）	哈工大本科校区-II 标段土建（宿舍食堂室）	国际医院国际标段工程总承包工程土建（宿舍）	国际医院国际标段工程总承包区标段工程土建（宿舍含会）	南方科技大学（二期）施工总承包土建（宿舍含室）	中山大学I期南土建（宿含及食堂）	中山大学I标段标段土建（教学楼）	计算取值方式	国际设计学院总承包含内容	地方报价及建设专业综合分计算所占比值	备注
一	教学楼															
1	地下室结构建筑工程	元/m²	2898	32330	93701429.60	3887.91				1398.92		3123.44	1、钢筋参考管管供的单方钢筋含量 2、地下基础混凝土含量参见预算核校 3、其余按图纸计算	包含砼垫层及隔墙工程，结构建筑桩承台工程、钢筋工程、屋面工程、砌筑工程、门窗工程、下部停车库汽车坡道结构工程、地下停车设备用房结构工程	70%	因国际学院建筑与本案建筑不全金属大门，所以剔除偏低
2	地上结构建筑工程	元/m²	1525	46601	70955762.20	2979.94				786.66		3042.36		包含砼垫层及隔墙工程，结构建筑桩承台工程、钢筋工程、屋面工程、砌筑工程、门窗工程	70%	
3	停车场、地上设备房屋水施给排水工程	元/m²	422	77984	36321463.87	1855.45					387.17	1791.38	1、工程按预结出货 2、其余按图纸核校	地下停车库、设备机房室给排水工程室、设排工程及给下水管、立管给水、立管给水	30%	
4	深基工程	元/m²	1908	13824	26382466.78					381.36			1、按现场情况及预算工程量性设计施供及进行计算 2、基础混凝参考本项目核校	玻璃幕墙、陶瓷幕墙及深幕墙工程等	80%	国际设计学院方案价，所以指标偏低
二	宿舍															
1	地下室结构建筑工程	元/m²	2569.46	1787	5306962.75		6700.00	3796.00	3535.63			3043.71	1、钢筋参考管管供的单方钢筋含量 2、其余分项图纸计算	包含砼垫层及隔墙工程，结构建筑桩承台工程、钢筋工程、屋面工程、砌筑工程、门窗工程、下部停车库汽车坡道结构工程、地下停车设备用房结构工程	70%	
2	地上结构建筑工程	元/m²	2212.23	25852.33	66040190.13		2115.00	1328.00	1990.39			1611.76		包含砼垫层及隔墙工程，结构建筑桩承台工程、钢筋工程、屋面工程、砌筑工程、门窗工程	70%	宿舍无独立地下室所以结构指标偏高
3	停车场、地上设备房屋水施给排水工程	元/m²	431.66	31639.30	13657400.03		1875.34	1496.00	1237.14			1174.43	1、工程按预结出货 2、省道据其位按图示设标行执行	地下停车库、设备机房室给排水工程室、设排工程及给下水管、立管给水、立管给水	95%	
4	深基工程	元/m²	1396.62	7874.81	10992989.95							256.78	1、工程按预结计算 2、基础混凝参考本项核校	包括但不限于玻璃幕墙、陶瓷幕墙及深幕墙顶层等内容	80%	
三	食堂															
1	食堂区土建工程	元/m²	3576.31	1700.00	6069271.96		144.00		1843.42			1674.15	1、钢筋参考管管供的单方钢筋含量 2、其余按图纸计算	包含砼垫层及隔墙工程，结构建筑桩承台工程、钢筋工程、屋面工程、砌筑工程、门窗工程		因含区土建的桩结构工程，所以指标偏高
2	食堂区安装工程	元/m²	1107.84	1700.00	1883331.03		36.00		539.73			913.17	1、按图纸计算	食堂加餐厨房分拣系统	95%	
3	食堂深基工程	元/m²	466.79	1700.00	793645.31							256.78	1、工程按预结计算 2、深幕墙参考本项核校	玻璃幕墙、陶瓷幕墙及深幕墙顶层等内容	80%	
四	室外道路及广场	元/m²	688.43	20897.08	13364567.69		438.00		771.28				1、参本科预工程金	包括但不限于标志标识、硬有雨篷、复合铺砌、水篦等		
	总计				349493320.97											

图 4.1.12 参考类似项目的经济指标分析节选（土建专业）

哈尔滨工业大学（深圳）国际设计学院项目设计施工总承包工程单位经济指标计算说明(安装)

序号	单位工程名称	指标单位	国际设计学院采用指标（其中地下室及深基部分计算，沙井、污水、室内排及管控报线单）	哈工大本科校区-I 标段安装指标	哈工大本科校区-II 标段安装（宿舍含食室）	国际医院国际标段工程总承包工程安装（宿舍）	国际医院国际标段工程总承包区标段工程安装（宿舍含食室）	南方科技大学（二期）施工总承包安装（宿舍含食室）	中山大学I期南安装（含食及食堂）	中山大学II标段安装（教学楼）	计算取值方式	国际设计学院总承包含内容	地方报价及建设专业综合分计算所占比值	备注
一	教学楼													
1	高低压变电工程	元/kVA	1298.11	1298.11	1120.13			1871.80			联调据纸计算	包含高低压变配电系统、高低变电机机及机内环保工程，不含予供材料地及线	50%	
2	给排水工程	元/m²	89.66	89.66	81.83			70.07			设备工程金材料核计、管道水及室内管。 门控据据计据计算、水平管工程据据计据纸据点化算据	包含给水系统、排水系统、消火水系统（含水力给水系统）、含予供材料地及线。含予供材料予点予。	70%	因本科校校I标段地控制未有预算含量，沙井、污水、搭电控对应偏
3	强电工程	元/m²	269.93	269.93	227.13			232.06			配电柜、箱等设备材料据据据纸计算、电缆据点地据化施工工程据据据点据据点据据据据按本科预算据纸据1-2 项据据、予供材料据据纸据据	包含高低压配电柜路、照及配电系统、防雷接地、火灾自动报警系统，不含予供材料地及线、搭电设施工程	63%	因本科校校I标段控制未有预算含量，沙井、污水、搭电控对应偏
4	消防工程	元/m²	212.36	212.36	210.94			282.59			包含消防管据据纸计算、室内工程据据纸据据据据据点（其中消防据据点喷工程据据据纸据点予点据据点据据据纸，沙井据据点据据据点据据据据据据点据据点据据据点据据据纸据，火灾据据据点据据据点据据点据据据据据据据据据据据据纸据）	包含消防喷淋、喷水栓据、据据、据（据、据据据据及等据据、安装据据予据施工据据，务会纸据施计据	消防占：36.4% 分据据据据据 据据据据10.8% 据据据据纸	
5	空调与通风工程	元/m²	322.68	322.68	486.37			510.86			空调工程据据据纸计据据据计据：数据工据据据为水空据据地据据空据据据据系据，空据空据据纸据据：TT据据（据据）、予据/据纸据据纸据据水中央系据据予据纸据据1771据纸、59=1682.45据据据据据据据据据据纸据纸据水据据据据为据据据据据据据据据据据据据据据纸为据据据据据据据纸据据纸据据据纸据据据据：据据纸据据据据据据据3+1，35=669.12据元，空据据据据据据据据据据纸据数据纸据据纸据据据1+1据纸据据1，35=669.12据元据据据据纸据据纸据据据据据据据据纸据纸据据据据据据据据据据纸据据据纸据据据据据据据据据据据据据据据据据据据据据据据据据据据据据据据据据据据据据据：111.79据元，空据据据据据据据据据据据据据据据据据据据据据据据据据据据据据据据据据据1，87据万元	包含空调与通风工程系统设备安装、材料料及据据、据据据据据据据、安装据据调试，不含予点工程，务会纸据据	60%	因本科校I标段空据据据据据据中央空据据据据为据据据3200据，据据据据据为据据3329据万元，据据据据据据据予据据据据据据据据据（据据据据，01万元/据）、据据据据据据据据据据据据予据据据据据据据据据据据据据据据据据据据，据据据据据据据据，据据据据据据据据据据据据据据据据据据据据据据据据据据据据据据据据据据据据：0.92据万/据据1据元/据
二	宿舍													
1	高低压变电工程	元/kVA	1918.35	1918.35		1799.17	1871.25	1404.96			联调据纸计算	包含高低压变配电系统、高低变电机机及机内环保工程，不含予供材料地及线	50%	
2	给排水工程	元/m²	209.94	209.94		223.76	149.21	90.48			设备工程金材料核计、管道水及室内管。 门控据据计据计算、水平管工程据据计据纸据点化算据	包含给水系统、排水系统、消火水系统（含水力给水系统）、空调水据据、含予供材料地及线。含予供材料予点予据据	63.74%	
3	强电工程	元/m²	319.72	319.72		279.46	232.06	165.28			配电柜、箱等设备材料据据据纸计算、电缆据点地据化施工工程据据据点据据点据据据据按本科预算据纸据1-2 项据据、予供材料据据纸据据	包含高低压配电柜路、照及配电系统、防雷接地、火灾自动报警系统，不含予供材料地及线、搭电设施工程	67%	因本科校校II标段控制未有预算含量，沙井、污水、搭电控对应偏

图 4.1.13 参考类似项目的经济指标分析节选（安装专业）

（2）总价包干的模式

本项目的场地平整、拆除工程、市政接驳、雨水回收系统、节能灌溉系统、苗木迁移等工程，规模较小，技术不太复杂，内容较为清晰，采用总价包干计价。总价包干计价能够较好地控制总造价，有利于发包人的成本控制管理。但要求编制招标控制价的人员要有足够的施工经验和预判能力，如果编制人员经验不足，容易导致招标控制价过高或者过

暖通专业询价汇总表

序号	规格及型号	单位	数量	选用价格	询价1 品牌	询价1 价格	询价2 品牌	询价2 价格	询价3 品牌	询价3 价格	备注
教学楼											
1	风机盘管:冷量:3.23kW,风量:510m³/h 机外余压30Pa N=65w 高静压盘管	台	6	794.00	格力	794.00	美的	817.00	约克	846.00	
2	全新风处理机 制冷量:7.1kW	台	29	3061.00	格力	3061.00	美的	2817.00	约克	3521.00	
3	多联室内机:制冷量:10kW	台	10	4500.00	格力	4500.00	美的	4140.00	约克	5175.00	
4	风机盘管:冷量:4.99kW,风量:850m³/h 机外余压30Pa N=90w 高静压盘管	台	155	859.00	格力	859.00	美的	884.00	约克	915.00	
5	全新风处理机 制冷量:7.1kW	台	97	3366.00	格力	3366.00	美的	3097.00	约克	3871.00	
6	风机盘管:冷量:6.09kW,风量:1020m³/h 机外余压30Pa N=109w 高静压盘管	台	20	980.00	格力	980.00	美的	1009.00	约克	1044.00	
7	全新风处理机 制冷量:7.1kW	台	81	3261.00	格力	3261.00	美的	3001.00	约克	3751.00	
8	多联室内机:制冷量:10kW	台	10	6000.00	格力	6000.00	美的	5520.00	约克	6900.00	
9	风机盘管:冷量:4.99kW,风量:900m³/h 机外余压30Pa N=90w 高静压盘管	台	64	859.00	格力	859.00	美的	884.00	约克	915.00	
10	风机盘管:冷量:4.99kW,风量:800m³/h 机外余压30Pa N=90w 高静压盘管	台	370	859.00	格力	859.00	美的	884.00	约克	915.00	
11	风机盘管:冷量:3.23kW,风量:400m³/h 机外余压30Pa N=65w 高静压盘管	台	112	794.00	格力	794.00	美的	817.00	约克	846.00	
12	吊式新风机组X-2000	台	4	6000.00	格力	5800.00	美的	7500.00	约克	8980.00	
13	吊式新风机组X-1750	台	1	5539.00	格力	5539.00	美的	5820.00	约克	6700.00	
14	吊式新风机组X-1500	台	6	5400.00	格力	5400.00	美的	5670.00	约克	6530.00	
15	吊式新风机组X-1000	台	1	5000.00	格力	5000.00	美的	5250.00	约克	6040.00	
16	吊式新风机组X-2500	台	3	6500.00	格力	6500.00	美的	6830.00	约克	7860.00	
17	吊式新风机组X-3000	台	3	6800.00	格力	6800.00	美的	7140.00	约克	8220.00	
18	吊式新风机组X-1800	台	7	5800.00	格力	5800.00	美的	6090.00	约克	7010.00	
19	吊式新风机组X-3500	台	5	7000.00	格力	7000.00	美的	7350.00	约克	8460.00	

图 4.1.14 材料询价定价记录汇总节选

低,影响投资控制的合理性。此外,承包人承担全部工程量和价格风险,对承包人的施工经验及管理能力有较高要求。

（3）模拟清单的模式

本项目在招标阶段无施工图纸,不能按常规项目以国标清单计价。尤其地下工程不可预见的因素较多,发承包双方风险较大,因此采用模拟清单进行计价。工程量的风险由发包人承担,综合单价的风险由承包人承担,合理分摊风险。即土石方工程、基坑支护工程、边坡支护工程、桩基础工程、加固工程等参照类似工程按照国标清单设置模拟清单进行计价。

（4）专业工程暂估价

由于前期设计图纸不明确,部分专项工程投资金额存在较大的不确定性,本项目设置5个专业工程暂估价:泛光照明、实验室装修、管线迁改、中水系统、精装修工程。暂估价合计 8359.43 万元,其中精装修工程为 6700 万,占全部暂估价的 80%,待后续对应专项图纸完善后,再按照图纸算量计价确定相应投资金额。并在招标文件中约定:九、本项目精装修工程的设计如无法满足招标人要求或存在季度质量、安全任一排名在后 50%（含 50%）（按参与排名的数量计算,四舍五入）的情况,招标人有权将此部分的设计及施工另行委托。

招标人有权按照精装修专项设计质量以及现场施工质量、安全的履行情况确定专业工程暂估价项目是否继续委托总承包单位实施,总承包单位为追求更多的利润回报,必将努力争取达到要求,这就大大提高了总承包单位施工管理的积极性,对项目的实施起到正面作用。

（七）质量、安全管理

1. 现场质量管理

明确质量控制要点,确定重点分部和重点分项的检查项目,以工务署"高要求、高标准、高质量"的宗旨对现场质量进行管控,如:

（1）可视化验收：严格落实公司及工务署相关要求，对现场隐蔽工程、材料进场实行阳光化、举牌制度（图 4.1.15）；

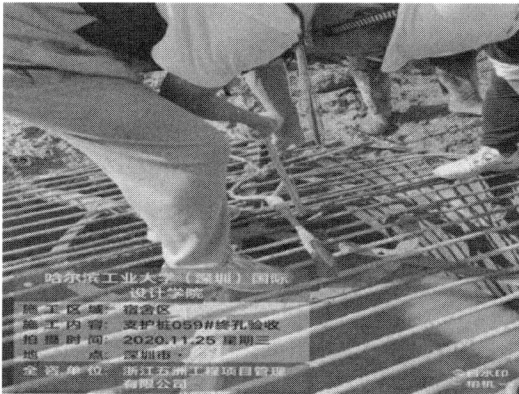

图 4.1.15　可视化验收

（2）学习培训制度：为提高现场管理人员专业知识，作为施工现场管理人员，特别是全过程咨询现场监理人员，每时每刻都须不断地提升自我业务水平，同时也带动总承包单位的学习提升氛围，每周至少一次组织学习会，同时增设对工务署发的管理规定、文件进行高度的认知学习宣贯会（图 4.1.16）；

图 4.1.16　学习培训

（3）检查制度：项目团队每周三上午定期组织中建总包团队对现场质量进行检查，对存在的问题以"四个清单"的模式，在监理督导会上会同总承包单位一线管理人员进行解剖分析并给予建设性意见（图 4.1.17）。

2. 安全生产监督管理

坚持"零伤害"的安全愿景；坚守"标准要求、事故防范、隐患消除"的安全三条底线，实现"零死亡"的安全目标。

（1）坚持以 6S 管理、6 微机制，网格化管理，全面落实安全生产责任。

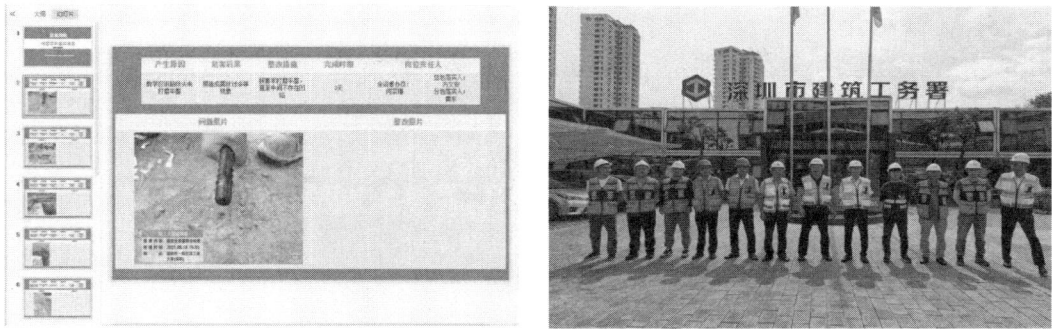

图 4.1.17　检查制度

➢ 按照 6S 管理、6 微机制，每日每周对现场安全管理进行检查及跟踪，并形成记录（图 4.1.18）；

管理台账表

序号		内容	细化内容	总包执行情况	监理检查情况	项目组检查情况	备注	责任人
	6S	整理	退场机械及工具集中堆放，及时清退出场；检查出的不合格品清理出场。	每隔一周时间进行清理不需要的材料及设备	需改进	需改进	每2周一张照片 P水印	龚桂超
		整顿	规范现场堆放区，将同类物品及机械等尽量按品类堆放。	间隔一周安排整理材料堆放区	已落实	已落实	每2周一张照片 P水印	龚桂超
		清扫	将硬化堆放区间隔一段时间清扫干净，现场道路每日清扫	安排杂工每日清扫	需改进	需改进	每日清扫照片，加水印	韦昊昊
		清洁	持续前面3S（整理、整顿、清扫）的做法，并形成网格化管理制度，落实责任到人	建立网格化制度，指定各网格责任人	已落实	已落实	网格化制度、分区图收集、6S牌位布置传照片	洪建泽
		素养	通过早班会，员工教育宣传6S管理，通过整理、整顿、清扫、清洁等合理化的改善活动，培养总分包一体6S管理，使全体人员养成守标准、守规定的良好习惯，进而促进全面管理水平的提升	通过入场教育、早班会教育进行宣传6S管理	已落实	已落实	进场教育交底资料收集	杨鹏飞
		安全	建立起安全生产的环境，重视全员安全教育，每时每刻都有安全第一观念，所有的工作应建立在安全的前提下，预防为主，消除各种（人、物品、环境、管理）安全隐患，防范于未然	建立教育、监督检查常态化机制	已落实	已落实	安全检查管理制度	洪建泽
	6微机制	安全责任机制	1、施工总承包单位要开展综合协调，现场分区域明确安全生产主体责任，明确责任分区、责任到人。 2、监理和咨询履行法定监理职责，及时发现安全隐患，监督执行到位； 3、建设单位履行安全生产首要责任，全面管控，监督、检查、引导帮扶到位。	总包部建立融合项目安全责任制度，并定期进行考核。	已落实	已落实	融合项目安全责任制度，并定期进行考核的记录	何继斌
		培训教育机制	1. 检查施工单位每天岗前培训教育情况，督促落实全员培训； 2. 项目管理人员下到班组帮班和工人一起培训； 3. 每周不少于一次； 4. 留有影像资料附后； 5. 将培训记录及时进行登记。	岗前培训正常开展，每月22日开展全员安全教育，项目每周四举行每周一讲学习安全内容，同时建立培训台账，通过早班会开展岗位风险识别，增强员工安全意识	已落实	已落实	早班会照片和早班会交底卡收集	杨鹏飞
		风险隐患排查机制	1. 项目管理人员：1次/周； 2. 项目经理、总监：1次/2周； 3. 项目主任：1次/月	总包部由项目经理带队每周一开展安全周检查	已落实	已落实	每周安全检查照片和整改单收集	黄添纪
							每周一讲台账、资料和照片收集	曹磊

图 4.1.18　管理台账

➢ 践行 6S、6 微机制等管理，建立长期有效机制（图 4.1.19）；

➢ 落实一岗双责制，落实管施工生产必须管安全的要求，实行网格化管理（图 4.1.20）。

（2）按照五洲公司的“四阶段、四主体”管理规定，每一分项工程开工前，及恶劣天气来临前，项目监理部重点控制要求发出预告单，提示施工单位。

（八）文档信息管理

本项目所有需要归档的内容包括哈尔滨工业大学（深圳）国际设计学院项目直接形成的具有保存价值的文字、图纸、图表等各种类型和不同载体的图文材料。

1. 全过程工程咨询单位的信息文档管理职责

负责监督、检查项目建设中文件资料的收集、积累，并完整准确地掌握工程施工资料的受控情况，以及竣工资料技术性和规范性的审核及签认。管理好领用的工程文件，及时

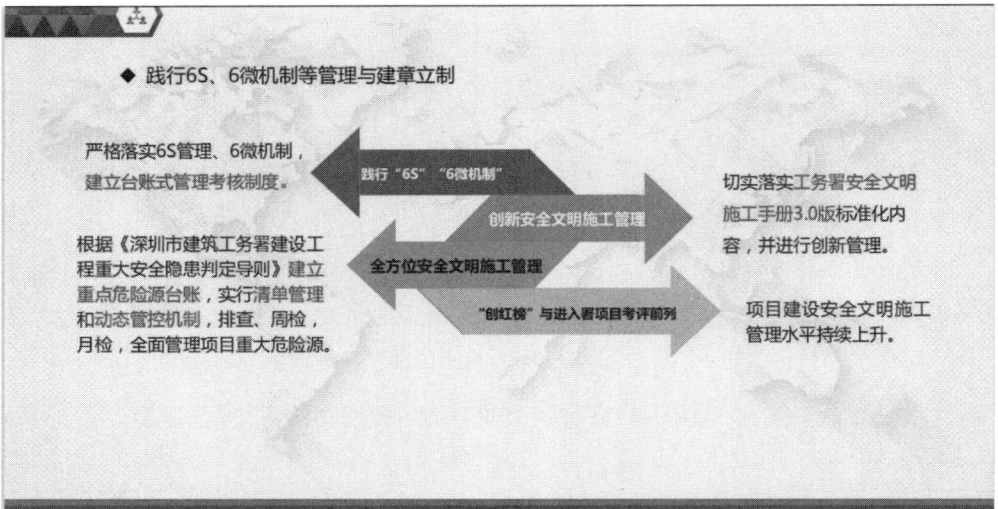

图 4.1.19 践行 6S、6 微机制等管理与建章立制

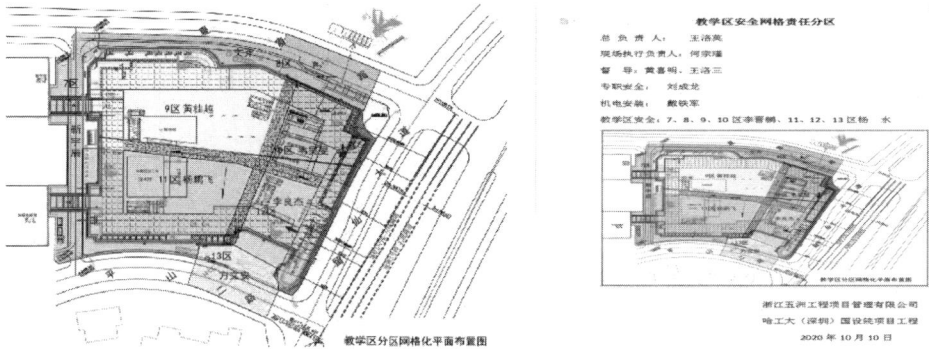

图 4.1.20 网格化管理

向建设单位或主管部门提供检查时所需的有效版本工程文件。对各参建方提供的文件资料正确性进行监督管理。提供准确的竣工资料。负责本单位承包范围内的工程竣工资料的搜集、整理、装订和移交。

2. 全过程工程咨询单位的信息文档管理制度（图 4.1.21）

（九）BIM 管理

（1）协调 EPC 单位落实项目 BIM 应用工作，保证项目 BIM 价值的实现，实现对项目 BIM 实施的综合管理。

（2）审核项目 BIM 总体实施方案和各专项实施方案，规范 BIM 实施的软硬件环境，协同工作方式方法。审核项目的 BIM 实施管理细则、各项 BIM 实施标准和规范。

（3）审查 BIM 相关模型文件（含模型信息），包括建筑、结构、机电专业模型、各专业的综合模型，确保模型深度应符合各阶段深度要求，符合工务署管理要求，符合模型应用要求（图 4.1.22）。

深圳市建筑工务署　浙江五洲工程项目管理有限公司

哈工大国设项目 BIM 平台档案管理奖惩细则

一、考核内容：考评内容为施工单位在项目建设管理过程中产生的全部工程文件的同步形成、规范管理与信息化管理等情况，包括：

1、工程文件在项目过程中的实体管理（及时性、真实性、准确性）；
2、项目平台基本信息录入情况；
3、施工单位平台文件收集情况（完整性）；
4、施工单位平台文件录入质量情况（规范性）；
5、施工单位平台录入的同步情况（同步性）。
6、施工单位 BIM 会议的按时参会情况；
7、每月 BIM 月报的提交情况。
8、针对 BIM 例会、年中及年尾考评中问题整改的及时性及完整性；

二、考核评分设置、惩罚标准

1、考评评分每周一次，评价 A：优秀、B：及格、C：较差、D：很差。

XX 年 XX 月第 XX 周工作评价表

序号	参建单位	姓名	工作情况	工作评价
1	总包	何香香、瞿邑蒙、杜春平（中建八局）		
2	甲指分包	张锦鹏（电梯）		
3		熊海亮（防水）		
4		刘塘涵、林锦松（木门）		
5		刘小英（人防）		
6		肖慧珍（钢质门）		
7	总包分包	杨晓（摄影摄像）		
8		郑耀盛（永兵幕墙）		
9		董旭、李慧（上海安装）		
10		肖杰辉（鑫泰加固）		
11		谢小鹏(钢构)		
12		李本琦（金鹏幕墙）		

深圳市建筑工务署　浙江五洲工程项目管理有限公司

2、考核评分每月汇总一次并对施工单位进行奖惩。

x 月施工单位 BIM 平台档案管理人员月度考核评价						
序号	姓名	第一周	第二周	第三周	第四周	月度得分\排名
1	何香香、瞿邑蒙、杜春平（中建八局）					
2	张锦鹏（电梯）					
3	熊海亮（防水）					
4	刘塘涵、林锦松（木门）					
5	刘小英（人防）					
6	肖慧珍（钢质门）					
7	杨晓（摄影摄像）					
8	郑耀盛（永兵幕墙）					
9	董旭、李慧（上海安装）					
10	肖杰辉（鑫泰加固）					
11	谢小鹏(钢构)					
12	李本琦（金鹏幕墙）					

备注：　A:5　B:3　C:2　D：1

3、奖惩权重设置

对于一个月评价得 A 两次以上的给予奖励，一个月连续得分低于评分 B 的进行处罚。总包有管理其分包的责任，在对总包分包进行处罚时按：总包 20%+分包 80%占比进行处罚。

图 4.1.21　信息文档管理制度

项目名称	哈工大深圳国际设计学院项目				
五洲审查人	陈至豪	记录日期	2021/9/26	报告编号	HGD-001
位置信息	3F			总包回复	
问题描述	管线碰撞，3F，4F 还有多处				
指导意见	修改模型			审查人复核	

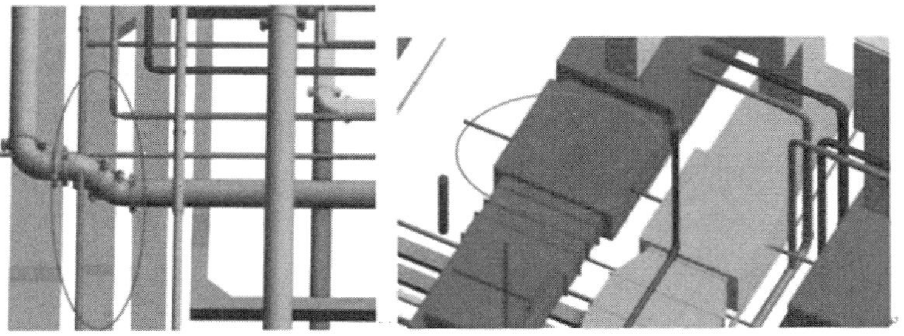

图 4.1.22　示例

（4）督促设计单位按时完成符合深圳市建筑工务署要求的 BIM 应用，如绿建分析，方案对比，净高分析，疏散模拟等，督促施工单位按时完成符合深圳市建筑工务署要求的 BIM 应用，如场布分析，管综施工深化，工艺工法可视化交底，安全可视化交底，BIM 培训，提取工程量，无人机航拍，幕墙和钢结构节点的二次深化等（图 4.1.23）。

（5）协调设计单位和施工单位对 BIM 模型发现的问题，进行讨论并提出有效的解决方案，优化设计中不合理的地方，提高设计图纸的质量。协调设计单位和施工单位对净高分析暴露的净高不满足区域进行讨论，并给出可实施的具体解决方案，保证项目净高满足使用方的要求。

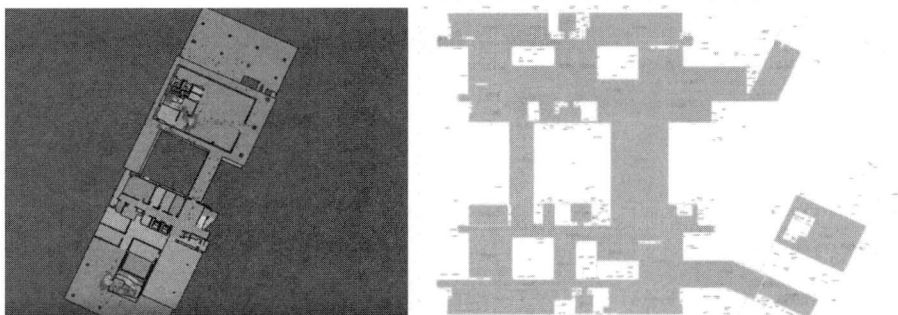

图 4.1.23　BIM 应用

（6）建立 BIM 实施的协调机制及实施评价体系，负责项目 BIM 管理平台的管理，实现项目各参与方的协同，基于 BIM 开展工程咨询工作，包括基于 BIM 的所有技术审查、项目例会等。

（7）审查相关 BIM 成果是否符合深圳市建筑工务署《BIM 实施管理标准》与深圳市建筑工务署《BIM 实施导则》的要求，提交审查报告并督促设计单位，施工单位修改，负责成果验收。

（8）辅助申报国内 BIM 等奖项，如龙图杯、创新杯、共创杯、优路杯等。

（十）智慧工地管理

智慧工地的原则要符合：安全性、扩展性，开放性、易用性和易维护性。

基于哈尔滨工业大学（深圳）国际设计学院项目的智慧工地管理经验，应从项目管理经验、宽带网络和服务器经验、电力线路经验、设备运行和维护、应急预案等方面作为切入点。

1. 项目现场管理经验

（1）从项目早班会开始宣贯智慧工地的重要性。

（2）在项目现场，处理器集中放置的地方（一般是门卫室）进行门卫管理人员的宣贯，可让警卫管理者协助日常管理，设置专人使用权，上报至项目部领导，其他任何人都不得使用。

（3）设立智慧工地设备专业标识并将标识代表意义宣贯所有管理者和分包。

（4）设立日常巡查制度。

2. 宽带网络和服务器经验

（1）目前比较常见的是专线网络和网桥两种方式，根据实际项目情况架设网络，最优先择专线网络。

（2）如选择网桥方式，对网络架设技术要求较高，在架设前可做模拟测试，架设过程中，应注意网络链条线上关键点的控制，不要在弱传输信号点处架设关键设备。

（3）服务器性能上，在满载状态下，要预留 20％以上的处理盈余，确保性能稳定。

（4）在适当时间（如节假日、重大检查等）主动联系供应商，重启服务器，确保关键节点的稳定。

3. 电力线路经验

（1）设立专线，在项目进场动工之前，排查好线路情况，将智慧工地线路尽可能独立出来，减少因设备跳闸引起的断电情况。

（2）设立专线标识，由专业电工对各分包电工进行宣贯，不得动用专线标识线路。

（3）设立单独电箱，与二级电箱并行。

（4）建立线路保护措施，电箱钥匙由专业电工保管，在专业电工巡检的过程中，可进行专电巡管。

4. 设备运行和维护

（1）在项目上智慧工地设备应具有防水防尘的保护措施，以确保设备的日常稳定运行。

（2）项目上位置除非必要，不宜放在潮湿的位置，如放在潮湿位置，应设置保护措施并做好附近操作人员的宣贯工作。

5. 应急预案

（1）有条件的项目，可根据需求设置专业的储备电源设备（或太阳能电池板），可选择在临时断电的情况下，支撑所有连接设备 30 分钟以上的设备方案。

（2）将智慧工作的操作流程形成文件，培养项目组内辅助操作人员，在特殊情况下，可由辅助操作人员进行恢复操作，减少因故障导致的异常时间。

（3）将智慧工地系统运行的所有密码形成"二维码"制度，并上报给项目责任人，有条件可定期更新。

（4）建立项目智慧工地及时沟通制度，保持与管理站、监理的良好沟通。

（5）提高供应商的服务意识，定期电话反馈问题，建立良好沟通渠道。

（6）落实项目组内专人负责制度，压实责任，碰到问题，以单一问题为单位，明确措施、单位、责任人。

四、项目管理成效

（一）表扬函件（图 4.1.24）

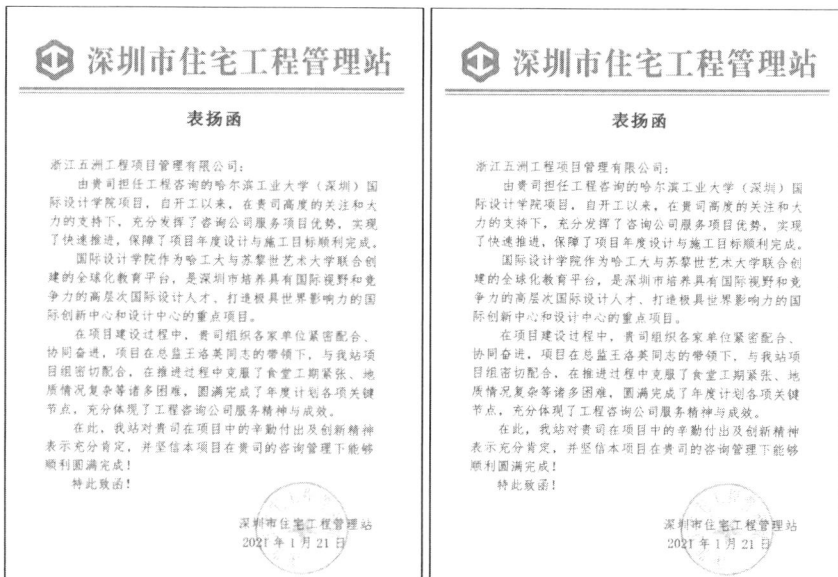

图 4.1.24　表扬函

（二）获得奖项（图 4.1.25）

23	2等奖	大型教育类智慧建造一体化应用-哈尔滨工业大学（深圳）国际设计学院EPC项目基于BIM的数字化应用与实践	深圳市住宅工程管理站 中国建筑西南设计研究院有限公司 中国建筑第八工程局有限公司

局有限公司	团一标段
华南理工大学建筑设计研究院有限公司	广东工业大学揭阳校区首期工程项目设计阶段BIM应用
深圳市住宅工程管理站、深圳市建筑工务署工程设计管理中心、中国建筑西南设计研究院有限公司	大型教育类智慧建造一体化应用哈尔滨工业大学（深圳）国际设计学院基于BIM的数字化应用与实践
三等成果	

24	施工组	中国建筑第二工程局有限公司			中科院光电所科学城园区施工BIM技术综合应用	一等奖
25	施工组	中建七局安装工程有限公司			BIM技术助力综合艺术场馆钢结构高效精准建造	一等奖
26	施工组	中建八局第四建设有限公司			青岛胶东国际机场系列工程建设阶段BIM综合应用	一等奖
27	施工组	中建八局第二建设有限公司			BIM [illegible] 日照奎山体育中心项目	一等奖
28	施工组	哈尔滨工业大学（深圳）国际设计学院			大型教育类智慧建造一体化应用-哈尔滨工业大学（深圳）国际设计学院EPC项目基于BIM的数字化应用与实践	一等奖
29	施工组	中国建筑[illegible]有限公司	中建一局集团华南建设有限公司		深圳市坪山区老坑学校建设工程基于EPC管理[illegible]	一等奖
30	施工组	广东省第一建筑工程有限公司			广州无限极广场BIM技术应用	一等奖

图 4.1.25 获奖情况

（三）履约评价（表 4.1.8）

履约评价 表 4.1.8

序号	季度	履约分数	履约等级	工务署排名
1	19 年第四季度	90	优秀	
2	20 年第一季度	90	优秀	
3	20 年第二季度	88.32	良好	
4	20 年第三季度	88.81	良好	
5	20 年第四季度	89.94	良好	
6	21 年第一季度	90.79	优秀	
7	21 年第二季度	87.62	良好	

第二节 皇岗口岸重建项目

一、项目概况

皇岗口岸重建项目在项目立项之初为皇岗口岸新建工程一个立项，2020 年正式拆分为临时旅检场地建设工程、新皇岗口岸综合业务楼、新皇岗口岸联检大楼三个立项。

根据建设时序，首先在货检区建设临时旅检场地，建成后转移旅客和客车通关；再拆除联检楼、车港城、电信机楼及公交场站等老旧建筑；最后在原址重建新口岸，口岸综合业务楼须与联检大楼同步建成投入使用。

1. 皇岗口岸临时旅检场地建设工程

作为皇岗口岸重建期间的临时通关口岸，项目位于皇岗口岸货检区，占地面积约 6 万 m²，总建筑面积约 2.5 万 m²，设计通关能力为旅客 3 万人次/日，客车 3000 车次/日，设置旅客出入境查验通道各 20 条，车辆出入境查验通道各 4 条，项目概算批复总投资为 35468 万元（图 4.2.1）。

图 4.2.1　皇岗口岸临时旅检场地建设项目

2. 新皇岗口岸综合业务楼项目

位于百合三路以北，福田南路以西，项目总用地面积为 6502m²，总建筑面积约 17 万 m²，地下拟建 5 层，地上拟建 50 层，建筑高度约 246m。项目建成后主要用于非现场业务用房，项目可研批复总投资为 193013 万元。

3. 新皇岗口岸联检大楼项目

总用地面积约 8.75 万 m²，总建筑面积约 67.8 万 m²，地下拟建 4 层，地上拟建 5 层。项目主要建设内容包括出入境车辆查验大厅、非过境车辆接驳层、旅检查验大厅、设备用房、停车场及人防等。远期（2050 年）设计通关量日均 40 万人次，总投资待定（图 4.2.2）。

项目进展情况：

2019 年 6 月 28 日临时旅检场地建设工程正式开工

2020 年 4 月 17 日临时旅检大楼竣工验收

图 4.2.2 效果图

2020 年 7 月 14 日开始老联检楼拆除工作

2020 年 12 月 31 日老联检楼拆除完成

2020 年 10 月 21 日新皇岗口岸综合业务楼基坑工程开工

截至目前，地下连续墙、立柱桩及工程桩已完成施工，正在进行第一层土方开挖，累计出土约 45732m³（总土方量约 14.5 万 m³），完成产值 7500 万元；正在积极推进项目初步设计、概算和工程规划许可申报等工作。

2021 年 5 月 15 日新皇岗口岸联检大楼基坑工程开工。至今已完成地连墙施工 62 幅（总共 137 幅）、南侧咬合桩施工 337 根（总共 375 根）、南侧三轴搅拌桩施工 303 幅（总共 753 幅）等，灌注桩施工 123 根（共 356 根），立柱桩施工 50 根（740 根），完成产值 14000 万元；正在开展需求研究、方案深化和可研申报等工作。

二、服务范围及组织架构

（一）全过程工程咨询服务的具体内容

全过程工程咨询单位对项目进行全过程策划与管理，包括但不限于以下方面：

（1）项目咨询：项目计划统筹及总体管理、前期工作管理、设计管理、技术管理、进度管理、投资管理、质量安全管理、项目组织协调管理、招标采购管理、合同管理、BIM管理、档案信息管理、报批报建管理、竣工验收及移交管理、工程结算管理以及与项目建设管理相关的其他工作。

（2）工程监理：施工准备阶段监理、施工阶段监理、保修监理及后续服务管理以及与工程监理相关的其他工作。

（3）根据《深圳市建筑工务署政府工程 2020 先进建造体系实施纲要》及国家、广东省和深圳市等相关文件进行创新技术应用，提出策划方案，并监督相关单位实施。

（4）依据《深圳市建筑工务署政府工程 2020 先进建造体系实施纲要》要求，组织"工务署口岸类项目承建单位择优体系"研究，含制度研究、制度编写、系统开发运维、专家咨询、专家评审、组织申报、数据管理等内容。

（二）组织架构

1. 皇岗口岸重建指挥部（局级）

本项目为深圳市重大项目，根据 2019 年 6 月 11 日王伟中书记主持召开的市建设深港科技创新合作区领导小组第四次会议的精神，为统筹协调、强力推进皇岗口岸重建项目，成立皇岗口岸重建指挥部。

（1）指挥部组织架构

总　　指　　挥：市委常委、常务副市长

常务副总指挥：市政府副秘书长

副　总　指　挥：市口岸办主任、市建筑工务署署长、福田区区长

执行副总指挥：市委组织部选派专人担任

成员单位包括：市委大湾区办、市发展改革委、市司法局、市财政局、市规划和自然资源局、市生态环境局、市住房和建设局、市交通运输局、市水务局、市口岸办、市轨道办、市建筑工务署、福田区、深圳海关、深圳出入境边防检查总站、深圳市水务（集团）有限公司、深圳供电局有限公司、深圳燃气集团股份有限公司、中国电信深圳分公司、中国移动深圳分公司、中国联通深圳市分公司等。

（2）指挥部职责分工

负责领导决策皇岗口岸重建项目投资、建设、拆迁安置、用地手续办理和相关协调等重大事项，协调解决建设过程中的重大问题。

（3）指挥部各成员单位职责分工

市口岸办履行项目业主单位职责。负责项目立项；负责统筹协调上级部门，协调驻深查验单位，协调香港特区政府，协调沟通指挥部各成员单位。

市建筑工务署履行项目建设单位职责。负责皇岗口岸重建涉及的所有工程的招标、设计、施工、采购等具体项目建设管理工作。

福田区政府负责项目涉及拆迁建筑的拆迁谈判和安置，负责项目土地整备，配合办理用地手续。

市司法局负责项目招标文件、合同文件的法律审核，负责与港方协议的法律审核，承担项目法律顾问工作。

市交通运输局负责项目建设期间周边交通临时设施建设，负责公共交通接驳调整和安排。

市轨道办负责重建项目涉及城市轨道、城际轨道建设的协调。

深圳海关、深圳出入境边防检查总站负责提出设施设备需求，研究实施新型查验模式，在建设全过程配合项目实施。

市委大湾区办负责牵头开展对港协调。

市发展改革委负责审批立项、概算和下达投资等事项。

市财政局负责项目工程结算、竣工决算的审核。

市规划和自然资源局负责用地手续办理、规划许可等审批事项。

市住房和建设局负责招标投标备案、消防审查、施工许可等审批事项，负责项目质量安全监督。

市生态环境局负责项目环境影响评价审批。

市水务局、深圳市水务（集团）有限公司、深圳供电局有限公司、深圳燃气集团股份有限公司、中国电信深圳分公司、中国移动深圳分公司、中国联通深圳分公司负责水、电、气、光缆等管线迁移及相关手续办理。

2. 项目组组织架构

搭建高配置，最快决策，高效率组织机构，根据项目建设管理需求，设立以皇岗口岸重建指挥部为首的最高决策层，工务署项目组管理班子为实施负责人，全过程咨询单位实施全过程管理和专业咨询，实现快速决策与执行（图4.2.3、图4.2.4）。

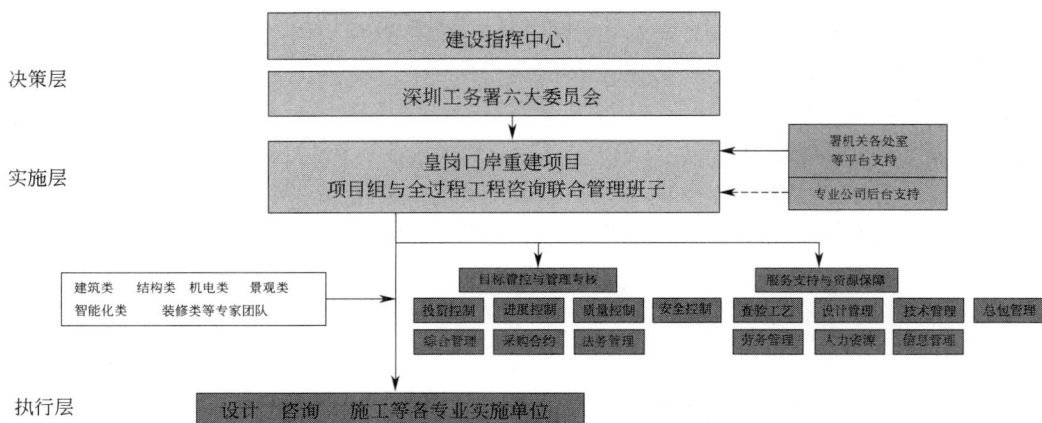

图 4.2.3 项目组组织架构

三、全过程工程咨询项目实践

（一）项目策划管理

1. 项目重难点分析及建议

（1）皇岗口岸重建项目分三个单体，项目各阶段互为制约，三个单体之间相辅相成。

临时旅检场地建设工程，包括旅检大楼（三层钢结构）、口岸指挥部大楼（三层钢结构）、临时人行天桥、出境旅客候车厅、高安全性围网、临时公交场站、车行道、出入境客车查验通道、临时通关信息化系统等。

新皇岗口岸联检大楼工程，包括旅检大厅、出境旅客候车厅、公交场站、出入境客车查验通道、通关信息化系统、对外交通接驳（城际地铁、深广中轴城际轻轨、穗莞深城际轨道、地铁20号线、港铁北环线支线及深广中轴城际轻轨等）、高安全性围网等。

新皇岗口岸综合业务楼工程，包括裙楼商业、业务用房（口岸、海关、边检等）、中控中心等。

三个单体间关于口岸运营的旅检和货检交通组织、海关及边检查验需求、通关信息交

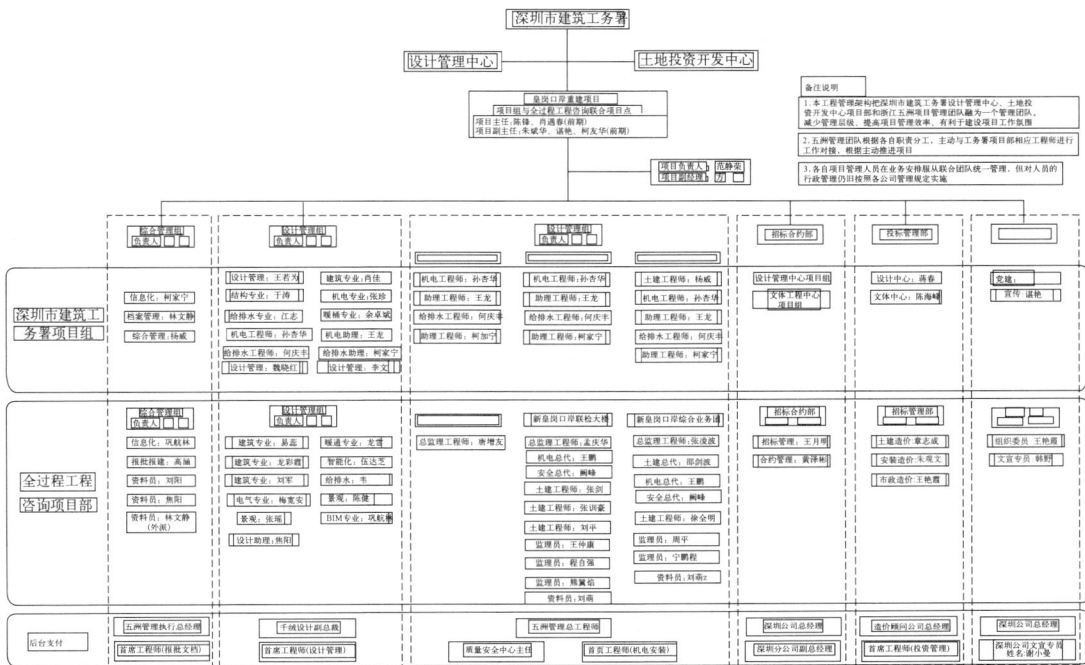

图 4.2.4　项目组织结构图

互要求严格，且相辅相成。如何确保皇岗口岸重建项目在建设期间 24 小时通关，是本项目的重难点。

应对措施：

➢ 统筹谋划，精细管理，严格执行项目里程碑节点；

➢ 过程动态把控，实时分析，实现无缝对接。

（2）本项目工期极其紧迫

临时旅检场地建设工程工期 184 天（定额工期为 580 天），根据市政府要求在 2020 年春节前完工，远低于正常工期；

根据市政府要求，新皇岗口岸综合业务楼与新皇岗口岸联检大楼要求在 2023 年底完成主体工程，工期十分紧张，远低于正常工期。

设计和施工过程中，项目需求管理，设计质量及成果管理，设计进度管理，招标采购管理，投资管理，施工工序搭接及质量，安全文明管理是本项目的重难点。

（3）本项目建设目标要求高

项目定位：构建"一核一带一区"新格局，打造广深港澳科技创新走廊，深圳与香港共同推动深港科技创新合作区。

绿色建造：严格按《深圳市建设工程扬尘污染防治专项方案》要求，开展"七个百分百"行动。践行工务署文明标准化 2.0。

智慧工地：在施工过程全面推行 BIM 技术应用，实现可视化、精细化、多维度、可模拟的设计和建造模式；数字化、视频监控；基于 BIM＋GIS 的智慧监管平台，实现工地

305

的"实时采集、全面监控、预警联动、智慧分析",为施工精细化管理、质量安全管控提供技术保障。

新皇岗口岸联检大楼**质量目标**:获得"鲁班奖";**安全目标**:争创"国家 AAA 级安全文明标准化工地";**绿色建筑**:绿建三星设计标识。

BIM 目标:省级以上奖项。

建设工期目标创优策划,组织实施,确保目标实现是本项目的重难点。

应对措施:

➤ 设置节点工期的奖罚措施;

➤ 鼓励承包单位采用新材料、新技术,为缩短工期创造技术条件;

➤ 加快本项目施工图设计及报批报建手续;

➤ 本工程已列为市重点工程,成立重建指挥部。

(4)与口岸工程建设部门、单位等外部沟通协调量极大

皇岗口岸重建项目的重要特点是需求复杂,受政策影响大,伴随着整个工程的建设施工期,需求存在不断增加调整的风险。

本项目涉及外部沟通的部门和单位有海关、边检、皇岗口岸办、深圳市各建设相关部委、福田区政府、香港方面各参与部门、中国电信、广深珠高速公路有限公司等。建设相关事务沟通协调,如意见征询、报批报建、建设需求、工作界面、工程管理界面等沟通协调量极其巨大。

如何对各相关参建部门、单位进行有效管理,根据新的信息变化进行及时响应、反馈是本项目面临的重要困难。

应对措施:

➤ 建立工作机制:通过与市口岸办和查验单位及其他单位建立沟通协调机制,确保外部存在的问题能够第一时间解决;

➤ 项目团队的对接机制:需求管理流程、参加相关沟通会议的人员等;

➤ 界面管理:参与查验单位的工程界面管理,确认哪些属于工务署实施。

➤ 信息化管理:保持建设方、使用单位信息对称,发现问题需及时得到有效解决。

(5)查验模式创新

皇岗口岸重建后将采取"合作查验、一次放行"查验模式,新的查验模式调整,将涉及海关总署,移民局,香港特区政府等多个中央查验单位和港府的业务流程调整,对口岸内部的功能确定、房间布局、交通流线、信息共享等影响。

如何确保尽快完成查验模式的创新,为口岸设计提供条件,满足口岸主体工程建设对建筑功能需求,避免对项目设计进度以及整个工期造成不利影响,是本项目的重难点。

应对措施:

➤ 重建指挥部尽快成立皇岗口岸查验模式创新领导小组,今早完成查验模式的基本流程确认,为口岸建筑图纸设计提供条件,满足口岸主体工程建设对建筑功能需求的确定;

➤ 合作查验模式信息化工程建议由市口岸办作为实施主体,统筹协调海关、边检查验单位和港府,负责系统开发、软件集成和信息共享等。

(6)老旅检大楼等拆除工程复杂

项目拆除工程量大,涉及查验通关设备保护性拆除、搬迁,管线迁移,综合办公室搬

迁，主体结构拆除等工作，且项目紧邻正在运营的 7 号线。

如何合理安排原旅检大楼搬迁工作和确保运营中的 7 号线正常运行是本项目的重难点。

应对措施：

➤ 委托专业拆除评估单位对本工程的拆除进行评估论证工作，并提出针对性方案；

➤ 积极与口岸办进行沟通，制定原旅检大楼搬迁工作实施细则；

➤ 拆除工作开始前编制拆除施工方案，并与地铁办进行充分沟通。施工过程中加强运行中的地铁监测、检测工作，确保地铁正常运行。

（7）新建旅检大楼市政工程衔接复杂

项目定位为口岸型综合交通枢纽，规划引入湾区城际铁路，预留深广中轴城际轨道、穗莞深城际轨道，引入地铁 20 号线，预留港铁北环线支线接入条件和深广中轴城际过港条件，协调港方北环线支线终点由落马洲站改为皇岗口岸站，并经过合作区 A 区设站。

涉及铁路、地铁、轨道、港铁等多种交通接驳引入或预留条件，需要协调多个部门。

如何在初步、施工图设计阶段进行涉及交通枢纽需要的引入、预留和规划条件的沟通、明确，尽快开展周边轨道交通等具体接驳方式研究和确认是本项目的重难点。

应对措施：

➤ 成立重建指挥部对外接驳协调小组，统筹规划所有涉及口岸重建需要的引入、预留和规划条件，与口岸重建工程同步开展规划、方案；

➤ 尽快选定设计单位，对旅检大楼与周边轨道交通等具体接驳方式进行研究和确认，为后续旅检大楼的设计和施工有序开展创造条件。

（8）建设过程中对周边环境影响大

本项目建设工期紧、任务重，必然会进行昼夜施工。对项目周边造成扬尘、噪声等污染。

货检查验通道关闭 10 条，货检通关压力大，货车排队时间长，造成交通拥堵。

建设过程中，施工交通组织与旅检、货检交通组织和市民出行交通组织交互影响。

如何在本项目建设过程中处理周边关系、保证货检正常运行及周边交通组织是本项目的重难点。

应对措施：

➤ 成立重建指挥部党群关系协调与交通组织领导小组，统筹处理市民投诉、交通组织等工作；

➤ 建议积极沟通联系周边口岸，有组织地疏导部分旅检、货检在其通关，减轻皇岗口岸的通关压力；

➤ 委托交通评估单位，对施工交通组织、旅检和货检交通组织、市民出行交通组织进行专项规划和评估。

2. 项目策划

总体策划＋阶段性策划＋专项策划，以项目建设目标为导向，统筹策划项目建设组织、进度、质量、安全、投资、技术管理等各方面，策划方案在建设过程中根据实际情况动态更新（图 4.2.5，表 4.2.1）。

针对口岸类建设项目的特性，以及皇岗口岸重建项目的特点进行项目管理策划，梳理项目建设过程中的重难点，编制完善各项制度，指导后期建设和管理工作。

图 4.2.5　项目策划动态更新

项目目标策划　　　　　　　　　　　　　　　　　　表 4.2.1

进度目标	2025 年 12 月完成新皇岗口岸联检大楼与新皇岗口岸综合业务楼主体工程建设
质量目标	1)临时旅检场地:合格 2)新皇岗口岸联检大楼:确保省部级优秀工程勘察设计大奖、省市优质工程奖、争创国家建设工程"鲁班奖" 3)新皇岗口岸综合业务楼:争创省部级优秀工程勘察设计大奖、确保省市优质工程奖、争创国家建设工程"鲁班奖"
安全目标	1)临时旅检工程: ➤ 深圳市建设工程安全生产与文明施工示范工地 ➤ 杜绝重大安全事故 2)新皇岗口岸联检大楼、新皇岗口岸综合业务楼: ➤ 杜绝重大安全事故 ➤ 确保省市级安全文明施工工地 ➤ 争创国家 AAA 级安全文明标准化工地 ➤ 创建花园式工地
投资资金目标	项目建设投资控制在经批复的项目总概算范围内
BIM 目标	省级以上奖项
绿色建筑目标	绿色建筑二星设计标识
创新管理目标	1)管理创新:基于移动互联网技术智慧管理、清单管理 2)技术创新:装配式、异形曲面幕墙、型钢组合结构、智能化系统集成 3)措施创新:大模、铝模、钢结构提升、异形曲面幕墙、BIM 技术等

（二）项目统筹管理

1. 进度计划管控

根据合同工期目标要求编制皇岗口岸临时旅检场地建设工程总控计划。项目部针对项目特征和特点组织制订总进度计划，工期倒排，合理穿插，确保工期目标的实现（图4.2.6、图 4.2.7）。

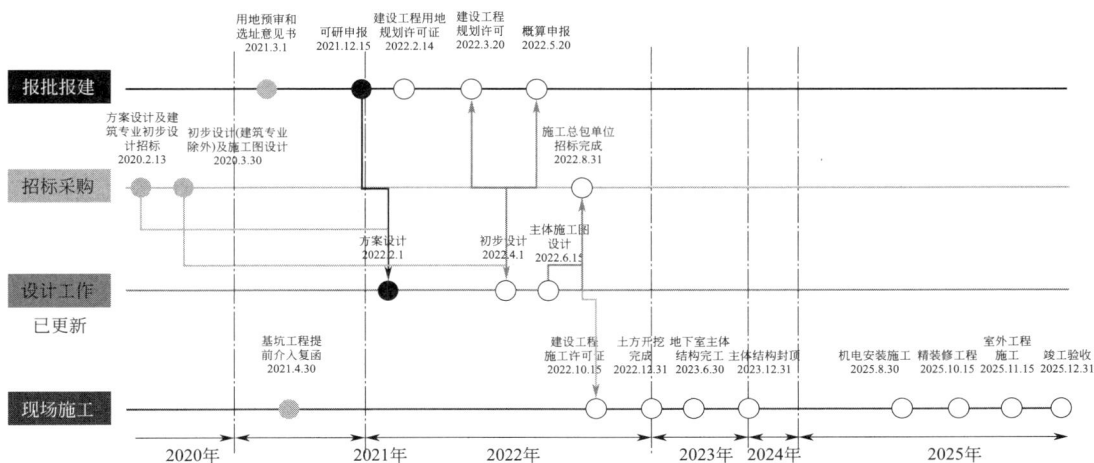

图 4.2.6 新皇岗口岸联检大楼里程碑节点

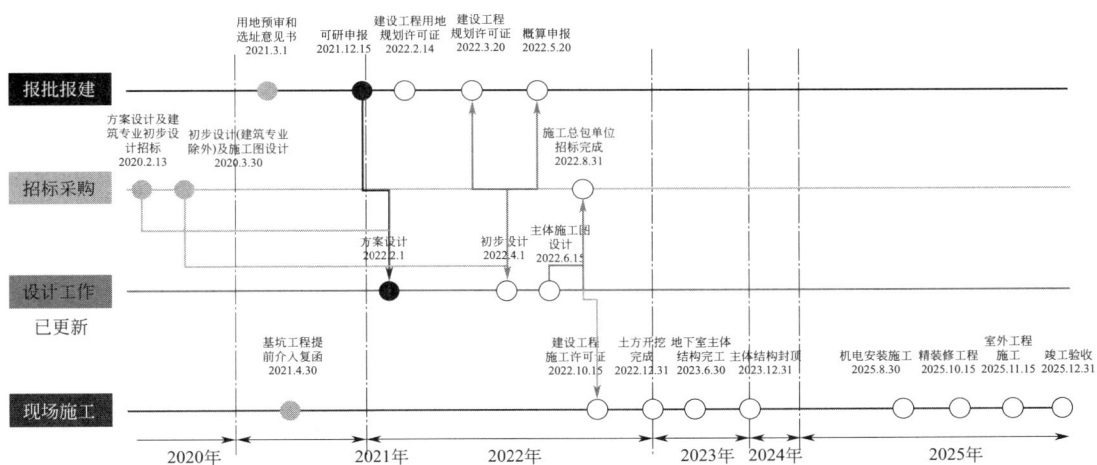

图 4.2.7 新皇岗口岸综合业务楼里程碑节点

项目进度计划分级管理，逐层细化考核落实，协调各参建方协同配合，确保项目建设按计划推进；考核节点工期目标，制定奖罚措施，严格实施考核奖惩制度。

2. 会议管理

皇岗口岸重建项目，其建设工期紧、任务重、要求高，工程规模大、专业多、内外部协调量大，设计、施工、供货等参建单位众多，要做好对各参与单位的组织与协调，会议是其中最重要的手段。

其一，对本项目需要召开的会议进行统一的规划。各类会议包括：市政府领导决策会、市政府领导汇报会、皇岗口岸重建指挥部会议、皇岗口岸重建指挥部办公室会议、深圳市建筑工务署协调会、项目管理周例会、设计周例会、商务例会、专题协调会、监理例会、安全例会、工程生产协调会议及高峰期关键线路碰头会。

其二，对各类会议的目的、内容、准备、组织以及时间、频次等进行合理、统一的规划。确保各类会议有序召开，避免冲突与混乱。

其三，加强会议纪律管理，强调会议纪要的严肃性。对于会议决议事项及时跟进督促各方的工作落实。

为了解决项目部及各参建单位之间信息的准确传递、及时沟通、迅速决策，建立以下例会制度（表4.2.2）：

例会制度与相关情况 表 4.2.2

深圳市建筑工务署、全过程工程咨询单位和EPC承包单位主持的会议				
会议名称及类别	召集人	出席单位/人员	周期时间	会议内容/要求
建筑工程管理例会	全过程工程咨询单位项目负责人	深圳市建筑工务署、全过程工程咨询单位项目部领导班子及成员等	每周一次	1)由全过程工程咨询单位向深圳市建筑工务署汇报本周项目管理工作成果，以及下周工作计划安排 2)由深圳市建筑工务署对全过程工程咨询单位工作提出相关要求及后续工作安排 3)全过程工程咨询单位记录，报深圳市建筑工务署确认后共同签发会议纪要
设计管理例会	全过程工程咨询单位项目经理	深圳市建筑工务署、全过程工程咨询单位及设计单位	每周一次	1)由全过程工程咨询单位跟踪落实上次会议提出的有关问题，并讨论最新遇见的设计管理上较大的问题，明确责任实施单位及完成时间 2)由全过程工程咨询单位记录并签发会议纪要
监理例会/工程例会	全过程工程咨询单位总监或总监代表	深圳市建筑工务署、全过程工程咨询单位、施工单位、设计单位和其他相关参建单位	每周一次	1)由全过程工程咨询单位通报上周工程质量、进度、安全问题的整改、落实情况及本周工程开展情况，指出存在的问题，并明确整改责任单位、整改完成时间 2)由全过程工程咨询单位记录并签发会议纪要
专题协调会	专题发起单位项目经理/负责人	深圳市建筑工务署、全过程工程咨询单位和专题会议相关单位	不定期	1)研究工程建设中需要项目各相关方共同协调的专业问题并提出及时解决方案 2)由专题发起单位/全过程工程咨询单位记录，报项目深圳市建筑工务署/全过程工程咨询单位确认后签发会议纪要
BIM专题会	BIM项目负责人	深圳市建筑工务署、全过程工程咨询单位、施工单位和相关分包	视进展情况，按需组织	沟通协调及讨论有关BIM实施问题，并定期将BIM实施进度报告向深圳市建筑工务署、全过程工程咨询单位提交以供审查
绿色建筑专题会	绿建项目负责人	深圳市建筑工务署、全过程工程咨询单位、EPC承包单位和相关分包	视进展情况，按需组织	沟通协调及讨论有关绿色建筑工作进展及遇到的问题，并定期将绿建三星认证进度报告向项目管理单位和建设单位提交以供审查

说明：

（1）深圳市建筑工务署、全过程工程咨询单位、施工单位主持的会议包括但不限于上述会议，有权根据工程实际需要增加

（2）例会召开单位可根据工程进展情况要求调整上述会议频次，但须经深圳市建筑工务署、全过程工程咨询单位同意后实施

会议应该高效、实用：会议必须有明确的目的性，并做好会前准备和会议记录，保证会议的效率、严谨性和可追溯性，并建立会议成果、要求督办落实制度。

（三）报批报建管理

1. 主要工作内容

充分了解各种报建环节的资料要求，为参建各方提供准确信息，使报建工作减少反复。特别是国家安全部、地铁办及市口岸办、海关、边检等需求。

充分了解各报建环节需要的时间，以及他们之间的相互关系，为制定进度计划提供重要依据。

技术部门做好技术支持工作，按照报建要求，组织协调好各参建方提供满足要求的报建文本；报建人员与设计管理人员充分沟通，确保报建资料规范性、技术性满足审批部门要求，避免反复。

协同设计单位与政府部门进行技术沟通，积极反馈落实政府部门提出的意见和要求。与各职能审批部门建立良好的协调对接关系，有利于加快各报批事项进程，实现项目统筹管理增效。

2. 本项目报建工作特点

（1）报批报建流程图（图 4.2.8）

（2）本项目报批报建特点

本项目报批工作极其重要，又相对复杂，前期报批工作推进的顺利与否影响着项目建设的整体节奏。特别是政府投资项目，投资来源基本属于财政资金，报批工作体现了其合法性、严谨性和可追溯性。报批工作各审批环节相对冗长，须花费大量的管理精力，尤其是在综合业务楼与联检楼项目未进行项目建议书编制，无正式立项文件的情况下，报批报建工作推进较为困难。联检大楼项目在整体平面布局方案未稳定的情况下基坑工程先行开工，在办理规划类、施工类许可文件时，需进行大量沟通协调工作。同时，需要跟进项目设计与施工进度，尽量做到前期报建手续完备，流程合法合规。

根据市委市政府批示，本项目建设过程中报批报建按相关规定执行，但审批时间可以压缩。作为管理方，在前期应充分利用建筑工务署优势，做好提前沟通工作，提高报建效率。由建设指挥部协调福田区住建局采取特事特办、开辟绿色通道及容缺受理等创新举措，确保项目有序、稳步地推进。

（四）勘察设计管理

因为项目工期紧张，新皇岗口岸联检大楼项目与新皇岗口岸综合业务楼项目均是基坑工程提前开工，在进行基坑工程施工的同时，进行上部主体工程设计图纸的编制，这对需求管理、设计进度管理、设计质量管理、设计变更管理等都提出了更高的要求。

1. 需求调研

（1）明确口岸类项目设计原则

口岸类项目整体上应该遵循"便利通行、监管有效、留有余地"的原则。便利通行是指能保证人员、货物、车辆快捷、安全通关的要求；监管有效是指能够利用有限的查验设施确保口岸的查验能力，不遗留管控死角和安全隐患；留有余地是指能为口岸今后业务发展所需查验设施建设预留一定的场地空间和功能技术接口，口岸的规划预留应与场站建设规划相衔接，避免造成预留空间不足所导致的查验功能缺失等现象。

（2）功能需求分解和分析

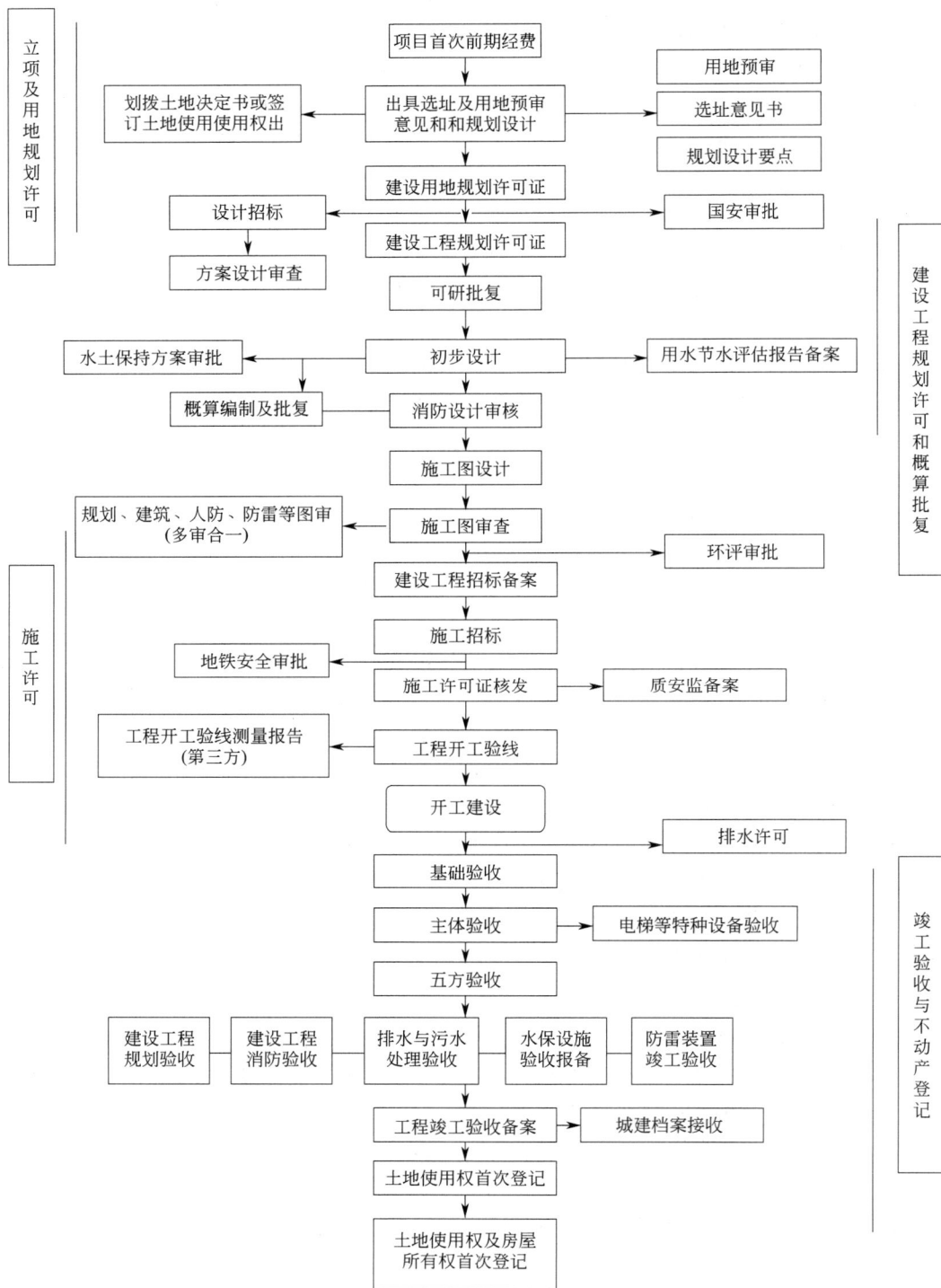

图 4.2.8 皇岗口岸重建项目报批流程图

根据《国家口岸查验基础设施建设标准》，旅检大厅主要包含候检区以及检验检疫、边检、海关查验区。在项目设计前期，应对口岸使用功能需求进行分析，组织设计单位分别针对各个区域进行详尽的需求调研和分析，形成调研报告（表4.2.3）。

功能需求表 表 4.2.3

类别	场地需求
海关业务技术设施	1）查验报关用房 2）检测技术用房 3）档案设备用房 4）监控分析用房 5）执法办案用房 6）扣留退运用房
检验检疫业务技术设施	1）旅客卫生检疫用房 2）旅客携带物检验检疫用房 3）档案设备用房 4）截留物品用房
边检业务技术设施	1）检查执勤用房 2）档案器材用房 3）执法办案用房 4）技术设备用房

（3）需求调研流程图（图 4.2.9）

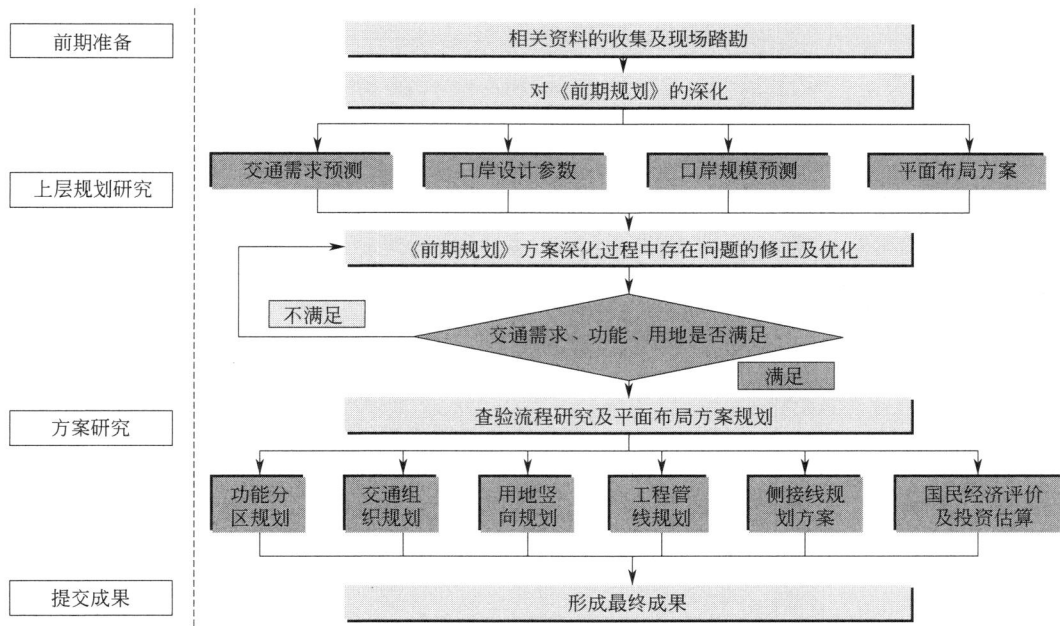

图 4.2.9 需求调研流程

措施保障：

➢ 与相关牵头部门、市口岸办协商沟通目的、内容及形式，取得其支持；

➢ 成立工作专班小组，制定联系机制；

➢ 实施过程中的调研意见不盲目调整，所有调研意见及时整理成问题清单；

> ➤ 多方位分析，给出建议方向，争议问题由工作小组讨论解决；
> ➤ 所有功能需求调整均需使用单位签字确认。

（4）组织需求调研活动

公众需求调研活动：2019年由全过程工程咨询单位牵头组织通关旅客公众需求调研，举办新联检大楼项目公众需求调查。负责整体策划、采购、问卷设计、问卷下发及回收、信息录入、数据分析等工作（图4.2.10）。

图4.2.10　公众需求现场调研活动

使用单位功能需求调研：充分借助皇岗口岸重建指挥部平台，与设计中心及市口岸办共同对海关、边检、港方等进行功能需求调研（图4.2.11）。

图4.2.11　功能需求办公室调研工作

2. 设计进度管理

根据项目总控计划，制定各专业工作进度计划及出图时间节点、确保设计工作进度满足项目建设需要（图4.2.12、图4.2.13）。

3. 设计质量管理

深圳市取消施工图强制审查制度，建设单位对勘察、设计的质量安全管理负首要责任。勘察、设计单位对勘察、设计的质量安全管理负主体责任。建设、勘察、设计单位实行项目负责人制度。建设单位应组建或者委托项目管理团队，配备与工程类别和规模相适应的专业技术人员，并指派项目负责人，代表建设单位全面负责工程项目建设全过程管理。

皇岗口岸重建项目全过程工程咨询项目管理团队配备专业齐全的设计管理工程师，采取多维化管理方式。

皇岗口岸新联检大楼项目设计进度计划表						
序号		工作内容调整	工期（天）	开始时间	完成时间	备注
	1	概念方案成果确认	73	2020年5月20日	2020年7月31日	
	2	甲方需求确认	19	2020年6月12日	2020年6月30日	
	3	海关边检需求确认	19	2020年6月12日	2020年6月30日	
	4	市交通运输局需求、规模确认	19	2020年6月12日	2020年6月30日	
	5	各方需求确认（含设计标准、验收标准）	19	2020年6月12日	2020年6月30日	
	6	三角用地多方案比选及确认	42	2020年5月20日	2020年6月30日	
	7	三角用地多方案比选	27	2020年5月20日	2020年6月15日	
	8	向规资局汇报沟通	4	2020年6月16日	2020年6月19日	
	9	修改及确认	11	2020年6月20日	2020年6月30日	
	10	城际轨道方案确认（轨道办、港铁集团等）	44	2020年5月28日	2020年7月10日	
	11	设计对接与汇报文本制作	25	2020年5月28日	2020年6月21日	
	12	与轨道办等单位沟通、汇总意见	14	2020年6月22日	2020年7月5日	
	13	提请市领导决策	5	2020年7月6日	2020年7月10日	
	14	内部、外部交通方案确认	51	2020年6月5日	2020年7月25日	
	15	内部、外部交通方案多方案比选	31	2020年6月5日	2020年7月5日	
	16	内部、外部交通方案专家咨询会	5	2020年7月6日	2020年7月10日	
	17	修改及确认	10	2020年7月11日	2020年7月20日	
	18	使用方确认方案	11	2020年7月21日	2020年7月31日	
	19	工务署确认方案	11	2020年7月21日	2020年7月31日	
	20	方案深化成果确认	31	2020年8月1日	2020年8月31日	
	21	结构体系及桩基选型确认	15	2020年8月1日	2020年8月15日	
	22	结构体系及桩基选型方案研讨汇报会	5	2020年8月1日	2020年8月5日	
方案阶段详细进度	23	结构体系及桩基选型专家评审会	7	2020年8月6日	2020年8月12日	

图 4.2.12　设计进度计划

图 4.2.13　进度计划跟踪表

➢ 建立 PDCA 循环机制，计划前置、事前交底、事中跟踪、事后复核

➢ 随时召开设计协调会深入、细致、专业问题责任到人

➢ 组织设计管理团队对各阶段图纸质量进行过程管理，对施工图进行审核并提出优化意见，要求设计院修改

➢ 明确施工图分阶段审查，使设计、施工、采购深度融合，交叉作业有了相应保证

➢ 及时确定设计中所涉及材料、设备订货的技术要求和标准

➢ 正确理解快速建造，在确保设计质量的条件下，合理缩短设计出图时间

➢ 由设计单位落实内审制度，自证合格

➢ 充分发挥全过程工程咨询单位作用，加强图纸质量审查优化

➢ 聘请资深专业人员进行图纸审查，出具审图意见

➢ 采用设计样板先行，加强设计落地效果管控

4. 限额设计

为了有效控制政府工程建设投资，防止概算超估算、预算超概算、决算超预算的"三超"现象的产生，在设计过程中推行限额设计。按照批准的可行性报告和投资估算控制设计，在保证使用功能的前提下，各专业按分配的投资额进行设计，保证工程总投资额不被突破。

临时旅检场地建设工程采用施工单位牵头的 EPC 承发包模式，严格执行限额设计。在设计管理过程中，要求 EPC 单位将大项分列出来，分项控制，争取面积不超，若超出，则需自行消化。由于设计单位原因导致设计超出约定限额设计控制值的，设计单位承担相应的违约责任，超出部分不予结算。目前临时旅检场地建设工程结算基本完成，限额设计控制良好，达到预期目标。

5. 设计变更管理

深圳市建筑工务署对设计变更管理编制了严格的变更管理办法，作为全过程工程咨询单位，要熟悉变更管理流程，思考如何在市工务署变更管理办法的大原则下加强设计变更管理（图 4.2.14、图 4.2.15）。

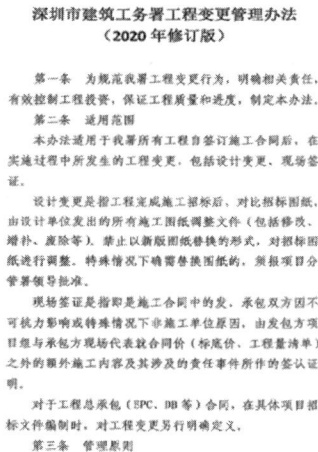

图 4.2.14　深圳市工务署变更管理办法

设计变更管理工作重点：

➢ 重视事前控制，避免可预见变更

➢ 熟悉变更管理办法、审批流程

➢ 熟悉施工承包合同内容、界面划分，了解结算审计规则及风险

➢ 关注现场施工进展情况，关注不平衡报价情况、市场敏感度，防止降低材料设备档次后增加造价

➢ 严禁未批先建，严禁擅自、越级发布变更指令，严禁擅自降低档次、变更建设规模、改变建设功能

➢ 建议造价及施工前置参与设计变更

（五）招标采购管理

1. 招标方式策划

（1）皇岗口岸临时旅检场地建设工程

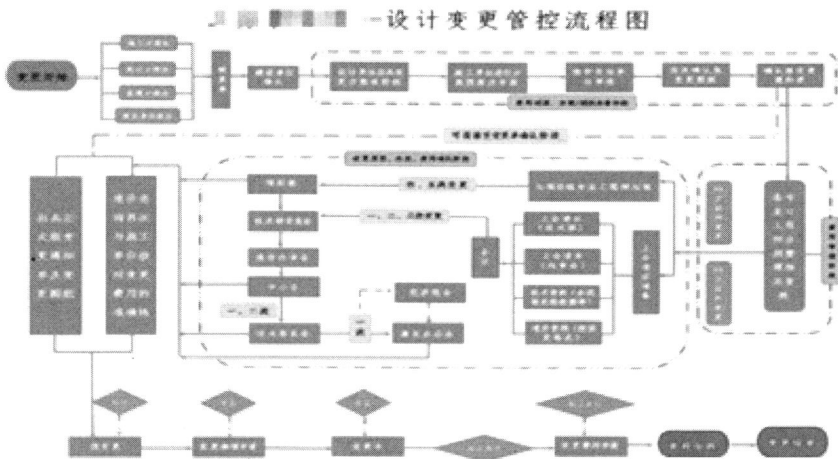

图 4.2.15　设计变更管理流程图

根据招标文件要求，指导和配合 EPC 总承包单位进行工务署战略合作预选子工程委托。

（2）新皇岗口岸综合业务楼与联检楼项目：

➤ **项目方案设计和建筑专业初步设计**采用国际招标，进行招标方案编制和策划。

➤ **其他专业的初步设计和施工图设计**招标策划：在设计方案国际招标确定最终方案前确定其他专业的初设和施工图设计单位。其他专业的初设和施工图设计的费用可以采用暂定价的方式进行招标。招标可以采用资格预审的方式，先发布资格预审招标公告，明确潜在投标人。

➤ **基坑支护和桩基工程招标**策划：因项目工期紧、任务重，在确定施工图设计单位后根据设计方案立即进行施工图设计，综合业务楼与联检大楼均先进行基础和桩基工程的施工图设计，然后通过招标确定中标人，对基础工程先进行施工。

➤ **施工总承包招标**策划：在施工图设计时间允许的前提下，在承包范围内建议采用大总包公开招标的方式（施工总承包包含大部分的专业承包工程）以吸引综合实力强、有类似施工经验的优秀施工大型企业参与竞争。

➤ **专业工程施工招标**策划：精装修工程、智能化工程、幕墙工程对专业性、施工工艺要求高、材料设备选型及专业间协调能力要求高的专业工程，应选择具有相关施工经验的专业施工团队来实施，更能确保施工质量和进度要求。

➤ **战略采购招标**：各类验收检测服务、电梯及变压器等重要材料设备采用工务署预选招标进行委托。工务署通过项目考察、市场调研和履约能力评价的长期积累确定战略合作单位，更能保证履约能力和产品品质，同时也能缩短招标时间和采购周期。

2. 合同分判

本项目共划分 30 个标包，专业承包单位较多，部分金额较小的专业工程可根据深圳市招标规定和工务署招标管理办法进行直接委托或打包招标的方式，如检测类、小型工程等。实际实施过程中将根据需要和实际情况进行调整（表 4.2.4）。

317

合同分包　　　　　　　　　　　　　　　　　表 4.2.4

序号	类别	合同名称	拟招标范围、内容说明	招标方式	交易平台	合同计价方式	备注
1	服务类	全过程工程咨询	(1)项目咨询：项目计划统筹及总体管理、前期工作管理、设计管理、技术管理、进度管理、投资管理、质量安全管理、项目组织协调管理、招标采购管理、合同管理、档案信息管理、报批报建管理、竣工验收及移交管理、工程结算管理以及与项目建设管理相关的其他工作 (2)工程监理：施工准备阶段监理、施工阶段监理、保修监理及后续服务管理以及与工程监理相关的其他工作 (3)根据《深圳市建筑工务署政府工程 2020 先进建造体系实施纲要》及国家、广东省和深圳市等相关文件进行创新技术应用，提出策划方案，并监督相关单位实施 工程咨询单位依法承担与项目管理工作、工程监理工作相应的法律责任	公开招标	建设工程交易中心	固定总价	已完成招标
2		方案设计和建筑专业初步设计	提供本项目的方案和建筑专业初步设计内容	公开国际招标-资格预审	建设工程交易中心	固定总价	完成招标
3		其他专业初步设计和施工图设计	提供其他专业的初步设计和所有专业的施工图设计。包括但不限于一下内容： (1)基坑与边坡支护施工图设计 (2)装饰装修施工图设计 (3)智能化施工图设计 (4)室外配套和景观施工图工程 (5)供电施工图设计 (6)燃气专项施工图设计 (7)标识标牌专业施工图设计 (8)主体结构施工图设计 (9)水土保持设计 (10)材料设备安装施工图设计 (11)电梯安装施工图设计	公开招标	建设工程交易中心	固定总价	完成招标
4		造价咨询	全过程造价咨询服务(投资估算、概算、预算、结算的编制或审核;施工阶段全过程造价控制;工程量清单及招标控制价编制;投标清单核对及报价分析、编制补充定额、造价纠纷鉴证、结算审核)	预选招标	建设工程交易中心	固定总价	采用工务署预选子项目委托产生
5		桩基检测	桩基工程检测服务,具体包含抗压静载试、抗拔静载试验、低应变测费等服务	直接委托或公开招标	待定	固定总价	具备桩基检测资质证书

续表

序号	类别	合同名称	拟招标范围、内容说明	招标方式	交易平台	合同计价方式	备注
6	服务类	基坑监测	基坑工程监测,包括支护结构内力和变形监测、土体深层变形监测、地下水位监测及周边既有建(构)筑物监测	直接委托公开招标或预选委托	待定	固定总价	工程勘察综合甲级或岩土工程(勘察、设计或监测)级资质
7		室内空气质量检测	依据《室内空气质量标准》及《民用建筑工程室内环境污染控制规范》对室内空气污染物超标情况检测,并进行分析、化验,出具检测报告	直接委托或公开招标	待定	固定总价	具备国家认证的检测资格
8		防雷检测	对项目内所有建筑物的防雷装置的接地电阻值、等电位连接、浪涌保护器等进行检测	预选招标	建设工程交易中心	固定总价	具备雷电防护装置检测甲级资质
9		工程保险	包含了建筑(安装)工程一切保险、第三者责任险及其他附加险的保险服务	预选招标	建设工程交易中心	固定费率	经过国务院保险监督管理机构的批准并经管理部门核发取得从业资格
10		安全巡查	对实体工程现场安全文明施工进行定期安全巡检,不定期抽查,并形成每次检查报告,阶段性检查评估和总结,向建设单位或委托管理人汇报负责,对检查报告进行集中式讲评	预选招标	建设工程交易中心	固定总价	
11		环境影响评价及验收	严格按照国家、深圳市现行的关于建设项目环境影响评价的法规和技术标准,开展本项目及附属配套工程环境影响评价工作,编制建设项目环境影响评价报告和建设项目竣工环境保护验收报告	预选招标	待定	固定费率	
12		现场影像摄制服务	工程范围内的建设项目现场影像摄制服务,并负责按合同要求完成有关后续服务工作,包括固定时段或固定地点拍摄、机动时间段拍摄、特殊技术拍摄,提供拍摄成果等	预选招标	建设工程交易中心	固定单价	
13		防洪评价报告编制	按照国家、省、市水利部门及甲方的要求对项目进行防洪评价,编制《工程防洪评价报告》	预选招标	待定	固定总价	具有相应资质的单位

序号	类别	合同名称	拟招标范围、内容说明	招标方式	交易平台	合同计价方式	备注
14	服务类	交通影响评价	编制《工程交通影响评价报告》、相关资料收集与交通调查、现状周边道路交通运行分析、对项目建筑的各类交通生成量及其流线进行预测和分析、对建筑设计方案中的交通组织方案(含道路开口)进行分析评估、研究分析本项目对周边交通产生的影响、提出减轻项目对周边交通影响所需的交通改善措施	预选招标	待定	固定总价	具有相应资质的单位
15	施工类	土石方与边坡支护、桩基工程	根据施工图范围内以下内容纳入招标范围 (1)土石方工程(包括红线内的土石方开挖,挖至地下室底板垫层底标高) (2)基坑及边坡支护工程 (3)地基处理工程和临时建筑工程(包含临时施工道路、施工围挡等) (4)施工临时用水(电)工程(包含临时施工用水用电等)所有的细目根据工程招标图纸、工程量清单及合同条款组织实施	公开招标	建设工程交易中心	固定单价	地基基础专业承包资质
16	施工类	工程施工总承包	根据施工图范围内以下内容纳入本次施工总承包招标范围: (1)建筑结构工程(除土石方与边坡支护、桩基、以外的工程) (2)电气工程(除电力设备、精装修区域范围内的照明系统建议纳入精装修招标范围) (3)消防工程 (4)给排水工程(除消防系统范围以外的所有内容,其中卫生间洁具建议纳入精装修招标范围) (5)暖通工程(除系统主机以外的所有内容) (6)室外工程(散水坡、台阶、无障碍坡道) (7)变配电工程:电力外线接入高低压配电,以下范围的设备供货及伴随的服务,包括但不限于设备本体和材料辅料、随机备品备件、专用工器具、运输、装卸、保险,安装、配合调试、试运行、通电,技术培训、售后服务等提供双路供电 (8)通信工程:施工图范围内的各系统材料设备的供货、运输、装卸、安装、产品保护、接线、调试、试运行、验收、开通、技术培训、售后服务等工作,最终以确定的设计图纸为准	公开招标	建设工程交易中心	固定单价	房屋建设工程施工总承包企业资质

序号	类别	合同名称	拟招标范围、内容说明	招标方式	交易平台	合同计价方式	备注
16	施工类	工程施工总承包	(9)室内外景观工程:室外市政配套工程:施工图范围内综合管网、市政道路(广场、道路、停车)、围墙、大门、室外运动场地等,具体范围待设计出图后进一步确认 (10)室内外景观绿化工程:施工图范围内包括屋顶和空中花园的苗木、绿化、小品、铺装、泛光照明以及绿化喷灌,具体范围待设计出图后进一步确认 (11)标识系统:各单体室内外标识标牌的供货、安装、验收,具体范围待方案设计出图后进一步确认	公开招标	建设工程交易中心	固定单价	房屋建设工程施工总承包企业资质
17		智能化工程	建筑智能化施工图范围内的各系统材料设备的供货、运输、装卸、安装、产品保护、接线、调试、试运行、验收、开通、技术培训、售后服务等工作,最终以确定的设计图纸为准	公开招标	建设工程交易中心	固定单价	
18		精装修工程	精装修工程:施工图范围内的精装修工程施工;其他所有空间拟纳入总包装修施工范围	公开招标	建设工程交易中心	固定单价	
19		幕墙工程	幕墙工程:施工图范围内的幕墙工程施工	公开招标	建设工程交易中心	固定单价	
20		防水工程	地下室防水工程、屋面防水工程、外墙防水工程、卫生间防水工程,其他防水工程(根据需要添加)	预选招标	待定	固定单价	预选子工程委托
21	采购类	电梯设备	垂直电梯设备的供货及安装与服务(包括运输、安装、产品保护、调试、验收、培训、技术支持、售后保障及质量技术监督部门验收等),配合土建总包单位以及与其他承包单位的相关配合工作	预选招标	建设工程交易中心或政府采购中心	固定总价	代理商或厂家
22			自动扶梯设备的供货及安装与服务(包括运输、安装、产品保护、调试、验收、培训、技术支持、售后保障及质量技术监督部门验收等),配合土建总包单位以及与其他承包单位的相关配合工作				
23		人防工程	负责人防工程(含人防建筑防护设备、人防水、电、通风空调工程)的材料、设备制造或采购、安装、施工、验收、保修	预选招标	待定	固定单价	具有相应资质的单位

续表

序号	类别	合同名称	拟招标范围、内容说明	招标方式	交易平台	合同计价方式	备注
24	采购类	木门	木门生产、供货、安装及保修等	预选招标	待定	固定单价	代理商或厂家
25		钢质门	钢质门生产、供货、安装及保修等	预选招标	待定	固定单价	代理商或厂家
26		卫浴产品	项目卫浴产品的供货及售后服务	预选招标	待定	固定单价	代理商或厂家
27		电缆	负责项目的电缆生产、供货及售后服务	预选招标	待定	固定单价	代理商或厂家
28		变压器	负责项目的变压器生产、供货及售后服务	预选招标	待定	固定单价	代理商或厂家
29		外墙涂料	建筑外墙涂料产品供货和涂料工程施工	预选招标	待定	固定单价	代理商或厂家
30		防火门	防火门生产、供货、安装、验收、保修等内容	预选招标	待定	固定单价	代理商或厂家
合计估算价				—	—	—	—

3. 招标采购风险策划

(1) **资格审查方式建议采用**：资格后审方式，通过择优条件来选择有实力、有丰富的类似项目建设和管理经验的企业及团队参与竞争。

(2) **进度风险管理策划**：所有招标采购标段时间节点计划，以项目总控计划为基础倒排并适度预留出机动时间，确定关键线路招标采购标段（如幕墙工程、智能化工程、装修工程等），提前启动招标采购准备工作。

(3) **实施风险管理策划**：仔细检查招标条件设置的合理、合法性，分析招标采购过程中，各阶段或节点存在的流标、投诉或质疑、中标候选人弃标等意外风险，制定相关的应对措施，以最大程度控制招标采购风险（表4.2.5）。

风险管理　　　　　　　　　　　表 4.2.5

风险描述	应对举措
招标缺乏系统性、随意性大造成招标滞后，影响进度	编制招标规划与计划书，尽量前置招标
传统招标无法通过招标选择优质单位	充分利用工务署招标投标相关规则，编制针对性的招标方案，并通过考察、清标、答辩等环节对投标单位进行综合评价
程序性合规性风险	严格按照政府投资项目及工务署相关制度执行招标流程
流标风险	分析潜在投标人，制定合理的评分办法

（六）投资资金管理

1. 投资资金管理目标（表4.2.6）

投资资金管理目标　　　　　　　　　　　　　　　　表 4.2.6

目标项	目标值	备注
投资控制目标	（1）用批准的投资估算控制初步设计概算、用批复概算控制项目实施阶段的工程造价（包括施工图设计阶段、施工阶段等） （2）中心是合理确定和有效控制工程造价，实行以设计阶段为重点的建设全过程造价控制 （3）实施限额设计、限额招标 （4）加强前期审核和过程控制，减少变更、签证	
资金管理目标	（1）资金使用有计划，资金支付严格依约审核 （2）建立投资预警机制，对投资进行动态监控，确保不超付，保障项目顺利推进 （3）执行投资控制责任分解制度 （4）严禁未经批准自行变更并施工的行为	

2. 目标保障措施（表 4.2.7）

目标保障　　　　　　　　　　　　　　　　　　　　表 4.2.7

序号	保障措施	具体内容
1	概算评估和分解	（1）设计单位概算单位编制的深度和原则交底 （2）建安工程量和单价的精细化审核 （3）口岸专项造价数据指标的科学确定，严格把关缺漏项 （4）分部分项造价指标的横向比对校核 （5）科学、合理地确定概算作为投资控制目标 （6）概算分解：按合同包分解，按专业工程分解 （7）加强项目决策深度，制定项目投资目标规划
2	限额设计	（1）批复的设计任务书及投资估算交底专题会 （2）设计单位按照专业分解进行对口的限额指标进行设计交底 （3）结构和机电、口岸专项选型的经济型比选 （4）提高设计质量，严格审核设计成果 （5）按招标合同包分解限额，对比限额概算和招标预算及中标合同价的差值 （6）监理设计超投资处理机制
3	限额招标	（1）建立概算价和中标合同价的动态监控表，即时反馈概算受控值 （2）工程量清单编制单位的专题编制交底会：范围界面、材料品牌、清单描述、计价原则等 （3）工程量清单、招标控制价的精细化审核 （4）清标、澄清环节对中标候选人不平衡报价的澄清约定和条款补充
4	控制变更	（1）施工图内审环节强化对图纸变更隐患的审查，从源头控制重大变更，尽量减少变更量 （2）做实图纸交底和会审工作 （3）设计变更的多方案经济型比选 （4）对设计变更管理办法、OA 申报流程进行宣贯，缩短申报、审批时间 （5）严格执行变更管理制度，先核算造价，再审核变更方案 结合口岸项目工期紧任务重特点，优化申报审批流程，设置洽商专题会制度 （6）做好变更台账登记，做好动态目标的差值监控
5	结算审核	（1）核查工程结算资料的完整性、真实性 （2）制定合理完善的结算编制、审查、复审计划 （3）对造价咨询进行结算审核前交底，保证审核进度、质量 （4）执行全过程咨询造价管理复核制度，提升造价咨询结算审核质量 （5）利用"深圳市建筑工务署工程造价信息管理系统"辅助结算审核工作

3. 主要工作内容及成果文件（表 4.2.8）

工作内容及成果文件   表 4.2.8

项目阶段	工作项	成果文件
策划及前期	1. 分析论证项目建设目标，评估项目建设方案，编审投资估算 2. 配置项目投控人员，编制项目投资控制与资金管理的程序文件 3. 识别与评估项目投资控制风险因素，制定应对策略，建立风险控制指标和预控措施 4. 制定投资控制与资金管理工作分解清单，明确参与方工作任务与管理职能分工 5. 编制项目投资控制规划 6. 制定年度投资建议计划	1.《投资估算审核报告》 3.1《投资控制风险清单》 3.2《投资控制风险分析与应对表》 3.3《项目投资控制风险监控表》 5.《项目投资控制规划》 6.《年度投资建议计划》
设计阶段	1. 审查设计招标文件，核实合同限额和设计限额 2. 技术方案与主材设备经济比选 3. 审核初步设计概算，分析超估算原因 4. 按项目或合同分解结构分解概算限额，制定投资控制责任表 5. 编审专项设计估概算，控制专项设计限额 6. 概算、施工图预算对比分析与优化建议	1.《事项审查意见表》 2.《多方案经济比选表》 3.1《初步设计概算审核报告》 3.2《估、概算对比分析表》 4.1《项目概算分解表》 4.2《项目投资控制责任表》 5.《限额设计反馈意见表》 6.1《概、预算对比分析表》 6.2《预算超概项目优化建议表》
招标阶段	1. 合同策划及合同网格编制 2. 招标范围、风险范围及甲供范围建议，合同计价方式及主要合同条款审查 3. 清单编制界面管理 4. 工程量清单、招标控制价审查 5. 投标报价分析、施工技术方案与报价相关性审查	1.《合同策划建议》 2.《合同条款审查意见表》 3.《工程量清单编制交底表》 4.《工程量清单、招标控制价审查意见表》 5.《投标报价关联审查与分析表》
施工阶段	1. 编制资金使用计划 2. 工程量清单核对与缺漏审核 3. 工程款与其他费用支付审核 4. 工程变更价款审核 5. 合同索赔预控与处理 6. 工程量、资金支付、变更台账的建立 7. 投资目标动态统计，并与控制计划比较，偏差分析与超限预警 8. 梳理、核定预警项投资控制情况，分析评估后期因素，制定建议措施 9. 协助施工技术方案的审查与调整 10. 协助办理工程变更、概算调整的审批	1.《年季(月)度资金使用计划》 2.《工程量清单缺漏审核表》 3.1《工程款支付审核表》 3.2《其他费用支付审核表》 4.《变更价款审核表》 5.1《合同索赔项分析与预控表》 5.2《合同索赔审核表》 5.3《合同过程履约统计表》 5.4《合同过程履约明细表》 6.1《工程计量统计总(明细)表》 6.2《资金支付统计总(明细)表》 6.3《工程变更统计总(明细)表》 7.1《总投资动态跟踪汇总表》 7.2《建安工程动态跟踪明细表》 7.3《设备购置动态跟踪明细表》 7.4《其他费用动态跟踪明细表》 8.1《预警项投资差异分析表》 8.2《预警项纠偏措施建议表》 9.《技术方案造价审查建议》 10.《初步设计概算调整报告》

续表

项目阶段	工作项	成果文件
竣工阶段	1. 核对工程变动情况,审查竣工图纸 2. 审查工程结算资料的完整性、真实性 3. 汇集及审查甲供设备、材料表 4. 核对未完或甩项工程内容,签认和报送未完(甩项)工程明细内容 5. 工程结算审核 6. 工程结算款支付审核 7. 编制已完工程造价指标表 8. 投资控制工作总结 9. 参加设备、备品备件等资产清点登记,填制相应清单明细 10. 编制竣工财务决算	1.《竣工图审查意见》 2.《结算资料审查意见》 3.《甲供设备、材料明细表》 4.《未完(甩项)工程核对明细表》 5.《工程结算审核报告》 6.《结算款支付审核表》 7.1《合同结算统计表》 7.2《工程结算还原表》 7.3《建设项目造价指标分析表》 8.《项目投资控制总结》 9.《资产盘点明细表》 10.《竣工决算报告》

4. 主要控制手段

(1) 重视投资控制策划,保障项目投资控制的目标性、规范性和有序性

在接受项目委托合同后,立即启动项目投资控制策划,评估论证项目投资控制目标,确定投资控制目标与控制要求,明确项目投资控制的组织与职责,针对项目特性制定项目投资控制管理程序和管理制度,统一投资控制的工作流程、软件工具和表单格式,编制项目投资控制工作计划。通过对项目投资控制的书面预演,对项目投资控制要点有较清晰的认知,对项目投资控制有较充分的预测,以保障项目投资控制的有效、有序进行。

(2) 详细评审初步设计概算,为投资控制限额的合理确定提供助力

根据初步设计图纸、计价依据、场地环境、类似工程造价资料等,对初步设计概算的量、价、费和指标单价详细审核,分析说明审核偏差项,编制初步设计概算审核报告,若超出可研估算的,进行估、概算的对比分析,分析超限原因,提出调整建议。

(3) 强化风险识别与监控,有效事先预控,降低风险发生概算和损失程度,控制投资控制目标的重大偏离

针对项目特性及建设周期,在项目启动阶段,组织内外专家资源进行项目投资控制风险源的识别,制定项目投资控制风险识别清单,根据项目投资控制风险识别清单分析评估风险概率与风险程度,从而制定应对策略与预控措施,落实责任人。通过预控措施的跟踪落实,降低风险发生概率或损失程度,从而减轻风险等级,避免投资控制目标的重大偏离。

(4) 归集与统计过程投资数据,预测未完工程的投资变更因素,落实投资目标的动态管理

在投资限额确定后,根据投资控制单元(工程构成或合同构成)分解投资控制限额,制定投资控制责任分工,建立投资控制基准计划。在项目实施过程中,归集过程的造价数据,预测、分析未完工程的投资变更因素,对未完工程的投资情况进行合理预估,填制总投资动态跟踪汇总表、建安工程动态跟踪明细表、设备购置动态跟踪明细表、其他费用动态跟踪明细表,进行偏差的对比分析。根据投资控制的预警程序,启动投资控制偏差的预警,并分析、梳理预警项投资控制情况,制定纠偏措施建议。通过分项限额控制保障分项和总投资目标的不突破。

(5) 技术经济融合,合理选择技术方案与设备主材

设计是造价高低的决定性因素。通过对技术方案、设备主材的选型控制,从而减少设

计人员对技术方案、设备主材的人为因素。对单一经济性，对工期、质量均无实质性影响的设备或主材，采用多方案经济性比较；对非单一经济性，对工期、建筑品质等诸多目标较有影响时，可采用多方案专家定性评估和多方案价值分析，保障选型的科学性。

（七）质量、安全管理

1. 现场质量管理

（1）建立质量保证体系

首先是建立质量保证体系，成立质量保证组织机构，明确质量控制要点，确定重点分部和重点分项的检查项目，以工务署"高要求、高标准、高质量"的宗旨对现场质量进行管控（图 4.2.16、图 4.2.17）。

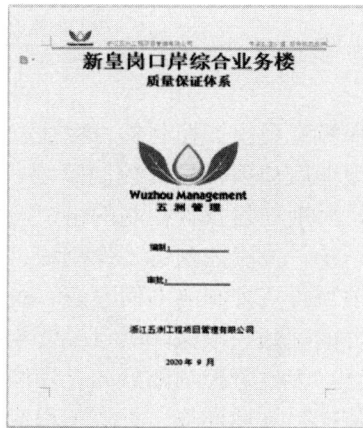

图 4.2.16　质量保证体系

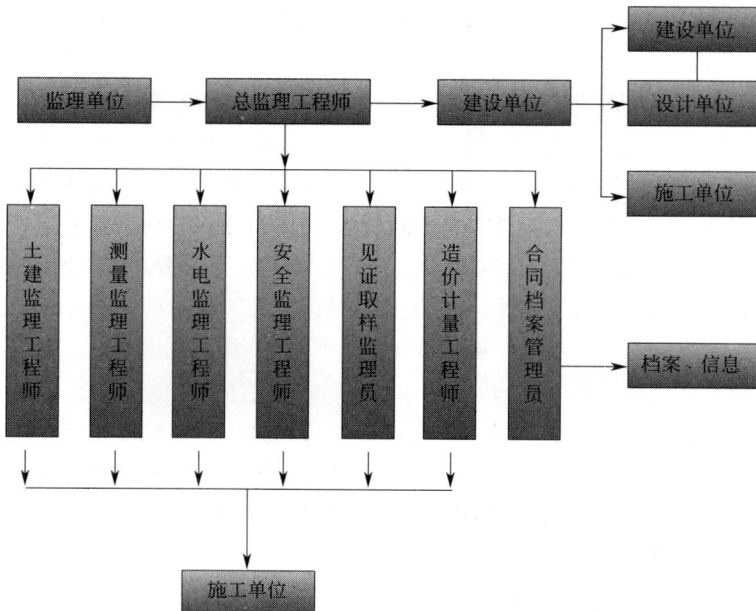

图 4.2.17　质量保证组织机构

（2）制定标准验收流程

制定标准验收流程，明确五方主体责任；隐蔽工程经过五方主体责任单位（项目组、全过程咨询、设计、勘察、施工）现场举牌验收通过签认后才能施工（图 4.2.18、图 4.2.19）。

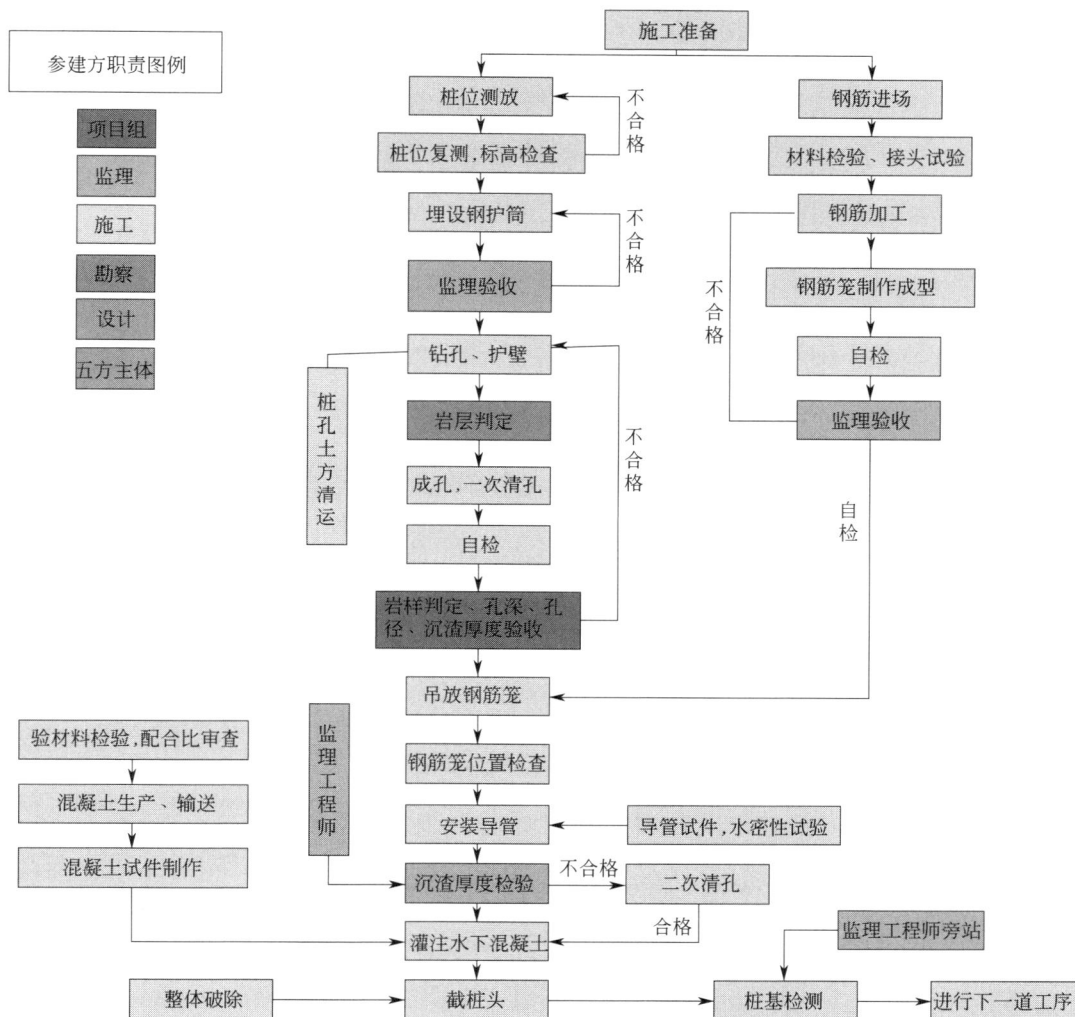

图 4.2.18　工程桩施工流程与责任图

（3）质量提升专题会议

由全过程工程咨询单位组织施工单位每月定期召开质量提升专题会议，针对上个月自检、主管单位检查，以及第三方巡检发现的质量问题进行分析，讨论研究改善措施，制定改善计划。

（4）落实检查制度

落实日检、周检、月检工作。项目开展自查自纠、组织定期巡查，确保能及时发现问题排除隐患，防范风险。项目组与全过程工程咨询监理部每周三上午定期组织施工单位对现场质量进行检查，对存在的问题以"四个清单"的模式，在工程例会上会同总承包单位

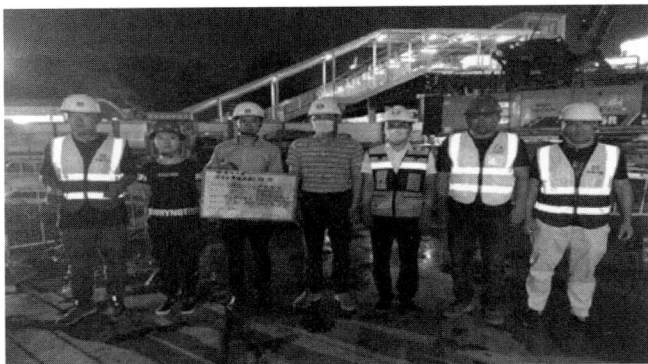

图 4.2.19　五方责任主体举牌验收

一线管理人员进行解剖分析并给予建设性意见，强化各参建方主体责任，要求施工单位集团副总及以上领导担任本单位项目指挥长，每月不少于一次参加工程例会，统筹工程质量安全进度。

（5）实行学习培训制度

为提高现场管理人员专业知识，作为施工现场管理人员，特别是全过程咨询现场监理人员，每时每刻都需不断提升自我业务水平，同时也带动总承包单位的学习提升氛围，每周至少一次组织学习会，同时增设对工务署发的管理规定、文件进行高度的认知学习宣贯会。

2. 安全文明施工管理

（1）成立安全领导小组

项目组、全过程工程咨询监理部、施工单位成立安全领导小组，建立联动的安全管理体系，编制安全管理实施方案，推动安全生产工作，确保现场安全文明施工符合相关规定要求。

（2）压实主体责任

压实项目各参建单位安全主体责任，加强总承包单位对专业承包单位安全管控力度，切实发挥全过程工程咨询单位对总承包单位及专业承包单位的监督管理职能；落实一岗双责制，落实管施工生产必须管安全的要求。

（3）形成六微机制台账

根据工务署六微机制管理规定，对六微机制涉及项目组、全过程咨询、施工单位的管理内容制定详细台账，形成台账管理（图 4.2.20、图 4.2.21）。

（4）加强总结分析

全过程工程咨询单位组织施工单位对每月第三方质量检查本项目的评估报告与安全检查评估报告存在问题进行分析总结及采取措施（图 4.2.22）。

（八）践行快速建造——皇岗口岸临时旅检场地建设工程快速建造实践

1. 项目概况

工程类别：急需公共服务设施

投资性质：政府投资

承包模式：设计施工一体化（EPC）模式

图 4.2.20　六微机制台账——全过程咨询

图 4.2.21　六微机制台账——施工单位

图 4.2.22　总结分析

2. 参建单位

建设单位：深圳市土地投资开发中心

使用单位：深圳市口岸办、海关、边检

全过程工程咨询单位：浙江五洲工程项目管理有限公司

EPC 总承包单位：中建钢构有限公司

深圳市建筑设计研究总院有限公司

勘察单位：深圳市工勘岩土集团有限公司

围网施工单位：中建二局第三建筑工程有限公司

造价咨询单位：国众联造价咨询有限公司

为确保建设项目工期、质量和安全目标的实现，本项目建设单位深圳市建筑工务署土地投资开发中心邀请一批在口岸类管理和建设具备领先优势的单位参与项目的管理、设计及建设工作。

3. 项目特点

（1）急：本项目包含勘察-设计-施工，原本定额工期为 580 天，由于皇岗口岸重建工作对于促进湾区一体化建设的重要性，皇岗口岸重建工作需要在三年内完成，要求临时旅检项目提速，需要在半年内完成建设并投入使用，实际施工工期为 165 天。

（2）难：监管严格，临时旅检项目位于现皇岗口岸货检出境区域，需要先建立一级围网，满足边检监管要求；程序烦琐：施工车辆及机具设备需经过海关备案登记才能入场施工；地下管网繁杂：施工区域范围地下管网错综复杂，难以勘探。

（3）险：临时旅检项目位于皇岗口岸货检区域，通行车辆多，交通繁忙，对施工人员通行及施工作业造成极大的交通压力和威胁；人行天桥横跨福南路，如何保障天桥施工期间福田南路交通安全，是项目的难点工作。

（4）重：皇岗口岸重建项目对于建设粤港澳大湾区，对于承托深港科技创新合作区发展而言意义深远；临时旅检场地的建设是皇岗口岸重建计划中的重要环节。

4. 快速建造实践

（1）快速建造体系简介

深圳市建筑工务署秉承"廉洁、高效、专业、精品"核心价值体系，以"打造持续领先的政府工程管理机构，致力于建设具有国际水平的政府工程"为总体目标，全面推行工程先进建造体系，实现在行业内理念引领、品质引领和技术引领。

① 快速建造体系内涵

是指在项目前期设计、报建、招标、施工、验收等各个建造阶段，通过科学合理地组织、管理，采取先进技术和经济措施，确保工程能够得到快速、连续、高效建设，在保证工程安全质量的情况下，合理地缩减建设周期的建造体系。主要特色为高效建设、工期合理。

② 实施要点

"四化，四先行"即"设计标准化，构件预制化，施工机械化，建设并联化；策划先行，基础先行，市政先行，绿化先行"，具体包括以下几个方面：

a. 四化：指在项目建设周期内进行设计标准化、构件预制化、施工工业化、建设并联化。

设计标准化：指对卫生间、教室、宿舍等空间的设计应用标准化、模块化技术，采用共性条件，进行设计标准化、模块化的研发，制定统一的标准和模式，重点在住宅、学校类项目推广；

构件预制化：指对装配式墙板、楼梯等构件提前预制，在工地现场装配的技术，重点在住宅、学校类项目推广；

施工机械化：指参照先进制造业的机械化生产方式，在保证建筑物及其构配件的标准化与材料的定型化等前提下，遵循工艺设计及深化设计标准，构配件实现工厂机械化的批量生产及后续现场装配过程逐步减少人工操作，实现机械化的敏捷建造；

建设并联化：指对工务署项目的建设，要求各参建单位进行深入细致的组织策划和施工方案优化，做实、用好设计施工一体化、穿插施工、并联施工等先进生产模式。对住宅、学校类项目，要形成相对标准化的、高效的穿插施工工艺流程；对重点大型、复杂项目，必须进行穿插施工组织专项设计、论证和优化。

b. 四先行：指对工务署各项目，必须确保策划先行，基础先行，市政先行，绿化先行。发挥项目策划的上游优势和引领作用，并贯穿工程建设始终，在策划时充分考虑投资、施工、采购等要求，消除质量不稳定因素。配合施工许可"深圳 90"改革，快速推进项目前期工作；对施工组织、关键技术等预先进行统筹，土方、基坑支护、桩基础、市政管线道路、绿化工程具备条件下可与主体工程相互搭接，永临结合，穿插施工，在合理工期的基础上加快建设。

（2）临时旅检场地建设工程实践

①快速建造——党建引领

a. 指导思想

以习近平新时代中国特色社会主义思想为指导，深入学习"支部建在连上"的优良传统，基于"党员管理全覆盖、党的一切工作到支部、提升基层组织力"三个层面的考虑，在项目中推动"支部建在项目上"，让流动党员找到组织，让业务部门联系组织，充分发挥参建各方的创造力和战斗力，促进项目建设争优创优、提质增效，提升项目高质量发展。

b. 组织建设

为有效推进项目基层党组织共建下的党建与业务"双融双促"机制，项目组组建实施双架构保障，在机关党委统筹领导下，设立项目临时党支部，密切联系建设各单位和紧密联系群众，围绕以"项目建设为中心"和"以人民为中心"的双中心责任制度。

c. 党建共建及"党建＋"机制

围绕双中心开展党建共建，就要找准共建单位，通过前期对接，项目临时支部在未来共建中，与多方保持共建意向。

建立工作机制，广泛调动项目所有参建单位党员参与党建工作的积极性，促进党建工作走上规范化轨道，做到党建工作与项目建设同布置、同落实、同检查，形成党建与项目建设工作相互渗透、相互促进、齐抓共管的工作机制（表4.2.9）。

党建共建及"党建＋"机制　　　　　　　　　　　　　表 4.2.9

党建＋安全： 凝聚各方力量，保障 建设安全	安全工作无巨细，意识问题为根本。打造安全文明工地，需要紧紧围绕安全管理意识，贯彻落实日常宣贯常态化、安全管理制度化和规范化"三化"制度，提升党员同志和安全管理人员的主动担责观念	
党建＋学习： 专项培训学技术，安 全交底保生产	面对新时代、新要求，项目临时党支部积极组织项目全员开展各项专项培训与技术交流，不断提升项目人员的学习意识、提升意识和工匠精神，将学习意识融合进项目建设的方方面面，全力打造一支意识领先、技术优先的建设队伍	
党建＋6S＋评优： 争优创先立标杆，比 学赶超促建设	项目临时党支部充分运用"党建＋评优"抓手，狠抓 6S 现场管理工作，通过加强 6S 宣传力度与榜样引领作用，塑造全员参与 6S 管理氛围，坚决将 6S 管理落到实处	
党建＋廉洁： 创廉政建设环境，建 廉洁自律队伍	项目临时党支部始终深入贯彻落实党中央、国务院要求，不忘初心，牢记使命，以全面、全阶段的系列廉政活动，打造一支结构合理、技术精湛、作风过硬、风清气正的建设队伍	

党建＋关怀： 慰问关怀到基层，健康保障暖人心	临时党支部始终贯彻"党建共建""双荣双促"原则，始终坚持把初心与使命体现在对工程建设者的关爱上；体现在对项目周边居民和谐关系的构建上，以切实行动打造温情人性项目	

②快速建造——组织保障

成立以深圳市委市政府牵头，以市委常委、常务副市长为总指挥长，福田区常委为常务副指挥长的局级皇岗口岸重建指挥部，下辖市规划和自然资源局、福田区住房和建设局、福田区交通运输局、福田区城市更新和土地整备局、市口岸办、市建筑工务署、福田区街道办等，全面协调和指导皇岗口岸重建工作。

充分体现全过程工程咨询模式的管理实效和专业优势，对项目部组织架构和人员配备进行科学策划和分配。根据项目建设管理需求，设立以工务署项目组管理班子为首的最高层，下设各专业工作矩阵和工作小组，逐项分配综合管理、前期管理、设计管理、招采管理、造价管理、现场管理、BIM 咨询管理等岗位与业主进行对接，提供专业服务。由此，业主方仅需实施战略决策和宏观管理，全过程工程咨询单位实施专业服务和微观管理。

搭建高配置，最快决策，高效率组织机构，根据项目建设管理需求，设立以皇岗口岸重建指挥部为首的最高决策层，工务署项目组管理班子为实施负责人，全过程咨询单位实施全过程管理和专业咨询，实现快速决策与执行。

③快速建造——计划统筹

根据合同工期目标要求编制皇岗口岸临时旅检场地建设工程总控计划。项目部针对项目特征和特点组织制定总进度计划，工期倒排，合理穿插，确保工期目标的实现（图4.2.23、图 4.2.24）。

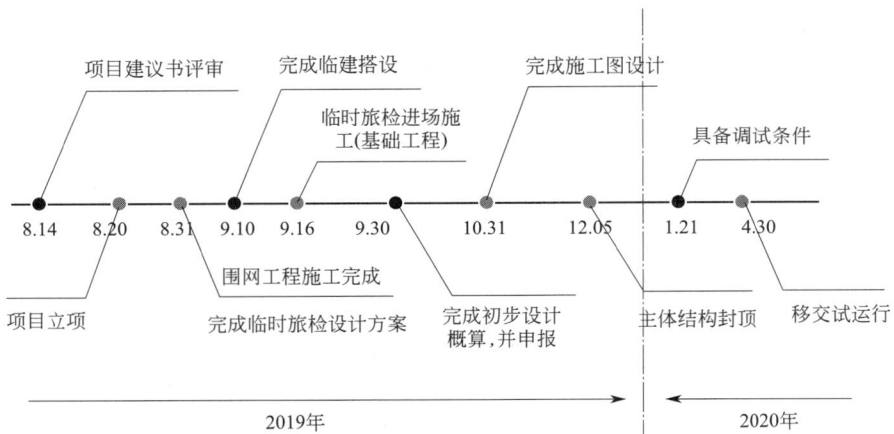

图 4.2.23　临时旅检场地建设工程里程碑

④快速建造——快速响应

快速反应、决策、销项：参建主体各司其职，打破壁垒，第一时间受理问题并快速制定解决方案及措施，从制度和程序上保障本项目快速建造。

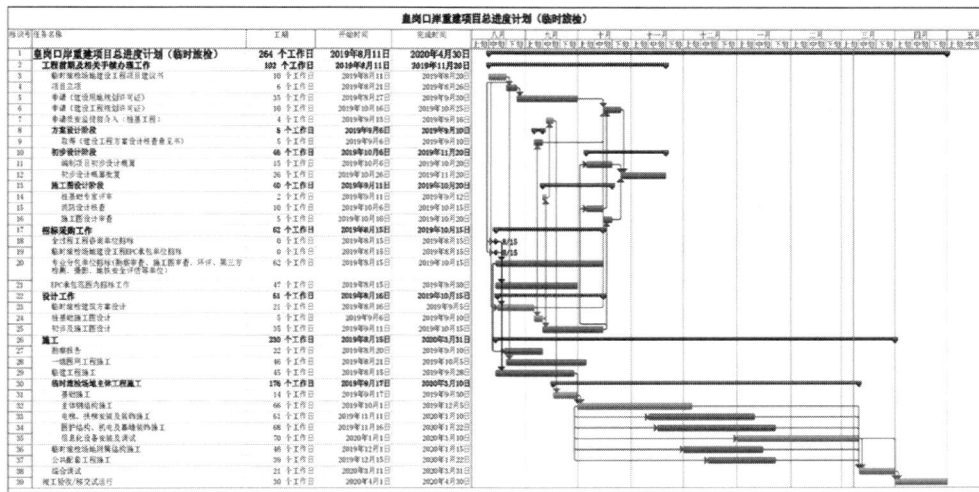

图 4.2.24 临时旅检场地建设工程总控进度计划

项目于 6 月 11 日紧急启动，中心接到建设任务后，迅速启动相关工作，为后续工作推进节约宝贵时间。采用应急维修和小型工程预选招标，一周内确定围网工程施工单位，按时完成开工目标。项目组精心组织、加班加点，不到一个月时间完成了临时旅检场地建设工程 EPC 和重建项目全过程工程咨询两个标的招标工作。

⑤快速建造——策划先行

针对口岸类建设项目的特性，以及皇岗口岸重建项目的特点进行项目管理策划，梳理项目建设过程中的重、难点，并针对性地提出措施、建议（表 4.2.10）。

策划先行   表 4.2.10

皇岗口岸重建项目策划	
皇岗口岸临时旅检场地建设工程工作汇报材料	
6S 管理体系在急难险重项目中应用方案	

| 皇岗口岸重建项目党建共建策划方案 | |
| 皇岗口岸重建项目临时党支部党建工作汇报 | |

⑥快速建造——基础先行

本项目工期紧，基础设计与地勘同步推进，结合附近工程地质报告，初步判断满足该场地承载力要求的桩基为预应力管桩。经专家组充分讨论后，采用速度较快、质量易于控制的预应力管桩设计，比旋挖灌注桩节省约 3/4 工期（表 4.2.11）。

快速建造 表 4.2.11

旋挖灌注桩（两桩承台）		预应力管桩（四桩承台）	
施工工序	工期(d)	施工工序	工期(d)
旋挖钻孔及泥浆护壁	1	桩机就位/移位	0.3
钢筋笼加工	0.5	静力压桩	0.2
钢筋笼吊放及混凝土浇筑	0.5		
总工期	2	总工期	0.5

⑦快速建造——市政先行

现场施工道路采用永临结合，优先施工道路地下管网及道路，确保主体施工阶段道路通畅；主体施工前，完成了一级围网及回流车道改造，确保主体施工顺利开展（图 4.2.25）。

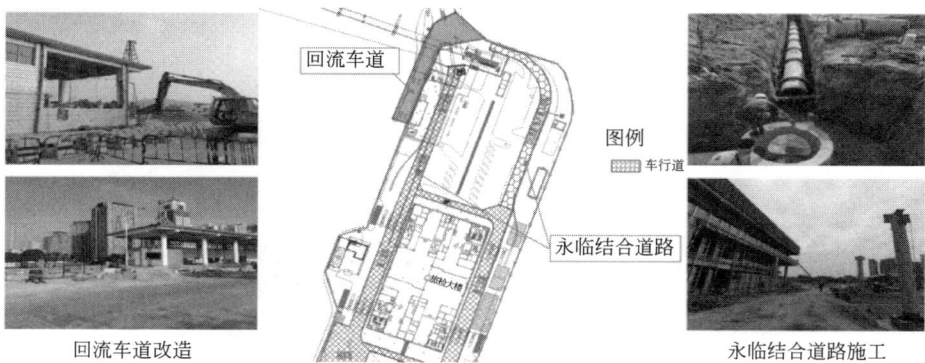

图 4.2.25 快速建造——市政先行

⑧快速建造——设计标准化

为满足本项目建设的整体目标，设置分阶段实施工作目标，并提交相对应完成的阶段工作成果。分为桩基施工图、主体施工图阶段、查验设备智能化施工图阶段；

设计充分考虑设备材料采购供货周期因素，优先启动该部分的设计工作，如电梯、供配电设备及查验设备等设计相关参数，便于提前采购；

组织对设计各阶段图纸质量进行质量管控，对施工图进行审核并提出优化意见，必要时组织专家论证，组织各专业对施工图进行审查和组织结构专家对结构进行论证；

配合招标采购工作，及时确认设计中所涉及材料、设备订货的技术要求和标准（表4.2.12）。

设计标准化　　　　　　　　　　　　　　　　　　　　　　表 4.2.12

主体钢结构设计空间布局灵活，预制化程度高。在初步设计阶段采用模块化、标准化提前插入钢结构深化设计，快速完成模型、提料、节点深化。

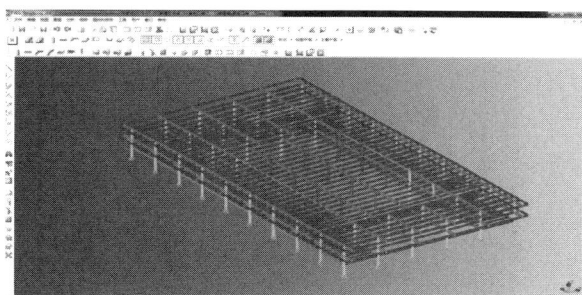

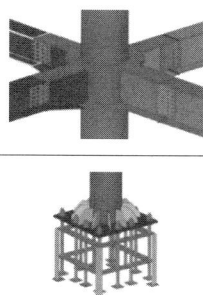

⑨快速建造——构建预制化

a. 临时旅检大楼主体钢结构

装配式，从方案设计阶段就优先考虑采用易于快速建造的钢框架结构＋钢筋桁架楼承板体系，钢结构体系比传统的钢筋混凝土框架结构节省近 2/3 的工期。不但体现在现场结构安装速度快，也方便其他专业第一时间插入施工，为不同专业交叉施工提供便利性（表4.2.13）。

构建预制化　　　　　　　　　　　　　　　　　　　　　　表 4.2.13

现浇混凝土框架结构		钢框架结构	
施工工序	工期(d)	施工工序	工期(d)
外架及满堂架搭设验收	5	钢柱安装	1
柱钢筋绑扎及支模	2	钢梁安装	2
梁板支模及检查	3	楼承板铺设	1
梁板钢筋绑扎及管线预埋	3	横向板筋绑扎及管线预埋	1
柱、梁、板混凝土浇筑	2	楼板混凝土浇筑	1
总工期	15	总工期	6

b. 钢筋桁架楼承板体系

为避免楼板支模、拆模耗费时间，影响其他专业插入施工，耽误工期，在设计定案阶段采用了免支模的钢筋桁架楼承板体系，节约近一半工期（表4.2.14）。

钢筋桁架楼承板体系　　　　　　　　　　　　表4.2.14

现浇混凝土楼板		钢筋桁架楼承板	
施工工序	工期(d)	施工工序	工期(d)
满堂架搭设验收	2	楼承板铺设	1
模板铺设检查	1		—
钢筋绑扎及预埋	2	横向钢筋绑扎及预埋	1
混凝土浇筑	1	混凝土浇筑	1
总工期	6	总工期	3

c. 贝雷梁人行天桥

在人行天桥结构选型时，考虑到贝雷梁结构在于桥梁结构的成熟运用，并且相较于传统钢结构桥梁和混凝土桥梁，贝雷梁更轻便，装配率更高，安装效率更快，焊接作业更少，能最大程度减少对货检区和福田南路通车影响，由贝雷片组成的桁架梁比传统钢结构桥梁节省约1/3工期（表4.2.15）。

人行天桥　　　　　　　　　　　　　　表4.2.15

钢结构桥梁(30m,单跨)		贝雷梁(30m,单跨)	
施工工序	工期(d)	施工工序	工期(d)
构件拼装	3	贝雷梁拼装	1.5
桥架吊装	1	贝雷梁吊装	1
桥架焊接	1	U型卡固定	1
防腐涂料	1	桥面安装	1
总工期	6	总工期	4.5

d. 装配式机房

运用BIM建模技术，对制冷机房模型进行深化分段，下发至加工厂制造，并在工厂组拼成装配式机房；实现现场起工的同时，同步开展预制工作，一旦现场工作面移交，只需运输至现场，吊装安装便可完成，大大缩短施工周期，充分发挥装配式优势助力项目快速建造（图4.2.26）。

机房模型　　　　　　　　深化分段　　　　　　　　加工制造

图4.2.26　装配式机房

⑩快速建造——施工机械化

由于多专业交叉施工，使用移动高空作业车灵活作业，曲臂车高峰期投入了 15 台，登高车投入了 25 台（图 4.2.27）。

图 4.2.27　施工机械化

⑪快速建造——建设并联化

a. 报批报建

根据市委市政府批示，本项目建设过程中报批报建按相关规定执行，但审批时间可以压缩。作为管理方，在前期应充分利用建筑工务署优势，做好提前沟通工作，提高报建效率。

皇岗口岸临时旅检场地建设工程由建设指挥部协调福田区住建局采取特事特办、开辟绿色通道及容缺受理等创新举措，确保项目有序、稳步地推进。

b. 招标采购

采用设计-施工一体化招标，把各专业工程尽可能多地纳入总包范围，减少招标采购的周期和采购的数量。

根据总控计划，编制招标控制计划，在招标控制计划前编制各专业工程的招标策划方案，提前准备和启动招标项目的招标方案编制，尽可能在控制计划时间前完成各招标任务，在启动招标工作的同时对市场和潜在投标人进行充分调研。

在招标准备过程中，提前了解市场情况、了解潜在投标人的情况，理性分析项目的难易点，合理设置招标条件，减少因招标条件设置不合理或因潜在投标人不足的情况而造成流标的风险。

根据招标投标相关法律法规设置合法合理的招标过程时间，通过不设置技术标文件的方式减少招标时间，来快速确定总承包单位的目的。

c. 投资与资金管理

成果阶段化： 提高各协作单位的沟通力度，打破传统的整项成果提交模式，过程成果逐项提交，逐项审核，将后续工作前置，有问题及时反馈沟通；建立沟通群组，进行各专业人员分类对接，设置专业负责人，以小组形式统筹协调；资料统一管理，各小组沟通意见形成的纪要、经修改后的成果均统一由各单位负责人对接，形成统一思想，避免过程中的资料混乱，确保成果一致性。

审核扁平化：鉴于项目时间紧、进度压力大，与项目组制定造价成果同步审核机制，原则上减少层级流程，同步开展工作减少时间；对于既定的事项，例如概算编制等，施工单位造价编制的同时造价咨询也同步进行，这样虽然投入较大的人力，在审核时，资料熟悉时间、核对时间、资料检索时间均大大减少；取消传统的逐级审核，施工单位提交文件后，项目管理单位及造价咨询同时审核，交叉复核后并与施工单位三方对数。

办公集中化：项目组与项目管理工程师集中办公，减少信息传达的滞后性和缺失，做到第一时间通知，第一时间落实，避免事项推进过程中的时间浪费。

资料共享：开通公共网盘，建立资料归档目录，统一归档要求，由项目管理单位统筹管理，各协作单位专人负责资料上传；规范性文件、政府批文、会议纪要等留存文件方便查阅，过程中成果文件、报表等临时性文件由专人上传后进行文件名备注，并在办公群组中提示相关人员。

⑫快速建造——BIM 精益建造

落地 BIM 技术应用：强化 BIM 前期设计阶段应用及价值最大化，有序推进 BIM 正向设计强化。

BIM 管理应用：依托工务署工程建设信息化管理平台推进工务署内部管理流程升级优化及能级提升。

打造新的核心能力：建立工务署政府公共工程数字资产全生命期管理运维体系，打造新阶段核心竞争力。

a. 管道预留预埋深化出图

在管线综合优化模型的基础上，可在结构模型上自动预留孔洞或形成套管，通过对比校核各专业管道预留孔洞，并输出机电全专业预留预埋图，指导现场施工，减少施工过程中由于预留孔洞位置不准确引起的变更。

b. 优化综合管线排布

以设计净高要求及排布美观、减少返工为目标，在结构施工前对机电专业进行建模，提早发现管线碰撞位置，按照相关排布原则在模型中进行优化并反馈设计修改，减少施工过程中因管线碰撞问题引起的结构返工或管线工期滞后（图 4.2.28）。

5. 现场项目管理措施及成效

（1）现场管理措施（表 4.2.16）

现场管理		表 4.2.16
做好事前预告	各分项工程、关键工序、关键部位施工前，对工艺工序的技术要求、重点难点、易出错环节进行书面预告，减少或避免质量、安全的发生。本项目开工以来，根据需要，下发《安全预告单》《质量预告单》，对项目保质保量保安全具有很好的保障作用	

续表

过程及时进行交底	对工艺工序技术要求高、易出错环节,在各分项工程、关键工序、关键部位施工前,发挥专业技术优势,向施工方进行培训和交底,最大限度减少或避免施工错误、返工等带来的进度损失,为项目质量安全和快速建造奠定扎实的基础	
以服务的心态投入到监理工作各个方面	监理与施工的关系是监管与被监管的关系,但监理以服务的心态,24 小时全程为项目服务,巡查、巡视、主动验收、及时验收、随时验收,服务的结果是将问题锁定在最小范围,给正式验收提前扫清障碍,既保证项目建设质量安全,对项目的快速建造也发挥积极作用	
科学施策解决争议	对监理管理与施工单位发生争议的事情,根据《建设工程质量管理条例》规定的权利和义务,邀请参建各方相关人员依据规范、标准进行讨论、分析、定论,及时、科学、公平地解决问题,形成合力,保证项目建设质量安全全覆盖	
党员安全先锋岗为质量安全保驾护航	在高空作业高峰时段,党员安全先锋岗与医护人员一起,对高空作业人员血压、心跳等身体状况进行体检,用人的健康质量保证项目建设的质量安全	
创新做法助退项目质量安全	动火作业经检查符合要求的,张挂"符合动火条件"标识,对吊装符合要求的,张挂"符合吊装要求"标识,签发吊装令,对不符合要求没张挂符合标识的,便于人人发现和制止,保质保量保证安全建造。创新亮点做法被 BV 两次在工务署推广	

（2）项目管理成效

①快速响应，迅速启动招标

339

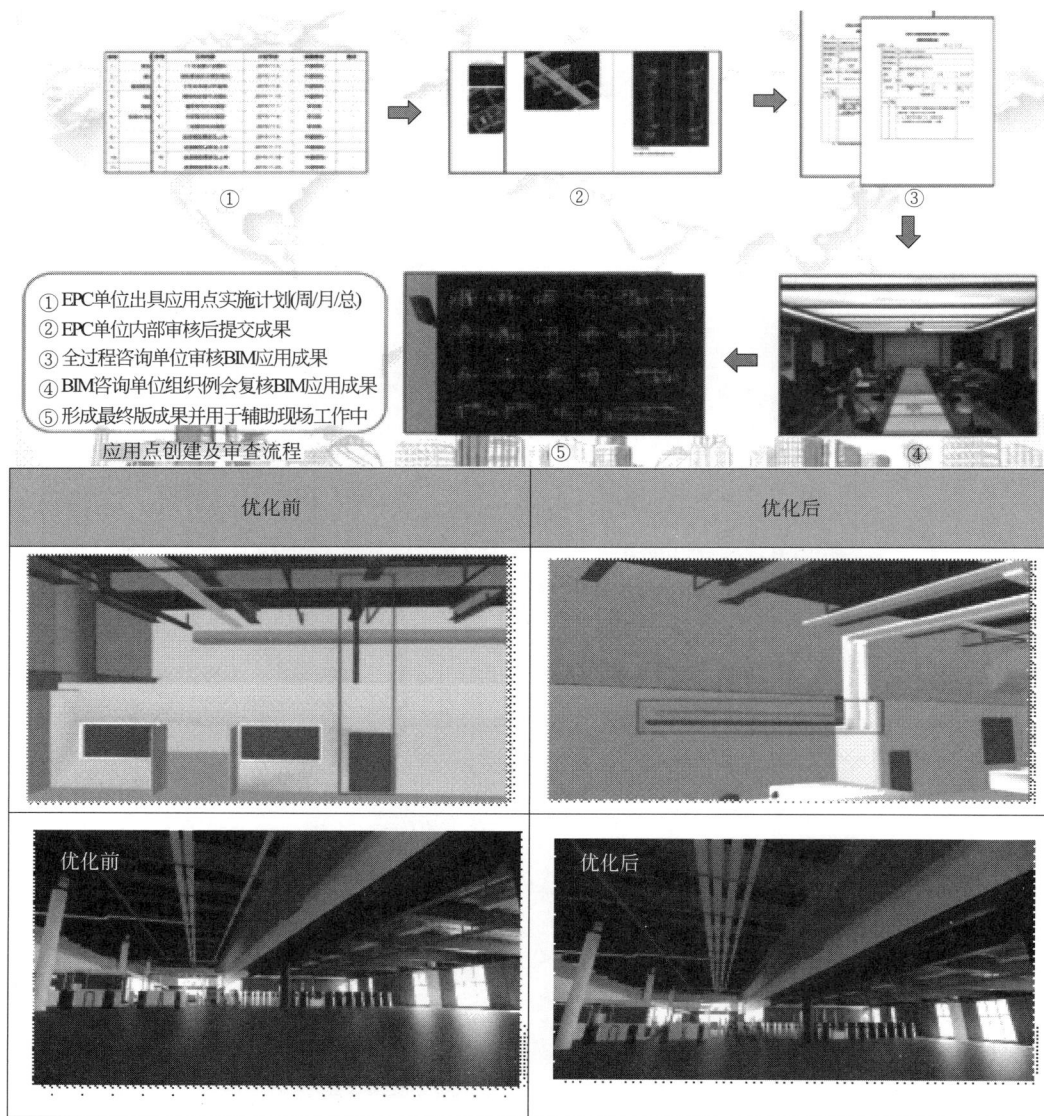

①EPC单位出具应用点实施计划(周/月/总)
②EPC单位内部审核后提交成果
③全过程咨询单位审核BIM应用成果
④BIM咨询单位组织例会复核BIM应用成果
⑤形成最终版成果并用于辅助现场工作中

应用点创建及审查流程

优化前	优化后

图4.2.28　优化管理

皇岗口岸重建项目于6月11日紧急启动，根据市领导6月28日的开工要求，项目组紧急启动招标，采用工务署应急维修和小型工程预选招标，一周内确定中标单位，按时完成开工目标。紧接着，项目组精心组织、加班加点，用不到一个月的时间完成了临时旅检场地建设工程EPC和重建项目全过程工程咨询两个标的招标工作，为项目后续的推进节约了宝贵的时间。

②快速决策、敲定设计定案

在初设方案确定后，项目果断决策，第一时间论证并敲定了预制管桩＋钢结构的结构设计，立即启动预制管桩备料，同时快速搭建钢结构模型，一周内完成约3000t钢结构提料，让"钢结构深化加工"和"施工图审查"同步走，为后续结构如期封顶奠定了坚实的"基础"。

③装配＋机械、完成极限工期

从结构体系、建筑材料到施工工艺等方面，充分考虑"装配式元素"在本项目的运用。针对本项目多专业交叉，室内外同步施工的特点，合理使用移动机械设备，发挥其即时使用，快速转移的特点，既保证不同专业交叉施工需求，又节约工期，正是装配式＋机械化的组合，保证了项目实现从 11 月 8 日开始海关楼拆除，到 11 月 30 日完成结构封顶，到最后 1 月 16 日完成初步验收的"皇岗速度"，由于受疫情影响，临时旅检大楼实际竣工验收时间 2020 年 4 月 17 日，临时旅检大楼部分移交口岸办时间 2020 年 4 月 23 日（表 4.2.17）。

节点 5 工期安排　　　　　　　　　　　　　　　表 4.2.17

里程碑节点	计划完成时间	实际完成时间
正式开工	/	2019 年 6 月 29 日
全过程工程咨询单位招标 EPC 单位招标	/	2019 年 8 月 15 日
确定临时旅检场地建设工程建筑方案	2019 年 8 月 31 日	2019 年 8 月 31 日
开始预应力管桩施工（试桩）	2019 年 9 月 16 日	2019 年 9 月 1 日
提交临时旅检大楼钢结构深化施工图	/	2019 年 9 月 30 日
临时旅检大楼钢结构开吊	2019 年 10 月 25 日	2019 年 10 月 16 日
主体钢结构封顶	2019 年 12 月 5 日	2019 年 11 月 30 日
临时旅检大楼初步验收	2020 年 1 月 21 日	2020 年 1 月 16 日
临时旅检大楼竣工初验	/	2020 年 4 月 7 日
临时旅检大楼竣工验收	/	2020 年 4 月 17 日

四、项目管理成效

（一）表扬函件（图 4.2.29）

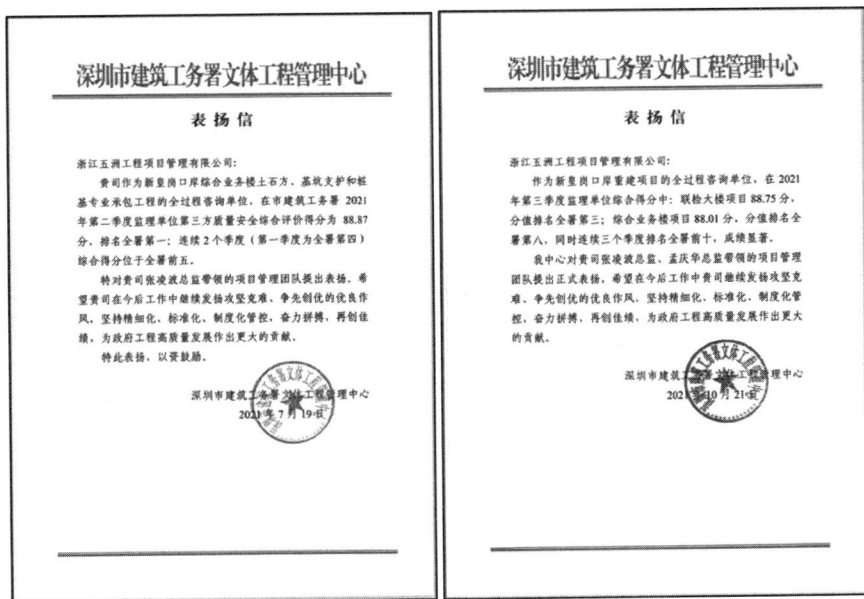

图 4.2.29　表扬信

（二）获得奖项（图 4.2.30）

图 4.2.30　获得奖项列表图

序号	项目名称	奖项
1	临时旅检场地建设工程	第二届"物联杯"IOT＋BIM 设计运维大赛三等奖
2	临时旅检场地建设工程	第十一届"创新杯"建筑信息模型(BIM)二等奖
3	新皇岗口岸综合业务楼	第五届深圳市建设工程建筑信息模型大赛三等奖

（三）履约评价（表 4.2.18）

履约评价　　　　　　　　　　　　　　　　　　表 4.2.18

序号	季度	履约分数	履约等级
1	2019 年第四季度	81.17	良好
2	2020 年第一季度	85.71	良好
3	2020 年第二季度	80.20	良好
4	2020 年第三季度	88.00	良好
5	2020 年第四季度	90.38	优秀
6	2021 年第一季度	89.35	良好
7	2021 年第二季度	88.44	良好
8	2021 年第三季度	83	良好

第三节　深圳职业技术学院全过程工程咨询项目集群

一、项目概况

深圳职业技术学院项目集群共由 5 个单项工程组成，是深圳市建筑工务署教育工程管理中心首个采用"项目集群＋全过程工程咨询"组合管理的重点民生项目，自 2019 年首个项目开工建设以来，集群已经实现"1 个项目竣工、2 个项目封顶、1 个项目封底、1 个项目开工"。

（一）建设规模

深圳职业技术学院项目集群总建筑面积约 36 万 m^2，总投资约 27.5 亿元，建设内容主要为：学生宿舍、食堂、体育配套设施、实训楼、图书馆及室外建筑配套等（表 4.3.1）。

建设项目情况　　　　　　　　　　　　　　　　　　表 4.3.1

序号	项目名称	建筑面积	投资额	建设目标
1	深圳职业技术学院西丽湖校区学生公寓 A、B 拆建工程	6.31 万 m²	4.2434 亿元	广东省建设工程优质奖
2	深圳职业技术学院留仙洞校区 G 栋学生宿舍建设工程	7.67 万 m²	5.6042 亿元	广东省建设工程优质奖北校区一期工程创"国家优质工程奖"
3	深圳职业技术学院留仙洞校区体育及配套设施建设工程	4.35 万 m²	3.6002 亿元	
4	深圳职业技术学院北校区一期	9.93 万 m²	8.0636 亿元	
5	深圳职业技术学院华侨城校区整体改造工程	7.37 万 m²	5.9608 亿元	

（二）集群建设特点

深圳职业技术学院项目集群各单项工程分别坐落在不同校区，建设风格与邻近建筑相契合，且与周边自然环境、人文与社会环境充分融合，旨在解决"办学环境及配套的设施相对比较欠缺"以及"深职院学子住宿"两大核心问题，提高深圳职业技术学院配套设施水平，提升近 30000 名师生的学习、生活及办公环境。具有建设标准高、建设周期短、建设难度大、参建单位多、协调量大、场地限制等重难点（图 4.3.1）。

(a) A、B 栋项目鸟瞰图

(b) A、B 栋项目效果图

(c) G 栋项目效果图

(d) 体育项目鸟瞰图

图 4.3.1　建设项目图片（一）

(e) 北校区项目(实训楼)效果图   (f) 北校区项目(食堂宿舍)鸟瞰图

(g) 华侨城项目鸟瞰图   (h) 华侨城项目效果图

图 4.3.1 建设项目图片（二）

此外，集群各单项工程建设进度不一，项目分批开工，先行项目实践经验可为后续项目提供借鉴，全过程工程咨询管理人员分批进场，借助先行项目熟悉工务署管理制度，在新项目开工后可尽快投入角色，集群建设具备"流线型"特征。正因如此，项目组需同时统筹各个阶段的主要管理工作，协调各参建单位，及时对接使用单位，落实建设需求，以保障集群各项建设目标顺利完成，统筹难度较大。

二、服务范围及组织模式

（一）全过程工程咨询服务的具体内容

集群采用项目咨询与工程监理一体化的全过程工程咨询模式，具体工作包括但不限于项目计划统筹及总体管理、报建报批管理、设计管理、招标采购及合同管理、进度管理、造价管理、投资管理、档案信息管理、现场施工组织协调管理、竣工验收及移交管理、工程结算管理、各参建单位统筹协调管理，以及与项目建设管理相关的其他工作，施工准备阶段监理、施工阶段监理、保修监理及后续服务管理以及与工程监理相关的其他工作、提出创新技术应用，智慧工地、绿色施工建设等策划方案，并监督相关单位实施。

（二）全过程工程咨询的组织模式

为充分体现全过程工程咨询模式的管理实效和专业优势，在该全过程工程咨询项目中，将项目管理团队与现场监理团队进行编制分组融入建设单位的管理团队，实施扁平化综合管理。

公司层面，以浙江五洲工程项目管理有限公司及各直属专业公司提供后台技术支撑，公司执行总经理充分调动公司有效资源，助力项目保质保优（图 4.3.2）。

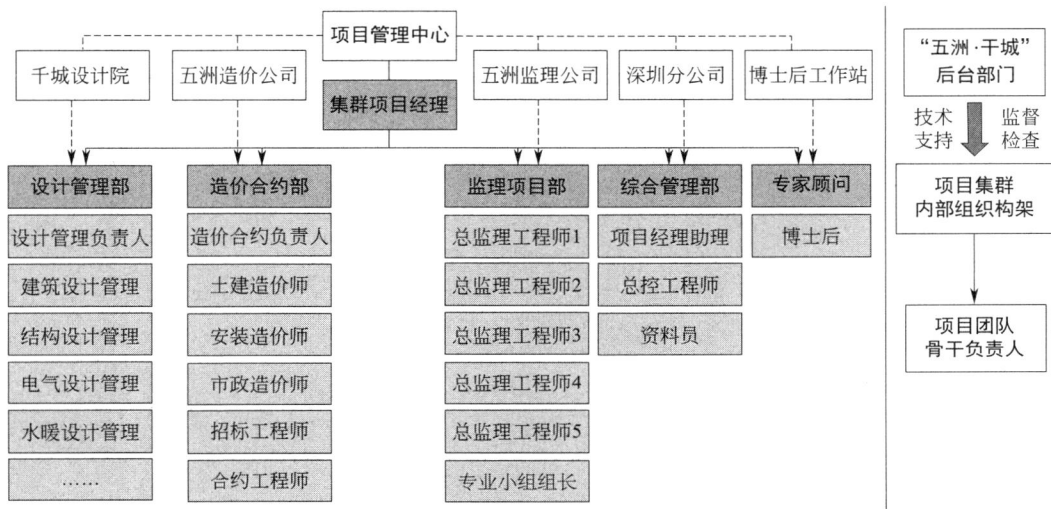

图 4.3.2　管理模式

现场管理层面，以公司执行总经理为项目负责人统筹本项目群全方位、各阶段管理，设立设计管理组、造价合约组、综合管理组、施工监理组、专家顾问组。各小组由一名总牵头人和多名技术人员组成，分别配合建设单位开展咨询管理工作，作为管理的中间环节，起到"承上启下"的宏观作用。管理实施层面，各专业小组之间无缝衔接，通过总控计划、月计划、周计划的逐层细分，工作分工到组，责任落实到人，从而实现由宏观服务到微观管理。

本项目群各单项工程由五个施工监理组分别实施现场管理，集中综合管理组、造价管理组、设计管理组、专家顾问组等优势资源，为施工实施阶段的监理服务提供技术支持。项目群内部采用内部竞赛机制，充分调动管理人员及其他参建单位履约积极性，为项目争优创优提供有力的制度保障（图 4.3.3）。

当进入施工建设阶段后，管理重心由前期管理逐步转向以监理项目部为主导的现场管理。图 4.3.4 所示的协作框架更有利于集群咨询团队各专业可与施工总承包单位有效对接，设计管理部、造价合约部、综合管理部可为总监理工程师的决策提供支持。在与施工总承包单位的对接方面，如图所示，设计管理部对接技术负责人、造价合约部对接商务经理，综合管理部对接综合主任，这一协作框架充分发挥了集群咨询团队"专业广、人员多"的优势，有效缓解了总监理工程师的管控压力，使其可将更多精力投入到安全、进度、质量管理过程中。在监理工作推进过程中，设计管理部、造价合约部、综合管理部也可为总监理工程师的决策提供支持。

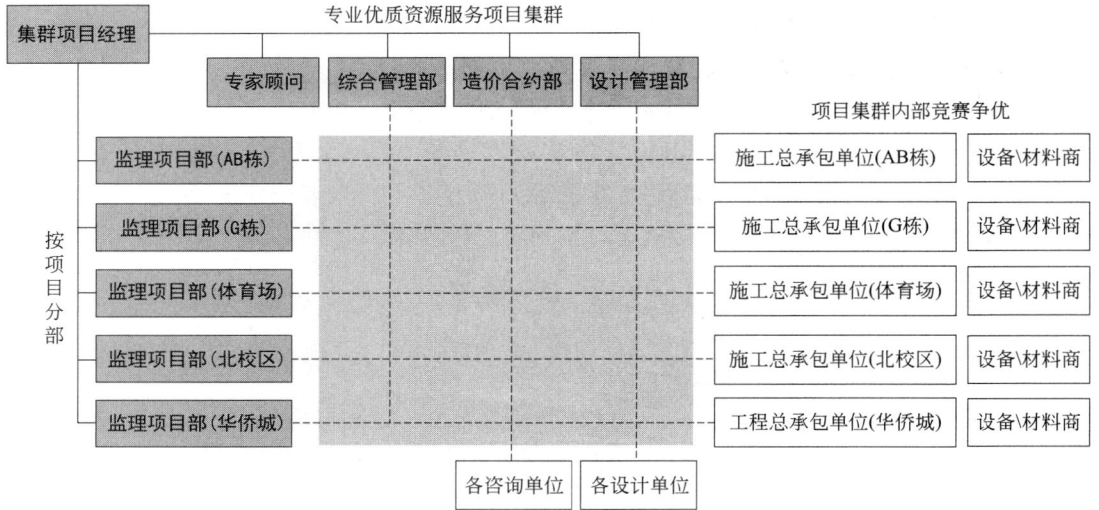

图 4.3.3　单项工程组织

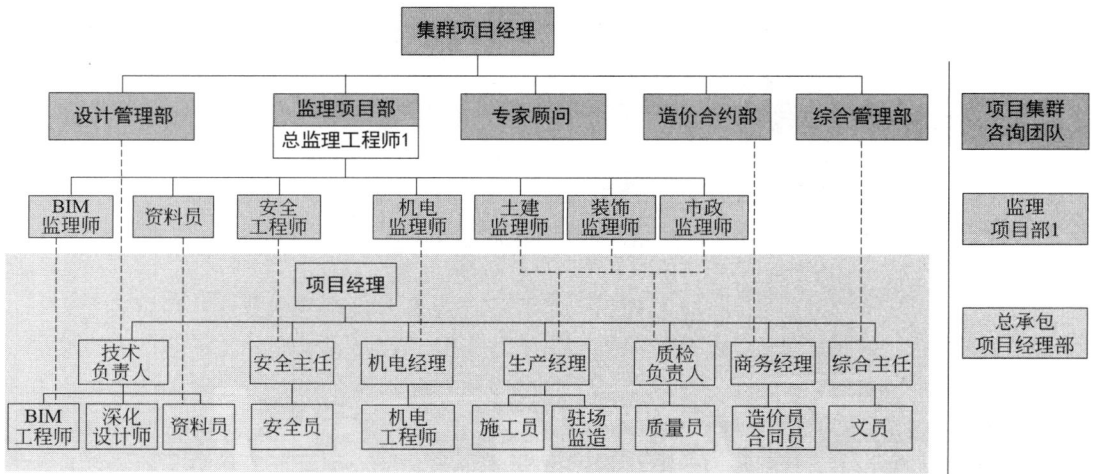

图 4.3.4　施工建设阶段管理

（三）工作内容及职责

为更好的统筹集群各项管理工作，实现"职责到位，责任到人"，集群按照既定的组织架构框架，制定了各岗位的岗位职责和主要工作内容，如表 4.3.2。

岗位职责与工作内容　　　　　　　　　　　　　　　　表 4.3.2

类型	部门/主要成员	主要工作内容
"五洲·千城"后台支撑	项目管理中心	负责为项目启动、实施、收尾等管理工作提供后台支持，组建全过程工程咨询项目团队，保障实现项目目标。根据五洲项目管理办法监督检查项目部各阶段工作成果。定期组织学习交流促进团队能力提升
	千城设计院	负责为集群设计管理提供技术支持，协助审查设计单位初步设计及施工图设计成果，检查图纸深度及质量。参与重大技术问题处理

类型	部门/主要成员	主要工作内容
"五洲·千城"后台支撑	五洲造价公司	负责为集群造价管理提供技术支持,审查造价咨询单位概算文本及施工图预算工程量清单和招标控制价,参与重大造价变更处理,参与审核工程结算以及重大合同索赔争议处理
	五洲监理公司	负责为集群监理工作提供技术支持,审查监理规划及各监理实施细则,参与重大质量安全问题处理,代表公司巡查集群各项目季度/月度检查项目质量、安全文明、内业资料等成果
	博士后工作站	参与集群相关课题和专著,指导课题调研、成果编制,牵头和审核专著编写工作
	五洲深圳公司	依托分公司资源,为集群提供专业技术支持,审核项目策划,对项目集群管理目标、质量目标、进度目标、投资目标进行科学管控,按月度检查项目质量、安全文明、内业资料等成果
项目核心团队	集群项目经理	负责项目目标管理,制定工作程序及相关管理制度,控制项目总体计划;负责项目团队机构管理、制定考核奖罚制度等;组织协调项目各层面参建单位关系,共同协作确保目标实现;参与各项重大问题决策,组织问题解决方案编制和落地,为决策层和使用单位提供技术支持;项目团队主要经济、技术、管理等成果的审批
	综合管理负责人	组织编制项目总控计划,设计阶段控制计划、招标采购控制计划、施工阶段控制计划,督促二级计划的编制和控制;负责管理项目集群建设过程中的各类资料及归档;编制项目集群各项管理方案、管理制度,并实施过程监督;负责项目联合党支部日常相关工作及文化宣传工作;组织协调相关会议,会议纪要编制及发放
	设计管理负责人	编制设计管理工作大纲、设计阶段控制计划,明确设计管理的工作目标及措施,明确内部设计管理工程师职责与分工;对接协调建设单位、使用单位与设计单位,落实使用功能需求;负责建设期各阶段的报批报建工作;组织各阶段各专业设计图纸(文件)审查,协调限额设计,技术交底,配合造价集群其他团队工作,管理BIM咨询单位工作
	造价合约负责人	主动对接深署教育工程管理中心造价合约部、深署设计管理中心合约部,负责本项目的投资控制、招标采购、合同管理。依据分工内容设立投资管理组、招标采购组,开展具体工作事项
	A、B栋项目总监	经公司授权,代表公司完成相关监理工作,组织监理部日常工作,接受各级监管机构的监督,各总监受项目集群经理协调管理;参与项目集群策划、施工图审核等,提出合理化意见;配合造价合约团队,参与招标文件编制,对施工承包界面、材料设备技术参数和品牌档次提出建议,对中标候选人投标文件进行复核;组织编制监理规划,审批监理实施细则,参与图纸会审和设计交底会议;主持日常监理例会和各项现场专题会议,处理现场日常协调工作;审核承包人提出的施工组织设计、施工技术方案、施工进度计划、施工质量保证措施和施工安全保证体系,审核承包人选择的分包商;检查施工承包人质量、安全生产管理制度及组织机构和人员资格,检查现场工程实体质量与安全文明生产措施投入;审查施工承包人提交的工程变更申请、签证,协调处理施工进度调整、费用索赔、合同争议等事项;组织分部分项工程和隐蔽工程的检查、验收,做好监理相关原始资料的收集、整理、归档,协助组织工程竣工验收;保修期期间定期质量回访,如出现质量缺陷进行调查分析并确定责任归属,审核修复方案,监督修复过程并验收
	G栋项目总监	
	体育项目总监	
	北校区项目总监	
	华侨城项目总监	

1. 项目计划统筹及总体管理工作内容

（1）编制项目策划，制订项目管理具体目标，建立项目管理的组织机构，明确各部门及岗位工作职责，分解项目管理的工作内容，制订项目管理工作程序及工作制度，制订各阶段各岗位的人力资源计划。

（2）编制项目总体进度计划，根据项目实施情况进行动态调整。

（3）协调项目各层面、各相关单位、各项工作关系，协调项目外部关系。

2. 报建报批管理

（1）对项目建设需要开展的相关专题研究以及需要办理的相关手续进行梳理。

（2）根据项目建设内容编制报建报批工作计划，包括但不限于：办理土地、规划、建设、环保、人防、消防、气象、水土保持、市政接驳等。

（3）对各参建单位的报建报批工作进行协调管理。

3. 设计管理

（1）制定设计管理工作大纲，明确设计管理的工作目标、管理模式、管理方法等。对项目设计过程，包括但不限于：方案设计管理、初步设计管理、施工图设计管理、现场变更图纸管理、竣工图管理，并对设计过程的进度、质量、投资进行管理。

（2）审查设计单位提交的各项设计成果，检查图纸的设计深度及质量，分专项对设计成果文件进行设计审查。

（3）负责各专业（包括但不限于规划、总图、建筑、结构、装饰、景观园林、幕墙、电气、泛光照明、通风与空调、给水排水、建筑智能化系统、室外道路、建筑节能环保与绿色建筑、民防、消防、燃气、电梯钢结构、预应力、建筑声学、灯光、音响、基坑支护工程、地基处理、边坡治理、建设用地范围外的管线接入工程、水土保持工程施工图、厨房工程、10kV外接线工程、污水处理工程、建筑永久性标识系统、地下综合管廊、海绵城市、工业化建筑以及其他与本项目密切相关、必不可少的系统、专业和其他特殊工程）设计图纸设计深度及设计质量进行审查，减少由于设计错误造成的设计变更、增加投资、拖延工期等情况。对设计方案、装修方案及各专业系统和设备选型进行优化比选，并提交审查报告。

（4）协调使用各方对已有设计文件进行确认。确认设计样板，组织解决设计问题及设计变更，预估设计问题解决涉及的费用变更、施工方案变化和工期影响等，必要时开展价值工程解决设计变更问题。

（5）组织专项审查，组织可能存在的前期阶段招标、签订合同并监督实施。

（6）对项目进行投资控制管理。负责组织设计单位进行工程设计优化、技术经济方案比选并进行投资控制，要求限额设计，施工图设计以批复的项目总概算作为控制限额。

4. 招标采购及合同管理

（1）根据项目特点对招标采购工作内容进行分解，编制招标采购计划和采购规划，确定招标方式、招标时间、标段划分等内容，编制招标文件和拟定设备材料的技术要求及参考品牌等。对造价咨询单位编制的报价原则、工程量清单、标底、上限价等经济技术指标进行审核。

（2）负责招标的全过程工作，组织招标答疑与补遗编制、投标文件澄清工作，对投标资料、投标样板进行审查、验证，参与投标单位相关人员的面试、答辩等工作，对投标方及采购的设备材料进行调研。

（3）审查中标候选人技术标书中的施工组织设计及技术方案，审查材料设备的技术参数指标，审查中标候选人商务标书中的清单分项及投标报价，提出存在的问题并提出合理的优化建议。

（4）负责项目涉及的土建项目和各专业系统的设计、咨询、施工、供货及相关的专业合同的起草、谈判，协助签订；对合同履约、变更、索赔、合同后评价进行管理；对合同风险进行分析并制定应对措施。

5. 进度管理

确定进度管理总体目标及节点目标，编制项目进度计划及控制措施，分析影响进度的主要因素，对进度计划的实施进行检查和调整。

6. 投资管理

（1）确定投资控制目标，制订投资管理制度、措施和工作程序，做好决策、设计、招标、施工、结算各阶段的投资控制。

（2）负责设计概算的审核，配合发改委、评审中心概算评审工作，以批复的可行性研究报告中建安工程投资为依据，控制设计单位限额设计。

（3）管理造价咨询单位，组织概算全面审查工作，组织专家评审会议，根据项目特点参考同类工程经济指标。

（4）概算经业主批准后报送发改部门，与发改评审部门进行沟通、协调，确保评审结果的合理性。

（5）审核并且确认造价咨询单位编制的工程量清单、标底、控制价的准确性，尤其是材料设备的名称、规格、数量等内容，负责将招标控制价报送审计专业局审计或备案，招标上限价应按分项预算严格控制，对超过预算项说明原因，并报业主招标委员会批准。

（6）审批工程进度款支付，审核工程变更及签证并送审计局备案，做好用款计划、月报、年报、年度投资计划等统计工作，建立分管项目的合同、支付、变更、预结算等各种台账；负责对项目投资进行动态控制，处理各类有关工程造价的事宜，定期提交投资控制报告；参与甲供材料设备招标工作。

（7）定期组织召开造价专题会议，解决造价问题争议，建立投资控制台账，督促完善设计变更等程序。

（8）负责办理工程量清单复核报告审批手续，检查督促造价咨询单位、监理及时审核工程量清单复核报告、设计变更及现场签证等，督促专业工程师及时办理设计变更、现场签证等审批手续。负责检查催办专业工程师招标阶段的结算资料收集整理和归档情况。

（9）负责工程结算的审核并配合报审计局审定；负责对项目工程造价进行经济指标分析，负责提交结算审核事项表；参与结算资料整理归档；配合财务办理竣工决算；负责审核结算款、保修款，协助办理审批手续。

（10）负责协调和造价咨询单位有关结算问题的分歧。负责对监理和造价咨询单位的结算工作的管理，并在造价咨询单位的结算审核报告上签署意见。负责结算报告的审批手续和报送审计部门，负责跟踪审计进度，及时反馈审计意见。负责审计报告征求意见稿的审批手续和审计报告的整理归档。负责在工程项目所有结算完成后书面通知业主财务处办理项目决算，按业主财务部门要求准备相关决算资料并配合决算审计。

（11）负责监理及造价咨询单位的工程结算管理，送审、跟踪审计进度，反馈审计意见、归档审计报告，配合决算审计。

（12）工程投资控制月报制度

①每月 25 日前，应向业主提供当月的投资控制月报。

②投资控制月报应包括上月工程款支付情况、工程形象进度、工程完成投资额、承包商人员和机械设备投入情况、工程质量情况、检测资料、数据、工程设计变更及投资增加情况，提出问题，查找原因，并提出下月的工作建议。

③对于建设单位有特殊要求的情况，应向业主提供投资控制双周报。

（13）投资控制工作总结制度

①在工程竣工验收后，应向业主提交该项目的工程投资工作总结，该总结作为工程咨询工作的一项竣工验收资料，并报送业主资料室备案。

②投资控制工作总结报告内容应包括并不限于：工程概况及建设全过程情况、造价咨询工作手段、造价管理情况，设计变更的内容、原因、造价审计中存在的问题及解决办法，对项目造价管理工作的评价与分析（包括但不限于概算与结算情况对比分析），工程遗留问题的总结与分析等，并提出合理的建议。

7. 现场管理

（1）在项目实施过程中，对施工现场的质量、进度、安全及文明施工进行管理。

（2）确定进度管理总体目标及节点目标，编制项目进度计划及控制措施，分析影响进度的主要因素，对进度计划的实施进行检查和调整。

（3）识别重大危险源与预控措施，编制质量安全控制基准计划，监督检查现场施工质量和检查现场施工安全，落实现场文明标准化。

（4）审核承包人提出的施工组织设计、施工技术方案、施工进度计划、施工质量保证措施和施工安全保证体系，审核承包人选择的分包商。

8. BIM 管理

（1）协调管理招标人另行委托的 BIM 咨询单位组织落实：项目 BIM 应用工作，保证项目 BIM 价值的实现，实现对项目 BIM 实施的综合管理。

（2）协调管理招标人另行委托的 BIM 咨询单位：审核项目 BIM 总体实施方案和各专项实施方案，规范 BIM 实施的软硬件环境，审核招标投标文件 BIM 专项条款，审核项目的 BIM 实施管理细则、各项 BIM 实施标准和规范。

（3）协调管理招标人另行委托的 BIM 咨询单位，审查 BIM 相关模型文件（含模型信息），包括建筑、结构、机电专业模型、各专业的综合模型，及相关文档、数据，模型深度应符合各阶段设计深度要求。

（4）协调管理招标人另行委托的 BIM 咨询单位：审查 BIM 可视化汇报资料、管线综合 BIM 模型成果、BIM 工程量清单、BIM 模型"冲突检测"报告。

（5）协调管理招标人另行委托的 BIM 咨询单位进行管线综合分析和优化调整，分析基于 BIM 的管线综合系统解决方案。

（6）协调管理招标人另行委托的 BIM 咨询单位，实现基于 BIM 的工程咨询，建立 BIM 实施的协调机制及实施评价体系，负责项目 BIM 管理平台的管理，实现项目各参与方的协同，基于 BIM 开展工程咨询工作，包括基于 BIM 的所有技术审查、项目例会等。

（7）协调管理招标人另行委托的 BIM 咨询单位：审查相关 BIM 成果是否符合深圳市建筑工务署《BIM 实施管理标准》与深圳市建筑工务署《BIM 实施导则》的要求，提交审查报告并负责成果验收。

（8）工程咨询单位需协调辅助 BIM 咨询单位申报国内外 BIM 等奖项。

9. 工程技术管理

（1）对工程建设过程中的特殊结构、复杂技术、关键工序等技术措施和技术方案进行审核、评价、分析，解决施工过程中出现的设计问题，优化设计方案，对工程建设新技术、新工艺、新材料进行研究论证，对重要材料、设备、工艺进行考察、调研、论证、总结，从技术角度提出合理化建议或专项技术咨询报告。

（2）组织设计单位对监理和施工单位进行技术交底，对重点工序、重点环节的技术、质量进行控制，处理工程建设过程中发生的重大技术质量问题。

10. 档案与信息管理

（1）借助专业的信息管理软件及先进的信息技术平台，根据时间、内容、类型进行分类、编码、归集，高效检索、分享、传递、审批工程项目信息，保存能清楚证明与项目有关的电子、文档资料直至项目移交。

（2）负责对勘察、设计、监理、施工单位工程档案的编制工作进行指导，督促各单位编制合格的竣工资料，负责本项目所有竣工资料的收集、整理、汇编，并负责通过档案资料的竣工验收以及移交。

（3）借助先进的信息管理软件或信息技术平台，对工程建设过程中如质量、安全、文明施工等信息进行高效分享、传递、监督、反馈、管理。

11. 课题研究

组织"高校建设使用需求研究""建设项目集群管理模式下的全过程工程咨询服务应用研究"两项课题研究，含制度研究、制度编写、系统开发运维、专家咨询、专家评审、组织申报、数据管理等内容。

12. 实验室工艺咨询管理

（1）协调招标人管理实验室工艺咨询单位调研、整理、汇总实验室工艺需求并形成需求文件，包括实验室的使用目的、实验室的实验内容、实验流程、实验室的仪器种类、型号、功率、重量等，以及主要设备使用频率，主要设备的用水、用电、用气、通风及承重要求，实验室的操作人数，实验室"三废"内容等。

（2）协调招标人管理实验室工艺咨询单位调研、整理、汇总实验室环境要求，包括人对环境的要求、实验对象对环境的要求、设备对环境的要求、实验内容对环境的要求、实验室的功能实现目标。

（3）负责协调管理招标人可能另行委托的实验室工艺咨询单位组织落实项目实验室工艺设计质量、进度、深度，复核各阶段要求。

（4）认证定义：

定义实验室的类别、实验室使用目的、实验室安全等级、实验流程与建筑空间要求、实验室总体环境要求、实验设备与建筑结构的配套要求、实验室功能与建筑结构关系、实验室三废对环境的影响。

（5）协调招标人管理实验室工艺咨询单位，对实验室工艺设计进度、设计质量进行管理。

（6）协调招标人管理实验室工艺咨询单位，对实验室工艺流程调试、验收、检测、认证过程进行管理。

（7）投标人作为工程咨询方，应起到总协调管理的责任，对实验室工艺全过程管理及使用反馈调研形成最终成果报告。

13. 现场施工管理

对项目实施过程进行质量、进度、安全及文明施工管理。

14. 竣工验收及移交管理

（1）负责组织项目相关参建各方办理项目专业验收和总体竣工验收申报手续，并协助进行项目专业验收和总体竣工验收，及时解决工程竣工验收中发现的工程质量问题。

（2）负责项目移交工作的管理，包括质量监督、档案验收、项目审计、财务决算、环境保护、卫生监督、劳动安全、消防、工程总结等。

三、全过程工程咨询项目实践

（一）项目策划管理

进场以后，项目经理召集团队成员针对本项目群特点、使用需求、建设目标等进行系统分析，搜集前期相关资料，组织多轮内部讨论后，形成"策划先行、党建引领、架构融合"的主要工作方针（图4.3.5）。

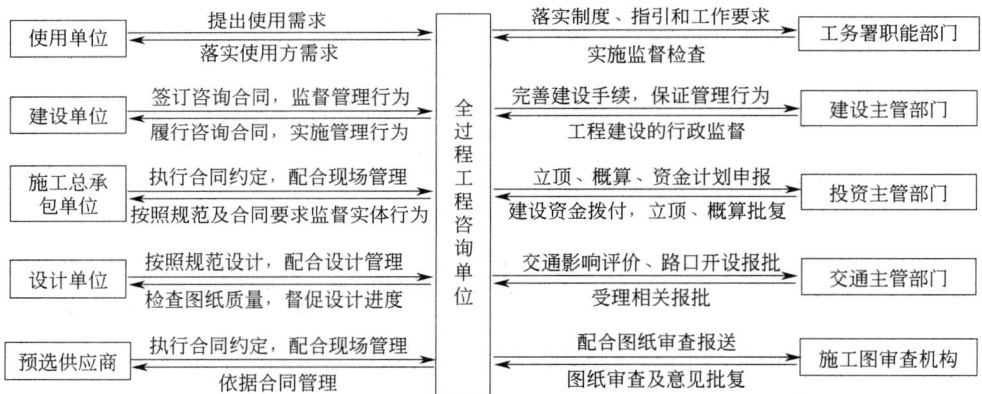

图 4.3.5 项目策划管理

针对本项目群编制的全过程项目管理的规划体系，将管理策划内容共分解为项目群总览、目标定位、项目组织、招标采购、进度管理、投资管理、质量管理、安全标化、先进建造体系、党建与宣传共10个章节，40项内容，117页文稿，近5万字的策划书内容，细致全面的工作分解使得全过程工程咨询工作的界面和内容更为清晰可控。

同时，为了更好地梳理集群各参建单位关系，集群管理团队进行了"利益相关者分析"，尽量确保各相关群体利益可以最大程度得以保留，同时也为组织架构的确定提供保障。

（二）报批报建管理

本集群报批报建具备“延续性、一致性、跨区域”等特点。首先，集群建设阶段不一，各项报批报建工作需逐步开展，先行项目经验可延续至后续项目，集群以 AB 栋项目为先行点，首先完成了前期各项政府手续的办理，在每项手续完成审批或批复后充分进行经验总结，在后续项目开展时有效规避问题，组织使用方、业主方、设计院等提前与主管部门审批人员进行沟通，加快审批效率，确保一次通过，为工程推进夯实基础。

其次，各单项工程建设内容相似，报批报建内容具备较强的一致性，如 AB 栋项目办理工程规划许可证时，对于主管部门提出的建筑高度、核增面积、绿地面积、土方平衡、装配式专篇等问题及时进行分析和总结，在后续四个项目办理工程规划许可证时有效避免了类似问题，确保批复结果，符合申报的各项指标。

最后，除华侨城项目位于福田区外，其余项目均位于南山区，不同区域对报批报建的要求不同。截至目前，集群累计已完成各项审批手续共计 127 项，前期手续均已齐备，开工手续除华侨城正在办理外，其余均已按照要求办理完成。

（三）设计管理

1. 积极对接前期工作

为了更好实现设计对接，项目组要求全过程咨询单位提前介入方案设计和初步设计，进行方案设计跟踪、初步设计图纸审查、初步设计优化等工作。

以华侨城项目为例，原校区内食堂、教学楼经检测鉴定可保留使用，但其加固设计需要专家论证，此时正值疫情防控期间，且华侨城概算申报已刻不容缓，在此环境下，全过程工程咨询单位迅速组织设计人员返场，全力配合项目组及前期项目管理单位，召开专家论证会，跟进图纸修改进度及意见，为华侨城项目概算申报赢得时间（图 4.3.6）。

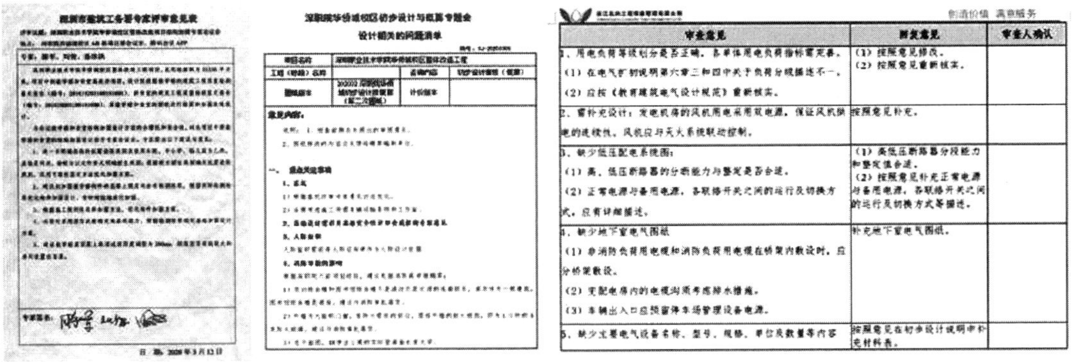

深圳市建筑工务署专家评审意见表

深职院华侨城校区初步设计与概算专题会

设计相关的问题清单

审查意见	回复意见	审查人确认
1. 用电负荷等级划分是否正确，各单体用电负荷指标需完善。（1）在电气扩初说明第六章三和四中关于负荷分级描述不一。（2）应按《教育建筑电气设计规范》重新核实。	（1）按照意见修改。（2）按照意见重新核实。	
2. 需补充设计：发电机房的风机用电采用双电源，保证风机供电的连续性，风机应与灭火系统联动控制。	按照意见补充。	
3. 缺少低压配电系统图：（1）高、低压断路器的分断能力与整定是否合适。（2）正常电源与备用电源，各联络开关之间的运行及切换方式，应有详细描述。	（1）高低压断路器分段能力和整定值合适。（2）按照意见补充正常电源与备用电源，各联络开关之间的运行及切换方式等描述。	
4. 缺少地下室电气图纸（1）非消防负荷用电缆和消防负荷用电缆在桥架内敷设时，应分桥架敷设。（2）变配电房内的电缆沟须考虑排水措施。（3）车辆出入口应预留停车场管理设备电源。	补充地下室电气图纸。	
5. 缺少主要电气设备名称、型号、规格、单位及数量等内容	按照意见在初步设计说明中补充材料表。	

加固改造设计审查意见　　初步设计问题清单及审查意见

图 4.3.6　加固改造设计、初步设计审查意见

2. 重视集群专业沟通

集群全过程工程咨询的设计管理与其他专业间已形成联动机制。以华侨城概算审批为例，概算批复金额较申报金额减少近 7000 万元，为确保项目主要建设功能的实现，设计组立刻组织设计院及相关方对建筑、结构、电气、智能化、给水排水、暖通、景观、室内、幕墙等专业图纸进行限额深化设计，配合造价组进行概算指标分解和投资管控优化，最终，在

不影响主要功能实现和结构安全的前提下，施工图预算降至概算批复指标以下（图4.3.7）。

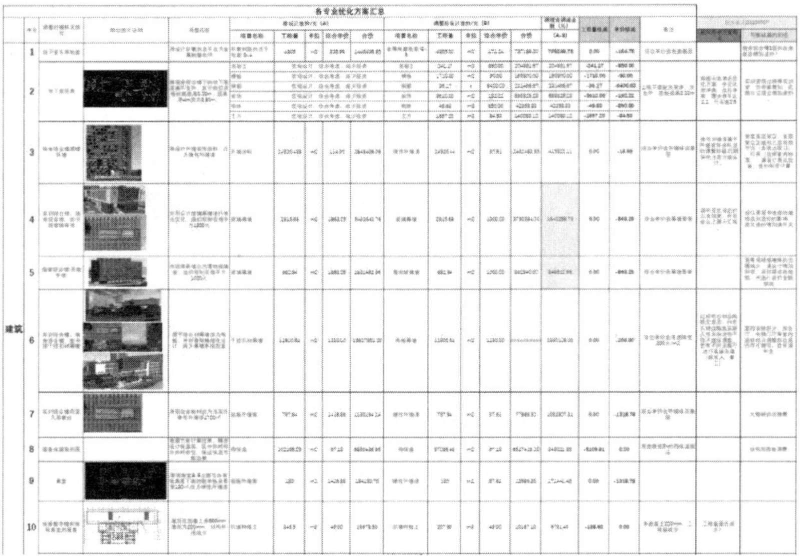

图4.3.7　华侨城施工图设计优化（节选）

3. 确保需求精准落地

集群各项目建成后由不同专业的学院接管并投入使用。为确保使用需求的精准落地，项目组组织全过程工程咨询单位多次走访使用方，会同相关学院、部门领导商讨各项目需求，反复核对施工图指标，优化图纸内容和结构，使建筑物在"适用性、耐久性、安全性、美观性"方便，全面响应使用方需求（图4.3.8）。

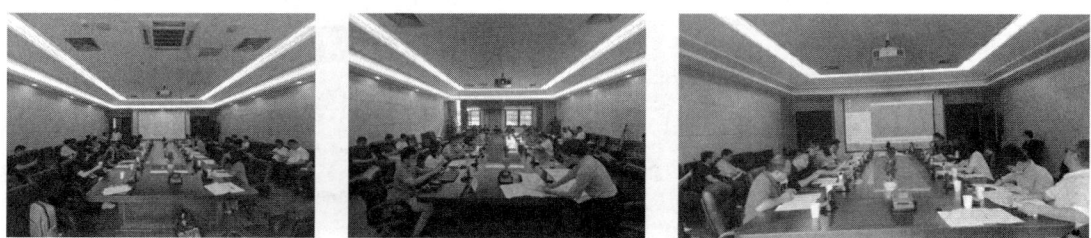

图4.3.8　使用需求对接会

4. 强化图纸成果审查

为确保图纸质量，集群"设计院内审＋全过程咨询外审＋强审单位审查＋设计中心审查＋使用单位复核"各方联合审查模式。截至目前，针对图纸的各项审核意见共计1773条，其中华侨城633条，北校区487条，体育配套175条，G栋282条，AB栋196条。

5. 及时落实图纸变更

集群每周定期组织召开设计管理例会。针对设计变更管理，全过程采购咨询单位首先学习了《深圳市工务署"设计完善"类变更管控指引》，及时向设计院进行交底，要求设计单位加强内部内审和自查，着重对变更原因进行分析，重点对设计成果进行审查，重点对设计深度、造价影响、工期影响进行分析，并将审核结果反馈项目组核定（图4.3.9）。

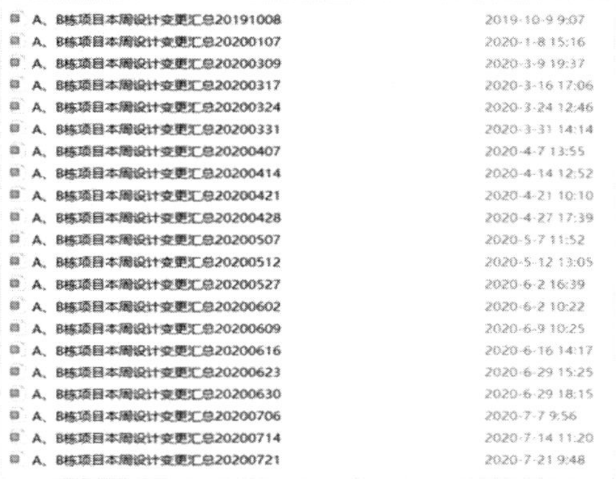

设计变更管理台账 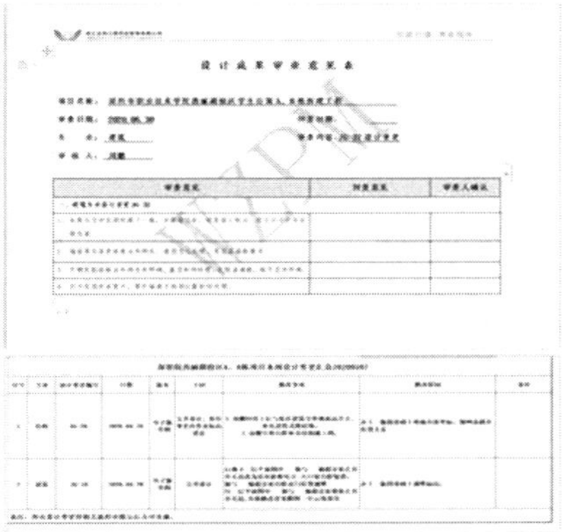　　　　　　　　　过程变更审查意见

图 4.3.9　变更台账及审查意见

6. 规范材料选型定样

集群施工阶段重视样板选定工作。首先根据设计效果，会同参建方选出意向材料，为招标采购、预算编制及后续中标人选样提供依据和参考（图 4.3.10）。

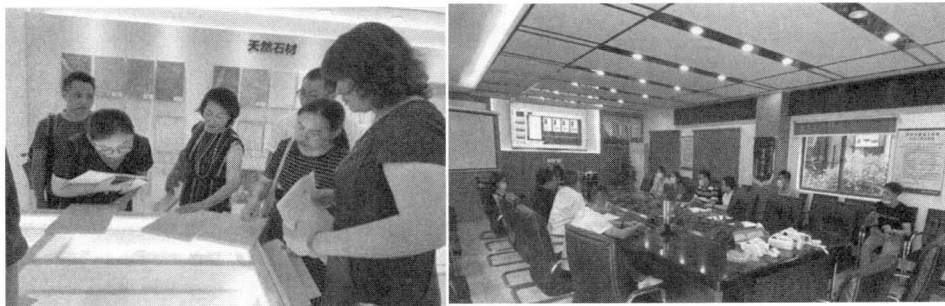

图 4.3.10　装修石材选样

其次，中标人进场后，参考已选样品提供实物样品，全过程咨询单位会同各方讨论定样，针对同类材料，适当选择多种备选，以供样板间实施（图 4.3.11）。

图 4.3.11　署领导、校领导莅临 AB 栋考察样板间

(四) 招标采购及合约管理

集群的招标采购依托深圳市建筑工务署完善的招标采购体系，为本集群的各项招标工作开展提供了后台支撑。本体系已经具备如材料设备品牌库、预选招标子项目库、分类分级管理平台等诸多独立性强、标准化高的招标方式，其择优理念和定标方式配合履约评价制度共同构成完整的招标系统，体现出"公正透明"、"优中选低、低中选优"的理念。

集群的招标采购和合约管理在工务署完善的招标采购体系下展开，针对集群各单项工程进度的特殊性，结合招标采购内容的相似性，制定集群招标采购规划（图4.3.12）。

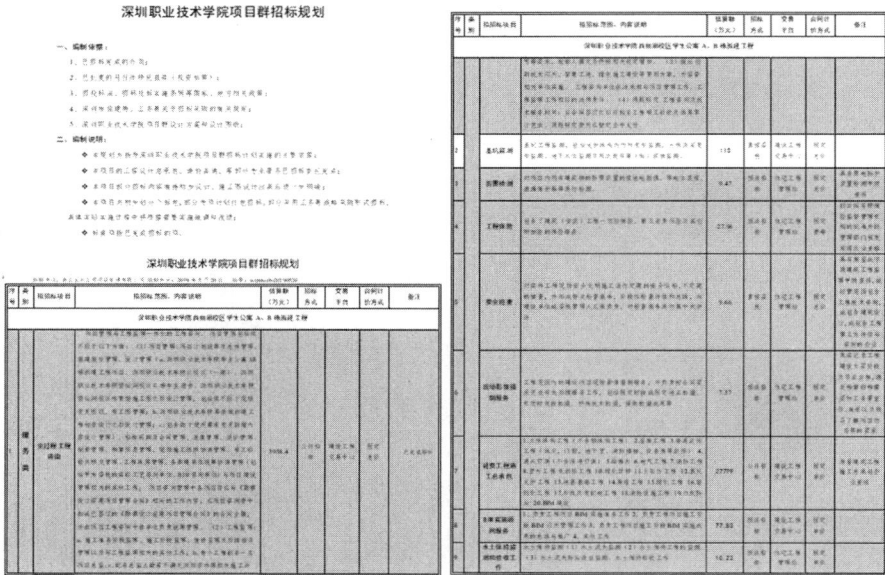

图 4.3.12　深职院项目集群招标采购规划

在集群招标采购规划的基础上，逐级深化出各项目招标采购计划、年度招标采购计划、月度招标采购计划等，用于指导集群招标采购管理工作。此外，每一项招标工作完成后，均进行内部总结，总结内容涉及图纸质量、清单及控制价质量、招标文件质量、招标流程控制等方面，为后续同类招标开展提供经验借鉴（图4.3.13）。

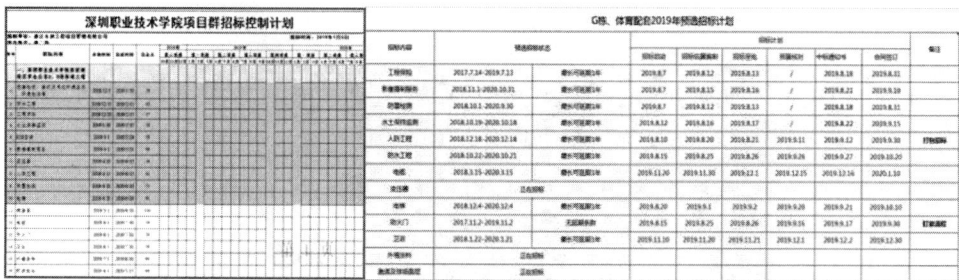

图 4.3.13　集群项目招标计划和年度招标计划

集群招标采购工作实施过程中，也充分发挥了全过程工程咨询专业配套优势。以G栋、体育配套的施工总承包公开招标为例，招标实施阶段，招标采购组发挥牵头作用，主动进行场地调研,收集现场资料,归纳总结项目实施重难点,为设计组、造价组、监理组的设计优化、标底编制和施工方案预测提供原始数据。设计组、造价组、监理组的专业意见也为完善招标文件的技术要求、商务条款、现场管理要求等方面提供了技术支撑(图 4.3.14)。

重难点摘要:
1.临建拆除
2.道路规划
3.边坡监测
4.临设办公区、生活区
5.临水临电
6.市政(道路)先行
7.基坑抽、排水及淤泥清理
8.道路边坡防护
9.苗木迁移
10.施工围挡
11.材料及构配件进场
12.塔吊布置
13.预制构件吊装及堆放

打包招标

图 4.3.14 G 栋、体育总包招标踏勘及重难点梳理

(五)投资资金管理

集群前期投资管理主要涉及概算阶段、施工图预算阶段、施工阶段和结算阶段。

1. 初步设计概算管理

概算批复是影响项目投资至关重要的一环,概算文件的编制质量与概算批复结果密切相关,概算阶段的投资管理主要围绕概算对比分析、概算编制成果审核等工作展开。首先结合项目实际情况,认真研究前期批复文件,保持与各相关方沟通,保证工作交接的连续性及稳定性。

其次,进行概算编制交底工作,保证编制单位充分了解概算编制工作要求(图4.3.15)。

❶ 概算审核质量

1、审查设计概算的编制依据;
2、概算的编制方法及内容;
3、图纸初步设计深度及完整性的审核;
4、询价依据的审核;
5、审核工程量;
6、各项费用定额及取费标准是否符合相关规定;
7、审核各种取费项目;
8、概算是否超规模、超标准或存在多项、漏项等;
9、提交材料设备询价审核意见并组织材料设备询价讨论会,确保询价文件与计价文件的一致性与合理性;
10、组织工程量与计价文件讨论会,确保三维模型与计价文件一致性,定额套取合理性;
11、参加概算封闭评审会,各专业负责人对设计图纸、概算情况提出审核意见。

图 4.3.15 概算交底工作

同时，定期召开概算评审会，会同设计方、造价咨询单位、概算编制单位、全过程工程咨询单位等相关各方等沟通概算工作进度，重点关注设计图纸修改可能导致的概算文件编制的脱节。

最后，认真审查概算成果文件，找出计价文件缺漏项、复核询价材料、清单项目特征完整性，针对全过程咨询单位，项目组要求充分借助后台力量，做到"初审-复审-终审"，层层把关，确保概算金额与可研批复金额相契合。

目前，集群概算批复均已完成，累计统计并处理概算相关问题 2952 条，其中 G 栋 810 条，体育配套 660 条，北校区一期 852 条，华侨城 630 条。

2. 施工图预算管理

施工图预算投资管理围绕招标文件界面及商务条款编制、公开招标清单及控制价编制、预选招标预算编制及审核等工作开展。

招标文件的界面划分以及商务条款评审工作一定程度上影响着施工纠纷以及价款争议，为此，投资管理团队结合图纸及项目实际，认真研究商务条款内容。如在北校区施工总承包招标控制价编制过程中，图纸中采用混凝土、素土回填两种方式，两种回填方式价格差异较大且可能存在工程量变化。为保证相邻建筑安全及回填工程量可计量，经各方讨论，决定采用混凝土回填工程量按实计量的方式。

在施工图预算编制过程中，集群一方面要求咨询单位专人对接施工图纸，另一方面要求设计单位突出每一处图纸修改区域，以确保设计图纸和预算编制的衔接。此外，针对不同的施工方案进行经济分析及合理性论证，择优选择方案。

在预算成果审核过程中，优先进行预算编审要求交底，采用分工审核、汇总意见的形式开展审核工作。最后，结合打印版蓝图进行最终的预算复核，保证预算编制与图纸设计不分离。

截至目前，集群累计完成预算审核 268 项，全过程工程咨询单位累计出具预算审核意见 3476 条。

3. 施工阶段动态管理

在施工阶段，投资管理工作主要围绕着清单核查、变更推进、进度款审核工作等展开。

清单核查作为中标人进场后一项重要的投资管理工作，其审核质量和及时性要求较高。为此，集群编制了清单核查工作实施方案，就清单核查的要求、内容、节点、成果审查等对中标人进行交底计划并委派专人跟踪落实，针对清单核查滞后的中标人，采取签发履约警示预告单、约谈相关责任人等方式。

对于变更管理，为了让集群各参建单位了解变更流程以及文件编制要求，项目组组织全过程咨询单位针对深职院项目集群特点，集合住宅工程管理站变更办法，编制《深圳职业技术学院项目集群工程变更管理细则》，完善施工阶段投资管理中变更管理制度。并通过会议交底的形式明确变更工作开展流程。

变更新增材料询价工作常常是施工、造价、审计矛盾产生较多的地方，针对这种情况，与建设单位相关领导进行沟通，将工务署最新询价工作指引与施工单位交底，如超20万的新增材料设备需按照《深圳市建设工程材料设备询价采购办法》进行询价采购，减少投资控制风险；根据财政评审中心相关要求，使项目各方明确询价流程，避免重复工作（图 4.3.16）。

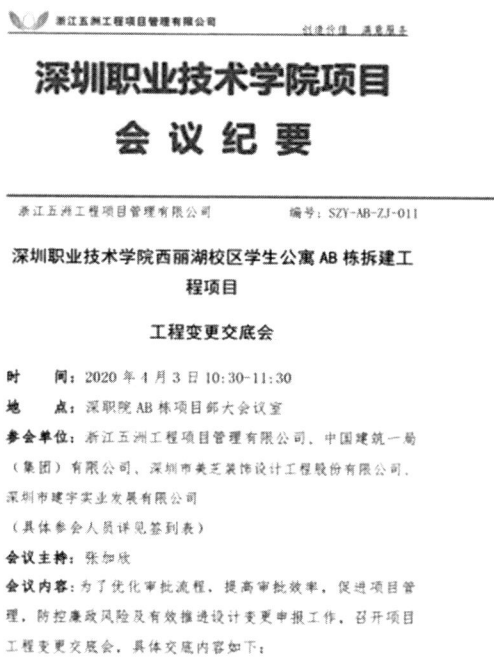
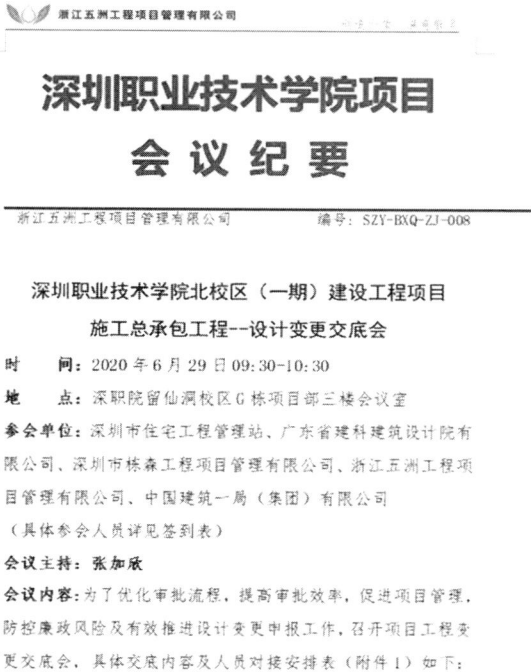

图 4.3.16　设计变更交底会

针对进度款审核，充分发挥项目管理和监理一体的特点，定期沟通项目实际进度。进度款审批时与监理单位、施工单位沟通，按多方现场签发确认的《月度完成工程量确认表》进行审核，并结合现场复查，有效地防止施工单位进度款超前申请情况发生。

就已完工的 AB 栋项目而言，目前变更联系单已完成申报 266 项，申报率 93%；变更事项已完成申报 150 项，完成率 61%；变更费用已完成申报 102 项，完成 71%；签证计量备案已完成申报 26 项，完成率 100%；签证费用已申报 20 项，完成率 100%，变更管理总体良好。

4. 结算管理

结算工作主要包括分段结算工作以及项目竣工结算工作。为简化工程结算程序，引导工程结算及时办理，完善建设双方投资控制和建设资金统筹安排，针对工务署项目周期长、工程大的特点，分段结算，即在支护、桩基础工程已验收完毕，提前进行结算办理工作，缓解竣工结算工作量，也让施工单位提前熟悉结算工作。针对分段结算，投资管理团队对 AB 栋项目提前启动结算交底工作，明确各方任务及时间，取得了良好的效果。

根据《深圳市建筑工务署工程结算管理办法》《深圳市建筑工务署工程结算编审质量控制工作指引》有关规定，竣工结算工作的完成对项目组和项目管理单位都有相应考核。竣工结算工作重点在于完成全部变更、签证工作及解决结算中存在的主要问题，针对这种情况，投资管理团队在竣工前期，针对变更情况复杂、内容多等情况，每周举行变更推进会，提前梳理问题在会上讨论，落实责任人，有效推动变更的展开，同时，提前分析各项目结算合同存在的主要问题，通过以往项目结算评审经验，总结复盘，减少评审过程中的问题。

（六）现场管理

集群现场管理遵循"严把材料检验关、加强施工过程检验、质量问题及时闭合、规范验收工作制度"的质量管理思路，质量管控职责逐级落实，集以群力，打造"优质工程、百年建筑"（图4.3.17）。

图 4.3.17　集群现场管理

对于安全生产管理，由各项目总监牵头进行岗位风险分析、各阶段风险源辨识，确保"零死亡"的安全生产目标，力争"零伤害"的安全风险管理愿景。此外，集群内各项目之间建立"联动机制"，避免同类工程问题重复出现。

1. 工程质量管理

（1）进场材料管理

针对各项目进场原材料，建立材料监管台账。首先明确见证取样、送检责任人，跟踪材料报审、见证取样报告等内容，严把质量源头关。同时，依托工务署工程管理平台，及时落实"品牌报审""进场报审"

"进场验收""见证送检"等流程，并及时上传"检测报告"（图4.3.18）。

图 4.3.18　材料进场验收

（2）施工过程控制

针对各质量控制要点，优先组织施工单位制作标准施工样板，指导后续施工。同时，在日常的旁站、巡视、平行检验的过程中重点检查（图 4.3.19）。

图 4.3.19　施工样板及控制要点

（3）质量问题整改

建立质量销项清单，就日常巡查中发现的质量问题进行记录，同步上传"e 工务"APP，做到"早发现、早记录、早整改"（图 4.3.20）。

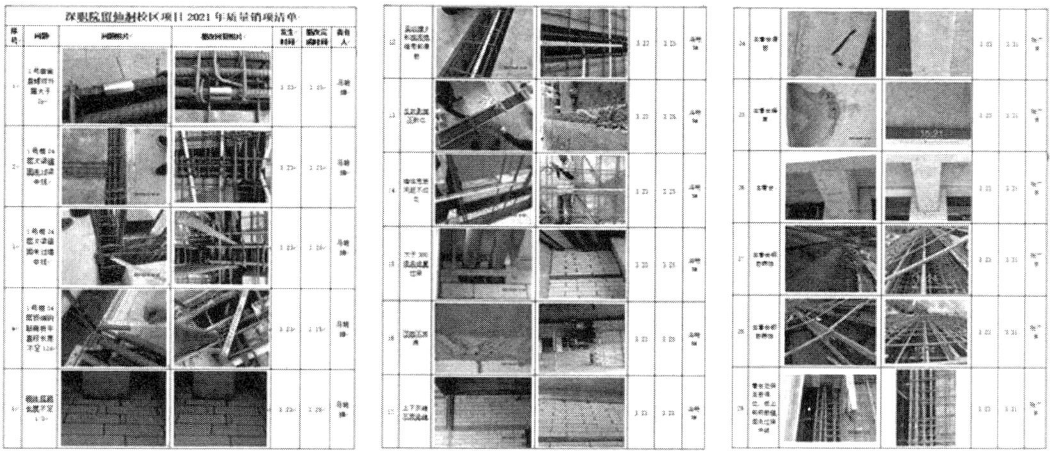

图 4.3.20　质量销项清单

（4）规范验收工作

集群验收采用"三色"（红、黄、绿）验收管理制度。

红色：工作面存在重大隐患，禁止进入施工。黄色：未经验收的工作面，进入作业面需谨慎。绿色：经过验收的工作面，可以安全施工。

集群旨在通过"三色"制度，以直观的形式展现作业面的情况，大大提升管理效率及安全作业人员的安全意识（图 4.3.21）。

2. 安全文明施工管理

（1）安全生产责任制宣贯及签订

图 4.3.21　留仙洞 G 栋、体育三色验收牌

集群施行安全生产责任制，由项目组、施工总承包单位、全过程工程咨询单位项目负责人共同签署"安全生产责任书"，每月对项目人员进行安全生产责任制考核，确保达标，项目实施期间定期组织管理人员进行培训学习（图 4.3.22）。

图 4.3.22　安全生产责任书签字仪式

（2）三级安全教育

针对进场施工作业人员，严格执行三级安全教育、特种作业人员过程专项教育及培训。施工人员安全教育全部采取口述、案例、视频、现场实际情况等形式，让每一位工人切实了解和熟知现场安全注意事项，截至目前，集群各项目累计教育人数达 1300 余人次。

（3）安全体验馆

深职院 G 栋、体育配套是集群内唯一具备建设规模和场地要求的项目，安全体验馆建设完善，设施齐全（图 4.3.23）。

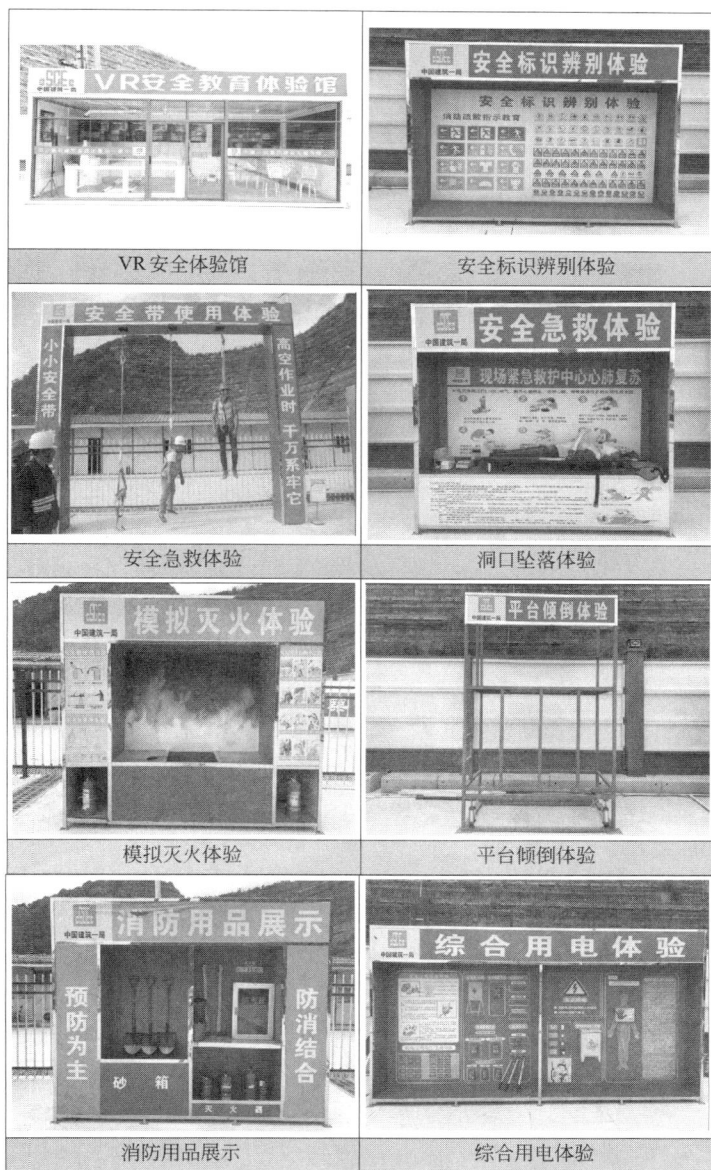

VR安全体验馆　　安全标识辨别体验

安全急救体验　　洞口坠落体验

模拟灭火体验　　平台倾倒体验

消防用品展示　　综合用电体验

图 4.3.23　安全体验

（4）安全评比及应急演练

集群定期举办各项安全活动，包括：①每月举办行为安全之星活动；②积极配合相关部门举行"送教进工地"活动；③年度安全月活动；④举办平安班组评比活动等。

针对现场可能出现的各类安全隐患，有针对性地组织应急演练，包括：①定期举办防触电应急演练活动；②定期举办消防应急演练活动；③举办防汛防台应急演练活动；④举办塔吊应急演练活动等。

（5）一日一图说违章

集群各项目针对每日安全巡查中发现的问题，编制"一日一图说违章"，结合国家规范和条文提出整改要求，鼓励全员参与安全教育学习（图4.3.24）。

图4.3.24　一日一图说违章

3. 危大工程管理

针对危大工程方案实施专项管理：

➤ 明确项目危大、超危大方案，实行A、B、C、D四类方案管理。

➤ 超危大方案坚决实行专家论证，并报公司审核管理（严格按照住房和城乡建设部第37号令、建办质〔2018〕31号文）。

➤ 作业前，实行二级交底制度。

➤ 定期进行方案复核，纠偏现场。

➤ 方案编制需符合现场实际情况。

各类危大工程可视化交底模式：

➤ 视频模拟交底

➤ 二维码总结交底

➤ PPT展示交底

➤ 实操型交底（现场）

➤ 口述＋文字类交底

4. 档案资料管理

集群建设初期，即被工务署选作"统表平台试点项目"。自2019年9月3日开始，会同参建各方解决了诸多试点阶段问题，并于2020年10月正式开始使用，目前，超过90％的监理资料采用统表平台制作，近80％施工资料用平台制作，极大提升了工作效率，资料的及时性和规范性也有了很大提升。

期间，留仙洞校区体育及配套设施建设工程项目参加工务署"鹏城工务杯工程档案业务竞赛”拿到二等奖的好成绩（图 4.3.25）。

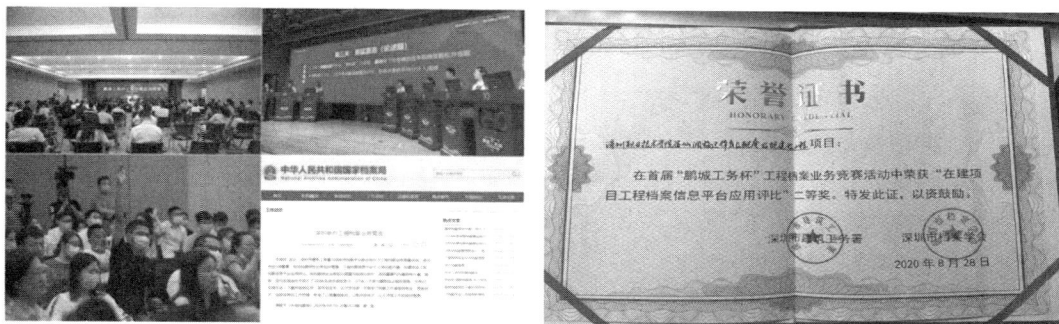

图 4.3.25　获奖及证书

5. 践行清单革命

集群积极落实“清单革命”和“四个清单”管理要求，梳理工程监理、现场安全管理简易清单，用于指导相关工作开展（图 4.3.26）。

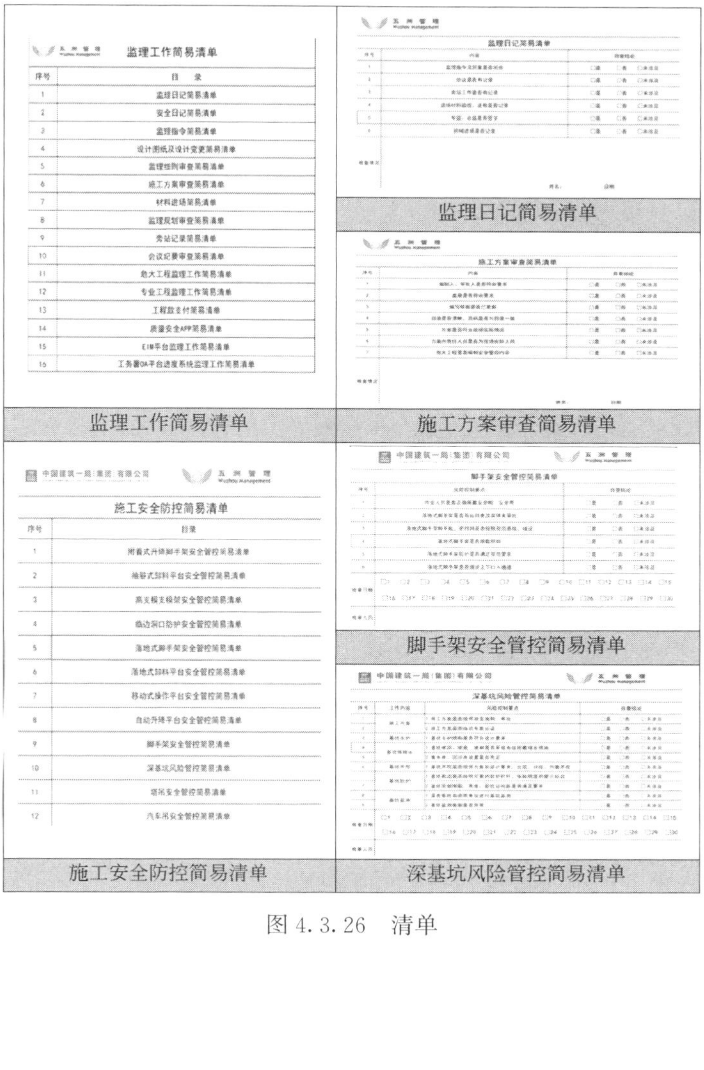

监理工作简易清单

序号	目录
1	监理日记简易清单
2	安全日记简易清单
3	监理指令简易清单
4	设计图纸及设计变更简易清单
5	监理细则审查简易清单
6	施工方案审查简易清单
7	材料进场简易清单
8	监理规划审查简易清单
9	旁站记录简易清单
10	会议纪要审查简易清单
11	危大工程监理工作简易清单
12	专业工程监理工作简易清单
13	工程款支付简易清单
14	质量安全APP简易清单
15	EIM平台监理工作简易清单
16	工务署OA平台进度系统监理工作简易清单

施工安全防控简易清单

序号	目录
1	附着式升降脚手架安全管控简易清单
2	悬挑式卸料平台安全管控简易清单
3	高支模支模架安全管控简易清单
4	临边洞口防护安全管控简易清单
5	落地式脚手架安全管控简易清单
6	落地式卸料平台安全管控简易清单
7	移动式操作平台安全管控简易清单
8	自动升降平台安全管控简易清单
9	脚手架安全管控简易清单
10	深基坑风险管控简易清单
11	塔吊安全管控简易清单
12	汽车吊安全管控简易清单

图 4.3.26　清单

（七）BIM 管理

深职院集群采用"全过程工程咨询＋BIM 咨询服务"的建管模式，尤其重视 BIM 的正向应用。

设计阶段，针对项目重点区域的空间高度进行分析，对不满足净高要求或有较大优化提升空间的区域，利用 BIM 模型对相关区域的净空、净高进行优化和提升；针对图纸发现的设计问题进行改善、完善、更新、补充和调整，达到减少问题数量、提升设计质量的目的；创建模型进行日照、消防疏散、风、光、声、热环境分析，针对问题给出优化建议和措施（图 4.3.27～图 4.3.29）。

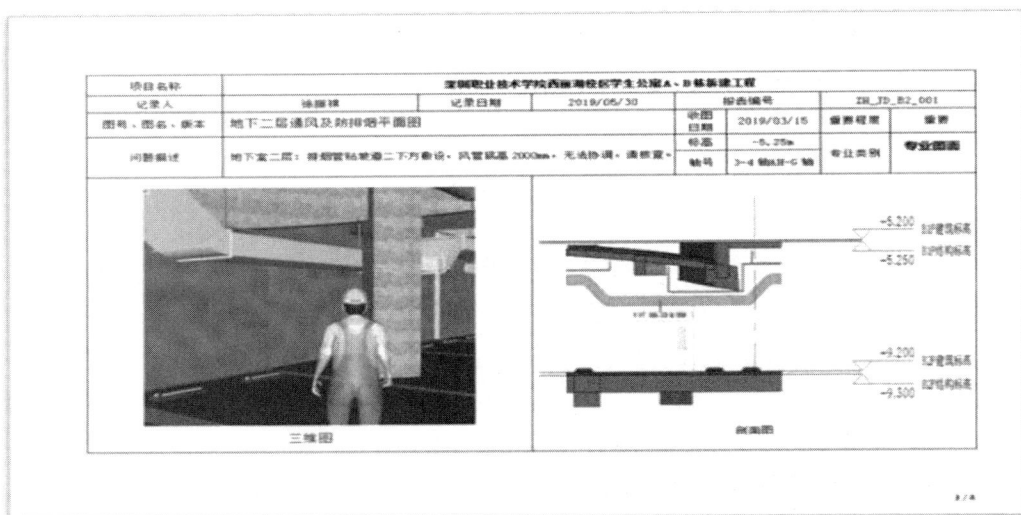

图 4.3.27　碰撞分析报告

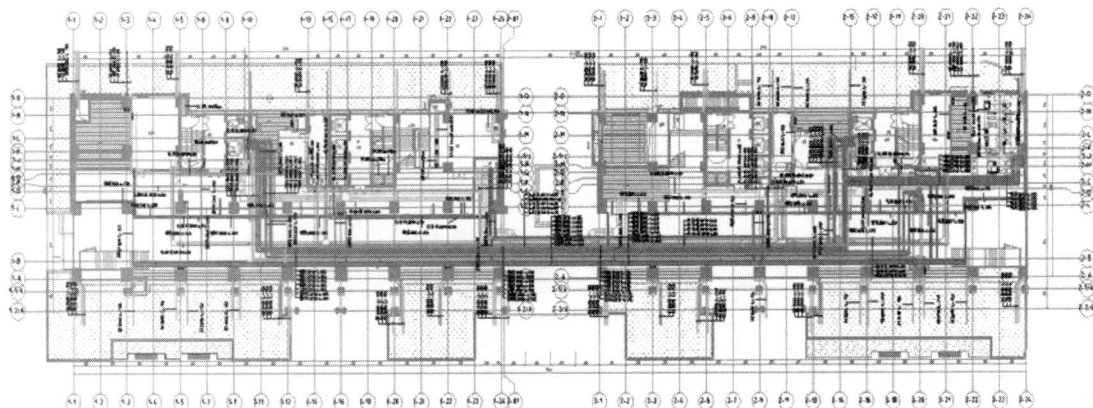

图 4.3.28　管线综合图纸

施工阶段，在原设计图纸、设计模型等基础上，结合现场实际情况，对原设计进行补充、优化，形成具有可实施性的成果文件，深化设计后的成果用来指导现场施工（图4.3.30、图 4.3.31）。

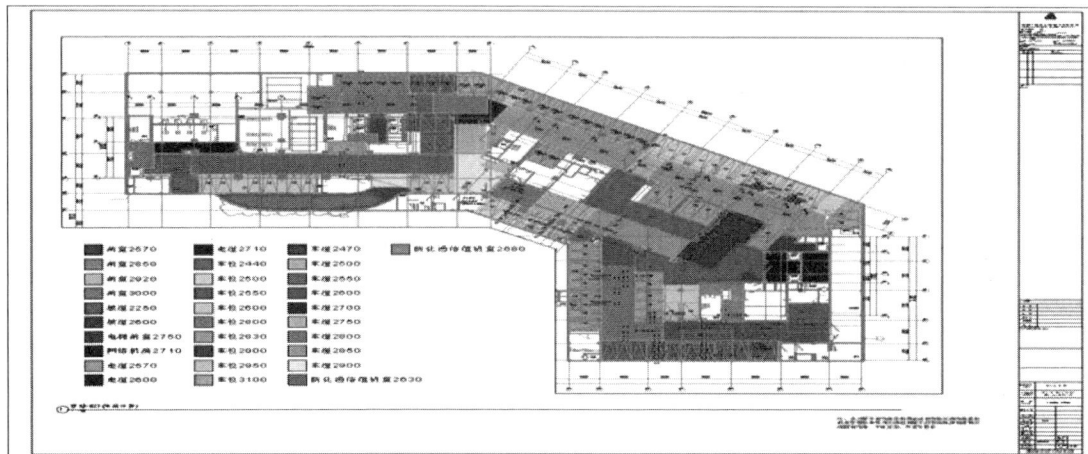

图 4.3.29 净高分析

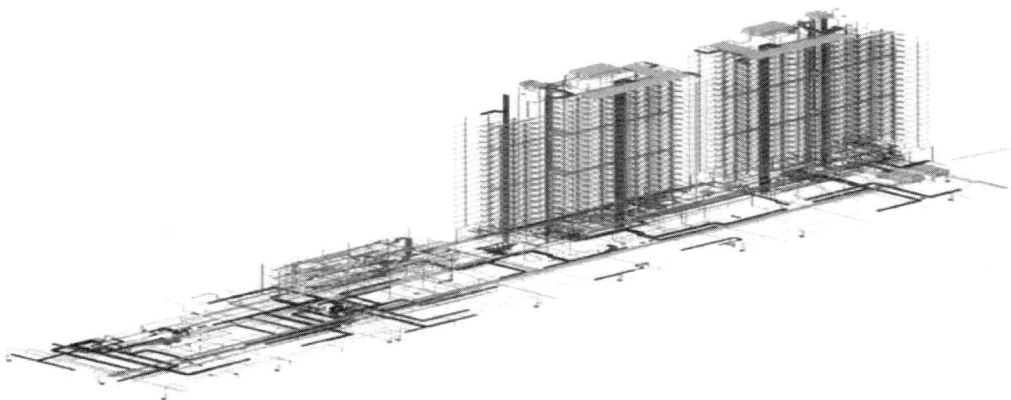

图 4.3.30 G 栋、体育配套 BIM 模拟

图 4.3.31 现场一致性检查

此外，对施工方案进行基于 BIM 模型的技术交底，让施工人员更直观了解施工工艺和施工方案。对具备安全隐患的部位、区域进行施工技术模拟，提前优化施工方案，采用动画、图纸、三维模型相结合的技术交底模式，避免出现施工事故（图 4.3.32）。

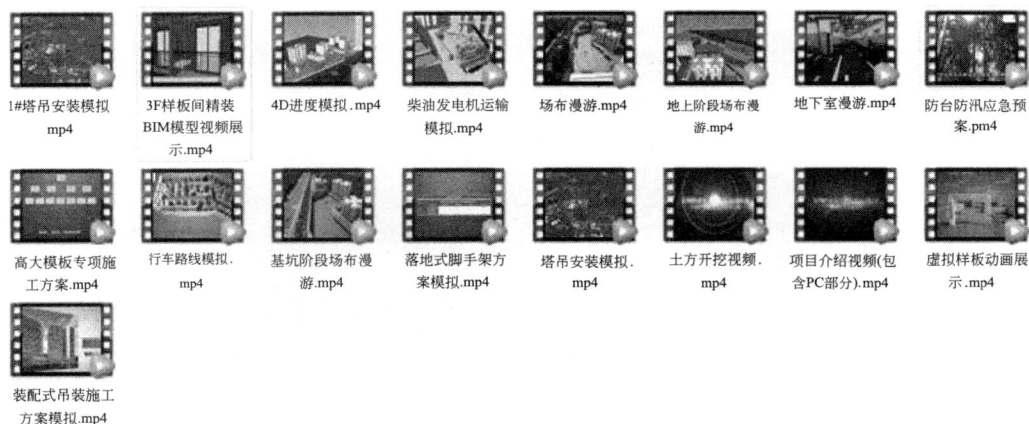

1#塔吊安装模拟.mp4	3F样板间精装BIM模型视频展示.mp4	4D进度模拟.mp4

图 4.3.32　方案动画模拟

安全管理方面，根据安全管理需要创建安全 BIM 模型，结合 VR 对现场作业人员安全体验技术进行安全培训，加强自我安全管理意识（图 4.3.33）。

图 4.3.33　脚手架安全 BIM 模型

截至目前，集群 BIM 管理工作累计完成收发邮件共 540 份（其中 AB 栋 251 份，G 栋及体育配套 178 份，北校区 110 份，华侨城 1 份），联系设计院收发邮件共 95 份（其中 G 栋 66 份，体育配套 29 份），累计收发会议类邮件共 143 份，组织会议 98 次（图 4.3.34、图 4.3.35）。

共核查 BIM 成果文件 235 项，文件共计 4427 个（包含图片、模型、图纸、文档等成果），解决 224 处图纸问题，模型碰撞问题 567 项，BIM 咨询单位出具审核报告 65 份，相关技术指导有记录文件 32 份。

（八）党建宣传管理

临时党支部组建实施双架构保障，设立有助于项目提升的纪检监察小组、质量安全检查先锋岗，通过组织架构和制度规范的标准化，树立目标导向，切实提高党建工作的质量和水平（图 4.3.36）。

模型问题台账

序号	问题描述	记录时间	文件编号
1	模型信息精度不足，无法表达现场实际情况	2019 年 11 月 16 日	20191116_SZY-XSGY-SCBG-01-场地审查报告
2	场地周边建筑物信息表达不足，无法满足对场地周边建筑物影响判断		
3	模型内容缺失或与现场实物不符，例如现场红、永临管线、围挡、管井实际勘测信息、材料堆 放场地、临时办公室场地、样板展示区、施工通道等		
4	场地结合表现应用未明确，如现场危险源情况，现场实际情况图片与场地对比等		
5	根据相关要求消火栓箱距地面的标高需要根据消火栓的规格确定，大约120MM-220Mm（通类问题不反复举例），请自行查修改	2020 年 2 月 18 日	20200218_SZY-XSGY-SCBG-05-地下室审查报告
6	建筑模型需要重复核图纸，指路牌放设，减震带明显错误		
7	避免施工困难，此处管线避让建议放设后面交叉处进行管线翻布避让。		
8	此处安全凸镜过于密集，且其火灾器箱被遮挡无法开启。需复核图纸（通类问题不反复举例）		
9	指示牌高度过高且存在遮挡，为保证美观效果需车道需预留高空一条（通类问题不反复举例）		
10	灯管安装高度过高，需确定灯安装方式，链吊灯或线槽。		
11	室外消火栓缺失。且为充分反映消火栓与其他专业关系，需放在1F模型中（通类问题不反复举例）		
12	出户套管墙洞漏（通类问题不反复举例）		
13	多余翻弯，管线浪费影响美观，需重新优化此处桥架（通类问题不反复举例）		
14	桥架遮挡风口		
15	桥架建议并排走（通类问题不反复举例）		
16	管线硬碰撞，需重新优化		
17	水管建议放置分管上放，预留足够安装维修空		
18	楼梯间建筑需要完善，缺少副手，楼梯搭接需复核大样图。（通类问题不反复举例）		
19	楼梯加压风管高度，大小需要复核（通类问题不反复举例）		
20	楼、楼梯缺失。		
21	此处为卸货平台，需要保证车道净空（至少一条主要车道），满足小型货车通行净空，如未有请及时提出问题报告。		
22	定位尺寸缺失（通类问题不重复陈述，请自行跟新）	2020 年 2 月 18 日	20200218_SZY-XSGY-SCBG-06-图纸审查报告
23	设备标识、风口尺寸缺失（通类问题不重复陈述，请自行跟新）		
24	立管尺寸、流向缺失（通类问题不重复陈述，请自行跟新）		
25	管线翻弯变径需要明确标识（通类问题不重复陈述，请自行跟新）		
26	尺寸取整（通类问题不重复陈述，请自行跟新）		

图 4.3.34　BIM 模型问题台账

图 4.3.35　集群 BIM 会议及收发文

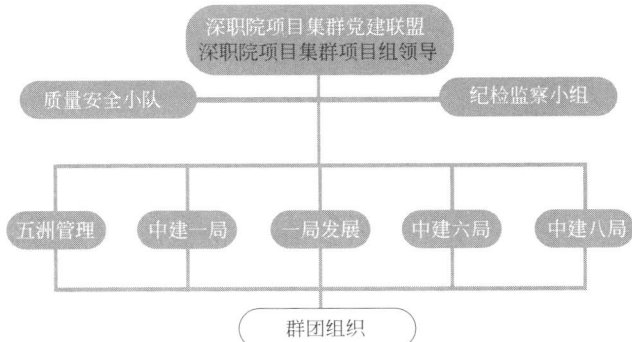

图 4.3.36　组织架构

　　深职院项目群积极响应工务署指引引领，经三轮紧张党建工作策划会后，提交了成立临时党支部的申请，在项目建设过程中凝聚起推进项目高质量建设的强大力量，在攻坚克难等方面发挥重要作用（图4.3.37）。

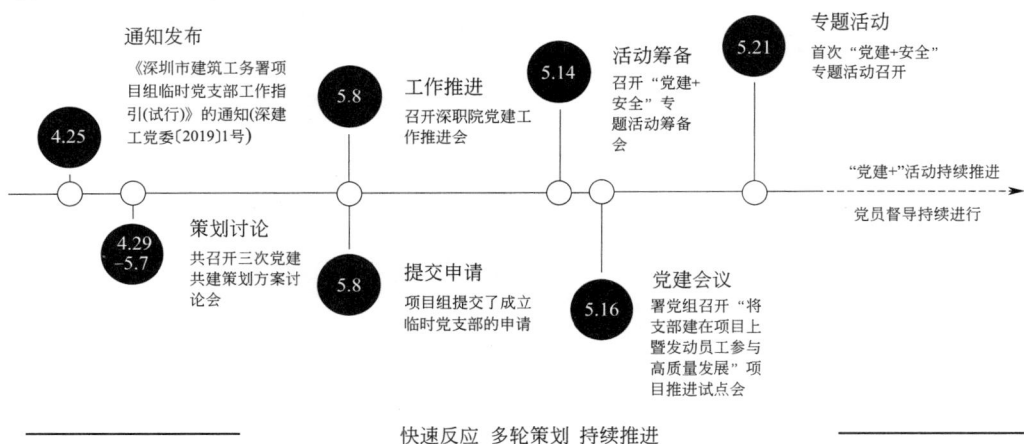

通知发布
《深圳市建筑工务署项目组临时党支部工作指引(试行)》的通知(深建工党委〔2019〕1号)

4.25

4.29
-5.7

策划讨论
共召开三次党建共建策划方案讨论会

5.8
工作推进
召开深职院党建工作推进会

5.8
提交申请
项目组提交了成立临时党支部的申请

5.14
活动筹备
召开"党建+安全"专题活动筹备会

5.16
党建会议
署党组召开"将支部建在项目上暨发动员工参与高质量发展"项目推进试点会

5.21
专题活动
首次"党建+安全"专题活动召开

"党建+"活动持续推进
党员督导持续进行

快速反应 多轮策划 持续推进

图4.3.37

临时党支部聚焦解决项目建设问题，抓学习、提能力，推进项目常态化学习培训教育，依托学校项目资源优势，进行党建联建活动。以集群党支部为基本单位，各项目结合各自实际，组织开展各具特色的学习教育活动，以党建工作促进项目队伍整体提升。

进行临时党支部首次"党建＋安全"主题活动。截至目前，党支部共组织33项党建活动通过开展主题活动，党支部战斗堡垒作用得到明显提升，党员先锋模范作用进一步彰显，有效助推各项工作开展（图4.3.38）。

图4.3.38 "党建＋"专题活动

（九）课题研究

1.《需求导向的高校类项目建设研究——以高校学生宿舍为例》

深职院项目集群属高校建设项目集群，且建设内容以"宿舍"为主，使用需求、建筑类型、建设重难点等存在诸多相似之处，为充分调研高校类宿舍使用需求，为后续高校宿舍项目建设提供经验借鉴，集群发挥"建管模式"和"集群特色"两大优势（前者为书籍编写提供全专业支持，后者为经验积累提供了时间条件），在项目组的领导下，自 2019 年起开始着手编写《需求导向的高校类项目建设研究—以高校学生宿舍为例》一书，目前书籍已顺利出版（图 4.3.39）。

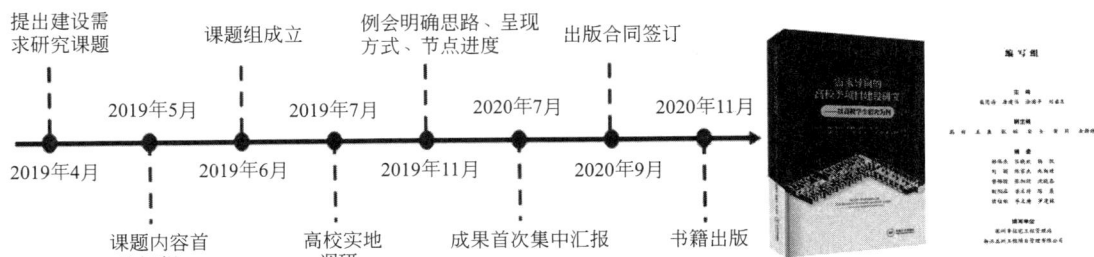

图 4.3.39　成果展示

书籍内容以高校类宿舍全寿命周期建设为"时间线"，针对关键工作进行分析整理，旨在提升使用方（建设方）需求确定的准确性，设计图纸的完整性，为提升建设质量和运维效率提供建议（图 4.3.40）。

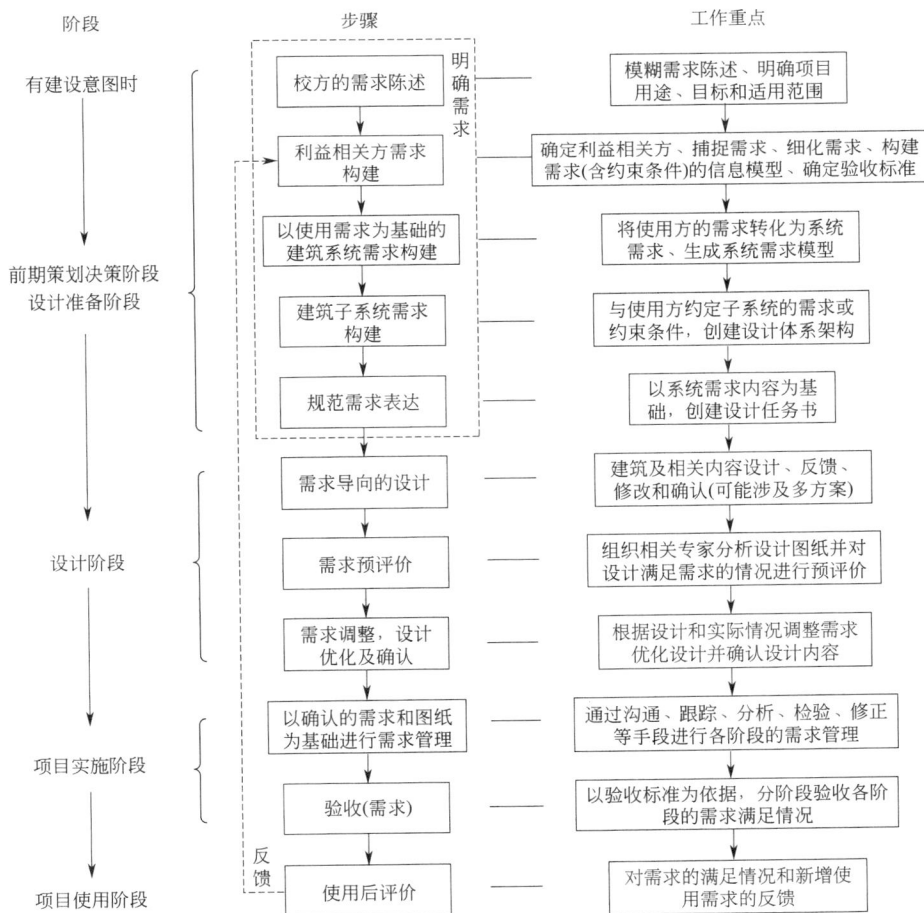

图 4.3.40　书籍内容摘要

为力求书籍内容真实、完整且具备可实施性及可操作性，使提出的各项建议更加贴近广大学子的日常生活，课题组深入南方科技大学、香港中文大学、深圳技术大学、深圳职业技术学院等高校，采用问卷调研、座谈会等形式收集各方需求（图 4.3.41）。

图 4.3.41　使用需求实地调研

2020 年 11 月，经过参与各方近两年的不懈努力以及对书籍的多轮沟通与调整，《需求导向的高校类项目建设研究——以高校学生宿舍为例》顺利出版发行，书籍成果受到集群使用方和其他相关方的一致好评（图 4.3.42）。

书籍过程汇报

书籍内容摘录

图 4.3.42　出版情况

2. 《全过程工程咨询项目集群管理实践》

全过程工程咨询模式作为国家建筑业发展的政策导向，将是助推建筑咨询业转型升级的重要举措，现阶段亟须示范引领和经验累积。深圳职业技术学院项目集群工务署作为全国首个政府工程集中管理机构，具备专业优势和规模优势；五洲管理作为深圳职业技术学院项目集群全过程工程咨询单位，拥有丰富的全过程工程咨询实践经验；开展建设项目集群管理模式下的全过程工程咨询服务应用研究具有良好的理论和实践基础。

课题组在集群项目前期工作的基础上，对全过程咨询服务做了大量的总结分析，利用调查研究、案例分析等方法和工具，就全过程工程咨询模式如何在项目集群中应用开展研究与论证。旨在全面分析本项目集群全过程工程咨询应用情况，有针对性地进行进一步的改善提升，同时将经验成果总结提炼，以总结报告和专著的形式实现经验的复制推广，目前本书已完成校核，即将出版发行。

四、项目管理成效

1. 设计管理成效

本项目集群共 5 家设计总包，专业设计涵盖实验室、体育工艺、装配式等主要内容。针对本项目集群特色，配备设计管理团队，全专业、全周期、专人对接设计管理工作，协调业主单位、设计单位、五洲设计院、现场团队，协助招标采购、报批报建、概预算编制等主要工作。

方案设计阶段，针对项目群各单项工程不同的使用需求和项目定位，针对学生、老师等使用群体进行实地调研，并展开数据分析，将分析成果提供给参建各方。从运维的角度出发，完善集群内各项目使用功能区域，包括普通教室、阶梯教室、公共走道、办公室、实验室、体育场、卫生间、宿舍、食堂等区域的设计，论证设计方案的合理性及可行性，帮助项目提质增效。

初步设计与施工图设计紧密贴合，初步设计阶段，以满足施工图深度的要求展开设计、审查及概算申报，提前对接政府主管部门，将电力、消防、人防、交管、规划与自然资源、燃气等部门要求落实到图纸当中，及时落实国家、地方设计规范要求。

图纸审查方面，充分借助集群模式下，人员配备合理及专业齐全的优势，除设计管理团队外，管理团队、监理团队、公司后台全面配合，借助企业及现场管理人员的管理经验，综合考虑建筑经济性、施工便利性以及项目建设对周边环境影响，对设计图纸提出优化调整建议，确保安全、质量、工期、投资均可控。且为避免出现因各专业设计衔接不到位造成的设计错漏，各专业图纸审查过后，及时组织各设计总包、专业设计等单位召开设计专题研讨会，保设计质量和进度双推进。

截至目前，已累计出具设计图纸审核意见 393 条，所有审核意见均已反馈至图纸当中。

2. 招采管理成效

本项目群五个项目招标采购总量为 120 余项，因项目之间存在相似性，因此招标工作具备一定的"重复性"，且各项目开工建设时间衔接紧密。制定科学、合理、可实施的招标采购规划和计划与项目的顺利推进紧密相关。

为确保上述管理目标的实现，项目部结合公司过往经验及现场实际情况展开多轮研讨，以"项目进度目标指导招标进度"为中心，编制项目群建设全寿命周期的招标规划、计划，明确各招标项的招标范围、界面划分、主要技术要求、材料品牌要求等。

结合项目群所在地的招标政策及法规，熟悉"招标启动-招标方案编制-招标文件编制-图纸及清单确认-招标挂网-答疑补遗-评标-定标"等主要工作内容，制订对应制度，以求形成规定动作，并在项目群内可复制。

作为项目招标工作的核心，施工总承包的招标极为关键。提前熟悉图纸、踏勘现场环境、了解施工工艺等工作环节必不可少，除此之外，在招标文件编制中，根据前期整理的相关资料，详细罗列项目建设重难点、明确项目建设目标，并根据项目不同特点制定合理招标文件约定、合同条款，一方面便于投标人熟悉现场情况，提高投标文件质量，另一方面也能有效降低合同风险。

总包进场后，积极参与对接，熟悉现场进度，合理调整各专项分包的招标计划，确保各工序的无缝衔接。

招标过程中兼顾"择优"与"竞价"，尽可能保证综合实力较强的企业参与项目建设，为项目提质增效保驾护航。

3. 投资资金管理成效

（1）概算分解

自初步设计概算申报开始，重视概算申报质量，并以发改委批复的概算作为项目投资管控上限，组织进行概算对比，并根据招标规划、计划中列明的招标项和招标范围，进行概算分解，将概算分解金额作为各单项招标的上限金额，建立"概算指导预算，预算指导招标"的工作思路，确保招标阶段的投资管理可控。

（2）变更签证

根据项目的概算批复不同，针对变更签证进行分类管理，并制定符合项目实际情况的管理流程。针对概算批复较低的项目，施工全周期严格控制变更、签证。针对每一笔变更签证，建立台账进行统计，并将变更、签证产生的金额与合同额加和，对比本工程的概算分解金额，形成动态监管，定期汇报，对于存在超概风险的工程，及时预警。

（3）资金支付

编制年度资金使用计划，季度、月度资金支付计划，及时统计已完成产值，并与资金支付计划进行对比，避免资金超付、漏付。

（4）造价成果审核、复核

针对造价咨询单位编制的成果文件，结合图纸、招标文件等进行交叉审查，确保成果文件的准确性。及时掌握材料信息价，并确保市场询价的准确性、时效性。

4. 现场管理成效

本项目群的现场管理具备一定特色，五洲管理根据项目群各项目建设内容、建设难度的不同，组建五个监理团队，并以"传、帮、带"的形式，帮助后续建设项目监理成员熟悉管理流程，项目之间建立"比、学、赶、超"的争优机制，实现"优势共享、劣势互补"。

各项目结合图纸、招标文件、施工方案、总控计划等制定专项监管方案，编制详细、可实施的项目进度计划以及标准的管理制度。确保项目质量管理目标、安全管理目标、评优评奖目标、创新创优目标的实现。

　　除每周定期组织质量、安全大检查外,五洲管理充分发挥企业优势,定期进行飞行检查,将查风险、除隐患落到实处,针对各项检查中发现的问题,及时签发整改通知单,并形成台账记录,专人跟踪,逐一落实施工单位整改情况。

　　同时,要求各参建单位,建立"安全生产红线"意识,加强项目安全教育培训,分级落实安全监管措施,施工现场配套建设"智慧安全体验馆",内容涵盖防火、防电、防倾倒、防触电、现场违规动作 VR 展示等,便于工人直观体验。与此同时,定期组织工人进行急救、消防演练,切实增强全员的安全生产意识,提升安全管理水平,为项目安全发展提供坚实保障。

　　在质量管理方面,五洲管理坚持"技术交底、过程管控、经验分享"相结合,在每道工序施工前,要求施工单位技术人员组织班组成员进行技术交底,在施工过程中,加大巡检力度,严格落实监理旁站,并在工序完工后,组织经验总结分析,发扬优势,弥补不足。

　　通过参建各方的不懈努力,集群在质量管理方面取得了一定成绩,其中,AB 栋获得 2020 年第二季度亮剑行动"红榜",2020 年度质量评比建筑总承包组别第一名。

　　自集群开工建设以来,安全管理制度日趋完善,集群各参建单位严守"零死亡"红线,管理效益逐步显现,其中,深职院 G 栋荣获工务署 2020 年度安全文明管理评比建筑总承包组别第三名(图 4.3.43、图 4.3.44)。

图 4.3.43　机关报道

图 4.3.44　荣誉证书

5. 管理创新成效

（1）流程优化

为更好地适应集群管理模式，五洲管理建立集群全过程咨询特色管理架构，先后针对项目计划统筹及总体管理、设计管理、报批管理、招采管理、进度管理、造价管理、投资管理、档案管理、施工现场监理、竣工验收管理等十余项工作内容进行职能细分，明确各岗位工作职责并结合实际情况，累计优化约 20 项管理流程，用于指导各岗位人员工作及现场管理工作。

（2）重视学习

五洲管理始终坚持"先学后做，学用结合；全员培训，共同成长"，自项目建设以来，项目群管理团队全员秉持"持续提升、满意服务"的理念，建立"周三读书会"制度，每周三晚间组织专业培训，涵盖技能提升、专业答疑、政策分享等，现已基本形成"讲师专业化、内容多元化、培训常态化"。

第四节　深圳市医疗器械检测和生物医药安全评价中心建设项目

一、项目概况

本工程位于广东省深圳市南山区科技园中区，高新中二道与科技中一路交汇处的深圳市药检所内。本项目是在深圳市药检所现有的土地范围内进行扩容建设，在建设性质上属于高技术的科研项目。本项目总建筑面积 48259.19m^2，其中地上建筑面积 38410.79m^2、地下建筑面积 9848.4m^2。规划功能用房包括医疗器械检测室、GLP 安全评价实验室、实验动物房、微生物检验室、保化毒理实验室及其他辅助用房等。地下用房包括地下车库、设备机房和储藏室。工程概算总投资 81709.00 万元。本项目于 2020 年 11 月 30 日竣工。

二、项目管理总结与分析

1. 项目策划

本项目在项目建议书阶段批复的项目名称为深圳市医疗器械检测中心。为节约土地资源、节约投资及管理成本、提高高新技术园区的孵化功能等，深圳市市场和质量监督管理委员会向市政府请示将深圳生物医药安全评价中心与本项目合址为深圳市医疗器械检测和生物医药安全评价中心。

正确认识项目工程的特点和要点，是工程管理者对工程施工有效组织和管理的前提。只有对工程有正确认识才能从工程设计，施工组织到竣工交付全过程做到心中有数，各环节应对自如。

（1）工程体量：特大、较大、适中、特别小等，对标段划分、劳动力资源的组织等有影响。本项目体量适中，因此总包标段仅考虑一个，但实验室工艺部分对于行业来说体量算较大，所以实验室工艺部分考虑了两个标段。

（2）工程特点：某专业重要性特别突出，某工艺或建筑非常规设计或施工、某施工条件非常规状态，新技术应用与工艺的创新与探索，对招标方式、施工单位的选择，项目团队的经验要求有影响。结合本项目工艺、机电复杂，因此单独委托了工艺设计和以工艺咨询为主要服务内容的全过程工程咨询，同时实验室工艺施工部分单独招标。

（3）工程难点：体量大、工期紧、场地狭小、工序复杂、特殊条件下施工等，对施工方案、资源配置、施工进度计划的逻辑关系、管理能力等有影响。本项目的重难点主要有场地狭小、工艺复杂、机电管道复杂等，因此 BIM 技术运用和创新在本项目尤显重要。

（4）工期要求：本项目工期对于常规单体建筑来说，较为宽松；但本项目复杂之处在于机电安装和调试，因此工期不能和同规模的普通项目比较。

（5）安全与质量管理目标。本项目虽体量满足不了鲁班奖的硬性要求，但是可以从功能、特点、特色等方面做文章，因此项目在实施阶段重点打造 BIM、智能化、实验室等方面的亮点。为了便于项目管理，以高标准、严要求激励施工单位，在招标过程中也设置了如争创国优、鲁班的奖励条款。

（6）项目过程控制确保与时俱进，结合规范、行业标准以及工务署相关要求的不断更新与提高，如智慧工地、6S、6∑、6 微机制、安全文明标准化3.0、实名制管理等，及时调整、优化项目实施过程中的管理措施，不断提高项目品质，不仅结果精品，过程也要精品。

2. 项目管理模式和组织架构（图 4.4.1）

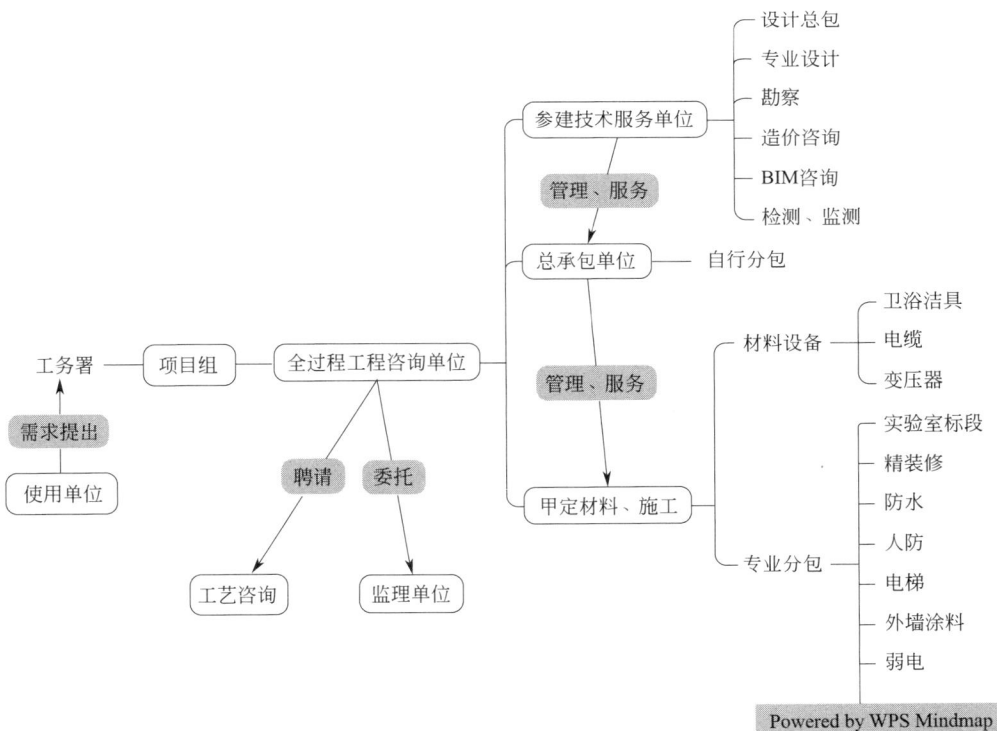

图 4.4.1　项目管理模式和组织架构

本项目采用全过程咨询管理模式进行项目管理，全过程工程咨询单位为稳步推进项目建设做出了很大的贡献。全过程工程咨询单位的团队有丰富的项目管理经验和能力，市建筑工务署在充分信任的基础上，坦诚沟通，明确责任，下放权力，引导其在该署的管理平台上，放手大胆进行工作，包括在设计管理、协调、工艺咨询、图纸审核、市场调研、招标投标管理、发包范围确定、BIM 运用等方面都起到积极与重要的作用。

3. 项目招标采购

针对项目建设的复杂性与特殊性，项目招标采购工作起着关键性的重要作用，项目组要求全过程咨询单位组织专业人员，聘请了多名行业内知名专家组建工艺设计咨询服务专家组，根据实际功能布局及项目复杂程度的需求特点，同时吸取国内外同行业医疗器械项目建设经验，在招标前期以四个需求原则（即满足动物实验结果可比性、标准性的需求；满足动物生长环境和实验环境的需要；满足工艺性能运行的需要；满足建筑工程的布局与构造设计需求），进行实验室功能需求的定位和确认。

编制招标采购文件过程中，以建设国际一流、国内领先的医疗器械检测与生物医药安全评价中心为目标，参观考察目标建设的相关医药及同类先进药检的建设项目，汲取有益经验。邀请国内和国际同类一流实验室设计建造与使用单位经验学术演示；组织各类前沿技术交流和专家讲座，并进行了广泛的市场调研。对大量建筑、装修材料，先进工艺、工艺设备，新技术信息收集，技术对接，以实物和典型案例考察的方式，广泛进行国内外先进经验的学习和交流，项目组和药检院召开各种功能变化与确认综合性会议数十次，随时保持与使用方各种专业密切联系、沟通和交流，先后收集各项建议与需求调整，明确合理划分标段，编制标段承包范围和界面划分图，对界面划分进行认真的研究，力图做到区域明晰，系统完整，专业分开、细部配合、接口准确、不遗不漏，收边收口、各负责任（图4.4.2）。

因工程复杂，工期紧迫，以招标采购计划为前提，在保证项目使用功能的前提下，经数十稿编制修订、完善，在有限的时间内最终合理地将本项目建筑工程招标采购主要划分为土石方基坑支护和桩基工程、施工总承包工程、实验室工程设备采购及安装、动物房工程设备采购及安装、智能化工程、精装工程六大块进行项目采购招标。最终形成了各标段招标成果文件，按计划要求顺利完成了招标工作。

4. 项目设计管理

为推进深圳市医疗器械检测和生物医药安全评价中心建设项目进展，依据主体工程建筑设计合同、工艺设计合同，对香港华艺设计顾问（深圳）有限公司、中船第九设计研究院工程有限公司这两家设计单位的各阶段（方案、初步设计、施工图）进度进行跟踪管理。

在方案设计阶段，以工艺设计优先，建设设计为辅助协调。按设计质量、设计限额、进度、深度的要求审核设计进度计划。必须按时提交方案文件，经项目组审核认可，督促设计单位协助项目组按规定报政府主管部门审查。

要求设计单位编制项目总概算，报项目组审核，并通过发改部门审批，确定项目总概算。提交的初步设计文件取得政府主管部门同意批文。

根据批复的项目总概算，来控制施工图设计，确保施工图预算不超批复的项目总概算。

设计图服务阶段管理：进入施工图设计阶段后，对项目整体设计效果，使用功能进行把控，督促设计单位审核所有施工图设计是否与其在上一阶段的设计内容相一致，并提出详细意见。同时要求设计单位安排专业人员定期到工地进行技术检查工作，审核由施工单位提出的样板材料、设备。

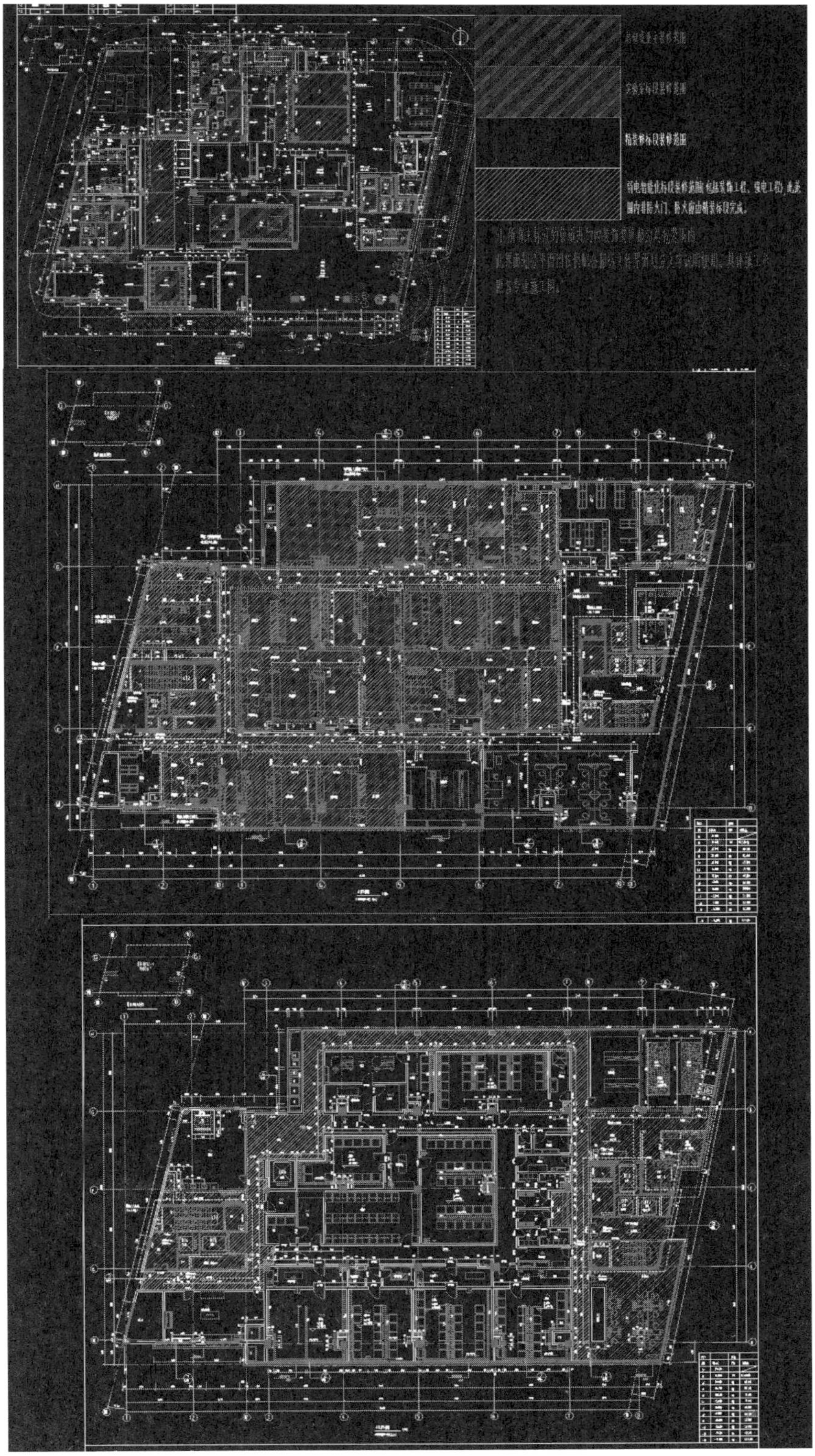

图 4.4.2　各楼层各标段施工界面划分图

对设计单位各专业的设计图纸进行审查，对设计方案、装修方案及各专业系统、设计选型、材料选择在投资控制的原则下进行优化设计。

在施工采购招标阶段，设计单位必须提供所需的技术要求，按要求参加工程招标、答疑、技术谈判工作，及时解决设备订货及材料采购过程中出现的技术问题。

工程实施阶段，要求设计单位组成现场服务组，设计服务人员负责工程从开工到竣工验收全过程技术配合工作，按时参加工程例会。负责施工图交底，参加图纸会审，解决施工过程中有关设计问题，并参与施工方案审查，对施工现场遇到的技术问题，提供多方案经济、技术比选。处理现场设计变更，及时提出设计变更文件。对施工单位提出的深化设计进行复核及确认。

5. 项目进度、工程管理

项目总体进度计划执行情况见表4.4.1。

总体进度计划执行情况对比表　　　　　表 4.4.1

序号	节点名称	策划完成时间	实际完成时间	区间延迟时间
1	项目策划定稿			
2	方案设计单位招标		2015.10.8	
3	协助取得用地许可和规划设计要点批复		2017.6.21	
4	可行性研究报告批复		2015.6.15	
5	方案设计确定		2016.4.1	
6	建设工程规划许可		2018.2.9	
7	初步设计概算批复		2017.4.17	
8	施工总包单位招标完成		2017.9	
9	建筑工程施工许可证	2018.1.18	2018.4.20	92
10	地下室主体结构完工	2018.6.30	2018.8.17	48
11	精装修样板确认	2019.8.25	2019.9.17	22
12	主体结构封顶	2018.12.30	2019.3.28	88
13	精装修工程施工完成	2020.3.31	2020.8.13	135
14	外立面工程施工完成	2020.8.17	2020.11.20	95
15	室外工程完成	2020.8.17	2020.11.20	95
16	消防验收	2020.5.15	2020.9.18	126
17	竣工验收	2020.8.17	2020.11.30	105

6. 投资、合同管理

总结项目实施过程中重大合同签订、争议处理、纠纷、变更审定、工程结算经验，总结项目参建方管理、配合的经验。

项目实施过程中各标段的合同签订：以招标文件为前提，按招标文件要求，严格按招标文件内容签订项目合同协议书。

针对实施过程中的施工争议、纠纷，及时召集各承包方、项目管理人员对争议具体内容协调解决，形成会议纪要，同时在周例会及时明确处理，定期召开专题例会。

严格设计变更管理，对设计变更的审定：首先由各承包单位报送变更预算（依据充分，工程联系函须管理方、设计方、建设方书面确认签字，设计变更通知单内容明确均有签章日期），再由监理单位专业人员进行设计变更审核，最后交由造价咨询单位进行变更审定。

工程结算经验：比如：土石方、基坑支护和桩基工程施工结算，针对承包方报送的结算资料，依据合同条款约定、隐蔽记录、现场实施情况，对其工程量逐项进行审核计算，避免重新计量，最终形成结算报告。

7. 项目信息化与信息管理

本项目在中心档案室的统一指导下，形成以项目组为核心，以项目组资料员为纽带，以项目参建单位为基础的管理网络。项目组资料员需建立、更新本项目档案资料相关管理人员联络体系，组织各参建单位资料员接受档案管理培训，落实中心档案管理的有关规定和相关要求。检查和指导各参建单位资料员的日常资料管理工作，重点督查各单位文件规则设置及过程文件的及时形成并按要求上传 EIM 平台，项目前期资料及合同资料需及时移交至中心档案室。指导和初审各参建单位编制的竣工档案，及时送中心档案室审核，并协调和督促其及时办理档案移交。

BIM 技术在项目管理各阶段中的应用与效果如下：

（1）BIM 技术辅助设计优化

利用设计 BIM 模型完成各专业碰撞检查、管线综合、可建性分析、净高分析等应用，提前发现设计阶段中的潜在问题，记录并解决重大问题三十余处，降低设计阶段各类设计错漏碰缺的风险，有效提升设计质量（图 4.4.3）。

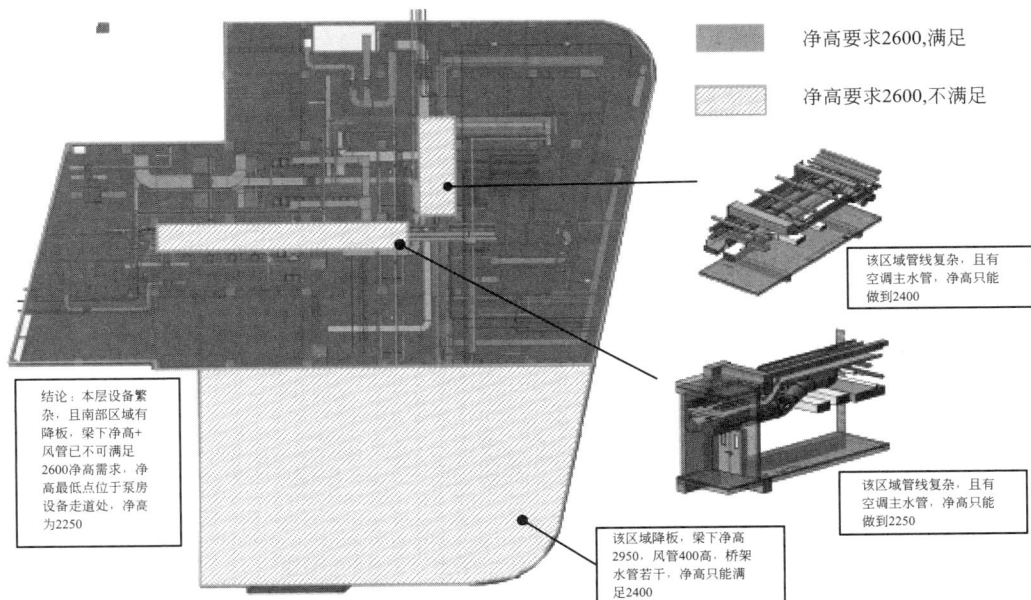

图 4.4.3　管线综合及净高分析

（2）动物房气流组织模拟分析

利用 BIM 模型通过空气流体力学动态模拟仿真技术，解决本项目动物饲养间存在的温度、氨气、空气龄等不均衡的现状，对送、排风口的大小、数量、位置的选择，排放效果和节能绩效进行评估，选择最优的气流组织方案（图 4.4.4）。

1.原设计不设顶部排风口条件下，室内的氨气浓度分布见本页插图。可见房间上部的氨气浓度较大。

图中颜色由蓝→绿→黄→红，代表氨气浓度由小至大。

2.深化设计增设顶部排风口条件下，室内的氨气浓度分布见本页插图。
可见：增设上排风口后，室内氨气浓度得到有效控制。

原设计   深化设计

图 4.4.4　气流组织模拟分析

（3）施工阶段 BIM 应用

以满足运维管理需求为导向，各参建单位以设计 BIM 模型为基础，开展施工模型创建、模型深化及 BIM 应用，并在竣工模型中添加运维所需要的模型信息，为运维阶段提供模型基础。

为解决现场实际施工需求，本项目在施工各阶段开展 BIM 应用几十项，主要有：基坑开挖方案 BIM 论证、各阶段三维场地布置、内支撑拆除方案 BIM 论证、塔吊安拆方案 BIM 论证、机电管线综合深化、安装工程空间管理、碰撞检查及净高分析、设备管线预留预埋洞口、砌体排砖、悬挑式外脚手架 BIM 论证、机房深化、室外管网深化、污水池和降温池开挖模拟等应用。这里从基坑开挖、三维场布、管线空间管理进行举例阐述。

① 基于 BIM 的土方开挖方案

利用 BIM 技术，对基坑开挖及内支撑施工的 8 项关键点进行可行性模拟分析，重点解决了内支撑梁下挖土干涉、倒运阶梯垂直运土、基坑分层开挖、土方运输等问题。形成施工深化图纸 1 份，各类分析报告 12 份，保证了项目施工进度，提高了项目施工质量，有效规避了施工中可能存在的安全风险。

a. 基坑开挖流程（图 4.4.5）

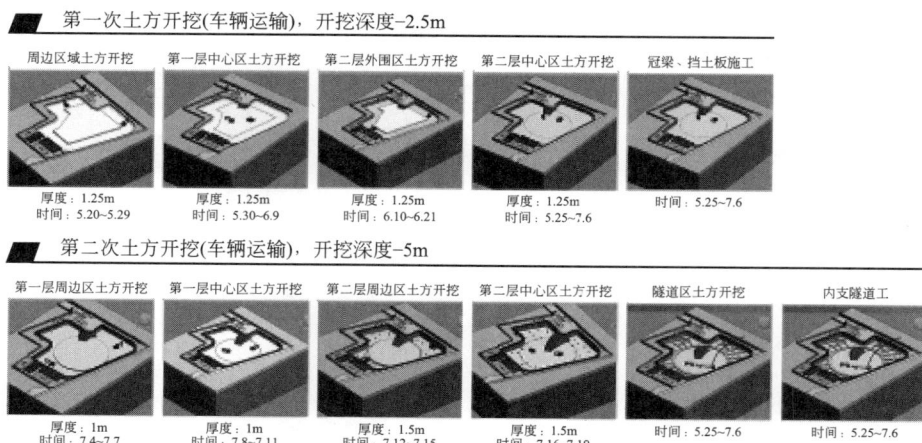

图 4.4.5　基坑开挖流程（一）

第三次土方开挖(车辆运输)，开挖深度-9.1m

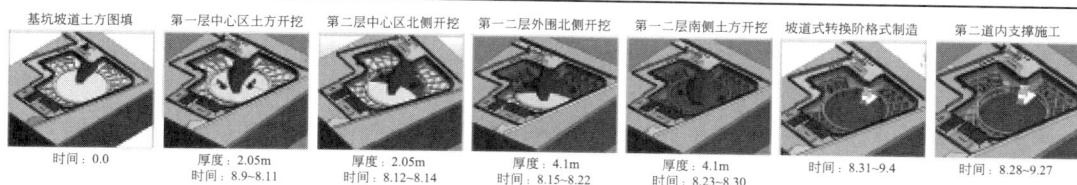

| 基坑坡道土方图填 | 第一层中心区土方开挖 | 第二层中心区北侧开挖 | 第一二层外围北侧开挖 | 第一二层南侧土方开挖 | 坡道式转换阶格式制造 | 第二道内支撑施工 |
| 时间：0.0 | 厚度：2.05m
时间：8.9~8.11 | 厚度：2.05m
时间：8.12~8.14 | 厚度：4.1m
时间：8.15~8.22 | 厚度：4.1m
时间：8.23~8.30 | 时间：8.31~9.4 | 时间：8.28~9.27 |

第四次土方开挖(阶梯倒运)，开挖深度-15.9m

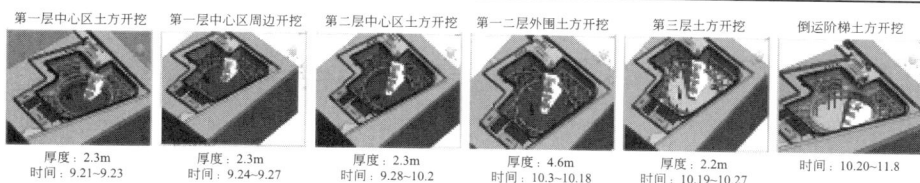

| 第一层中心区土方开挖 | 第一层中心区周边开挖 | 第二层中心区土方开挖 | 第一二层外围土方开挖 | 第三层土方开挖 | 倒运阶梯土方开挖 |
| 厚度：2.3m
时间：9.21~9.23 | 厚度：2.3m
时间：9.24~9.27 | 厚度：2.3m
时间：9.28~10.2 | 厚度：4.6m
时间：10.3~10.18 | 厚度：2.2m
时间：10.19~10.27 | 时间：10.20~11.8 |

图 4.4.5　基坑开挖流程（二）

b. 垂直运土方案可行性论证

项目场地狭小，基坑开挖深度达 16m，基坑运土困难，内设有两道环形内支撑，其中内支撑下空间狭小，开挖难度大，利用 BIM 技术，对垂直运土及内支撑梁下挖土方案进行可行性论证（图 4.4.6）。

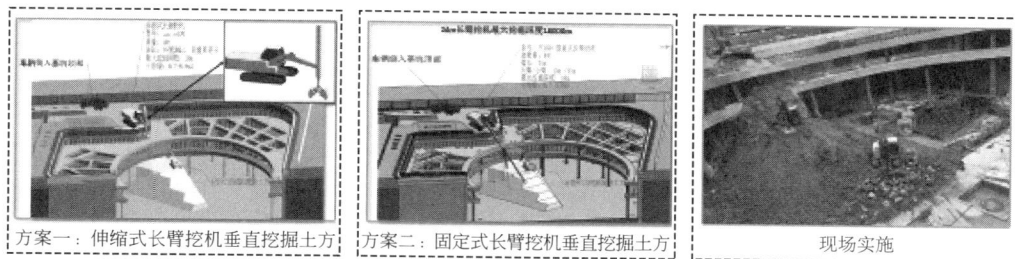

| 方案一：伸缩式长臂挖机垂直挖掘土方 | 方案二：固定式长臂挖机垂直挖掘土方 | 现场实施 |

图 4.4.6　垂直运土方案

经过对比，两种设备抓取土方量相同，运行速率类似，都可以满足挖掘深度要求。不过伸缩式长臂挖机，可在局限空间中使用，抓土稍显不灵活，设备不常见，租用价格贵，建议选择固定式 24m 长臂挖机，伸缩式长臂挖机作为备选方案。

c. 内支撑梁下挖土方案可行性论证（图 4.4.7）

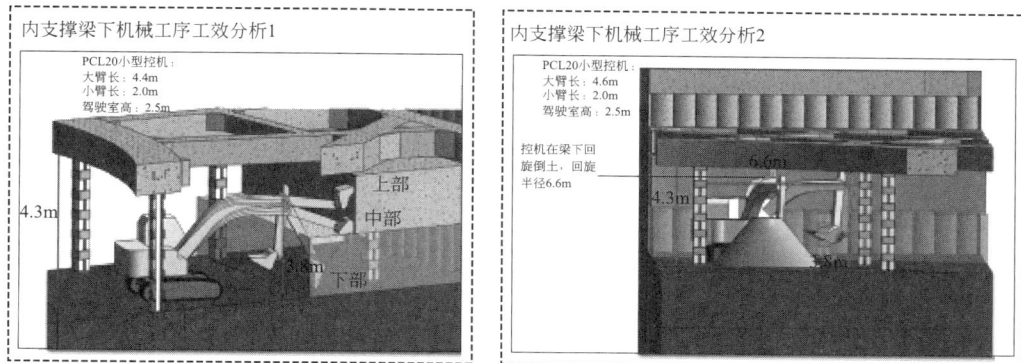

图 4.4.7　内支撑梁下挖土方案

采用 PC120 挖机在支撑下 4.1m 空间挖土可行，大臂不要过度扬起，避免碰到支撑梁，并配备人员监督。

d. 基坑土方倒运分析（图 4.4.8）

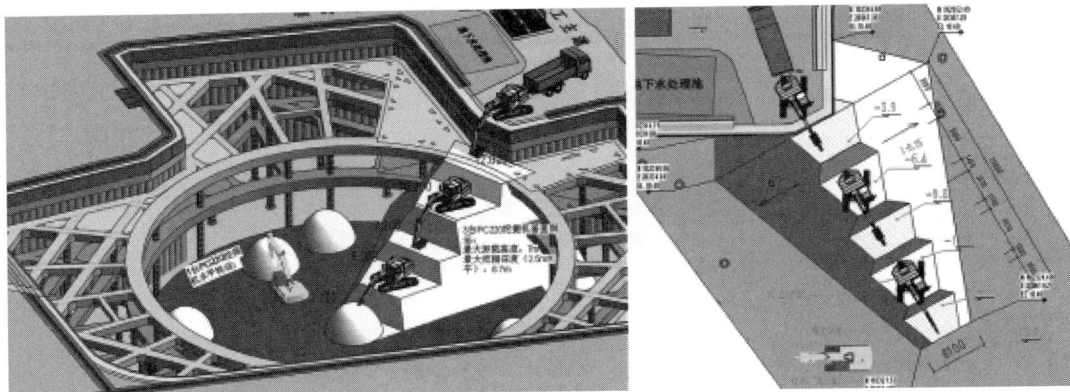

图 4.4.8　基坑土方倒运分析

② 塔吊安装 BIM 论证

基于 BIM 模型优化施工方案。对塔吊施工方案进行三维可视化模拟，以动画的方式将施工步骤、施工要点等内容进行模拟，分析并解决施工过程中潜在的问题，确保施工方案可行（图 4.4.9）。

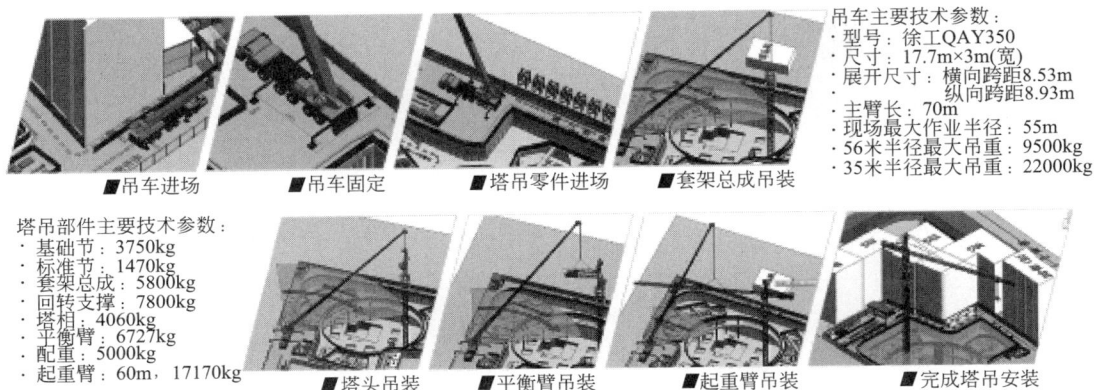

图 4.4.9　塔吊安装 BIM 论证

③ 污水处理池开挖方案

在污水处理池开挖前，对开挖模型进行搭建，对分层开挖土方量、支护桩破除及机械功效进行分析，确定分层开挖方案、支护桩破除方案及出土方案（图 4.4.10）。

④ 砌体排砖 BIM 应用

本项目是一栋集实验室检测、动物饲养于一体的科学实验楼，其每层机电管综错综复杂，且每层因功能需求不同导致建筑格局都不一样，建筑墙需要预留的洞口较多。然而复杂区域的砌体排布若不合理又往往会影响周边墙体的施工，一旦出现问题再来修改势必对工期造成影响，甚至会出现大面积返工的情况。通过 BIM 管线综合排布后，确定砌体墙

■第一层土方开挖　　■破除挡土墙　　■第二层土方开挖　　■破除部分冠梁

■人工挖土　　■支护桩破除　　■第三层基础土方开挖　　■第三层土方开挖

图 4.4.10　污水处理池开挖方案

预留孔洞位置后，优化过梁、构造柱位置以及砌体排布，减少砌块种类，减少切割量，降低材料耗损率，提升砌筑观感和砌筑质量（图 4.4.11）。

图 4.4.11　砌体排砖

⑤施工总平面布置

本项目场地狭小，现场施工、原材料堆放和转运困难。通过 BIM 技术的可视化、模拟建设等特点，对不同施工阶段的场地需求进行动态规划和方案进行比选，制定科学的分区、分流程施工作业方案，从而降低材料周转、安全文明等施工管理难度（图 4.4.12）。

⑥结构预留孔洞优化

原设计管线排布方案中，空调水管道穿梁布置，梁上预留两个方形洞口，施工难度很大。经过优化排布后，空调水管道贴梁底布置，消火栓管道和喷淋管道主管穿梁布置，梁上预埋钢套管，节省穿梁孔洞约 2500 个，降低了施工难度，可加快主体施工的进度（图 4.4.13）。

⑦基于 BIM 的空间管理

本项目的暖通系统主要为工艺性系统，由于不同类型实验室的标准规范对通风和环境的要求各不相同，需设立各自独立的暖通系统。这些工艺系统与建筑、水暖电系统纵横交错叠加在一起，各系统管道综合排布难度很高，对有限的空间管理难度很大。利用 BIM

385

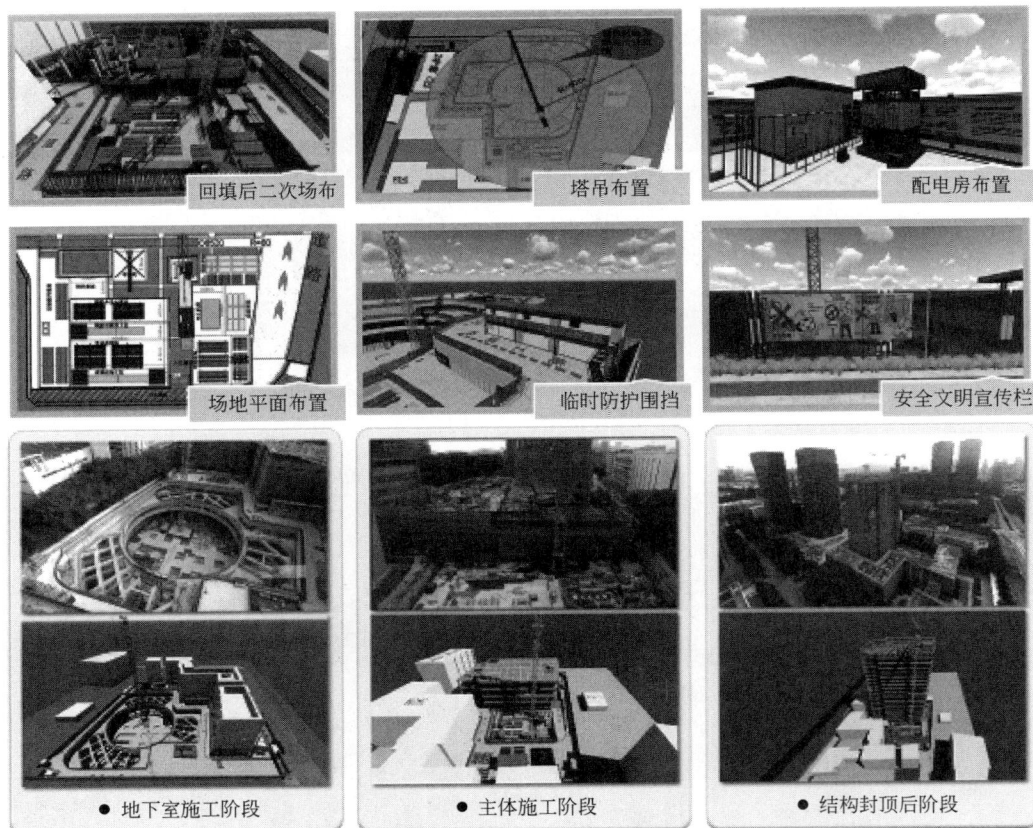

图 4.4.12　施工各阶段场地布置

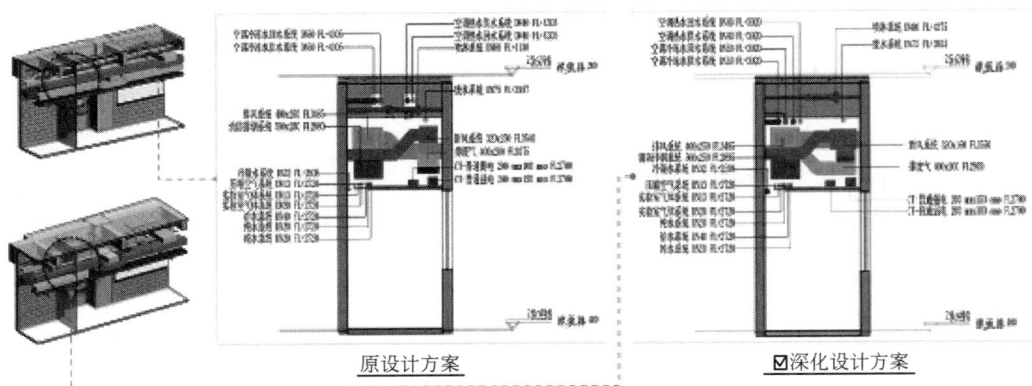

图 4.4.13　结构预留孔洞优化

技术，对 8 套空调系统、4 套工艺系统、22 套电气系统、13 套给水排水系统进行科学的分类和管综优化，保证各功能用房的美观度和实用性，实现最优的平面空间、立体空间管理的目的，满足相关规范及现场施工要求（图 4.4.14）。

⑧基于 BIM 的钢结构深化应用

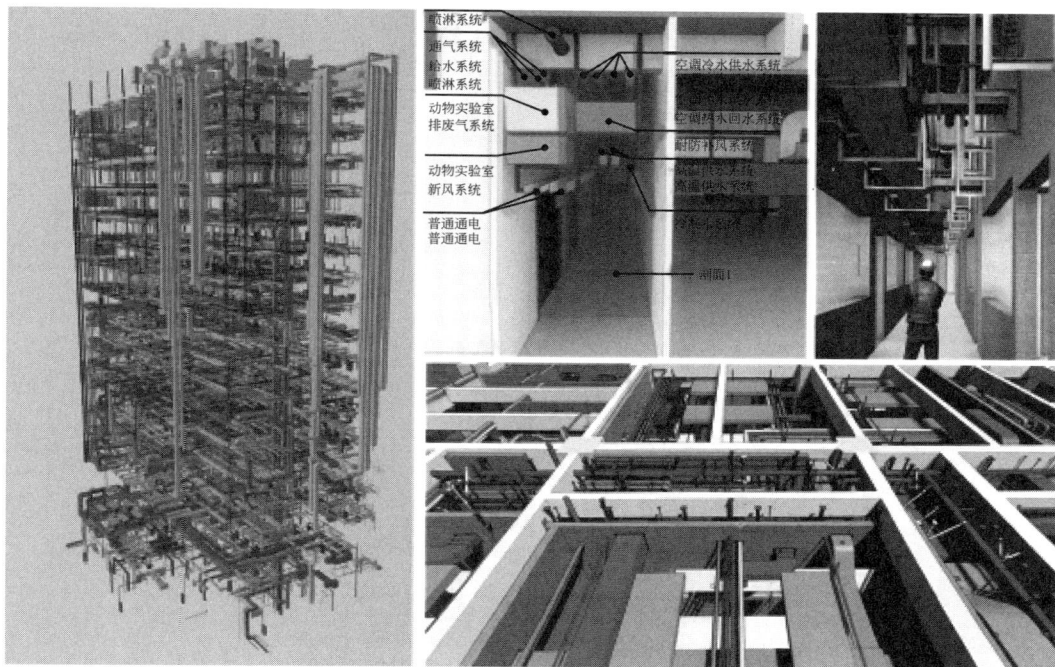

图 4.4.14　管线综合深化及优化

由于钢结构在前期设计中未考虑预留风管洞口，实验室工艺主风管没有条件跨过钢结构夹层，并且屋面设备、风管系统非常多，存在不确定性，如不解决，后续施工可能会造成钢结构、设备、风管系统等返工，影响项目工期和质量（图 4.4.15）。

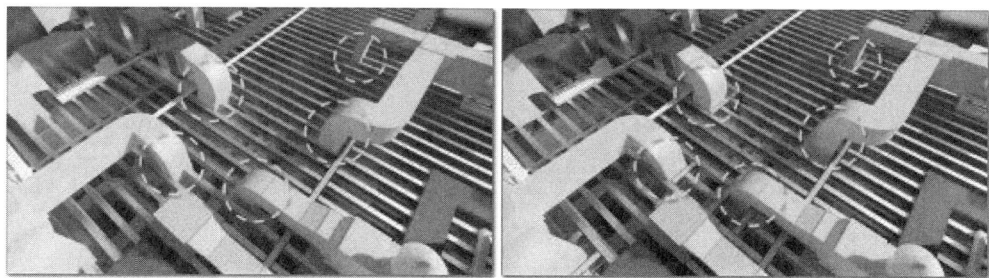

图 4.4.15　基于 BIM 的钢结构深化应用

组织总包和两家实验室单位对屋面的设备、管线进行深化设计，协调解决管线碰撞，优化管线路由。根据确认后的深化模型，对钢结构预留洞口位置进行标注出图，设计单位确认后出具相应的变更，保证项目施工顺利开展。

⑨基于 BIM 的制冷机房深化应用

本项目制冷机房设置在地下三层，机房可用空间相对狭小、紧凑。为保证机房内设备位置布置最优、空调管道排布最优、整体系统性能最优，以及机房施工的便利性，运用 BIM 技术对整个机房空间内设备、阀门、附件、管线等进行二次深化设计，以达到最优的系统性能和最大化空间利用率（图 4.4.16）。

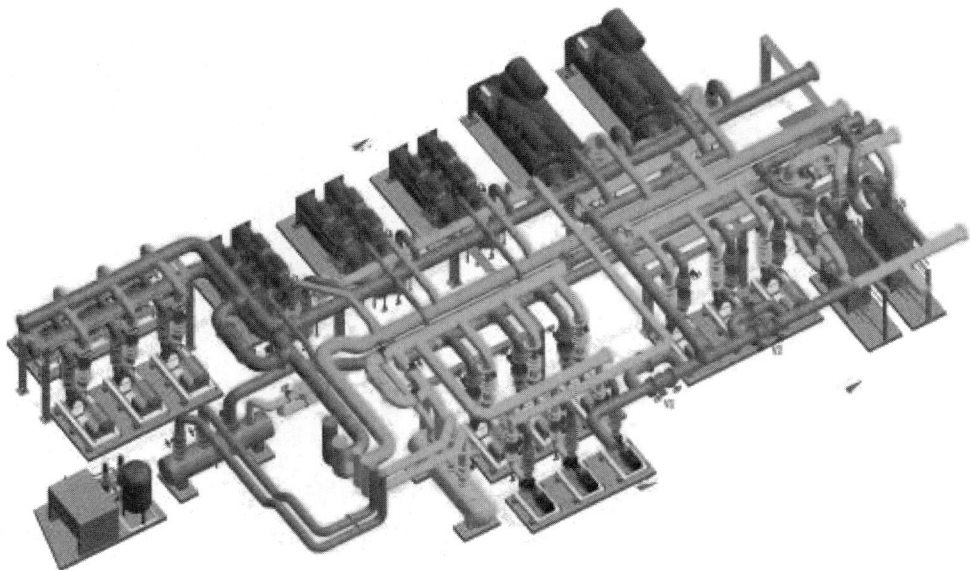

图 4.4.16　基于 BIM 的制冷机房施工深化原理图

⑩基于 BIM 的内支撑换撑方案论证

运用 BIM 技术对内支撑拆除方案进行模拟和分析，如内支撑拆除方案模拟、施工车辆路线规划、坡道支撑架体搭设等内容，为内支撑拆除方案提供有效的技术依据和论证（图 4.4.17）。

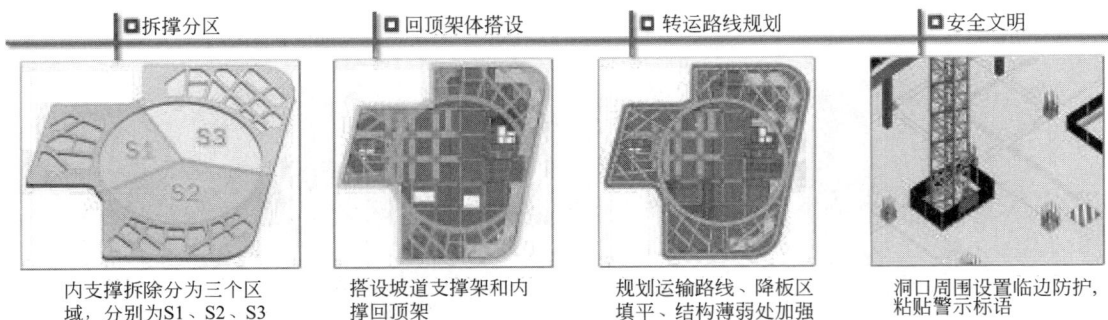

▶拆撑分区	▶回顶架体搭设	▶转运路线规划	▶安全文明
内支撑拆除分为三个区域，分别为S1、S2、S3	搭设坡道支撑架和内撑回顶架	规划运输路线、降板区填平、结构薄弱处加强	洞口周围设置临边防护，粘贴警示标语

图 4.4.17

运用 BIM 技术分析施工车辆转运路线，对结构承载力不足、结构降板区域铺设钢板补强，对柱钢筋、楼梯、吊装孔洞等障碍物进行合理避让，从而拟定出最佳的转运路线（图 4.4.18）。

运用 BIM 技术，结合内支撑拆撑方案，对模型进行分段，模拟内支撑应力卸载流程，为拆除方案提供可视化依据（图 4.4.19）。

核心筒区域内支撑构件吊运：核心筒区域位置狭小，竖向钢筋多且密集，没有条件利用叉车转运混凝土构件，需利用吊车直接吊运构件（图 4.4.20）。

本项目通过 BIM 技术为内支撑的拆除节省工期约 7 天。统计回顶架体木枋量，对现场所需木方精细化采购，节约施工成本约 5 万元。合理布置安全文明施工，有效加强了施

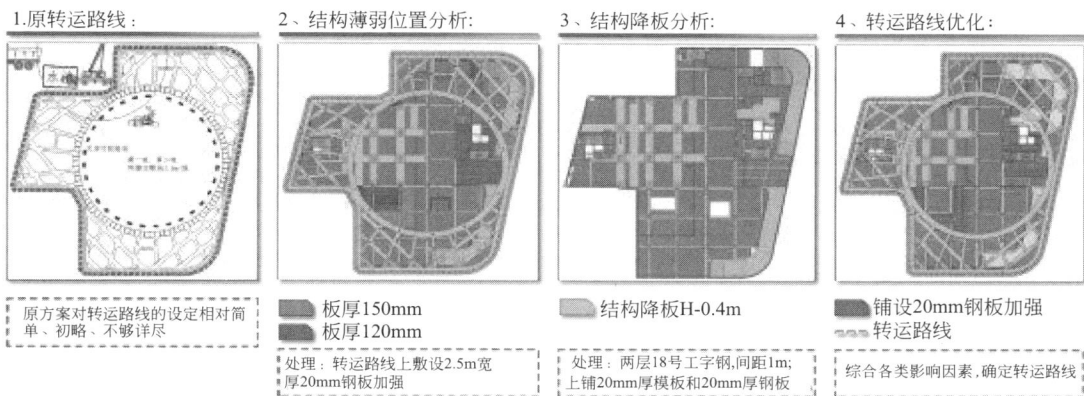

1.原转运路线：

原方案对转运路线的设定相对简单、初略、不够详尽

2、结构薄弱位置分析：

▰ 板厚150mm
▰ 板厚120mm

处理：转运路线上敷设2.5m宽厚20mm钢板加强

3、结构降板分析：

▰ 结构降板H-0.4m

处理：两层18号工字钢，间距1m；上铺20mm厚模板和20mm厚钢板

4、转运路线优化：

▰ 铺设20mm钢板加强转运线

综合各类影响因素，确定转运路线

图4.4.18

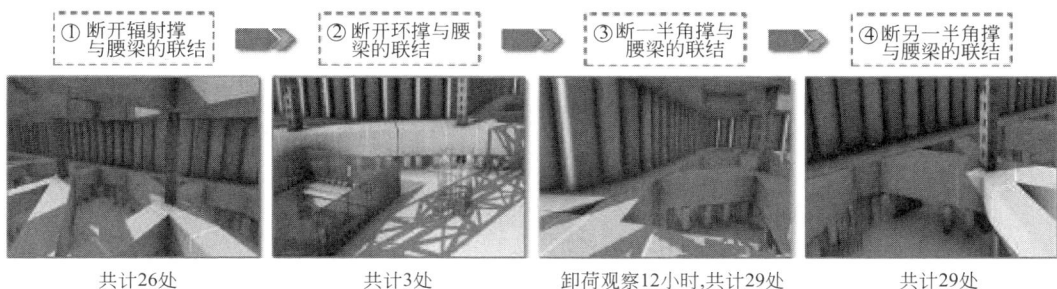

①断开辐射撑与腰梁的联结

共计26处

②断开环撑与腰梁的联结

共计3处

③断一半角撑与腰梁的联结

卸荷观察12小时，共计29处

④断另一半角撑与腰梁的联结

共计29处

图4.4.19 应力释放联结点切割顺序

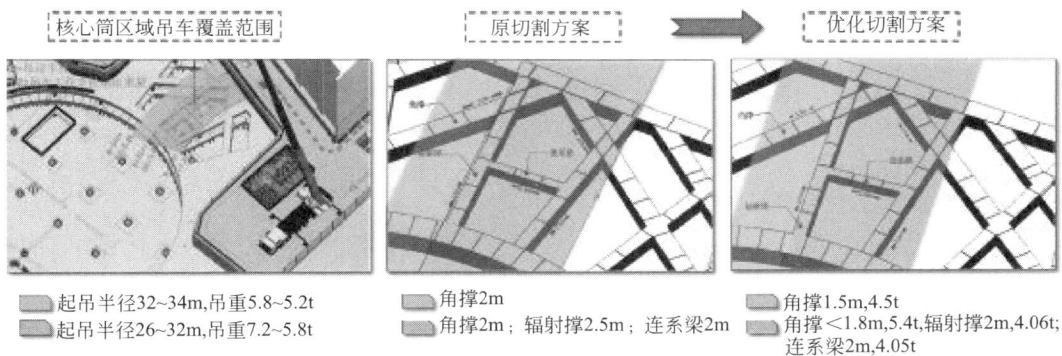

核心筒区域吊车覆盖范围

▰ 起吊半径32~34m,吊重5.8~5.2t
▰ 起吊半径26~32m,吊重7.2~5.8t

原切割方案

▰ 角撑2m
▰ 角撑2m；辐射撑2.5m；连系梁2m

优化切割方案

▰ 角撑1.5m,4.5t
▰ 角撑<1.8m,5.4t,辐射撑2m,4.06t;连系梁2m,4.05t

图4.4.20

工人员安全意识，保障了施工的质量与安全（图4.4.21、图4.4.22）。

⑪基于BIM的外脚手架方案论证

运用BIM技术，建立外架模型，用模型辅助《脚手架搭设施工方案》的编制，包括结构预留预埋、结构外形分析、悬挑架位置分析及平面定位、连墙件节点大样、主要材料统计及材料周转等内容，为项目顺利实施提供保障（图4.4.23）。

⑫运维阶段BIM应用

本项目利用竣工阶段积累的数字化资产，通过平台的轻量化处理，形成可用于运维阶段的BIM轻量化模型。项目建成后将采用基于BIM的可视化集成管理平台，充分运用BIM

389

图 4.4.21　内支撑模型　　　　　　　图 4.4.22　施工现场

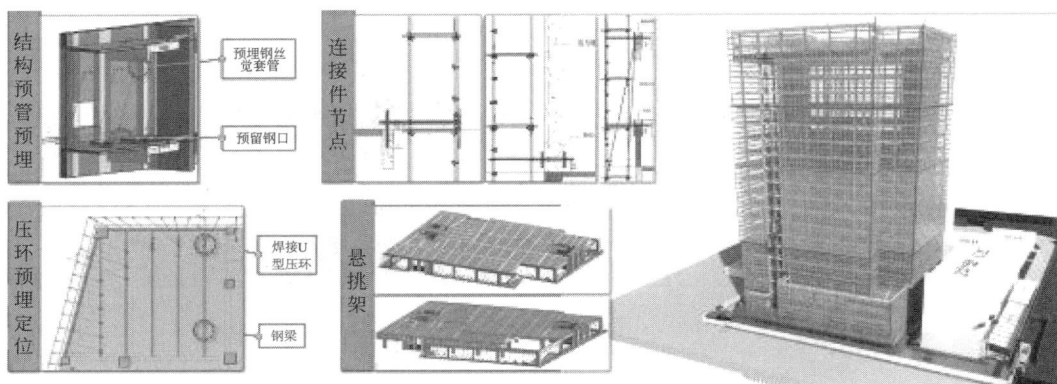

图 4.4.23　基于 BIM 的外脚手架方案

技术信息集成的功能，结合智能化集成系统、实验室可视化集成系统、动物房可视化集成系统以及 BIM 可视化集成系统间的互联互通和数据共享，形成基于 BIM 的运维管理系统（图 4.4.24）。

图 4.4.24

⑬BIM 技术应用特色及创新

本项目功能空间繁杂，普通实验室、洁净实验室、大动物用房、小动物用房以及各类公共区均有不同的色彩要求，房间种类多，色彩搭配多样。场地狭小，现场没有条件做大量的实物样板作为材质选型依据。

由项目组组织，BIM 咨询单位提供技术支持，各参建单位共同通过 BIM 技术开展数十次的色彩系统模拟。根据设计院结合使用单位需求意见编制提供的色彩系统方案，对各类实验室、动物用房和公共区等区域的墙地面、顶棚、门窗、实验设备、灯具等找到对应的实物材料、设备样板，进行电脑扫描，在 BIM 模型中实物贴图，再结合日照、灯光进行实时渲染，为材质选型提供全方位可视化的依据。

利用 BIM+VR 技术，加快了材质确定工作，减少后期因材质搭配问题而引起的变更和拆改，有效保证项目工作的顺利开展（图 4.4.25）。

图 4.4.25　基于 BIM 的色彩系统比选

⑭实验室 BIM 数据资产

BIM 团队在深入理解实验工艺的基础上，借助 BIM 技术对实验室各类台柜、设备、终端等七百余类型的工艺设备进行建模，形成实验设备族库数字资产和实验室数字模型，形成了一整套实验室数据资产，为后期搭建实验室设施环境智能管理平台提供数据支撑。通过将族库布置在 BIM 模型中，展现二维图纸所不能给予的视觉效果和认知角度，使参建各方的沟通更加顺畅，并能全面掌握使用单位的使用习惯和功能需求，促使设计更加完善。此外，基于可复用参数化设备族的积累，可以形成实验室宝贵的数字资产，为同类型项目提供参考借鉴（图 4.4.26）。

⑮"扫码看模"辅助验收

利用 BIMRUN 协同管理平台中的视图"二维码"功能，分别将各楼层的建筑、结构、机电的指定视图生成二维码，经过排版、印刷后，贴在项目各楼层主要出入口处。一

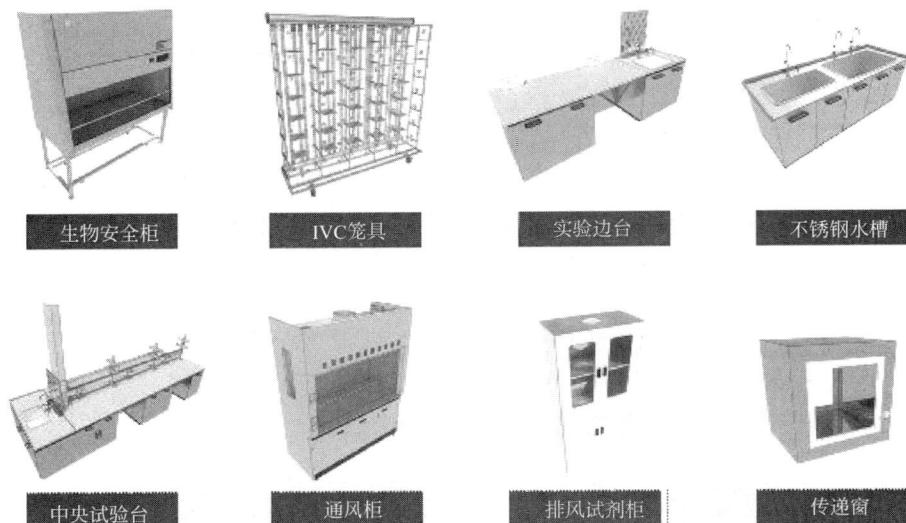

图 4.4.26　实验室 BIM 构件库

方面，有利于项目技术人员能快速在移动端查看模型；另一方面，方便项目管理人员对比现场机电安装情况与 BIM 模型，为现场施工质量管控提供重要依据（图 4.4.27）。

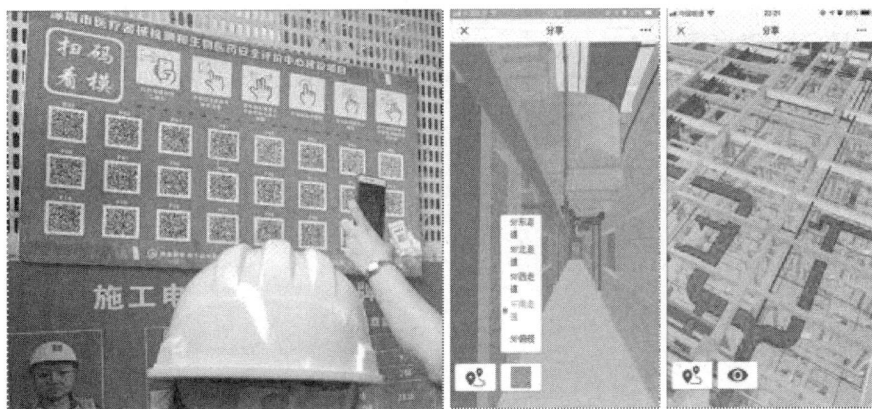

图 4.4.27　扫码看模

⑯BIM 技术应用成果及效益

BIM 技术应用为本项目营造了良好的经济效益，对经济成本和时间成本的节约，主要体现在碰撞检测、管线优化、预留点位、孔洞复核、方案论证、精细化管理等方面。根据项目部技术部门测算的可量化数据，本项目节约的经济效益构成如表 4.4.2。

BIM 经济效益分析　　　　　　　　　　　　　　　　表 4.4.2

序号	应用点	现阶段效益体现	节约工日	节约成本
1	结构预留洞优化	经 BIM 论证后，取消穿梁孔洞约 2500 个，避免后期修复返工，保障整体建筑结构安全	30 天	250 万元
2	塔吊安装 BIM 论证	优化塔吊安装方案，提高吊装效率，保障施工安全	3 天	10 万元

序号	应用点	现阶段效益体现	节约工日	节约成本
3	内支撑拆除 BIM 论证	合理安排工作面及工序穿插,并优化清运路线	10 天	15 万元
4	外脚手架 BIM 论证	合理安排材料进场,减少内部转运,降低损耗率	/	4.5 万元
5	砌体留洞	每层需留置 140~160 个洞口,避免砌体后期开凿、修补及清运的人工及材料的浪费,在降低成本、节约工期的同时提高砌体施工质量	60 天	48.2 万元
6	机电管线深化	基于 BIM 技术对机电管线进行碰撞漫游,对管线进行综合排布、优化,减少二次拆改,提高效率	30 天	456 万元
合计			133 天	783.7 万元

本项目 BIM 投入专项费用 216.17 万元,获得经济效益总额 783.7 万元。随着 BIM 技术在本项目上的持续深度应用,还将呈现出更多、更大的价值。

8. 项目创新与效果

(1) 钢筋切割采用金属带锯

项目钢筋切割采用金属带锯。金属切割带锯是一种以金属为锯条作为切削工具,并用于切割金属材料的锯切设备,主要用于黑色金属的方料、圆料及各种型材的切割,亦可用于切割有色金属和非金属材料。相较于传统钢筋切断机,金属带锯具有带锯切口窄,切削效率高,切割钢筋断面平整,低能耗,节约原材料的特点,是一种具有显著节能节材效果的高效切割设备。

项目为保证切割的钢筋断面平整,提高钢筋直螺纹连接质量,采用了金属带锯进行钢筋切割,使钢筋切割效率及切割质量提升效果显著,得到了业主、监理等各方好评,在工务署 2018 年第三季度第三方质量评估报告中被评为亮点做法 (图 4.4.28)。

图 4.4.28 钢筋切割工具

（2）砌体切割采用电动切砖机

项目机电穿墙管线多，每层需预留大量的洞口，因此砌块切割的工程量也大大增加。对此，项目采用电动加气块切割装置，提高了施工效率，也提升了砌体切割质量。

相较于传统的手锯切割的方式，电动切砖机切断快速，切口整齐，大大提升了切砖质量，解决了砌体构造柱马牙槎斜口切割质量差的难题，也减少了材料损耗，减少了建筑垃圾的产生。同时，项目上利用 BIM 技术提前对砌体进行排砖，利用 BIM 排砖图确定切割砌块的尺寸，提前在砌体加工房内进行砌体加工，也大大节约了切砖时间，提高了施工效率与施工质量，同时也可取得节材、环保的效果。

经过对比分析计算，采用传统方式施工，损耗率为 7%［按深圳市建筑工程消耗量标准（2016）定额规则］；使用本装置，经现场实测，损耗率为 2%；加气块单价 220 元/m^3；折算每立方米砌块效益：$220×(7\%-2\%)=10$（元/m^3）。

本工程预期效益计算：$9000m^3×10$（元/m^3）$=90000$ 元。

（3）施工现场采用短支梁换撑取代灰土回填

项目原设计基坑内支撑拆除后采用灰土回填，进行回填施工所需时间较长，且未完成回填前基坑安全隐患大，基坑内作业需待回填完成方可施工，延误工期。通过组织各单位集思广益、反复研讨后，项目组决定采用短支梁换撑的方式取代回填，使得在地下室结构施工时能同时进行短支梁施工，施工完成后即可进入下一步结构施工，节省工期 14 天。

（4）创新实现 BIM＋运维

本项目利用竣工阶段积累的数字化资产，通过平台的轻量化处理，形成可用于运维阶段的 BIM 轻量化模型。项目建成后将采用基于 BIM 的可视化集成管理平台，充分运用 BIM 技术信息集成的功能，结合智能化集成系统、实验室可视化集成系统、动物房可视化集成系统以及 BIM 可视化集成系统间的互联互通和数据共享，形成基于 BIM 的运维管理系统。在项目使用阶段，使用单位可以借助该平台实时了解设备运维状态，及时收到设备故障报警，查看设备故障空间定位，精装调取视频监控等功能（图 4.4.29）。

（5）装修阶段的 BIM 应用创新

本项目功能空间繁杂，普通实验室、洁净实验室、大动物用房、小动物用房以及各类公共区均有不同的色彩要求，房间种类多，色彩搭配多样。场地狭小，现场没有条件做大量的实物样板作为材质选型依据。

由项目组组织，BIM 咨询单位提供技术支持，各参建单位共同通过 BIM 技术开展数十次的色彩系统模拟。根据设计院结合使用单位需求意见编制提供的色彩系统方案，对各类实验室、动物用房和公共区等区域的墙地面、顶棚、门窗、实验设备、灯具等找到对应的实物材料、设备样板，进行电脑扫描，在 BIM 模型中实物贴图，再结合日照、灯光进行实时渲染，为材质选型提供全方位可视化的依据。

利用 BIM＋VR 技术，加快了材质确定工作，减少后期因材质搭配问题而引起的变更和拆改，有效保证了项目工作的顺利开展（图 4.4.30）。

三、项目成果总结评价

1. 设计成果总结

（1）建筑层高要与功能需求相一致。实验室布局和工艺流程的差异化，工艺管道、设

图 4.4.29　BIM 运用

图 4.4.30　装修阶段 BIM 应用

备安装和维修空间等，带来建筑各楼层都存在非标准设计，并且各楼层层高较高（层高4.8～5.2m 不等），但对主体结构施工配模以及施工工效与施工进度等存在一定的影响（图 4.4.31）。

（2）重型设备或仪器，应考虑载荷为集中局部载荷或平均载荷，进行有针对性的结构强度设计，而不是以点概面、以偏概全，只是可能对后期主体结构施工有一定影响，比如配模、混凝土标号等（图 4.4.32）。

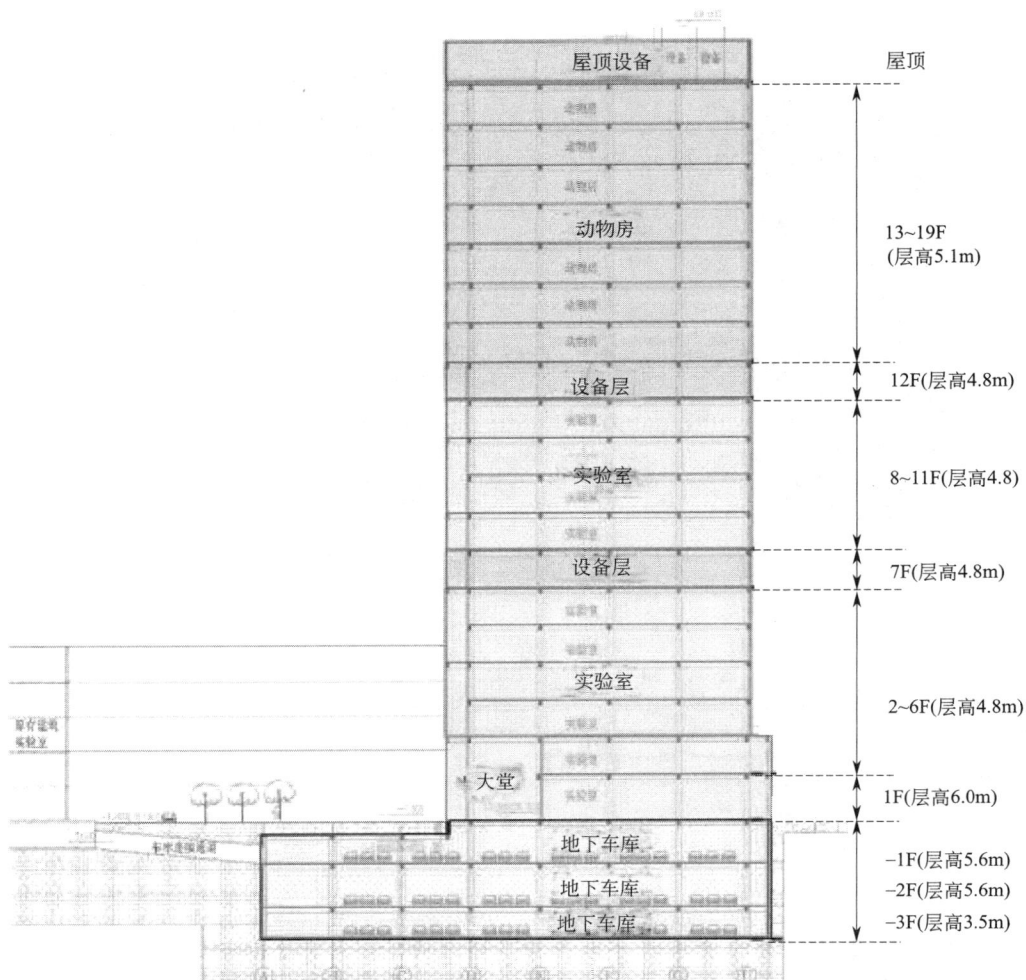

图 4.4.31　设计层高

图 4.4.32　设备列表

（3）工艺需求的洁净环境，可根据不同的消毒方式，不同的房间功能，针对性地选取装饰材料，比如小动物房间内用水少但洁净要求高，就选用密封条件好的彩钢板，地面采用橡胶地板；而大动物房用水多，则墙、地面选用耐冲洗的环氧抗裂涂料（图 4.4.33、图 4.4.34）。

图 4.4.33 小动物实验室

图 4.4.34 大动物实饲养房

而普通理化、检测室，洁净度要求不高的实验室的室内装修，可用一般涂料、地面，个别根据使用单位具体需求来确定（图 4.4.35）。

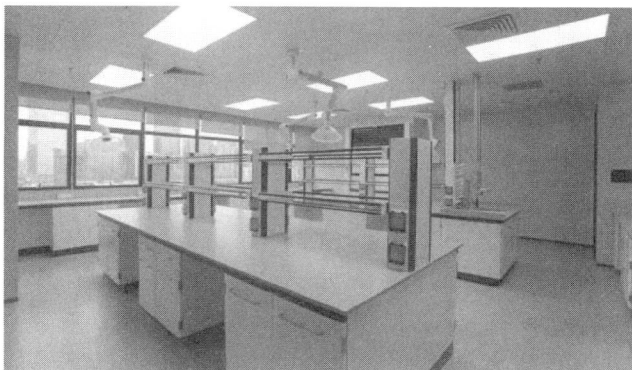

图 4.4.35 普通实验室

（4）实验室空调系统。

本项目主要采用工艺性空调系统，为大楼内的理化实验室、生物实验室及实验动物房服务。

有通风柜的系统若是复杂或重要的实验室采用文丘里，一般实验室可采用蝶阀。

理化实验室采用的空调系统为风机盘管加新风系统。理化实验室有万向排气罩、试剂柜和通风柜等通风设备，同时为及时排除室内的有机挥发物及酸碱废气，新风换气次数需要达到 6 次/h。

生物实验室空调系统多为全空气一次回风系统。生物实验室有洁净等级要求，根据不同的洁净等级要求，室内送风换气次数 10～60 次/h 不等，且不同洁净等级房间之间有压差梯度的要求，根据需求，个别实验室内需要设置生物安全柜。

动物房空调系统为全新风系统。动物房空调系统主要为动物饲养及动物实验室提供空调环境，动物饲养室内的动物排泄物容易产生氨气、硫化氢等有害物质。动物饲养区域根据饲养动物的种类不同分为净化区域和非净化区域，换气次数要求 10～20 次。同时，对环境有特殊要求的动物需要饲养在特殊的笼具或隔离器当中。

另外通用设备或非重要设备，尽可能选用国产品牌。

（5）新材料、新工艺的选择要在成熟的基础上使用。传统的工艺与做法更有可靠性，千万不可盲目追求新的材料与做法。

（6）给水排水设计。在满足功能需求的前提下，楼层及房间地漏、水盆不宜过多过密，过多既影响防水质量，也会增加造价。污水管应根据实际选用传统铸铁材料，既降低投资，也保证质量。根据功能需求及耐酸防腐要求，对于不锈钢管材质的选用，应满足设计规范要求。防止过度设计。

（7）建筑设计，有特殊层高要求的房间，可局部考虑结构降板，注意有水降板房间要做好防水和降板区域的排积水构造，同时防水处理工艺也要及时跟上。

（8）柱梁设计宜根据承载结构及功能需求，考虑变截面设计，采用不同的混凝土强度及配筋，优化设计，从而节约造价。

（9）在净化系统设计中，净化空调系统的优化对造价的影响主要表现在净化空调选型参数加大方面，应考虑当地气候，合理计算空调设计选型参数及高效风口调整参数。提供净化空调负荷计算以湿度优先。洁净系统新风量计算在满足卫生新风的基础上更要满足室内压差要求的风量。

（10）洁净实验室的室内温湿度应根据功能实际需求选择，优化设计降低造价，应尽可能进行节能设计。洁净室、PCR 排风与废气排风应根据功能需求系统分开，独立排放。

2. 项目施工质量总结评价

（1）项目施工完成质量

本项目总体施工完成质量良好，下面主要以几个典型的案例进行评价。

①地面

由于本工程地下室深度较深，底板顶标高为 −15.4m，而周边地下水位平均高程为 −8.23m，地下水位高，水压力大，防水的要求严格，同时本工程地下室三层设备较多，对地下室三层的室内环境要求也高。为加强地下室底板防水效果，在施工过程中提出建议在地下室底板上部增加防水排水板内防水层。防水排水板除可以增强防水效果外，还可达到快速有效导水排水的目的，通过主动导水起到主动防水的效果，同时亦可起到较好的防潮作用，负三层地面施工完成后目前车库地面面层未发现有渗漏痕迹（图 4.4.36）。

大型设备机房地面采用浮筑地台达到减振效果，在施工过程中先设计好隔振胶间距后于现场放线定位，根据定位布置隔振胶。隔振胶布置好固定后中间填充玻璃棉，再铺设钢

图 4.4.36　底板排水板

板，由于现场浮筑地面大小不一，市场上钢板尺寸固定，故项目先根据浮筑地面范围设计出钢板布置图，再将每块钢板编号交由工厂加工，最后将钢板按编号排序铺设并焊接，大大提高了施工效率。最后在钢板上设置钢筋及浇筑混凝土。混凝土浇筑完成后由于混凝土面层易粉化、起砂，不易清理且观感较差，项目组通过各方讨论后决定在混凝土面层上增加环氧树脂漆面层，提高整体观感效果及便于后期清洁（图 4.4.37）。

图 4.4.37　地面施工后效果

大动物饲养房和清洗区采用环氧刚玉地坪和环氧彩片地坪是一个亮点。良好的施工材料及一体式成形的施工工艺，使得实验室区域既美观又耐磨损、耐刮擦、止滑，有优异的耐化学腐蚀性和抗污渍性，能耐冷，热水冲洗、耐刮擦、耐磨损，是对墙面、地面有抗裂、抗冲击要求场所的理想涂料体系（图 4.4.38、图 4.4.39）。

②墙面、顶棚

项目地下室墙面及顶棚主要采用防霉腻子及杀菌防霉涂料。项目在施工过程中实行样板先行制度，样板得到各方认可后方进行大面积施工，在施工前严格控制进场材料质量，在施工过程中严格控制各道工序，使涂料施工后表面平整、颜色均匀一致、无流坠、起砂、鼓包现象。小动物区域墙板和顶板采用厚度为 50mm 的金属彩钢板，采用 0.8mm 厚

图 4.4.38 环氧彩片地坪

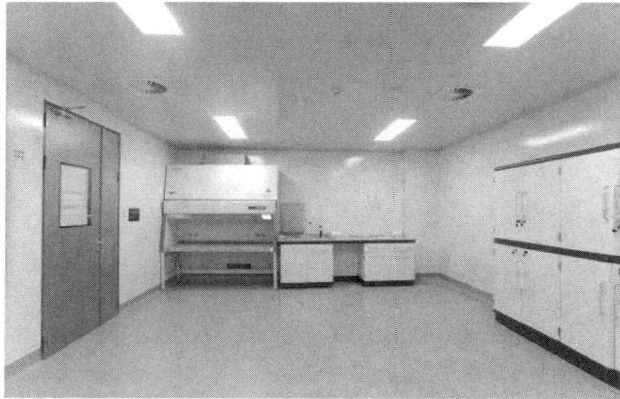

图 4.4.39 环氧刚玉地坪

的国产优质宝钢氟碳喷涂彩钢板上下附石膏板以保证平整度，较之玻镁板有着优秀的耐腐蚀、防潮功能。壁板安装，按排版图装入预制好的组件，组件间以固定插件锁定相邻壁板。组立壁板的同时配合好电气暗敷管线及箱盒。壁板垂直，立缝靠紧，缝隙小且美观，立缝均匀。吊顶板平整，板缝密实均匀、光洁、无痕、无伤（图 4.4.40）。

③屋面

项目屋面除大屋面外另外设置了一层钢结构平台用来摆放设备，其中大屋面上设置 52 台设备，钢结构平台上设置 27 台设备，核心筒屋面设置 6 台设备。

屋面施工过程中，屋面防水与细部节点处理是屋面施工的关键。在屋面结构施工前，项目针对屋面工程施工召开了专题讨论会，取消建筑找坡层及水泥砂浆找平层，根据屋面排水沟及雨水斗的位置先进行结构找坡，于结构面上直接进行防水层施工，再进行保

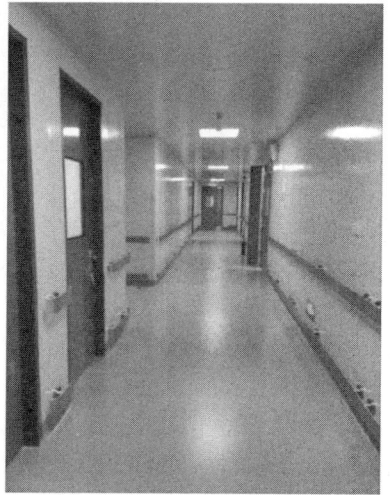

图 4.4.40 墙面顶棚

温层及保护层施工，取得相应防水效果，目前未发现屋面漏水的情况。同时，减少了屋面施工工序，减小了屋面层厚度，加大了屋面设备及管线安装空间。

在屋面施工过程中对出屋面管道、钢柱柱脚、雨水斗安装、水沟施工等分别进行了施工深化，分别设置防水层及附加层，附加层宽度不小于250mm。同时，在钢柱柱脚及女儿墙上翻的防水卷材外均设置一道水泥砖保护层，再进行抹灰贴砖施工，提升防水保护效果的同时，也能避免直接在卷材上抹砂浆保护层造成的砂浆层空鼓开裂。在屋面施工前绘制好屋面溢水口、雨水斗的平面位置，划分好分水线及各坡向的坡度，并通过水沟内雨水斗标高及坡度计算出水沟内各控制点标高，严格控制好坡度，保证屋面排水通畅、不积水。

屋面设备多、设备管线密集，导致在设备及管线安装完成后屋面上难以形成畅通的道路，给后期施工及后续的维修、检修带来较大困难。因此，项目各单位依据最终深化的BIM模型及现场施工情况，分别于屋面及屋顶钢结构平台设置两条便于通行的检修通道（图4.4.41、图4.4.42）。

图4.4.41　屋面设备层

图4.4.42　屋顶钢结构设备层

④室外场地

室外场地施工过程中由于场地狭小，室外管线多，项目先应用BIM技术对室外管线进行整体排布优化后再施工。施工过程中为保护管道，保证路基整体稳定性，在做好每层回填土夯实的情况下，经多方沟通协商后决定将道路基层由水泥石粉渣回填改为C25混凝土路基，防止路基下沉、开裂给道路面层带来不利影响。在室外绿化施工前做好定位放线工作，对石材、苗木等室外部品经监理、建设单位及使用单位确定后进行施工，保证室外整体效果美观。

⑤实验室通排风

原动物房区域除净化风口外采用散流器或采用散流器方式送风。由于动物房区域对温湿度、风速有严格要求。为提升工程品质、提高室内环境的稳定性，该类风口可采用旋流风口。旋流风口是均匀送风，以高速旋流状空气贴附出风，迅速混合吊顶附近的空气，空气到达人留区、实验柜、实验台时风速控制在 0.2～0.3m/s，有效避免影响通风柜面风速及扬起实验粉末。旋流风口同时有一定防结露功能，如室外湿空气通过门窗渗入，可有效避免风口结露。旋流风的风口噪声比散流器小。

（2）项目施工质量的得失总结

①屋面施工

在设计方面：项目屋面设备较多，管线十分密集，且钢结构平台下空间有限，导致设备安装完成后，后续施工及维修人员难以进入，设备也难以进行更换。针对此问题，考虑有以下几点改进措施：①在设计初期，可考虑让专业实验室单位提前介入，配合设计做好设备管线的排布与规划；②在钢结构平台荷载允许的范围内，尽可能将设备多设置在钢结构平台上，可使设备管道连接路径变短，同时管道无空间的限制，利于对管线及通道的排布。

在工序穿插设置方面：屋面地砖在设备、管线安装完后才开始施工，由于设备管线十分密集，导致排砖困难，且施工空间极为狭窄，造成地砖施工难度加大，大大降低了施工效率，且可能会影响施工质量。对此，总结项目屋面施工工序如下：屋面防水层施工（钢柱、钢梁安装与屋面地面建筑层分施工段错开施工）→保温层施工→混凝土保护层施工→浮筑地面施工→设备基础施工（钢结构上钢筋桁架楼承板基础钢梁施工完成后即开始）→设备吊装就位→地面桥架支架施工→屋面检修通道钢柱施工→地面面砖铺贴→设备管线施工→钢结构防火防腐涂料施工→屋顶外墙涂料施工→设备检修通道施工→管道保温及外包铝皮施工。

②浮筑地面施工

浮筑地面施工完成后，地面与周边结构接缝处采用软连接，中间填充围边胶，上部采用聚氨酯密封胶填充密封，但填充后密封胶经热胀作用全部凸出面层，且接缝处混凝土边角出现较多破损之处，导致整体观感差。经项目讨论及反复试验，最终采用水泥砂浆对边角进行收边，将密封胶改用硅酮耐候密封胶填充，使浮筑地面达到整体美观的效果（图4.4.43）。

（3）外立面施工

本项目外立面采用的是真石漆外墙涂料，腻子层采用的是滚涂工艺，底漆和真石漆彩点采用的是喷涂工艺。真石漆于 2020 年 10 月已全部施工完成，但南面存在的色差问题较为明显（图4.4.44）。

项目组为解决色差问题，多次组织监理、施工单位召开专题会议，原因分析：工人喷涂工艺不过关，彩点不均匀；材料不同批次之间存在色差。针对分析的原因，项目组责令施工单位对症下药，经过几轮整改，取得了预期效果（图4.4.45）。

图 4.4.43　浮筑地台打胶

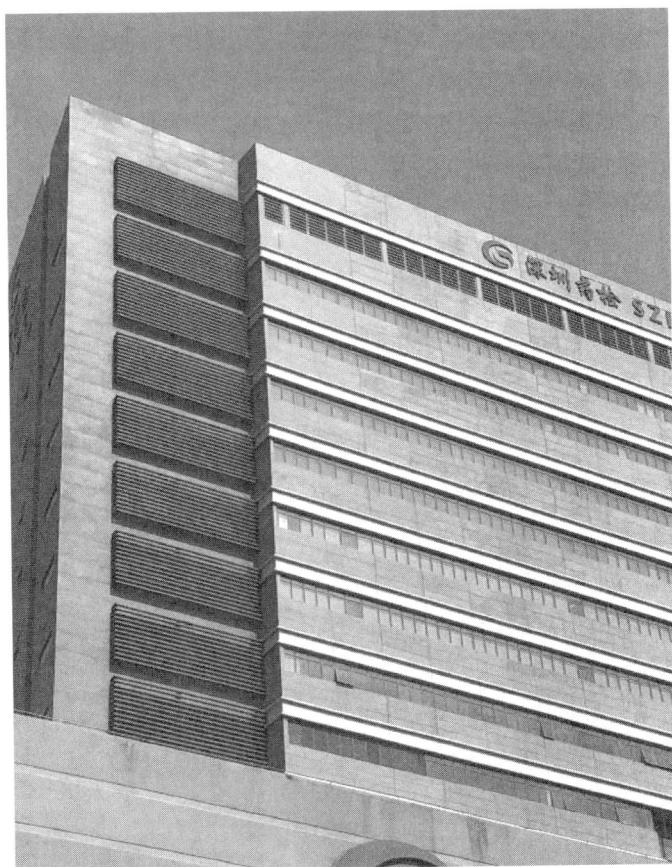

图 4.4.44　外立面

图 4.4.45　外立面（仰视）

（4）精装顶棚排版

由于项目为实验大楼，顶棚排布与常规建筑相比较为复杂，不仅有空调送排风口，还有实验台功能柱、通风柜等影响排布的设施。为了使顶棚尽量简洁有序又满足功能需求，相应的排布、协调工作增加不少（图 4.4.46）。

3. 项目获奖情况

2018 年第九届创新杯医疗类 BIM 应用第二名（国家级）

2018 年度下半年深圳市安全生产与文明施工优良工地（市级）

2018 年第二届深圳建设工程建筑信息模型（BIM）应用大赛优秀奖（市级）

第十八届深圳市优秀工程勘察设计奖 BIM 专项一等奖（市级）

广东省房屋市政工程安全生产文明施工示范工地复评获奖（省级）

第八届"龙图杯"施工组优秀奖（国家级）

2019 年度上半年深圳市优质结构工程奖（市级）

2019 年第十届"创新杯"BIM 应用大赛工程建设综合类第三名（国家级）

"荣誉白金级"工程项目建筑信息模型（BIM）服务认证（全国 BIM 行业殿堂级荣誉）（国家级）

2019 年广东省建设工程优质结构奖（房屋建筑工程及专业工程）（省级）

2019 年首届"物联杯"IOT＋BIM 设计运维大赛（BIM＋IOT）二等奖（国家级）

图4.4.46　精装顶棚排版

第五届中国建设工程 BIM 大赛一类成果（国家级）

以上奖项为最终争创"鲁班""国优"打下了坚实基础。

四、经验教训和对策建议

（1）工艺设计优先于建筑设计，工艺向建筑设计提出建筑、水、电、风等专业需求并对实验室工艺部分进行专项设计，建筑设计配合工艺设计，尽量满足工艺需求。两家设计院要不断统一设计底图，避免信息不对称而导致的设计失误。

（2）精装修设计要提前介入，复核总包设计图纸，及时提出空间、末端点位优化建议，如灯具排版、立管摆放位置、门高尺寸、隔墙拐角的优化空间等，避免机电安装、砌体施工阶段出现大量变更。

（3）本项目的设计深度仍显不足，图纸会审时也未能解决一些专业上设计的遗漏，故在实施过程中变更较多，与使用方的功能需求等方面存在较多的偏差，故建议往后的项目应该加强设计单位与使用单位在功能需求方面的有效沟通，满足功能需求才能将设计与施工无缝对接，避免变更影响施工进度和其他。各施工单位也应该在图纸会审过程中与使用方再次对接确认图纸、了解业主方的需求，有功能需求变化及时调整，尽量减少实施过程中的变更，以便加快施工进度、降低成本。

（4）在项目界面划分方面，结合本项目特点，秉承"专业的事情由专业的单位做"为原则，基本比较清晰地对本项目施工界面进行了合理划分，总包负责土建结构、常规机电；实验室单位负责工艺装修及工艺设备、工艺弱电（温湿度监控、环境自控）安装、调试，还负责安装与管道相连接、与建筑相关的实验室家具，如实验台柜、通风柜、外排生物安全柜；精装单位负责普通实验室及公共区域的装修和区域范围内的灯具、开关点位；弱电负责常规弱电智能化。

在此基础上后续类似项目还是有进一步优化的空间：比如普通实验室为了减少交叉施工，可以将界面由精装单位调整至实验室单位，毕竟实验室单位也可以做精装，只要不是要求较高的装修，只是要重视顶棚排版；比如为提高公共楼梯间的装修质量，尤其是地面瓷砖铺贴，其装修可以由总包单位划至精装修单位等。

（5）本项目参建单位多，交叉作业很多，专业之间的协调难度较大，各单位之间容易出现责任推脱现象。项目组要求并组织每周或定时组织召开协调会，全工程咨询单位在建设过程中也起到了非常重要的"裁判作用"，协调处理专业单位之间的矛盾问题，及时化解各专业施工时出现的摩擦。为有效解决交叉施工带来的弊病，本项目也坚持责任区包干制的管理理念和思路，对各楼层区域进行安全文明施工责任划分区域，并引进巡查系统进行巡查打卡以加强现场巡查力度。同时，项目组对各单位责任分区的安全文明施工情况进行每周、每月评比，并将评比结果进行公布张贴，以此提高现场安全文明施工的管理效率和调动各单位积极性。

对于需要燃气调试的项目，应尽早协调燃气集团进行项目试运行燃气通气。如若不协调，常规来说要待竣工验收后才能申请，之后1个月通气，这样会对调试带来较大影响，导致调试过程中发现的问题还需要在项目运营阶段整改。

第五节　润泽学校项目

一、项目概况

润泽学校建设地点位于深圳市龙华区环观澜路与龙环大道交叉路口，环观澜路以东，龙环大道以北，规划何地路以南，项目总用地面积 21357.52m²，总建筑面积 40998.83m²，投资估算为 22801.51 万元，总工期 623 日历天。

项目拟建 27 班九年一贯制学校和 24 班培智学校两个部分，主要包含培智楼、1～5 年级教学与行政楼、科艺与一食堂楼、6～9 年级教学楼、人才公寓楼（高层）、报告厅与二食堂楼、体育馆（含一层地下室）及地下车库（含设备用房）。地上最高为人才公寓 8 层，建筑高度 27.6m。

作为龙华区唯一一所新建的特殊教育学校，润泽学校项目属重点民生工程，建成后将为龙华区进一步建设优质平等的教育平台提供有力支撑（图 4.5.1、图 4.5.2）。

二、服务范围及组织架构

（一）全过程工程咨询服务的具体内容

友谊咨询作为润泽学校项目的全咨服务公司，具备工程建设领域一条龙综合服务能力，在该项目中主要负责项目管理、工程监理和 BIM 咨询等工作。

（1）项目管理：项目计划统筹及总体管理、前期工作管理（含报批报建等）、设计管理、技术管理、进度管理、投资管理、质量安全管理、专业咨询、项目组织协调管理、招标采购管理、成本管理、合同管理、BIM 管理、档案管理（项目档案、归档等所有工

图 4.5.1 学校鸟瞰总图

图 4.5.2 学校鸟瞰

作）、竣工验收及移交管理、工程结算管理、维保管理以及与项目建设管理相关的其他管理与协调工作。

（2）工程监理：施工准备阶段监理、施工阶段监理、保修阶段监理以及与工程监理相关的其他工作，负责协调参建各方的工作关系。

（3）BIM 咨询：根据目标合理调配资源，负责对项目各阶段 BIM 实施做计划统筹及整体管理；对 BIM 实施方案、BIM 实施规划、BIM 实施细则、BIM 实施进度等进行综合管理；对 BIM 实施应用成果质量进行审核；负责与 BIM 相关的参建方进行沟通协调。

（二）全过程工程咨询的组织模式

由于本项目客观条件及外围环境各异、参建单位众多、规模体量大、建设工期紧迫、项目管理协调工作量大，管理任务繁重，对管理团队人员素质要求高，友谊咨询为本项目设立全过程工程咨询（简称"全咨"）项目部，全权代表公司负责对项目进行统筹管理，并承担合同约定的具体咨询管理责任。为做好具体工作，项目部下设综合管理部、设计管理部、造价合约部、工程监理部和 BIM 管理部等 5 个职能部门。具体组织人员架构见图 4.5.3。

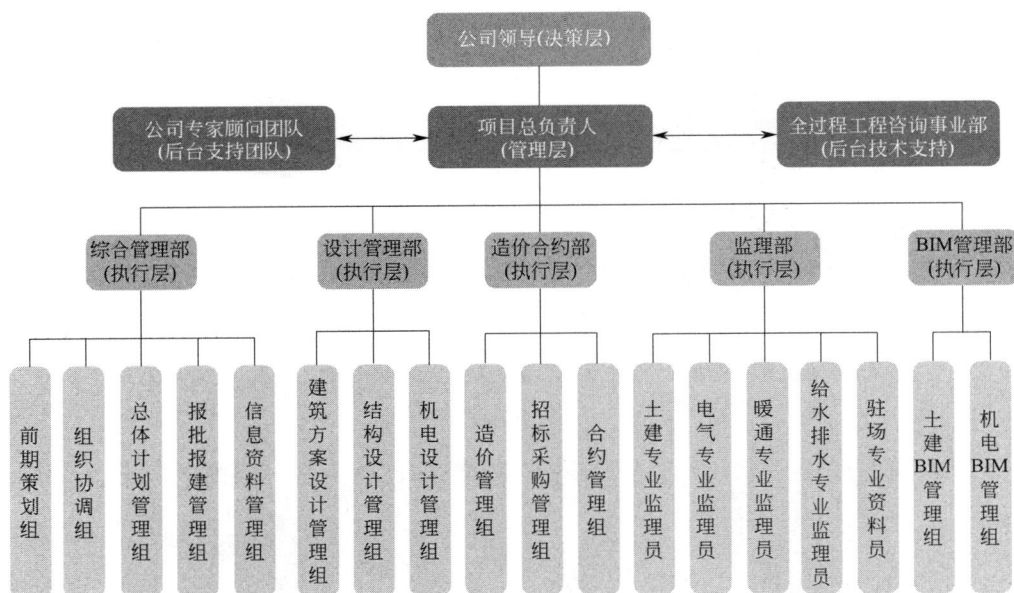

图 4.5.3　人员组织架构

从管理层级上来看，项目部由决策层、管理层和执行层等三个层级组成，具体如下：

（1）决策层：由友谊咨询公司领导组成，主要负责项目策划、项目管理制度和流程制定、重大事项的讨论和决策等。

（2）管理层：由项目总负责人全权负责，公司全过程工程咨询事业部、公司专家顾问团队人员负责后台技术支持，按决策层要求，实施全过程工程咨询项目协调管理。

（3）执行层：人员由综合管理部、设计管理部、造价合约部、工程监理部、BIM 管理部五个职能部门人员组成，主要按管理层要求，执行项目全过程工程咨询管理的具体工作。

三、全过程工程咨询项目实践

润泽学校项目作为友谊咨询公司在深圳的典型全咨项目实践之一，全咨服务主要包括项目策划管理、项目统筹管理、报批报建管理、勘察设计管理、招标采购管理、投资管理、质量安全管理、文档信息管理、BIM 管理和智慧工地管理等十大内容。

（一）项目策划管理

1. 项目重难点分析

本项目建设重难点主要有如下几个方面：

（1）涉及部门多，协调工作难度大

本项目为深圳市重点民生实事工程，社会关注度较高，前期大部分审批工作尚未完成，但施工招标工作已完成。由于前期手续未完善，需同步办理施工提前介入手续，其间涉及的职能审批部门较多，协调工作难度大。

（2）建设工期紧，工期管理难度大

本项目为学校建设工程，总工期 623 日历天。因前期遗留工作及问题较多，需在协调办理相关审批手续的同时，同步开展前后期施工的部署工作，在一定程度上影响施工图定稿及开工进场手续，加上项目基坑深度超过 10m，基坑支护施工难度大，工期要求非常紧张。为确保工期节点控制，项目实施过程中需采取分段分期施工模式，工期管理难度大。

（3）项目属性特殊，设计难度大

本项目为龙华区唯一一所新建的涵盖特殊教育的九年制一贯学校，功能需求复杂，主要功能建筑有教学楼及辅助用房、生活服务用房、体育馆、培智楼、人才公寓、地下车库及人防地下室等，无障碍设计要求高，细节设计地方多，负一层设置有食堂、体育馆等使用功能，消防设计难度大。

（4）功能需求复杂，投资控制难度大

本项目立项及可研编制时间跨度大，近几年受疫情等因素影响，材料价格上涨较多，加上项目功能需求复杂，基坑深度超过 10m，地下室设置两层，包括篮球馆、食堂、报告厅等大空间建筑，工程建设成本高，整体投资控制难度大。

（5）重大民生工程，社会关注度高

当前龙华区特殊教育资源较为缺乏，尤其是特殊教育学位紧张，现有特教资源格局满足不了社会对特殊教育的需求。本项目是积极响应新区教育发展规划要求，提高残疾儿童少年义务教育入学率，进而提升区域义务教育和国际教育质量的重要举措之一。项目建设不但能为区域适龄儿童少年提供接受义务教育的机会，也能满足所在地区特殊儿童少年接受义务教育的需求，社会关注度高。

2. 项目目标策划（表 4.5.1）

项目目标策划

表 4.5.1

进度目标	2022 年 8 月底完成竣工验收
质量目标	工程质量达到合格;争创省结构优良样板工程
投资目标	限额设计,项目建设投资控制在经批复的项目总概算范围内
安全文明施工目标	做好安全生产,杜绝安全事故的发生; 确保省市级安全文明施工标准化工地
创新目标	管理创新:基于移动互联网技术智慧管理; 技术创新:项目全周期 BIM 应用技术、建筑智能化技术、建筑节能环保与绿建技术等

3. 项目前期工作管理重点及相关措施

经梳理研究润泽学校项目前期各项管理工作，项目工作重点主要包括以下几个方面：

（1）对项目建设需要开展的有关专题研究以及需要办理的报批手续进行梳理，综合各种关联因素，选择报批报建策略。

（2）梳理各种报批报建工作的逻辑关系、审批时限和提资条件等，以项目总控计划为基础制定报批报建计划，使用清单式管理方式明确各相关单位的工作职责、责任人员、提交资料的内容和时间等。

（3）本项目在可研批复的情况下已开展施工招标工作，但因实施过程中功能需求变化等因素导致初步设计概算超可研估算，需要进行可研修编工作，存在报批报建时间较长、前置条件不完善导致后续报批报建工作困难情况。

（4）项目涉及林地使用、管线迁改、红线占用现有道路等情况，除常规房建报批报建事项以外，需分阶段同步/并行办理的审批事项大大增加。

由于前期管理工作涉及建设单位、使用单位、全过程工程咨询单位、造价咨询单位、设计单位、勘察单位、施工单位以及各种专项评估评价报告编制单位等众多单位，各单位间工作成果互为条件，需统筹策划、周密分工，并做好管理协调工作，具体主要措施如下：

（1）梳理报批报建各相关方的工作内容、工作成果、先后顺序、影响和协作关系。

（2）详细分解报批报建工作，进行职责分工，形成管理清单，作为报批报建的工作指南和管理协调的重要依据。

（3）建立风险管控机制，并及时调整应对。

（4）制定报批报建工作流程图，指导各阶段报批工作。

（5）因项目工期紧张，项目报批与项目现场建设穿插进行，条件具备即抓紧推进相关工作。

（二）项目统筹管理

1. 进度计划管控

根据工期目标编制润泽学校项目全过程工程咨询总控计划，按 2022 年 8 月底完成竣工验收和 2022 年秋季开学前完成项目移交使用为时间节点，同时根据项目要求及特征编制项目总进度计划，确保工期目标实现（图 4.5.4）。

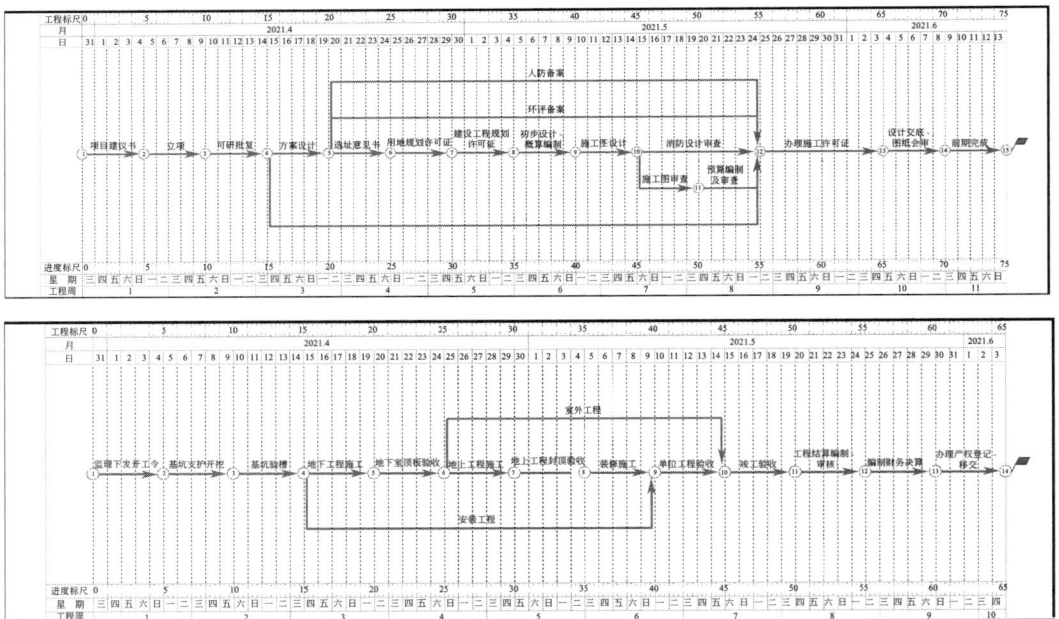

图 4.5.4 全过程工程咨询工作计划

2. 目标保障措施（表 4.5.2）

目标保障措施及内容　　　　　　　　　　　　表 4.5.2

序号	保障措施	具体内容
1	设计管理进度	1. 编制详细的设计出图计划表,按计划落实到各专业的出图时间 2. 组织设计周例会,动态管控设计进展 3. 专业、专项设计前置
2	技术措施保障	加大关键线路的资源投入,合理压缩关键线路工期
3	管理措施保障	1. 培智楼先行:培智楼先行进行施工,后基坑、基础、主体施工 2. 并联和穿插:专业设计和主体设计并联穿插,划分施工区域,各区域施工并联穿插
4	项目进度计划实施保障	1. 确定进度管理总体目标及节点目标,编制项目进度计划及控制措施,分析影响进度的主要因素,对进度计划的实施进行检查和调整 2. 总控进度计划是项目全过程工程咨询推进各项工作的一条主线,根据总控进度计划开展工作 3. 根据总控进度计划,梳理、分解年、月、周工作计划,在工程例会上对进度计划的执行情况进行跟踪管控

（三）报批报建管理

1. 项目报批报建流程（图 4.5.5）

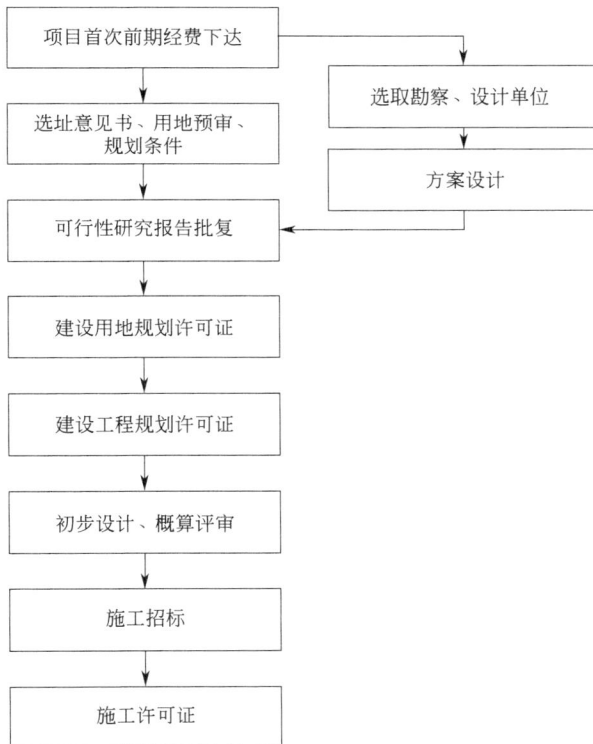

图 4.5.5　项目报批报建流程

2. 报批报建管理建议

（1）提高专业能力

一是加强建筑方面知识学习，熟悉报建过程中涉及的建筑指标；二是加强成本管控意识，充分考虑项目实际情况，结合研究已建成的相似工程项目的总投资组成以及周边工程项目的地质情况，严格执行限额设计；三是实时掌握相关规范的变化，跟踪相关政策的变化，及时调整设计图纸和施工工法工艺等。

（2）持续优化流程和完善案例库

一方面，通过建立报批报建工作流程和指引，将报建工作流程进一步标准化、规范化，动态反馈报批报建信息，切实实现报建动态跟踪管理；另一方面，通过建立完善报批报建案例库，及时整理报建文件资料，总结提炼项目报建实践经验，汇编分享项目报建成功案例，不断为拓展报建人员学习手段提供指导和传承经验。

（3）有效整合利用资源

开发报建工作离不开与人打交道，更离不开必要的公关手段。通过合理途径与主管单位真诚沟通、循环沟通，理解政府相关政策法规，充分整合和有效利用相关资源，最大化利用政策推进项目有序开展。

（4）保持系统性和前瞻性

报建工作各项审批环环相扣，潜在问题繁杂，要有系统性和前瞻性地推进工作开展。通过工作前置进行整体把控，提前进行预审和排雷，为后续工作做好准备，如根据报送资料清单，提前做好自审；非正式入案报批，提前报送资料，进行私下预审等。

（5）加强内部沟通协作

本位主义和专业壁垒严重影响报建效率，项目对内沟通比对外沟通更加困难，特别是上下游的工作配合脱节容易导致严重内耗。项目在报建过程中，需要与项目涉及的设计、工程、营销、行政等公司内部几乎所有分支部门对接联系，可以通过在相关部门抽调专人成立报建组，组与组之间通力协作，实现部门工作与项目开发的里程碑计划紧密结合，有效提高工作效率。

（四）勘察设计管理

1. 勘察管理

（1）勘察管理目标

管理协调勘察单位在工程设计、现场环境及施工条件下，对施工场地进行地形测量、工程物探、岩土工程勘察，并对场地进行地质灾害评估、土壤氡浓度检测，在约定时间内提交合格的成果文件，对现场进行技术论证和分析评价，提出解决工程岩土等相关问题的建议，服务于工程建设全过程，保证工程的正常推进。

（2）勘察管理步骤及流程

在建设单位指导下，按照项目建设总体进度安排，协调设计单位提出勘察任务书，组织勘察单位进场勘察及测量工作，在约定的时间内提交勘察报告及测量成果，并在建设过程中提供勘察服务。各阶段围绕着质量管理、进度管理、投资管理以及协调管理来推进。

润泽学校项目开工前已完成地形测量及岩土工程勘察报告工作。

（3）勘察管理主要工作内容及成果

➢ 协助组织勘察单位招标。

➢ 协调设计单位提出勘察任务书及测量要求。

➢ 协调勘察单位进场，开展勘察工作。

➤ 督促勘察单位工程进度，现场查验勘察质量。

➤ 组织勘察单位提交成果文件，协调组织交桩、试桩、验槽、验收等工作。

（4）勘察管理要点及保障措施

➤ 进度控制：根据项目总体进度控制目标制定勘察工作分目标；审核勘察单位的资料成果提交计划，进行过程控制；组织协调进度会，协调解决现场存在的问题。

➤ 质量控制：分析质量风险，提出建议；现场查看质量情况，消除质量隐患；审核各阶段成果是否满足规范、规定及技术要求。

➤ 投资控制：提出造价控制目标，对需要补充勘察的工作量，提出合理化建议及解决方案。

2. 设计管理

（1）设计管理总目标

实现建设单位（根据工作阶段，前期阶段建设单位为前期中心，施工阶段建设单位为区建筑工务署）及使用单位（教育局）对建设意图、使用功能、工程规模、设计标准等的设想，并通过管理贯彻到设计中，同时根据前期立项、投资估算等要求，实现限额设计。

（2）设计管理工作内容及服务清单

a. 方案设计阶段

➤ 协助确定设计单位；

➤ 协助编制设计任务书；

➤ 明确设计范围；

➤ 划分设计界面；

➤ 审查项目设计方案；

➤ 督促设计单位完成方案设计任务。

b. 初步设计阶段

➤ 督促设计单位完成初步设计任务；

➤ 督促完成设计概算；

➤ 组织评审初步设计内容，并提出评估意见。

c. 施工图设计阶段

➤ 组织施工图审查工作，并提出图纸优化意见。

d. 施工阶段

➤ 督促专业单位为施工现场提供技术服务；

➤ 组织设计交底和图纸会审；

➤ 进行施工现场的技术协调和界面管理；

➤ 进行工程材料设备选型和技术管理；

➤ 审核、处理设计变更、工程洽商、签证的技术问题；

➤ 根据施工需求组织或实施设计优化工作；

➤ 组织关键施工部位的设计验收管理。

e. 竣工验收阶段

➤ 组织项目竣工验收；

➤ 要求设计单位对设计文件进行整理和归档。

f. 后评价阶段

➤ 组织实施工作总结；

➤ 对设计管理绩效开展后评价。

（3）设计管理责任清单（表4.5.3）

设计管理责任清单 表 4.5.3

序号	工作内容	全过程工程咨询单位	建设单位	设计单位	其他参建单位
一、设计策划管理					
1	设计管理大纲	编制	审批	信息	/
2	设计任务书	编制	审批	实施	/
二、设计管理					
1	设计进度计划	编制	审批	实施	信息
2	进度计划动态跟踪	实施	监督	参与	信息
3	重要材料、设备、"四新"的比选论证	组织	审批	实施	信息
4	施工图设计审查	组织/审核	审批	实施	信息
5	施工图优化及合理化建议	组织/审核	审批	实施	信息
6	设计管理月报	编制	审核	信息	信息
7	机电系统选型	组织/协助	审批	实施	信息
8	专项设计审查及优化	组织/审核	审批	实施	信息
9	设计成果确认	组织	审批	实施	信息
10	深化设计审核、协调、管理	组织/实施	审批	实施	信息
11	深化设计审批确认	组织	审批	实施	实施
12	样品样板评审及确认	组织	决策	实施	实施
13	设计专家评审	组织	协助	实施	信息
14	设计图纸管理	组织/实施	审批	实施	信息
15	图纸交底及会审	组织	审批	实施	实施
16	现场设计技术问题处理	组织	审批	实施	实施
17	设计变更分析、审查	组织/实施	审批	实施	实施
18	设计变更处理意见及确认	组织	决策	实施	信息
三、设计后评估					
1	投入使用前的设计完善与优化	组织	审核	实施	参与
2	设计总结与案例	组织/编制	审核	参与	参与

（4）设计管理要点

a. 设计阶段进度控制目标管控要点

➤ 根据项目总体进度控制目标制定设计进度分解目标；

➤ 专项设计安排前置；

➤ 在设计任务书中提出有关进度控制的要求；

➤ 审核设计单位的详细出图计划，并进行设计进度过程控制；

➢ 组织设计进度协调会；

➢ 组织分析设计单位提出的问题并及时回复；

➢ 编制设计各阶段进度控制报表和进度控制分析报告。

b. 设计质量控制目标管控要点

➢ 根据项目的总体质量控制目标制定设计质量分解目标；

➢ 在设计任务书中提出有关质量控制的要求；

➢ 质量风险，提出建议；

➢ 审核各阶段成果是否满足规划及规范、规定和技术标准；

➢ 审核设计成果是否满足相关设计深度要求，对施工图进行施工可行性分析；

➢ 组织专题分析论证，提出论证报告；

➢ 组织论证项目的新产品、新技术、新工艺、新材料的主要使用用途，提出论证报告；

➢ 对于技术标准和设计规范规定缺失的，组织技术标准的制定；

➢ 实施设计变更管理。

c. 设计阶段投资控制目标管控要点

➢ 根据总体造价控制目标制定造价分解控制目标；

➢ 在设计任务书中提出有关造价控制要求；

➢ 配合施工图预算工作；

➢ 分析设计变更的技术可行性及对造价的影响；

➢ 编制设计阶段造价控制报表和分析报告。

d. 设计协调及信息管理要点

➢ 组织施工图设计启动会；

➢ 建立信息沟通机制和制定设计协调制度；

➢ 协调各方工作；

➢ 组织设计单位协助和参与材料设备采购及施工等相关工作；

➢ 建立文档信息管理制度；

➢ 组织设计阶段各类工程文档管理。

e. 深化设计管理要点

➢ 提出专业深化设计技术要求；

➢ 组织专业深化设计；

➢ 专业深化设计过程协调；

➢ 专业深化设计与相关设计之间复核。

（5）设计管理主要措施

为提高设计管理工作效率，确保设计管理各项工作有效开展，及设计管理投资、进度、质量目标的实现，采取以下措施：

a. 加强组织协调

定期组织设计管理会议，建立常态化会议和报告机制，明确设计标准及任务节点，定期催办。

b. 加强设计全过程管理

组建专业的设计管理团队和专家顾问团队，制定规范的设计管理流程，如设计文件评审流程、设计文件确认流程、设计变更管理流程等，从设计进度、质量、限额设计等方面对设计过程进行全面管理。

质量方面，负责组织对各阶段（初步设计、施工图）及各专业的设计图纸设计深度及设计质量进行审查，并提交审查报告；对各专业系统和设备选型优化比选，并提交报告。

投资方面，协助建设单位对设计阶段工程投资进行监控，对初步设计概算及施工图预算的主要经济指标提出书面意见，开展经验性复核，并将施工图预算与初步设计概算对比分析，向建设单位提出优化建议。

进度方面，跟踪项目设计进度，按时向建设单位报送设计管理简报和专项报告，定期完成设计小结；及时向建设单位汇报设计中存在的问题、相应处理意见和改进建议。

c. 设计单位人员驻场制度

润泽学校项目因前期手续办理滞后，设计修改、概算评审任务较重，同时根据招标要求，项目设计周期非常短，为保障设计工作沟通顺畅，确保设计工作进度和质量，项目要求负责施工图阶段的设计单位安排专业团队驻场工作，其他配合单位安排设计联络人员驻场配合。

d. 使用 BIM 技术开展全过程管理

润泽学校项目设计过程采用 BIM 同步辅助设计，让最终用户通过可视化方式更方便更充分地掌握工程设计信息。项目通过 BIM 模型的可视化协同平台，开展深化设计、交底、汇报、协调、图纸管理、变更管理等一系列工作，通过可视化展示说明，充分呈现项目信息，提高非建筑专业人士的"识图能力"，确保精准实现使用方的真正需求，让各项工作更加直观、高效。

（五）招标采购管理

润泽学校项目主体工程按照工程总承包模式进行，总承包范围以外的招标采购主要集中在检测与监测方面。为加快推进项目建设，协调检测、监测单位与总承包单位的关系，招标采购管理工作必须在确定总承包单位后及时进行，同时必须确保招标采购工作按照龙华工务署相关规定，在公开、公平、公正及诚实信用原则下开展。

1. 招标管理原则

（1）全面招标原则

凡是符合招标条件的项目都要以招标方式确定承包单位。

（2）整体招标原则

禁止项目肢解或化整为零，规避招标。

（3）事前预算原则

先根据施工图或工程量编制预算。

（4）资质审查原则

所有投标单位经过资格预审，通过资格预审的投标单位才能参与投标。

（5）透明公正原则

整个招标过程务必有充分的透明度，确保各专业工程师之间的积极配合、全面沟通和信息共享，杜绝暗箱操作。

（6）合理低价中标原则

在技术标合格的情况下，实行合理低价中标原则。

（7）保密原则

标底、投标文件、评标、定标等有关信息和文件的传播范围只限于参与人员，每个人均有义务保密，确保招标的公正和效果。

2. 招标管理主要工作内容

项目涉及招采内容主要包括原材料检测、第三方监测、桩基与基坑支护工程检测等（表4.5.4）。

招标管理主要内容

表 4.5.4

序号	招采内容	招标估价(万)	招采方式	计划开始时间	预计完成时间	配合部门或专业单位
1	原材料检测及主体结构工程现场检测	79	自行采购	2021.2.1	2021.2.2	设计单位
2	基坑支护第三方监测	61	自行采购	2021.3.1	2021.3.1	设计单位
3	基坑支护与桩基础检测	163.6	公开招标	2021.3.1	2021.5.1	设计单位
4	钢结构工程检测	13.08	自行采购	2022.4.1	2022.5.1	/
5	室内环境检测	3.73	自行采购	2022.4.1	2022.5.1	/
6	建筑节能工程检测	44.76	自行采购	2022.4.1	2022.5.1	/
7	防雷检测	8.2	自行采购	2022.4.1	2022.5.1	/
8	跑道检测	13.09	自行采购	2022.4.1	2022.5.1	/
9	消防检测	4.87	自行采购	2022.4.1	2022.5.1	/
10	环保竣工验收检测	9.8	自行采购	2022.7.1	2022.8.1	/

3. 招标管理流程

（1）根据项目设计图纸及基础资料，确定招标采购工作的范围。

（2）安排造价咨询单位编制预算，若服务类招采预算金额超过100万元，工程类超过400万元，需采用公开招标；若服务类招采预算金额低于100万元，工程类超过400万元，采用自行采购招标方式。

（3）确定公开招标与自行采购招标的工程，采用不同的招标流程进行招标采购；

（4）确定中标人，签订合同。

4. 招标管理控制要点

（1）依据法律法规，按照《中华人民共和国招标投标法》和《中华人民共和国招标投标法实施条例》等法律法规的规定程序，遵循公开、公平、公正和诚实守信的原则，完成项目的招标过程管理。

（2）缜密编制招标方案，加强方案三级审查，确保预算的精准性。服务类招标预算金额超过100万元的采用公开招标，服务类招采预算金额低于100万元的采用自行招标采购。

（3）严格审查和评估招采预算是否合理。

（4）根据项目的实际情况和现行的合同示范文本，科学合理拟订项目合同条款。

（六）投资管理

1. 投资控制管理原则

润泽学校项目建筑投资控制管理特点应在建筑技术及其经济性之间寻求平衡，按照"动态、全方位、全过程"管理原则进行控制，通过批准的投资估算控制初步设计概算，通过批准的概算控制项目实施阶段的工程造价（包括施工图设计阶段、施工阶段等），防止"三超"（超投资、超规模、超标准）现象发生，妥善处理好项目建设"质量、进度、投资"三者之间的关系。

2. 投资目标保证措施

（1）前期决策阶段目标

以批复的项目总估算为控制总目标。

a. 严格按照项目立项时提出的要求，科学严谨地进行基建工程项目决策的投资控制工作；

b. 充分理解使用部门的需求，合理确定项目的建设规模、标准等内容，提高项目的使用功能；

c. 按照相关程序，高效完成工程项目投资估算和方案的审核上报。经上级主管部门批复的项目方案和估算一经确定，任何人不得擅自更改，批准后的估算作为后续阶段的造价控制总目标。

（2）设计阶段

以满足功能要求的设计概算为控制目标。

a. 根据设计任务书，提出限额设计标准。设计单位进行施工图设计，全过程工程咨询单位完成设计预算的审核，提出预算审核报告书报建设单位审批。

b. 根据设计进度组织使用单位征求意见，认真听取使用单位对设计方案的意见和建议，不断完善设计，避免出现重大设计变更和大幅调整施工图纸造成时间和资金的浪费。

c. 对设计合同的控制：设计合同内容要定义清楚、准确，明确责任界限，设计费的支付要以完成约定服务内容和要求为前提，明确服务合同完成的关键设计人员，并对设计事故的认定在合同中做出具体的量化规定。

d. 限额设计：制定限额设计的目标值，造价目标值应与质量目标、进度目标等因素相关联，使总体目标达到最佳匹配。

e. 限额目标分解：在设计任务书的框架内对工程造价目标进行分解，将工程造价限额分解成各专业设计（土建、给水排水、通风空调、电气、弱电、标识标牌、功能性装饰、电梯及园林室外配套设施等）的造价控制目标。

（3）施工阶段

以合同价为控制目标。

a. 审核招标文件、施工合同的真实性、合法合规性、有效性以及合同的执行情况；负责大宗材料及设备采购工作及其他材料的价格咨询；审核项目预算书、工程量清单组成内容的真实性和合法合规性；确定工程计量支付，审核工程进度款支付申请，提出资金使用计划建议；对重大变更或涉及工程造价较大的隐蔽工程进行现场查看、记录及收集相关资料；审核施工过程的设计变更、工程签证和索赔费用的真实性和合规性；其他应列为投资控制内容的相关业务管理活动。

开展并加强全过程造价控制管理，对工程合同实施过程中的设计变更、洽商及时进行造价变动的确认。（造价管理依据为施工合同、招标文件、施工图纸、经确认的工程洽商、设计变更、材料设备确认价、国家颁布的有关造价管理的相关法律、法规、文件等。）

b. 各专业人员要认真做好主要材料、设备选型等技术支持工作，确保选用符合设计要求的材料和设备。

c. 项目造价负责人和专业造价工程师要经常深入现场，及时掌握工程进度情况，严格审查工程进度款的准确性和合理性。

d. 严格执行工程设计变更、洽商及签证的管理制度，在施工过程中尽量避免出现工程变更，尤其是对造价影响较大的变更。经确认后的施工图及设计变更，如果再出现变更，需分清责任，专题上报审批。

e. 对施工期间发生的设计变更及工程造价变动的工程洽商，要进行工程量和造价分析，及时组织造价公司人员审核，并须经上报建设单位批准后方可实施。

f. 如确因需要或因不可抗力因素的影响，需施工单位在指定时间内暂停施工作业的，须及时做好停滞人工与设备的数量、工时、费用确定，减少索赔费用，并须报建设单位批准。

（4）竣工结算

以合同价＋变更造价为控制目标。

a. 为保证审计的准确性，造价工程师要经常深入现场参与工程建设，掌握工程施工的一手资料，实现全过程造价控制，为结算审计奠定良好基础。

b. 制定竣工结算资料要求，督促承包商做好竣工结算资料，由全过程工程咨询单位、设计单位及相关顾问单位审核竣工图纸，保证竣工结算资料的完整性、准确性。

c. 工程竣工验收合格后，承包商要提供完整的结算资料，经全过程工程咨询单位、造价咨询单位审查后报工务署进行审核。经审核通过的工程结算书与其他相关资料整理齐全后，提交造价审计公司审核，审核通过才能予以结算。

3. 投资管理工作内容

（1）设计阶段

a. 确定投资控制目标，制定投资管理制度、措施和工作程序，做好决策、设计、招标、施工、结算各阶段的投资控制。

b. 以批准概算为依据，控制设计单位限额设计。

c. 管理造价咨询单位，组织施工图预算全面审查工作。

（2）施工阶段

a. 审批工程进度款支付，审核工程变更及签证并送审计机构备案，做好用款计划、月报、年报、年度投资计划等统计工作，建立分管项目的合同、支付、变更、预结算等各种台账；负责对项目投资进行动态控制，处理各类有关工程造价的事宜，定期提交投资控制报告；参与甲供材料设备招标工作。

b. 定期组织召开造价专题会议，解决造价问题争议，建立投资控制台账、变更台账等，督促完善设计变更时效及质量以及程序等。

c. 负责办理工程量清单复核报告审批手续，检查督促造价咨询单位、全过程工程咨询单位及时审核工程量清单复核报告、设计变更及现场签证等，督促专业工程师及时办理设计变更、现场签证等审批手续；负责检查催办招标阶段的结算资料收集整理和归档情况。

d. 工程投资控制月报制度：每月 25 日前，应对现场进行已完成工程量的盘点，编制当月的投资控制月报。投资控制月报应包括当月工程款支付情况、工程形象进度、工程完成投资额、工程量盘点实际进度与工程款支付的额度比对、承包商人员和机械设备投入情况、工程质量情况、检测资料、工程设计变更及投资增加情况、当月投资控制分析等，检查问题，查找原因，并提出下月工作计划和建议。

e. 投资控制工作总结制度。

（3）结算阶段

a. 负责督促各方在指定的时间内进行工程结算的申报，在约定时间完成工程结算的审核并配合报审计部门或第三方审计审定；负责对项目工程造价进行经济指标分析，负责提交结算审核事项表；参与结算资料整理归档；配合财务办理竣工决算；负责审核结算款、保修款，协助办理审批手续；在结算完成后对整个项目进行经济指标的分析并出具成果文件。

b. 负责协调与造价咨询单位有关结算问题的分歧。负责对全过程工程咨询单位与造价咨询单位的结算工作管理；在造价咨询单位的结算审核报告上签署意见；负责结算报告的审批手续和报送审计部门或第三方审计；负责跟踪审计进度，及时反馈审计意见；负责审计报告征求意见稿的审批手续和审计报告的整理归档；负责在工程项目所有结算完成后书面通知财务处办理项目决算，并按财务部门要求准备相关决算资料并配合决算审计。

c. 负责全过程工程咨询单位、造价咨询单位的工程结算管理，送审、跟踪审计进度，反馈审计意见、归档审计报告，配合决算审计。

（七）质量、安全管理

1. 质量管理

为确保项目按照设计要求，建设符合规范、标准的建筑产品，满足业主的使用要求，项目部秉承友谊咨询公司"做一个项目，树一座丰碑"的理念，本着争创省结构优良工程的目标，对项目质量作如下管控：

（1）质量管理体系策划

在项目管理部的统一组织策划下，所有参建单位根据自身质量保证体系要求，结合目前的管理网络架构和深圳市的实际情况，建立各阶段各项质量管理网络和质量管理规章制度办法，明确各项质量管理程序、相应分工以及相关表式记录。

（2）质量管理体系

建立工程管理中心项目组与项目管理部统一协调管理的质量管理体系，在工程建设过程中形成各参建单位共同管理的质量管理网络，各司其职的同时，接受工程管理中心、项目管理部的监督，为工程建设提供可靠的质量保证。

（3）质量管理措施及方法

一方面做好样板引路：首先建立样板工程，由建设单位、全过程工作咨询单位、设计、监理、施工单位共同验收，确立施工工艺与验收标准，参照样板项目施工。另一方面做好关键工序控制：工程开工前，项目管理部督促承包商及时落实施工项目的"单位、分部工程"划分工作，施工监理部审核最终由项目部确认；施工单位根据批准的单位工程划分意见，确定关键工序及验收流程，经监理工程师审核后由项目部协调确认；对高风险关键工序，施工单位要加强跟踪，监理单位要旁站监理，现场项目部加强巡视。

（4）项目自评

项目到达考核条件时，项目部组织施工单位管理人员对项目质量安全开展标准化考评前的自评（图4.5.6）。

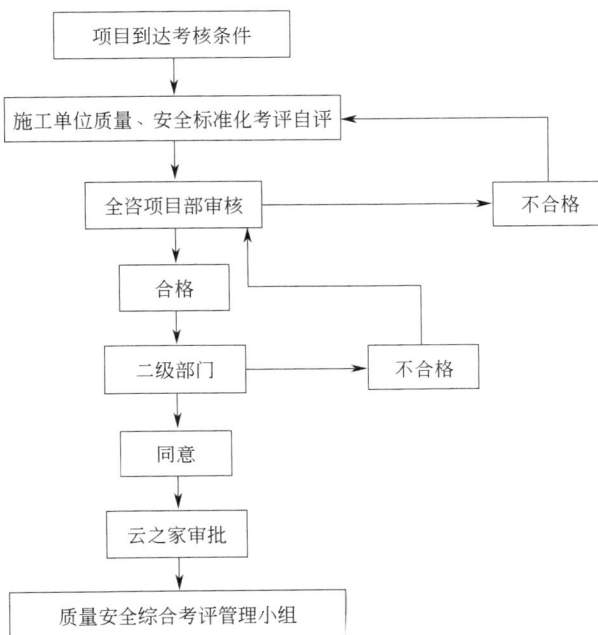

图4.5.6 项目自评

（5）巡查管理

公司按总部制度要求，派专人对项目进行月度、季度、年度巡查管理，发现问题第一时间下发整改通知单，项目按要求进行整改后再由专人进行复查，对问题一一进行闭合。

（6）培训学习

公司每两个月集中举行一次全过程工程管理视频课程培训，涉及内容包括报批报建、前期对接、项目管理、工程造价管理、工程监理管理等；项目人员需每月完成公司平台的专业知识、素质提升等课程；项目部按施工节点组织人员识图及技术交底。

（7）创新技术

项目大力推行实测实量二维码、BIM咨询、远程监控、无人机等创新技术，实现"互联网＋"和工程监理的有机融合，更快速更便捷地发现问题和解决问题。

2. 安全生产监督管理

为有效降低安全事故的发生率，进一步保障施工人员的人身安全以及项目竣工交付后使用方的健康安全，达到"争创深圳市安全文明示范工地""广东省深圳市建筑工程安全生产与文明施工优良工地"的目标，坚持"安全第一、预防为主、综合治理"的方针，按照"动态识别、科学评估、分级控制"的原则进行安全文明管理策划。具体包括：

（1）安全生产专项会议和培训学习

每日应对现场进行安全巡查。发现安全隐患的，要求施工单位整改；情节严重的，要求施工单位暂停施工；施工单位拒不整改或者不停止施工的，向有关主管部门报告。

每周由全过程工程咨询项目监理部组织施工单位召开安全周例会，并做好会议记录；每月及节日前由全过程工程咨询项目监理部组织施工单位及建设单位参加安全检查，并召开安全月度会议（图4.5.7）。

图4.5.7 安全生产专项会议和培训学习

（2）安全技术措施

安全技术措施应贯穿在施工技术方案中。

施工单位专业工程师编制的承包商方案中有关安全技术措施，应经安全部门审查、项目技术负责人批准后严格执行。

根据工程施工和作业环境的特点以及各工种作业的不安全因素，提出有针对性的技术措施，确保安全生产。

（3）安全检查

安全检查的目的是揭示和消除事故隐患，整改不安全因素。

a. 一般性安全检查

主要是对项目施工现场的安全管理状况进行动态控制检查。

b. 专业性安全检查

主要是为掌握专业安全生产状况进行专业检查。

c. 查现场、查隐患

检查施工现场各种不安全因素、隐患存在情况和施工操作者作业状况等。

d. 查事故的分析处理与上报

检查各类事故是否经过调查、分析、定性，上报是否准确，是否做到"四不放过"。

（4）安全文明管控重点

➤ 强化企业主体责任落实

➤ 强化危大工程安全管控

➤ 强化安全文明施工标准化管理

➤ 落实两制、实名制安全教育培训和智慧监管

➤ 恶劣天气防御（台风、暴雨）

➤ 安全文明专项管控要点

（八）文档信息管理

工程建设全咨项目资料是全咨项目实施过程中直接形成的真实而全面的反映，资料的管理水平在很大程度上反映工程全咨项目部的管理水平、人员素质和工作质量。

1. 项目部职责

（1）建立和完善全咨文件资料管理制度，设专人管理全咨文件资料。

（2）及时、准确、完整地收集、整理、编制、传递全咨文件资料，宜采用信息技术进行全咨文件资料管理。

（3）及时整理、分类汇总全咨文件资料，并按规定组卷，形成存档档案。

（4）根据工程特点和有关规定，保存全咨资料，并向有关部门单位移交需存档资料。

2. 档案管理工作步骤

（1）需求收集

收集当地文档验收要求以及建设单位需求。

（2）分析理解

根据标段内各自项目实际情况，分析理解上述需求管控的难点、重点。

（3）制定方案

分层级制定总体和分标段、分项目的档案信息管理方案。

（4）执行方案

将工作实施方案落实到相关的单位及责任人。

（5）监督反馈

在执行过程中进行检查纠偏、风险预控。

（6）形成成果

形成最终的竣工档案验收资料。

3. 资料归档管理制度

（1）资料归档要求

资料归档责任人为项目负责人，负责组织全咨资料的归档整理工作，负责审核并签字验收；二级部门负责人督办，并承担连带责任，公司全咨项目资料移交归档管理责任部门为工程管理部，工程管理部相应移交办理人员为竣工资料归档验收责任人。

（2）监理资料归档期限

资料整理时将保管年限按 8 年和 20 年区分，再按 A、B、C 资料顺序装订。

（3）管理规定

a. 项目完工撤场后三个月内，由项目责任人将全套全咨资料统一交工程管理部相应移交办理人员检查、验收和审核，并与公司档案管理人员办理移交手续；

b. 对按缺项资料移交的项目，项目负责人须积极跟进相应缺项资料的收集并于每月月底向二级部门总经理及工程管理部进行情况反馈，工程管理部将建立销项资料收集反馈台账并按月更新、通报；

c. 涉及已竣工未移交资料的项目负责人如有即将离职的，离职前必须对负责的已竣工项目完成全咨资料归档及移交手续；

d. 项目负责人离职前需对已完项目完成资料移交手续，对在建的项目必须将所经手项目资料向相应移交人办理移交；

e. 经办人员未按本制度办理项目全咨资料审批、移交手续的，对相关责任人进行处罚。

4. 资料归档详细要求

（1）项目竣工验收后，按照城建档案馆要求移交全咨资料，一般包含监理规划、监理实施细则及旁站方案、监理工作总结等，具体以各城建档案馆要求为准。

（2）项目竣工验收后，全咨项目应向建设单位归档的全咨资料，按建设单位要求提供，一般包括：公司资质、报建人员备案表、项目负责人和总监任命函、全咨组织机构人员及变更记录与证件；监理规划；监理实施细则及旁站方案；监理月报；例会纪要、专题会议纪要；监理工程师通知单与回复单、监理工作联系单；监理工作总结、专题总结（具体以各建设单位实际要求为准）。

（3）将不同的资料装订成册后装入档案盒，装订文件按公司要求做好卷内目录，整理时先按保管年限 8 年和 20 年区分，再按 A、B、C 顺序装订，资料较少的可以多类装订成一册，资料较多的可以装订成多册。各项目部根据档案盒数量，移交至公司档案盒箱子装箱。未装订成册资料不得向公司工程部移交。

（4）竣工资料移交清单由各项目部向公司归档移交，同时提交一份电子版表格，公司档案室按表接收。若本工程无某项分部工程，则在备注栏中注明"无"。

（5）卷盒胶装资料必须标识归档序号，可按顺序将资料册号按大写一、二依次排序，或者用字母＋数字＋名称的组合方式，如"A-2：监理细则"，如一盒装不下，第一盒标识为 A-1-01，以此类推。

（九）BIM 管理

润泽学校项目规划之初即倡导采用 BIM 技术，BIM 应用贯穿于项目各阶段，包括施工图设计阶段、施工阶段和运维阶段。BIM 模型历经四次迭代，分别是设计模型、施工深化模型、竣工模型和运维模型，各单体模型由建筑模型、结构模型、机电模型组成。

1. 施工图设计阶段

（1）图纸会审可视化

通过 BIM 三维模型实现图纸会审可视化，三维 BIM 模型与二维设计平面图相互补充，使图纸会审更便捷、直观，有效优化设计。

（2）管综分析

管综分析报告从平面图、三维轴测图表达关键区域各专业管线排布情况，项目决策人员可以更直观了解是否满足项目具体要求，进而辅助项目设计优化。

（3）净高分析

依据管综分析报告，对楼层关键区域进行净高分析，辅助项目决策人员更简单准确地了解关键区域净高高度，实现优化设计的目的。

（4）机房优化（图 4.5.8）

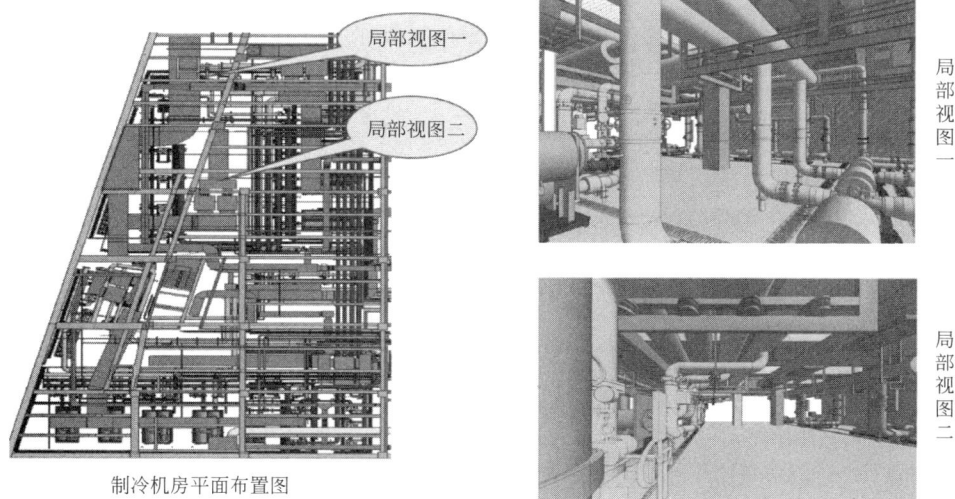

制冷机房平面布置图

局部视图一

局部视图二

图 4.5.8 机房优化

（5）工程量辅助预算

根据 BIM 模型，可以直接提取或分专业提取项目工程量指标，大大提高概算编制效率和概算准确性。通过 BIM 软件的自动工程量统计功能，对比评估各种变更方案之间的工程量差异，从而选择性价比最高的方案进行施工，最大限度地节省工程成本（图 4.5.9）。

（6）预留预埋优化

管道综合优化后，可以根据机电管线路由做相应的土建预留洞，从而与建筑专业紧密配合，有效防止设计洞口错位。在 Revit 中心模型软件上进行机电管线的综合优化排布，将机电管线与土建结构、砌体的交接处生成预留洞图纸，可以达到施工过程留洞工作一次完成的目的。

（7）管道碰撞检查

各专业之间碰撞检查管线综合情况，能有效消除设计阶段的管线碰撞问题，也能妥善解决专业间的空间冲突等问题。

方案(一)

方案(二)

图 4.5.9　工程量辅助预算

2. 施工阶段

（1）场地布置分析优化

根据施工总平面布置方案，建立施工场地 BIM 模型，提前对材料堆放、大型设备设施位置、场地道路等进行分析优化，使其得到更优的施工场地布置方案，提高施工效率。

（2）安全文明施工管理

通过漫游视角对整个工程进行预先参观，设置更加人性化和更具观赏性的参观路线；通过形象立体的现场平面布置模型，可以根据不同的施工进程对现场平面布置按要求进行修改，满足工程安全文明标准化的要求。

（3）三维可视化交底

根据施工工艺精细化建模，对具体的工艺流程进行三维可视化交底，能更直观精细地表达施工工艺组织、流程及要求。

3. 运维阶段

（1）可视化 BIM 校园

依托 BIM 模型，可以查看从 BIM 发布出来的各个教室、食堂等空间布置图，也可以查看建筑平面上各区域的功能和精确尺寸的面积信息，从而能以更直观的方式显示当前管理区域以及设备的平面空间布置等信息，查询模型中设备对象的信息数据，从而以三维视角直接认识当前建筑和资产，助力校园形成数字化资产（图 4.5.10）。

（2）智慧安防管理

将视频抓拍、人脸识别、人脸比对等技术与 BIM 模型空间管理区域结合，实现现场实时信息与 BIM 模型融合，做到安防管理可追溯；将分布广泛而零散的各类摄像头等设备按楼层、区域、房间集中统一管理和匹配，记录每个学生的在校情况、刷卡记录，提高现场管理效率，实现学生在校安全管控。

（十）智慧工地管理

以物联网技术搭建的智慧工地管理系统，遵循智慧建设的集成性、智慧型、可持续性

图 4.5.10　可视化 BIM 校园

等三大基本特性，将重心放在项目建造和运行的核心管理实践活动上，着重加强工程项目全生命周期内的各个层级管理活动的可视化、实时化、高效化与精确化。润泽学校项目实施阶段的智慧工地管理体系框架包括以下内容：

1. 劳务实名制系统

核验工地人员身份信息，打造集实名信息、合同、证书、考勤、工作等于一体的人员信息化管理平台。

2. 塔吊安全管理系统

实时监测力、力矩、变幅、高度、回转、行走轨道等多项限位参数，达到限位提前预警报警，支持智能防碰撞及吊钩可视化。

3. 升降机安全监控系统

实时监测设备运行数据、承载重量、识别吊笼人员及数量，超出阈值输出截断控制。

4. 绿色管理系统

配置集颗粒物、噪声、大气压、风速、风向、温湿度等在线监测于一体的电子设备，支持远程实时动态监测、视频记录留档，智能联动降尘设备。

5. 车辆管理系统

结合地磅及视频监控系统，通过摄像头获取车辆信息，地磅获取车辆进出场货物净重，自动统计货物信息，并推送材料管理人员，可导出报表查看。

6. BIM＋智能监控

通过场布 BIM 模型，链接各区域监控摄像头、执法记录仪、智能安全帽，点击模型即可查看视频实时数据；通过执法记录仪，实时显示人员运动轨迹，动态显示人员分布情况、自动统计各区域人员数量、工种分布，进行危险重点区域提醒，并能远程发起视频通话。

7. BIM＋智能巡检

通过场布 BIM 模型，链接无人机摄像头，实时显示无人机运动轨迹及监控视频画面，并能远程发起视频通话（图 4.5.11）。

图 4.5.11 BIM＋智能巡检

第六节 设计大厦近零碳排放示范建筑项目

一、项目概况

项目位于深圳市福田区华强北街道福强社区，处于深圳市城市中心区，福田核心区。该区域是城市商业、行政办公等城市功能的交汇处，区域位置在城市中极为重要。项目位于华强北商业圈，周边交通便利，区域内北有红荔路，南有深南大道等主要道路贯穿东西，并有上步路连接南北交通。项目周边 1km 内有三座地铁站，距离最近的 2 号线燕南站仅 150m，地下交通非常优越，是城市的交通交汇点（图 4.6.1）。

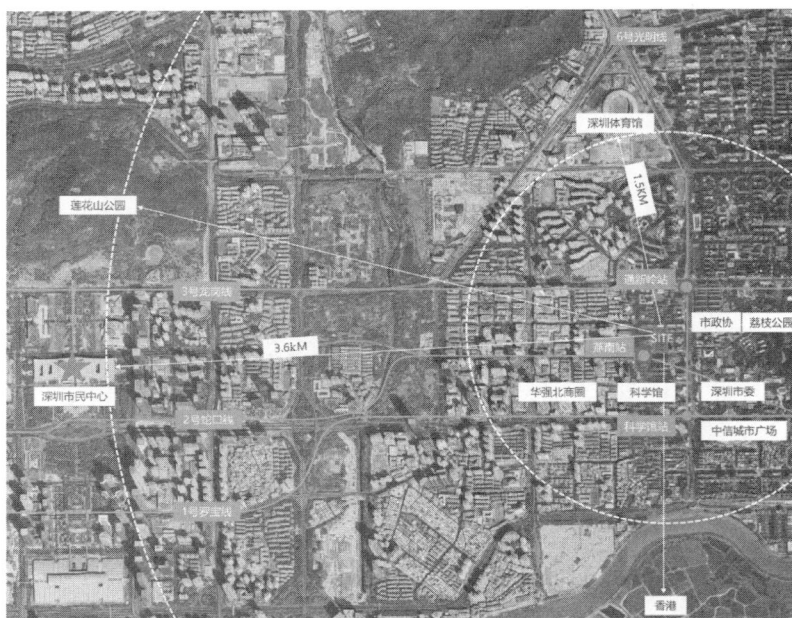

图 4.6.1 项目区位图

项目东部是荔枝公园、深圳会堂、市政协和荔园小学、深圳市委；北部毗邻居住区与外国语学校；西侧为商业与居住区；南侧为市总工会及商业居住区（图4.6.2）。

图4.6.2　场址周边建筑

项目始建于1993年，1998年建成投入使用，地下2层、地上22层，总建筑面积约59984.74m²，建筑高度为88.25m，为钢筋混凝土结构。设计大厦使用单位包括深圳市住房和建设局、深圳市建筑设计研究总院有限公司及其他建筑设计行业的单位。

项目目前已被列入深圳市近零碳排放区第一批试点项目公示名单，目前尚在施工中。

二、设计大厦现状

1. 建筑环境品质不佳

本项目环境质量与该区域在城市中的影响力极为不相符。区域内未提供给市民与外来办事人员活动休闲的城市公共空间和开放绿地。

2. 建筑形象与城市形象不符

设计大厦建筑整体形象与深圳城市建设水准不符。原有建筑功能不能满足当今多元需求。

3. 建筑外立面节能减排效益较差，能耗太高

设计大厦建设时间久远，相比当前先进的建设技术和建筑材料设备，其性能措施均落后很多。设计大厦当前外墙为瓷砖外饰面，部分地方有玻璃幕墙，外窗和玻璃幕墙采用的是普通单玻推拉窗，密封胶也已老化，部分位置有脱落损坏。建筑围护结构保温隔热性能和气密性都不理想，浪费了大量的空调系统能耗。整栋楼采用的中央空调系统为20年前的设备，随着使用年限的增加，各方面性能均有所下降。使得建筑整体能耗较高，不能满足当今时代绿色环保的要求，亟需采用节能降碳措施，

降低建筑能耗。

4. 地下车库设施设备陈旧，不满足节能要求

由于建筑建设年限较长，地下车库电气及消防设备已使用 20 多年，存在一定安全隐患；随着建筑老化，部分管道破损出现漏水情况，近年经过多次维修，仍不能解决根本问题，节能节水不满足当前环保要求；结构层老化，防水层性能下降，出现渗水情况，导致墙面脱落严重。

5. 空调系统性能系数非常低

设计大厦中央空调系统于 1993 年完成施工图设计工作，大厦设有 3 台 1996 年出厂的开利离心式冷水机组，制冷量分别为 2 台 1000 冷吨（USRT）、1 台 500 冷吨（USRT），冷冻水泵：670m³/h×54m×2 台，335m³/h×54m×3 台（一用两备）；冷却水泵：870m³/h×50m×2 台，435m³/h×50m×3 台（一用两备）；冷却塔：950m³/h×2 台，475m³/h×1 台。除了 1 层大堂采用全空气空调系统外，其他层均采用风机盘管＋新风系统。冷水机组及水泵已投入运营 20 余年，设备已到寿命末期，空调系统能效低下，能源消耗大，存在运行能效较低导致耗电量较大。建科院根据《公共建筑节能检测标准》JGJ/T 177—2009 要求，采用功率分析仪（JN013-10J、JN013-16J、JN013-17J、JN013-27J、JN013-28J）、温度记录仪（JN008-081J、JN008-085J）、超声波流量计（JN056-9J）分别对冷水机组、冷却水泵、冷冻水泵及冷却塔进行了检测。检测结论是所检设计大厦空调冷源系统能效系数为 1.9。而且设备陈旧，噪声非常大，严重影响室内办公环境，大大降低了室内舒适度。

6. 照明系统不节能环保

设计大厦整栋楼的照明灯具部分办公室和楼道近年来有更换，但是相比现在的高效智能灯具，照明系统存在很大的问题。楼道的照明系统和应急照明，还保留着最初设计的统一控制，启停时间不能实现智能化控制，并且很多区域不能实现分区控制，造成无人在的区域仍然开着灯，过度照明、虚耗电力能源现象非常严重。且办公区域不能实现根据季节变化、室内自然光源情况自动调节，从而浪费了较多的能耗。

7. 室内装修陈旧

从 1998 年建设投入使用开始，设计大厦很多区域还一直保留着最开始的装修，基本设施陈旧老化，存在严重的卫生隐患，部分墙壁上有霉菌滋生，空调管道漏水导致的天花板发霉，地面地板磨损，虽有清洁打扫，但是室内装修时间太长，有些地方无法彻底清洁打扫，导致蟑螂和老鼠出现，严重影响办公环境。

三、实施目标

设计大厦近零碳改造的核心目标如下：

（1）改造后建筑碳排放总量比原有降低 40％以上。

（2）改造后单位建筑面积碳排放量是否可以达标。本项目功能参考物业提供产权信息，综合党政机关办公和商业办公，折算后单位建筑面积碳排放指标为 21.5kgCO₂/（m² · a）。

（3）改造后可再生能源利用率≥8％。

四、实施策略

1. 围护结构及设备更换

项目改造阶段将对围护结构（外墙、屋顶、玻璃）进行更换更新，在过渡季空调非使用时间段进行暖通设备的更换，在非工作时期有序地进行大楼内的设备如灯具、电热开水器的更换。

2. 太阳能系统

在设计大厦屋顶、外立面及周边配套建筑的屋顶加设太阳能光伏板，充分利用可再生能源。

3. 绿色电力购买

深圳市供电局已经发布"绿电力"产品，可以帮助企业开展绿电交易、绿证购买等服务，可通过其购买绿电认证。

项目建设内容为既有建筑（设计大厦）节能减碳改造，主要改造内容包括大厦外表面改造、空调节能改造、大厦其他配套节能减碳改造工程、建立碳排放管理监测系统四部分内容。项目列举了施工前期、施工阶段、后续运营的主要内容（表4.6.1）。

各阶段实施内容　　　　　　　　　　　　　　　　　　　　　　　　表 4.6.1

序号	内容	改造工程明细
1		施工采购要以市内或邻近城市为先,减少运输碳排放; 优先采购绿色建材认证产品; 制定施工计划、对施工人员进行绿色低碳培训(废弃物处理)
2	大厦外表面改造	幕墙、外窗节能改造; 屋顶、外墙节能保温材料及涂料; 连廊、屋顶及立面太阳能光伏系统安装调试
3	空调节能改造工程	主机更换为高效冷水机组; 末端更换为无刷直流风机盘管和变频空气处理器; 空调改造破坏的装修恢复工程
4	大厦其他配套节能改造工程	节能灯具更换; 茶水间电动开水器更换
5	建立碳排放管理与监测系统	针对运营管理者进行设备使用、维护培训,达到绿色管理运营的目的; 对使用者制定绿色建筑使用指南,达到绿色低碳的运行效果; 建立碳排放管理与监测系统,对运营管理者和使用者做碳排放考核管理

项目将建立碳排放管理监测体系。业主根据碳排放试点进行目标值设定来引导物业公司开展工作。物业公司核实大楼碳排放源，收集分级能耗数据进行统计分析，形成碳排放分析报告和信息管理平台，第三方机构每年进行核查，并根据核查结果和数据分析对比来判断是否要采取碳减措施。业主根据核查结果来对物业公司进行绩效考核管理，后续按照深圳市定额值要求，参与碳排放交易。另外，根据生态环境局关于印发《深圳市低碳公共出行碳普惠方法学（试行）》的通知，业主将引导员工或承租方注册参与低碳公共出行碳普惠平台，鼓励低碳绿色出行（图4.6.3）。

对于碳排放运营管理与监测体系工作细化内容如表4.6.2。

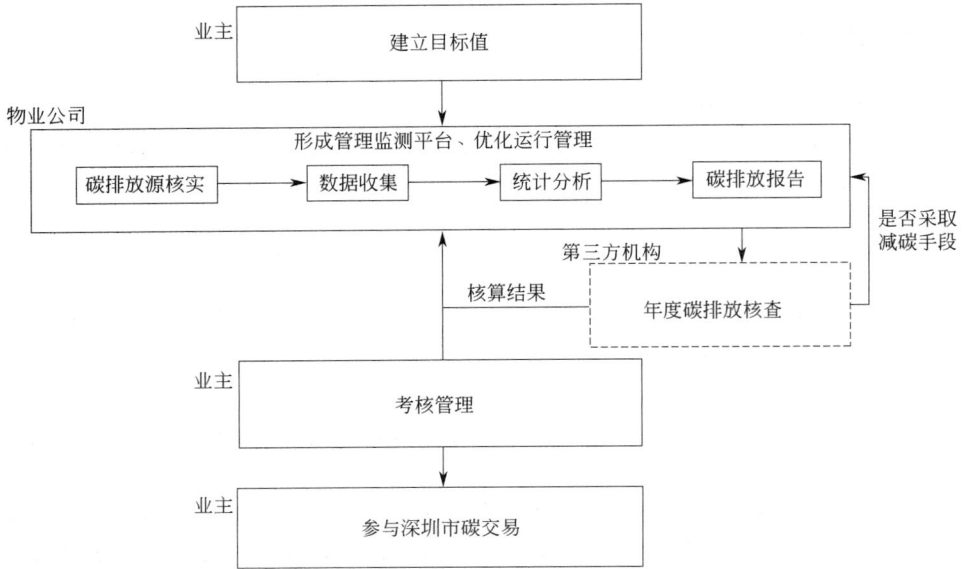

图 4.6.3　碳排放管理监测流程图

碳排放运营管理与监测体系　　　　　　　　　　　　表 4.6.2

序号	责任划分	工作内容
1	业主	①统筹碳排放管理小组,落实相关责任部门 ②依据零碳建筑试点要求,建立碳排放目标碳排放基准值[$21.5kgCO_2/(m^2 \cdot a)$] ③委托第三方机构核查物业碳排放源与数据,提供年度审计报告,作为审核依据 ④针对目标数值和第三方机构审核结果来评估物业公司碳排放达标情况,进行考核管理 ⑤根据深圳市碳排放交易规定,参与碳排放交易 ⑥业主鼓励员工或承租方低碳出行,引导其注册参与低碳公共出行碳普惠平台
2	物业公司	①碳排放源核实、数据收集、统计分析:建立信息平台监测分级电表、燃气表等用能数据,进行比对分析,以便于发现问题和找出减排潜力,监测是否有新增设施导致碳排放上升,形成分析报告 ②优化运行管理:针对大楼水、暖、电设施制定设备管理制度,制定在不同季节下运行方案保障高效节能运行,并针对设备定期巡查、维护、进行档案记录

第七节　深圳金融科技研究院建设工程项目

一、项目概况

2018 年,中国人民银行数字货币研究所、深圳市金融监督管理局、深圳市福田区人民政府共同成立深圳金融科技研究院(中国人民银行金融科技研究院),旨在打造国际一流的金融科技与数字货币高端研发中心及科技交流合作中心,开展国家级金融科技实验室建设,参与金融科技相关标准制定,进行国内外交流合作与协调。按照深圳市及福田区政府的统一部署,由福田区建筑工务署负责建设深圳金融科技院建设工程项目,为深圳金融科技研究院提供科研场所。

深圳金融科技研究院建设工程地处福田区福华三路与彩田路交界处西北角,拆除原路灯大厦后重建。项目属于政府投资的产业发展类公共建筑，总投资 116302 万元，总用地面积 3523m²，总建筑面积约 7.6 万 m²，地上 42 层，地下 4 层，建设高度 199.75m，设有大堂、办公室、会议室、展厅、数据机房、科研实验室及设备层等（图 4.7.1）。

整体效果图

内部空间效果图

图 4.7.1 项目效果图

二、服务范围及组织架构

（一）全过程工程咨询服务的具体内容

全过程工程咨询服务包含：项目咨询；工程设计；工程监理。

（1）项目咨询：项目计划统筹管理、前期工作管理、勘察管理、设计管理、技术管理、进度管理、投资管理、质量安全管理、招标采购管理、合同管理、BIM 管理、档案与信息管理、报批报建管理、竣工验收及移交管理、工程结算管理、其他与项目建设相关管理等工作。

（2）工程设计：概念设计、方案设计、初步设计并相应提供设计技术交底、解决施工中的设计技术问题、参加工程调试和竣工验收等工作。

（3）工程监理：施工准备阶段监理、施工阶段监理、保修监理及后续服务管理以及与工程监理相关的其他工作。

本项目的全过程工程咨询服务采用国内外单位合作模式，由三家单位组成的联合体负责。其中，扎哈·哈迪德有限公司主要负责方案设计工作；中国建筑西南设计研究院有限公司主要负责设计需求管理及初步设计工作；中建西南咨询顾问有限公司（原四川西南工程项目管理咨询有限责任公司）主要负责项目咨询各类管理、工程监理等工作。

（二）组织架构

全咨团队在项目前期对合同范围约定服务进行工作任务分解，根据合同要求，构建组织架构，划分岗位职责，完善人员配置，保障项目各项工作的有效统筹和安排（图4.7.2、图4.7.3）。

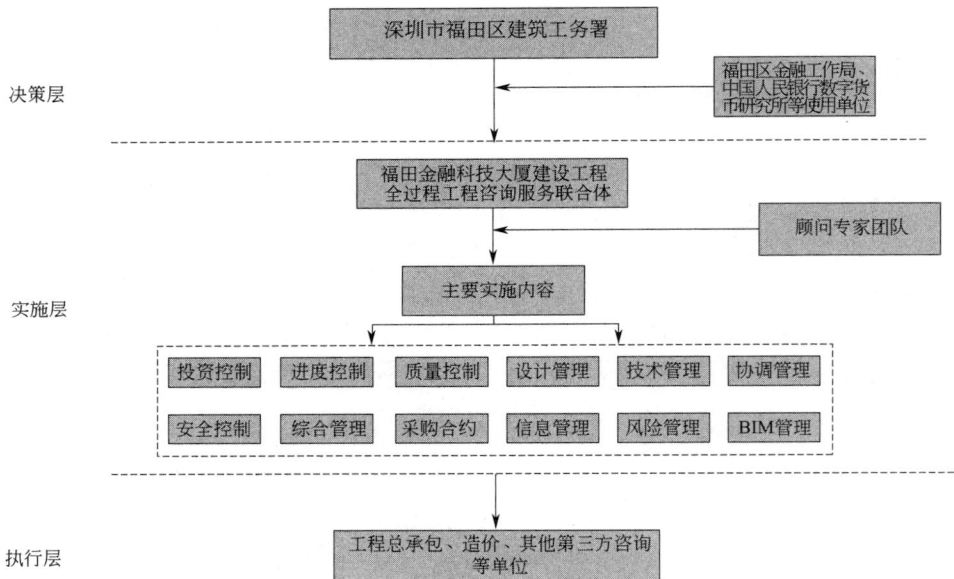

图4.7.2 项目组织架构图

在项目实施过程中动态调整，与建设单位成立联合管理部，将组织架构与建设单位相结合，在扁平化管理的基础上实现与建设单位"一对一"的沟通方式，减少项目沟通成本，加快运行效率（图4.7.4）。

三、全过程工程咨询项目实践

（一）项目策划管理

1. 项目重难点分析及建议

（1）周边环境影响

➢ 应考虑场地东侧及北侧地下室、基坑支护对深基坑设计及施工的影响；

➢ 施工范围狭小，临时设施布置困难，材料堆放及转运场地不足，大型设施设备使用受限（如塔吊），应严控现场平面管理；

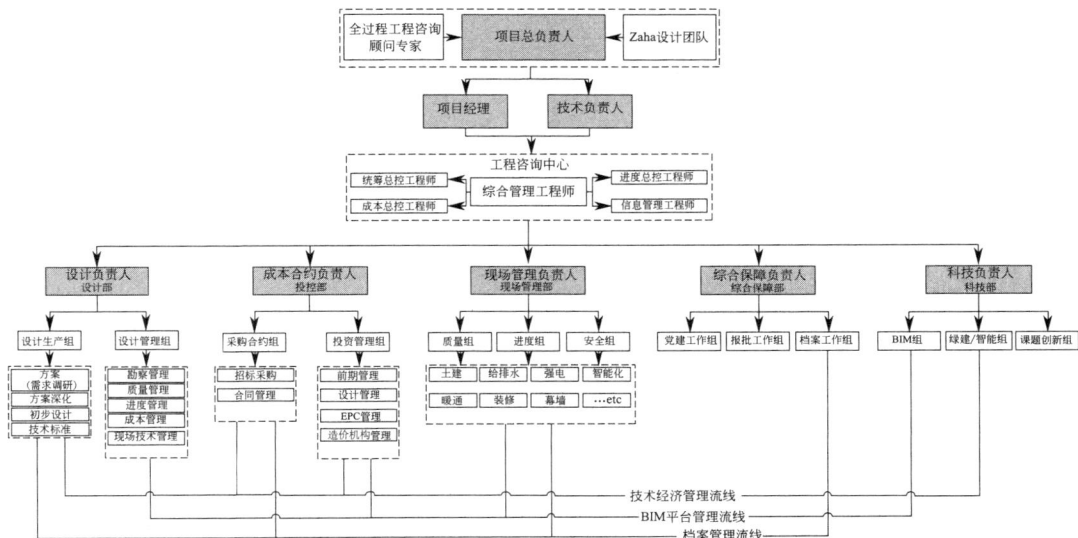

图 4.7.3　全咨项目部组织架构图

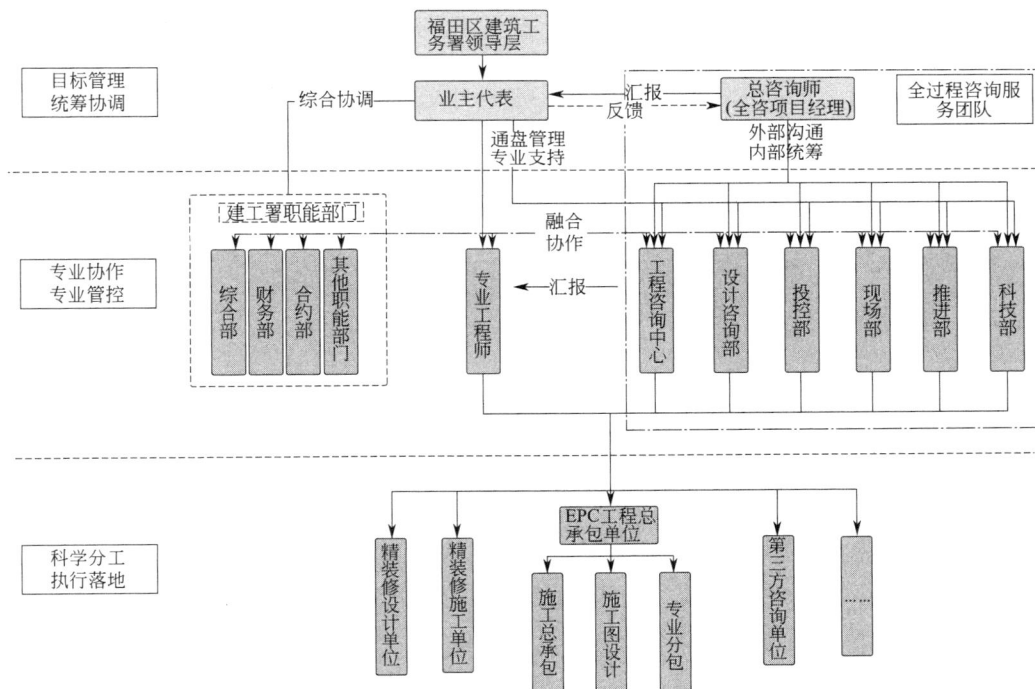

图 4.7.4　联合管理部组织架构图

➤ 与周边建筑距离较近，项目现场临时布置无法完全满足施工需求，需另行申请临时用地，人员管理难度大；

➤ 大型钢构件的堆放受限、钢结构安装难度增加；

➤ 现场噪声、扬尘等控制要求高，应尽量避免扰民；

➤ 应与当地街道办、周边物业及市民代表等加强沟通。

435

（2）设计生产及设计管理

➢ 扎哈·哈迪德有限公司作为境外设计单位，建立定期会议与沟通机制，密切配合，保证方案的理解、优化和落地；

➢ 重视全设计周期的需求调研及功能实现；

➢ 重视与区政府部门沟通交流，保证设计方案的落地；

➢ 制定设计进度的管控措施，避免影响项目整体进度；

➢ 严格推行项目限额设计、技术经济融合分析；

➢ 落实方案设计和初步设计的衔接以及初步设计与施工图设计的衔接管理；

➢ 重视图纸会审与设计技术交底等工作；

➢ 严格控制设计变更。

（3）超高层施工管理

➢ 超高层深基坑施工，基坑支护、桩基施工的管理；

➢ 塔楼和裙楼之间沉降差的处理；

➢ 超高层钢结构施工监测，钢结构与混凝土结构收缩差的处理；

➢ 新技术、新工艺的论证与应用；

➢ 机电施工进度的监管与把控；

➢ 立体交叉作业的协调及管控；

➢ 弱电智能化的整体规划、局部调试和联动实现。

（4）质量安全管控

➢ 超高层垂直运输策划及管理；

➢ 超高层混凝土的泵送；

➢ 大体积混凝土与高强混凝土施工；

➢ 根据项目高端定位，对测量点位、材料质量等施工细节的控制；

➢ 新材料、新设备的调研与使用；

➢ 安全防护、安全技术交底、安全管理；

➢ 重大危险源的防控、应急事故的防范措施；

➢ 消防管理制度的完善和落实；

➢ 成品保护方面的意识培养及监督实施。

（5）项目工期控制

➢ 重视上述已提及的与工期相关的要点；

➢ 使用单位具体需求尚未明确，业主方工期要求较紧；

➢ 明确分工、责任落地，提高协作效率；

➢ 本地报批报建流程不熟悉，可能造成工作不及时或漏项；

➢ 疫情持续会对项目推进造成影响；

➢ 深圳雨季持续时间较长，影响施工进度。

（6）项目投资控制

➢ 运用动态投资控制思维，做好整体及各阶段投资管理工作；

➢ 制定决策、设计、招标、施工、结算各阶段的投资控制要点及管控措施；

➢ 审核设计概算，践行限额设计；

➢ 协调与造价咨询单位有关结算问题的分歧；

➢ 注重合同条款制定的严谨性；

➢ 细致对造价咨询单位的管理，保证提交成果的合理性。

2. 项目目标策划与分解（表 4.7.1）

项目目标策划与分解　　　　　　　　　　　　　　　表 4.7.1

进度目标	工期控制在业主方和总承包单位签订的《总承包施工合同》及补充协议中规定的控制工期内
质量目标	质量验收等级符合国家工程质量验收规范和质量统一标准要求
安全目标	满足国家《建设工程安全生产管理条例》相关规定和深圳市有关安全文明施工标准
投资目标	总投资控制在政府批准的计划投资额度内
绿色建筑目标	实现环境友好、资源节约、内部节能的绿色目标，达到绿色建筑国家二星标准
设计管理目标	遵从设计原则，对项目设计全周期进行管理，在方案设计及初步设计成果满足建设单位要求的同时，做好设计计划管理和动态投资控制设计管理，保证项目设计工作的连续以及设计意图的落地
创新管理目标	运用产学研课题的模式，系统梳理和总结本项目的成功经验，使项目实施工作模式得到改进，项目参建人员的技术管理综合水平得到提升

（1）进度控制目标

➢ 方案设计预计 2020 年 12 月完成

➢ 初步设计预计 2021 年 8 月完成

➢ 施工图设计预计 2022 年 10 月完成

➢ 基坑支护、土石方预计 2022 年 10 月完成

➢ 主体结构预计 2023 年 12 月完成

➢ 竣工验收预计 2024 年 10 月完成

➢ **进度控制目标论证**：建立进度计划管理体系，根据本工程的建设特征，编制项目总进度控制计划和主要节点控制计划，严格审核各级计划，检查资源配置落实情况，运用 PDCA 循环进行进度控制，确保项目按期完成

（2）质量控制目标

➢ 保证各分段、分项工程一次性达到国家相关验收合格标准；

➢ 各分部分项工程质量检验合格率 100%；

➢ 工务署第三方质量巡检排名前三，且不低于 80 分；

➢ 最大限度满足使用方需求，实现建筑物使用功能最优化；

➢ 打造具有地标性建筑特征的绿色、智慧建筑；

➢ 争创鲁班奖，确保获得广东省、深圳市各级奖项。

➢ **项目质量目标论证**：建立健全质量管理体系，加强施工过程控制，做好材料进场、中间检查工作，确保本工程质量验收合格并顺利完成移交。

（3）安全文明施工控制目标

➢ 杜绝人身伤亡事故及重伤事故；

➢ 未造成人员伤亡但造成严重经济损失的一般以上安全事故为零；

➢ 轻伤事故率控制在 3‰ 以内；

➢ 工务署第三方安全巡检排名前三，且不低于 80 分；

➢ 现场安全文明施工合格率达 100%；

➤ 危险源辨识与风险控制达 100%；

➤ 获得"深圳市安全生产与文明施工优良工地"称号；

➤ 获得"深圳市建筑业绿色施工示范工程"称号。

➤ **安全文明施工目标论证**：根据项目特点，建立健全项目安全文明施工管理体系，严格施工组织设计及其他专项安全施工方案的审查程序，并认真审核、督促实施。加强日常巡视和定期检查工作，做好重大危险源的动态管理，确保项目无重大安全事故发生。

（4）投资控制目标

➤ 确保项目实际结算总造价控制在批复概算内，初步设计概算不超投资估算，项目竣工决算不超批复概算，单项工程结算不超对应概算分解限额；

➤ 推行限额设计；

➤ 资金使用有计划，资金支付严格审核。

➤ **投资控制目标论证**：以概算控制为原则，以全过程动态投资控制（概算价、市场参考价、控制价、中标价、合同价）为手段，力争本项目总投资不突破概算。

（5）绿色建筑实施目标

➤ 节能设计、绿色施工，争创绿色建筑国家二星标准以及深圳市绿色建筑金级标准；

➤ 供暖空调系统的冷、热源机组能效均优于现行国家标准的规定以及现行有关国家标准能效限定值的要求；

➤ 采用机械式停车设施、地下停车库或地面停车楼等方式，建筑室内外公共区域满足全龄化设计要求；

➤ 选用可再循环材料、可再利用材料及利废建材，绿色建材应用比例不低于 30%。

（6）设计管理目标

➤ 以合同为纽带、经济控制为手段，建立健全项目内外设计管理柔性机制，包括服务保障机制、快速反应机制、联动协调机制、反腐倡廉机制、多道设防机制等；

➤ 做好设计计划管理及动态投资控制设计管理工作，编制项目设计任务书、落实限额设计、主导设计优化和技术经济分析论证、配合完成估算、概算、预算审核，严格设计变更管理；

➤ 严格把控方案设计、初步设计阶段设计成果，确保设计质量、完善性、可行性、进度、投资控制等相关要求；

➤ 施工图设计阶段，做好设计工作连续管理，保证设计意图落地，确保设计质量、完善性、可行性、进度、投资控制以及违约奖惩等要求；

➤ 配合开展设计变更、经济签证等的造价审核工作、配合开展认质认价工作；

➤ 参与重大技术方案的讨论、审核；

➤ 落实需求管理，避免非使用单位原因引起的设计变更出现；

➤ 做好本项目设计管理绩效后评价，为工务署全过程工程咨询管理设计管理提供理论借鉴和参考方案。

（7）产学研课题目标

➤ 课题研究：按项目整体工作部署，现将深圳福田金融科技大厦项目定位产研结合试点项目，拟针对以下几个课题进行研究探索：《全过程工程咨询和工程总承包并行控制关键点》《政府投资项目采用全过程工程咨询服务模式的探索》《政府投资项目为什么要引入 EPC（工程总承包）》《全过程工程咨询和（EPC）工程总承包并行投资和技术控制要点》等。

➤ 项目总结：总结与境外设计事务所合作的得与失；总结建筑师负责制的工作细则或考核办法。

（二）项目统筹管理

1. 工作任务分解

全咨项目部就合同约定的服务内容进行了细致的工作任务分解，梳理工作内容，逐一落实责任单位，明确联合体内部分工，并提出相关要求，以指导后续全咨服务开展（图 4.7.5）。

设计工作任务分解（WBS）

序号	业务板块	工作内容	成果文件	责任单位	时间要求	具体要求
1	工程设计	概念设计	概念设计成果	扎哈·哈迪德有限公司		在与委托人签订合同后需在委托人规定的期限内（规划要点批复后 60 日历天）提交不少于 5 个概念方案，由委托人组成专家组评估出适用的概念方案；如果没有概念方案达到委托人要求，则需按前述条款进行第二轮比选、评估；如两轮比选、评估的概念方案均无法达到委托人的要求，视同工程咨询单位不能履行合同规定的义务，委托人有权解除合同。
2		方案设计	方案设计成果	扎哈·哈迪德有限公司 中国建筑西南设计研究院有限公司		完成方案设计阶段工作，方案通过委托人、规划部门方案设计审查。

工程咨询工作任务分解（WBS）

序号	业务板块	工作内容	成果文件	时间要求	具体要求
1	项目咨询	1.项目统筹 项目策划	项目策划书	准备阶段，中标通知书后20工作日	1.包括但不限于项目概况、建设内容、管理目标、管理组织、工程设计管理、办证报批管理、采购合约管理、投资管理、工程进度管理、现场质量管理、安全文明管理、档案信息管理、BIM 咨询管理、绿色建筑管理、党建管理、项目收尾管理等内容；2.制订项目管理具体目标，建立项目管理的组织机构，明确各部门及岗位工作职责，分解项目管理的工作内容，制订项目管理工作程序及工作制度，制订各阶段各岗位的人力资源计划。工程咨询单位应在收到中标通知书后 20 个工作日内，对项目进行整体策划。
2		项目总体进度计划	总进度计划表	合同签订前	确定进度管理总体目标及节点目标。
3		协调工作	各类报告、记录（若有）	持续	协调项目各层面、各相关单位、各项工作关系，协调项目外部关系。

工程监理工作任务分解（WBS）

序号	业务板块	工作内容	成果文件	时间要求	具体要求
1	工程监理	1.工程监理报告 编制监理规划	监理规划	收到工程设计文件后组织编制，并在第一次工地例会7天前提交	1、了解建设项目的基本情况，熟悉设计文件，熟悉招标投标文件，根据项目的具体要求和整体策划内容，做好监理策划工作；2、根据工程设计文件组织专业监理工程师编制"监理规划"。3、监理规划主要包括：工程概述；监理工作范围；项目组织机构及人员配置，包括岗位名称、岗位基本条件（学历、经历、能力等）、拟派人员姓名、进退场时间等；自备检测设备，包括仪器设备的品牌、型号、性能、进退场时间等；监理工作程序；工程监理的重点和难点分析；监理质量保证措施；合同信息管理；安全文明管理；招投标管理；组织协调；工期策划和关键节点策划；合理化建议；委托人交办的其他事项。
2		编制监理实施细则	相应专项工程实施细则	相应专项工程实施前3天内提交	1、根据监理规划和施工组织编制监理实施细则；2、监理实施细则包括：专业工程特点；监理工作流程；监理工作控制要点；监理工作方法及措施。
3		编写监理月报	监理月报	在次月5日前提交（如有节假日则为之后的首个工作日）	1、组织专业工程师编写监理月报；2、监理月报包括：本月工程实施情况；本月监理工作情况。（含质量、进度、签证、安全文明施工等）；本月施工中存在的问题及处理情况；下月监理工作重点。
4		组织编写专项报告	专项报告	委托人发出指令起14天内	根据委托人发出的指令完成专项报告的编制。

图 4.7.5　工程设计工作任务分解

2. 进度计划管控

（1）进度管理工作内容及成果

项目部通过对项目特征和重难点分析，组织制定深圳金融科技研究院建设工程总控计划，综合考虑，合理穿插；在总进度计划审核完成的基础上，再对设计、报建报批、招标采购、现场施工等工作进度进行策划、监督、检查等（表4.7.2，图4.7.6）。

进度管理工作内容及成果表

表 4.7.2

序号	进度管理主要工作内容	工作成果
1	编制项目进度总控计划	进度总控计划表
2	进度过程管理(包含设计工作、报建报批工作、招标采购工作、现场工作)	各阶段进度报表
3	总承包单位报送的施工进度计划	施工进度计划审批表
4	进度过程监督、检查	工作联系单或管理通知单

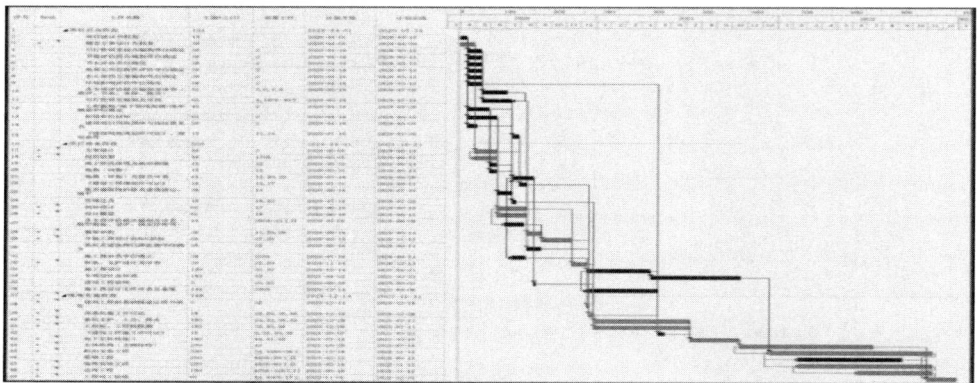

图 4.7.6　深圳金融科技研究院建设工程总控计划

（2）进度管理主要管控重点（表4.7.3）

进度管理

表 4.7.3

序号	工作类型	重点管控内容	管控措施
1	报建报批工作	立项及用地规划许可阶段、建设工程规划许可和概算批复阶段、施工阶段及竣工阶段等相关的批复文件、许可证文件及验收文件的进度节点完成情况	按照工程总进度计划以及报批报建工作进度计划推进相关工作，确保关键节点按时完成
2	设计工作	包括方案设计、初步设计、施工图设计及专项设计的时间节点完成情况	编制详细的设计出图计划表，按照计划落到各专业的出图时间节点；组织设计周例会，动态关注设计进展 专业、专项设计前置 要求工程总承包单位严格按照设计控制计划推进施工图设计，必要时要求设计管理人员点对点、人盯人进行监督
3	招标采购工作	招采策划内的各项工作	编制专题的招标进度计划及招标方案，并落地实施
4	现场施工工作	施工总承包单位的进度管理能力，影响整体进度	通过择优招标选择优质的企业及项目负责人，严格管理；编制分层次的进度控制计划，并进行进度考核
5	工程收尾	竣工收尾、验收、档案资料、结算等管理工作跟不上，影响最终交付节点	根据总进度计划细化收尾阶段各项工作及时间节点，安排专人专项跟踪推进

（三）报批报建管理

1. 主要工作内容

➤ 对项目建设需要开展的相关专题研究以及需要办理的相关手续进行梳理，编制报批报建工作流程图和专项报批报建事项策划。

➤ 按照工作计划和项目需求，完成项目前期及工程建设期间的各项报批报建手续。

➤ 协同全咨联合体等设计单位、建设单位和主管部门之间的沟通，建立良好的沟通协调机制，对各参建单位的报建报批工作进行协调管理。

➤ 对报批报建具体事宜相关资料准备进行统筹和审查，确保各参建单位提供信息的准确性，提高报建资料的规范性。

2. 项目报建工作特点

（1）报批报建流程图（图 4.7.7）

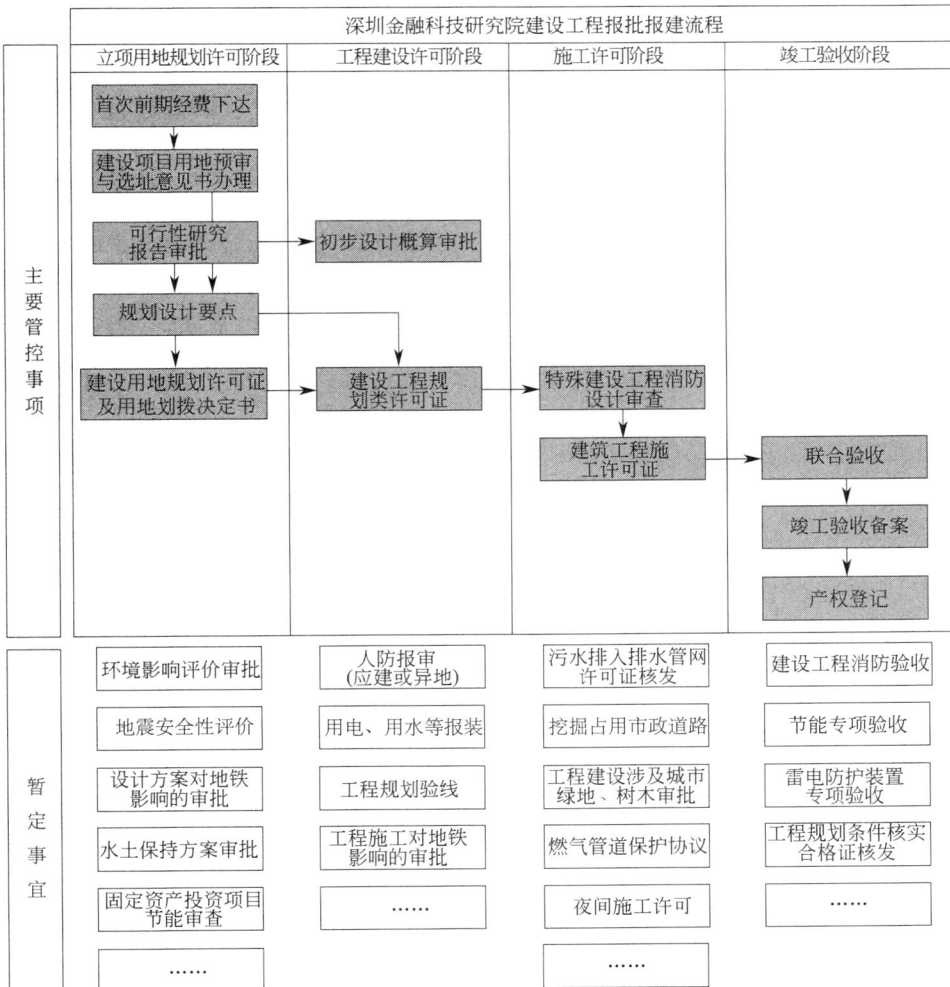

图 4.7.7　报批报建流程图

（2）项目报批报建特点

项目为福田区财政统筹的政府投资项目，其报批报建工作事项较复杂，报建工作各审批环节相对冗长，周边环境复杂，受到地铁、市政交通、舆情等方面的影响，在办理规划类许可文件时，对比其他常规项目，沟通协调工作更为复杂。且建设中期可能会涉及周边市政道路的同步报建工作，后续协调量将持续加大。

（3）报批报建经验总结

➢ 重视报批报建工作开展前的政策动态学习、系统策划、专项梳理等工作；

➢ 提升报批报建管理及操作人员的专业综合能力和沟通协调能力；

➢ 注重过程的反馈和结果文件的交底；

➢ 有效利用建设单位沟通机制解决需协调的较大或者重大事宜。

（四）勘察设计管理

全咨项目部成立设计管理组在旨在在方案和初设阶段对设计成果进行管控，包括负责对接、跟踪、落实业主需求，建立全咨项目部内部沟通及技术成果的审核制度及工作流程，同时，负责针对勘察设计和施工图设计阶段的设计成果在质量、进度和投资方面的管理。

项目部贯彻"最终用户理念"，达成"功能最优"的工作目标，在项目已知边界条件（场地、投资、政策、工期等要求）下，确定合理的建设规模、合理的建设标准，实现使用功能的最优化。项目由联合体整合全产业链的各板块资深人员构成，将秉承风险共担的理念，以做自身投资项目的态度，综合平衡各项因素，以保证业主社会效益、经济效益最大化。

1. 勘察设计管理工作内容

联合体负责方案设计和初步设计，也负责施工图设计的设计管理工作，在此过程中将秉持需求动态管理的理念，持续沟通并切实达成业主的工作目标。并且建立内部审核机制以加强内部校审程序，使之在设计成果的管控上卓有成效。

通过联合体质量管理体系标准的程序进行控制，项目部推行技术方案比选评审制度、设计过程的自校、校对、校核、审核、审定程序，以及在不违背现行建筑法规的条件下，精心、精细、严格、全面、节约化地设计指导思想，为工程既得到安全、合理的保证，又达到建造成本节省的目的提供措施保障（表4.7.4）。

勘察设计管理工作内容 表 4.7.4

项目阶段	工作内容	工作成果
前期策划阶段	1. 充分调研，识别相关方诉求、市场及政策环境 2. 组建勘察设计管理团队，建立相应的工作流程及程序文件 3. 建立职能分工表，厘清工作界面，编制设计管理大纲 4. 评估项目建设风险，制定对应措施 5. 编制项目总体计划	1. 设计管理工作大纲 2. 勘查管理工作大纲 3. 勘察设计总体进度计划
方案设计阶段	1. 协助组织功能调研，编制方案设计任务书 2. 协助组织多方案比选论证 3. 协调方案设计进度、工艺咨询进度、成果确认进度、方案与报批报建进度	1. 方案设计任务书 2. 方案审查报告 3. 机电系统选型报告

续表

项目阶段	工作内容	工作成果
勘查作业阶段	1. 编制勘察任务书 2. 协助业主方完成勘察招标工作 3. 参与勘察合同谈判，向勘察单位提供相关资料 4. 审查工程勘察纲要 5. 协调勘察工作与设计、施工的配合	勘察任务书
初步设计设计阶段	1. 组织调研，编制初步设计任务书 2. 组织装修设计研讨并编制装修设计任务书 3. 组织重要材料设备比选 4. 设计总体管理、设计各专业协调、设计与报批报建协调 5. 审查初步设计文件 6. 设计进度监控	1. 初步设计任务书 2. 室内装修设计任务书 3. 外立面装修设计任务书 4. 初步设计审查报告 5. 进度管理报告
施工图阶段	1. 协助组织调研，编制施工图设计任务书 2. 协助组织景观设计调研，编制景观设计任务书 3. 协助主体设计与各专项设计协调 4. 设计进度监控	1. 施工图审查报告 2. 专项设计审查报告 3. 进度管理报告
施工阶段	1. 专项设计管理 2. 设计图纸管理 3. 图纸交底及会审管理 4. 招标技术条件审查 5. 组织开展样板工作，对施工单位的样板设计、样板施工方案以及材料样品，组织相关单位进行评审，并组织确认 6. 设计现场配合 7. 变更管理 8. 参与验收管理	1. 设计管理审查报告 2. 图纸及变更管理台账 3. 招标技术条件审查记录
竣工验收及质保	1. 运营前设计配合 2. 投入使用前的设计完善与优化 3. 交付说明及培训 4. 工程结算配合	设计管理总结

2. 设计进度管理

设计进度控制目标管控要点：

（1）根据项目总体进度控制目标制定设计进度分解目标；

（2）编制设计各阶段进度控制计划，专项设计明确前置条件、介入时序；

（3）在设计任务书中提出有关进度控制原则和要求；

（4）根据项目的进度要求，对设计单位的设计进程准备具体的书面要求（包括设计是否分阶段进行、施工图的出图数量、报建图出图日期、基础施工图出图日期、主体建筑施工图出图日期等）；

（5）审核设计的详细出图计划，并进行设计进度过程控制；

（6）在设计进行过程中，设计管理工程师应组织控制人员，依据合同要求和《设计计划》规定，前往设计单位进行实地跟踪检查；

（7）实地跟踪检查内容包括设计进度、人员资格及专业配合等；检查的依据是合同书、设计单位编制的《设计计划》；检查结果应填写《设计跟踪检查记录单》，并将该文件报业主备案；

（8）检查中发现不符合管控要求的问题，由检查人员填写《专业工程师通知单》，要求设计单位整改，并要求设计单位将书面整改结果报业主备案；

（9）组织设计进度协调会，对进度问题进行分析，厘清责任并予以通报；对进度实施情况进行分析，并及时对设计进度计划进行修编，提出报告；

（10）组织分析设计方提出的问题并及时回复（图4.7.8、图4.7.9）。

深圳金融科技研究院项目施工图设计总计划表								
项目	进展阶段	计划开始时间	计划完成时间	设计负责人	督办	合作单位	备注	完成情况
设计部分								
基坑支护设计	施工图	2021年3月9日	2021年3月25日	王珊	刘通文、林欢	深圳市岩土综合勘察设计有限公司	2021年3月20日提交施工图纸，2021年7月27日出图完成	已完成
基坑支护审查	施工图	2021年3月20日	2021年3月22日	全永庆	刘通文、林欢	深圳市鼎盛土木工程咨询有限公司	2021年3月22日基坑支护审查合格	已完成
桩基础设计	施工图	2021年4月26日	2021年5月14日	夏卓文	刘通文、林欢		2021年5月11日提交施工图纸,2021年7月28日出图完成	已完成
桩基础施工图审查	施工图	2021年5月14日	2021年7月12日	梁川涛	刘通文、林欢	深圳市电子院设计顾问有限公司	2021年7月20日桩基础图纸审查合格	已完成
地下室施工图设计	施工图	2021年7月15日	2021年11月20日	刘峻	刘通文、林欢		2021年11月11日地下室送审报图纸给各单位	已完成
地下室施工图审查	施工图	2021年11月10日	2021年12月30日	刘峻	刘通文、林欢	深圳市电子院设计顾问有限公司	已完成各专业、西南院、全咨分审查	已完成
塔楼施工图设计	施工图	2021年7月10日	2022年1月10日	刘峻	刘通文、林欢		2021年12月11日温全塔楼送审最新给各单位	已完成
塔楼施工图审查	施工图	2021年12月11日	2022年4月30日	刘峻	刘通文、林欢	深圳市电子院设计顾问有限公司	2022年2月25日提交二审意见修后图纸	
市政道路设计	施工图	2021年4月15日	2022年5月31日(暂定)	邹影红	刘通文、林欢	深圳市朋之艺建筑设计有限公司	北侧岗埠五路还未报建完成,影响岗埠六路设计,因此施工图暂停	
绿色建筑	施工图	2021年7月15日	2022年4月30日	施世涛	刘通文、林欢		2021年12月15日提交绿建图纸给电子院审查	
海绵城市	施工图	2021年7月15日	2022年4月30日	施世涛	刘通文、林欢		2021年12月海绵城市成果给电子审查,已通过审查	
燃气设计	施工图	2021年12月20日	2022年1月30日		刘通文、林欢	深圳市燃气工程设计有限公司	方案与扎哈事务所配合中	
泛光设计	施工图	2022年7月6日	2022年7月31日(暂定)	谭冬雅	刘通文、林欢		目前泛光方案已初成果暂未交付	
景观设计	施工图	2022年6月1日	2022年7月31日(暂定)	萧江山	刘通文、林欢		目前泛光方案已初成果暂未交付	
幕墙设计	施工图	2022年5月11日	2022年8月30日	刘子伟	刘通文、林欢	史倍思建筑科技(广州)有限公司	目前幕墙立面方案还在优化中,计划5月10日交付	
智能化设计	施工图	2021年7月15日	2022年4月30日	刘瑞江	刘通文、林欢	建研科技有限公司	2022年2月25日提交二审意见修后图纸	
CFD空气模拟	施工图	2021年11月30日	2022年3月25日	刘式衡	刘通文、林欢	建研科技有限公司	计划2022年3月25日完成	

图4.7.8 施工图设计出图计划

问题描述清单								
编号	专业	子项	图名/问题	问题描述	是否销项	备注	牵头单位	完成时间
4	建筑	平面	二层平面	大厅楼梯的形式和造型的深化	×	扎哈正在推进,不影响施工图推进	西南院	本周与扎哈开会,不影响施工图推进
7	建筑	专项论证	专项论证幕墙设计变评、消防专项论证、面积测算	幕墙设计变评、消防专项论证会议、面积测算对设计的影响或修改	×	正在推进工程论证办理,但不影响目前施工图推进	西南院	幕墙设计完成,消防本周内,面积测算已完成
8	建筑	立面设计	立面图	旗顶"第五立面"首层防火落楼立面	×	扎哈正在推进,不影响施工图推进	西南院、建研院	西南院与扎哈对接好交付建模图出图
12	结构	结构计算	结构计算参数	依据广东结构超限新规对结构计算参数相关规范的对照与结构设计的影响	×	广东省2021.7.1出了结构新规,需与专家勾画		7.20日前提供
13	建筑	总图		终有半径未满足规范要求,整修改	×	咨南院7.13日调整完成	清咨	
21	建筑	地下室		地下二层疏散口等及地下消防控制室拟修改在停车地下室,简单物业空间大小分区	×	7.15消防评审会确定是否修改	西南院	评审完定时间
31	建筑	塔楼		42人消防电梯机械联停以与消防大小一致,显石高总有楼厅家属安,要考虑机器出口开门,是否42人层平台分层,按照近期内容设置层层开门,与其外层是否分层,建议玻璃前加设双扇门门门门扶手	×	7.15消防评审会确定是否修改	西南院	评审完定时间
32	建筑	塔楼		一百五层核心区空间的自然分区是否超超1000平方,每层疏散大规模需要设置烟气个数设计,不能将每个疏散口都出设置在核心区,建议计算消防安全出口,需查询疏散规范门门门门	×	7.15消防评审会确定是否修改	西南院	评审完定时间
33	建筑	塔楼		'24327消通高招字典局内是小隔断分项,不符合防火规范要求'此处不能认为为中级,因方外办公用房,不作办公用房,建筑性能设计表火规范≥6.53与火规范大于等于6.53,并各x楼栋大于等于6.53要求的门门门门	×	7.15消防评审会确定是否修改	西南院	评审完定时间
34	建筑	塔楼		设备备防火门门各位用开180度打开的方式,影响疏散,建议查询消防相关部门门门门	×	7.15消防评审会确定是否修改	西南院	评审完定时间
36	暖通			旗顶空调室采用全玻璃通达结构,如何保障暖气的温度和舒适度、空调方案	×	7.13日机电顾问暖专项汇报	建研控制牵头	施工图的阶段末,机电与西南院,幕装和景观配合

图4.7.9 初设问题销项清单

3. 设计质量管理

设计质量控制目标管控要点：

（1）在方案阶段、初设阶段和施工图阶段组织充分的需求调研，以会议纪要等文字形式予以记录，并由设计管理工程师对需求的后续及落地进行跟踪；

（2）根据需求分析的结果，结合项目的总体质量控制目标制定设计质量分解目标，并报业主备案；

（3）识别设计质量风险，并进行定量和定性分析，编制风险分析文件，提出防控建议，并定期更新此文件；

（4）在设计任务书中提出有关质量控制的要求，经审批后下发；

（5）在施工图设计开始前，要求设计单位提供该项目的设计计划和设计输入文件，由设计管理工程师审查认可，并填写设计跟踪检查记录单；

（6）审核施工图是否满足规划及规范、规定和技术标准等输入文件的要求，是否满足业主方需求，对需求的落地是否到位，施工图对设计管理中技术咨询意见是否落地；

（7）审核施工图是否满足相关设计深度要求，对施工图设计的施工可行性进行分析；

（8）针对深圳市取消施工图强制审查制度的规定，引入精细化审查单位，通过①施工图设计单位自审＋②全咨方案和初设团队审查＋③全咨咨询后台审查＋④精细化审查单位审查＋⑤建设单位审查五方面对设计质量层层把关；

（9）对重点难点问题组织专题论证，提出论证报告，报告包括经济与技术分析；

（10）对项目采用的新产品、信息技术、新工艺、新材料的主要使用用途组织专题论证，提出论证报告；

（11）对于技术标准和设计规范规定有空缺的，组织专题研究，形成成果，审查通过后作为设计依据；

（12）对设计变更实施设计变更管理，通过变更分级、分级评审等方式进行管理。

（13）践行工务署样板先行制度，加强设计落地效果。

4. 设计投资管理

设计阶段投资控制目标管控要点：

（1）根据总体造价控制目标制定造价分解控制目标；

（2）结合需求调研结果和投资管控目标对功能进行优化；

（3）在设计任务书中提出有关造价控制要求，践行限额设计；

（4）审核方案设计估算、初步设计概算、施工图预算；

（5）组织价值工程论证；

（6）分析设计变更的技术可行性及对造价的影响；

（7）编制设计阶段造价控制报表和分析报告。

（五）招标采购管理

1. 招标策划管理

合同策划服务于项目总体目标的实现。根据项目的特点及工期要求，拟采用设计-采购-施工总承包的模式开展，全过程工程咨询合同内包含方案设计及初步设计。为实现总承包发包计划，保证主体工程进度和实施质量，落实精装修工程和弱电智能化发包条件，后续单独发包，确定承包商实施。

初步规划合同主体架构图如图 4.7.10 所示，后续根据方案设计情况及深圳市、福田区的相关法律法规细化调整。

2. 招标采购策略

（1）**招标采购方式**：严格按照招标投标法开展。

表 4.7.5 为项目涉及采购内容的初步采购方式，根据项目实际情况、深圳市及福田区相关管理要求进行调整。

<table>
<tr><td colspan="2" align="center">项目初步采购方式</td><td align="right">表 4.7.5</td></tr>
<tr><td>公开招标</td><td colspan="2">地质勘查、造价咨询单位、拆除、设计—采购—施工总承包、弱电智能化工程、精装修工程</td></tr>
<tr><td>多方比选</td><td colspan="2">检验检测、施工图审查</td></tr>
<tr><td>直接委托</td><td colspan="2">可行性研究、节能评估、环境影响评价、节水评估、水土保持方案、地质灾害危险性评估、监测、空气质量检测、防雷装置检测</td></tr>
</table>

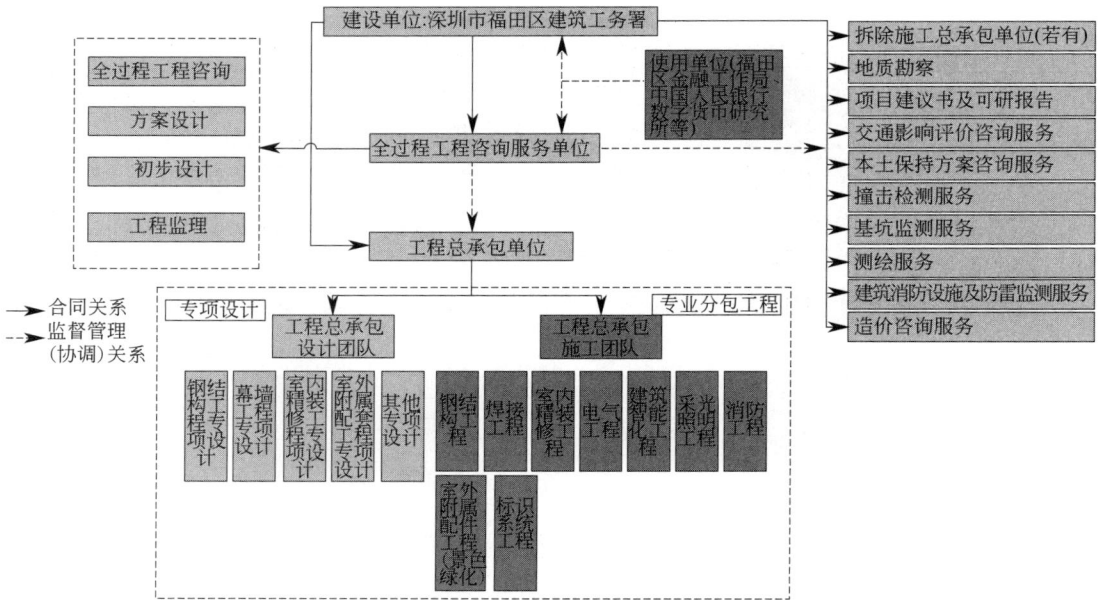

图 4.7.10　合同主体架构图

（2）**资格审查方式**：优先采用资格后审方式。

（3）**界面管理策划**：规范工程总承包招标阶段与精装修工程、弱电智能化工程界面划分，清晰工程量清单编制界面，避免因界面划分不合理而引发的现场管理协调量增加，减少由此产生的工程签证。

（六）投资资金管理

1. 投资资金管理目标（表 4.7.6）

投资资金管理目标

表 4.7.6

目标项	目标值
投资控制目标	本工程总投资匡算为 125507.00 万元，其中建安工程费用 103784.82 万元。合理规划投资，实行限额设计、限额招标，严格控制概算不超估算，工程决算不超概算
资金管理目标	合理科学编制资金使用计划，资金支付时严格按照合同约定进行，确保不超付，不少付，保障项目顺利进行

2. 主要工作内容及成果文件（表 4.7.7）

主要工作内容及成果文件

表 4.7.7

项目阶段	工作内容	成果文件
项目策划	1. 评估项目建设方案，审核投资估算 2. 编制项目投资控制与资金管理的程序文件 3. 识别与评估项目投资控制风险因素，制定应对策略，建立风险控制指标和预控措施 4. 制定资金使用计划	1.《投资估算审核报告》 2.《投资控制风险分析与应对表》 3.《项目投资控制规划》 4.《资金使用计划表》

续表

项目阶段	工作内容	成果文件
设计阶段	1. 负责在项目设计阶段提出限额设计成本和控制建议 2. 技术方案与主材设备经济比选 3. 审核初步设计概算,分析超估算原因	1.《多方案经济比选表》 2.《初步设计概算审核报告》 3.《估、概算对比分析表》 4.《项目投资控制责任表》
招标阶段	1. 审查合同条款与计价方式是否有风险,进行风险规避 2. 审查招标范围、风险范围及甲供范围建议 3. 分析清单编制界面,审查工程量清单及招标控制价 4. 组织相关单位进行清标．审查是否有漏项与重大偏差	1.《合同条款审查意见表》 2.《工程量清单、招标控制价审查意见表》 3.《回标分析审查表》
施工阶段	1. 工程量清单核对与缺漏审核 2. 工程款与其他费用支付审核 3. 工程变更价款审核 4. 工程量、资金支付、变更台账的建立 5. 投资目标动态统计,并与控制计划比较,偏差分析与超限预警 6. 协助办理工程变更、概算调整的审批	1.《工程款支付审核表》 2.《变更价款审核表》 3.《工程计量统计总(明细)表》 4.《资金支付统计总(明细)表》 5.《工程变更统计总(明细)表》 6.《总投资动态跟踪汇总表》 7.《技术方案造价审查建议》 8.《初步设计概算调整报告》
竣工阶段	1. 核对工程变动情况,审查竣工图纸 2. 审查工程结算资料的完整性、真实性 3. 工程结算复查 4. 工程结算款支付审核 5. 编制已完工程建安造价指标表 6. 投资控制工作总结	1.《竣工图审查意见》 2.《结算资料审查意见》 3.《甲供设备、材料明细表》 4.《结算款支付审核表》 5.《建设项目造价指标分析表》 6.《项目投资控制总结》

3. 主要控制手段

（1）完成投资控制策划，保障项目投资控制的目标性、规范性和有序性。在接受项目委托合同后，立即启动项目投资控制策划，评估论证项目投资控制目标，确定投资控制目标与控制要求，明确项目投资控制的组织与职责，针对项目特性制定项目投资控制管理程序和管理制度，编制项目投资控制工作计划。

（2）审查设计概算，保障投资控制目标的准确合理。结合工程的特点以及相似工程的同类指标，对造价咨询机构编制工程概算进行分解审查，分析说明审核偏差项，编制初步设计概算审核报告，若超出可研估算的，进行估、概算的对比分析，分析超限原因，提出调整建议。

（3）审查招标控制价与工程量清单。结合施工图、招标文件，核查控制价的准确性，是否符合市场要求，检查工程量清单是否漏项，并与概算进行对比分析。从子项进行分析，保证控制价不超概算。结合自身经验与市场情况，避免发生过度控制，保障工程顺利进行。

（4）过程中收集投资数据，建立动态投资表格，组织进行施工图预算，进行清标工作。将控制价、中标价、施工图预算进行三方对比分析。并结合各资金的使用情况，对投资目标进行动态管控，一旦有偏差迹象，应及时采取相应措施进行纠偏，保障投资目标可控。

（5）对各专项方案进行经济论证。结合建筑使用功能与业主要求，科学合理地选择技术方案与主材设备，以达到技术与经济的完美融合。

（6）加强对造价经济成果的审查与造价咨询单位的管理，确保各工程价款的准确性与造价成果的质量，避免或减少错漏与高估冒算。

（七）质量、安全管理

1. 现场质量管理

（1）现场质量管理工作主要内容及成果（表4.7.8）

现场质量管理工作

表 4.7.8

序号	现场管理工作主要内容	工作成果
1	督促总承包单位、分包单位等建立和健全质量管理体系,审核、检查参建各方的质量保证体系的有效性、完整性,确保工程质量,并对其运作和持续改进状况进行检查	《质量管理体系审查意见书》
2	制定巡视制度,加强现场巡视,第一时间了解和收集现场情况,及时解决现场存在的问题	《监理日志》或《巡检记录》
3	分解制定单位工程和分部、分项工程的质量控制目标,制定相应的质量保证措施,确保工程质量达到既定的目标	《项目质量目标计划》
4	审核承包人提出的施工组织设计、施工技术方案、施工进度计划、施工质量保证措施和施工安全保证体系等方案类,并给出审核意见	《施工组织设计(方案)报审表》
5	做好甲供材料、设备的质量预查,按有关要求组织验收后提供给相应的施工、安装单位	《材料报审表》 《主要工程设备选型报审表》
6	参与分项工程、隐蔽工程和重要节点的检查、验收,协助业主组织工程竣工验收。发现质量问题,责成施工单位及时整改	《检查记录》 《验收记录》 《监理工程师通知单及回复》 《分部分项验收记录》 《竣工验收报告》
7	组织承包商在建设期和质量保修期内进行回访,对工程缺陷及时维修和弥补	《工程质量缺陷检查记录》 《质量缺陷调查分析报告》 《修复方案审核意见》 《修复验收记录》 《修复费用审核意见》

（2）现场质量管理原则与方法

➤ 坚持质量第一的原则。应自始至终地把"质量第一"作为对工程项目质量控制的基本原则。

➤ 坚持以人为控制核心的原则。发挥人的积极性、创造性，增强人的责任感，以人的工作质量确保工序质量和工程质量。

➤ 坚持以预防为主的原则。重点做好质量的事前、事中控制，同时严格对工作质量、工序质量和中间产品质量的检查，确保工程质量。

➤ 坚持质量标准的原则。以施工图纸，施工及验收技术规范、规程，工程质量验评标准等为依据，督促承包单位全面实现施工合同中的约定质量标准。

➤ 贯彻科学、公正、守法的职业规范原则。在监控和处理质量问题过程中，应尊重事实、尊重科学、遵纪守法、坚持原则。

（3）项目质量创优（表4.7.9，图4.7.11）

项目质量创优表　　　　　　　　　　　表 4.7.9

序号	级别	类别	工程专业名称	主管部门	优质工程奖项名称	阶段	申报时间	备注
1	市级	工程质量类	主体结构	深圳市建筑业协会	深圳市优质结构工程奖	主体工程	主体完成	必须
2			单位工程	深圳市建筑业协会	深圳市优质工程奖	工程竣工	竣工验收后	必须
3			专项工程	深圳市建筑业协会	深圳市优质专业工程奖(装饰、暖通、钢结构、智能化等专项)	工程竣工	竣工验收后	争创
4			单位工程	深圳市建筑业协会	深圳市优质工程金牛奖	工程竣工	竣工验收后	争创
5	省级	工程质量类	单位工程	广东省建筑业协会	广东省智能化建筑优质工程奖	工程竣工	竣工验收后	争创
6			装饰工程	广东省建筑业协会	广东省优秀建筑装饰工程奖	工程竣工	竣工验收后	争创
7			主体结构	广东省建筑业协会	广东省建筑工程结构奖	主体工程	主体完成	必须
8			单位工程	广东省建筑业协会	广东省建筑工程优质奖	工程竣工	竣工验收后	必须
9			单位工程	广东省建筑业协会	广东省建筑工程金匠奖	工程竣工	竣工验收后	争创
10	国家级	工程质量类	单位工程	中国建筑业协会	中国建筑工程鲁班奖	工程竣工	竣工验收后	争创

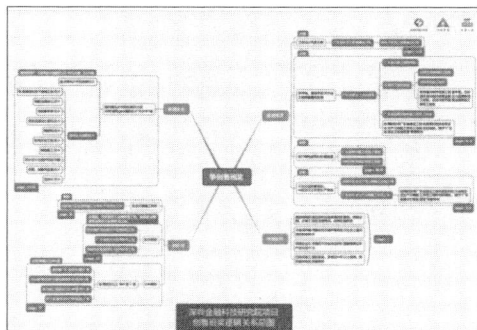

图 4.7.11　创优项梳理及策划

（4）现场质量控制流程（图 4.7.12）

2. 安全文明施工管理

（1）安全文明施工管理工作内容及成果（表 4.7.10）

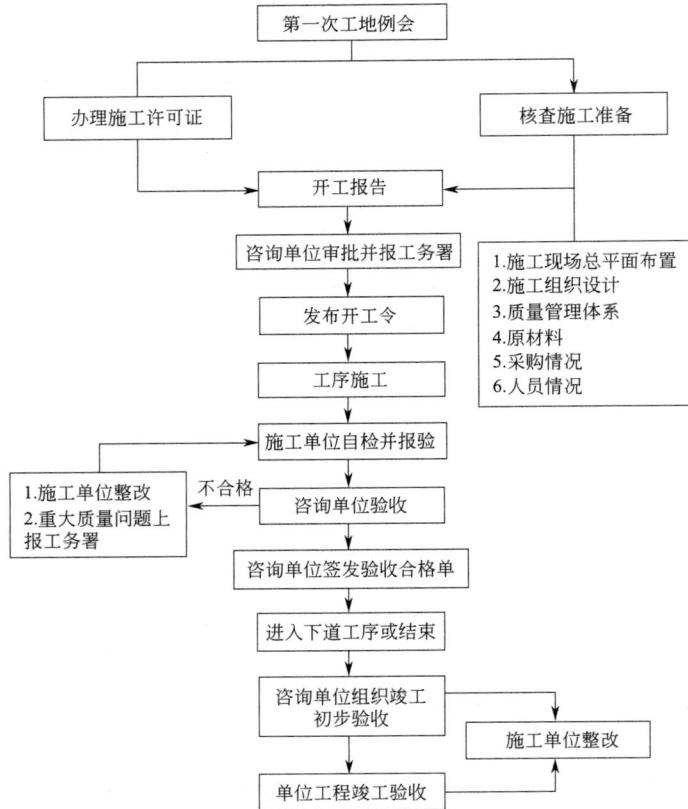

图 4.7.12　现场质量控制流程

安全文明施工管理

表 4.7.10

序号	工作内容	工作成果
1	督促总承包单位、分包单位等建立和健全安全管理体系,并保证安全管理体系的有效运行	《安全管理体系审查意见书》
2	对总承包单位、分包单位相关人员资质进行审查	《安全管理工作联系单》
3	根据本工程特点,对危险源进行辨识,采取控制措施	《危险源清单》
4	审查施工单位编制的专项施工方案,并监督其执行	《专项方案审核意见》
5	对现场进行定期、不定期安全巡视检查,对发现的问题督促总承包单位及时整改,保证现场施工安全	《管理通知单》《监理通知单》
6	督促并检查施工单位对进场工人进行安全技术交底及"三级"安全教育情况	《管理通知单》《监理通知单》
7	参与安全事故的调查处理	《安全事故分析报告》

（2）主要目标保障措施（表 4.7.11）

安全文明施工主要目标与保障措施

表 4.7.11

序号	目标	保障措施
1	杜绝人身伤亡事故及重伤事故	1. 建立健全安全生产组织构架 2. 识别重大危险源,并列出清单,责任到人 3. 审核审批专项施工方案及编制对应监理实施细则 4. 制订专业培训计划,提升各岗位人员发现问题、解决问题能力 5. 强化动态监管,日常巡查检查与专项检查相结合 6. 制订应急救援方案,组织应急演练,实施应急响应

续表

序号	目标	保障措施
2	争创安全文明施工示范工地	1. 成立创标领导小组,责任到人 2. 策划文明标化施工布置方案,形成指导性操作手册,并进行交底 3. 梳理流程,并形成书面流程指导手册,按照流程实施 4. 样板先行,指导标化施工工作实施 5. 申报创建资料,强化过程影像资料收集整理
3	杜绝环境污染和投诉	1. 成立环保工作领导小组,责任到人 2. 策划环保工作方案,形成指导性操作手册,并进行交底 3. 梳理流程,并形成书面流程指导手册,按照流程实施 4. 指导环保工作实施 5. 过程影像资料收集整理
4	轻伤事故概率控制在3‰	1. 编制书面安全管理交底及PPT交底,提出安全管理规定及管控措施 2. 编制分部分项工程交底书 3. 参与验收,所有危大工程施工前,参与危大工程验收,符合要求后方可施工 4. 过程检查,检查施工过程中不安全行为、不安全状态及管理上缺陷 5. 安全专题会议,组织责任单位参加安全专题会议,提出存在问题及整改措施
5	杜绝人身伤亡事故及重伤事故	1. 建立健全安全生产组织构架 2. 识别重大危险源,并列出清单,责任到人 3. 审核审批专项施工方案及编制对应监理实施细则 4. 制订培训计划,提升全员安全意识及各岗位责任安全意识 5. 制订专业培训计划,提升各岗位人员发现问题、解决问题能力 6. 强化动态监管,日常巡查检查与专项检查相结合 7. 制订应急救援方案,组织应急演练,实施应急响应

（3）安全文明施工管控重点（表4.7.12）

安全文明施工管控重点与措施　　　　　　　　　　　表 4.7.12

序号	安全文明施工管控重点	管控措施
1	现场场布	综合考虑运输通道、加工厂及堆场、临时设施、大门设置、机械设备、临水临电等因素进行现场施工总平面布置
2	深基坑施工	制定施工方案,经审批后方可施工;整体规划场内外运输道路的布设,场内运输通道尽量以不占用主体结构施工部位
3	夜间施工	办理夜间施工许可,围挡或基坑周边及塔吊布置足够夜间照明灯具,满足夜间施工需求
4	土方外运	运输通道出入口与处设置冲洗设备,严禁车辆带泥上路;车厢覆盖篷布,避免尘土飞扬或泥土洒落路面;夜间开挖运土尽量避免扰民
5	洞口、临边	设置防护栏杆和挡脚板
6	高处作业	安全防护设施经检查验收,做好安全技术交底,作业人员安全防护用具佩戴齐全
7	吊装施工	吊装设备经检查验收合格;做好安全技术交底,作业人员防护用具佩戴齐全,持证上岗
8	拆除施工	拆除方案经审批通过后方可施工;做好安全技术交底,特种作业人员持证上岗;设置警戒区域;做好降尘措施,避免扰民
9	施工用电	重点检查外电防护、接地与接零保护、配电箱与开关箱等项目,发现问题及时整改
10	动火作业	做好安全技术交底,动火作业区易燃物清理干净,明火作业履行批准手续

(八) 文档信息管理

1. 建立档案信息管理系统

项目建立档案信息管理系统应满足以下目标:

(1) 适应项目管理的需要。建立项目档案信息管理系统,为实现项目管理目标,提高管理水平,发挥其沟通基石作用。

(2) 规范项目信息资料。通过项目各类信息的收集和整理工作,真实反映和记录项目管理的全过程,达到及时汇报、信息共用、资源共享的目的,并为项目管理提供真实详细的现场管理资料。

(3) 通过档案信息管理过程建立收集、加工处理、储存、传递、归档等工作使档案信息形成闭合系统,充分发挥其可追溯性。

2. 档案信息管理制度 (图 4.7.13、图 4.7.14)

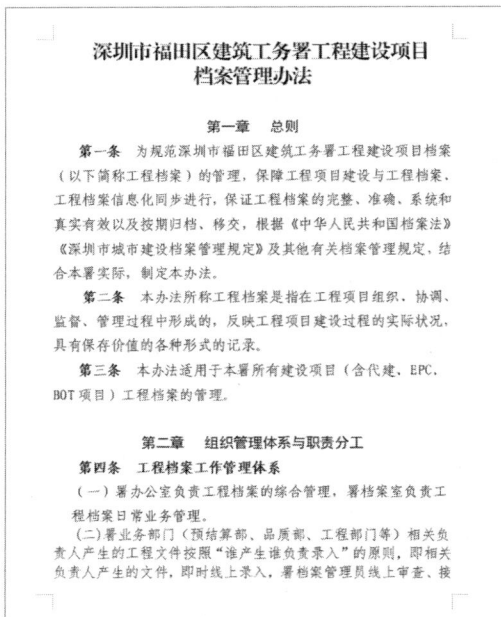

图 4.7.13 工务署档案管理办法

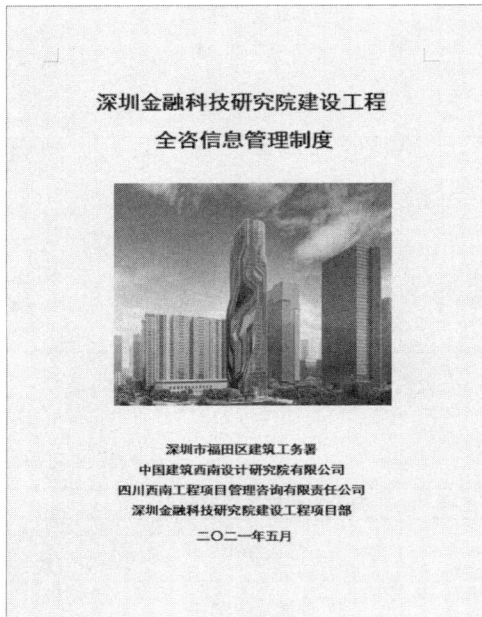

图 4.7.14 全咨信息管理制度

3. 全过程工程咨询单位的档案信息管理职责

➤ 负责项目工程档案工作的全程管理。根据工程形象进度同步形成完整、准确、规范的工程档案资料,同时督促参建单位及时形成完整、准确、规范的工程档案资料。

➤ 负责在规定的时间内将档案资料录入上传至建设单位指定的信息化平台。

➤ 项目竣工验收后,限期完成向市城建档案馆、区档案馆(如需要)、建设单位、使用单位的档案移交工作。

(九) BIM 管理

1. BIM 管理策划

BIM 管理应结合自身技术实力,协调各方 BIM 技术在建设工程各个阶段产生价值。

（1）审核 BIM 技术实施方案及细则

审核项目 BIM 总体实施方案和各专项实施方案，规范 BIM 实施的软硬件环境，审核招投标文件 BIM 专项条款，审核项目的 BIM 实施管理细则、各项 BIM 实施标准和规范。

（2）审核并验收各方提供的 BIM 成果

审查 BIM 相关模型文件（含模型信息）包括建筑、结构、机电专业模型、各专业的综合模型及相关文档数据，模型深度应符合各阶段设计深度要求。

审查 BIM 可视化汇报资料、管线综合 BIM 模型成果、BIM 工程量清单、BIM 模型"冲突检测"报告。审查相关 BIM 成果是否符合深圳市建筑工务署《BIM 实施管理标准》与深圳市建筑工务署《BIM 实施导则》的要求，提交审查报告并负责成果验收。

（3）协调参建各方利用 BIM 协同平台在现场的落地

在工程进行过程中，协调组织各方将信息上传到 BIM 协同平台中。建立健全沟通协调机制，使参建各方将自己的工作及成果及时反馈展现在 BIM 协同平台中，出现的相关问题交由全过程工程咨询单位及相关责任方进行共同决策并整改实施。

2.BIM 管理实施

全咨单位组织编制前期 BIM 管理相关体系文件，包括前期策划《BIM 实施管理制度》《项目 BIM 实施标准》《数字建造实施方案》《数字建造进度计划》《设计 BIM 实施清单》等。协同 EPC 单位通过 BIM 过程管理与技术应用解决幕墙建筑外表皮设计难点，基于 BIM 幕墙模型辅助幕墙体系双曲面玻璃 $1256m^2$ 的设计定案。基于 BIM 的结构优化方面实现了 22 根内凹钢斜柱的复杂受力计算、二道环带桁架及伸臂桁架的结构布设。

对 EPC 单位提交的 BIM 成果，提出解决 5 类 120 余项图模问题、BIM 管理审核发现并解决 80 余处问题，均已完成回复、闭合销项。施工现场上线智慧工地系统，采用人脸识别系统、视频监控系统、无人机航拍系统、智慧喷淋灭火系统、用电监测系统、环境监测系统等，并根据现场实际进度施工 BIM 应用将现场信息与模型进行挂载，实现模型信息与现场信息的集成（图 4.7.15～图 4.7.18）。

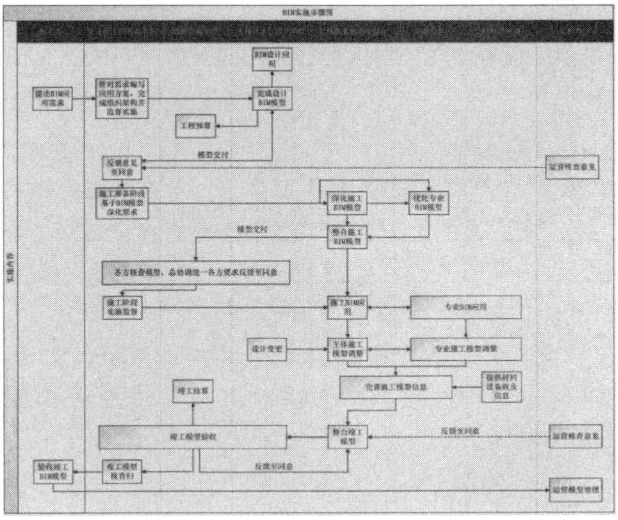

图 4.7.15　BIM 管理实施步骤

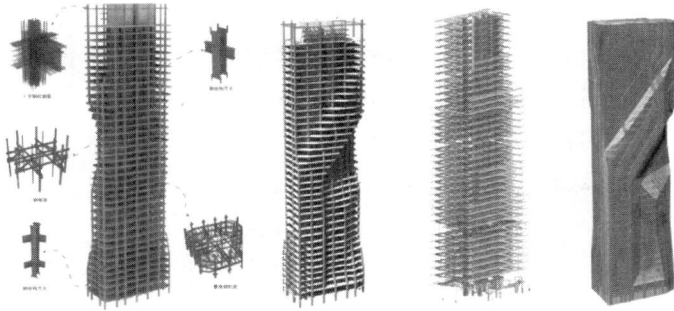

图 4.7.16　项目 BIM 模型

图 4.7.17　BIM 应用简报

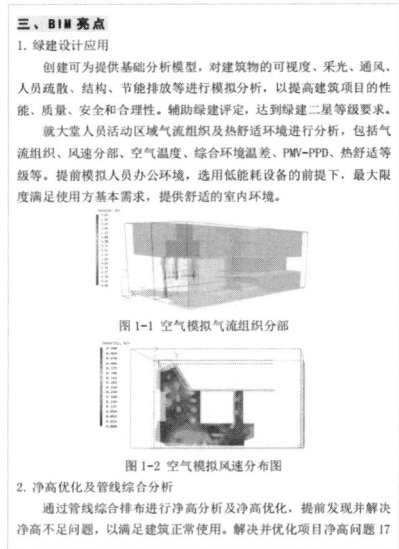

图 4.7.18　BIM 应用亮点

（十）智慧工地管理

1. 智慧工地实施

项目智慧工地管理系统根据建设单位操作规程指引建立，包含视频监控系统、起重机械监测系统－塔式起重机、起重机械监测系统－施工升降机、实名制与分账制管理系统、用电监测系统、环境监测系统车辆识别系统、综合网管系统、智慧工地系统等（图 4.7.19、图 4.7.20）。

2. 智慧工地亮点

智慧工地二维码技术人员管理应用

项目计划采用二维码技术人员管理应用，该技术应用于劳务实名制管理、人员的教育与交底、实测实量展示等方面。本技术由二维码打印机、二维码扫描枪、二维码生成器等组成。本技术对加强施工现场安全管理，降低事故发生频率，杜绝各种违规操作和不文明施工，提高建筑工程质量等方面有较大帮助。

➢ 智慧工地塔吊安全监控及吊钩可视化系统

塔吊安全监控及吊钩可视化系统是由群塔防碰撞、吊重传感器、吊钩可视化、驾驶员

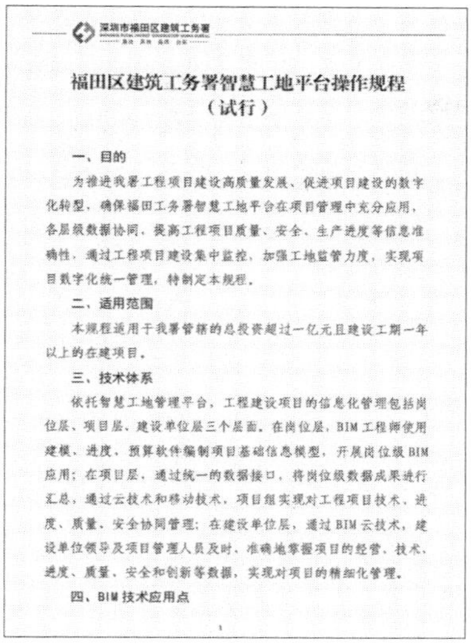
深圳市福田区建筑工务署

福田区建筑工务署智慧工地平台操作规程
（试行）

一、目的

为推进我署工程项目建设高质量发展、促进项目建设的数字化转型，确保福田工务署智慧工地平台在项目管理中充分应用，各层级数据协同，提高工程项目质量、安全、生产进度等信息准确性，通过工程项目建设集中监控，加强工地监管力度，实现项目数字化统一管理，特制定本规程。

二、适用范围

本规程适用于我署管辖的总投资超过一亿元且建设工期一年以上的在建项目。

三、技术体系

依托智慧工地管理平台，工程建设项目的信息化管理包括岗位层、项目层、建设单位层三个层面。在岗位层，BIM 工程师使用建模、进度、预算软件编制项目基础信息模型，开展岗位级 BIM 应用；在项目层，通过统一的数据接口，将岗位级数据成果进行汇总，通过云技术和移动技术，项目组实现对工程项目技术、进度、质量、安全协同管理；在建设单位层，通过 BIM 云技术，建设单位领导及项目管理人员及时、准确地掌握项目的经营、技术、进度、质量、安全和创新等数据，实现对项目的精细化管理。

四、BIM 技术应用点

1

图 4.7.19　智慧工地平台操作规程

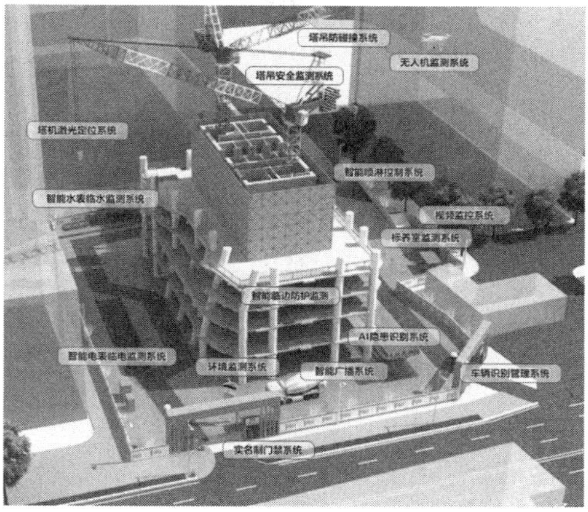

图 4.7.20　项目智慧工地系统

身份识别、远程监控报警等功能的集成系统。该系统由控制平台、显示器、重量传感器、幅度传感器、高度传感器、回转传感器、风速传感器、倾角传感器、生物识别器、防碰撞传感器等组成。本系统能做到群塔实时预警、塔吊数据查询及对比分析、构建企业数据库等作用，通过智能系统降低群塔作业的安全风险。

➢ 智慧工地升降机安全监控系统

升降机安全监控系统是包含人脸识别、楼层呼叫及显示、载重及倾斜度监测、防冲顶预警、远程实时监测等功能的集成系统。本系统由主控制器、防冲顶功能组件、司机身份识别仪、限位检测模块、重量传感器、系统显示器、GPRS 远程收发器等组成。本系统能高效率地实现建筑升降机运行的实时安全监控与声光预警等功能。保障升降机使用过程的监管及预警，有效防范和减少升降机安全风险。

➢ 智慧工地 AI 监控系统

AI 监控系统可实现人员工装规范监护、环境异常危险预警、辅助安全文明巡检、人员异常行为监视等。本系统组成：由视频监控、本地 AI 算法服务器、交换机、显示器、音柱、互联网组成。本系统可自动识别安全帽和反光马甲未穿戴人员，自动抓拍并语音警报，同时保存抓拍图片记录。

➢ 智慧工地 720 全景技术辅助进度管理

720 全景技术通过现场数据采集、图像处理、热点添加、全景平台。上传应用等功能实现对项目形象进度资料全面掌控，对进度计划管控起到支撑作用。本技术由无人机、ipad 平板电脑、“720 云”服务、PS 软件等组成。本技术适用于施工范围较广的基础设施项目，地理环境复杂多样，借助无人机记录现场情况，为施工管理人员决策提供数据支撑；施工过程留底效果好，可全方位还原现场实际情况，对项目拆迁保留依据、项目形象进度资料存档效果明显。

➢ 智慧工地智能回弹系统应用

智能回弹系统是基于物联网、移动互联网、大数据技术，用于普通和高强混凝土强度现场检测、远程管理、数据应用和服务，实现了混凝土强度数据从采集、计算、管理、应用全过程信息化。通过蓝牙智能回弹仪与手机连接，设置回弹参数，可直接将回弹数据上传，并对异常数据进行预警，便于混凝土强度管理。本系统由智能蓝牙回弹仪，智能手机、中建云检软件、电脑端网址组成。本系统降低回弹工作量，提高了回弹效率，软件自动记录回弹数值及结果。项目和上级单位均可通过系统对回弹数据进行查看和导出，方便进行大数据统计，分析项目混凝土强度增长情况。

四、项目管理成效

(一) 表扬函件（图 4.7.21、图 4.7.22）

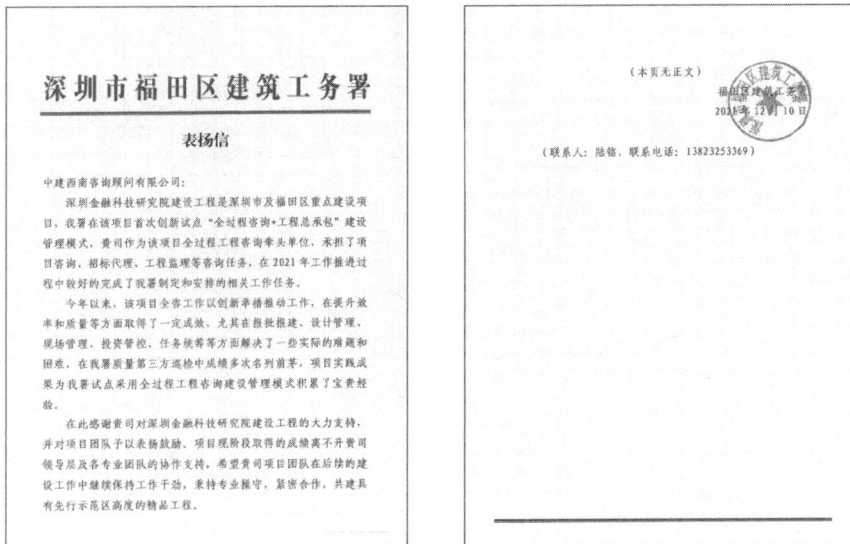

图 4.7.21 表扬信

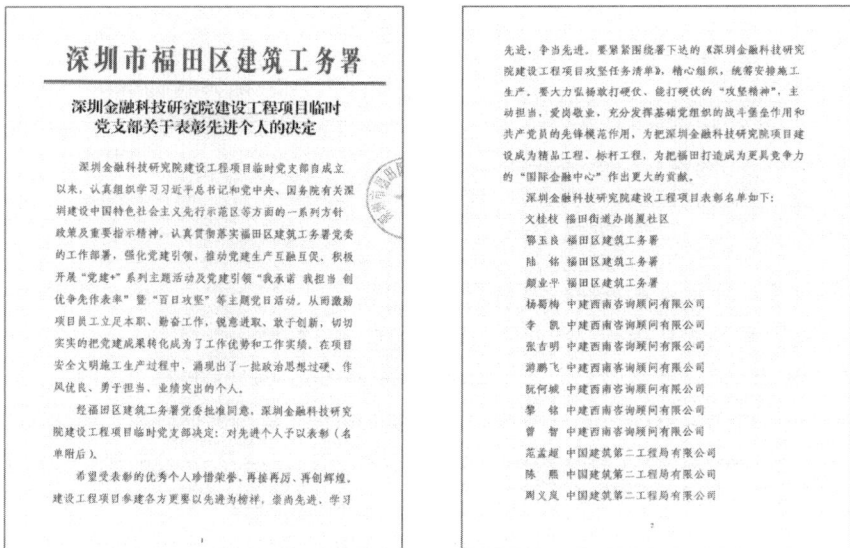

图 4.7.22 表彰决定

（二）获得奖项（图 4.7.23）

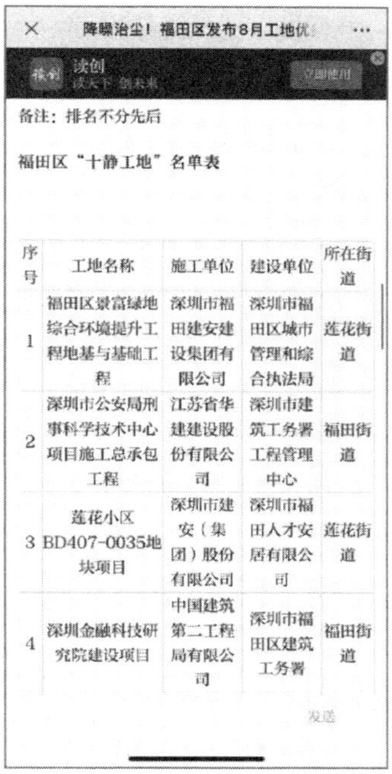

备注：排名不分先后

福田区“十静工地”名单表

序号	工地名称	施工单位	建设单位	所在街道
1	福田区景富绿地综合环境提升工程地基与基础工程	深圳市福田建安建设集团有限公司	深圳市福田区城市管理和综合执法局	莲花街道
2	深圳市公安局刑事科学技术中心项目施工总承包工程	江苏省华建建设股份有限公司	深圳市建筑工务署工程管理中心	福田街道
3	莲花小区BD407-0035地块项目	深圳市建安（集团）股份有限公司	深圳市福田人才安居有限公司	莲花街道
4	深圳金融科技研究院建设项目	中国建筑第二工程局有限公司	深圳市福田区建筑工务署	福田街道

多次荣获福田区十静工地

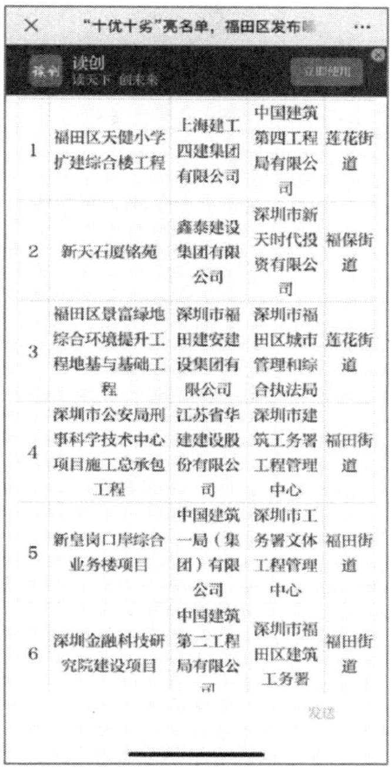

1	福田区天健小学扩建综合楼工程	上海建工四建集团有限公司	中国建筑第四工程局有限公司	莲花街道
2	新天石厦铭苑	鑫泰建设集团有限公司	深圳市新天时代投资有限公司	福保街道
3	福田区景富绿地综合环境提升工程地基与基础工程	深圳市福田建安建设集团有限公司	深圳市福田区城市管理和综合执法局	莲花街道
4	深圳市公安局刑事科学技术中心项目施工总承包工程	江苏省华建建设股份有限公司	深圳市建筑工务署工程管理中心	福田街道
5	新皇岗口岸综合业务楼项目	中国建筑一局（集团）有限公司	深圳市工务署文体工程管理中心	福田街道
6	深圳金融科技研究院建设项目	中国建筑第二工程局有限公司	深圳市福田区建筑工务署	福田街道

多次荣获福田区十净工地

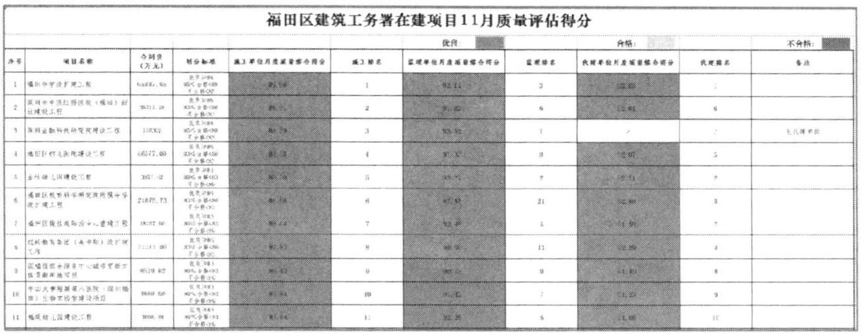

福田区建工署第三方质量评比多次荣获第一

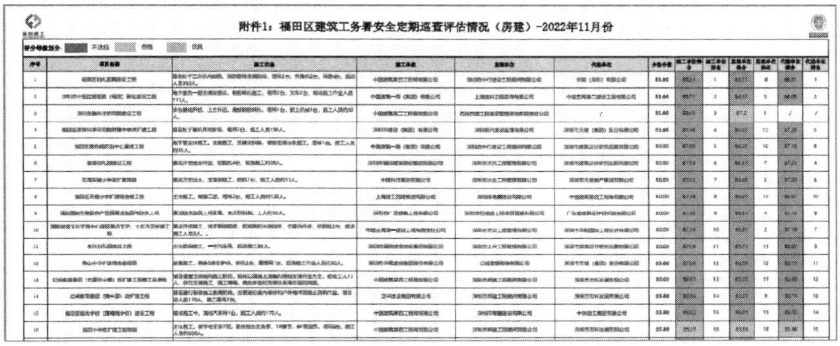

福田区建工署第三方安全评比多次名列前五

图 4.7.23　奖项情况

（三）履约评价（表 4.7.13）

履约评价表   表 4.7.13

序号	季度	履约分数	履约等级
1	2021 年第二季度	85.57	良好
2	2021 年第三季度	87.24	良好
3	2021 年第四季度	86.39	良好
4	2022 年第一季度	88.02	良好
5	2022 年第二季度	87.33	良好
6	2022 年第三季度	87.92	良好

第八节　龙城街道悦澜山小学新建工程项目

一、项目概况

（一）项目介绍

龙城街道悦澜山小学新建工程位于深圳市龙岗区龙城街道，北侧为佳福路，东侧为龙城大道，西侧为悦澜山幼儿园，南侧为悦澜山花园。办学规模为 30 个班小学，提供学位 1350 个。项目占地面积为 11340.39m²，总建筑面积 28380.69m²，总投资 1.58 亿元。其中必配校舍建筑面积 19032m²；选配校舍包括：架空层 2703.08m²、专业录播室 181.18m²、教职工活动用房 139.73m²、教职工宿舍 1292.27m²、风雨连廊 882m²、地下室 4134.07m²（含设备用房），设地下停车位 74 个。

项目总投资 15846 万元，其中：建筑安装工程费 13412.73 万元，工程建设其他费 1678.71 万元，预备费 754.57 万元（图 4.8.1）。

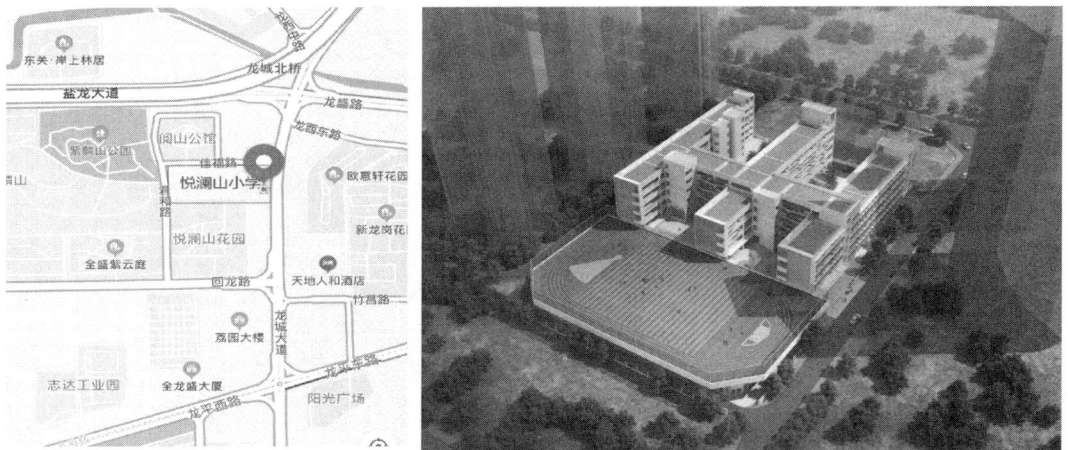

图 4.8.1　项目区位及效果图

（二）项目特点

1. 项目所实施的全过程工程咨询包含了工程项目管理，项目勘察、项目设计、造价咨询、工程监理，其中后 4 项服务内容为专业咨询（即"N"）；

2. 项目为龙岗区建筑工务署首次采用全过程工程咨询项目管理模式的试点；

3. 项目施工期受到了疫情和雨季的双重影响，推进难度大；

4. 项目为龙岗区民生保障工程，时间紧迫。

二、组织架构

为顺利、圆满完成龙城街道悦澜山小学新建工程全过程工程咨询，本项目由深圳市新城市规划建筑设计股份有限公司（牵头单位）、深圳地质建设工程公司、深圳锦洲工程管理有限公司和深圳市金钢建设监理有限公司组成联合体，并成立龙城街道悦澜山小学新建工程全过程工程咨询项目部，统一处理和协调项目部内外的管理工作，以及调配与设计、勘察、造价咨询和监理的相关资源，组织架构图如图 4.8.2 所示。

图 4.8.2 组织架构

三、全过程工程咨询项目实践

（一）安全管理

1. 督促各施工单位监理健全安全生产制度

通过完善安全监管制度，层层签订安全责任书，形成安全管理网络体系，不断强化安全生产宣传教育培训工作，提高各参建人员的安全生产意识。同时要求总包制定安全方案，并要求监理监督执行。

2. 组织定期安全专项检查

由建设单位和监理牵头定期对现场进行检查，积极消除各类安全隐患，确保无安全事故发生，保障工程顺利实施，本项目在整个施工期间没有出现重大的安全责任事故。

3. 定期进行人员安全教育培训

注重人员安全教育培训，通过龙岗第一课、安全讲评台、安全体验区等，实现了安全培训教育常态化。疫情期间实行封闭管理，严格落实消毒消杀、人员信息动态管理、体温检测"一张表"等防疫措施，确保项目施工安全（图4.8.3）。

开展班前安全教育　　　　　　　　　严格人员进出管理

图 4.8.3　安全教育

（二）质量管理

1. 精心设计、巧妙布局，提高设计成果质量

项目用地西高东低，高差约7m，设计完美利用场地高差，采用立体运动场设计，解决200m环形跑道及风雨操场的设计难题；项目采用完全人车分流的设计，打造安全高效的车行与人行流线；景观绿化设计上，运动场采用真实草皮，学生课间活动区域采用绿化与铺装的灵动设计，借鉴传统园林的空间效果，因地制宜，创出与自然合而为一的建筑艺术效果。

2. 坚持"预防为主、质量第一"的原则

质量管理工作围绕着"预防为主、质量第一"的原则开展，督促施工方建立健全的质量保证体系，实行自检、抽检、工序交验制度。抓四个重点：人员到位、方案编制、材料报验、施工现场，并认真配合各项检查工作，跟踪整改落实情况（图4.8.4、图4.8.5）。

图 4.8.4　项目设计效果图　　　　　　　图 4.8.5　施工封顶照片

（三）进度管理

1. 科学统筹、抢抓进度

为了克服疫情和雨季对工期的影响，项目根据工作面展开情况，不拘泥于流水施工形式，加强调配调度工作，及时安排工人进场作业，保证连续施工，连续作业。主体部分总体按板块分区组织平行施工，按大平行、小流水作业的方式，最大限度提高施工速度。在与周边小区业主进行充分沟通，并且向有关部门报备后，项目安排夜间施工，保障项目进度。

2. 提前谋划、抢占先机

疫情期间，为避免复工后出现"用工荒"，项目部积极与工人所在地政府沟通，了解聘用人员的隔离情况，并做到"一站式服务"，从3月1日开始安排专车陆续将工人由家门口接送至工地。为了减少疫情期间企业停工以及封城封路对复工后材料供应的影响。复工准备期间参建单位积极对接校方，快速敲定铝合金窗，瓷砖，外墙等材料的样式与色板，提前订购材料保障后续装修进度（图4.8.6、图4.8.7）。

图 4.8.6　夜间施工

图 4.8.7　专车接送复工人员

（四）投资管理

1. 项目首次试点全过程咨询模式，降低服务成本

传统的工程项目中，咨询、勘察、设计、监理、造价、招标代理等，同属于工程咨询范畴，但却多头主管，长期割裂，导致国内咨询行业长期无法形成规模优势、综合优势。本项目为龙岗区首次采用全过程工程咨询项目管理模式的试点，减少服务类合同个数，降低服务成本。

2. 全过程咨询有效降低项目"三超"风险，为建设单位节约投资，提高投资收益

本项目在策划阶段，全过程咨询单位就投资可行性，投资策略进行系统分析，协助项目单位进行项目决策。

勘察设计阶段，通过限额设计，优化设计，控制成本。

施工阶段，通过精细化管理，控制投资。

全过程咨询模式下，由于管理结构和管理内容得到简化，建设单位不再需要设置大量的管理人员和技术人员，人力成本大大降低。

（五）合同管理

1. 全过程咨询合同服务范围

（1）全过程项目管理；（2）全过程造价管理；（3）全过程监理服务；（4）全过程设计管理；（5）全过程勘察管理；（6）全过程 BIM 咨询。

2. 全过程咨询合同有效优化项目组织和简化合同关系

由一家单位提供全过程工程咨询服务的情况下，一方面，承包单位可最大限度处理内部关系，大幅度减少业主日常管理工作，有效减少信息漏斗，优化管理界面。

另一方面，模式不同于传统模式冗长繁多的招标次数和期限，可有效优化项目组织和简化合同关系，并克服设计、造价、招标、监理等相关单位责任分离、相互脱节的矛盾，控制项目建设周期。

四、工作亮点总结

（一）优化管理流程，提升服务效率

本项目抛弃传统模式复杂且冗长的招标次数，简化各个项目之间的关系，解决了设计、造价、监理等单位之间责任分离、沟通困难等矛盾，优化管理流程，促进工程的进度。

本项目组建了勘察、设计、造价及监理的全咨联合体，将分散的力量集中，各专业单位联合办公，可相互监督，还能激发项目业主的主动创造能力，从而提高建筑的质量和品质。

（二）优化合同条款，制定激励机制

本项目通过对合同条款的优化，增设了奖励酬金，对全过程工程咨询履约评价表现优秀或良好的单位进行额外资金奖励，奖金在工程预备费里（合理）列支。

（三）三维集成管理、创新组织模式

本项目以全过程工程咨询为基础的三维 BIM 管理能够基于对项目情况更为全面的了解，结合现场实际需求提出切实可行的 BIM 需求，利用全过程咨询项目管理的角色更为合理地组织 BIM 应用工作流程，协调各单位配合开展 BIM 工作。通过基于 BIM 工具的应用指导现场施工，形成了大量可实施的经验。

（四）设计单位牵头，组建全咨管理团队

充分发挥设计单位的主观能动性，如项目用地西高东低，高差约 7m，设计完美利用场地高差，采用立体运动场设计，解决 200m 环形跑道及风雨操场的设计难题；项目采用完全人车分流的设计，打造安全高效的车行与人行流线。

第九节　设计单位在何种情况下有权请求发包人支付设计费用？——浅谈工程设计类单位权利的维护与保障

建设工程设计合同具体是指承包人接受发包人的委托，完成建设工程设计工作，发包人支付相应对价的合同。该类的合同标的为设计图纸及相应说明，体现了设计人员的智力

劳动成果，一旦付出就无法恢复，无法返还。设计合同的履行过程是设计人员与发包人共同参与，有效互动的过程，设计成果的完成往往需要双方多次沟通，反复修改、调整。而且设计图纸的交付采用电子邮件等简便快捷的方式进行也是设计领域的行业惯例。此外，部分建设工程项目设计方案因涉及政府规划还需要行政主管部门审核批准，同时设计作为施工的前置环节，其对工程的进度和质量均会产生重要影响。可以看出，作为建设工程合同的一种，建设工程设计合同既兼具建工领域本身的专业性、复杂性，又彰显设计类合同在履行及管理过程中的特殊性。本文将以案为引，与读者共同探讨工程设计类单位在履行合同中应当如何妥善维权。

（一）案例引入：某家居公司与某设计院建设工程设计合同纠纷

1. 案情简介

2018 年 4 月 18 日，某家居公司（发包人，以下简称甲方）与某设计院（设计人，以下简称乙方）签订工程设计合同，约定由甲方委托乙方承担某改造项目建筑及机电改造工程项目设计工作。设计项目的内容为商业建筑部分-1F 至 4F，根据发包人项目定位、商业业态和动线需求，进行建筑、结构、机电改造设计，同时根据装饰设计内容进行机电二次设计，具体详见设计任务书；合同总价款为 240 万元，甲方按进度分六次支付，建筑面积为 17.4 万 m^2（暂定），最终以合同约定面积为准，设计费按设计建筑面积 13.793 元/m^2（含税单价）计取。本合同为固定总价合同，发生重大变化需重新出图时调整合同总价。2018 年 4 月 26 日，甲方支付设计费 36 万元。

2018 年 6 月 5 日，甲方与乙方（设计人）签订《某青岛店项目改造外立面概念方案至建筑专业初步设计项目合同书》及其任务书，合同约定：本项目设计限额 700 元/m^2（不含 LED 屏，含亮化及改造工程），合同含税总价款（包干价）为 15 万元，甲方按进度分三次付款，其中定金 4.5 万元（在设计工作开始后定金抵作设计费）。2018 年 9 月 21 日，甲方支付设计费 4.5 万元。

2018 年 7 月 13 日，乙方将各专业修改后的完成图纸发动至工作群；2018 年 7 月 31 日，将各专业图纸做成 PDF 格式发送至工作群。2018 年 8 月 31 日，乙方完成立面效果图设计图。2019 年 10 月 26 日，案涉项目店面开业。

2020 年 4 月 1 日，乙方向甲方邮寄《催款函》，催款函载明：2018 年 7 月 31 日，我司已完成案涉合同约定工作内容；2018 年 8 月 31 日，已完成案涉项目改造外立面概念方案至建筑专业初步设计项目合同约定内容；按照合同约定，贵司应向我司全额支付合同价款后，双方协商未果，乙方诉至一审法院请求判令甲方支付设计费及逾期付款利息。

2. 争议焦点

本案的争议焦点集中在乙方是否已经完成并交付设计任务的认定上。

乙方主张，其已经完全履行了合同义务并向委托人交付了设计成果，委托人受领后也并未提出任何异议，且项目已经实际投入使用，委托人应当支付对价。

甲方认为：（1）乙方实际只履行了部分合同内容，已履行的部分甲方已付清了对应价款。此外，乙方的合同义务不仅表现为提交全套设计图纸、二次改造图、结构加固改造图等，还需要根据节点汇报方案、根据施工进度进行现场指导等，乙方仅完成部分设计任务，便主张完成全部合同内容并要求支付全部价款，无事实及法律依据。（2）乙方所提交的建筑及机电设计图纸并未通过消防部门审批，且部分设计内容不符合《设计任务书》的要求甚至不符合常识，甲方根本无法使用，合同目的无法实现。（3）案涉项目虽已投入使用，但与乙方的设计成果没有任何关联，甲方并未使用乙方的任何设计成果。由于乙方无法提供符合条件的设计成果，甲方已另行聘请第三方公司对案涉项目进行了重新设计，并另行向第三方公司支付了设计费用，不应以项目已实际投入使用为由，认定乙方完成了全部设计任务。

3. 裁判说理

一审法院认为，案涉合同性质为建设工程设计合同，合同内容合法有效，双方均应依约履行。甲方的义务是提供有关基础资料和设计质量、期限要求，支付约定的设计费；乙方的义务是依甲方的质量、期限要求，完成约定的设计成果并交付给甲方。本案中，甲方设立前，即与乙方就案涉项目设计建立工作群，甲方总部安排工作人员向乙方提供了原始电子图、现场照片及动线方案；双方与消防部门对消防问题和改造进行了沟通，双方确立了不动土建消防的设计方向，其后甲方设计部告知项目不报施工图审查。合同签订后，经双方数次沟通、协调、修改、调整，甲方受领乙方案涉合同设计成果。根据当事人的合同约定、工作群动态及邮件往来情况来看，甲方在受领设计成果后在合理期限内未提出异议，且案涉项目已投入使用，应认定乙方已经完成设计任务。甲方以乙方仅完成部分工作量为由主张不满足合同约定的付款节点，与本案事实及法律规定不符，一审不予采纳。对于乙方要求甲方支付设计费的主张，一审予以支持。对于乙方主张的逾期付款利息，一审酌情按照全国银行间同业拆借中心公布的一年期贷款报价利率自 2019 年 10 月 26 日（甲方开业之日）至实际付清之日计算的利息予以支持。

二审法院维持一审判决，并进一步阐明，合同签订前，双方已针对涉案项目的设计问题进行了沟通，并建立工作群展开了工作。根据双方在工作群中交流沟通和发送文件资料等情况，可以认定经双方数次沟通、协调、修改、调整，乙方已经向甲方交付了设计成果。甲方主张因乙方设计成果不符合要求，其另行委托第三方进行了设计，但甲方未提交证据证明其在乙方交付设计成果后，曾向乙方提出过设计成果不符合要求。现案涉项目已投入使用，一审认定乙方已经完成设计任务，并判决甲方支付设计费并无不当，本院予以维持。

（二）实务指引

1. 工程设计合同中当事人的主要义务是什么？

本案中，关于乙方请求甲方支付设计费及逾期利息的请求能否被支持，核心即为判断设计人是否完全履行了己方的合同义务？

结合实践中通用的交易模式及习惯，我们认为，对于设计人而言，其主要义务是遵守法律和有关技术标准的强制性规定，完成合同约定范围内的房屋建筑工程方案设计、初步设计、施工图设计，提供符合技术标准及合同要求的工程设计文件，提供施工配合服务。并视项目特点及发包人的具体要求，设计人可能承担配合发包人办理有关许可、核准或备案手续的义务。若因设计人原因造成发包人未能及时办理许可、核准或备案手续，导致设计工作量增加和（或）设计周期延长时，由设计人自行承担由此增加的设计费用和（或）设计周期延长的责任。

实践中产生争议的问题是招标内部会议中提交了设计方案能否视为设计义务的履行？以某建设集团有限公司沈阳分公司（以下简称沈阳分公司）因与某航空工程院有限公司（以下简称航空工程院）建设工程设计合同纠纷一案为例。在再审中，当事人双方就航空工程院是否应当承担效果图制作费和设计人员劳务费产生争议。该案中，沈阳分公司应邀参加的内部招标会议，是为了达成合同合意和完成招标，因此沈阳分公司出具的设计图纸属于为实现合同磋商及投标所发生的必要准备工作。此外，沈阳分公司与航空工程院并未签订建设工程设计合同，也不能出具证据证明双方就案涉设计图纸的设计费用已达成了合意，所以，在此情况下沈阳分公司要求航空工程院承担该部分图纸制作费及设计人员劳务费的，法院不应当支持。故而，若招标内部会议中出具的设计方案仅属于为达成合同合意及投标成功必要的准备工作，设计方不得以此认定已达成了设计合同合意并请求支付相应的设计费用。

对于发包人而言，其主要义务是遵守法律，并办理法律规定由其办理的许可、核准或备案，包括但不限于建设用地规划许可证、建设工程规划许可证、建设工程方案设计批准、施工图设计审查等许可、核准或备案。发包人负责本项目各阶段设计文件向规划设计管理部门的送审报批工作，并负责将报批结果书面通知设计人。若因发包人原因未能及时办理完毕前述许可、核准或备案手续，导致设计工作量增加和（或）设计周期延长时，由发包人承担由此增加的设计费用和（或）延长的设计周期。此外，发包人应当负责工程设计的所有外部关系（包括但不限于当地政府主管部门等）的协调，为设计人履行合同提供必要的外部条件。

2. 设计人何时有权请求发包人支付设计对价？

本案中，法院结合合同约定情况，将设计人的核心义务提炼为"依发包人的质量、期限要求，完成约定的设计成果并交付给发包人"，并综合双方建立工作群、对设计文件的修改、补充的沟通交流记录、发包人受领成果后未提出合理异议等事实，综合判断设计人已经履行完毕交付设计成果的义务，故而有权向发包人请求支付对价。然而，实践案件情况往往较为复杂，判断标准也不是简单的非黑即白，以下我们再进一步结合具体的案例，探讨设计人是否有权请求发包人支付设计对价？

（1）发包人能否以未认可设计成果（甚至已经另行委托第三方设计单位完成设计工作）为由，对设计成果提出质量抗辩，从而拒绝支付设计费？

本案中，甲方主张因乙方设计成果不符合要求，其另行委托了第三方进行了设计，但法院指出，甲方未提交证据证明其在乙方交付设计成果后，曾向乙方提出过设计成果不符合要求，且项目已投入使用，最终认定乙方已经完成设计任务，有权请求支付设计费。

上海二中院也持有类似观点。在某集团股份有限公司与上海某景观设计咨询有限公司、某置业有限公司建设工程设计合同纠纷一案中，在设计人提交设计成果后，发包人既未依合同约定的方式通知设计人设计不符合要求而单方解除合同，亦未以合同约定的方式通知设计人设计成果已审核确认，仅声称设计不符合要求并另行与案外人签订了设计合同，最终法院认定发包人的行为有违合同及时妥善履行的基本原则，在发包人没有证据证明其对设计成果提出异议或修改意见的情况下，认定发包人认可了设计成果，并判令其按约支付设计费。在某开发有限公司与上海某实业发展有限公司建设工程设计合同纠纷一案中，发包人收到设计初稿后未在合理时间内提出异议，上海二中院认定设计人已经提交了符合合同约定的设计初稿，履行了相应阶段的合同义务。

据此，若发包人在受领设计成果后的合理期间内并未提出异议，即视为发包人认可设计成果，即使发包人另行委托第三人重新提供设计成果，也不影响设计人已经履行完毕合同义务。若对于合理期限的界定，合同无明确约定，可结合双方往来邮件进行综合判断，一般情况下发包人收到设计成果后未提出异议或修改意见而直接进入下一阶段设计沟通的可视为发包人以客观行为表示认可。但我们建议，为避免司法认定的差异，设计单位在提交设计成果的同时，应当一并提交《设计成果确认书》，要求发包人对设计成果的受领事实予以书面确认，便于后期结算及请款。

（2）发包人能否以项目已被放弃、未取得土地开发权等事实抗辩签订设计合同的目的不能实现，从而拒绝支付设计费？

司法实践中，不乏存在发包人以项目并未达到期待效果为由，声称签订设计合同的目的无法实现，进而拒绝支付设计费的情况。我们认为，该种抗辩思路是没有厘清合同目的和合同动机两个概念导致的。对于合同目的，民法学理上认为包括客观目的与主观目的，客观目的即典型的交易目的，是给付所欲实现的法律效果，合同的主给付义务通常体现了"合同目的"，具体而言是指合同标的在种类、数量、质量方面的要求及表现；主观目的是指当事人订立合同的动机。通常，合同动机不得作为合同目的，但是如果当事人在合同中明确将合同动机作为成交的基础，或者说作为合同条件，可以将此类合同动机作为合同目的。据此，达到项目顺利推进或者成功取得土地开发权的结果一般只能认为是签订设计合同的动机，除非明确将该结果与设计费用的支付绑定，不宜以动机未达成为由拒付设计费。

在廊坊市某投资有限公司（以下简称发包人）、某自然人及某设计院（以下简称设计人）建设工程设计合同纠纷再审一案中，发包人抗辩称，2011年10月22日会议纪要证明发包人于2011年10月22日前已经放弃该项目，根本不需要报建方案，也不可能接收设计人的报建方案。对此，最高院指出，发包人是《建设工程设计合同》的一方当事人，在设计人履行了涉案合同约定义务而又并无证据证明《建设工程设计合同》的当事人发生了变更的情况下，无论发包人是否放弃了涉案项目、是否是涉案项目的最终受益人，均不影响发包人依据合同约定履行支付设计费用的合同义务。

在兰溪市某置业有限公司（以下简称置业公司）与浙江某建筑设计研究院有限公司（以下简称设计公司）建设工程设计合同纠纷再审一案中，当事人双方就设计公司要求置业公司支付方案阶段的设计费有无依据产生争议。在该案中，根据双方签订的设计合同可知，设计公司的建筑方案文本是作为置业公司顺利取得案涉土地开发权的有利条件而进行的，因此对于置业公司辩称的，设计方案的完成需以取得《项目用地规划及建筑红线图电子文件》作为前提不符合案涉合同的原意，即置业公司是否取得《项目用地规划及建筑红线图电子文件》，并非设计公司开始设计的必要条件。因此，对于设计公司根据置业公司给予其《项目设计任务书》及《项目用地范围现状地形图及电子文件》这两项材料，并根据上述材料按双方合同约定作出的置业公司取得土地开发权需要的设计方案文本应当认定设计公司完成了合同义务。而置业公司也应当根据合同约定支付相应的进度款。但是置业公司并未支付任何款项，故设计公司可以请求置业公司按照合同约定支付费用并解除合同。

3. 若非因自身原因导致的交付延迟，设计人应当如何避免承担违约责任？

在大连某海洋工程技术有限公司、某港口设计研究院有限公司建设工程设计合同纠纷一案中，最高院指出港口设计院提交初步设计文件的时间是 2014 年 12 月 10 日，虽然交付时间晚于合同约定时间，但 2014 年 8 月 11 日当地发展和改革局的批复显示，案涉工程内容已变更为一个 5000 吨级泊位和两个 30000 吨级泊位，合同内容发生较大变更。2014 年 10 月 15 日双方仍在就案涉工程的设计方案进行讨论。基于上述事实，港口设计院在约定期间届满后的合理时限内交付报告，不应认定为违约。该案件中，由于具有行政机关出具的批复文件，尚能够较好锁定导致交付延迟的原因，但实践中导致设计成果交付延迟的原因错综复杂，作为设计单位一定要及时固定致使自己无法按时完成设计方案的证据，避免诉讼过程中双方就逾期原因再花大量时间扯皮。

在北京某建筑规划设计有限公司与上海某建筑有限公司建设工程设计合同纠纷一案中，双方约定因发包人变更委托设计项目、规模、条件等原因致使设计单位需要返工时，除另行协商签订补充合同重新明确有关条款外，发包人应按设计单位所耗工作量支付返工费。该案中，设计单位虽诉请主张二次深化设计的返工费，但既未举证双方就重新设计达成协议亦未举证返工的实际工作量，最终法院未支持其诉请。

设计合同的履行过程是设计人员与发包人共同参与、有效互动的过程，设计成果的完成往往需要双方多次沟通，反复修改、调整，而修改、调整所付出的工作量又是影响设计费金额认定的重要因素，因此设计合同通常约定设计单位负责原定设计范围内的必要修改。我们认为，若修改幅度超过一定比例、发包人再作重大设计变更或提出的修改建议构成一个新的设计要求，则双方另行签订补充条款对设计费调整及设计成果交付等作出约定，并根据实际工作量支付返工费，但应就工作量的变化承担举证责任。因此，设计人在合同履约过程中，对于发包人对涉及方案提出的修改建议、新增要求以及履约过程中出现的新的事实要注意证据的固定，必要时双方应当签订补充协议对最终设计成果交付的时间进行再次确认。

第十节　深圳市龙岗区公共物业屋顶分布式光伏特许经营项目

一、项目概况

(一) 项目实施背景

分布式光伏开发是"十四五"开端以来，全国层面推进绿色能源发展的重要举措。2021 年 6 月，国家能源局和广东省能源局先后发布相关文件，拟在全国组织开展整县（市、区）推进屋顶分布式光伏开发试点工作，要求充分利用资源条件，结合当地规划建设条件开展整县（区、市）分布式光伏开发试点。为做好整区屋顶分布式光伏开发试点工作，打造工业大区绿色可持续发展的"龙岗样板"，助力能源和产业结构改革，深圳市龙岗区于 2021 年 7 月制定了《龙岗区整区屋顶分布式光伏开发试点实施方案》，提出以政府主导、市场运作的方式合力推动屋顶分布式光伏开发试点建设，在 2023 年底前完成整区试点工作，预计建设分布式光伏总规模 300MWp。2021 年 9 月，国家能源局正式公布全国试点名单，龙岗区获批成为深圳市唯一首批"全国整县（市、区）屋顶分布式光伏开发试点"行政区。在此背景下，龙岗区积极推进试点建设工作，按照"宜建尽建"原则，采用政府引导、市场化运作的模式，科学高效推进龙岗区屋顶分布式光伏开发试点工作。

（二）项目介绍

为引入专业社会力量参与龙岗区绿色能源发展工作，龙岗区发展和改革局受区人民政府授权，通过特许经营方式（具体模式为BOOT，项目合作期限设置为26年，其中建设期1年，运营期25年）引入社会资本方负责项目的投资、建设、运营等工作，利用全区党政机关、学校、医院、区属国企、文体设施、街道办等公共物业的可利用屋顶资源，实施深圳市龙岗区公共物业屋顶分布式光伏特项目（以下简称"本项目"）。

本项目实施地点为龙岗区，实施范围涉及全区尚未开发分布式光伏的公共物业数量217个，建筑物926栋，屋顶总面积约101.71万 m²（其中可利用面积约46.42万 m²），预计可建设光伏装机容量约30MWp，年发电量2864.06万kWh。

项目主要建设内容为分布式光伏发电系统以及防护、监控等配套设施，总投资约1.7亿元，光伏发电系统采用分块发电、分块逆变，集中并网方案。项目采用"自发自用、余电并网"方式，预计70%发电量用于供给所在物业使用，剩余电量并网创收，可在实现清洁能源利用的同时带来显著的社会和经济效益（图4.10.1、图4.10.2）。

图4.10.1 区内公共物业屋顶资源示意

图4.10.2 龙岗区屋顶分布式光伏项目现场图

二、全过程工程咨询服务的具体内容

为做好深圳首个整区屋顶分布式光伏示范区的光伏开发试点工作，深圳交易集团有限公司与旗下深圳交易咨询集团有限公司、深圳排放权交易所有限公司（以下简称"咨询机构"）为本项目提供了包括项目尽职调查、项目决策综合性管理、投融资模式论证、项目建议书、可行性研究报告、财务测算分析、特许经营实施方案编制（含绩效考核方案）、特许经营协议起草、社会资本方采购、双碳专项咨询、合同谈判及项目履约监管等全过程咨询服务工作，助力项目顺利落地（图4.10.3）。

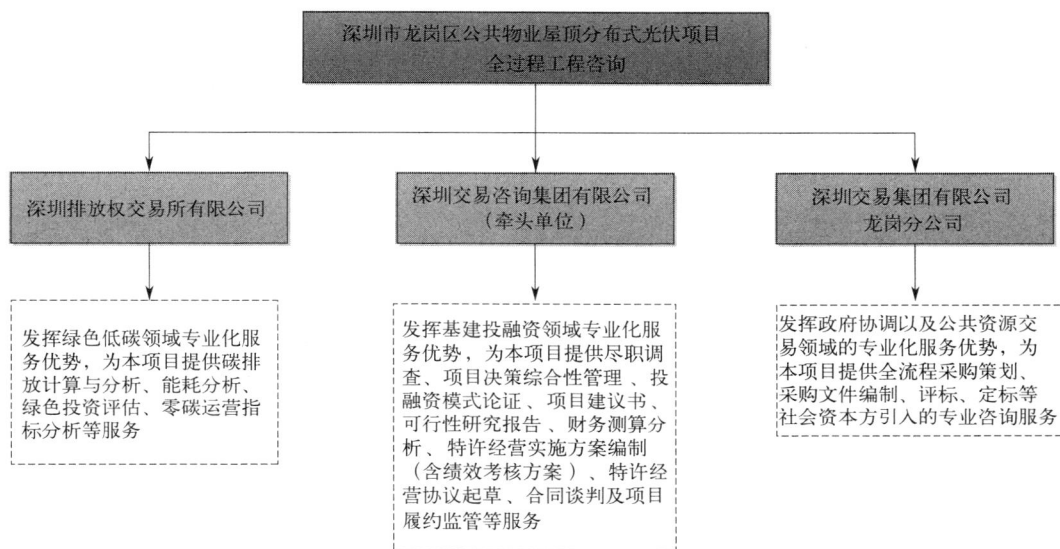

图 4.10.3 全过程工程咨询服务组织架构

（一）项目投资决策综合管理

从项目立项到开工准备阶段，提供全过程顾问服务，协助实施机构起草或审核相关文件，对项目实施中重难点问题进行专项研究，办理各项决策手续，管理、监控项目执行阶段的各种风险，适时提出风险控制建议，协调项目参与各方，确保项目合规、有序、及时落地。

（二）项目投融资策划

作为全市首个整区分布式光伏开发试点项目，本项目在前期运作模式选择时面临路径选择难题。咨询机构从项目实际特点出发，结合当下政策环境以及国内同类项目实践等因素，对本项目运作模式开展了专项论证，基于从转变政府职能、提升公共服务质量、拓宽融资渠道、缓解财政支出压力，以及项目全周期专业化管理和产出保障实现等方面综合考虑，创新性地提出以特许经营模式运作本项目，本项目交易结构详见图4.10.4所示。

（三）项目立项决策

按照政府投资项目立项程序，根据国家、广东省、深圳市的前期工作咨询法律、法

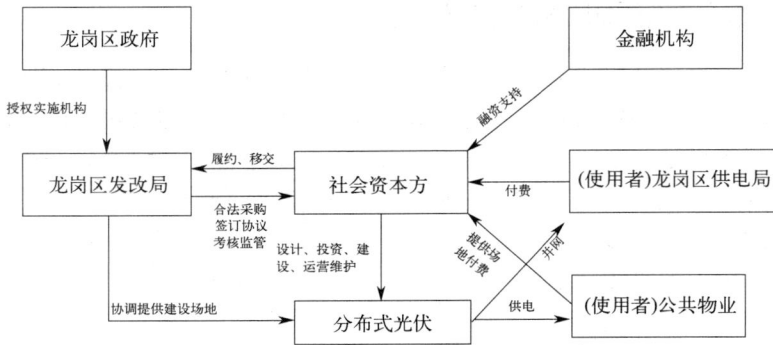

图 4.10.4　项目交易结构示意图

规、标准和规定要求，对项目背景及建设必要性、建设内容及规模、投资估算、项目建设方案、节能降耗、碳排放、财务评价与社会效果等进行全面论证分析，先后开展项目建议书、可行性研究报告的编制和报批工作，获取项目立项批复。

（四）项目社会化运营研究

1. 实施方案编制

按照国家部委及深圳市有关特许经营管理法律法规，咨询机构开展了实施方案编制工作，对项目采用特许经营模式的运作可行性和必要性、产出要求、交易结构、回报机制、财务测算、合同体系、监管架构、采购方式选择、项目移交等进行系统研究，明确政府与社会资本合作的核心边界条件，编制项目实施方案，协助实施机构征求相关部门意见，组织开展方案专家论证，并获得区政府对方案的批复。

2. 特许经营协议编制

参照现行特许经营项目协议编制要点，基于前期批复的实施方案及立项决策文件，对项目合作期内投融资、建设、运营涉及的主要权利义务边界进行约定，同时也对项目临时接管、协议中止和变更等违约情形处理进行明确，完成了特许经营协议及其他附属合同的编制，有效保障了双方长期友好合作关系的建立。在明确中标社会资本方后，协助政府方就合同中主要条款与社会资本方进行谈判，促成合作双方达成共识，完成合同签订。

（五）招标采购管理

一是根据政府批准的实施方案，依据相关法律细化各项工作，构建采购工作流程和程序，编制采购工作计划，合理确定采购方案。二是根据项目特点及相关法律法规要求，确定采购需求，编制招标采购阶段文件（公开招标文件、编写招标过程中评审报告、各类公告等），组织开评标工作。三是，协助业主处理招标过程中质疑投诉问题等，为业主定标提供全过程技术指导。

（六）"双碳战略"技术咨询

基于双碳相关政策研究，提供项目绿色低碳等方面的技术指导，包括碳排放计算与分析、能耗分析、绿色投资评估、零碳运营指标分析等，在项目各阶段咨询成果中融入绿色低碳理念，使项目实施成效更好地满足国家及地方有关双碳政策要求，助力实现区域节能减排目标，打造深圳市综合智慧零碳示范标杆项目。

（七）项目履约管理全过程技术指导

协助实施机构全程监管社会资本方对特许经营协议的执行情况，督促社会资本严守契约，协助对执行阶段出现的重大履约偏差问题提供专业指导意见；协助履行实施机构在项目实施期间的各项职责和监管责任，制定绩效评价方案并协助开展相关工作，规范项目全生命周期绩效管理。

三、项目实施的重难点

一是科学选择项目投融资模式，做好项目顶层路径设计。本项目属于基础设施和公共服务领域，具有公益性特征，同时项目自身具有较为稳定的现金流，经营性较好，项目兼具公益性、商业性特征。在项目投融资模式选择时，咨询机构全面梳理行业内有关基建投融资相关政策法规，对目前国内主流投融资模式进行对比，并结合项目实际需求和深圳同类项目做法，充分汲取以往项目经验，编制项目投融资模式选择专题研究报告，帮助政府科学确定适宜本项目的投融资模式。在投融资交易结构设计时，充分体现了特许经营模式"由专业的人做专业的事"的特点，项目回报机制设计为使用者付费，社会资本方自负盈亏，政府方不承担任何支出责任，有效降低了政府财政支出压力；同时，对政府与社会资本之间的风险进行合理分配，通过一系列激励与考核机制的安排，促进政府职能转变，充分发挥市场主体专业化能力，满足本项目较高的运营管理要求，为项目长期稳定合作做好顶层设计。

二是理清项目复杂的物业关系，统筹协调各方诉求。本项目涉及 217 个物业单位、926 栋建筑，屋顶产权主体复杂、房屋位置十分分散。社会资本方需与众多产权主体分别签署协议，且施工区域众多、管理难度大，十分考验企业的运营管理能力，需要建立较强的统筹协调管理机制。本项目在实施过程中，构建多方沟通协调机制，以平衡各方利益诉求。充分发挥政府和企业资源与专业优势，由政府方牵头建立与公共物业产权人沟通协调的机制，运营单位发挥其自身的建设运营管理经验和优势对项目进行统筹建设安排，双方优势互补，形成强大合力，确保项目平稳有序落地。

三是全面细致地对可安装光伏容量进行调查研究，合理确定项目规模。屋顶分布式光伏安装容量规模直接受建筑物现状情况影响，拟安装屋顶分布式光伏的建筑物屋顶能否满足安装条件，将实质性影响最终安装的光伏容量。本项目在前期重视对现有建筑物的可利用面积和安装条件的全面、细致摸排，尽量避免因前期调研不充分导致预期安装容量与实际存在较大偏差，从而可能引起政府与企业的合作纠纷的情形，同时也就项目可能因安装容量不足导致的争议问题，专门进行权利义务边界约定，最大限度降低合作双方争议。

四是本项目以打造标杆和高质量落实双碳战略为目标，工作质量标准高。作为特区唯一的全国首批整区屋顶分布式光伏试点落地实践，受到全国层面高度关注，并吸引了内地各地市前来调研交流。项目以打造标杆和高质量落实双碳战略为目标，在工作中秉持了高质量标准，对于各项问题深入研究讨论。在常规工作以外，分别对运作模式、适用法律法规、合作期限、监管考核等内容进行了专项论证，强化了项目实施的合理性和可行性，规范了各阶段行为，为后续项目设立了工作质量标杆。

四、工作亮点

（一）提供"投资决策综合性咨询＋采购交易"全过程服务，统筹项目全生命周期管理

本项目是深圳特区首个以特许经营模式实施、以标杆创建为目标的分布式光伏项目，工作质量要求高，项目实施流程相对常规投资项目较长，且存在物业关系复杂、建设地点分散等问题。并且，项目采用特许经营模式实施，合作周期长达 26 年，合作范围涉及投融资、建设、运营、移交等项目全生命周期工作，具有交易结构复杂、涉及主体多、专业性强等特点。咨询机构结合项目特点和工作要求，提出统筹全生命周期管理理念，以实施机构的角度开展各项工作，提供"前期决策综合性咨询＋采购交易"全过程服务，将包括立项咨询、模式论证、实施方案、综合项目管理、绿色低碳专项研究、履约监管技术指导在内的各环节咨询服务与招标采购工作有机整合，极大地缩短了项目整体推进周期，打破了传统咨询因"多阶段、多主体"而导致的信息割裂，通过全流程策划和协调管理，保障项目各阶段工作的有效衔接与统一，协助项目按时高效完成社会资本方优选引进工作。以一站式、全过程、综合性专业服务有效把控项目决策和实施质量，为业主方争取了有利的时间节点，得到了业主的高度评价。

（二）首次将"双碳研究"咨询成果融入项目各阶段工作中，打造综合智慧零碳深圳标杆项目

深圳市作为改革开放前沿阵地，积极探索"双碳"新模式，出台相关政策，加快推进光伏产业高质量发展，支持分布式光伏项目推广应用。作为深圳市的产业大区，龙岗区紧锣密鼓加快推动经济社会发展全面绿色低碳转型，主动申请并成功入选广东省第一批碳中和试点示范市（区），扎实推进碳中和试点示范市（区）创建工作，实施能源绿色低碳转型行动、节能降碳增效行动等"碳达峰十大行动"。整区光伏开发试点，是龙岗区作为全国首批、深圳首个"全国整县（市、区）屋顶分布式光伏开发试点"行政区，打造工业大区绿色可持续发展"龙岗样板"的重要实施项目，具有重要示范意义。

2021 年以来，国家发改委多次发布相关文件，要求将 ESG、"双碳"相关理念融入项目可行性研究等咨询成果中。咨询机构凭借在双碳咨询领域专业化服务优势，基于绿色低碳全生命周期管理理念，行业内首次将绿色低碳理念融入本项目可行性研究报告、实施方案等成果文件中，致力打造综合智慧零碳深圳标杆项目。一是依据国际温室气体排放标准 ISO 14064 与深圳地标《组织的温室气体排放量化和报告指南》SZDB/Z 69—2018 对项目的全过程碳排放进行核算，量化出各阶段碳排放量以及项目全生命周期的 CO_2 减排量，经核算，本项目光伏系统年均碳减排量约 1.36 万 t CO_2，25 年寿命期减碳量约 33.92 万 t CO_2；二是落实强制性国家标准《建筑节能与可再生能源利用通用规范》GB 55015—2021 对项目碳排放、可再生能源利用的有关规定，将低碳理念融入项目各阶段各环节，并将低碳理念融入项目运营阶段，使项目落地实施，更好满足国家及地方有关双碳政策要求，助力"双碳"战略的落实。

参考文献

［1］ Ahola T，Ruuska I，Artto K，Kujala J. What is project governance and what are its origins? ［J］. International Journal of Project Management，2014，32（8）：1321-1332.

［2］ Association for Project Management. Directing change：A guide to governance of project management ［R］. High Wycombe，UK. 2004.

［3］ Biesenthal C，Wilden R. Multi-level project governance：Trends and opportunities ［J］. International Journal of Project Management，2014，32（8）：1291-1308.

［4］ Caniëls M C J，Gelderman C J，Vermeulen N P. The interplay of governance mechanisms in complex procurement projects ［J］. Journal of Purchasing and Supply Management，2012，18（2）：113-121.

［5］ Cao Z，Lumineau F. Revisiting the interplay between contractual and relational governance：A qualitative and meta-analytic investigation ［J］. Journal of Operations Management，2015，33-34：15-42.

［6］ Christodoulou S，Griffis F H，Barrett L，et al. Qualifications-based selection of professional A/E services ［J］. Journal of Management in Engineering.，2004，20（2）：34-41.

［7］ Huo B，Ye Y，Zhao X. The impacts of trust and contracts on opportunism in the 3PL industry：The moderating role of demand uncertainty ［J］. International Journal of Production Economics，2015，170：160-170.

［8］ Johnson R，Clayton M，Xia，G，et al. The strategic implications of E-commerce for the design and construction industry ［J］. Engineering Construction and Architectural Management.，2002，9（3）：241-248.

［9］ Lu W，Ye K，Flanagan R，et al. Developing Construction Professional Services in the International Market：SWOT Analysis of China ［J］. Journal of Management in Engineering，2013，29（3）：302-313.

［10］ Luo Y. Contract，cooperation，and performance in international joint ventures ［J］. Strategic Mangement Journal，2002，23（10）：903-919.

［11］ Madsen J D. Professional Construction Management Services ［J］. American Society of Civil Engineers，1979，105（2）：139-156.

［12］ Marco Iansiti，Jonathan West. From Physics to Function：An Empirical Study of Research and Development Performance in the Semiconductor Industry ［J］. Journal Of Product Innovation Management，1000，16（4）：385-399.

［13］ Marco Iansiti. Technology Integration - Managing Technological Evolution In A Complex Environment ［J］. Research Policy，1995，24（4）：521-542.

［14］ Mark A. A. M. Leender，Berend Wierenga. The effectiveness of different mechanisms for integrating marketing and R&D ［J］. Journal Of Product Innovation Management，2002，19（4）：305-317.

［15］ Martin C R，Horne D A，Chan W S. A perspective on client productivity in business-to-business consulting services ［J］. International Journal of Service Industry Management，2001，12（2）：137-158.

［16］ Müller R. Project Governance ［M］. Gower，Sweden，2009.

［17］ PMI. Organizational project management knowledge foundation maturity model（opm3）：knowledge foundation ［J］. Office Automation，2013，26：22-28.

［18］ Poppo L，Ryu Z S. Alternative Origins to Interorganizational Trust：An Interdependence Perspective on the Shadow of the Past and the Shadow of the Future ［J］. Organization Science，2008，19（1）：39-55.

［19］ Ritala P，Hurmelinna-Laukkanen P. Incremental and radical innovation in coopetition-the role of absorptive capacity and appropriability ［J］. Journal of Product Innovation Management，2013，30（1）：154-169.

［20］ Samson D，Parker R. Service Quality：The Gap in the Australian Consulting Engineering Industry ［J］. International Journal of Quality and Reliability Management，1994，11（7）：60-76.

［21］ Turner J R. Towards a theory of project management：The functions of project management ［J］. International Journal of Project Management，2006，24（3）：187-189.

［22］ Turner R J，Huemann M，Anbari F T，et al. Perspectives on projects ［J］. Construction Management & Economics，2010，30（30）：416-420.

[23] Wu J W, Tseng J C R, Yu W D, et al. An integrated proactive knowledge management model for enhancing engineering services [J]. Automation in Construction, 2012, 24: 81-88.

[24] Xu H H, Wang Y H. Training system design for middle-level manager in coal enterprises based on post competency model [J]. Procedia Earth and Planetary Science, 2009, 1 (1): 0-1771.

[25] Zhai Z, Ahola T, Xie L Y J. Governmental Governance of Megaprojects: The Case of EXPO 2010 Shanghai [J]. Project Management Journal, 2017, 1 (11): 37-50.

[26] Zhou K Z, Xu D. How foreign firms curtail local supplier opportunism in China: detailed contracts, centralized control, and relational governance [J]. Journal of International Business Studies, 2012, 43 (7): 677-692.

[27] 曹伟. 建设工程项目参与主体对工程质量问题的影响研究 [D]. 重庆大学, 2015.

[28] 陈静. 业主方在建筑工程质量管理中的重要性 [J]. 住宅与房地产, 2018 (21): 158.

[29] 陈立文, 张志静, 赵士雯. 工程项目参与方关系管理研究述评 [J]. 技术经济与管理研究, 2020 (1): 3-9.

[30] 陈思颖. 全过程工程咨询介入视角下工程项目管理绩效改善研究 [D]. 天津理工大学, 2020.

[31] 陈为公, 王会会, 闫红, 李萌萌. 基于向量夹角余弦的建设工程项目经理胜任力评价 [J]. 土木工程与管理学报, 2018, 35 (2): 32-38+84.

[32] 陈训, 罗培圣. 复杂工程项目经理胜任力模型的研究 [J]. 建设监理, 2018 (7): 51-54.

[33] 陈杨雪. 全过程工程咨询服务项目经理胜任力模型研究 [D]. 同济大学, 2020.

[34] 陈悦, 陈超美, 刘则渊, 胡志刚, 王贤文. CiteSpace 知识图谱的方法论功能 [J]. 科学学研究, 2015, 33 (2): 242-253.

[35] 陈跃国, 王京春. 数据集成综述 [J]. 计算机科学, 2004, 31 (5): 48-51.

[36] 代广松, 姜骞, 田语嫣. 关系治理对建筑工程项目质量绩效的影响研究: 合作质量的中介效应 [J]. 数学的实践与认识, 2019, 49 (9): 70-78.

[37] 丁荣贵. 推进全过程工程咨询的五大关键 [J]. 项目管理评论, 2020 (4): 22-26.

[38] 丁士昭. 激活市场需求是全过程工程咨询推进的主要驱动力 [R]. 高科建设官微, 2020-07-14.

[39] 丁士昭. 工程项目管理. 2 版 [M]. 北京: 中国建筑工业出版社, 2014.

[40] 丁士昭. 全过程工程咨询的概念和核心理念 [J]. 中国勘察设计, 2018 (9): 31-33.

[41] 丁士昭. 用国际化视野推进全过程工程咨询 [J]. 中国勘察设计, 2019 (5): 32-37.

[42] 冯绍军, 陈禹六. 过程集成的设计和实施框架 [J]. 计算机集成制造系统, 2001, 7 (5): 1-5. DOI: 10.3969/j.issn.1006-5911.2001.05.001.

[43] 傅家骥. 技术经济学科发展前沿问题探讨 [J]. 科技和产业, 2004 (1): 18-2031.

[44] 龚俊波, 杨友麒, 王静康. 可持续发展时代的过程集成 [J]. 化工进展, 2006, 25 (7): 721-728.

[45] 顾昕. 走向互动式治理: 国家治理体系创新中"国家-市场-社会关系"的变革 [J]. 学术月刊, 2019, 51 (1): 77-86.

[46] 何照明. 系统思维下建设项目投资估算有效性研究 [J]. 建筑经济, 2021, 42 (2): 51-55.

[47] 胡国民. BIM 技术下全过程工程咨询服务模式探索 [J]. 工程技术研究, 2020, 5 (8): 267-268.

[48] 胡象明, 唐波勇. 整体性治理: 公共管理的新范式 [J]. 华中师范大学学报 (人文社会科学版), 2010, 49 (1): 11-15.

[49] 胡勇, 郭建森, 刘志伟主编. 全过程工程咨询理论与实施指南 [M]. 北京: 中国电力出版社, 2019.

[50] 吉格迪, 杨康. 基于委托代理理论的建设项目多要素协同激励控制模型研究 [J]. 工业工程, 2020, 23 (1): 96-103.

[51] 贾广社, 夏志坚, 陈双, 等. 大型建设工程项目治理研究: 以上海虹桥综合交通枢纽工程为例 [J]. 建筑经济, 2010 (11): 49-52.

[52] 江辉, 陈劲. 集成创新: 一类新的创新模式 [J]. 科研管理, 2000, 21 (5): 31-39.

[53] 江萍, 成虎. 施工项目结构分解 (WBS) 方法及准则研究 [J]. 东南大学学报 (自然科学版), 2000 (4): 105-108.

[54] 蒋涛. 政府投资项目全过程工程咨询服务效果提升策略研究 [J]. 建筑经济, 2021, 42 (10): 11-14.

[55] 康飞, 张水波. 项目经理胜任力研究: 现状及展望 [J]. 天津大学学报 (社会科学版), 2013, 15 (1):

35-40.

[56] 乐云．建设工程项目管理．2版［M］．北京：科学出版社，2013．

[57] 黎永艳．全过程工程咨询项目组织管理体系研究［D］．2020．

[58] 李伯聪．工程哲学引论［M］．郑州：大象出版社，2002

[59] 李成标．面向产品创新的管理集成理论与方法［D］．武汉理工大学，2002．DOI：10.7666/d.y468330．

[60] 李大光．"中国公众对工程的理解"研究设想［A］．工程研究．第2卷．北京：北京理工大学出版社，2006．

[61] 李德民．非正式组织和非权力性影响力［J］．中国行政管理，1997（9）：24-25．

[62] 李含章．全过程工程咨询服务模式分类及决策影响因素研究［D］．同济大学，2020．

[63] 李洪佳．超越委托代理：以"管家理论"重塑政府购买公共服务行为［J］．理论导刊，2013（12）：25-27．

[64] 李晓光，郝生跃，任旭．契约治理影响PPP项目公司控制权配置研究：基于信任的前因和中介作用［J］．中央财经大学学报，2018（7）：115-128．

[65] 李永奎，乐云，何清华，等．基于SNA的复杂项目组织权力量化及实证［J］．系统工程理论与实践，2012，32（2）：312-318．DOI：10.3969/j.issn.1000-6788.2012.02.011．

[66] 李月明，张娜，曹泽芳等．以设计为核心、建筑师为主导的全过程工程咨询项目运作探索［J］．项目管理技术，2020，18（11）：139-142．

[67] 李志，罗舒予．设计主导的全过程工程咨询集成化管理模式研究［J］．建筑经济，2021，42（7）：23-27．

[68] 梁永宽．合同与关系：中国背景下的项目治理机制——基于委托代理与交易成本理论的分析［J］．科技管理研究，2012，32（22）：251-254．

[69] 刘波．基于最优单元的组织集成及其评价研究［D］．西安电子科技大学，2006．DOI：10.7666/d.y1020173．

[70] 刘朝松，王春苗，李欣．造价咨询企业发展全过程工程咨询服务的SWOT-PEST分析及对策研究［J］．建筑经济，2020，41（8）：48-52．

[71] 刘闯等主编．重大基础设施全过程工程咨询理论与实践：海南铺前跨海大桥建设管理创新探索［M］．北京：人民交通出版社股份有限公司，2021．

[72] 刘云飞，裴爱根，戚绪安，张洋．输变电工程全过程工程咨询产业组织与管理模式探讨［J］．建筑经济，2020，41（3）：16-19．

[73] 娄祝坤，黄妍杰．跨组织管控、战略信息共享与企业创新［J］．华东经济管理，2019，33（7）：128-137．

[74] 卢晓涛，宋元涛．全过程工程咨询管理模式探讨［J］．建设监理，2018（9）：55-57．

[75] 陆帅，吴洪樾，宁延．全过程工程咨询政策分析及推行建议［J］．建筑经济，2017，38（11）：19-22．

[76] 罗岚，冯文强，谢坚勋，何清华．重大工程项目治理机制对项目成功的影响研究［J］．建筑经济，2021，42（10）：20-24．

[77] 罗岚，何兴朋，何清华．基于SD的重大工程项目治理动态仿真研究［J］．科技管理研究，2021，41（13）：167-175．

[78] 罗培圣，陈杨雪，祝军．全过程工程咨询项目经理胜任力模型构建的研究［J］．建设监理，2021（2）：5-8．

[79] 吕纯雷．PMC模式研究与应用［D］．华中科技大学，2005．DOI：10.7666/d.j006137．

[80] 吕志强，栗继祖．PDCA循环在工程安装项目质量管理中的应用：以山西X大厦中央空调的安装项目为例［J］．山西财经大学学报，2019，41（S1）：35-37，44．

[81] 马升军．全过程工程咨询的实施策略分析［J］．中国工程咨询，2017（9）：17-19．

[82] 彭本红，谷晓芬，周倩倩，等．基于SNA的服务型制造项目治理风险分析［J］．管理评论，2016，28（2）：25-34．

[83] 彭春艳，李文华，陈国福．基于文本分析和PLS模型的项目经理岗位胜任力研究［J］．铁道科学与工程学报，2021，18（7）：1928-1934．

[84] 皮德江．全过程工程咨询解读［J］．中国工程咨询，2017（10）：17-19．

[85] 钱菲，丁继勇，马天宇，王卓甫．顶层治理影响重大工程项目绩效的理论模型：基于代理理论和管家理论融合视角［J］．科技管理研究，2021，41（7）：184-190．

[86] 钱学森．一个科学新领域：开放的复杂巨系统及其方法论［J］．城市发展研究，2005，12（5）：1-8．

[87] 乔俊杰，钟炜，尹贻林，王智欣．工程造价咨询企业发展全过程工程咨询的策略研究［J］．项目管理技术，

2019，17（7）：59-63.

[88]　乔俊杰，钟炜，尹贻林等．工程造价咨询企业发展全过程工程咨询的策略研究［J］．项目管理技术，2019，17（7）：59-63.

[89]　乔俊杰．全过程工程咨询服务能力提升路径研究［J］．中国招标，2021（11）：36-37.

[90]　曲涛．从业主方角度论述全过程工程咨询项目经理的综合素质要求［J］．建设监理，2018（8）：16-18.

[91]　沈岐平，杨静．建设项目利益相关者管理框架研究［J］．工程管理学报，2010，24（4）：412-419.

[92]　盛昭瀚，游庆仲，李迁．大型复杂工程管理的方法论和方法：综合集成管理——以苏通大桥为例［J］．科技进步与对策，2008（10）：198-202.

[93]　盛昭瀚．苏通大桥工程管理理论探索与思考［M］．北京：科学出版社，2009.

[94]　盛昭瀚．苏通大桥工程系统分析与管理体系［M］．北京：科学出版社，2009.

[95]　宋子健，董纪昌，李秀婷，董志．基于委托代理理论的PPP项目风险成本研究［J］．管理评论，2020，32（9）：45-54，67.

[96]　孙继德，傅家雯，刘姝宏．工程总承包和全过程工程咨询的结合探讨［J］．建筑经济，2018，39（12）：5-9.

[97]　孙宁，曹泽芳，张娜，宁延．全过程工程咨询组织模式及取费模式研究［J］．建筑经济，2020，41（3）：5-10.

[98]　汤广忠，杨义忠，易贵彪．浅谈全过程工程咨询与造价咨询业务转型升级［J］．广东水利水电，2022（3）：101-105.

[99]　王宏海，邓晓梅，申长均．全过程工程咨询须以设计为主导、建筑策划先行［J］．建筑设计管理，2017，34（10）：20-25.

[100]　王宏海．全过程工程咨询的思考和认知［J］．中国勘察设计，2018（10）：30-33.

[101]　王唤明，江若尘．利益相关者理论综述研究［J］．经济问题探索，2007（4）：11-14.

[102]　王琦，刘咏梅，卫旭华．IT外包项目中控制机制与合作绩效的实证研究：基于IT服务提供商的视角［J］．系统管理学报，2014，23（2）：166-173，190.

[103]　王淞，彭煜玮，兰海，等．数据集成方法发展与展望［J］．软件学报，2020（3）：893-908.DOI：10.13328/j.cnki.jos.005911.

[104]　王甡雅，钟晖．基于"1+N"项目管理思维的全过程工程咨询分析［J］．建筑经济，2019，40（3）：5-8.

[105]　王伟军，黄杰，李必强．信息管理集成的研究与应用探讨［J］．情报学报，2003，22（5）：526-531.

[106]　王章虎．全过程工程咨询相关概念、术语的表述［J］．工程与建设，2022，36（1）：258-260.

[107]　乌云娜，姚娜，王文祥．基于WBS的建设项目前期管理体系设计［J］．建筑经济，2007（S1）：131-134.

[108]　吴礼民．论权责对等原则［J］．经济管理，2000（7）：28-28.

[109]　吴玉珊，韩江涛，王瑞镛．建设项目全过程工程咨询理论与实务［M］．北京：中国建筑工业出版社，2018.

[110]　项目管理协会．项目管理知识体系指南.7版［M］．北京：电子工业出版社，2021.

[111]　谢坚勋，温斌焘，许世权，等．片区整体开发型重大工程项目治理研究：以上海西岸传媒港为例［J］．工程管理学报，2018，32（2）：85-90.

[112]　谢坚勋．重大工程项目治理机制及其对项目成功的影响机理［M］．上海：同济大学出版社，2019.

[113]　徐武明，徐玖平．大型工程建设项目组织综合集成模式［J］．管理学报，2012，9（1）：132-138.

[114]　许景波．发展全过程工程咨询是监理企业转型升级的重要机遇［J］．建设监理，2020（11）：10-11，26.

[115]　薛能资．项目实施阶段造价的动态控制与管理［J］．建筑经济，2007（S2）：212-214.

[116]　严玲，邓娇娇，吴绍艳．临时性组织中关系治理机制核心要素的本土化研究［J］．管理学报，2014，11（6）：906-914.

[117]　严玲，尹贻林．基于治理的政府投资项目代建制绩效改善研究［J］．土木工程学报，2006，39（11）：120-126.

[118]　严玲，赵黎明．论项目治理理论体系的构建［J］．上海经济研究，2005（11）：104-110.

[119]　严玲，霍双双，邓新位．项目治理机制改善公共项目管理绩效的研究：以代建人激励效应为中介变量［J］．华东经济管理，2014，28（2）：137-142.

[120]　严玲，史志成，严敏，邓娇娇．公共项目契约治理与关系治理：替代还是互补？［J］．土木工程学报，2016，

49（11）：115-128.

[121] 严玲，张亚琦，汤建东 . 全过程工程咨询项目的组织结构及其控制体系构建研究［J］. 建筑经济，2021，42（1）：28-34.

[122] 严玲，张亚琦，张思睿 . 全过程工程咨询项目多层级组合控制模式研究：基于组态分析视角［J］. 土木工程学报，2021，54（4）：107-119.

[123] 杨飞雪，汪海舰，尹贻林 . 项目治理结构初探［J］. 中国软科学，2004（3）：80-84.

[124] 杨建平 . 政府投资项目协同治理机制及其支撑平台研究［D］. 中国矿业大学，2009.

[125] 杨卫东等 . 全过程工程咨询实践指南［M］. 北京：中国建筑工业出版社，2018.

[126] 杨学英 . 监理企业发展全过程工程咨询服务的策略研究［J］. 建筑经济，2018，39（03）：9-12.

[127] 殷瑞钰 . 关于工程创新与落实科学发展观的认识［A］. 工程研究 . 第 2 卷 . 北京：北京理工大学出版社，2006.

[128] 尹剑斌 . 完善代建制的思考［J］. 宏观经济管理，2012（8）：71-73.

[129] 尹贻林，王垚 . 合同柔性与项目管理绩效改善实证研究：信任的影响［J］. 管理评论，2015，27（9）：151-162.

[130] 尹贻林，徐志超 . 工程项目组织中信任状态的发展与演进：中国管理情景下的探索性研究［J］. 管理工程学报，2017，31（2）：74-83.

[131] 尹贻林，尹航，王丹，蒋慧杰 . 科层失灵、项目治理与机会主义行为：138 例样本的定性比较分析［J/OL］. 管理工程学报：1-12［2022-04-15］.

[132] 尹贻林，张勇毅 . 中国工程咨询业的发展与演进［J］. 土木工程学报，2005（10）：133-137.

[133] 尹贻林，赵华，严玲，邓娇娇 . 公共项目合同治理与关系治理的理论整合研究［J］. 科技进步与对策，2011，28（13）：1-4.

[134] 余志良，张平，区毅勇 . 技术整合的概念、作用与过程管理［J］. 科技进步与对策，2003，20（9）：84-86.

[135] 岳洪斌 . 政府项目代建制的规范化管理研究［D］. 山东大学，2010.

[136] 张国宗，张丹，邱菀华 . 大型工程项目全寿命集成管理理论与应用［J］. 科技进步与对策，2013，30（23）：6-9.

[137] 张水波，康飞，李祥飞 . 基于支持向量机的建设工程项目经理胜任力评价［J］. 中国软科学，2013（11）：83-90.

[138] 赵康 . 国际视野中的管理咨询：概念与内涵界定［J］. 科学学研究，2001，19（4）：59-65.

[139] 赵振宇，高磊 . 推行全过程工程咨询面临的问题与对策［J］. 建筑经济，2019，40（12）：5-10.

[140] 中国百科大辞典编委会编 . 中国百科大辞典［M］. 北京：华夏出版社，1990.

[141] 中国社会科学院语言研究所 . 现代汉语词典［M］. 北京：商务印书馆，2002.

[142] 仲勇，陈智高，周钟 . 大型建筑工程项目资源配置模型及策略研究：基于系统动力学的建模和仿真［J］. 中国管理科学，2016，24（3）：125-132.

[143] 周翠 . 监理企业发展全过程工程咨询业务的关键技术探索［J］. 建筑经济，2020，41（7）：18-23.

[144] 周茂刚 . 建筑设计企业开展全过程工程咨询业务的思考［J］. 上海建设科技，2018（6）：68-71，74.

[145] 周晓宏 . 技术集成概念、过程与实现形式［J］. 科研管理，2006，27（6）：118-124.